TEORIA SOCIAL HOJE

ANTHONY GIDDENS
E JONATHAN TURNER
ORGANIZADORES

TEORIA SOCIAL HOJE

Tradução de
Gilson César Cardoso de Sousa

Editora UNESP

Título original em inglês: *Social Theory Today*.

Praça da Sé, 108
01001-900 – São Paulo – SP
Tel.: (0xx11) 3242-7171
Fax: (0xx11) 3242-7172
www.editoraunesp.com.br
www.livrariaunesp.com.br
feu@editora.unesp.br

Dados Internacionais de Catalogação na Publicação (CIP)
(Câmara Brasileira do Livro, SP, Brasil)

Teoria social hoje / Anthony Giddens e Jonathan Turner organizadores; tradução de Gilson César Cardoso de Sousa. – São Paulo: Editora UNESP, 1999. – (Biblioteca básica)

Título original: Social theory today.
Vários autores.
Bibliografia.
ISBN 85-7139-261-7

1. Sociologia 2. Sociologia – Filosofia I. Giddens, Anthony. II. Turner, Jonathan. III. Série

99-3736 CDD-301.01

Índices para catálogo sistemático:
1. Sociologia: Teoria 301.01
2. Teoria da sociologia 301.01

Editora afiliada

Asociación de Editoriales Universitarias de América Latina y el Caribe

ASSOCIAÇÃO BRASILEIRA DAS EDITORAS UNIVERSITÁRIAS

SUMÁRIO

INTRODUÇÃO

Anthony Giddens
Jonathan H. Turner

Este livro oferece um guia sistemático das principais tendências e tradições da teoria social. Não consideramos a teoria social propriedade de nenhuma disciplina, pois as questões referentes à vida social e aos produtos culturais da atividade humana permeiam as ciências sociais e as humanidades. Entre outros problemas, as seguintes questões são tratadas pelos teóricos sociais: o *status* das ciências sociais, especialmente em relação à lógica das ciências naturais; a natureza das leis ou generalizações que podem ser estabelecidas; a interpretação da ação humana, bem como sua diferenciação dos objetos e eventos da natureza; finalmente, o caráter ou forma das instituições sociais. Evidentemente, esse quadro amplo esconde uma série de problemas e tópicos mais específicos; qualquer definição de teoria social corre o risco de suscitar controvérsias. Assim, o leitor que busca consenso quanto à natureza e os objetivos da teoria social se sentirá desapontado. Com efeito, a ausência de consenso, implícita em diversas colaborações do livro, talvez seja inerente à própria natureza da ciência social. Em última instância, a questão de saber se existe um quadro unificado da teoria social, ou ainda uma concordância quanto às suas preocupações básicas, já é em si discutível.

Em parte, nossa motivação para preparar este livro foi a percepção crescente de que importantes mudanças na teoria social aconteceram nos últimos anos. A análise teórica sempre foi um empreendimento diversificado nas ciências sociais, mas em dado período depois da Segunda Guerra Mundial um leque específico de visões passou a destacar-se dos demais e, dessa forma, conquistou até certo ponto a aceitação geral. Tais visões eram tipicamente influenciadas pelo empirismo lógico na filosofia. Inúmeras interpretações sobre o caráter da ciência foram desenvolvidas por aqueles que, usualmente, estavam associados a semelhante ponto de vista; e, a despeito de sua imprecisão, esse rótulo apresentava vários elementos comuns: desconfiança da metafísica, preocupação em definir com exatidão o que possa ser "científico", ênfase na verificabilidade de conceitos e proposições, e simpatia por formas hipotético-dedutivas de construção de teorias.

Parte essencial dessa abordagem era a ideia daquilo que Neurath chamou de "ciência unificada", segundo a qual nenhuma diferença lógica importante entre ciência natural e ciência social parece existir. Essa perspectiva estimulou a tendência a não contemplar diretamente a lógica das ciências sociais em si mesmas. Pois, se a ciência em geral é orientada por um único corpo de princípios, os cientistas sociais precisam apenas examinar os fundamentos lógicos da ciência natural para explicar a natureza de seu próprio empreendimento. Sob esse aspecto, não surpreende que muitos estudiosos das ciências sociais se apropriassem acriticamente da filosofia da ciência natural, associada ao empirismo lógico, para definir suas próprias tarefas. O empirismo lógico costumava ser visto, não como uma determinada filosofia da ciência, com postulados potencialmente questionáveis, mas como um modelo incontestável do que a ciência pudesse ser. Questões de "interpretação" eram evitadas por duas razões. A ciência natural não era considerada, em nenhum sentido básico, como um empreendimento interpretativo, já que seu objetivo primário seria a formulação de leis ou sistemas de leis, ao passo que o significado das teorias e conceitos estava presumivelmente ligado às observações empíricas diretas. Segundo essa visão, as ciências sociais são essencialmente não interpretativas, ainda que seu tema gire em torno de processos interpretativos da cultura e da comunicação. Consequentemente, a noção de *Verstehen* – a compreensão do significado – mereceu pouca atenção tanto dos autores de inspiração sobretudo filosófica quanto dos cientistas sociais mais voltados para a prática. Mesmo sendo considerada relevante, a *Verstehen* só era considerada útil quando gerava teorias ou hipóteses verificáveis. Sustentava-se que uma compreensão cheia de empatia das opiniões e sentimentos dos outros poderia auxiliar o cientista social a formular relatórios de sua conduta, mas tais explicações deveriam ser sempre formuladas em termos "operacionais", ou pelo menos em termos de descrições de traços observáveis de comportamento, sujeitos a verificação. A *Verstehen* era compreendida puramente como fenômeno "psicológico", dependente do discernimento necessariamente intuitivo e duvidoso da consciência alheia.

Durante as duas últimas décadas, entretanto, ocorreu uma mudança decisiva. No seio da filosofia da ciência natural, o primado do empirismo lógico se esfumou sob os golpes de autores como Kuhn, Toulmin, Lakatos e Hesse. Em seu lugar, surgiu uma "nova filosofia da ciência", que repudiava inúmeras teses das visões precedentes. Resumindo em traços gerais essa nova concepção, é afastada a ideia de que podem existir observações isentas de teoria, enquanto os sistemas de leis dedutíveis entre si já não são entronizados como o ideal supremo da explicação científica. Mais importante ainda, considera-se a ciência como um esforço interpretativo, de modo que problemas como significado, comunicação e tradução se tornam imediatamente relevantes para as teorias científicas. Tais desenvolvimentos na filosofia da ciência natural influenciaram de maneira inevitável a reflexão sobre as ciências sociais, ao mesmo tempo que fomentaram uma crescente desilusão com as teorias dominantes da ciência social "ortodoxa".

O resultado dessas mudanças foi a proliferação de abordagens no pensamento teórico. Certas tradições filosóficas, antes pouco conhecidas ou até ignoradas, passaram a se destacar: a fenomenologia, particularmente a associada aos escritos de Alfred Schutz; a hermenêutica, como a desenvolvida na obra de Gadamer e Ricoeur; e teoria crítica, sobretudo a representada em época recente pelos trabalhos de Habermas. Além disso, tradições de pensamento mais antigas, como o interacionismo simbólico nos Estados Unidos e o estruturalismo ou pós-estruturalismo na Europa, se revitalizaram e começaram a ser examinadas com novo interesse. Acrescentem-se a elas tipos de pensamento mais recentemente desenvolvidos como a etnometodologia, a teoria da estruturação e a "teoria da prática", associada em particular a Bourdieu. Embora pareça impressionante o surgimento de tantas tradições e escolas de pensamento na teoria social, persiste ainda uma espécie de "ortodoxia", apesar de cultivada por menos estudiosos que antes. O funcionalismo estrutural parsoniano, por exemplo, ainda tem forte apelo e, de fato, experimentou há pouco um acentuado rejuvenescimento nas obras de Luhmann, Münch, Alexander, Hayes e outros. Assim, a teoria social passou a compreender um espectro de abordagens variado e às vezes confuso.

Diante dessa variedade, muitas respostas foram aventadas. Num dos extremos, alguns daqueles cujo compromisso prioritário é com a pesquisa empírica encontram no espectro de escolas e tradições desencontradas a confirmação daquilo em que sempre acreditaram: os debates teóricos são de escasso interesse ou relevância para quem executa trabalhos empíricos. Se os teóricos sociais não conseguem se pôr de acordo em relação às questões mais elementares, que importância terão os problemas da teoria social para aqueles que se dedicam, especialmente, à pesquisa empírica? Em consequência, houve um profundo rompimento entre "pesquisadores" – que talvez ainda se considerem muitas vezes "positivistas" – e teóricos – que agora se cobrem de múltiplos rótulos. A consternação dos pesquisadores, entretanto, não é partilhada por todos. No outro extremo, houve quem acolhesse favoravelmente a diversificação da teoria social, considerando desejável a rivalidade das tradições filosóficas. Desse ponto de vista, às vezes influenciado pela filosofia da ciência natural de Feyerabend, a proliferação de tradições teóricas é um modo de evitar o dogmatismo alimentado pelo apego exclusivo a um esquema único de pensamento. Não raro se acrescenta o fato de o estudo do comportamento humano ser necessariamente uma causa litigiosa: apenas numa sociedade totalitária poderia existir um único esquema incontestável de análise da conduta social humana.

Talvez seja verdadeiro dizer que a maioria dos estudiosos empenhados nas ciências sociais se acha em algum ponto entre esses dois extremos. No mínimo, eles sustentariam que atentar para as reivindicações divergentes das várias tradições teóricas não constitui de forma alguma uma atividade infrutífera. Tal é, sem dúvida, a posição dos organizadores deste volume, não importa que divirjam quanto à melhor maneira de levar a cabo semelhante empreendimento. Devemos salientar também que a aparente efervescência de versões rivais na teoria social esconde muito mais consistência e muito mais integração entre pontos de vista antagônicos do que à primeira vista parece. Cabem aqui algumas observações.

Em primeiro lugar, há mais sobreposições de abordagens diferentes do que em geral se percebe. A evolução da etnometodologia propicia um bom exemplo. Nas fases iniciais de sua formação, a etnometodologia era considerada por seus adversários e críticos como radicalmente discrepante de outros esquemas de pensamento no interior da ciência social. Só agora se percebe que os escritos dos adeptos da etnometodologia têm soluções a dar aos problemas que, praticamente, assoberbam todos aqueles que se dedicam à teoria social. Também se tornou bastante óbvio que existem estreitas semelhanças entre os problemas versados pela etnometodologia e os problemas enfrentados por outras tradições teóricas. Assim, por exemplo, a ênfase na natureza "metodológica" do uso da linguagem nos contextos da vida social pode mostrar-se imediatamente relevante para questões de ampla significação na teoria social.

Em segundo lugar, há linhas comuns de desenvolvimento num amplo espectro de perspectivas teóricas que passaram ao primeiro plano nas duas últimas décadas. Notou-se, por exemplo, a preocupação de reconceitualizar a natureza da ação. De fato, muitas abordagens insistiam tanto nessa questão que, a determinada altura, parecia que uma maré de subjetivismo estava prestes a tragar as ciências sociais. Hoje, contudo, podemos perceber que o remanejamento das questões concernentes à ação humana não precisa acarretar uma ênfase excessiva na subjetividade, mas, ao contrário, pode vincular uma sofisticada "teoria do sujeito" a análises de um tipo mais "institucional".

Em terceiro lugar, seria difícil negar que houve algum progresso na solução de problemas que antes pareciam inabordáveis ou não eram tratados de maneira direta. Por isso, durante muito tempo, instaurou-se uma divisão entre as abordagens naturalistas e aquelas que enfatizavam a *Verstehen* – apesar do primado das primeiras sobre as segundas. Como resultado de desenvolvimentos convergentes nas diversas tradições filosóficas, tornou-se evidente que a divisão entre *Erklären* (explicação segundo leis causais) e *Verstehen* constituía um equívoco. *Verstehen* não é, conforme insistiam os empiristas, primariamente um fenômeno "psicológico"; ao contrário, está enraizada e implícita em todas as questões pertinentes à interpretação do significado. Na bibliografia recente, esses problemas foram muito explorados em conexão tanto com a ciência natural quanto com a ciência social; daí o esclarecimento definitivo de temas anteriormente bastante nebulosos.

Neste livro, tentamos ser abrangentes ao máximo, mas nossa rede apresenta inevitavelmente algumas falhas. Ainda assim achamos que o volume examina de maneira mais ou menos sistemática as tradições mais influentes da teoria social de hoje. Seria impossível, numa breve introdução, analisar minuciosamente os pontos fortes e fracos de todas as abordagens. Em vez disso, enfatizaremos alguns dos temas e reivindicações mais importantes apresentados por diversos autores, de forma a transmitir a multiplicidade e a vitalidade da teoria social.

Qual a natureza da ciência social?

Praticamente todos os capítulos que se seguem tratam dessa questão. Como se verá, há uma acentuada discordância quanto à tipologia da ciência social, se de fato ela for uma ciência. Na defesa do "positivismo lógico", em um ou outro sentido, colocam-se George Homan com "Behaviorismo e pós-behaviorismo", Jonathan Turner com "Teorização analítica" e, embora de modo apenas implícito, Richard Münch com "A teoria parsoniana hoje". Como Homan sustentou com eloquência e firmeza por mais de duas décadas, a sociologia é uma ciência empenhada em "leis explicativas" e sistemas dedutivos axiomáticos. Turner aceita essa metáfora da "lei explicativa", mas rejeita a possibilidade de uma autêntica teoria axiomática. Ao contrário, a sociologia deve buscar leis abstratas e utilizá-las em esquemas dedutivos flexíveis. Além disso, na visão de Turner, as leis abstratas têm de ser complementadas por modelos analíticos que especifiquem, em detalhe, os processos causais que vinculam as variáveis numa lei abstrata. Münch assegura que a teoria da ação parsoniana pode ser aplicada para se obter um "quadro de referências geral" capaz de organizar toda uma variedade de abordagens teóricas e metodológicas. Em termos de metodologia, considera os tipos ideais, a idiografia, as hipóteses nomológicas e os modelos construtivistas passíveis de compreensão e talvez de reconciliação, dentro de um quadro de referências mais gerais de ação. Assim também, modos diferentes de explicar eventos – teleonômico, causal, normativo e racional – podem ser ordenados pelo quadro de ação. Portanto, Münch advoga o ecletismo, mas um ecletismo aparentemente ligado a uma visão positivista da sociologia: gerar e verificar teorias em termos sistemáticos.

Do outro lado, encontramos diversos argumentos, a maioria dos quais gira em torno do pressuposto de que o tema da ciência social exclui a adoção de uma orientação baseada na ciência natural. No entanto, mesmo aqui persiste uma certa ambivalência. Por exemplo, o estudo de Hans Joas sobre as raízes pragmáticas do interacionismo e sua elaboração em múltiplas direções pela "Escola de Chicago" é notável sob esse aspecto. Por outro lado, a natureza pragmática, situacional e construída da interação – portanto, da organização social – tornaria inviáveis as "leis" e "generalizações" atemporais do positivismo. Contudo, muitos interacionistas, inclusive talvez o próprio Mead, tentaram descobrir as propriedades básicas da interação e desenvolver leis universais sobre sua operação.

Em sua lúcida análise de Garfinkel e a etnometodologia, John Heritage tende a contornar o problema da "ciência" na ciência social. Pois, se a ação é indicial, contextual e reflexiva, pode a etnometodologia desenvolver leis e generalizações a seu respeito? A etnometodologia não é unívoca em sua resposta a essa pergunta – e, de fato, seus cultores tendem a se preocupar muito menos com tais assuntos do que os adeptos de outras tradições. Os etnometodologistas, em geral, defendem a descrição pormenorizada dos processos empíricos, aparentemente desconsiderando o que constituiria a "explicação" ou "cientificidade" da descrição.

Bem menos ambivalentes quanto à questão da existência ou não existência de uma ciência natural da sociedade são Thomas Wilson, Ira Cohen, Jeffrey Alexander e Anthony Giddens. Cada qual a seu modo, todos esses estudiosos sustentam que a ciência social é, no fundo, diferente da ciência natural. Alexander não rejeita completamente a ideia de que as leis da vida social possam ser descobertas, mas insiste em que jamais se chegará ao consenso sobre essas leis e sobre o fato de que a natureza dos dados da ciência social nunca as tornará definitivas. A seu ver, a análise social envolverá sempre discursos e debates quanto aos pressupostos das teorias e à relevância dos dados de verificação dessas teorias.

Wilson apresenta um argumento ontológico ainda mais forte. Uma vez que a ciência social deve assumir como temas próprios as emoções, objetivos, atitudes e disposições subjetivas dos atores, as assertivas teóricas e empíricas serão "in-tensionais", envolvendo interpretações de significado por parte dos analistas sociais. Podem-se criar projetos teóricos baseados nos métodos "ex-tensionais" das ciências naturais, mas esses serão considerados apenas como heuristicamente úteis. Na melhor das hipóteses, o emprego da matemática "descobrirá relações em nossos dados e esclarecerá nossas ideias a respeito de como uma teoria se relaciona a outra num caso particular". Giddens e Cohen apresentam argumento semelhante em suas respectivas descrições do "estruturalismo" e da "teoria da estruturação". Giddens declara "mortos" o estruturalismo e o pós-estruturalismo, sustentando que seu fracasso em explicar a "atuação" humana, bem como os processos pelos quais essa atuação produz, reproduz e modifica a estrutura, apresenta grandes falhas na análise estrutural. É que, na noção de ação, reside a capacidade de reestruturar o universo social, pelo que se neutralizam as leis científicas que descrevem esse universo.

Apresentando um relato pormenorizado da teoria da estruturação de Giddens, especialmente de sua noção de *Praxis*, Cohen extrai todas as implicações do conceito de "ação". A teoria pode, no máximo, aclarar as "potencialidades constitutivas da vida social" que os agentes utilizam para produzir e reproduzir esquemas sociais. Como essas potencialidades são empregadas, eis uma questão contextual e histórica na qual as leis e generalizações são modificadas pelo papel dos agentes. A ciência social não pode, portanto, ser como as ciências naturais porque seus agentes conseguem modificar a própria natureza de seu tema – os esquemas da organização social.

Os capítulos de Immanuel Wallerstein e Ralph Miliband parecem, à primeira vista, simpáticos a essa visão de ação. De fato, arrostar formas de dominação por meio da *praxis* é, obviamente, o fulcro da tradição marxista. Todavia, em "Análise de sistemas mundiais", Wallerstein salienta que muita energia foi desperdiçada no debate entre o caráter particularista e o caráter universalista da teoria social. Para ele, tal debate é "enfadonho"; como alternativa, propõe que a teoria social utilize "estruturas" como na análise de sistemas mundiais, que abrangem tempo e espaço suficientes para se notar a lógica básica ou a dinâmica dos processos sociais. Essa "lógica" não deve ser considerada eterna, pois a natureza da organização social realmente se altera a longo prazo. A posição de Miliband é menos clara no que se refere à ciência. Por um lado, ele acha que os processos de dominação são propriedade invariável da organização social, que constitui o tema da "análise de classe", mas, por outro, sugere que tal propriedade deva ser eliminada, tornando dessa forma mutável a própria análise de classe utilizada para examiná-la.

São estas as opiniões. Fica claro que a rejeição crítica do "positivismo lógico" se impôs na teoria social – apesar dos protestos de um dos organizadores deste livro. Embora uma concepção da sociologia como "ciência natural" ainda conte com inúmeros defensores, eles agora constituem uma minoria no âmbito da teoria social tal como, em termos gerais, é aqui concebida. Entretanto, o debate não está encerrado, como se pode ver pela variedade de posturas nos capítulos que se seguem.

Qual o tema básico da teoria social?

Discordâncias quanto ao que é ou pode ser a teoria social refletem-se nas discussões sobre seu tema básico, qualquer que seja. A *crux* dos debates consiste em diversas perguntas inter-relacionadas: O que existe "lá fora" no universo social? Quais são as propriedades mais fundamentais do mundo? Que tipo de análise dessas propriedades é possível e/ou apropriada? Quando se fazem semelhantes perguntas, voltam à tona velhos problemas filosóficos – como reducionismo, realismo e nominalismo. Se aceitarmos a tese de Jeffrey Alexander, tal será sempre o caso à medida que vários autores invocarem o apoio dos "clássicos" em favor de seus pontos de vista.

Nos demais capítulos do livro, o leitor encontrará um amplo espectro de opiniões quanto à natureza das preocupações primárias da teoria social. Alguns invocam uma microanálise do comportamento e da interação em contextos dados, outros sugerem mais macroabordagens voltadas para estruturas emergentes. Uns propõem a reconciliação entre micro e macroanálise, outros consideram essa síntese contraproducente e, no melhor dos casos, prematura. Examinemos brevemente essas opiniões.

Naquela que é talvez sua asserção mais vigorosa até o momento, Homans invoca o reducionismo. As instituições da sociedade "podem ser reduzidas, sem resíduo, aos comportamentos dos indivíduos". Outrora, seria possível interpretar semelhante declaração de Homans como um mero argumento estratégico: as leis da estrutura social e das instituições devem ser deduzidas, num sistema axiomático, das leis da psicologia. Hoje, entretanto, parece haver mais insistência metafísica na tese de Homans: em última análise, toda realidade social é comportamento e as instituições *nada mais são* que a soma dos comportamentos.

Conforme acentua o capítulo "Interacionismo simbólico", de Joas, existem inúmeras opiniões, apenas nessa tradição intelectual, sobre o que é relevante para o mundo social. As raízes pragmáticas do interacionismo simbólico afirmam a importância da atividade humana na qual os agentes elaboram linhas de conduta em situações concretas, mas não se sabe o que vem a ser "construído". G. H. Mead enfatizou a reprodução de estruturas sociais por meio da capacidade comportamental da mente, do eu e dos papéis assumidos; contudo, os modernos interacionistas se extremaram na questão de saber se se deve dar prioridade teórica à "estrutura" *per se* ou aos processos que produzem e reproduzem essa estrutura. Enquanto Mead via isso como as duas faces da mesma moeda conceitual, os teóricos contemporâneos divergem quanto ao grau em que a estrutura coage a ação, e vice-versa.

Como revela o ensaio sobre "Etnometodologia", de Heritage, essa ambivalência do interacionismo reaparece por toda parte. Sem dúvida, Heritage e os adeptos da etnometodologia não formulariam a frase nestes termos, mas a mensagem da etnometodologia é clara: estudem os processos interativos, especialmente os que dizem respeito à fala e à conversação, graças aos quais os agentes criam relatos e o senso de um mundo exterior, factual. A realidade social mais notável, creem alguns, é a interpretação contextual e indicial de signos e símbolos entre determinados agentes.

Oposto a essa ênfase é o desdobramento que Münch imprime ao funcionalismo parsoniano. Se termos como "significação" e "ação" são relevantes, o verdadeiro tema da teoria funcionalista são os sistemas complexos de ações inter-relacionadas. Para Münch e outros parsonianos, a realidade existe em diferentes níveis sistemáticos que englobam praticamente todas as fases da realidade; no fim, entretanto, a análise teórica da ação quase sempre insiste na estrutura e função de sistemas e subsistemas; em seu uso de vários meios simbólicos; em seus modos de integração e em seus meios de adaptação aos diversos ambientes. O comportamento dos indivíduos em cenários concretos subordina-se à visão de um universo social majestoso de quatro sistemas de ação enraizados num universo orgânico, télico e físicoquímico.

A descrição feita por Cohen da teoria da estruturação de Giddens tenta uma mediação entre essas teses disparatadas do universo social. Giddens postula uma "dualidade de estrutura" em que a estrutura fornece as regras e os recursos envolvidos na atuação, que também reproduz as propriedades estruturais das instituições sociais. A estrutura é tanto o meio quanto o fim da conduta cotidiana assumida pelos agentes. Assim, para a teoria da estruturação, os agentes, a ação e a interação são coagidos pela dimensão estrutural da realidade social, embora também a engendrem.

O capítulo de Jonathan Turner sobre "Teorização analítica" é um pouco menos otimista com relação às possibilidades de integração conceitual das análises institucional e interpessoal. Ao invés, ele propõe uma análise eclética de microdinâmica que incorpore o interacionismo simbólico, a etnometodologia, o behaviorismo e outras ideias, mas, ao mesmo tempo, defende uma conceitualização separada de macroprocessos que sintetize as concepções não apenas da teoria funcional como também de outras abordagens estruturais. Segundo Turner, quaisquer esforços para aproximar interação individual e estruturas emergentes são prematuros. Ambos os níveis são igualmente "reais", mas, por enquanto, cada um exige seus próprios conceitos, proposições e modelos.

Teóricos de orientação mais crítica assistem com impaciência ou desconfiança a todos esses debates sobre o tema da sociologia. Para esses estudiosos, a realidade mais importante é aquela que limita as opções e potenciais humanos por meio da tirania e da opressão. Nesses termos, Miliband sustenta que a dominação de classes e o conflito de classes fornecem a dinâmica nuclear da organização humana. A preocupação básica da teoria social, portanto, deve voltar-se para a análise da capacidade de controlar os meios de produção, administração, comunicação e coerção numa sociedade. O exame dos sistemas mundiais de Wallerstein opera no mesmo sentido, mas, ao contrário da tese classista de Miliband, as formações sociais e o Estado não são as unidades mais importantes da análise. Ao contrário, "sistemas históricos" que evoluem no tempo e no espaço sob diversas formas, de minissistemas a impérios e economias mundiais, devem constituir os tópicos centrais de análise em teoria social. Para Wallerstein, o poder das economias e impérios mundiais para coagir e dominar as ações dos indivíduos, corporações e "minissistemas" é a mais destacada realidade do universo social.

Desenvolvimento posterior da teoria social

Em grande medida, os caminhos e procedimentos para desenvolver a teoria social dependem do empenho em um tema específico e de uma filosofia da ciência social. Aqui podemos traçar uma série de convergências e trajetórias variáveis de desenvolvimento. Por exemplo, embora a teoria da estruturação de Giddens e a versão da teoria da ação parsoniana de Münch pareçam ter muito pouco em comum, ambas advogam implicitamente uma estratégia de construção teórica similar: elaboram uma estrutura conceitual que pode ser usada para interpretar casos empíricos específicos. As respectivas estruturas diferem quanto às propriedades substantivas do mundo que denotam e quanto ao tipo de explicação que cada qual considera possível. As duas, no entanto, estão empenhadas em criar uma "teoria ontologicamente fundamentada", para empregar a expressão de Cohen sobre a abordagem de Giddens. Para eles, a teoria deve captar os traços principais da atuação humana e dos padrões institucionais.

Wallerstein parece defender a mesma postura, embora para um tema um tanto diferente. Rejeita, sim, a distinção nomotéticoideográfica, mas sustenta basicamente que "a ciência histórica deve *começar* pelo abstrato e avançar para o concreto". Assim, como ocorre com Giddens e Münch, a ideia é utilizar uma estrutura ampla e abstrata para interpretar os eventos históricos e empíricos concretos.

Wilson, na melhor das hipóteses, consideraria tais estruturas (mesmo as expressas matematicamente) como recursos heurísticos. Além disso, elas jamais podem constituir um sistema a partir do qual se façam deduções de eventos empíricos, em primeiro lugar porque semelhantes deduções apresentarão conteúdos interpretativos. No entanto, como todos os teóricos, Wilson reconhece que não se pode abandonar completamente a metáfora da construção de modelos, própria da ciência natural, enquanto não se identifiquem as limitações dessa metáfora.

Alexander acrescentaria que o emprego dessas estruturas e modelos heurísticos está inevitavelmente sujeito ao debate e à controvérsia. Mais que isso, eles serão sempre solapados pelos dados.

Portanto, a teoria decorrerá do diálogo, remontando tipicamente aos clássicos para inspiração e legitimação. Em consequência, a teoria sempre se desenvolverá mais no nível do discurso que da confirmação empírica.

"Interacionismo simbólico", de Joas, e "Etnometodologia", de Heritage, chegam a advogar a indução, ainda que os teóricos dessas tradições possam rejeitar esse retrato categórico. Mas, em essência, eles sustentam que a teoria deve ser desenvolvida a partir das observações das interações pessoais nos contextos da vida real. Qualquer que seja a natureza da teoria a ser desenvolvida a partir de semelhantes observações, ela tem de denotar o que as pessoas realmente fazem em determinados contextos. Ou seja, conceitos, generalizações e estruturas precisam estar empiricamente alicerçados em processos observáveis de interação dos indivíduos.

Turner e Homans, sob certos aspectos, partilham a mesma visão. Homans insiste em que a teoria deva contemplar comportamentos observáveis e não entidades reificadas como a estrutura; todavia, essa teoria tem de ser formal e dedutiva. Seja por intermédio da indução, dedução, abdução ou inspiração divina, o objetivo é desenvolver axiomas abstratos capazes de servir como leis explicativas para o maior espectro possível de eventos empíricos. Essas leis não devem ser estruturas imprecisas, mas assertivas específicas sobre relacionamentos entre variáveis. Turner compartilha esse ponto de vista, mas reconhece que uma teoria axiomática plenamente desenvolvida talvez seja impossível em ciência social em razão da impossibilidade de se impor controles experimentais. No entanto, concorda com a opinião de Homans segundo a qual amplas referências conceituais são imprecisas demais, pouco rigorosas para constituir o ponto de chegada da teorização. Ele propõe um jogo criativo entre leis abstratas e modelos analíticos, que representem esquematicamente complexos de conexões causais no interior de classes genéricas de variáveis. A finalidade é traduzir os modelos analíticos em proposições abstratas que possam ser testadas, rejeitadas ou revistas à luz de experimentações sistemáticas.

Conclusão

A teoria social é um empreendimento muito variado. Há desacordo quanto a algumas de suas preocupações fundamentais: que tipo de ciência social é possível, qual deve ser seu tema, que processos ela tem de adotar. Nos capítulos seguintes, encontraremos um exame representativo das diversas posições. Escolhemos cuidadosamente os autores e os temas para oferecer um guia sistemático tanto das principais tradições de pensamento da teoria social quanto das mudanças que ocorreram nas últimas décadas. A teoria social se encontra em estado de fermentação intelectual. Para alguns, isso não causa surpresa e chega mesmo a ser inquestionável, ao passo que, para outros, apenas gera confusão e estagnação. Entretanto, para nossos propósitos como organizadores, o objetivo foi representar a diversidade de posturas existentes e criar um fórum onde alguns de seus mais eminentes representantes pudessem expor suas ideias. Cremos que o leitor achará *Teoria social hoje* um guia útil e uma obra de referência para orientar-se na situação atual da teoria social.

A IMPORTÂNCIA DOS CLÁSSICOS

Jeffrey C. Alexander

A relação entre ciência social e os clássicos é uma questão que suscita os mais agudos problemas não só em ciência social como, de um modo mais genérico, nos estudos culturais. No presente ensaio, enfatizo a importância dos clássicos na ciência social contemporânea. Essa postura é ameaçada por aquilo que, à primeira vista, lembra dois campos inteiramente diversos. Entre os profissionais da ciência social, é claro, sempre houve certo ceticismo em relação aos "clássicos". De fato, para os cultores do positivismo, a própria questão da relação entre ciência social e os clássicos conduz imediatamente a outra: existirá mesmo uma relação dessas? Por que as disciplinas que se dizem orientadas para o mundo empírico e para o acúmulo de conhecimento objetivo sobre ele precisam recorrer a textos escritos por autores que já morreram e se foram há muito tempo? Segundo os cânones do empirismo, afinal de contas, o que quer que fosse relevante em tais textos já deveria ter sido, de longa data, verificado e incorporado à teoria contemporânea ou refutado e lançado à lata de lixo da história.

Todavia, não são apenas os positivistas "radicais" que clamam contra a aproximação entre interpretação clássica e ciência social contemporânea; também os humanistas o fazem. Recentemente, surgiu um poderoso argumento contra a aplicação de preocupações contemporâneas à consideração dos textos clássicos. Segundo esse argumento (p. ex., Skinner, 1969), os textos clássicos devem ser avaliados unicamente em termos históricos. Essa posição histórica quanto aos clássicos condiz com a empirista, uma vez que ambas se opõem a que os objetivos da ciência social contemporânea se misturem com a discussão de textos históricos.

Portanto, para responder às perguntas sobre a relação entre ciência social e os clássicos, tem-se de determinar exatamente o que seja a ciência social e em que medida ela se relaciona com a ciência da natureza. Tem-se de determinar também o que significa analisar os clássicos e que relação esse tipo de atividade presumivelmente histórica apresenta com a busca contemporânea de conhecimento científico.

Mas antes de examinar detalhadamente essas questões, darei uma definição incisiva do que vem a ser um clássico. Um clássico é o resultado do primitivo esforço da exploração humana que goza de *status* privilegiado em face da exploração contemporânea no mesmo campo. O conceito de *status* privilegiado significa que os modernos cultores da disciplina em questão acreditam poder aprender tanto com o estudo dessa obra antiga quanto com o estudo da obra de seus contemporâneos. Além disso, tal privilégio implica que, no trabalho diário do cientista médio, essa deferência se faz sem prévia demonstração: é tacitamente aceita porque, como clássica, a obra estabelece critérios básicos em seu campo de especialidade. Graças a essa posição privilegiada é que a exegese e a reinterpretação dos clássicos – dentro ou fora de um contexto histórico – se tornaram correntes importantes em várias disciplinas, pois o que se tem pela "significação verdadeira" de uma obra clássica repercute amplamente. Os teólogos ocidentais tomaram a Bíblia por seu texto clássico, como o fizeram também aqueles que praticam as religiões judeu-cristãs. Para os estudantes de literatura inglesa, Shakespeare é indubitavelmente o autor cuja obra encarna os mais elevados padrões em seu campo. Durante quinhentos anos, Aristóteles e Platão gozaram de *status* clássico na teoria política.

O desafio do empirismo à importância dos clássicos

O que atiça o desafio contra a importância dos clássicos, por parte da ciência social, parece suficientemente óbvio. De acordo com a definição dada ao termo, o gênero "clássico" não existe hoje nas ciências naturais. Whitehead (1974, p.115), sem dúvida um dos mais sofisticados filósofos da ciência de nosso século, escreveu que "uma ciência hesitante quanto a esquecer seus fundadores é uma ciência perdida". Esse pronunciamento parece inegavelmente verdadeiro, pelo menos se a ciência for considerada na sua acepção anglo-americana equivalente a *Naturwissenschaft*. Como observou um historiador da ciência, "qualquer colegial sabe mais física que Galileu, principal candidato às honras de fundador da ciência moderna, e mais que Newton, cuja mente foi a mais poderosa de quantas se dedicaram à natureza" (Gillispie, 1960, p.8).

O fato é inegável. Mas o problema é: o que significa este fato? Para os positivistas, significa que, a longo prazo, a ciência social terá também de ignorar os clássicos, devendo a atenção a eles ser limitada a curto prazo. Os clássicos serão aniquilados pela mera informação empírica. Exegese e comentário – indícios seguros de *status* privilegiado – não têm lugar nas ciências sociais. Essas conclusões se baseiam em duas pressuposições. A primeira é que a ausência de textos clássicos na ciência natural denuncia o seu *status* puramente empírico; a segunda é que ciência natural e ciência social são no fundo a mesma coisa. Mais adiante mostrarei que nenhuma delas é verdadeira. Antes, porém, examinarei o argumento empírico que as sistematiza.

Num importante ensaio publicado pela primeira vez há quarenta anos, Merton (1947, reimpresso em 1967, p.1-38) insurgiu-se contra o que chamou de dissolução da história e da sistemática da teoria sociológica. Seu modelo de teoria sistemática eram as ciências naturais, que aparentemente consistiam na codificação do conhecimento empírico e na construção de leis explicativas. A teoria científica é sistemática porque testa as leis explicativas por meio de processos experimentais e acumula, assim, constantemente conhecimentos verdadeiros. Já que a acumulação ocorre, não há necessidade de textos clássicos. "O teste mais rigoroso do conhecimento verdadeiramente cumulativo", afirma Merton, "é que as mentes comuns podem resolver problemas, hoje, que os grandes cérebros antes sequer conseguiam começar a resolver." Numa ciência verdadeira, portanto, "o louvor dos grandes colaboradores do passado cabe principalmente à história da disciplina" (Merton, 1967a, p.27-8). A investigação de personalidades antigas representa uma atividade histórica que nada tem a ver com o trabalho científico: é tarefa para historiadores, não para cientistas sociais. Merton opõe vividamente essa distinção radical entre ciência e história à situação reinante nas humanidades, onde, "por contraste direto, toda obra clássica – poema, drama, romance, ensaio ou tratado histórico – tende a integrar a experiência direta das gerações posteriores" (p.28).

Embora Merton reconheça que os sociólogos se situam "entre os físicos e biólogos e os humanistas", sua exigência de uma postura mais próxima das ciências naturais é bastante clara. Refere a firme asserção de Weber segundo a qual, "em ciência, cada um de nós sabe que suas realizações estarão ultrapassadas em dez, vinte ou cinquenta anos", e, também de Weber, a insistência em que "toda contribuição científica exige ser 'ultrapassada' ou superada" (Merton, 1967a, p.28-9). O fato de, cinquenta anos após a morte de Weber, nem suas teorias sociológicas nem suas afirmações sobre ciência estarem realmente "ultrapassadas" é uma ironia que, segundo parece, escapa a Merton. Ao contrário, ele enfatiza que, embora a posição intermediária da sociologia entre ciência e humanidades seja talvez um fato, não se trata de uma posição normativa. "As tentativas de sobrepor orientações científicas e humanistas quase sempre nos levam a fundir a sistemática da teoria sociológica com sua história", fusão que, para Merton, equivale a tornar impossível o acúmulo de conhecimento empírico. O problema, do ponto de vista de Merton, é que os sociólogos são pressionados de ambos os lados, posição estrutural que costuma desviá-los de seu papel precípuo. Muitos sucumbem a tais pressões e passam a desempenhar outros papéis. Eles "oscilam" entre ciência social e humanidades. Só uns poucos conseguem "resistir às pressões agindo inteiramente como cientistas" (Merton, 1967a, p.29).

É o desvio (termo meu, não de Merton) do papel científico que conduz àquilo que Merton chama de "tendências intelectualmente degenerativas", que misturam sistemática com história. A tentativa de elaborar uma sistemática histórica é degenerativa – precisamente no sentido em que defini o termo "clássico" – porque privilegia trabalhos antigos. Sente-se uma "reverência" pelos "ancestrais ilustres" e enfatiza-se a "exegese" (1967a, p.30). Pior que tudo, uma vez que se impõe entender obras antigas e frequentemente difíceis, insiste-se na "erudição *versus* originalidade". Merton não caracteriza a pesquisa erudita dos textos clássicos como interpretação. Isso, creio eu, implicaria que tal pesquisa envolvesse um elemento teórico criativo de caráter generativo (em oposição a degenerativo) na moderna acepção científica. A generatividade contradiz a atitude servil para com as obras antigas, que Merton considera inerente à pesquisa histórica dos textos clássicos, pois não é apenas a reverência, mas a "reverência acrítica" que, a seu ver, reside aí.[1] A interpretação e a criatividade que ela implica também contradizem a epistemologia mecanista que sustenta seus argumentos. Para Merton, a sistemática histórica simplesmente fornece, aos contemporâneos, espelhos nos quais os antigos textos se refletem. Eles são "resumos críticos", "meros comentários", "exegeses amplamente estéreis", "conjuntos cronologicamente ordenados de sinopses críticas de doutrina" (1967a, p.2, 4, 30, 35; cf. p.9).

Os textos antigos, insiste Merton, simplesmente não deveriam ser analisados dessa maneira "deploravelmente inútil". Ele oferece duas alternativas, uma do âmbito da sistemática, a outra do âmbito da história. Do ponto de vista da ciência social, afirma

1 Essa atitude servil e humilhante frente aos clássicos – a citação completa é "reverência indiscriminada em relação a qualquer declaração feita por antecessores ilustres" (Merton, 1967, p.30) – deve ser claramente distinguida da deferência e do *status* privilegiado que engrandecem os clássicos segundo a definição acima referida. Direi mais à frente que, enquanto a deferência define a atitude formal, a reconstrução e a crítica contínua são a real substância da sistemática histórica. O extremismo de Merton nessa matéria é típico daqueles que negam a relevância das pesquisas clássicas para a ciência social, pois apresenta essas pesquisas de forma anticientífica, acrítica.

que os textos antigos devem ser tratados de maneira utilitária e não clássica. Sem dúvida, a situação atual não é ideal: não houve o tipo de acúmulo empírico que a ciência social tem todo o direito de esperar. Ao invés de insistir nessa situação, entretanto, a resposta apropriada é converter os novos textos clássicos em simples fontes de dados e/ou teorias não verificadas, ou seja, transformá-los em veículos para posterior acumulação. Eles devem ser encarados como fontes de "informação não recolhida previamente", que possa ser "utilmente empregada como novos pontos de partida". Assim, tais textos apontariam para o futuro científico, não para o passado humanista. O estudo dos textos antigos pode, dessa maneira, tornar-se científico. Ao "seguir e desenvolver tendências teóricas", esse estudo pode voltar-se para a "recuperação de conhecimento cumulativo relevante ... e a incorporação dele em formulações subsequentes" (1967a, p.30, 35).

A alternativa à fusão, do ponto de vista da história, não é de fato muito diferente. Ao invés de usar os textos como fontes de informação não recolhida, convém estudá-los como documentos históricos em si mesmos. Aqui, de novo, a questão é evitar a exegese textual. "Uma *história* genuína da teoria sociológica", escreve Merton, "deve contemplar o jogo entre a teoria e certas matérias como as origens sociais e *status* de seus expoentes, a organização social mutável da sociologia, as alterações que a difusão provoca nas ideias e suas relações com a estrutura social e cultural do ambiente" (p.35). É o ambiente das ideias e não as ideias que o bom historiador da ciência social deve estudar. Julga-se que os objetivos do historiador são tão empíricos quanto os do sociólogo, que examina os mesmos textos para propósitos de acumulação. Portanto, ao repelir a fusão de ciência e história, Merton se baseia não apenas na exigência de uma sociologia científica, mas também de uma história científica.

Já mencionei duas premissas das quais depende o desafio empírico à importância dos clássicos. Primeira: a ausência de clássicos na ciência natural provém de sua natureza empírica e cumulativa. Segunda: a esse respeito, ciência social e ciência natural são basicamente a mesma coisa. No ensaio de Merton (1967a) contra a fusão de história e sistemática, a perspectiva empírica da ciência natural é uma premissa inata praticamente tácita. Seu relato da história da ciência é apenas progressivo. Em lugar de um tratamento relativístico e histórico de antigos textos científicos, que no espírito da sensibilidade pós-kuhniana enfatiza o poder formador dos esquemas supracientíficos cultural e intelectual, Merton vê os trabalhos antigos como uma série de "antecipações", "esboços" e "pré-descobertas" daquilo que se conhece no presente (1967a, p.8-27). Além disso sabemos, a partir dos protocolos sistemáticos de Merton para a sociologia da ciência (p. ex., Merton, 1973), que essa impressão não é errada. Para Merton, os empreendimentos disciplinares e metodológicos constituem os únicos fatores não empíricos aplicáveis ao trabalho científico, e nenhum deles influenciaria diretamente o conhecimento científico do mundo objetivo.

A outra premissa fundamental sobre a qual se assenta a tese de Merton afirma que, em seu referente primariamente empírico, a ciência social se parece com a ciência natural. Esse segundo ponto, entretanto, oferece maiores dificuldades a Merton. Sabemos, por seu ensaio sobre a teoria de médio alcance (Merton, 1967b) – que, não por acaso, se segue imediatamente à obra sobre a fusão de história e sistemática na coleção de Merton, *Social Theory and Social Structure* [*Teoria social e estrutura social*] – que Merton não considera a ciência social limitada por um paradigma, no sentido de Kuhn. Em virtude de ser norteada antes pelo problema do que pelo paradigma, a ciência social é organizada pela especialidade empírica e não por uma escola ou tradição. Mas, dado que os sociólogos não são empíricos, por que separam ciência e humanidades? E por que mesclam história e sistemática se não pretendem fundar e manter escolas? Conforme já aventei, Merton, mesmo quando reconhece esses fatos inevitáveis, insiste em considerá-los desvios anômalos, não tendências inerentes. Repetindo que "a sociologia adota a orientação e a prática das ciências físicas", declara que a pesquisa da ciência social "avança a partir das fronteiras abertas pela obra cumulativa das gerações passadas" (Merton, 1967a, p.29-31).

Na verdade, a despeito da tendência degenerativa a engajar-se naquilo que chamei de sistemática histórica, Merton acredita que nosso conhecimento da forma de estudar a história do pensamento científico já é, por si, científico e cumulativo! Ele emprega a terminologia da ciência progressiva – esboço, pré-descoberta, antecipação – para explicar o tipo certo de história científica progressiva. Insurgindo-se contra as histórias progressivas que se apoiam unicamente em descrições formais e publicadas do trabalho científico, Merton declara (p.4-6) que tais relatos dependem de uma concepção de história que "está muito aquém das realidades longamente aceitas". Foi Bacon quem primeiro "observou" que o processo da descoberta objetiva é mais criativo e intuitivo do que sugere a lógica formal da prova científica. Isso, segundo Merton, pode ser confirmado pelo fato de ter havido descobertas independentes do fenômeno: "Mentes aguçadas fizeram o mesmo tipo de observação, repetidamente e, ao que parece, independentemente". A teoria científica que cobre, ou explica, tais observações empíricas desenvolveu-se no devido tempo: "Essa observação foi generalizada" por filósofos posteriores. É em virtude da adoção dessa lógica empírica que Merton se mostra confiante no progresso inevitável da história da ciência, pois "a incapacidade da sociologia de distinguir entre história e sistemática da teoria será finalmente eliminada" (Merton, 1967a, p.4-6).

Eis aí as premissas básicas da tese de Merton – agora clássica! – contra a importância dos clássicos. Todavia, parece haver também uma terceira, ancilar, implícita nas duas principais e não independente. Trata-se da noção de que o significado de textos antigos e notáveis está aberto a todos. Demonstrei como, ao condenar a sistemática histórica, Merton acha que ela produz apenas resumos. Demonstrei ainda que a história sociológica por ele preferida enfoca o ambiente das teorias científicas e não a natureza das próprias ideias. Seja como for, essa é também a tendência do desafio à importância clássica lançado pelas humanidades, que considerarei mais adiante. Na próxima seção, entretanto, argumento contra o desafio empírico à importância clássica e as duas premissas básicas sobre as quais ele se assenta.

A visão pós-positivista da ciência

A discussão contra a importância dos clássicos presume que, até onde uma disciplina for empírica, ela será cumulativa – e que, sendo cumulativa, não produzirá clássicos. Eu diria, ao contrário, que o fato de uma disciplina possuir clássicos não depende de seu empirismo e sim do consenso, no interior dessa disciplina, quanto à coisas não empíricas.

Em *Theoretical Logic in Sociology* [*Lógica teórica em sociologia*] (Alexander, 1982a, p.5-15), sugeri que a persuasão positivista nas ciências sociais recorre a quatro postulados principais. O primeiro é que existe uma ruptura radical e epistemológica entre as observações empíricas, ditas específicas e concretas, e as afirmações empíricas, ditas gerais e abstratas. O segundo postulado só é possível quando se reconhece essa ruptura: preocupações mais gerais e abstratas – filosóficas ou metafísicas – carecem de significado fundamental para a prática de uma disciplina empiricamente orientada. Em terceiro lugar, questões de natureza geral, abstrata e teórica só podem ser aquilatadas com relação a observações empíricas. Isso sugere que, quando possível, a teoria deva ser estabelecida em forma proposicional e, mais ainda, que os conflitos teóricos sejam dirimidos graças a testes empíricos e experimentos rigorosos. Finalmente, uma vez que esses três primeiros postulados não fornecem base para a discordância científica estruturada, o quarto postulado sustenta que o desenvolvimento científico é "progressivo", isto é, linear e cumulativo. Portanto, a diferenciação num campo científico seria o produto da especialização em diferentes domínios empíricos, não o resultado de uma discordância geral e não empírica sobre como explicar o mesmo domínio empírico.

Embora esses quatro postulados ainda reflitam acuradamente o senso comum de muitos cientistas sociais profissionais – sobretudo os da vertente americana –, eles foram vigorosamente desafiados pela nova onda da filosofia, história e mesmo sociologia da ciência natural pós-positivistas, surgidas nas duas últimas décadas (Alexander, 1982a, p.18-33). Se os postulados da tendência positivista efetivamente reduzem a teoria ao fato, os da postura pós-positivista reabilitam a teoria.

1 Os dados empíricos da ciência são teoricamente moldados. A distinção fato-teoria não é epistemológica nem ontológica, ou seja, não é uma distinção entre natureza e pensamento. Trata-se de uma distinção analítica. Como escreveu Lakatos (por exemplo, 1969, p.156), descrever afirmações como observações é um modo de dizer, não uma referência ontológica. A distinção analítica refere-se a observações moldadas por aquelas teorias das quais temos mais certeza.

2 Os empreendimentos científicos não se baseiam apenas em evidências empíricas. Polanyi (por exemplo, 1958, p.92) demonstra convincentemente que a rejeição, por princípio, da evidência é o alicerce de que depende a continuidade da ciência.

3 A elaboração geral e teórica é normalmente dogmática e horizontal, não cética e progressiva. Quanto mais geral for a pretensão, menos se aplica o teorema da falsificação de Popper. A formulação teórica não avança, como sustentaria Popper, segundo a lei da "luta mais cruel pela sobrevivência" (1959, p.42). Ao contrário, quando uma postura teórica geral se depara com uma evidência empírica contraditória, que não pode ser ignorada, começa a desenvolver hipóteses e categorias residuais *ad hoc* (Lakatos, 1969, p.168-76). Desse modo, novos fenômenos podem ser "explicados" sem sujeição a formulações gerais.

4 Mudanças fundamentais na crença científica acontecem apenas quando alterações empíricas são acompanhadas pela disponibilidade de alternativas teóricas convincentes. Uma vez que tais mudanças teóricas acontecem quase sempre nos bastidores, são menos visíveis àqueles que se dedicam à tarefa científica. Por isso os dados empíricos parecem antes concretamente induzidos do que analiticamente construídos. Na verdade, porém, conforme observa Holton, o conflito entre empreendimentos teóricos gerais "está entre os mais poderosos tônicos da pesquisa empírica" e deve ser colocado "no cerne das grandes mudanças nas ciências naturais" (1973, p.26, 190).

Se as considerações gerais e não empíricas desempenham papel tão decisivo, então a primeira assertiva de Merton – sobre o caráter da ciência natural – não se sustenta. Nem, a meu ver, a segunda, pois sob certos aspectos cruciais as práticas da ciência natural e da ciência social não são as mesmas. Essa conclusão talvez pareça surpreendente. Uma vez estabelecida a dimensão não empírica da ciência natural, pareceria que o *status* das obras clássicas não está sendo abalado. Entretanto, persiste o fato de que a ciência natural não apela para os clássicos. O desafio consiste em explicá-lo por meios não empíricos.

Por que não existem clássicos na ciência natural: uma visão pós-positivista

A epistemologia da ciência não determina os temas particulares fixados para a atividade científica em uma dada disciplina científica.[2] No entanto, é precisamente a fixação dessa atividade a responsável pelo "sentir" relativamente empírico de qualquer disciplina. Assim, mesmo antiempiristas confessos têm reconhecido que o enfoque explícito em questões empíricas é o que distingue as ciências naturais das humanas. Por exemplo, Holton demonstrou com muita dificuldade que os *themata* arbitrários e supraempíricos afetam a física moderna, mas insistiu em que jamais tentou justificar a introdução de "discussões temáticas ... na *prática* da ciência em si". Com efeito, diz ele que "somente quando tais questões forem banidas do laboratório a ciência começará a avançar rapidamente" (Holton, 1973, p.330-1, grifo nosso). Até

2 Minha distinção entre ciência natural e ciência social só pode ter, é claro, um caráter de tipo ideal. Meu propósito é articular condições gerais e não explicar situações disciplinares específicas. Em geral, é decerto apropriado dizer que as condições pró e contra os clássicos correspondem amplamente à divisão entre ciências da natureza e ciências que tratam das ações dos seres humanos. A análise específica de qualquer disciplina exigiria a especificação das condições gerais em cada caso. Assim, a ciência natural se fragmentou em ciência física e ciência da vida. Menos sujeita à matematização, esta é menos consensual e menos vulnerável a disputas extraempíricas explícitas. Em alguns casos isso pode fazer com que o debate sobre os clássicos desempenhe um papel científico constante, como na polêmica darwiniana em biologia evolucionista. Também nos estudos sobre o homem as disciplinas diferem segundo o grau com que, tipicamente, manifestam as condições que vou descrever. Nos Estados Unidos, por exemplo, a economia é mais independente dos clássicos que a sociologia ou a antropologia, e a relação da história com os clássicos parece flutuar continuamente. A variação, nestes casos empíricos, pode ser explicada em termos das condições teóricas que exporei mais adiante.

o consumado filósofo idealista Collingwood, para quem a prática científica repousa em conceitos metafísicos, reconhece que "a função do cientista não é propô-los, mas apenas pressupô-los" (Collingwood, 1940, p.33).

A fixação da atividade científica depende daquilo que os profissionais consideram cientificamente problemático. Dado que, em nossos tempos, os naturalistas tendem a concordar quanto aos objetivos gerais que moldam sua técnica, as questões mais empíricas é que usualmente chamam sua atenção. Isso, sem dúvida, é exatamente o que permite à "ciência normal", na expressão de Kuhn (1970), prosseguir como uma atividade de solução empírica de enigmas e problemas específicos. Também Habermas, para quem a ciência normal caracteriza a ciência natural em si, identificou o consenso como aquilo que diferencia a atividade "científica" da atividade "não científica".

> Diremos que uma informação é científica se, e apenas se, um consenso voluntário e permanente puder ser obtido com relação à sua validade ... A genuína conquista da ciência moderna não é, primariamente, a produção da verdade, ou seja, afirmações corretas e convincentes sobre o que chamamos realidade. Ao contrário, ela se afasta das categorias tradicionais de conhecimento utilizando um método de chegar a esse consenso voluntário e permanente quanto às nossas visões. (Habermas, 1972, p.91)

Somente quando houver discordância quanto aos postulados básicos que moldam uma ciência é que essas questões não empíricas se justificarão explicitamente. Kuhn chama a isso uma crise paradigmática. E é durante essas crises, acredita ele, que se recorre à "filosofia e ao debate sobre os fundamentos" (Kuhn, 1970).

Os clássicos estão ausentes porque, em geral, a atenção se volta para as dimensões empíricas da ciência natural. As dimensões não empíricas acham-se camufladas, parecendo que as hipóteses especulativas podem ser resolvidas por referência tanto aos dados dos sentidos, relativamente acessíveis, quanto a teorias cuja especificidade torne imediatamente notória sua relevância para esses dados. Os clássicos, ao contrário, implicam uma postura privilegiada para as teorias antigas. Considera-se que elas, e não apenas as modernas, gozem de *status* esclarecedor; com efeito, textos clássicos costumam ser considerados como capazes de suprir igualmente dados relevantes. A meu ver, a ciência natural não é menos apriorística que seu equivalente social. Uma postura não apriorística, puramente empírica, não constitui explicação para a ciência natural "a-clássica". É, antes, uma questão da forma assumida pela mescla de conhecimento anterior e contingente.

Assim, ao invés de clássicos, a ciência natural dispõe daquilo que Kuhn chamou de modelos (*exemplars*). Com esse termo, Kuhn (1970, p.182) aponta exemplos concretos de trabalho empírico bem-sucedido: exemplos do tipo das imponentes soluções de problemas que definem os campos paradigmáticos. Embora os modelos encarnem empreendimentos metafísicos e não empíricos de várias espécies, são em si mesmos padrões específicos de explicação do mundo. Necessariamente incluem definições e conceitos, mas encaminham aqueles que os estudam para questões operacionais e técnicas. Mesmo com toda a sua especificidade, os modelos desempenham um papel apriorístico. São aprendidos em manuais e laboratórios antes que os neófitos se mostrem capazes de determinar por si mesmos se são ou não verdadeiros. Em suma, são absorvidos porque gozam de posição privilegiada no processo de socialização e não porque tenham validade científica. Os processos de aprendizado são os mesmos na ciência social: a diferença é que os cientistas sociais absorvem tanto clássicos quanto modelos.

As razões pós-positivistas em prol dos clássicos

A proporção entre modelos e clássicos revela-se bem diferente na ciência social porque, em sua aplicação social, a ciência provoca muito mais discordância. Uma vez que há ampla e persistente discordância, os postulados básicos mais gerais, que permanecem implícitos e relativamente invisíveis na ciência natural, entram aqui ostensivamente em cena.[3] As condições que Kuhn define para

3 Mannheim esclarece bem essa distinção: "Ninguém nega a possibilidade da pesquisa empírica, ninguém afirma que os fatos não existem ... Também nós recorremos aos fatos em busca de provas, mas a questão da natureza dos fatos

a crise paradigmática nas ciências naturais são rotineiras nas ciências sociais. Não estou afirmando a inexistência de um conhecimento "objetivo" nas ciências sociais, nem mesmo a impossibilidade de predições acertadas e leis explicativas. Para mim é possível adquirir conhecimento cumulativo autêntico sobre o mundo a partir de pontos de vista diferentes e opostos – e mesmo sustentar leis explicativas relativamente antecipatórias a partir de orientações gerais que difiram em substância. Afirmo apenas que as condições da ciência social tornam altamente improvável o consenso sobre a natureza exata do conhecimento empírico – para não falar do consenso sobre leis explicativas. Em ciência social, portanto, os argumentos a respeito da verdade científica não se referem apenas ao nível empírico; eles atravessam o leque total de empreendimentos não empíricos que amparam pontos de vista concorrentes.

Existem razões cognitivas e valorativas para as notórias diferenças no nível de consenso. Aqui, mencionarei apenas as principais.

1 Na medida em que os objetos de uma ciência estejam localizados no mundo físico, fora da mente humana, seus referentes empíricos podem, em princípio, ser mais facilmente verificados por meio da comunicação interpessoal. Em ciência social, em que os objetos constituem estados mentais ou condições para estados mentais, a possibilidade de confundir os estados mentais do observador científico com os estados mentais das pessoas observadas é endêmica.

---

representa, em si mesma, um grande problema. Eles existem para a mente sempre num contexto intelectual e social. Que possam ser compreendidos e formulados implica já a existência de um aparato conceitual. E se esse aparato conceitual for o mesmo para todos os membros de um grupo, os pressupostos (isto é, os valores sociais e intelectuais possíveis), que subjazem aos conceitos individuais, jamais serão perceptíveis ... Entretanto, uma vez rompida a unanimidade, as categorias fixas, que davam à experiência seu caráter confiável e coerente, sofrem uma desintegração inevitável. Surgem modos de pensamento divergentes e conflitantes, os quais (desconhecidos para o sujeito pensante) ordenam os mesmos fatos de experiência em diferentes sistemas de pensamento, forçando-os a ser percebidos por meio de diferentes categorias lógicas" (Mannheim, 1936, p.102-3).

2 A resistência ao mero consenso quanto a referentes empíricos brota ainda da natureza distintamente estimativa da ciência social. Há uma relação simbiótica entre descrição e avaliação. Os achados da ciência social muitas vezes trazem implicações significativas para a organização e reorganização desejáveis da vida social. Na ciência natural, ao contrário, "mudanças no conteúdo da ciência quase nunca implicam mudanças nas estruturas sociais" (Hagstrom, 1965, p.285). As implicações ideológicas da ciência social redundam nas próprias descrições dos objetos de pesquisa. Até a caracterização dos estados mentais ou instituições – por exemplo, a sociedade é "capitalista" ou "industrial", houve "proletarização", "individuação" ou "atomização"? – reflete uma estimativa das consequências que a explicação de um fenômeno que ainda não ocorreu tem para os valores políticos. Embora Mannheim superestimasse as asserções estimativas em detrimento das cognitivas, ele era sem dúvida sensível a esse problema. Toda distinção, escreveu ele, "depende necessariamente da perspectiva individual, isto é, ela traz em si todo o sistema de pensamento que representa a posição do pensador em questão e, especialmente, as estimativas políticas que subjazem a esse sistema de pensamento". A esse respeito, sua conclusão parece acertada: "A própria maneira de definir um conceito e o matiz com que é empregado já encarnam, até certo ponto, um julgamento prévio relativo ao final da cadeia de ideias construídas sobre ele" (Mannheim, 1936, p.196-7).

3 Nem é preciso dizer que, sendo difícil obter para as razões cognitivas e estimativas um consenso sobre os referentes empíricos da ciência social, por insignificantes que sejam, menor consenso ainda haverá sobre as abstrações feitas a partir desses referentes concretos, que formam a substância da teoria social. Hagstrom (1965, p.256-8) aventa que as possibilidades de obtenção de um consenso científico dependem significativamente do grau de quantificação consistente com os objetivos científicos da disciplina. Já que os referentes empíricos não são claros e as abstrações estão sujeitas a perene controvérsia, os esforços para matematicizar a ciência social só conseguirão disfarçar ou promover pontos de vista particulares.

4 Dado que nem os referentes empíricos nem as leis explicativas promovem consenso, todos os elementos captados pela percepção empírica se transformam em temas de debate. Além disso, à vista dessa discordância endêmica, a ciência social será inevitavelmente diferenciada pelas tradições (Shils, 1970) e pelas escolas (Tiryakian, 1979). Para a maioria dos membros da comunidade científica, é óbvio que esses fenômenos culturais e institucionais "extracientíficos" não constituem meras manifestações de discordância, mas sim alicerces sobre os quais as discordâncias científicas são promovidas e sustentadas. Essa constatação alerta os cientistas sociais para as dimensões não empíricas de seu campo.

Por todas essas razões, o discurso – e não apenas a explicação – torna-se um dos traços destacados do campo da ciência social. Entendo por discurso os modos de argumentação mais consistentemente gerais e especulativos que as discussões científicas normais. Estas são dirigidas, de modo mais disciplinado, para evidências empíricas específicas, na lógica indutiva e dedutiva, nos esclarecimentos dependentes de leis explicativas e nos métodos graças aos quais essas leis podem ser verificadas ou falsificadas. O discurso, ao contrário, é "raciocinativo". Ele enfoca o processo racional ao invés dos resultados da experiência imediata, tornando-se significativo quando não existe nenhuma verdade inteligível e evidente. O discurso busca a persuasão por intermédio do argumento e não da predição. Seu caráter persuasivo baseia-se em qualidades como coerência lógica, amplitude de campo, visão interpretativa, relevância de valores, força retórica, beleza e textura de argumento.

Foucault (1973) identifica as práticas intelectuais, científicas e políticas como "discursos" que procuram negar seu *status* meramente empírico, indutivo. Assim, insiste ele, as atividades práticas são historicamente constituídas e modeladas por noções metafísicas que podem definir toda uma época. Também a sociologia é um campo discursivo. Mas nela encontramos pouco da homogeneidade atribuída por Foucault a esses campos; em ciência social há discursos, não um único discurso. Além disso, tais discursos não estão estreitamente ligados à legitimação do poder, conforme preceituava Foucault, com maior insistência, em sua obra tardia.

Os discursos das ciências sociais procuram a verdade, ficando constantemente sujeitos a estipulações racionais sobre como a verdade pode ser alcançada e o que vem a ser essa verdade. Aqui, recorro à concepção de Habermas (por exemplo, 1984) do discurso como parte de um esforço que os interlocutores fazem para chegar a uma comunicação não distorcida. Se Habermas subestima as qualidades irracionais da comunicação, quando não da ação, ele certamente oferece um modo de conceituar suas aspirações racionais. Suas tentativas sistemáticas de identificar tipos de argumentação e critérios capazes de obter uma justificação convincente mostram que os empreendimentos racionais e o reconhecimento de argumentos supraempíricos podem ser combinados. Entre o discurso racionalizante de Habermas e o discurso arbitrário de Foucault está o verdadeiro campo discursivo da ciência social.

É em virtude da importância do discurso que a teoria, nas ciências sociais, se mostra tão polivalente e que aqueles esforços compulsivos (por exemplo, Wallace, 1971) para acompanhar a lógica da ciência natural são tão maldirigidos. Os positivistas percebem a tensão entre essa concepção polivalente e seu ponto de vista empírico. Para anulá-la, eles tentam sobrepor a "teoria" à "metateoria", ou melhor, excluir a teoria em favor da "explicação" em sentido estrito. Assim, queixando-se de que "grande parte da teoria social consiste na história das ideias e do culto generalizado do herói em Marx, Weber [e] Durkheim", Turner postula uma "teoria oposta a ... mais uma análise metateórica dos velhos mestres teóricos"[4] (Turner, 1986, p.974). E Stinchcombe descreve Marx, Durkheim e Weber como "aqueles grandes analistas *empíricos* ... que não trabalharam apenas

4 Essa caracterização pejorativa da metateoria como culto do herói lembra a "reverência indiscriminada" de Merton (1967a, p.30), discutida na nota 1. O servilismo é sem dúvida o reverso do ceticismo científico, e é para negar o papel científico das pesquisas clássicas que se fazem semelhantes alegações. Parece claro, ao contrário, que aquilo que chamei de sistemática histórica consiste na reconstrução crítica das teorias clássicas. Ironicamente, empiristas como Turner e Merton conquistam certa legitimidade para suas acusações porque essas reconstruções na verdade costumam ocorrer num quadro que nega explicitamente toda ambição crítica. Na seção seguinte, tentarei explicar essa "atitude ingênua" dos integrantes do debate sobre os clássicos.

com o que hoje chamamos de *teoria*". Insiste em que eles "produziram *explicações* do desenvolvimento do capitalismo, do conflito de classes ou da religião primitiva". Ao invés de ocupar-se da teoria discursiva, "eles empregaram uma ampla variedade de *métodos* teóricos" (Stinchcombe, 1968, p.3, grifo nosso).

Essas distinções, entretanto, parecem tentativas "utópicas" para fugir da ciência social e não para compreendê-la realmente. O discurso generalizante é predominante e a teoria, polivalente por natureza. Com efeito, a predominância do discurso e as condições que o produzem geram a superdeterminação da ciência social em teoria e sua subdeterminação de fato. Já que não há uma referência óbvia e indiscutível para os elementos que compõem a ciência social, não há também nenhum trânsito claro entre diferentes níveis de generalidade. Formulações em um nível não se ramificam de modo nítido para os outros níveis do trabalho científico. Por exemplo, se medidas empíricas exatas de duas correlações variáveis podem às vezes ser estabelecidas, raramente é possível que uma correlação dessas prove ou negue uma proposição sobre a inter-relação estatuída em termos mais gerais. A razão é que a existência de discordâncias empíricas e ideológicas permite aos cientistas sociais operacionalizar proposições de modos diferentes.

Consideremos de passagem, por exemplo, dois dos melhores esforços recentes para construir a partir dos dados uma teoria mais geral. Ao tentar verificar sua teoria estrutural recém-desenvolvida, Blau apresenta uma proposição que chama de teorema do tamanho: a noção segundo a qual uma variável puramente ecológica, o tamanho do grupo, determina as relações externas desse grupo (Blau, Blum e Schwartz, 1982, p.46). Recorrendo a um conjunto de dados que estabelece não apenas o tamanho de um grupo, mas também a taxa de casamentos dentro desse grupo, ele sustenta que a relação entre a taxa de tais casamentos e o tamanho do grupo comprova seu teorema. Por quê? Porque os dados demonstram que "o tamanho do grupo e a taxa de exogamia são inversamente proporcionais" (p.47). Mas os casamentos extragrupais constituem um dado que não operacionaliza de forma alguma as "relações extragrupais". Trata-se apenas de um tipo de relação extragrupal entre muitos outros, e, como o próprio Blau reconhece a dada altura, é um tipo que abriga outros fatores além do tamanho do grupo. Em outras palavras, as relações fora do grupo não apresentam um referente nítido. Por isso, a correlação entre o que é considerado como seu indicador e o tamanho do grupo não pode demonstrar a proposição geral sobre a relação entre tamanho do grupo e contatos extragrupais. Os dados empíricos de Blau, portanto, estão desvinculados de sua teoria, apesar de todos os seus esforços para uni-los de um modo teoricamente decisivo.

No ambicioso estudo de Lieberson (1980) sobre imigrantes brancos e negros para os Estados Unidos a partir de 1880, surgem problemas parecidos. Lieberson começa com a proposição menos formalmente elaborada segundo a qual "a herança da escravidão" é responsável pelos diferentes níveis de conquistas dos imigrantes negros e europeus. A fim de operacionalizar essa proposição, Lieberson dá dois passos. Primeiro, define herança em termos de "falta de oportunidades", e não em termos culturais, para os antigos escravos. Segundo, identifica oportunidade à luz dos dados que recolheu sobre as taxas variáveis de segregação no âmbito da educação e moradia. Essas duas operações, entretanto, são bastante discutíveis. Outros cientistas sociais não só definiriam a herança da escravidão em termos bem diferentes como poderiam, ainda, ver oportunidades além dos campos da educação e da moradia. Uma vez que, de novo, não há relação necessária entre as taxas identificadas por Lieberson e as diferenças de oportunidade, não há também certeza quanto à proposição referente a conquistas e herança. Embora as correlações mensuradas se sustentem por si, constituindo uma contribuição empírica importante, não conseguem comprovar as teorias a que se propõem.

É bem mais fácil achar exemplos do problema oposto, a superdeterminação, pela teoria, dos "fatos" empíricos. Em praticamente todos os estudos mais amplos, teoricamente orientados, a seleção de dados empíricos está sujeita à discussão. Por exemplo, em *A ética protestante e o espírito do capitalismo*, de Weber, a identificação do espírito do capitalismo com os empresários ingleses dos séculos XVII e XVIII foi muito contestada (Weber, 1958). Se os capitalistas italianos das cidades-Estados do início da era moderna já manifestavam o espírito capitalista (Trevor-Roper, 1965), então a correlação de Weber entre capitalistas e puritanos se baseia numa amostra restrita e não justifica sua teoria. A ser assim, os dados empíricos de Weber foram selecionados tendenciosamente para se enquadrar em sua referência teórica à ética protestante.

No famoso estudo de Smelser, *Social Change in the Industrial Revolution* [*Mudança social na era industrial*] (1959), é possível verificar uma distância semelhante entre teoria geral e indicador empírico. Smelser alega que as alterações nos papéis familiares, e não as mudanças industriais *per se*, foram responsáveis na década de 1820 pelos protestos radicais dos trabalhadores ingleses. Em seu relato histórico, Smelser menciona mudanças fundamentais na estrutura da família que teriam ocorrido na sequência por ele sugerida. Sua apresentação específica de dados de arquivo (Smelser, 1959, p.188-99) parece indicar, no entanto, que esses distúrbios familiares só passaram a ocorrer uma ou duas décadas mais tarde. A preocupação teórica de Smelser com a família superdeterminou a apresentação de sua história narrativa – e, em contrapartida, os dados de arquivo subdeterminaram sua teoria.[5]

No mais recente esforço de Skocpol (1979) para documentar sua teoria histórica e comparativa, o mesmo tipo de superdeterminação é exercido por uma teoria bem diferente. Skocpol (p.18) se propõe a assumir um "ponto de vista impessoal e não subjetivo" sobre as revoluções, apto a dar significação causal unicamente às "situações e relações entre grupos institucionalmente determinadas". Busca dados empíricos sobre a revolução e o único elemento apriorístico que admite é o compromisso com o método comparativo (p.33-40). Entretanto, quando Skocpol reconhece em vários pontos que as tradições e direitos locais desempenham um papel (por exemplo, p.62, 138), e que a liderança e a ideologia política devem (embora por pouco tempo) ser explicadas (p.161-73),

5 A prova de que Smelser era um pesquisador histórico consciencioso é o fato de ele mesmo apresentar dados que, digamos, ultrapassavam sua própria teoria (ver Walby, 1986). Nem sempre as coisas ocorrem desse modo, pois a superdeterminação dos dados pela teoria em geral torna os dados contraditórios invisíveis não apenas para os cientistas sociais mas também para seus críticos.

a superdeterminação teórica de seus dados se torna notória. Preocupações estruturais levaram-na a ignorar todo o contexto intelectual e cultural da revolução.[6]

A subdeterminação empírica e a superdeterminação teórica andam juntas. Das assertivas factuais mais específicas às generalizações mais abstratas, a ciência social é essencialmente polêmica. Qualquer conclusão está sujeita a contestações com referência a considerações supraempíricas. Eis aqui a versão específica da tematização da ciência social que, conforme mostrou Habermas (1984), deve subjazer a toda tentativa de discussão racional. De toda proposição da ciência social exige-se justificação à luz dos princípios gerais. Em outras palavras, não é preciso – e os cientistas sociais, como comunidade, simplesmente não o farão – que ao formular uma tese contra Blau, me limite à demonstração empírica de que as considerações estruturais representam apenas uma entre muitas determinantes da exogamia. Posso, ao contrário, demonstrar que a própria estipulação dessa causação estrutural se baseia em pressupostos sobre a ação de um tipo excessivamente racionalista. Ao considerar a obra de Lieberson posso, do mesmo modo, deixar entre parênteses a questão empírica da relação entre educação e oportunidade objetiva. Posso ainda tentar demonstrar, por meio da argumentação discursiva, que o enfoque exclusivo de Lieberson na herança da escravidão reflete considerações ideológicas e um compromisso anterior com modelos gerados pela teoria do conflito. Já a obra de Smelser pode ser efetivamente criticada em termos de adequação lógica ou pela demonstração de que seu antigo modelo funcionalista enfatiza demais a socialização. Quanto à tese de Skocpol – sem qualquer referência ao material empírico –, será avaliada negativamente em razão da maneira pouco provável com que limita "teorias intencionais" – que defende – ao modelo instrumental de racionalidade intencional que sua teoria implica.

Apresentar semelhantes argumentos – e até aceitar este tipo de discussão – é entrar no âmbito do discurso e não explicar.

---

6 Sewell (1985) revelou convincentemente essa falha nos dados de Skocpol para o caso francês.

Como enfatizou Seidman (1986), o discurso não implica o abandono da pretensão à verdade. Tais pretensões, afinal, não precisam ficar limitadas ao critério da validade empiricamente comprovável (Habermas, 1984). Todo nível de discurso supraempírico absorveu critérios distintos de verdade. Tais critérios ultrapassam a adequação empírica referindo-se também a pretensões relativas quanto à natureza e consequências dos pressupostos, à estipulação e adequação de modelos, às consequências das ideologias, às metaimplicações de modelos e às conotações das definições. Na medida em que sejam explícitos, representam esforços para, em suma, racionalizar e sistematizar as complexidades intuitivamente apreendidas da análise social da vida social. As atuais disputas entre metodologias interpretativas e causais, concepções de ação utilitárias e normativas, modelos de equilíbrio e conflito das sociedades, teorias de mudança radicais e conservadoras – isso é mais que discussão empírica. Tais disputas refletem os esforços dos sociólogos para articular critérios de avaliação da "verdade" em diferentes domínios não empíricos.

Não admira que a resposta da disciplina a obras importantes se pareça tão pouco com as respostas claras e restritas que os defensores da "lógica da ciência" apresentam. Por exemplo, *States and Social Revolutions* [*Estados e revoluções sociais*], de Skocpol, foi avaliado em todos os níveis do espectro sociológico. Os pressupostos do livro – sua ideologia, modelo, método, definições, conceitos e até fatos – foram esmiuçados, contestados, louvados. O que está em jogo são os critérios de verdade empregados por Skocpol a fim de justificar suas posições em cada um desses níveis. Pouca coisa da resposta disciplinar a essa obra envolvia testes controlados de suas hipóteses ou a reanálise de seus dados. Certamente, não será nessa base que se decidirá a validade da abordagem estrutural da revolução sugerida por Skocpol.[7]

---

7 Nesta seção, discutindo algumas obras importantes, ilustrei a superdeterminação da ciência social pela teoria e sua subdeterminação pelos fatos. Isso também poderia ser ilustrado pelo exame de subáreas "empíricas" específicas. Em ciência social, mesmo as subáreas empíricas mais estreitamente definidas estão sujeitas a um tremendo debate discursivo. Uma discussão durante recente conferência nacional sobre o estado da pesquisa de catástrofes

Quando iniciei esta seção, afirmei que a proporção entre autores clássicos e contemporâneos é bem maior na ciência social que na ciência natural porque uma discordância endêmica torna os pressupostos fundamentais da ciência social mais explícitos. Em contrapartida, esse aspecto óbvio dos pressupostos fundamentais é que faz do discurso uma qualidade importantíssima do debate da ciência social. Resta explicar por que essa forma discursiva de polêmica assume com tamanha frequência uma conotação "clássica". A existência do debate geral, não empírico, logicamente não implica posição privilegiada para as obras antigas. Ainda assim, as próprias condições que tornam o discurso tão relevante também tornam os clássicos importantes. Há duas razões para essa importância: a funcional e a intelectual (ou científica).

Dado que a discordância é tão frequente dentro da teoria social, problemas graves de compreensão mútua se manifestam. Todavia, sem um mínimo de entendimento, a comunicação é impossível. Deve haver alguma base para o relacionamento cultural se quisermos que a discordância seja possível de modo consistente,

(Symposium on Social Structure and Disaster: Conception and Measurement, College of William and Mary, Williamsburg, Virgínia, maio de 1986), por exemplo, revelou que até nesse campo bastante concreto há profundas discordâncias até mesmo sobre o objeto empírico de estudo. Os mais destacados pesquisadores da área ainda indagam: "O que é uma catástrofe?". Alguns propõem um critério com base nos fatos objetivos e calculáveis, mas discordam quanto aos custos, se estes devem ser calculados em relação à expansão geográfica do evento, o número de pessoas envolvidas ou aos custos financeiros da reconstrução. Outros exigem critérios mais subjetivos, mas não sabem se o que é decisivo é o amplo consenso da sociedade em que ocorreu um problema social ou as percepções das vítimas apenas. Considerando-se a disparidade entre o conflito e o referente empírico de campo, não surpreende que agressivos debates discursivos pontilhem cada nível do espectro científico. Há discordâncias de pressupostos no nível individual *versus* social de análise, bem como a respeito de aspectos econômicos ou de interpretação; há querelas ideológicas para determinar se a pesquisa da catástrofe deve ser dirigida por amplas responsabilidades em relação à comunidade ou por preocupações profissionais mais limitadas; multiplicam-se as disputas sobre definições, por exemplo, "o que é uma 'organização'?", e sobre o real valor de questionar definições e taxonomias. Para um bom resumo dessas polêmicas, ver Drabek, 1986.

coerente e duradouro. E isso só pode ocorrer se os adversários souberem o que cada qual está dizendo.

É onde os clássicos entram. A necessidade funcional de clássicos surge da necessidade de integrar o campo do discurso teórico. Por integração, não entendo cooperação e equilíbrio, mas antes a manutenção dos limites, ou compartimentação, que facultam a existência dos sistemas (Luhmann, 1984). É essa exigência funcional que explica a formação de limites disciplinares, aparentemente tão arbitrários do ponto de vista intelectual. Quem possui clássicos são as disciplinas da ciência social, bem como as escolas e tradições de que elas se compõem.

O reconhecimento consensual de um clássico implica um ponto de referência comum. O clássico reduz a complexidade (cf. Luhmann, 1979). É um símbolo que condensa – "representa" – uma série de compromissos diferentes. A meu ver, a condensação traz pelo menos quatro vantagens funcionais.

Em primeiro lugar, é claro, ela simplifica – portanto, facilita – a discussão teórica. Faz isso permitindo que um pequeno número de obras substitua – represente por meio de um processo estereotipado ou padronizado – as miríades de formulações sutis produzidas no curso da vida intelectual contingente. Quando discutimos as questões centrais que afetam a ciência social em termos clássicos, sacrificamos a faculdade de captar essa especificidade sutil. Mas também adquirimos algo muito importante. Falando em termos de clássicos, podemos ficar relativamente seguros de que nossos receptores pelo menos saberão do que estamos falando, ainda que não reconheçam em nossa discussão sua própria posição particular e única. É por esse motivo que, se quisermos elaborar uma análise crítica do capitalismo, teremos provavelmente de recorrer à obra de Marx. De igual modo, se pretendermos avaliar a multiplicidade de análises críticas do capitalismo, hoje disponíveis, teremos sem dúvida de tipificá-las comparando-as à análise original de Marx. Só assim estaremos relativamente seguros de que outros acompanharão nossos julgamentos ideológicos e cognitivos, ou mesmo se deixarão persuadir por eles.

A segunda vantagem funcional é que os clássicos permitem que compromissos gerais sejam discutidos sem a necessidade de tornar explícitos os critérios para sua adjudicação. Uma vez que tais critérios são muito difíceis de formular, sendo quase impossível que logrem consenso, essa função concretizante dos clássicos é sem dúvida importante. Ao invés de definir equilíbrio e natureza de sistemas, podemos discutir sobre Parsons, sobre a "funcionalidade" relativa de suas obras antigas e tardias, sobre se sua teoria (o que quer que venha ela a ser exatamente) consegue de fato explicar o conflito no mundo real. Ou, ao invés de explorar explicitamente as vantagens de uma perspectiva afetiva ou normativa da ação humana, podemos alegar que tal perspectiva está, de fato, presente nas obras mais importantes de Durkheim.

A terceira vantagem funcional é de caráter irônico. Dado que se aceita um instrumento de comunicação comum clássico, torna-se possível não reconhecer a existência de um discurso geral. Assim, como a importância dos clássicos é acatada sem contestação, pode o cientista social iniciar um estudo empírico – por exemplo, no âmbito da sociologia industrial – discutindo o tratamento dado por Marx ao trabalho em seus primeiros escritos. Embora não lhe fosse permitido sugerir que considerações não empíricas sobre a natureza humana, e muito menos especulações utópicas sobre a possibilidade humana, formam a base da sociologia industrial, é isso exatamente o que ele reconheceria de modo implícito, ao apelar para Marx.

Finalmente, uma vez que a condensação propiciada pelos clássicos dota-os de poder privilegiado, a referência aos clássicos se torna importante por razões puramente estratégicas e instrumentais. É do interesse imediato de todo cientista social ambicioso e de toda escola em ascensão serem legitimados perante os fundadores clássicos. Ainda que não exista nenhuma preocupação genuína com os clássicos, eles devem ainda ser criticados, relidos e redescobertos caso se queira desafiar de novo os critérios normativos de avaliação da disciplina.

Essas as razões funcionais, ou extrínsecas, para o *status* privilegiado concedido pela ciência social a um número pequeno e seleto de obras antigas. Mas também há, acredito, razões intrínsecas, genuinamente intelectuais. Entendo por razões intelectuais que certas obras sejam consideradas clássicas por darem uma contribuição singular e permanente à ciência da sociedade. Aqui, minha tese começa com a proposição de que, quanto mais generalizada for a discussão científica, menos cumulativa será. Por quê? Porque, se os compromissos generalizados estiverem sujeitos a critérios de verdade, não poderemos fixar esses critérios de um modo inequívoco. Avaliações gerais são amparadas menos por qualidades existentes no mundo objetivo – sobre as quais um mínimo de consenso pode ser frequentemente obtido – do que pelos gostos e preferências relativas de uma dada comunidade cultural. O discurso geral, portanto, apela para qualidades de sensibilidade pessoal – estéticas, interpretativas, filosóficas, observacionais –, que não são progressivas. Nesse sentido, as variações da ciência social não refletem uma acumulação linear – que pode ser calculada temporariamente –, mas a distribuição essencialmente aleatória da capacidade humana. Produzir uma "grande" ciência social é um dom que, como o de criar uma "grande" arte (cf. Nisbet, 1976), varia trans-historicamente entre diferentes sociedades e diferentes seres humanos.[8]

8 É a capacidade criativa que, sem dúvida, fornece a razão usualmente referida para a importância dos clássicos nas artes. Em sua obra sobre a formação do *corpus* literário canônico, entretanto, Kermode (1985) mostrou que essa visão privilegia demais a informação precisa a respeito de uma obra e ignora a desinformação da opinião coletiva, bem como a adoção de valores "irracionais". A eminência artística de Botticelli, por exemplo, foi restaurada em certos círculos do final do século XIX por motivos que posteriormente se tornaram notoriamente espúrios. Seus defensores empregaram argumentos tão vagos e tortuosos que não poderiam, por si mesmos, justificar a arte de Botticelli em bases estéticas. Nesse sentido, Kermode introduz razões funcionais para obras canônicas. De fato, conclui que "é difícil perceber como a operação normal das instituições culturais ... possa passar sem elas" (1985, p.78). Ao mesmo tempo, Kermode sustenta que subsiste uma dimensão intrínseca para a canonização. Assim, embora reconheça que "toda interpretação é errada", afirma que "algumas, em relação a seu propósito final, são boas apesar de tudo" (1985, p.91). Por quê? "A interpretação suficientemente boa é o que estimula ou capacita certas formas de atenção necessárias. O que importa ... é que continuem a existir meios de induzir essas formas de atenção, ainda que sejam todos, afinal, dependentes da opinião." A noção de "suficiente" será historicizada mais em meu exame das discussões sobre os clássicos.

Dilthey escreveu que "a vida como ponto de partida e contexto duradouro fornece o primeiro aspecto básico da estrutura dos estudos humanos; pois estes repousam na experiência, na compreensão e no conhecimento da vida" (1976, p.183). A ciência social, em outras palavras, não pode ser aprendida pela mera imitação de uma forma de resolver problemas empíricos. Porquanto seu objeto é a vida, ela depende da capacidade do próprio cientista de compreender a vida. Depende das faculdades idiossincráticas de experimentar e conhecer. Em minha opinião, existem pelo menos três maneiras diferentes de distinguir esse conhecimento pessoal.

1 Pela interpretação dos estados mentais

Qualquer generalização sobre a estrutura ou causas de um fenômeno social – instituição, movimento religioso ou evento político – depende de uma concepção dos motivos envolvidos. Para entender bem os motivos, no entanto, exige-se uma capacidade de empatia, percepção e interpretação altamente desenvolvida. Independentemente de outros fatores, as obras dos cientistas sociais que manifestam tal capacidade no grau máximo tornam-se clássicos aos quais os talentos menos privilegiados devem recorrer para melhor compreender as inclinações subjetivas da humanidade. A força da "sociologia da religião" das últimas obras de Durkheim se deve, em muito, a sua notável habilidade em intuir o significado cultural e o sentido psicológico do comportamento ritualístico entre os aborígines australianos. Semelhantemente, não foi a herança da teoria interacionista nem foram os métodos empíricos de Goffman que tornaram sua teorização tão paradigmática para a microanálise do comportamento social, mas sua extraordinária sensibilidade para com os matizes do comportamento humano. Poucos contemporâneos terão o mesmo nível de acuidade de Goffman. Suas obras são clássicas porque é preciso voltar a elas para vivenciar e compreender o que realmente vem a ser a natureza da motivação interacional.

2 Pela reconstrução do mundo empírico

Considerando-se que a discordância quanto às questões básicas torna duvidosos até os referenciais empíricos objetivos da ciência social, a complexidade do mundo objetivo não poderá ser aqui reduzida por meio da matriz dos controles disciplinares consensuais. Torna-se assim igualmente importante o talento especial do cientista social para selecionar e reconstruir. De novo nos defrontamos com o mesmo tipo de capacidade criativa e idiossincrática para a representação tipicamente associada à arte. Como diz Daw a respeito dos clássicos, "por intermédio do poder criador de seu pensamento ... eles revelam a continuidade histórica e humana que faz sua experiência representativa da nossa" (1978, p.366).

A capacidade de representação depende não apenas da perspicácia, mas desse elemento evanescente que é a "qualidade mental". Assim, os contemporâneos talvez consigam catalogar as qualidades típicas ideais da vida urbana, mas poucos compreenderão ou representarão o anonimato e suas implicações com a riqueza ou vivacidade de Simmel. Terá algum marxista, depois de Marx, conseguido escrever uma história econômico-política com a sutileza, a complexidade e a aparente integração conceptual de *O Dezoito Brumário de Luís Bonaparte*? Mais: terá algum cientista social conseguido comunicar a natureza das "mercadorias" tão bem quanto o próprio Marx no primeiro capítulo de *O capital*? Quantas análises contemporâneas da sociedade feudal se equiparam ao complexo e sistemático estudo das inter-relações econômicas, religiosas e políticas que Weber apresenta nos capítulos dedicados ao patrimonialismo e ao feudalismo em *Economia e sociedade*? Não quer isso dizer que, sob alguns aspectos insignificantes, nosso conhecimento desses fenômenos não haja ultrapassado o de Marx ou Durkheim; quer dizer apenas que, sob alguns aspectos importantes, nosso conhecimento não o conseguiu. De fato, as ideias específicas que acabo de citar eram tão inusitadas que simplesmente não podiam ser entendidas – e muito menos avaliadas ou incorporadas criticamente – pelos contemporâneos de Marx e Weber. Foram necessárias várias gerações para recapturar, ponto por ponto, a estrutura dessas teses, com suas implicações intencionais e involuntárias. É exatamente o que se pode dizer também das obras estéticas mais notáveis.

3 Pela formulação de avaliações morais e ideológicas

Quanto mais geral for uma assertiva científico-social, mais ela deverá urgir uma autorreflexão sobre o significado da vida social. É sua função ideológica no mais amplo sentido da palavra. Ainda que essa referência ideológica fosse indesejável – e a meu ver não é –, seria impossível despojar de seus efeitos até a prática científica mais escrupulosa. A ideologia efetiva, além disso (Geertz, 1964), depende não apenas de uma sensibilidade social aguçada, mas também da capacidade estética de condensar e articular a "realidade ideológica" em figuras retóricas apropriadas. As declarações ideológicas, em suma, podem também alcançar *status* clássico. O caráter inânime da modernidade racionalizada não só se reflete nas páginas finais da *Ética protestante* como é criado por ela. Para entender a modernidade racionalizada, convém fazer algo mais que observá-la: convém retomar a obra anterior de Weber para apreciá-la e vivenciá-la. De igual modo, o que existe de opressivo e sufocante na modernidade talvez nunca tenha sido tão vigorosamente plasmado como em *O homem unidimensional*, de Marcuse.

Essas considerações funcionais e intelectuais tornam os clássicos – e não apenas o discurso geral *per se* – importantes para a prática da ciência social. E é em virtude dessas considerações que as obras antigas ganham *status* privilegiado e são tão veneradas a ponto de o significado a elas atribuído ser frequentemente comparado ao conhecimento científico contemporâneo. Ora, um discurso sobre obras de tamanho prestígio torna-se uma forma legítima de polêmica científica racional; as pesquisas do "novo significado" desses textos passam a ser um meio legítimo de voltar a tarefa científica para outra direção. Vale dizer que, a partir do momento em que uma obra é "classicizada", sua interpretação se transforma na chave para a discussão científica. De fato, uma vez que os clássicos são fundamentais para a ciência social, a interpretação deve ser considerada uma forma superior de discussão teórica.

Merton estava certo quando declarou que os cientistas sociais tendem a mesclar história com sistemática da teoria sociológica. Foi também com muita justiça que atribuiu essa mescla aos "esforços para separar orientações científicas e humanistas" (Merton, 1967a, p.29). Todavia, errou ao sugerir que tal mescla, ou a separação que a produziu, fosse patológica. Nesse sentido, ele não se mostrou suficientemente empírico. Desde os primórdios do estudo sistemático da sociedade, na Grécia antiga, a mescla e a separação foram endêmicas na prática da ciência social. Considerar anormal essa situação reflete injustificados preconceitos especulativos e não fatos empíricos.

O primeiro preconceito injustificável é que a ciência social não passa de um empreendimento recente e imaturo em comparação com a ciência natural; consequentemente, quando amadurecer, começará a assemelhar-se cada vez mais às ciências da natureza. Eu sustento, ao contrário, que existem razões endêmicas e imperiosas para a divergência entre ciência natural e ciência social; além disso, parece-me que a "maturidade" desta já foi firmemente estabelecida há muito tempo. O segundo preconceito é que a ciência social – de novo, supostamente como seu equivalente, a ciência natural – é uma disciplina puramente empírica, apta a alimentar sua forma discursiva e generalizada. Entretanto, tenho repisado que não há como provar que essa remota condição vá se concretizar algum dia. Propus, ao contrário, que a ciência da natureza, sobre a qual incidem tais esperanças, talvez nunca se separe, ela própria, de compromissos (quase sempre camuflados) de um tipo igualmente generalizado.

Merton se queixa de que "praticamente todos os sociólogos se acham qualificados para ensinar e escrever a 'história' da teoria social – afinal, conhecem muito bem os clássicos antigos" (1967, p.2). Isso, a meu ver, é absurdo: se os sociólogos não se considerassem à altura de semelhante tarefa, não desapareceria apenas uma história "vulgarizada" da sociologia, mas a própria prática da sociologia![9]

---

9 Devo reconhecer também que existem visíveis ambiguidades no ensaio de Merton, que tornam possível reconstruir seus argumentos de diferentes maneiras. (Descobri que isso se aplica também a seu trabalho sobre teoria do

Ingenuidade fenomenológica: por que desconstruir os debates clássicos

Nas seções precedentes, argumento teoricamente que o hiato entre história e sistemática não pode existir. Na que se segue, mostrarei empiricamente que ele não existe. Antes, porém, devo reconhecer que há uma área em que o hiato afinal de contas é bem real: a mente dos próprios cientistas sociais. É a esse paradoxo que reservo a presente seção.

Embora os cientistas sociais, como um todo, estejam continuamente empenhados na discussão da obra clássica, eles não reconhecem que o fazem por argumentação científica nem que, no processo, estejam cometendo atos de interpretação. Quase nunca é questionado por que discutem, uma vez que a discussão é aceita como a forma mais natural de atividade profissionalmente sancionada. Quanto a seu caráter teórico e interpretativo, tais possibilidades raramente vêm à baila. No que diz respeito aos participantes do debate, sua tarefa se cifra em examinar os clássicos "como são".

Essa falta de autoconsciência não é reflexo de ingenuidade teórica. Ao contrário, caracteriza algumas das mais sofisticadas discussões interpretativas até hoje produzidas pela ciência social.

O exemplo mais famoso é a tese da convergência de Parsons em *The Structure of Social Action* [*A estrutura da ação social*] (1937). Essa obra, um verdadeiro *tour de force* interpretativo, proclama que todas as grandes teorias científico-sociais da virada do século enfatizavam o papel dos valores sociais na integração da sociedade.

---

médio alcance; ver Alexander, 1982a, p.11-4.) Por exemplo, na penúltima página do ensaio, Merton (1967a, p.37) indica que os clássicos podem ter a seguinte função sistemática: "As mudanças no atual conhecimento sociológico, nos problemas e nos centros de atenção, permitem encontrar novas ideias numa obra que já lemos". Além disso, reconhece que tais mudanças podem originar-se de "desenvolvimentos recentes em nossa própria vida intelectual". Isso soaria como um endosso à necessidade sistemática de referências aos clássicos (isto é, necessária à sistemática histórica) contra o qual a maior parte do ensaio foi escrita. Talvez por essa razão, Merton imediatamente restringe sua sugestão com uma nova versão de sua tese empirista e acumulacionista. Uma vez que "cada nova geração acumula seu próprio repertório de conhecimentos", ela "acaba descobrindo o 'novo' nas obras antigas".

Parsons sustentou essa leitura apelando para a conceitualização criativa e a citação cerrada, mas o que espanta é o fato de ele não reconhecer que isso não passa, afinal, de uma interpretação! Ao contrário, insiste em que conduziu uma pesquisa empírica "tão dependente dos fatos quanto qualquer outra" (Parsons, 1937, p.697). Com efeito, ao invés de ser o resultado de novas perguntas respondidas pelo próprio Parsons, as mudanças no mundo objetivo produziram sua nova análise da obra clássica. Os clássicos descobriram valores – e essa descoberta é, para o trabalho científico de Parsons, o novo dado empírico. Sua análise, portanto, "se fez [largamente] a partir das novas descobertas empíricas [dos clássicos]" (Parsons, 1937, p.721). O mesmo acobertamento de intenção interpretativa teórica e prática pode ser visto nos argumentos contra a postura de Parsons. No Prefácio de *Capitalism and Modern Social Theory* [*Capitalismo e teoria social moderna*] (1972), Giddens apresenta sua tese neomarxista como resposta a desenvolvimentos empíricos do tipo "erudição recente" e a descoberta de novos textos marxistas. Roth (1978, p.xxxiii-xc) afirma que sua leitura antiparsoniana de Weber baseou-se no acesso que teve a passagens, até há pouco não traduzidas, de *Economia e sociedade*, de Weber; e Mitzman (1970) garante que sua releitura marcusiana de Weber deve-se à descoberta de material biográfico inédito.

À luz do que explanei acima, é óbvio que essas autoconcepções empíricas servem para ofuscar o relativismo implícito na própria importância dos clássicos. Gostaria de dizer, entretanto, que o papel funcional dessa autoconcepção é justamente fornecer tal camuflagem. Se os participantes dos debates clássicos soubessem que suas pesquisas – "interpretativas" ou "históricas" – são, na realidade, argumentos teóricos sob outro nome, tais argumentos não lograriam reduzir a complexidade. Eles se sentiriam compelidos a justificar sua posição por meio de um discurso direto e sistemático. O mesmo se aplica às autoconcepções empíricas de um modo geral, é claro. Caso os profissionais soubessem até que ponto sua obra foi orientada por pressupostos e pela necessidade de consolidar escolas teóricas, seria bem mais difícil entregarem-se a um trabalho teórico frutífero e de longo prazo.

Assim, por definição, os cientistas sociais têm de adotar, com respeito a seus clássicos, aquilo que Husserl (por exemplo, 1977) chamou de atitude ingênua. Os cientistas sociais, imersos em fórmulas clássicas e disciplinados pelo que tomam por seu legado, não conseguem perceber que são eles mesmos, com suas intenções e interesses teóricos, que transformam textos em clássicos e dão a cada um destes seu significado atual. Lamentando que "o conceito da história da teoria", que permeia a ciência social, "não é de fato nem história, nem sistemática, mas apenas um pobre pensamento híbrido", Merton, ele próprio um empírico, mostrou-se outra vez insuficientemente empírico. Esse híbrido, por tanto tempo utilíssimo à ciência social, deve ser necessariamente um pensamento pouco elaborado.

Sustentei que é por exprimir suas ambições sistemáticas nessas discussões históricas que os cientistas sociais precisam de clássicos. É essa "intenção" científica, no sentido estritamente fenomenológico, que cria a realidade dos clássicos para a vida da ciência social. Husserl mostrou que a objetividade da vida social – sua "realitude" *vis-à-vis* o agente – depende da capacidade do agente para disfarçar, tornar invisível à própria consciência essa criação intencional de objetividade. Do mesmo modo, na discussão dos clássicos, a intencionalidade dos cientistas sociais fica oculta não só dos estranhos, mas até dos próprios agentes. As intenções que fazem dos clássicos o que eles são – interesses teóricos e práticas interpretativas – surgem entre parênteses fenomenológicos. Segue-se então que explorar esses interesses teóricos e interpretativos equivale a exercitar aquilo que Husserl chamou de redução fenomenológica. Ao invés de nos curvar à prática do bom senso e disfarçar a intenção subjetiva, devemos aderir à prática científica de ocultar a "objetividade" dos próprios clássicos.

Isso é uma redução porque intenta demonstrar que, a qualquer momento, os "clássicos" podem ser considerados projeções dos interesses teóricos e interpretativos dos agentes envolvidos. E é porque podem ser tão reduzidos que o hiato entre história e sistemática não existe.

Derrida, entre outros que se valeram de Husserl, afirmou que todo texto é uma construção intencional e não o reflexo de uma dada realidade. A teoria da reflexão baseia-se na noção de presença, no fato de que o texto pode conter – pode presentificar – em si mesmo os elementos-chave da realidade a que se refere, e, mesmo, de que existe uma realidade que de alguma forma está presente. No entanto, a ser aceita a intencionalidade, então é sua ausência (tanto quanto sua presença) que determina a natureza de um texto. Qualquer descrição da realidade tem de desbastá-la: ao deixar de lado certos elementos, a descrição produz, não apenas as "presenças" daquilo que inclui, mas também as ausências daquilo que exclui. O mito do texto presente, diz Derrida, transforma-se na ideologia do texto *qua* texto. Consideram-se legítimos os textos porque se crê que eles reflitam os eventos ou ideias que veiculam. Todavia, se se fundarem na ausência, não serão aceitos pelo valor literal. E é porque se fundam na ausência que têm de ser desconstruídos. "'Desconstruir' filosofia", escreve Derrida a dada altura, não é apenas investigar a história de seus conceitos-chave, mas determinar, de uma posição "exterior" à do próprio escritor, "o que a história pôde ocultar ou proibir, constituindo-se como história graças a essa repressão em que se esteia" (Derrida, 1981, p.6-7, tradução não literal).

Para demonstrar a importância dos clássicos, é preciso desconstruir as discussões científico-sociais sobre os clássicos. Somente quando se compreende o jogo sutil entre ausência e presença é que a função teórica dos clássicos se evidencia, tanto quanto a prática interpretativa ao longo da qual prossegue essa teorização.

Interpretação dos clássicos como argumento teórico: Talcott Parsons e seus críticos do período do pós-guerra

Podemos conceber a teoria social no período que se estende aproximadamente da Segunda Guerra Mundial ao início dos anos 80 sob uma forma relativamente coerente (Alexander, 1986). O início desse período foi assinalado pelo advento da teoria estrutural-funcionalista, e, até pelo menos o fim da década de 1960, essa abordagem exerceu certo predomínio no campo científico. Já no final da década de 1950 e começo da de 1960, entretanto, desenvolveram-se sérias objeções à teoria funcionalista. Em meados

dos anos 70, o funcionalismo decaiu e seus desafios de antes tornaram-se tendências dominantes. Mas logo no início dos anos 80 essas orientações estabelecidas começaram, elas próprias, a ser contestadas. No momento, todo um novo campo teórico talvez esteja em processo de elaboração; e pode-se dizer com certeza que a "forma coerente" dos últimos quarenta anos está em vias de ruir.

Que esse movimento teórico proporcionou o parâmetro no qual a ciência social "normal" foi conduzida, é o que subjaz a tudo quanto se segue, mas não tentarei demonstrá-lo aqui (ver, por exemplo, Alexander, 1987). Quero apenas registrar que esse movimento teórico sistemático moldou argumentos de longo alcance sobre a natureza e significado das obras clássicas da sociologia – e foi por eles moldado.

Na época da Segunda Guerra Mundial, é claro, a teoria europeia prevaleceu. No período de entreguerras, por múltiplas razões sociais e intelectuais, a sede da sociologia começou a transferir-se da Europa para os Estados Unidos. Neste país, antes da Segunda Guerra Mundial, a Escola de Chicago e a teorização institucionalista, semimarxista, desempenharam os papéis principais. Aqui, enfatizavam-se a interação individual, os conflitos de grupo e o ambiente ecológico/material. Os clássicos que inspiravam o movimento eram americanos pragmáticos como Cooley e Mead, institucionalistas como Veblen, e europeus como Simmel. O estruturalismo funcionalista insurgiu-se contra essas tradições. Ele se abeberava não apenas nos escritos de Parsons, mas também na obra de um número inusitadamente elevado de talentosos estudantes, cuja obra já exercia influência nos anos 30. Vou me concentrar, entretanto, em Parsons como mentor dessa tradição.

É verdade, sem dúvida, que houve razões sociais e extracientíficas para a boa aceitação da obra funcionalista. Num primeiro momento, todavia, essa obra foi avaliada e acolhida segundo bases então consideradas científicas. Segundo a perspectiva empírica, essas bases incluíam o campo teórico e a força explicativa dos trabalhos de Parsons. Mas não se limitava a isso. Com efeito, Parsons não alicerçava suas reivindicações ao primado científico unicamente em sua obra científico-sistemática. Alicerçava-a também na autoridade dos textos clássicos. Pretendia que esses textos encaminhavam a atividade científica para o tipo de teorização sistemática que ele mesmo postulava.

Quando Parsons iniciou sua carreira como teórico, na década de 1920, estava comprometido com a mistura de pragmatismo, evolucionismo e institucionalismo que caracterizava a tradição americana (Wearne, 1985). Contudo, na obra que promoveu a ascensão da teoria funcionalista, estavam curiosamente ausentes os clássicos ligados a essa tradição. Em *The Structure of Social Action* [*A estrutura da ação social*] (1937), Parsons pretendia ter definido os resultados mais importantes alcançados pela geração anterior de teóricos da sociologia. Ausentes estavam não apenas os pragmáticos e institucionalistas americanos, como também Simmel e Marx, que não continuariam ausentes da teoria sociológica sistemática durante anos. As "presenças", na reconstrução de Parsons, eram Marshall, Pareto, Durkheim e Weber. Parsons afirmava que eles – principalmente Durkheim e Weber – haviam fundado a tradição clássica à qual toda a sociologia futura deveria se filiar.

Não foi apenas essa seleção das obras anteriores, mas também sua construção dos textos selecionados que tornaram tão importante a obra de Parsons de 1937. Ele afirmava, de forma um tanto ambígua, é verdade (Alexander, 1983), que aqueles sociólogos haviam enfatizado os valores culturais e a integração social. Graças à acuidade de sua percepção e à densidade de sua argumentação textual, Parsons conseguiu defender essa interpretação de modo bastante vigoroso. Em outras palavras, foi sua prática interpretativa, e não – como ele próprio insinuou (ver acima) – a natureza empírica de sua descoberta, que tornou tão bem-sucedida sua discussão dos clássicos. Essa interpretação, por seu turno, era moldada por interesses teóricos. Somente retrospectivamente ficou claro, para a comunidade sociológica, o quanto a leitura de Parsons era incompleta e como sua interpretação desses autores clássicos era voltada precisamente para a direção da tese teórica sistemática que Parsons, mais tarde, alegou que essa mesma interpretação por sua vez justificava.

Na candente discussão da primeira obra importante de Durkheim, por exemplo, Parsons analisou o quinto capítulo do

Livro I de *A divisão do trabalho na sociedade* – a agora célebre discussão dos elementos não contratuais do contrato – como um argumento ao controle normativo e cultural na vida econômica. Mas pode-se alegar (Alexander, 1982a, p.124-40) que a intenção de Durkheim, naquele capítulo, foi salientar a necessidade de um Estado relativamente autônomo e regulador. Além disso, ignorou por completo o Livro II da *Divisão do trabalho*, no qual Durkheim apresentava uma análise ecológica e mesmo materialista das causas da mudança social. Parsons também declarou que a última obra de Durkheim, *As formas elementares da vida religiosa*, era um desvio idealista do tratamento multidimensional da solidariedade apresentado em seu escrito anterior. No entanto, como Parsons na verdade passou por cima de partes substanciais desse texto, dificilmente poderia extrair tal conclusão. Parece muito mais provável que os escritos posteriores de Durkheim fossem consistentes. Nesse caso, o idealismo que para Parsons não passava de um desvio seria, em grande medida, uma das características da obra madura de Durkheim. A leitura apressada de Parsons acabou permitindo que a ênfase normativa unilateral dos trabalhos de Durkheim, durante os últimos vinte anos, escapasse praticamente incólume.

A interpretação que Parsons fez de Durkheim – não a despeito, mas por causa de seu brilhantismo – foi inspirada, assim, pelos interesses teóricos que, no período seguinte à publicação de *Estrutura*, estabeleceram as principais linhas da obra funcionalista. O mesmo é ainda mais verdadeiro no caso de sua análise de Weber. Em primeiro lugar, Parsons ignorava a tensão existente entre teorização normativa e teorização instrumental, que permeia até a sociologia da religião de Weber. Mais significativamente, entretanto, ele não conseguiu atinar com a sólida sociologia política que Weber desenvolveu em *Economia e sociedade*: as discussões históricas sobre a transição do lar patriarcal para os sistemas feudal e patrimonial, que giram quase exclusivamente em torno de considerações antinormativas. Somente por ignorar esse importantíssimo segmento da obra de Weber, pôde Parsons analisar a sociologia política de Weber como um enfoque no problema da legitimidade em termos morais e simbólicos.

Nos anos posteriores à Segunda Guerra Mundial, a seleção e interpretação parsoniana dos clássicos passou a ser amplamente aceita. Sua veneração pelos escritores clássicos era pessoal e inabalável; ele conseguiu convencer seus contemporâneos a pensar do mesmo modo. A cada passo de seu desenvolvimento teórico subsequente, Parsons insistia em que a teoria funcionalista era uma combinação lógica do caminho aberto por aqueles precursores. Com efeito, a cada nova fase de sua teorização posterior, Parsons "revisitava" respeitosamente Weber e Durkheim – e, a cada releitura, sentia-se cada vez mais apto a compreender a promessa e os problemas de suas obras nos termos do esquema funcionalista que estava sendo gestado.

Na longa Introdução de sua tradução a quatro mãos de *Theory of Social and Economic Organization* [*Teoria da organização social e econômica*], de Weber, Parsons (1947) percebeu que o autor enfatizara corretamente o contexto valorativo dos mercados e o pano de fundo cultural da autoridade; concluiu, no entanto, que sua teoria da burocracia insistira demais na hierarquia por negligenciar a socialização e as normas profissionais. Esses foram, é claro, os temas de *The Social System* [*O sistema social*] (Parsons, 1951), publicado quatro anos depois. De igual modo, no bojo de sua própria análise da diferenciação interna dos sistemas sociais, Parsons examinou o tratamento de Durkheim da integração social (Parsons, 1967). Achou que Durkheim estava bem mais preocupado com a diferenciação de objetivos, normas e valores do que lhe parecera na interpretação feita trinta anos antes. De novo, ao empreender a tarefa de conceitualizar uma teoria evolucionista da mudança social, Parsons demonstrou, graças a uma pesquisa minuciosa da sociologia da religião de Weber, que este também tinha uma visão evolucionista, ponto que Bellah (1959), um dos mais brilhantes discípulos de Parsons, já atribuíra a Durkheim alguns anos antes.

Finalmente, há o caso de um teórico cujo *status* clássico Parsons só veio a reconhecer muito mais tarde, lacuna que procurou corrigir com urgência. Na teoria funcionalista madura de Parsons, apresentada em 1951 com a publicação de *O sistema social*, a socialização desempenhava um papel relevante, fenômeno que tratou à luz da psicanálise. No Prefácio às edições seguintes de *A estrutura da ação social*, Parsons lamentou não ter incluído Freud na seleção dos autores clássicos. De fato essa omissão, nos anos 50, era perigosamente anômala. Dado que os clássicos são tão importantes, a incapacidade de promover uma discussão abalizada de Freud deixou seu funcionalismo psicanalítico extremamente vulnerável. Os freudianos antifuncionalistas podiam argumentar que a teoria psicanalítica nada tinha a ver com socialização e que, ao contrário, ela enfatizava a desorganização da personalidade com sua revolta contra a civilização. A partir de 1952, Parsons (1964a, 1964b, 1955) reservou uma série de ensaios à demonstração de que, para Freud, a introjeção de objetos constituía a base para o desenvolvimento da personalidade; ora, a introjeção de objetos era apenas a internalização de valores com outro nome.

Quando, no final da década de 1950, surgiu um movimento teórico e empírico contra o funcionalismo, a interpretação parsoniana dos clássicos tornou-se um de seus elementos principais. Também esse desafio não era um esforço autoconsciente de desconstrução, quer dizer, não era um movimento que revelasse os interesses teóricos subjacentes à discussão clássica como tal: representava apenas uma discussão voltada em parte para "a organização do registro histórico". Entretanto, os interesses teóricos e as estratégias interpretativas, até onde se podia reconhecê-los, eram atribuídos unicamente ao próprio Parsons; em relação às suas próprias pesquisas, esses críticos tinham de manter intacta sua atitude ingênua.

Uma prova da força de Parsons é o fato de, nas etapas iniciais desse processo, as mais gritantes ausências de sua construção clássica serem tão pouco notadas. Hinkle (1963, 1980) defendia a legitimidade da velha tradição americana, tanto institucional quanto pragmática, insistindo em que ela fosse vista como um corpo sofisticado de teoria por direito próprio. Mas essa tese, amparando sua construção da história, pode passar realmente por uma defesa da construção teórica de Parsons, como sugere o título de um artigo anterior de Hinkle, "Antecedents of the Action Orientation in American Sociology before 1935" [Antecedentes da orientação da ação na sociologia americana antes de 1935]. Coser insurgiu-se muito mais agressivamente contra a seletividade de Parsons em sua tese de doutorado sobre o conflito de orientação na antiga sociologia americana, sublinhando sua orientação problemática e sua teoria institucionalista. Contudo, apenas um resumo dessa tese chegou a ser publicado (Coser, 1956, p.15-31).

A tese de doutorado de Levine, em 1957, comparava Simmel e Parsons, deixando implícito pelo menos que alguma semelhança existia entre Parsons e esse importante autor mais antigo que ele ignorara completamente. Por mais de vinte anos, no entanto, também essa dissertação permaneceu inédita. Quando finalmente veio à luz – numa série em *offset* reservada a trabalhos não publicados ou esgotados –, Levine (1980) tornou as implicações de sua introdução a Simmel mais críticas e explícitas. Numa nova Introdução, salientou a decisão de Parsons de eliminar do manuscrito definitivo de *A estrutura da ação social* um capítulo sobre Simmel. Isso demonstrava, segundo Levine, que Parsons selecionara os clássicos de modo a corroborar seu interesse "tendencioso", teoricamente apriorístico. Parsons excluíra Simmel porque incluí-lo significaria disseminar uma influência antifuncionalista. Embora essa acusação de omissão se justifique, não se justificam as razões de Levine: seu argumento de que incluir Simmel fomentaria uma visão antifuncionalista baseia-se na suposição empírica de que a obra de Simmel possui um significado inequívoco.

A mais notória ausência na interpretação de Parsons, entretanto, a figura de Karl Marx, não recebeu atenção consensual nessa primeira fase. Mostrarei mais adiante, aliás, que somente graças à polêmica no seio da escola parsoniana e sob o disfarce de uma "teoria do conflito" é que Marx começou a ser discutido. Só depois que o funcionalismo foi mais ou menos subjugado pelos seus adversários é que Marx despontou explicitamente. Quando, em 1968, Zeitlin pôs de pernas para o ar a construção parsoniana, declarando que suas figuras clássicas não passavam de conservadores cuja obra só podia ser entendida como reação a Marx, sua ideia também não mereceu grande atenção.[10]

---

10 É preciso enfatizar aqui que estou falando da discussão apenas no âmbito da disciplina da sociologia em sua definição restrita. Na França e na Alemanha, é óbvio, Marx nunca deixou de ser o centro do debate intelectual mais amplo. Aqui, que se pense unicamente em Sartre e na Escola de Frankfurt.

O que mais alimentou o movimento antifuncionalista emergente de fato foram as ausências mais sutis na interpretação parsoniana de Durkheim, Weber e Freud. Aqui, o interesse teórico original consistia em restaurar uma teoria sociológica mais orientada para o poder e mais concentrada na economia. O interesse secundário era recuperar a importância da ação contingente contra o que se supunha ser o enfoque de Parsons na ordem coletiva como tal. Assim, em meados dos anos 50, Gouldner (1958) publicou a primeira tradução inglesa de *Socialism and Saint-Simon* [*O socialismo e Saint-Simon*], de Durkheim, obra do período intermediário a que Parsons nunca se referira. Gouldner sustentou que essa obra demonstrava a existência de um Durkheim materialista e radical totalmente avesso ao da tradição funcionalista. O fato de essa prática interpretativa ser tosca e inconsistente em comparação com a de Parsons explica sem dúvida o fracasso relativo do livro. Todavia, o mais importante são os interesses teóricos por trás da alegação de Gouldner. Giddens (1972) retomou o tema mais tarde, num período bem mais turbulento e por meio de uma interpretação bem mais sofisticada. Sua tese de que Durkheim apoiava e não contestava o enfoque institucional e econômico de Marx – na verdade, de que Durkheim jamais se ocupou do "problema da ordem" de Parsons – desempenhou papel importante no movimento de repúdio à teoria funcionalista nesse período posterior. De fato, ao elaborar a tese neomarxista para a análise estrutural, de que se ocupava nessa época, Giddens negou peremptoriamente a visão desenvolvimentista que Parsons tinha da obra de Durkheim; invertendo a análise de Parsons, ele rebaixou *As formas elementares* e promoveu *A divisão do trabalho* como o ponto alto da obra de Durkheim. Martindale (1960) e Bendix (1971) condenaram a interpretação voluntarista de Parsons de outra maneira. Na qualidade de weberianos que enfatizavam o poder, os movimentos políticos e a contingência, insistiram em que Durkheim na verdade propunha uma abordagem organicista e anti-individualista.

Foi Bendix, é claro, quem decidiu demonstrar que o Weber "real" não tinha praticamente nada em comum com o retrato normativo encontrado na obra de Parsons. Bendix sustentou que o Weber de Parsons se baseava em más traduções idealistas de conceitos-chave, por exemplo, a caracterização parsoniana de *Herrschaft* como "coordenação imperativa" em lugar de "dominação", segundo uma tradução mais literal do alemão. Ele também afirmou que Parsons subestimou a sociologia política de Weber e seus escritos sobre controle patrimonial. Para Bendix, essa discussão de Weber era simplesmente o outro lado de sua tentativa para construir uma sociologia comparativa especificamente histórica (por exemplo, Bendix, 1978). Coube ao trabalho de toda uma vida de um discípulo de Bendix, Guenther Roth, revelar esse Weber alternativo num estilo mais didático e pormenorizado. Que houve uma franca ambição teórica por trás da reconstrução minuciosa feita por Roth (1978) da *Economia* de Weber, prova-o sua insistência, na longa Introdução, sobre a orientação de conflito de grupo na obra de Weber. Quase ao mesmo tempo, o discípulo de Coser, Arthur Mitzman (1970), ponderava que, longe de voltar-se para valores e integração, a obra madura de Weber deve ser considerada uma luta nietzschiana contra a dominação de valores racionais. Anteriormente, Wrong (1961) fizera essa revisão do Freud de Parsons de um modo muito mais explícito. Salientara que Parsons subestimou excessivamente a ênfase na repressão, visível na concepção de Freud do superego e da capacidade autônoma de rebelião antissocial que Freud atribuiu ao *id*.

Entretanto, o esforço crescente para combater a hegemonia da teorização funcionalista significava algo mais que encontrar novos métodos de interpretar os clássicos antigos e eleger novos. Significava também desenvolver escolas teóricas capazes de propiciar uma alternativa sistemática àquilo que se considerava a ênfase característica do funcionalismo. Surgiram daí a teoria do conflito, a teoria da troca, o interacionismo simbólico, a etnometodologia e uma forma especificamente sociológica de teoria social humanista ou radical. Essas escolas tinham de definir seus próprios clássicos e fizeram-no não apenas em oposição às interpretações de Parsons, mas em oposição ao próprio Parsons. É que durante o período do pós-guerra, que assinalou sua ascensão, a obra de Parsons se tornara também um clássico no sentido contemporâneo. Ficou envolta num carisma luminoso a ponto de as declarações de Parsons passarem a ser veneradas em si mesmas, a ser aceitas não por sua força teórica, mas porque eram dele e só dele. Em contrapartida, a interpretação da obra de Parsons tornou-se uma indústria menor (ver Alexander, 1983, p.289-310), pois provar que Parsons dissera ou não dissera alguma coisa equivalia a encetar uma discussão teórica *per se*.

As escolas que proliferaram na esteira dos adversários do antifuncionalismo tinham, portanto, uma dupla tarefa. Precisavam encontrar novos clássicos e livrar-se desse contemporâneo recém--classicizado. Na fundação de cada nova escola teórica podemos vislumbrar esse duplo movimento. Parsons e os velhos clássicos tinham de ser separados. E conseguiu-se tal feito, primeiro, pela afirmação de que os clássicos não eram aquilo que Parsons dissera que fossem, e, segundo, pela afirmação de que Parsons não era aquilo que pretendia ser. Quando Pope (1973) e seus colegas (Cohen, Hazelrigg e Pope, 1975) exigiram, numa série de ensaios amplamente discutidos, a "desparsonalização" dos clássicos, essa dupla intenção estava sendo claramente expressa.

Vejamos, por exemplo, a teoria do conflito. Os textos-chave, nesse movimento, eram *Key Problems in Sociological Theory* [*Problemas-chave da teoria sociológica*] (1961), de Rex, *Class and Class Conflict in Industrial Society* [*Classes e conflito de classes na sociedade industrial*] (1959), de Dahrendorf, e *The Functions of Social Conflict* [*As funções do conflito social*] (1956), de Coser. Para sustentar que a teoria sociológica sistemática devia centrar-se no conflito, eles tinham de sustentar também que a teoria funcionalista se centrava na estabilidade. Ao invés de alegar isso simplesmente no nível da teoria sistemática ou do trabalho empírico, cada qual buscou uma interpretação do "significado" da obra de Parsons. Por um lado, o interesse teórico que aplicaram à tarefa permitiu que muitos pontos fracos da obra de Parsons viessem a lume; por outro, apenas produziu um novo campo semiótico de ausências em substituição ao de Parsons.

As leituras conflitantes de Parsons ignoraram, por exemplo, toda a série de ensaios "funcionalistas" dedicados ao poder e à mudança, que Parsons publicara de 1938 a 1950, e, o que talvez seja mais significativo, o fato de essa história ter-se voltado diretamente para o problema da mudança após a publicação de *O sistema social* em 1951. A destruição de Parsons estava simbioticamente ligada à construção de Weber e Marx. Rex saudou Marx como um teórico antissuperestrutural do conflito; Dahrendorf mostrou um Weber interessado somente na teoria do poder coercitivo. A construção de Coser dos clássicos era diferente porque ele entronizava Simmel e Freud como os mestres teóricos do conflito e da mudança. Um ano antes da publicação do livro de Coser, as bases para essa discussão já haviam sido lançadas no mundo de língua inglesa por Bendix, o crítico de Parsons da vertente weberiana, que ofereceu uma tradução de *Conflict and the Web of Group Affiliations* [*O conflito e a rede de afiliações grupais*] (1955). O mais destacado teórico sistemático da escola do conflito, Collins (por exemplo, 1968, 1975, 1986), continuou a desafiar a classicização de Parsons e a reestruturar a velha tradição clássica praticamente nos mesmos termos.

A teoria da troca apareceu primeiramente com a colaboração de Homans (1958) no número do *American Journal of Sociology* comemorativo do aniversário de nascimento de Simmel. Depois de elaborar a sistemática dessa teoria em *Social Behavior* [*Comportamento social*] (1961), Homans defendeu sua legitimidade reinterpretando o principal clássico contemporâneo em sua fala como presidente da Associação Americana de Sociologia, três anos depois. Esse discurso, "Bringing Men Back In" [Trazendo os homens de volta] (Homans, 1964), apresentou uma leitura de Parsons como "ação anti-humana", além de classificar de antiparsoniano um de seus melhores discípulos (Smelser), o que se tornou a justificativa polêmica mais importante da teoria individualista nos anos que se seguiram. Só muito depois as raízes clássicas da teoria da troca foram estabelecidas de um modo mais positivo em discussões (por exemplo, Lindenberg, 1983) sobre a importância da economia política de Adam Smith.

A situação interpretativa da etnometodologia foi, a princípio, bastante diferente. Tanto em virtude de os axiomas fundamentais de Garfinkel serem – como ele próprio admitiu durante muito tempo – apenas paráfrases sucintas de obras fenomenológicas anteriores, quanto em virtude de sua ambição teórica não se ter desenvolvido suficientemente naqueles anos iniciais, Garfinkel

(1963) tentou introduzir o trabalho de Schütz entre os clássicos, ao lado do de Weber e Parsons. Quando se tornou explícita a intenção de Garfinkel em criar a escola da etnometodologia, entretanto, sua ligação com os clássicos tornou-se mais complexa. Não bastava uma leitura pessoal de Schütz, pois isso encobria a simpatia de Schütz pela ênfase de Weber nos valores sociais. As referências à obra de Schütz *per se* tornaram-se raras e esparsas, porquanto a etnometodologia (Garfinkel, 1984) estava em vias de ser apresentada como corrente exclusiva de estudos empíricos. Ao mesmo tempo, a interpretação de Parsons por Garfinkel sofreu uma inversão. Propor uma alternativa à teoria de Parsons exigia que Garfinkel contestasse a estatura clássica de Parsons. Ele tinha de fazer isso de qualquer maneira, pois seus novos interesses teóricos obrigavam-no a considerar Parsons de modo diferente. Garfinkel declarou então que, para Parsons, os agentes eram "dopados culturais" que se conformavam às normas de uma forma irrefletida e acrítica. Consequentemente, quem valorizasse os elementos criativos e rebeldes da ação humana deveria fazer o tipo "antiparsoniano" de trabalho fenomenológico.

O mesmo efeito foi produzido pela aberta oposição de Blumer (1969) à teoria parsoniana, que ajudou a ressuscitar Mead como patrono do interacionismo simbólico (cf. Strauss, 1964). Pela mesma época, outros interacionistas (Stone & Farberman, 1967) sustentaram que a obra posterior de Durkheim, longe de constituir um endosso da ordem moral, preceituava na verdade um *rapprochement* com a fé individualista do pensamento pragmatista.

A sociologia radical ganhou terreno principalmente nos Estados Unidos, e quase pelos mesmos caminhos. Aqui, os livros-chave (ambos publicados em 1970) eram *A Sociology of Sociology* [*Uma sociologia da sociologia*], de Friedrichs, e *The Coming Crisis of Western Sociology* [*A crise iminente da sociologia ocidental*], de Gouldner. Agindo dentro de um contexto americano liberal, nenhum desses teóricos defendeu a importância do autor clássico que Parsons deixara de lado, a saber, Marx. Insurgiram-se, ao contrário, contra a validade ideológica de Parsons. Se se pudesse provar que Parsons estava do lado do *Establishment* político, as possibilidades de uma sociologia alternativa e radical imediatamente se legitimariam. Assim, enquanto alguns teóricos anteriores (por exemplo, Hacker, 1961) ressaltavam a tensão entre as teorias supostamente organicistas de Parsons e seus ideais liberais-reformistas, Friedrichs procurou interpretar Parsons como um idealista do Estado tecnocrático e burocrático, ao mesmo tempo que Gouldner o aliava ao capitalismo pré-burocrático e individualista. A reinterpretação de Gouldner inaugurou dez anos de um trabalho sistemático, de natureza empírica e histórica, orientado para a esquerda, muito do qual pontilhou as páginas do jornal de Gouldner, *Theory and Society* [*Teoria e sociedade*], que tentava "renovar" a sociologia sob os auspícios dos clássicos da teoria do conflito, da etnometodologia e da teoria crítica gouldneriana. Só no fim desse período Gouldner (1980) tentou de forma ambiciosa colocar Marx no panteão dos clássicos. Fato revelador da relação íntima entre história e sistemática é que, na época em que compôs sua última obra – quando seus interesses teóricos e ideológicos se haviam tornado francamente anti-stalinistas –, Gouldner começara a ler as implicações políticas contemporâneas da obra de Parsons com mais simpatia e um espírito mais liberal (Gouldner, 1979, 1980, p.355-73).

Ao que parece, a fase final de sua demolição da interpretação parsoniana dos clássicos constituiu um golpe contra os fundamentos factuais da obra de Parsons de 1937. Segundo essa acusação, Parsons distorcera os clássicos porque almejava um método de atualização, ou seja, sua leitura dos textos anteriores era "tendenciosa" porque não repelira as preocupações teóricas contemporâneas em favor de um relato verdadeiramente histórico. Jones (1977) afirmou que Parsons ignorava o meio intelectual de Durkheim, insinuando que o conhecimento desse meio revelaria um teórico ocupado, não com questões teóricas gerais, mas com detalhes da vida religiosa dos aborígines. Camic (1979) e Levine (1980) chegaram mais perto do cerne teórico da *Estrutura da ação social*. Na opinião deles, um exame historicamente responsável do utilitarismo revelaria que dificilmente as teorias orientadas para o valor, oriundas da sociologia clássica, se voltariam contra a teoria individualista e racionalista, como queria Parsons. Sustentaram que o utilitarismo fora, ele próprio, uma teoria orientada para a moral e que, por isso, toda a reconstrução parsoniana dos "avanços" da tradição sociológica clássica eram basicamente falhos. Caracteristicamente, sua tese foi lançada sob o estandarte da objetividade histórica, e eles apresentaram seus relatos como meras exposições destituídas de pressupostos teóricos. Conforme já demonstrara a valiosa história intelectual de Hirschman (1977, p.108-10), entretanto, é bem possível que um pesquisador igualmente "objetivo" leia a obra do próprio Adam Smith, sob o ponto de vista moral, como uma abertura para o racionalismo individualista e o pensamento utilitarista. Assim como ocorrera com os esforços mais sistemáticos que os precederam, esses argumentos historicistas dependiam dos interesses teóricos subjacentes à interpretação e não de uma leitura neutra da literatura histórica em si.

Graças à ajuda dessas interpretações sobre os clássicos, as novas escolas teóricas lograram, em meados dos anos 70, controlar mais ou menos o discurso sociológico geral. As reinterpretações de Parsons já não se impunham. Os clássicos que deixara de lado haviam ressurgido e os que ele elegera foram "reapresentados" de modos diferentes. Em 1972, Lukes publicou uma biografia intelectual de Durkheim que foi saudada como a maior obra interpretativa dos últimos anos. Em seu exame aparentemente minucioso das polêmicas suscitadas pela obra de Durkheim, Lukes simplesmente não incluiu toda a interpretação de Parsons.

Somente agora que a ameaça à hegemonia de Parsons quase se completou é que Marx desponta finalmente como um clássico. De fato, para os teóricos europeus e para a nova geração americana, Marx aparece como o único clássico a que a ciência social tem de recorrer. O jogo entre presença e ausência nas interpretações de Marx rouba a cena. Humanistas como Avineri (1969) e lukacsianos como Ollman (1971) preferem o jovem Marx, mas Althusser, com sua compreensão bem mais sistemática e exigente da importância de sua obra posterior, acabou por impor-se (Althusser, 1969; Althusser & Balibar, 1970). Obras como os *Grundrisse*, o esboço do *Capital*, foram traduzidas e imediatamente debatidas (comparar, por exemplo, Nicolaus [1973] com

McClellan [1976])[11] em termos da importância de suas implicações para essa polêmica interpretativa. A ênfase nas obras anteriores ou posteriores desempenhou um papel crucial na determinação do enfoque empírico – formação das classes ou superestruturas ideológicas, processos econômicos ou alienação, velhas ou novas classes trabalhadoras – de um amplo leque de pesquisas.

Na Inglaterra, por exemplo, surgiu um vigoroso movimento de trabalho empírico chamado "estudos culturais" (por exemplo, Bennet et al., 1981; Clark et al., 1979; Hall et al., 1980). Analisando os símbolos e sua relação com os conflitos de classe e os conflitos sociais, esse movimento inspirou-se (ver Cohen, 1980, Hall, 1981) quase que inteiramente nos clássicos de tradição marxista e na versão caracteristicamente britânica que Williams fez da teorização mais ortodoxa de Althusser sobre os aparatos ideológicos do Estado. Nem Durkheim (que, na construção de Parsons, era o pai da teoria simbólica), nem Weber ou mesmo o próprio Parsons eram privilegiados pelos pesquisadores britânicos com um *status* exemplar. Um contraste instrutivo pode ser visto no movimento americano de análise cultural, que anteriormente se cristalizara em torno da análise da religião civil de Bellah (por exemplo, Bellah e Hammond, 1980). Por derivar de Durkheim e Parsons, diferia da tradição britânica em aspectos empíricos, ideológicos e teóricos fundamentais. Poucos contrastes oferecem evidência mais cabal da hegemonia das obras clássicas.

---

11 Em 1971, McClellan, que defendia um Marx mais fenomenológico e a existência de um vínculo entre suas obras de juventude e maturidade, traduziu cerca de 100 das mais de 800 páginas de *Grundrisse*. Na Introdução (1971, p.12), salientou assim a relevância do texto: "A continuidade entre os *Manuscritos* [isto é, *Manuscritos econômico-filosóficos* de 1844, que tipificam o 'velho' Marx] e os *Grundrisse* é evidente ... Um ponto, em particular, enfatiza essa continuidade: os *Grundrisse* são tão 'hegelianos' quanto os *Manuscritos de Paris* [de 1844]". Embora a tradução de Nicholas aparecesse dois anos mais tarde, exibia a virtude obviamente erudita de ser anotada e completa. Não obstante, fica claro desde a primeira das 60 páginas do Prefácio que este ensaio é um meio destinado a mostrar sua oposição teórica aos escritos de juventude. Na primeira página se lê que o manuscrito a seguir "apresenta os elementos-chave da demolição da filosofia hegeliana por Marx" (Nicholas, 1973, p.1).

Não só as construções de Parsons ruíram como o próprio Parsons foi sendo afastado cada vez mais de cena. Em microssociologia, debates sobre Homans, Blumer, Goffman e Garfinkel substituíram os debates sobre Parsons; agora, disputas quanto ao significado de sua obra é que faziam as vezes de teorização sistemática. Em macrossociologia, um amálgama das teorias críticas e do conflito desalojaram Parsons a tal ponto que a nova "abordagem estrutural podia negar por completo os fundamentos clássicos e não empíricos" (por exemplo, Lieberson, 1980; Skocpol, 1979; Treiman, 1977). Um marco dessa desclassicização foi alcançado com a publicação, em 1976, de *New Rules of Sociological Method* [*As novas regras do método sociológico*], de Giddens, em que se lê que não apenas as ideias de Parsons agridem a boa teoria como os clássicos de Parsons, Durkheim e Weber constituem os maiores obstáculos ao progresso teórico no futuro. Giddens (1979, 1981) se propõe a desenvolver um elenco completamente diferente de clássicos, do qual até Marx fica de fora.

A esta altura, no entanto, é de crer que a tentativa de banir definitivamente a construção de Parsons deva ser vista antes como um movimento pendular que uma sucessão progressiva. Tentativas anteriores de "navegar contra a maré", feitas inteiramente a partir da tradição parsoniana – Eisenstadt (1968) sobre Weber, Smelser (1973) sobre Marx, Bellah (1973) sobre Durkheim –, indiscutivelmente falharam. Ao contrário, esforços mais recentes para preservar a importância dos clássicos de Parsons e a preocupação característica deste com as dimensões culturais das teorias daqueles clássicos têm sido mais bem-sucedidas (Alexander, 1982b; Habermas, 1984; Schlüchter, 1981; Seidman, 1983a, Traugott, 1985; Whimpster & Lash, 1986; Wiley, 1987). A definição da teoria americana como uma alternativa individualista ao coletivismo dos clássicos europeus também começou a ser seriamente questionada (ver, especialmente, Lewis & Smith [1980], mas também Joas [1985]). Existe mesmo um movimento para resgatar a estatura clássica do próprio Parsons. Numa curiosa meia-volta, Habermas declarou que "nenhuma teoria social pode ser levada a sério hoje se não estiver pelo menos relacionada a Parsons" (1981, p.297). Minha própria obra (1983, 1985) vai pelo mesmo caminho, e sugiro que uma tradição "neofuncionalista", baseada num Parsons reconstruído e em suas raízes clássicas, é viável. Finalmente, os pressupostos do "novo estruturalismo" vêm sendo explicados e criticados (Alexander, 1984, Sewell, 1985). Com efeito, começa a ser aventado não só pelos teóricos (Alexander, 1987b, Thompson, 1985), como por destacados analistas empíricos dessa tradição (por exemplo, Fenton, 1984; Hunt, 1987; O'Connor, 1980; Traugott, 1984), que as ideias de Durkheim sobre estrutura ainda desempenham papel relevante.

Esse exame do debate clássico no período do pós-guerra foi necessariamente parcial. Se houvesse espaço, por exemplo, o modo com que as discussões sobre os clássicos ajudaram a estruturar as subáreas empíricas da sociologia deveria ser explorado.[12] Além disso, nos limites de minha discussão, eu não poderia nem demonstrar pormenorizadamente os matizes do debate clássico nem revelar, em detalhe, como cada discussão realmente se situa na teorização sistemática, para não falar do trabalho empírico. A despeito dessas limitações, entretanto, creio que minha tese analítica foi substancialmente documentada. Na grande discussão teórica "sistemática" que marcou o pós-guerra, a polêmica "histórica" sobre o significado das obras clássicas desempenhou um papel visceral.

Ao estabelecer um novo elenco de autores clássicos para a discussão teórica do pós-guerra, a pesquisa de Parsons revelou motivações tanto intelectuais quanto estratégicas. Mergulhando nos escritos de Durkheim, Pareto e Weber, ele chegou a novas impressões da estrutura e dos processos do mundo social. Além disso, ao afirmar que esses autores eram os únicos verdadeiros fundadores da sociologia, pôde solapar os alicerces de teorias que

---

12 A esse respeito, ver a obra de Thompson. Em "Rereading the Classics: The Case of Durkheim" [Uma releitura dos clássicos; o caso de Durkheim] (1985; cf. Thompson), ele explica que, no desenvolvimento do campo da sociologia industrial, interpretações divergentes do *Divisão do trabalho na sociedade*, de Durkheim, desempenharam papel de destaque nos debates especificamente empíricos. Recorri muito à discussão teórica de Thompson (1985) sobre a importância dos clássicos, que em parte responde a uma primeira versão do presente ensaio.

concluíra serem perversamente equivocadas. Parsons, ao reivindicar a "descoberta" dos clássicos, foi motivado por interesses teóricos; ao mesmo tempo, dadas as necessárias condições básicas, sua prática interpretativa era sólida o bastante para convencer a comunidade científico-social de que essas posições clássicas de fato haviam prefigurado a sua própria.

O vínculo entre sistemática histórica e sistemática contemporânea era tão estreito que a hegemonia teórica de Parsons só poderia ser abalada se sua versão da história clássica também fosse derruída. Uma versão alternativa foi formulada, o que ocorreu tanto pelas releituras dos clássicos de Parsons quanto pela criação de novos clássicos. As razões intelectuais disso são suficientemente claras: teorias vigorosas propiciam visões capazes de abrir um amplo espaço interpretativo. Entretanto, a aceitação dos clássicos convencionais mostrou-se também funcionalmente eficaz, pois permitiu aos teóricos pós-parsonianos elaborar suas discussões em termos mais ou menos acessíveis a todos. Ironicamente, a classicização da própria obra de Parsons facilitou sua falência teórica, pois ela, igualmente, proporcionava um meio relativamente acessível pelo qual se podia contestar os méritos das ideias funcionalistas. Uma vez que a teoria pós-parsoniana se fundava em parte na obra de Parsons, tentativas recentes de superá-la se voltaram não apenas para os antigos textos clássicos, mas também para os textos de Parsons – e isso, não só por razões intelectuais, mas também estratégicas.

O humanismo e os clássicos: por que o desafio historicista está errado

Defender consistentemente a importância dos clássicos é reivindicar uma relação inextricável entre interesses teóricos contemporâneos e pesquisas sobre o significado dos textos históricos. Na primeira parte deste ensaio, defendi essa posição na esfera da teoria sociológica. Na seção anterior, tentei corporificá-la examinando o desenvolvimento das discussões sociológicas sobre os clássicos. Agora, procurarei defender essa posição contra as críticas lançadas à importância dos clássicos no seio das próprias humanidades. Essa é a abordagem historicista da história intelectual associada à obra de Quentin Skinner, a qual – não raro em combinação com as pretensas histórias da ciência kuhnianas – também penetrou significativamente na discussão sociológica (por exemplo, Jones, 1979; Peel, 1971; Stocking, 1965).

A particular importância dessa crítica se deve ao fato de que foram as humanidades que quase sempre apresentaram a alternativa ao reducionismo científico-social dos estudos culturais ao projeto empírico contemporâneo. Em termos dos clássicos, tal como o próprio Merton colocou a dicotomia, foram as humanidades que, tradicionalmente, defenderam a singularidade e importância permanente das contribuições clássicas. As humanidades estão mais associadas à interpretação que à explicação; afinal, foi nas humanidades que primeiro se formalizou e se propôs essa distinção. Além disso, foi nas disciplinas humanistas – dos estudos históricos da religião do século XIX até a teoria literária contemporânea – que a metodologia da interpretação, bem como a pesquisa e a investigação do significado dos textos clássicos, mais se destacaram. Finalmente, é a negação da relevância da interpretação textual para as ciências sociais que subjaz não apenas à injunção empírica contra os clássicos, mas também ao senso comum das próprias discussões clássicas.

Enquanto a injunção de Merton da mescla de história e sistemática tenta livrar a sistemática da bagagem histórica, a teoria skinneriana repele a mescla a fim de limpar a história da mácula da sistemática. A intenção é transformar discussões de textos antigos em pesquisas puramente históricas, isentas de pressupostos, pesquisas que, ironicamente, seriam mais explicativas que interpretativas na forma. Ora, como Skinner aborda o problema do ângulo oposto, a consequência de seu raciocínio se revelaria exatamente a mesma. Se a história pode ser ateórica, então a teoria pode ser a-histórica. Se os clássicos podem ser estudados sem o fardo da interpretação, então a interpretação certamente não precisa invadir a prática da ciência social destituída de clássicos. Skinner oferece o tipo de história intelectual que Merton queria mas não conseguia encontrar.[13] Parece-me, no entanto, que sua história teórica apresenta a mesma qualidade abstrata e antiempírica que a de Merton: não logra explicar o papel central do debate interpretativo nos estudos culturais contemporâneos. E o faz, além disso, pela mesma razão: sofre de um empirismo que nega aos pressupostos um papel destacado no exame da vida social. Alega agir assim em nome da razão contra o relativismo. Mas a meu ver, só depois de reconhecer interesses apriorísticos é que a razão pode utilizá-los.

O que o historicismo abomina é a introdução anacrônica de preocupações atuais na compreensão dos textos antigos. Skinner adverte que essa "prioridade de paradigmas" só pode resultar em "mitologias", nunca na descoberta dos próprios textos (Skinner, 1969, p.6-7). Essa advertência repousa, é claro, na convicção implícita de que o círculo hermenêutico pode ser rompido. O que sustenta o historicismo é a crença de que o mundo real, em sua glória primitiva e remota, só se revelará ao investigador se este souber como e para onde olhar. O historicismo proporciona esse conhecimento por intermédio de sua ênfase no contexto e na intenção. A disponibilidade imediata para estudos culturais de contexto intelectual e a intencionalidade do autor constituem os mais importantes pressupostos que esteiam o historicismo. Deles decorre um terceiro pressuposto que, embora implícito, talvez seja o mais importante de todos: a noção de que textos motivados e historicamente situados podem ser lidos e compreendidos sem nenhuma dificuldade. Recordemos que era essa exatamente a

13 Vale notar que a tradicional "história das ideias" é condenada tanto por Skinner quanto por Merton. Não surpreende que ambos a critiquem por sua natureza excessivamente presentista. Na primeira seção deste ensaio, classifiquei de pré-kuhniana na forma a proposta de Merton de uma abordagem alternativa à história intelectual. De novo, Skinner ofereceria exatamente a alternativa à história sistemática que Merton não foi capaz de elaborar. O que se poderia chamar de sua "*história* das ideias" – em oposição à "história das *ideias*" –, combina perfeitamente com o estereótipo que os cientistas sociais empíricos fazem da pesquisa clássica, ou seja, esta é puramente histórica e portanto irrelevante para as preocupações teóricas contemporâneas. Assim, no ataque de Turner à "metateoria", mencionada acima, ele contrasta "fazer teoria" com "traçar a história das ideias" (1986, p.974).

conclusão implícita no ataque científico-social desfechado por Merton contra os clássicos. Defender a "dificuldade" e a "autonomia relativa" dos clássicos perante a intenção e o contexto é, portanto, defender a própria prática interpretativa. Enfim, justamente por ser a interpretação tão importante é que se deve proceder à mescla de história e sistemática. A seguir, criticarei cada uma das conclusões em que, por seu turno, o historicismo se baseia.

1 Contexto singular *versus* contexto infinito

O historicismo afirma que as convenções linguísticas de um dado período revelam o universo intelectual de qualquer obra histórica em particular. Diz Skinner: "Segue-se daí que a metodologia apropriada para a história das ideias deve definir, em primeiro lugar, toda a gama de comunicações convencionalmente estabelecidas numa determinada ocasião" (Skinner, 1969, p.49, cf. Jones, 1986, p.14; Peel, 1971, p.264; Stocking, 1965, p.8). Nenhuma dúvida é aventada quanto à possibilidade de tal recuperação. Jones, por exemplo, declara sem rodeios que é possível chegar "à compreensão de todo o contexto sócio-histórico onde surgiram as teorias sociológicas" (1977, p.355). Quero crer, todavia, que o que se deve questionar é justamente essa capacidade da história em espelhar a sociedade. A sustentar-se o nominalismo de Skinner, toda frase significativa proferida num determinado período histórico deveria ser registrada e analisada, tarefa evidentemente impossível. O contexto sócio-histórico como um todo não passa de uma quimera. Se, de outro lado, assumirmos uma postura mais realista, haveremos de reconhecer que as generalizações feitas são necessariamente seletivas. Sem dúvida, a seleção exige comparação com um padrão preexistente. Não há nenhuma anomalia nos escritos mais recentes de Skinner, onde parece acatar que a necessidade de seleção refuta a postura contextualista que ele próprio tentou estabelecer.

2 Intenção transparente *versus* intenção opaca

O historicismo, entretanto, não é uma forma de determinismo social; ele procura levar em conta plenamente a vontade autorial.

O contexto fornece apenas o substrato do texto; são as próprias intenções do autor que revelam quais as convenções que ele quer que seu texto apoie e supere. De novo, essa pretensão repousa em uma confiança empírica na transparência do mundo social. Supõe-se que as intenções sejam tão recuperáveis quanto os contextos. Skinner não está preocupado com o problema da descoberta da intencionalidade: basta observar "o que o autor quis dizer" (1969, p.22). A réplica segundo a qual "é absolutamente impossível recuperar os motivos e intenções de um autor" soa, para Skinner, "redondamente falsa" (1972, p.400). Para descobrir intenções e motivos, basta recorrer simplesmente ao "lugar comum, mas [até agora] surpreendentemente indescritível, sobre a atividade do pensamento" (Skinner, 1969, p.30).

No entanto, é exatamente essa natureza comum do pensamento que esteve sujeita a um questionamento radical ao longo de quase todo o século XX. A psicanálise mostrou que as intenções integrais dos agentes são desconhecidas até deles próprios agentes, quanto mais daqueles que sequer os conhecem bem. A mente repele a inquietação emocional construindo mecanismos de defesa que estreitam drasticamente a compreensão consciente do agente (Freud, 1950). Embora as pretensões pseudocientíficas da psicanálise tenham sido minuciosamente analisadas, seu ceticismo em relação à autocompreensão racional contaminou a opinião intelectual sobre interpretação e método literário. Por exemplo, foram as ideias psicanalíticas que inspiraram em boa medida o ataque do *New Criticism* à interpretação contextual e intencionalista. Segundo Empson (1930), dado que existe uma profunda ambiguidade na origem das obras mais poderosamente imaginativas, os textos estão repletos de contradições insolúveis, de sorte que os leitores se veem obrigados a inventar interpretações sobre o significado e a intenção do autor. Isso comprova, de modo inelutável, a autonomia do texto, pois explicita que sequer o autor o controla de forma consciente. Minha obra sobre o caráter contraditório das grandes teorias sociais (por exemplo, Alexander, 1982b, p.301-6, 330-43) também sugere que o "engano inconsciente" é endêmico nessas teorias. Diante disso, perseguir o significado de uma teoria através da intencionalidade consciente do autor é, seguramente, pura perda de tempo.

Inspirados pela psicanálise e, ainda, pela teoria cultural, o estruturalismo e a semiótica chegaram ao mesmo ponto de vista. Insurgindo-se contra o intencionalismo de Sartre, Lévi-Strauss insiste em que a linguística estrutural demonstra a existência de uma "entidade totalizante" que se encontra "fora (ou abaixo) da consciência e da vontade", acrescentando que essas formações linguísticas constituem protótipos para qualquer texto cultural (Lévi-Strauss, 1966, p.252). Ricoeur faz o mesmo raciocínio. Para ele, o discurso escrito é possível somente porque dispomos de recursos simbólicos que transcendem a especificidade situacional e a intencionalidade imediata. Já a intenção imediata da elaboração do texto quase não pode ser conhecida por aqueles que enfrentam os textos escritos já redigidos: "A trajetória de um texto foge ao horizonte finito vivido por seu autor. O que o texto diz agora importa muito mais do que o que o autor quis dizer" (Ricoeur: 1971, p.534). A filosofia hermenêutica defende essa conclusão do ponto de vista do próprio método histórico. Gadamer afirma que a coincidência entre a intencionalidade do autor e o significado textual é irrelevante, pois a intencionalidade é algo que o historiador não consegue recuperar. Transformando a necessidade em virtude, ele expõe uma perspectiva dialógica na qual os textos só se revelam graças à interlocução num contexto histórico: "O verdadeiro significado de um texto, para o intérprete, não depende da contingência do autor nem daqueles para quem foi originalmente escrito. Em parte, ele é também determinado pela situação histórica do intérprete e, portanto, pela totalidade do curso objetivo da história" (Gadamer, 1975, p.264).

3 Textos explícitos *versus* textos polivalentes

O postulado tácito que dá corpo à concentração exclusiva ao historicismo no contexto e na intenção considera desnecessário estudar o significado de um texto em si, isto é, privilegiar o texto *qua* texto. Por trás desse postulado existe uma teoria pragmática e antissemiótica do significado. Os historicistas afirmam que o significado de um texto qualquer em uma ocasião dada determina e esgota seu significado. A prática e não a significação textual é que se torna o objeto de investigação. Nas palavras de Skinner: "o *uso* da proposição relevante por um agente específico numa ocasião específica, com a intenção específica (*sua* intenção) de fazer uma *afirmação* específica" (1969, p.50). Invertendo Ricoeur, Skinner insiste em que um texto é "apropriado a sua situação de um modo que seria simplesmente ingênuo tentar transcender" (1969, p.50). Eis aí uma abordagem nominalista, centrada no agente. Os textos são instrumentos de ação intelectual; estudá-los é descobrir "o que os verdadeiros agentes históricos pensaram" (Skinner, 1969, p.29).

Todavia, se o contexto nem de longe estiver definido e não se puder captar a intenção, é preciso admitir alguma autonomia aos textos. Eles precisam ser estudados como veículos intelectuais de direito próprio. Com isso não se nega a intenção do autor, apenas se afirma que a intenção só pode ser descoberta no próprio texto. Conforme assinala Hirsch, "há diferença entre significado e consciência do significado" (1967, p.22). Os argumentos em prol da autonomia do texto derivam dessas crenças sobre a natureza complexa e oculta da intenção do autor, pois as intenções do autor inconsciente podem ser descobertas apenas por meio de um exame independente do próprio texto. Para Ricoeur (1971), os textos apresentam um "excesso de significado". Freud (1913) insiste na "superdeterminação" do simbolismo onírico. Foucault (1970) pretende que os discursos ocultos estruturam os documentos escritos da história. O significado extra amplia um texto em virtude dos princípios organizacionais inerentes a essa forma cultural específica. Ricoeur considera que esse excesso seja produzido pelo mito e pela metáfora. Freud encontra a superdeterminação em recursos de construção onírica como deslocamento e condensação. Os discursos de Foucault se esteiam em modalidades que estabelecem a arqueologia do conhecimento.

Um texto é um sistema de símbolos que fixa o significado de um autor tanto quanto o autor investe significado nesse texto. Para estudar os significados de um texto em particular deve-se, pois, estudar as regras específicas desse sistema. O pesquisador tem de conhecer as regras que governam esse tipo especial de atividade imaginativa: como o deslocamento e a condensação operam em sonhos, como a lógica estrutural (Barthes, 1977) sustenta a forma narrativa. Tais regras, que os teóricos literários (por exemplo,

Hirsch, 1967, p.74, 80) chamam de normas do gênero, estão aninhadas na consciência dos autores, mas raramente são inventadas por eles mesmos. Justamente pelo fato de serem regras socialmente constituídas e transmitidas é que os textos facultam o processo de comunicação interpessoal.

A finalidade do debate crítico é explicitar essas regras e mostrar que elas, e não outras, produzem o significado dos textos. Se a argumentação cultural está fadada a ser relativa, a tentativa de Skinner de defender a razão através de um subterfúgio está desde o início condenada.[14] A razão só pode ser preservada pela

---

14 É precisamente essa falha do empirismo que explica a série de declarações (que só poderiam ser chamadas de retrações), de Skinner e seus partidários em resposta ao debate crítico sobre sua obra. Skinner (1972), por exemplo, tentou no final separar motivo de intenção, alegando que se o motivo não pode ser realmente conhecido, a intenção pode. Com isso reconheceu a autonomia implícita do texto, pois ele agora afirmava que a intenção só seria descoberta graças à compreensão da verdadeira natureza do texto. Mas mesmo esse ponto sofreu posteriores e significativas restrições. Skinner (1972, p.405) insiste em que se preocupou "somente com ... a circunstância de que, não importa o que o escritor faça ao escrever, o que escreve será relevante para a interpretação", não que a intenção do escritor seja a base da interpretação *per se*. Reduziu sua tese à noção de que, "entre as tarefas do intérprete, está a recuperação das intenções do autor ao escrever o que escreveu", ressalvando que a intenção pode muito bem ser desprezada. Embora "seja sempre perigoso ... para o crítico passar por cima das declarações explícitas do próprio autor sobre o que fez num determinado livro", ele não o nega, "o autor talvez se enganasse ao reconhecer suas intenções ou fosse incapaz de reconhecê-las". A obra recente de Jones, o mais importante epígono de Skinner em sociologia, também é eivada de equívocos críticos e retrações. Ele agora declara (Jones, 1986, p.17), por exemplo, que "a disponibilidade (ou indisponibilidade) contextual de termos descritivos ou classificatórios não é o critério pelo qual nossas assertivas sobre um agente histórico possam ser consideradas anacrônicas ou coisa que o valha". Parece aceitar o presentismo inalterável da pesquisa textual: "A prática da ciência social (inclusive a história) não apenas se beneficia da imposição, aos agentes cujas crenças e comportamento desejamos compreender, de conceitos e categorias que lhes são completamente alheios, como exige frequentemente essa imposição". Apesar de Jones e Skinner continuarem a defender a posição historicista, a verdade é que se tais conclusões fossem levadas a sério elas acabariam por destruir a validade dessa posição. Sou grato a Seidman (1983b; a; b), cuja obra nesse campo chamou-me a atenção para tais contradições e proporcionou esclarecimentos sobre os problemas aqui examinados com mais vagar.

explicitação dos pressupostos e por sua sujeição ao debate disciplinado. Os padrões de avaliação são propostos, não descobertos; apenas a persuasão consegue induzir os partícipes de um discurso a aceitá-los como válidos. Por isso a interpretação e a argumentação teórica andam juntas. "Reconhecer a impossibilidade de demonstrar um sistema axiomático", escreveu certa vez Raymond Aron, "não é uma derrota da mente, mas o apelo da mente a si mesma" (1961, p.106).

Referências bibliográficas

ALEXANDER, J. C. Positivism, Presuppositions, and Current Controversies. In: *Theoretical Logic in Sociology*. Berkeley, Los Angeles: University of California Press, 1982a. v.1.

______. *The Antinomies of Classical Thought*: Marx and Durkheim. Berkeley e Los Angeles: University of California Press, 1982b.

______. The Modern Reconstruction of Classical Thought: Talcott Parsons. In: *Theoretical Logic in Sociology*. Berkeley, Los Angeles: University of California Press, 1983. v.4.

______. (Org.) *Neofunctionalism*. Beverly Hills e London: Sage Publications, 1985.

______. *Twenty Lectures on Sociological Theory*: Talcott Parsons and his Critics in the Postwar Period. New York: Columbia University Press, 1986.

______. Social-Structural Analysis: Presuppositions, Ideologies, Empirical Debates. In: *Structure and Meaning: Essays in Sociological Theory*. New York: Columbia University Press, 1987a.

______. (Org.) *Durkheimian Sociology*. New York: Cambridge University Press, 1987b.

ALTHUSSER, L. *For Marx*. London: New Left Books, 1969.

ALTHUSSER, L., BALIBAR, E. *Reading "Capital"*. London: New Left Books, 1970.

ARON, R. Max Weber and Michael Polanyi. In: GRENE, M. (Org.) *The Logic of Personal Knowledge*: Essays Presented to Michael Polanyi. Glencoe, Ill.: Free Press, 1961. p.99-116.

AVINERI, S. *The Social and Political Thought of Karl Marx*. London: Cambridge University Press, 1969.

BARTHES, R. Introduction to the Structural Analysis of Narratives. In: ______. *Image, Music and Text*. London: Fontana, 1977. p.79-124.

BELLAH, R. Durkheim and History. *American Sociological Review*, v.24, p.447-61, 1959.

______. Introduction. In: Bellah, R. (Org.) *Émile Durkheim on Morality and Society*. Chicago: University of Chicago Press, 1973. v.1, p.ix-lv.

BELLAH, R., HAMMOND, P. *Varieties of Civil Religion*. San Francisco: Harper & Row, 1980.

BENDIX, R. *Max Weber: An Intellectual Portrait*. New York: Doubleday Anchor, 1961.

______. Two Sociological Traditions. In: BENDIX, R., ROTH, G. *Scholarship and Partisanship*. Berkeley, Los Angeles: University of California Press, 1971. p.282-98.

______. *Kings or People?* Berkeley, Los Angeles: University of California Press, 1978.

BENNETT, T. et al. (Org.) *Culture, Ideology and Social Process*. London: The Open University Press, 1981.

BLAU, P. M., BLUM, T. C., SCHWARTZ, J. E. Heterogeneity and Intermarriage. *American Sociological Review*, v.47, p.45-62, 1982.

BLUMER, H. The Methodological Position of Symbolic Interactionism. In: *Symbolic Interactionism*. Englewood Cliffs, NJ: Prentice-Hall, 1969. p.1-60.

CAMIC, C. The Utilitarians Revisited. *American Journal of Sociology*, v.85, p.516-50. 1979.

CLARKE, J. et al. (Org.) *Working Class Culture*. London: Hutchinson Press, 1979.

COHEN, J., HAZELRIGG, L., POPE, W. De-Parsonizing Weber: A Critique of Parsons's Interpretation of Weber's Sociology. *American Sociological Review*, v.40, p.229-41, 1975.

COHEN, S. Symbols of Trouble: Introduction to the New Edition. In: *Folk Devils and Moral Panics*. Oxford: Martin Robertson, 1980. p.1-8.

COLLINGWOOD, C. *Metaphysics*. Oxford: Clarendon Press, 1940.

COLLINS, R. A Comparative Approach to Political Sociology. In: BENDIX, R. (Org.) *State and Society: A Reader in Political Sociology*. Berkeley e Los Angeles: University of California Press, 1968. p.42-67.

______. *Conflict Sociology*. New York: Academic Press, 1975.

______. *Weberian Sociological Theory*. New York: Cambridge University Press, 1986.

COSER, L. *The Functions of Social Conflict*. New York: Free Press, 1956.

DAHRENDORF, R. *Class and Class Conflict in Industrial Society*. Stanford: Stanford University Press, 1959.

DAWE, A. Theories of Social Action. In: BOTTOMORE, T., NISBET, R. (Org.) *The History of Sociological Analysis*. New York: Basic Books, 1978. p.362-417.

DERRIDA, J. *Positions*. Chicago: University of Chicago Press, 1981.

DILTHEY, W. The Construction of the Historical World in the Human Studies. In: RICHMAN, H. P. (Org.) *Selected Writings*. Cambridge, England: Cambridge University Press, 1976.

DRABEK, T. E. Taxonomy and Disaster: Theoretical and Applied Issues. In: SIMPÓSIO "SOCIAL STRUCTURE AND DISASTER: CONCEPT AND MEASUREMENT", 1986, College of William and Mary, Williamsburg, Virginia.

______. *Human System Response to Disaster*: An Inventory of Sociological Findings. New York, Heidelberg, Berlin: Spring-Verlag, s. d.

EINSENSTADT, S. N. Charisma and Institution Building: Max Weber and Modern Sociology. In: ______. (Org.) *Max Weber on Charisma and Institution Building*. Chicago: University of Chicago Press, 1968. p. ix-lvi.

EMPSON, W. *Seven Types of Ambiguity*. London: Chatto and Windus, 1930.

FENTON, S. (Org.) *Durkheim and Modern Sociology*. London: Cambridge University Press, 1984.

FOUCAULT, M. *The Order of Things*. London: Tavistock Publications, 1970.

FREUD, A. *The Ego and the Mechanisms of Defence*. London: International Universities Press, 1950.

FREUD. S. *The Interpretation of Dreams*. London: G. Allen, 1913.

FRIEDRICHS, R. *A Sociology of Sociology*. New York: Free Press, 1970.

GADAMER, H. *Truth and Method*. New York: Crossroads, 1975.

GARFINKEL, H. A Conception of and Experiments with "Trust" as a Condition of Concerted Stable Actions. In: HARVEY, O. J. (Org.) *Motivation and Social Interaction*. New York: Ronald Press, 1963. p.187-238.

______. *Studies in Ethnomethodology*. Cambridge, England: Polity Press, 1984.

GEERTZ, C. Ideology as a Cultural System. In: APTER, D. (Org.) *Ideology and Discontent*. New York: Free Press, 1964. p.47-76.

GIDDENS, A. *Capitalism and Modern Social Theory*. Cambridge, England: Cambridge University Press, 1971.

______. *New Rules of Sociological Method*. New York: Basic Books, 1976.

______. *Central Problems in Social Theory*. Berkeley, Los Angeles: University of California Press, 1979.

GIDDENS, A. *A Contemporary Critique of Historical Materialism*. Berkeley e Los Angeles: University of California Press, 1981. v.1

GILLISPIE, C. C. *The Edge of Objectivity*: An Essay in the History of Scientific Ideas. Princeton: Princeton University Press, 1960.

GOULDNER, A. Introduction. In: DURKHEIM, E. *Socialism and Saint-Simon*. Yellow Springs, Ohio: Antioch University Press, 1958. p.i-xxiv.

______. *The Coming Crisis of Western Sociology*. New York: Equinox, 1970.

______. Talcott Parsons. *Theory and Society*, v.8, p.299-301. 1979.

______. *The Two Marxisms*. New York: Seabury, 1980.

HABERMAS, J. *Knowledge and Human Interests*. Cambridge, England: Polity Press, 1972.

______. Zur Kritik der Funktionalistischen Vernunft. *Theorie des Kommunikativen Handelns*. Frankfurt-on-Main: Suhrkamp, 1981. v.2.

______. Reason and the Rationalization of Society. *Theory of Communicative Action*. Cambridge, England: Polity Press, 1984. v.1.

HACKER, A. Sociology and Ideology. In: BLACK, M. (Org.) *The Social Theories of Talcott Parsons*, 1961. p.289-310.

HAGSTROM, W. *The Scientific Community*. New York: Basic Books, 1965.

HALL, S. Cultural Studies: Two Paradigms. In: BENNETT et al., 1981. p.19-37.

HALL, S. et al. (Org.) *Culture, Media, Language*. London: Hutchinson, 1989.

HINKLE, R. Antecedents of the Action Orientation in American Sociology before 1935. *American Sociological Review*, v.28, p.705-15.

______. *Founding Theory of American Sociology, 1881-1915*. London: Routledge and Kegan Paul, 1980.

HIRSCH, E. D. *Validity in Interpretation*. Bloomington: Indiana University Press, 1967.

HIRSCHMAN, A. *The Passions and the Interests*. Princeton: Princeton University Press, 1977.

HOLTON, G. *Thematic Origins of Scientific Thought*: Kepler to Einstein. Cambridge, Mass.: Harvard University Press, 1973.

HOMANS, G. Social Behavior as Exchange. *American Journal of Sociology*, v.62, p.597-606, 1958.

______. *Social Behavior*: Its Elementary Forms. New York: Harcourt, Brace, 1961.

______. Bringing Men Back In. *American Sociological Review*, v.29, p.809-18.

HUNT, L. The Sacred and the French Revolution. In: ALEXANDER, 1987b.

HUSSERL, E. *Cartesian Meditations*. The Hague: Martinus Nijhoff, 1977. (Publicado originalmente em 1931).

JOAS, H. G. *H. Mead: A Contemporary Re-Examination of His Thought*. Cambridge, England: Polity Press, 1985.

JONES, R. A. On Understanding a Sociological Class. *American Journal of Sociology*, v.88, p.279-319, 1977.

______. Second Thoughts on Privileged Access. *Sociological Theory*, v.3, n.1, p.16-19, 1986.

KERMODE, F. *Forms of Attention*. Chicago: University of Chicago Press, 1985.

KUHN, T. *The Structure of Scientific Revolution*. 2.ed. Chicago: University of Chicago Press, 1970.

LAKATOS, I. Criticism and the Methodology of Scientific Research Programmes. *Proceedings of the Aristotelian Society*, v.69, p.149-86, 1969.

LEVINE, D. Introdução à edição da Arno Press de *Simmel and Parsons*: Two Approaches to the Study of Society. New York: Arno Press, 1980. p.iii-lxix. (1.ed., 1957).

LÉVI-STRAUSS, C. *The Savage Mind*. Chicago: University of Chicago Press, 1966.

LEWIS, J. D., SMITH, R. *American Sociology and Pragmatism*: Mead, Chicago Sociology and Symbolic Interactionism. Chicago: University of Chicago Press, 1980.

LIEBERSON, S. *A Piece of the Pie*. Berkeley e Los Angeles: University of California Press, 1980.

LINDENBERG, S. Utility and Morality. *Icyklos*, v.36, p.450-68, 1983

LUHMANN, N. *Trust and Power*. New York: Wiley, 1979.

______. *The Differentiation of Society*. New York: Columbia University Press, 1984.

LUKES, S. *Émile Durkheim*: His Life and Work. New York: Harper & Row, 1972.

MANNHEIM, K. *Ideology and Utopia*. New York: Harcourt, Brace, 1936.

MARTINDALE, D. *The Nature and Types of Sociological Theory*. Cambridge, Mass, 1960.

McCLELLAN, D. Introduction. In: ______. (Org.) *The Grundrisse*: Karl Marx. New York: Harper & Row, 1971. p.1-15.

MERTON, R. K. Discussion of "The Position of Sociological Theory". *American Sociological Review*, v.13, n.2, p.164-8, 1947.

______. (dois ensaios) *Social Theory and Social Structure*. New York: Free Press, 1967a, b.

MERTON, R. K. The Normative Structure of Science. In: STORER, N. W. (Org.) *The Sociology of Science*, Chicago: University of Chicago Press, 1973. (Publicado originalmente em 1942).

MITZMAN, A. *The Iron Cage*. New York, 1970.

NICHOLAS, M. Foreword a Karl Marx, *Grundrisse*. New York: Random House, 1973. p.1-63.

NISBET, R. *Sociology as an Art Form*. London: Oxford University Press, 1976.

O'CONNOR, J. The Division of Labor in Society. *Insurgent Sociologist*, v.10, p.60-80, 1980.

OLLMAN, B. *Alienation*. London: Cambridge University Press, 1971.

PARSONS, T. *The Structure of Social Action*. New York: Free Press, 1937.

______. Introduction. In: WEBER, M. *Theory of Social and Economic Organization*. New York: Free Press, 1947. p.3-86.

______. *The Social System*. New York: Free Press, 1951.

______. Family Structure and the Socialization of the Child. In: PARSONS et al. *Family, Socialization, and Interaction Process*. New York: Free Press, 1955. p.35-132.

______. The Superego and the Theory of Social Systems. In: *Social Structure and Personality*. New York: Free Press, 1964a. p.17-33. (Publicado originalmente em 1952).

______. The Father Symbol: An Appraisal in the Light of Psychoanalytic and Sociological Theory. In: *Social Structure and Personality*. New York: Free Press, 1964b. p.34-56.

______. Durkheim's Introduction to the Theory of the Integration of Social Systems. In: *Sociological Theory and Modern Society*. New York: Free Press, 1967. p.3-34.

PEEL, J. D. *Herbert Spencer*. New York: Basic Books, 1971.

POLANYI, M. *Personal Knowledge*. Chicago: University of Chicago Press, 1958.

POPE, W. Classic on Classic: Parsons's Interpretation of Durkheim. *American Sociological Review*, v.38, p.399-415, 1973.

POPPER, K. *The Logic of Scientific Discovery*. New York: Basic Books, 1949. (Publicado originalmente em 1934).

REX, J. *Key Problems in Sociological Theory*. London: Routledge and Kegan Paul, 1961.

RICOEUR, P. The Model of the Text: Meaningful Action Considered as a Text. *Social Research*, v.38, p.529-62. 1971.

ROTH, G. Introduction. In: WEBER, M. *Economy and Society*. ROTH, G., WITTICH, C. (Org.) Berkeley, Los Angeles: University of California Press, 1978. p.xxvii-cviii. (Publicado originalmente em 1968).

SCHLÜCHTER, W. *The Rise of Western Rationalism*: Max Weber's Developmental History. Berkeley, Los Angeles: University of California Press, 1981.

SEIDMAN, S. *Liberalism and the Origins of European Social Theory*. Berkeley, Los Angeles: University of California Press, 1983a.

______. Beyond Presentism and Historicism: Understanding the History of Social Science. *Sociological Inquiry*, v.53, p.79-94, 1983b.

______. Classics and Contemporaries: The History and Systematics of Sociology Revisited. *History of Sociology*. (No prelo).

______. Models of Scientific Development in Sociology, *Sociological Theory*. (No prelo).

SEWELL, W. Ideologies and Social Revolutions: Reflections on the French Case. *Journal of Modern History*, v.57. jun. 1985.

SHILS, E. Tradition, Ecology, and Institution in the History of Sociology. *Daedalus*, v.99, p.798-820, 1970.

SIMMEL, G. *Conflict and the Web of Group Affiliations*. New York: Free Press, 1955.

SKINNER, Q. Meaning and Understanding in the History of Ideas. *History and Theory*, v.8, p.3-52, 1969.

______. Motives, Intentions and the Interpretation of Texts. *New Literary History*, v.3, p.393-408, 1972.

______. Hermeneutics and the Role of History. *New Literary History*, v.7, p.209-32, 1976.

SKOCPOL, T. *States and Social Revolutions*. New York: Cambridge University Press, 1979.

SMITH, A. *The Wealth of Nations*. New York: Modern Library, 1937. (Publicado originalmente em 1776.)

______. *The Theory of Moral Sentiments*. New York: Bohn, 1966. (Publicado originalmente em 1759.)

STICHWEH, R. Rationalität bei Parsons. *Zeitschrift für Soziologie*, v.9, p.54-78, 1980.

SZTOMPKA, P. *System and Function*: Toward a Theory of Society. New York: Academic Press, 1974.

______. *Sociological Dilemmas*: Toward a Dialectic Paradigm. New York: Academic Press, 1979.

TENBRUCK, F. H. Die Genesis der Methodologie Max Webers. *Kölner Zeitschrift für Soziologie und Sozialpsychologie*, v.11, p.573-630, 1959.

______. Das Werk Max Webers. *Kölner Zeitschrift für Soziologie und Sozialpsychologie*, v.27, p. 663-702, 1975.

TEUBNER, G. , WILLKIE, H. Kontext und Autonomie: Gesellschaftliche Selbststeuerung durch reflexives Recht. *Zeitschrift für Rechtssoziologie*, v.6, p.4-35, 1984.

TIRYAKIAN, E. A. Post-Parsonian Sociology. *Humboldt Journal of Social Relations*, v.7, p.17-32, 1979-1980.

TURK, H., SIMPSON, R. L. (Org.) *Institutions and Social Exchange*. Indianapolis: Bobbs-Merill, 1971.

TURNER, J. H. Persistent Issues in Parsonian Action Theory. *Sociological Inquiry*, v.44, p.61-3, 1974.

______. *The Structure of Sociologial Theory*. Homewood, Ill.: Dorsey, 1978. (Publicado originalmente em 1974.)

TURNER, J. H., BEEGHLEY, L. Current Folklore in the Criticism of Parsonian Action Theory. *Sociological Inquiry*, v.4, p.47-55, 1974.

______. *The Emergence of Sociological Theory*. Homewood, Ill.: Dorsey, 1981.

WATKINS, J. W. N. Idealtypes and Historical Explanation. *British Journal of Sociology*, v.3, p.22-43, 1952.

WEBER, M. Gesammelte Aufsätze zur Religionssoziologie, v.1. Tübingen: Mohr Siebeck, 1972. (Publicado originalmente em 1920.)

______. *Gesammelte Aufsätze zur Wissenschaftslehre*. Tübingen: Mohr Siebeck, 1973. (Publicado originalmente em 1922.)

______. *Wirtschaft und Gesellschaft*. Tübingen: Mohr Siebeck, 1976. (Publicado originalmente em 1922.)

WEISS, J. *Max Webers Grundlegung der Soziologie*. Munich: Ullstein, 1975.

WHITEHEAD, A. N. *Science and the Modern World*. New York: Macmillan, 1967. (Publicado originalmente em 1925.)

WIPPLER, R. Nicht-intendierte soziale Folgen individueller Handlungen. *Soziale Welt*, v.29, p.155-79, 1978.

SMELSER, N. *Social Change in the Industrial Revolution*. Chicago: University of Chicago Press, 1959.

______. Introduction. In: SMELSER, N. (Org.) *Karl Marx on Society and Social Change*. Chicago: University of Chicago Press, 1973. p.vii-xxxvii.

STINCHCOMBE, A. *Constructing Social Theories*. Baltimore: Johns Hopkins University Press, 1968.

STOCKING, G. On the Limits of "Presentism" and "Historicism" in the Historiography of the Behavioral Sciences. *Journal of the History of the Behavioral Sciences*, v.1, p.211-17, 1965.

STONE, G., FARBERMAN, H. On the Edge of Rapprochement: Was Durkheim Moving toward the Perspective of Symbolic Interaction? *Sociological Quarterly*, v.8, p.149-64, 1967.

STRAUSS, A. Introduction. In: ______. (Org.) *George Herbert Mead on Social Psychology*. Chicago: University of Chicago Press, 1964.

THOMPSON, K. Rereading the Classics: *The Case of Durkheim*. Los Angeles, California, 1985. (Trabalho inédito) – Department of Sociology, UCLA.

______. *Durkheim and Sociological Method*. Beverly Hills, London: Sage.

TIRYAKIAN, E. The Significance of Schools in the Development of Sociology. In: SNIZEK, W. E. et al. (Org.) *Contemporary Issues in Theory and Research*. Westport, Conn.: Greenwood Press, 1979.

TRAUGOTT, M. Durkheim and Social Movements. *European Journal of Sociology*, v.25, p.319-26, 1984.

______. *Armies of the Poor*. Princeton: Princeton University Press, 1985.

TREIMAN, D. *Occupational Prestige in Comparative Perspective*. New York: Wiley, 1977.

TREVOR-ROPER, H. R. Religion, the Reformation and Social Change. *Historical Studie*, v.IV, p.18-45, 1965.

TURNER, J. Review: The Theory of Structuration. *American Journal of Sociology*, v.91, p.969-77, 1986.

WALBY, S. *Patriarchy at Work*. London: Macmillan, 1986.

WALLACE, W. L. *The Logic of Science in Sociology*. Chicago: Aldine, 1971.

WEARNE, B. *The Theory and Scholarship of Talcott Parsons to 1951*: A Critical Commentary. Melbourne, Australia, 1985. (Tese de doutorado inédita) – Department of Sociology, La Trobe University.

WEBER, M. *The Protestant Ethic and the Spirit of Capitalism*. 1958. (Publicado originalmente em 1904-1905.)

WHIMPSTER, S., LASH, E. (Org.) *Max Weber and Rationality*. London: George Allen and Unwin, 1986.

WHITEHEAD, A. N. The Organization of Thought. In: *The Organization of Thought*. Westport, Conn.: Greenwood Press, 1974. p.105-53. (Publicado originalmente em 1917.)

WILEY, N. (Org.) *The Marx-Weber Debate*. Beverly Hills, London: Sage, 1987.

WRONG, D. The Over-Socialized Conception of Man in Modern Sociology. *American Sociological Review*, v.26, p.183-93, 1961.

ZEITLIN, I. Ideology and the Development of Sociological Theory. Englewood Cliffs, NJ: Prentice Hall, 1968.

BEHAVIORISMO E PÓS-BEHAVIORISMO

George C. Homans

I

O behaviorismo, tal como formulado inicialmente por J. B. Watson e mais tarde aperfeiçoado por B. F. Skinner, já foi tratado como pária na psicologia e nas outras ciências sociais. E continua a ser tratado como pária na medida em que Skinner não cessou de exagerar o poder que ele dá às pessoas de criar uma cultura melhor (Skinner, 1971). Mas, em ciência, a verdade difere da aplicabilidade; como verdade aceita, o behaviorismo deixou de ser um pária para integrar o corpo principal da psicologia, razão pela qual vou me referir a ele, doravante, como psicologia behaviorista. Nem toda psicologia behaviorista moderna deriva diretamente de Skinner, como é o caso das importantes contribuições de Albert Bandura (1969, 1973).

A concepção fundamental do behaviorismo era estratégica: ao invés de analisar consciência e estados mentais, os estudiosos faziam mais progressos em psicologia concentrando-se nos atos de homens e mulheres, bem como nos estados observáveis dos indivíduos e seus ambientes, aos quais os atos podiam ser legitimamente relacionados. E não apenas homens e mulheres: os postulados da psicologia behaviorista foram inicialmente testados com outros animais superiores. Os behavioristas acreditavam que os neurologistas e profissionais afins ainda iriam descobrir as características do sistema nervoso central que validariam as proposições behavioristas. Às vezes, a psicologia behaviorista se distingue da psicologia cognitiva, ocupada com o pensamento e a percepção. Nenhuma linha nítida pode ser traçada entre ambas, já que ato e percepção são inseparáveis. Com efeito, perceber *é* agir. Aqui, no entanto, volto-me para a ponta behaviorista do espectro.

O presente ensaio examina o emprego da psicologia behaviorista em sociologia. No entanto, diversos sociólogos, inclusive os que a rejeitam, ainda ignoram os aspectos principais da matéria. Não disponho de espaço para escrever um tratado de psicologia. Darei um esboço e remeterei o interessado em saber mais a um bom manual.[1]

Em primeiro lugar farei uma distinção conveniente, embora não absoluta, entre comportamento *respondente* (reflexo) e aquilo que Skinner foi o primeiro a chamar de comportamento *operante*. O comportamento respondente é aquele que pode ser produzido automaticamente aplicando-se um estímulo no sujeito. Os exemplos são o conhecido reflexo patelar e a salivação dos cães de Pavlov em contato com o alimento. O comportamento é genético na origem, produzido por seleção natural, embora, é claro, possa ser condicionado por estímulos originalmente neutros, como demonstrou Pavlov. O comportamento respondente é sem dúvida da máxima importância. O bom desempenho atlético, por exemplo, seria impossível sem ele. Mas, para a sociologia, é menos relevante que o comportamento operante, exceto nos casos mistos de comportamento emocional.

No comportamento operante, um estímulo não gera imediatamente um tipo específico de ação. Ao contrário, os animais superiores (inclusive o homem) são motivados por impulsos (*drives*) a vários tipos de alimentos, água, sexo, fuga ou subtração a perigos e muitos outros: não sabemos quantos. Os impulsos diferem em intensidade de uma espécie para outra, de indivíduo para indivíduo,

1 Por exemplo, Rachlin (1976) ou Reynolds (1968).

de circunstância para circunstância. Se um de seus impulsos não for satisfeito, o animal revelará primeiro um notável aumento de atividade, movimentando-se, explorando e investigando seu ambiente. A própria atividade pode ser um impulso. Como os respondentes, os impulsos são usualmente genéticos na origem, mas nem sempre – considere-se o fumo –, e são selecionados para ajudar o animal a sobreviver e reproduzir-se.

Em condições naturais e com um pouco de sorte, o aumento de atividade encaminhará o animal para uma ação que, se desempenhada, acarretará a redução do impulso. No jargão de Skinner, essa ação terá sido *reforçada*. É ela que recebe o nome de operante. Em condições artificiais, como numa gaiola de laboratório, um animal faminto mas não adestrado, como um pombo, explorará sua prisão e, mais cedo ou mais tarde, bicará uma chave ali colocada pelo psicólogo, a qual, uma vez acionada, liberará para o pombo uma bolinha de alimento. Neste ponto, devo apresentar a primeira proposição da psicologia behaviorista, chamada de "lei do efeito" por seu descobridor, E. L. Thorndike. A humanidade a tem conhecido intuitivamente no correr da história. Ei-la: se o ato de um animal (ou homem) for seguido de uma recompensa, ele provavelmente repetirá esse ato ou outro parecido. O efeito da recompensa, que é induzir o indivíduo a repetir o ato, justifica a afirmação de que esse ato foi reforçado. Uma vez que, em certo sentido, a pessoa aprendeu o ato, a psicologia behaviorista costuma ser chamada de *teoria do aprendizado*. Na verdade, não se aplica apenas ao aprendizado, já que tende a sustentar determinada ação muito depois de ela ter sido aprendida. Observe-se que, o mais das vezes, a pessoa em questão repetirá *qualquer* ação seguida de recompensa, ainda que o vínculo entre ambas seja meramente fortuito – o que abre espaço amplo para o comportamento supersticioso. Alguns animais podem aprender também por imitação. Se um deles vê outro realizando um ato e em seguida obtendo algo que aquele considera recompensador, provavelmente reproduzirá o ato. É claro, deixará de reproduzi-lo se, no seu caso, a recompensa não vier. Vemos em tudo isso um pressuposto fundamental da psicologia behaviorista: as ações de hoje afetam as de amanhã. Portanto, a psicologia behaviorista é fundamentalmente uma ciência histórica. As informações em geral dão ao observador a impressão de que homens e animais têm objetivos. De fato, têm. Não há mal algum em empregar essa palavra, desde que reconheçamos que "objetivo", nesse sentido, não implica teologia e sim cibernética.

Muitas pesquisas, nesse campo, utilizaram recompensas que podem ser consumidas, como alimentos, mas convém lembrar que algumas recompensas não são consumíveis, representando, por assim dizer, recompensas em si mesmas. O sexo é um bom exemplo. Os psicólogos falam também em recompensas negativas: certas ações acarretam não prêmios, mas castigos. Consequentemente, toda ação que permita ao animal desviar ou evitar o castigo constitui em si mesma uma recompensa. Por outro lado, arrebatar uma recompensa é de natureza punitiva, ou, na linguagem de Skinner, *aversiva*.

Introduzo a seguir o que, por conveniência, considero a segunda proposição geral da psicologia behaviorista. Se se reproduzem as circunstâncias que acompanharam uma ação recompensada anteriormente, é provável que a pessoa repita essa ação. Essas circunstâncias recorrentes são comumente chamadas *estímulos*. Os traços que tornam um estímulo eficiente variam. Alguns são inatos, ou seja, fazem parte da herança genética da pessoa. Outros, para sua eficácia, dependem da capacidade da pessoa em reconhecer o estímulo ou a conexão entre o estímulo e a recompensa: ela se mostrará mais influenciada pelo estímulo se este estiver mais próximo da recompensa no tempo. O próprio estímulo é às vezes chamado de estímulo de reforço.

Finalmente, as recompensas podem não ser inatas, mas adquiridas. O estímulo que acompanha repetidamente uma ação recompensada pode tornar-se ele mesmo uma recompensa, com idêntico efeito em ações posteriores que a recompensa original. Desse modo, é possível que um animal aprenda uma longa série de ações conducentes a alguma recompensa final: uma longa série de meios para um determinado fim. Os seres humanos parecem capazes de manter séries mais longas que os outros animais.

Para certos cientistas sociais, a psicologia behaviorista teria acabado com Skinner; mas, como qualquer ciência saudável, ela foi avançando aos trancos e barrancos, de sorte que alguns de seus desenvolvimentos fizeram-na cada vez mais relevante para a compreensão do comportamento humano. Um desses notáveis desenvolvimentos recentes deve ser mencionado aqui. Em seu laboratório, Skinner deu aos pombos uma única chave para bicar, variando a frequência de recompensas para as bicadas e as taxas aleatórias ou intervalos em que as recompensas eram dadas. Observou então o efeito dessas variáveis na taxa de resposta dos pombos (bicadas). Nada fez para controlar seu comportamento quando não estavam bicando: eles podiam vagar pela gaiola, alisar as penas etc. Richard Herrnstein, aluno de Skinner, introduziu uma variação importante. Instalou não uma, mas pelo menos duas chaves na gaiola, que recompensavam segundo diferentes taxas médias, embora, uma e outra, em prazos aleatórios. Em suma, cada chave era acionada para liberar um número médio diferente de bolinhas por unidade de tempo. Herrnstein descobriu que, embora precisassem de tempo para alcançar o equilíbrio estável, os pombos acabavam por dar em cada chave o número de bicadas proporcional às recompensas relativas que ela lhes dava (Herrnstein, 1971). Diz ele: "Se o pombo obtinha 20% de suas recompensas do disco [chave] esquerdo, destinava a ele 20% de suas bicadas. Se obtinha 50% do esquerdo, então metade das bicadas era ali aplicada" (Brown & Herrnstein, 1975, p.80). Herrnstein mostrou que a relação se mantinha com mais de duas chaves. Mais importante para meus propósitos, a experiência também funcionou com seres humanos – mas utilizando-se outros atos que não bicadas, é claro! Herrnstein chama essa relação de "lei da adequação" e agora, em vez de falar da "lei do efeito", fala da "lei do efeito relativo". Essa lei é da máxima importância para a compreensão do comportamento humano, já que diversas ciências, mas principalmente a economia, ocupam-se de escolhas entre ações alternativas e suas recompensas. As escolhas não precisam ser conscientes.

A lei da adequação é interessante não só por si mesma como pelo fato de me facultar a introdução de outra variável capital. Até aqui me ocupei do grau de *sucesso* de um animal na obtenção de um prêmio, medindo esse sucesso pela frequência com que uma ação repetida era recompensada. Mencionei também alguns dos diferentes tipos de recompensa, mas não os diferentes graus de recompensa que uma determinada unidade proporciona. Chamo essa variável de *valor*. Nas experiências originais que conduziram à lei da adequação, todas as condições eram mantidas inalteráveis, exceto pelas taxas diferentes de recompensa das duas chaves. Vejamos agora uma experiência em que ratos pressionam alavancas para obter alimento. As duas alavancas recompensam a taxas diversas, mas neste caso é mais fácil para os ratos pressionar uma delas, pois o experimentador fez a outra mais pesada. Ora, os ratos pressionam a alavanca leve com frequência superior à que a lei da adequação postularia. Contudo, um fator corretivo poderá restaurar a eficácia dessa lei. Note-se que pressionar a alavanca pesada é comparativamente aversivo para os ratos, e escapar disso é uma recompensa. Em suma, o fator corretivo proporciona uma medida do valor de fuga à aversão. O mesmo dado se sustenta para duas alavancas que oferecem dois tipos diferentes de recompensa, digamos, goles de água ou bolinhas de alimento. Também aqui encontramos um coeficiente que ampara a lei da adequação (Brown & Herrnstein, 1975, p.81-3).

Esses resultados provam que, deixando de lado os estímulos, há dois tipos de fatores determinantes da frequência com que, ao escolher entre alternativas, um animal executará uma ação e não outra. O primeiro é a frequência relativa com que as alternativas são recompensadas. Presumindo que a recompensa é maior que zero, chamo isso de proposição do *sucesso*. O segundo é o *valor* relativo de uma recompensa em comparação com a outra. Diferenças de valor dependem da condição do animal: por exemplo, terá mais fome que sede? Num espaço maior de tempo, os valores podem ser genéticos na origem; podem também ser aprendidos pelo indivíduo graças à experiência pessoal ou ensinados a ele por outros membros de sua sociedade.

Às vezes, uma ação é seguida tanto de prêmio quanto de castigo. E isso me leva de volta aos ratos escolhendo entre a alavanca mais leve e a mais pesada. Eles tendem a pressionar a mais pesada com menor frequência do que a lei da adequação preceituaria. Mas por que a pressionam afinal de contas? Porque, apesar de tudo, ela lhes propicia alimento. No entanto, ela os cansa, e o cansaço é aversivo. Ao pressionar a alavanca mais pesada, os ratos desistem da recompensa de evitar a fadiga. Chamarei a recompensa da qual se desistiu um *custo*, como os economistas, e direi que a probabilidade de um animal (ou homem) encetar uma ação varia segundo a recompensa disponível: prêmio positivo menos custo (recompensa da qual se desistiu).

Vale notar que muito do que tenho dito lembra o que os teóricos da tomada de decisão no homem chamam de princípio da escolha racional: ao escolher entre ações alternativas, a pessoa tenderá a optar por aquela cuja possibilidade de ensejar um determinado prêmio, multiplicada pelo valor de uma unidade da recompensa, é a seu ver maior. (Entretanto, não sei bem se, tanto para ratos quanto para homens, a proposição se sustenta igualmente em se tratando dos valores extremos das variáveis.) A percepção de uma pessoa depende de suas experiências anteriores das ações, bem como das circunstâncias presentes e passadas que as acompanham. Voltarei mais adiante a esse princípio, mas, em minha opinião, chamar o princípio de "racional" nada acrescenta ao seu significado, se é que de fato estamos preocupados apenas com o comportamento real das pessoas. "Racional" é um termo normativo, empregado para persuadir alguém a comportar-se de determinada maneira.

II

Considero as proposições que chamei de sucesso, estímulo e valor as mais importantes da psicologia behaviorista. Há inúmeros aperfeiçoamentos dessas proposições e, sem dúvida, outras serão ainda descobertas. Neste ponto, devo introduzir somente duas proposições secundárias, que o sociólogo conservará juntamente com as primeiras em seu acervo cultural se quiser compreender o comportamento social humano. Digo-as secundárias porque, no comportamento, elas influenciam mais o valor que o sucesso.

Já mencionei, implicitamente, a primeira. Dou-lhe o nome de proposição da *privação-satisfação*. Se um ato for recompensado com uma taxa superior a determinada média, o valor da recompensa diminuirá, diminuindo também, segundo a proposição do valor, a frequência com que essa ação será executada. Nesse caso, a frequência de execução da alternativa aumentará. Assim, a pessoa que foi alimentada até a saciedade não executará por algum tempo uma ação que lhe dê alimento. Pelo mesmo motivo, se alguém recebeu um prêmio inferior à média, provavelmente multiplicará a frequência da ação que lhe propiciará o prêmio esperado. Recorde-se que os psicólogos que trabalham com animais tentam manter essa variável sob controle e conservar as cobaias sempre motivadas, o que conseguem reforçando o comportamento a uma taxa que não traga a satisfação. Com efeito, os animais estão sempre famintos, como se depreende de seu peso, ou privados de outras recompensas. A proposição da privação-satisfação não se sustenta nos chamados *reforçadores generalizados*, ou seja, recompensas aprendidas que podem ser utilizadas por seu turno para obter uma ampla variedade de recompensas mais específicas. O dinheiro é um bom exemplo. Para muitos é difícil satisfazer-se com o dinheiro que têm, a menos que já estejam satisfeitos com tudo o que o dinheiro pode comprar.

A segunda proposição é usualmente chamada de proposição da *frustração-agressão*. Ela descreve uma das formas do comportamento emocional que, por razões que serão explicitadas mais tarde, não examinarei aqui em minúcia, embora seja de importância capital para o comportamento social humano. Se um animal, o homem inclusive, recebe um castigo que não esperava ou não recebe um prêmio com que contava, provavelmente exibirá o que é antropomorficamente descrito como cólera e revelará comportamento agressivo, definido por Brown & Herrnstein como "todo comportamento capaz de provocar dano ou sofrimento físico ou psicológico" (Brown e Herrnstein, 1975, p.202). O que o animal "espera" é, pelo menos em parte, determinado por sua experiência passada, mas em parte também por sua história genética: assim, muitas fêmeas se esforçam para defender seus filhotes. Em geral, a agressão se volta contra aquilo que gerou a frustração, como quando esmurramos uma porta que teima em não se abrir; mas, sob pressão, qualquer pessoa ou objeto pode ser o alvo.

Entretanto, muitos alvos de agressão em potencial são perigosos de atacar porque podem replicar com uma contra-agressão ainda mais danosa. Nesses casos, como dizemos, a pessoa "descarregará" em algum objeto menos ameaçador, ou seja, deslocará sua agressão. O valor dos resultados do comportamento agressivo é medido pelo grau de sofrimento que o agressor aceita se puder ao menos ferir seu alvo – para recorrer de novo à linguagem coloquial, ele se vingará à própria custa. O comportamento emocional, como a agressão, a meu ver partilha as características tanto do comportamento respondente quanto do comportamento operante. Por um lado, ele pode ser acionado automaticamente numa situação frustrante; por outro, a pessoa pode aprender a usar a ação agressiva como qualquer operante seguido de uma recompensa. Essa recompensa será dinheiro, *status* ou qualquer outra coisa. Há também um comportamento oposto à agressão, produzido quando alguém recebe uma recompensa inesperada ou deixa de receber um castigo que julgava merecer.

Essas cinco proposições, sem dúvida muito aproximativas, devem ser encaradas como um sistema de equações simultâneas, cada qual capaz de modificar, segundo as circunstâncias, os efeitos das outras.

III

Outros desenvolvimentos viriam a modificar a visão skinneriana da psicologia behaviorista. Frequentemente, tomaram a forma de um renovado interesse pelas relações entre comportamento geneticamente determinado, fruto da seleção natural, e comportamento aprendido, isto é, os operantes e seus condicionamentos. Sem dúvida, as características do sistema nervoso dos animais, que tornam possível o condicionamento operante, também evoluíram graças à seleção natural. Mas, aqui, os problemas são mais específicos. Estudando uns poucos impulsos característicos, aos quais grande número de operantes específicos podiam ser associados pelo condicionamento, Skinner deu inconscientemente uma impressão que veio a ser considerada a visão *tabula rasa* do comportamento. Segundo essa metáfora, a psique dos animais é uma página em branco (*tabula rasa*) na qual o condicionamento escreve, com a mesma facilidade, todo tipo de comportamento. E de fato os animais conseguem aprender algumas ações surpreendentes que nenhum indivíduo de sua espécie jamais executou antes. Infelizmente, o caso se revelou menos simples do que pretendia a visão *tabula rasa*. A primeira obra importante de Skinner, *The Behavior of Organisms* [*O comportamento dos organismos*] (1938), foi seguida bem mais tarde pelo ensaio dos Brelands, jocosamente intitulado "The Misbehavior of Organisms" [O mau comportamento dos organismos] (1961). Os Brelands, alunos de Skinner, haviam-se tornado treinadores profissionais de animais e descobriram que o condicionamento operante nem sempre funcionava conforme garantia Skinner. Por exemplo, notaram que os guaxinins, animais muitíssimo inteligentes, "reforçados por alimento após apanhar moedas, pareciam determinados a lavá-las, embora, sem água nas imediações, esse comportamento fosse inteiramente inútil" (Herrnstein, 1977, p.599). Segundo o postulado da *tabula rasa*, os guaxinins não perderiam tempo em lavar moedas antes de trocá-las por alimentos. Cumpre notar, entretanto, que os guaxinins selvagens normalmente lavam seus alimentos favoritos, como peixes. É como se lavar alimentos fosse um impulso especificamente genético, que pode ele mesmo, ou um arremedo dele mesmo, ser reforçado. A pesquisa revelou inúmeros outros impulsos ainda mais específicos do que aqueles que, na opinião dos psicólogos, estariam implícitos na postura de Skinner. Digo "opinião" porque não creio que o próprio Skinner assumisse explicitamente tal postura. Essas descobertas não abalaram os princípios gerais do behaviorismo, mas conseguiram aplicá-los à explicação do comportamento de um modo mais complicado.

Ainda está em aberto a questão de saber se a comprovada diversidade e especificidade de impulsos se aplica também ao homem. Herrnstein pergunta, por exemplo, se a noção de papel masculino, preceituada por Tiger (1969), seria um modelo de semelhante impulso. Tiger "associa o elemento genético à evolução de forças que favoreceram o papel masculino na agressão coletiva aos intrusos, na caça e em outros aspectos da organização social que dependiam primariamente do macho da espécie" (Herrnstein, 1977, p.597). Sou capaz de admitir tal possibilidade, mas ignoro como a verdade da hipótese poderia ser demonstrada. Estou seguro apenas de que os seres humanos devem ter um impulso generalizado, geneticamente determinado, mas diferente em intensidade de indivíduo para indivíduo, o qual os prepara para serem reforçados, sob condições normais, pela interação com seus semelhantes. A menos que esse impulso exista, é difícil entender como seria possível aprender ou conservar o comportamento "social". Certamente, ao longo das idades, o homem tem sido um animal "social", mais semelhante nesse aspecto aos lobos que aos chacais, entre os canídeos.

Ainda em conflito, de certa maneira, com o postulado da página em branco, tornou-se claro que os animais (inclusive o homem) conseguem aprender vários tipos de comportamento, mas não todos com a mesma facilidade; e as diferenças na facilidade de aprendizado talvez sejam de origem genética. Nem todas essas descobertas são recentes; os psicólogos podem ter tido consciência delas, mas relegaram-nas a um canto da mente na ânsia de fazer outras. Seu trabalho foi vigorosamente estimulado pelo esforço de biólogos como E. O. Wilson, por exemplo em *Sociobiology* [*Sociobiologia*] (1975) e *On Human Nature* [*Sobre a natureza humana*] (1978). Especialmente importante é a insistência de Wilson em que a antiga distinção entre natureza (genética) e nutrição (aprendizado), como explicação do comportamento, não passa de uma falsa dicotomia. O que conta é a maneira como natureza e nutrição interagem. Alguns sociólogos criticaram duramente a sociobiologia, assim como criticaram duramente o próprio behaviorismo, receando que essas disciplinas fossem surrupiar parte da matéria da sociologia. Se os sociólogos continuarem a rejeitar os achados desses campos, provocarão exatamente o resultado que desejam evitar. Cientistas de outras áreas abarcarão o material, e os sociólogos perderão muita coisa que os ajudaria a compreender o comportamento social. Estão defendendo uma linha Maginot.

IV

Achei que devia apresentar, ainda que de maneira tosca, os principais postulados e proposições da psicologia behaviorista. Entretanto, muitos cientistas sociais que na verdade se valem do behaviorismo não percebem que o fazem. Chamam-no de utilitarismo ou teoria da escolha racional. Já tentei mostrar que a teoria da escolha racional – e creio poder fazer o mesmo com relação à teoria da utilidade – emprega sem dúvida as proposições da psicologia behaviorista. Esses cientistas sociais são como o Monsieur Jourdain de Molière, que finalmente descobriu estar falando em prosa há quarenta anos.[2] As teorias da utilidade ou da escolha racional podem ser empregadas para explicar boa parte do comportamento humano, mas deixam de lado muito do que versa a psicologia behaviorista. Portanto, falarei delas como versões "despojadas" do behaviorismo. Frequentemente tomam os valores (objetivos) de uma pessoa como coisa dada, o que talvez não prejudique quando tais valores são comuns. Mas quando os valores são pelo menos inusitados, não perguntam como a pessoa os adquiriu, se geneticamente ou mediante aprendizado, ou, ainda, uma combinação de ambos. Os valores não caem do céu para os homens. E essas teorias também não levam plenamente em conta as consequências das ações humanas para o comportamento futuro: não apreendem a importância do caráter histórico do comportamento humano, histórico tanto para indivíduos quanto para grupos. Enfim, nem a teoria da utilidade nem a teoria da escolha racional dão suficiente atenção a comportamentos emocionais, como a agressão. Ora, nenhum esforço para explicar a ação humana pode prescindir desses elementos.

Mas o que é pior, alguns cientistas sociais acham que o behaviorismo não passa de "bom senso". De fato, uma pessoa comum não se surpreende muito quando fica sabendo que alguém teima em repetir, sob idênticas circunstâncias, uma ação que lhe trouxe recompensa. Nem deveria surpreender-se, pois os seres humanos estudam seu próprio comportamento e estão

2 Molière, *O burguês fidalgo*, Ato II, cena 5.

familiarizados com ele há milênios. Têm de saber algo a respeito. Até um ponto limitado, as características gerais de seu próprio comportamento são o que conhecem melhor, ao contrário das características das ciências físicas, das quais ignoram quase tudo. Ou antes, têm noção de algumas de suas aplicações, como a alavanca, mas não das proposições gerais dessas ciências. Somente quando se vai além do senso comum, especialmente graças a métodos experimentais, ficam patentes as complexidades reais do comportamento. Além disso, o próprio "senso comum" não deixa de ser verdadeiro e importante. O efeito deletério de tomar por pacífico o senso comum é particularmente óbvio quando o cientista social não consegue estabelecer suas proposições gerais. Suas explicações se tornam então *entimemáticas*, na linguagem dos lógicos: a premissa maior fica sem sentido. Nessas condições, as verdadeiras similaridades dos aparentemente distintos tipos de explicação não são detectadas.

V

Ao explicar o comportamento individual ou social, a psicologia behaviorista, ou suas versões despojadas, são usualmente servidas, e acho que devem sê-lo, por duas outras doutrinas; a primeira é individualista, a segunda é a chamada doutrina teórica da "lei explicativa". Examinemo-las nessa ordem. As proposições da psicologia behaviorista dizem respeito àquilo que os comportamentos dos membros individuais de uma espécie têm em comum. No caso do *Homo sapiens*, são proposições que contemplam a natureza humana. Não quer isso dizer que todo indivíduo se comporta como qualquer outro. Por herança genética ou por diferenças em suas experiências passadas – cujos efeitos, muitas vezes, também podem ser psicologicamente explicados –, as pessoas se distinguem na maneira de adequar-se às proposições gerais. Em linguagem matemática, as equações permanecem as mesmas, os parâmetros variam. Mais importante para meus objetivos atuais, as proposições behavioristas permanecem as mesmas, quer as ações de uma pessoa sejam recompensadas ou punidas pelo ambiente natural ou por alguma outra pessoa. Sem dúvida, novos fenômenos se manifestam quando o indivíduo não age sozinho, mas interage com outro; entretanto, não são necessárias novas proposições para explicá-los, exceto, é claro, a nova condição dada: o comportamento, aí, é social. O social não é "maior que a soma" de suas partes individuais – se de fato essa famosa expressão significa alguma coisa. Com certeza, a palavra "soma" é inadequada. Pelo que sei, nenhuma afirmação aborrece mais meus colegas que essa. Mas cedo ou tarde eles terão de aprender a viver com ela. A afirmação não implica que verdadeiros emergentes não possam existir em outras ciências, apenas que não existem na ciência social. Ela se sustenta para a interação não só entre duas pessoas, mas entre muitas.

Embora sem esse nome, acredito que a postura do *individualismo metodológico*[3] tenha sido mantida pela maioria daqueles que, ao longo dos séculos, se ocuparam deste assunto. Uma formulação excelente e clara é a de John Stuart Mill em seu *A System of Logic* [*Um sistema de lógica*]:

> As leis dos fenômenos sociais são, e devem ser, apenas as leis das ações e paixões humanas, enfeixadas no estado social. Porém os homens, no estado social, continuam homens: suas ações e paixões obedecem às leis da natureza humana individual. Quando reunidos, os homens não se convertem em outro tipo de substância, com propriedades diferentes, assim como o oxigênio e o hidrogênio são diferentes da água ... Os seres humanos, em sociedade, possuem apenas as propriedades derivadas das leis da natureza do indivíduo, nas quais igualmente se resolvem. Nos fenômenos sociais, a Composição de Causas é a lei universal. (Mill, *A System of Logic*)

Por "Composição das Causas", Mill se referia ao fato de os fenômenos sociais serem os resultantes (não simples adições) complicados e por vezes incompreensíveis da ação de diversos indivíduos, que frequentemente apresentam comportamentos conflitantes. É preciso levar em conta que a declaração de Mill é meramente programática, pois ele não se deu o trabalho de explicar o que são as tais "leis da natureza humana individual". Penso

3 Ver, especialmente, Watkins, 1959.

que são as leis da psicologia, mas na época de Mill a psicologia ainda não se tornara uma ciência observacional e experimental. O mais formidável adversário do individualismo metodológico foi, ao menos em uma de suas facetas, o grande sociólogo francês Émile Durkheim, segundo o qual os fenômenos sociais são *sui generis*, irredutíveis à psicologia (Durkheim, 1927, p.12). Sua teoria chegou a ser quase universal no âmbito da sociologia. Hoje, alguns sociólogos tentam afastar-se dela, até mesmo os franceses, tantas vezes indevidamente fiéis a seus grandes homens. Assim, Raymond Boudon escreve em *La Place du désordre* [*O lugar da desordem*]: "Um dos princípios fundamentais das sociologias da ação é que a mudança social deve ser analisada como a resultante de uma combinação [*ensemble*] de ações individuais" (Boudon, 1984, p.12). A regra não se aplica unicamente à mudança social.

Se o comportamento dos seres humanos, bem como suas histórias e instituições, podem ser analisados sem recurso às ações dos indivíduos, então parece óbvio, como óbvio parecia a Mill, que as proposições explicativas de suas ações sejam proposições sobre a natureza humana individual, isto é, proposições de psicologia. (Devo esclarecer que, se a análise pode ser feita em princípio, só raramente, e de maneira tosca, pode ser feita na prática. A esta altura alguém exclamará: "Maldito princípio!") Todavia, há sociólogos e mesmo filósofos que aceitam o individualismo metodológico, embora neguem que ele implique o que chamam de psicologismo. Um deles é Karl Popper, que limitou a psicologia às consequências *intencionais* das ações humanas. Ele dá o seguinte exemplo: "Apesar de algumas pessoas alegarem que gostar de montanhas e solidão pode ser explicado psicologicamente, o fato de não poderem gozar ali de solidão se numerosas pessoas gostarem de montanhas não é um fato psicológico; entretanto, esse tipo de problema está no cerne da teoria social" (Popper, 1964, p.158). Não vejo em que o gozo ou a ausência de gozo não sejam fatos psicológicos, mas reconheço que esse tipo de problema está mesmo no cerne da teoria social. Vejamos como pode ser explicado o fenômeno.

Segundo as proposições de sucesso e estímulo da psicologia behaviorista, duas ou mais pessoas empreendem ações cujos resultados esperam ser compensadores. Nesse caso, acham que a solidão é uma recompensa e esperam encontrá-la nas montanhas: por isso, vão para lá. Popper, evidentemente, supõe que o façam ao mesmo tempo e sem conhecimento das ações dos outros. Assim, chegam todos juntos à montanha – e isso, por definição, não pode ser solidão. Consequentemente, todos são punidos e não recompensados, resultado com que nenhuma daquelas pessoas contava. Aqui, um exemplo das consequências não intencionais da ação humana foi explanado mediante um raciocínio que se vale de proposições psicológicas como premissas maiores. Conclui-se então que a tese de Popper segundo a qual a psicologia se limita à explicação de consequências inesperadas está simplesmente errada.

W. G. Runciman pouco se compromete ao declarar que a sociologia não é redutível à psicologia, mas "dependente" dela (Runciman, 1983, p.29). Infelizmente, não estabelece uma distinção clara entre dependência e redutibilidade. Como já salientei, alguns evitam o problema simplesmente deixando de empregar a palavra "psicologia", preferindo falar em utilitarismo ou escolha racional. Mas nem por isso escapam à psicologia.

VI

O behaviorismo aplicado à sociologia está intimamente relacionado com uma visão particular da natureza da "teoria". Nenhuma palavra é tão usada em sociologia como esta, em parte porque a teoria, comparada à "mera coleta de dados", ostenta muito mais prestígio. Por isso, causa espanto que tão poucos sociólogos se tenham dedicado a definir o que *é* teoria. Bem, "teoria" é apenas mais uma palavra, que o estudioso pode definir como quiser, desde que se apegue à definição que escolheu. Mas poucos sociólogos chegaram a dar até mesmo esse pequeno passo. A maioria parece empregar a palavra no sentido rudimentar de "generalização"; mas ela tem de ser mais que isso, não importa a definição que receba. A visão de teoria adotada aqui, quero crer, corresponde à que é aceita nas ciências físicas clássicas; isso, porém, não significa que o conteúdo de uma teoria, distinto da forma, seja o mesmo na ciência física e na nossa.

A atual visão da teoria é usualmente chamada de "lei explicativa", embora fosse melhor adotar o plural, "leis explicativas".[4] A teoria de um fenômeno equivale à explicação desse fenômeno, mas "explicação" também é mais uma palavra. A explicação de um fenômeno consiste num sistema dedutivo, que por seu turno consiste num conjunto de proposições: destas, cada qual estabelece uma relação entre duas ou mais variáveis. Ela não afirma que *existe* uma relação, mas, pelo menos numa primeira aproximação, explicita qual é a natureza dessa relação: por exemplo, *x* é uma função positiva de *y*. Às vezes, cada uma das variáveis pode assumir apenas dois valores: presente ou ausente. Se, digamos, *x* está presente, *y* também está. Pelo menos uma das proposições precisa ser explicada, o *explicandum*. Outras proposições são um tanto mais gerais, e, no topo do sistema, postam-se proposições que no momento (momento que pode durar longo tempo) são as mais gerais de todas – "mais gerais" significando simplesmente que não derivam das outras proposições do conjunto. São essas proposições que dão nome à visão teórica da lei explicativa. Outras proposições estabelecem, como em Euclides, as condições dadas (limites, parâmetros) a que as proposições gerais devem acomodar-se. As próprias condições dadas podem muitas vezes ser explicadas. Diz-se que as proposições de ordem inferior, os *explicanda*, são explicadas quando se demonstra que decorrem logicamente das outras proposições do conjunto. As proposições da matemática, oriundas de teorias não contingentes, são utilizadas para as deduções; entretanto, nenhuma teoria científica pode constituir-se unicamente de proposições não contingentes. Uma proposição contingente é aquela para cuja aceitação são relevantes os dados, os fatos, as evidências etc.

Inúmeras teorias não têm apenas um *explicandum*, mas vários *explicanda* a serem deduzidos das leis explicativas, sob diferentes condições dadas. Falando francamente, julgamos que uma teoria é sólida quando, a partir de umas poucas leis explicativas, diversas proposições empíricas podem ser explicadas. Esclarecendo isso: acabamos de descrever como deve ser a aparência de uma teoria

4 Ver, especialmente, Braithwaite, 1953; Hempel, 1965; Nagel, 1961.

depois de completada – e toda teoria só se completa provisoriamente. Não se trata de saber como se chegou à teoria, o que envolve vários processos que não discutirei aqui.[5]

Minhas tentativas de explicar as descobertas alcançadas nas leituras e pesquisas realizadas sobre o comportamento de pequenos grupos levaram-me a concluir que suas leis explicativas mais eficazes são as da psicologia behaviorista. Ao contrário de alguns afamados cientistas, não precisei inventar minhas próprias leis explicativas: posso tomá-las de obras alheias. Além disso, não creio que minha conclusão se limite à sociologia. As leis explicativas de todas as ciências sociais são as leis da psicologia behaviorista. Delas, por exemplo, é fácil derivar as chamadas leis da oferta e da procura em economia. De modo algum minha tese acena para a hipótese de que a sociologia se diluirá numa ciência social indiferenciada, embora sem dúvida vá haver superposições. A razão é que algumas ciências sociais aplicarão, mais que outras, a psicologia behaviorista a diferentes condições dadas. Por exemplo, as condições que se presume existir no mercado clássico – onde nenhum participante precisaria manter relacionamentos regulares com outro – são obviamente diferentes das condições de um grupo de trabalho da indústria, onde, ao menos por algum tempo, impera a interação regular entre os membros. Portanto, os tipos de proposições empíricas que a microeconomia consegue explicar serão um tanto diferentes dos da microssociologia.

Quando se prova que as proposições de uma determinada ciência decorrem, sob certas condições dadas, das proposições de outra, diz-se que as primeiras são reduzidas às segundas. Assim, o programa do behaviorismo aplicado à sociologia é frequentemente chamado de *reducionismo psicológico*, e, com esse nome, leva muitos sociólogos à loucura. Mais uma vez se preocupam em preservar sua identidade. No entanto, outras ciências sofreram redução sem, aparentemente, sentir nenhuma dor. Vejo que boa parte da química pode hoje ser reduzida à física, e ainda assim a química vai muito bem, obrigado. Não raro, problemas práticos impedem que a redução provoque uma fusão de ciências. Desse modo, a

5 Ver, porém, Holton, 1973.

termodinâmica pode ser reduzida à mecânica estatística, mas ainda utilizamos a termodinâmica para desenhar máquinas térmicas. E ainda enviamos foguetes à Lua utilizando a mecânica supostamente ultrapassada de Newton. Os cálculos são mais simples do que os exigidos pela relatividade, e, seja como for, os resultados ficam dentro da inevitável margem de erro do alvo.

Tal como aplicado à sociologia, o programa do behaviorismo consiste então em três conjuntos relacionados de ideias: as proposições da psicologia behaviorista em si, a doutrina do individualismo metodológico e a visão teórica da lei explicativa. Trata-se de um programa ... e programas nunca são inteiramente executados. Ele jamais logrará explicar certos fenômenos – nem ele nem outro qualquer.

VII

Vejamos agora quais as dificuldades que o programa encontra, quais as estratégias de pesquisa que sugere, o que conseguiu realizar até agora e que vantagens adicionais poderá oferecer se for plenamente adotado.

Devo primeiro ocupar-me de uma pequena ambiguidade que elimina da sociologia a adoção da visão aqui apresentada, embora tenha de admitir que isso se dá em virtude de uma simples alteração terminológica. Outrora, afirmava-se que o funcionalismo era a postura teórica dominante na sociologia. Apesar de os funcionalistas raramente percebê-los, sempre houve dois tipos principais de funcionalismo, que chamo de social e individualista. O funcionalismo social tentava explicar as instituições pelas contribuições que estas davam à sobrevivência ou equilíbrio do sistema social de que faziam parte. Em outro lugar já diagnostiquei a fragilidade dessa teoria.[6] Por isso, ao invés de examiná-la aqui mais a fundo, tratarei do funcionalismo individualista. O funcionalismo individualista explicava diversos comportamentos, entre os quais o institucional, pelas funções que desempenhavam para os indivíduos, às vezes

6 Ver, por exemplo, referências no índice a "função" em Homans (1984).

para muitos indivíduos, mas sempre em seu caráter de indivíduos. O senso de confiança proporcionado pela magia é um exemplo. A teoria postulava que o que era funcional para uma pessoa era "bom" para ela. Um exame mais acurado revelou que nem sempre o que ela supunha ser "bom" o era de fato: por exemplo, o fumo e outras drogas. Se certas coisas não eram funcionais no sentido de serem boas, certamente o eram no sentido de recompensarem ou reforçarem: as ações que propiciavam isso tendiam a ser repetidas. Em suma, para o funcionalismo individualista, a palavra "função" podia ser alterada para "recompensa" sem nenhuma perda de significado. Graças a essa mudança, muitas explicações funcionais se tornaram absolutamente individualistas e psicológicas. Um exemplo é o famoso "paradigma funcional" de Robert Merton, que mostrava, entre outras coisas, que no final do século XIX e começo do XX o sistema que unia os imigrantes urbanos aos chefões, políticos e empresários ávidos por favorecimentos governamentais se mantinha porque os pares implicados se proporcionavam mutuamente um comportamento recompensador. Não se trata de uma explicação "funcional" especial, mas diretamente comportamental (Merton, 1968, p.104-36).

A meu ver, a aplicação da psicologia behaviorista à sociologia será, no momento, mais bem-sucedida se explicar traços da estrutura social que reaparecem em pequenos grupos no mundo inteiro e podem ser observados diretamente quando se faz um estudo de campo de novos grupos: normas, coesão, competição, *status*, poder, liderança, justiça distributiva e aprimoramento de canais regulares de comunicação. O simples número desses grupos chama a atenção do pesquisador para os traços comuns e, portanto, mais carentes de explicação. Acredito que em meu próprio livro *Social Behavior*: Its Elementary Forms [*Comportamento social*: suas formas elementares] (1961) mostrei, ainda que de maneira rudimentar, como esses traços podem ser explicados segundo os princípios behavioristas. Os grupos diferem conforme o número dessas características, mas todos, mesmo o maior, as possuem. As descobertas que tentamos explicar costumam ser verdadeiras apenas estatisticamente, pois não conhecemos o bastante sobre as características dos membros individuais. Podemos explicar como surgem os líderes, mas não sabemos por que certos indivíduos se tornam tais. Quando sabemos, levamos esses dados em consideração, é claro. Defendo essa estratégia não porque calculei, em termos abstratos, que é boa, mas porque tive muita experiência direta e indireta com pequenos grupos. Como sociólogos, faríamos bem se avaliássemos nosso conhecimento dos traços desses pequenos grupos antes de examinar os aspectos específicos das grandes sociedades. Essa é minha esperança, mas não creio que ela vá se concretizar: os cientistas *buscarão* o que lhes interessa, mesmo à custa da boa estratégia. Nem posso dizer que estejam errados, já que o que perdem em estratégia ganham em motivação.

No nível do que chamo comportamento social elementar, a derivação das proposições empíricas das proposições gerais da psicologia behaviorista (ou, se se prefere, a redução das primeiras às segundas) é, quase sempre, direta. Há muito tempo, Festinger, Schachter e Back, estudando grupos que viviam em unidades residenciais parecidas, testaram a proposição segundo a qual quanto mais coeso for um grupo, mais probabilidade haverá de seus membros se conformarem às normas vigentes, quaisquer que sejam elas (Festinger, Schachter e Back, 1950, p.61-150). Cada variável foi medida por um questionário simples. A coesão foi definida como a proporção de oportunidades de estabelecer amizade que os membros do grupo ofereciam a outros membros em detrimento dos estranhos, e a conformidade, como o número dos membros que expressavam aceitação das normas mais importantes. O resultado pôde ser explicado pelo fato de as pessoas frequentemente julgarem recompensadora a concordância com suas próprias opiniões; ora, a recompensa induz sentimentos favoráveis entre os que recebem e os que dão. A seguinte explicação não é diferente, constituindo apenas o outro lado da primeira: para muitas pessoas a amizade é um prêmio, e sua falta, um castigo. A primeira punição infligida pelo grupo àqueles que violam suas normas é o rompimento de sua amizade. Mas nos grupos coesos há mais amizade a perder que nos outros, de sorte que nos primeiros a não conformidade é menos comum. Adotei tacitamente, na explicação, as proposições de valor e de frustração-agressão. Os autores do estudo, embora fossem todos psicólogos sociais, não mencionaram o fato de estarem aplicando a psicologia behaviorista em sua tese. Presumiram ter usado apenas o senso comum. Espero que os estudiosos reconheçam com mais frequência que o senso comum muitas vezes não passa de boa psicologia behaviorista – apesar de algumas implicações dessa psicologia ultrapassarem o senso comum.

VIII

Na explicação dos traços de grupos pequenos, surge um problema com implicações muito mais graves. Quando falo em estruturas sociais, refiro-me a quaisquer traços de grupos que se mantêm por certo período de tempo, não necessariamente longo. Evitarei, e devo mesmo evitar, uma definição mais sofisticada. Depois que a estrutura de um grupo surge e é mantida pelas ações de seus membros, essa própria estrutura provê contingências para o comportamento futuro dos membros, comportamento que pode consolidar a estrutura existente ou fomentar uma nova. Por exemplo, se o grupo estabelece e mantém um sistema de *status*, o membro que estiver na base desse sistema não poderá decair mais. Sua "degradação" no passado foi certamente provocada por "mau" comportamento, não no sentido absoluto, talvez, mas de acordo com as normas do grupo. No entanto, se já está degradado, não sofrerá nenhuma outra sanção por mau comportamento – já nada tem a perder –, e um comportamento capaz de trazer recompensa, mas não sacrifício, ficará a seu alcance. Contudo, se o fizer, apenas confirmará sua posição inferiorizada no grupo. Esse tipo de fenômeno explica em parte o surgimento da subclasse do *Lumpenproletariat*.

O problema ressalta uma diferença importante e notória entre os sociólogos, muito bem examinada, juntamente com outras matérias, em *Die zwei Soziologien* [*As duas sociologias*] (1975), de Viktor Vanberg. Existem sociólogos (eu sou um deles) interessados sobretudo no modo como os indivíduos criam estruturas sociais, o que inclui, num nível mais elaborado, as instituições de uma sociedade como um todo – um sistema jurídico e político, digamos. E existem outros que perguntam como as instituições afetam o comportamento de indivíduos ou grupos. Os estruturalistas sempre me advertem de que os pequenos grupos que estudo geralmente integram estruturas mais amplas, sendo as características da unidade menor em parte determinadas pelas características da unidade maior. É claro que são. Mas ambas as sociologias – a influência dos indivíduos na criação das estruturas e a influência das estruturas no comportamento dos indivíduos – só podem ser explicadas pelas proposições da psicologia behaviorista. Confesso que a criação de instituições, que muitas vezes têm uma longa história, chega a ser difícil de explicar, por falta de informações pertinentes. E quando podemos observar a história em seu desenvolvimento, sempre conseguimos surpreender os princípios behavioristas em ação. De fato, às vezes é bem mais fácil ver a psicologia atuando nessa direção que em outras. Também é fácil, no nível dos pequenos grupos e mesmo em níveis mais elevados, perceber os homens criando estruturas. Mas já é mais difícil perceber as estruturas afetando o comportamento dos indivíduos, pois o processo às vezes parece automático, embora não o seja. Quando a luz vermelha se acende num cruzamento, freamos o carro; não pensamos no momento que essa atitude resulta de princípios psicológicos. O sinal vermelho é uma estrutura social.

A incapacidade de compreender esse ponto é outro equívoco que Karl Popper comete quando sustenta que o individualismo metodológico não pressupõe o psicologismo. Escreve ele:

> Na verdade, a psicologia não pode constituir a base da ciência social, a começar pelo fato de ela própria ser apenas uma das ciências sociais: a "natureza humana" varia consideravelmente segundo as instituições sociais, de forma que sua compreensão requer por sua vez a compreensão dessas instituições. (Popper, 1964, p.158)

Tenho me esforçado para refutar o primeiro argumento. A psicologia não é apenas uma das ciências sociais, é a ciência de cujas proposições gerais as proposições empíricas das outras ciências decorrem. No que se refere à tese institucional, eu a deixaria de lado. A compreensão das instituições pressupõe a compreensão da natureza humana, ou seja, das proposições da psicologia, já que as instituições criadas influenciam o comportamento humano. Entretanto, as reações ocorrem de acordo com as características da natureza humana.

IX

Uma das dificuldades de aplicar as doutrinas da psicologia behaviorista à explicação do comportamento social consiste no fato de ela ser uma ciência histórica: o comportamento da pessoa é determinado por sua experiência passada em interação com as circunstâncias atuais. Em geral sabemos muito a respeito destas, mas raramente conhecemos o bastante o passado de um indivíduo para explicar suas ações presentes de um modo satisfatório. Às vezes dispomos de informação suficiente para estabelecer alguma diferença, sobretudo no caso de figuras historicamente importantes, cujas vidas foram registradas. Sem dúvida vale a pena, para explicar por que Guilherme, o Conquistador, invadiu a Inglaterra enfrentando formidáveis dificuldades, saber que ele obtivera durante várias décadas êxitos na guerra. De acordo com a proposição do sucesso, sua certeza de vencer de novo deve ter sido muito forte. No entanto, duvido que algum dia saberemos explicar convincentemente por que ele invadiu a Inglaterra e por que venceu a batalha de Hastings.

Esse tipo de dificuldade é mais relevante na predição que na explicação, ainda que neste caso muitos problemas sejam colocados. Em geral conseguimos explicar melhor o que aconteceu ou está acontecendo do que o que acontecerá. Nós, sociólogos, em luta contra os nossos complexos de inferioridade, esquecemos que existem ciências mais respeitáveis que a nossa e que enfrentam as mesmas dificuldades: por exemplo, a geologia ou o evolucionismo darwiniano. Não penso que o darwinismo seja capaz de predizer quando uma nova espécie surgirá, mas afirmo que quem o fizer será capaz de explicá-lo. Certos cientistas costumavam afirmar que, se uma ciência não pode predizer, não é ciência. Mas quem impugnaria o caráter científico do darwinismo? Nenhuma ciência deve ser descartada por não poder predizer com exatidão ou mesmo apenas predizer. Já fará muito se explicar.

Às vezes parece que, para empregarmos com rigor a psicologia behaviorista na explicação, teríamos de conhecer a história pregressa de cada indivíduo implicado. Contudo, a psicologia pode ser aplicada mesmo quando se trata de um número relativamente elevado de indivíduos que, para fins de explicação, cultivariam valores mais ou menos parecidos. Vejamos outro exemplo histórico. Se eu quiser explicar o advento da indústria têxtil na Inglaterra do século XIV, começarei pela necessidade do governo inglês, sob o rei Eduardo I, de arrancar dinheiro de seus súditos. Essa parece ser uma necessidade universal dos governos, mas agravou-se no final do século XIII porque aquele era um período de inflação e Eduardo queria fazer a guerra, ou seja, tinha de gastar.

Na época de Eduardo o principal produto de exportação, tanto em volume quanto em valor, era a lã bruta, que ia quase toda para Flandres, onde se transformava em tecidos e até então não fora taxada. Mas a conselho de seus ministros Eduardo criou um imposto chamado "aduaneiro" e nomeou funcionários para coletá-lo. A taxação da lã deveria resultar numa boa arrecadação, pois os fardos eram grandes em relação a seu valor e, por isso, o contrabando se tornava mais difícil.

O imposto aumentou o custo da manufatura em Flandres, uma vez que os mercadores flamengos não encontraram um fornecimento alternativo e adequado de lã. A melhor opção seria a lã espanhola, mas o custo de transporte era alto e a quantidade talvez não fosse suficiente. A Inglaterra possuía, para atender às próprias necessidades, uma modesta indústria de tecelagem. O custo crescente da manufatura em Flandres reduziu o custo relativo da manufatura na Inglaterra. Não é necessário ter conhecimentos profundos de economia, ramo da teoria da utilidade, para adivinhar o que aconteceu; além disso, existe um bom acervo de registros aduaneiros do século XIV para documentar o fato: a indústria têxtil inglesa cresceu em relação à flamenga e a Inglaterra se tornou exportadora de tecidos, não de lã. Não há motivo para crer que o rei Eduardo tenha tido isso em mente ao criar seu imposto: queria apenas amealhar dinheiro e achou que a lã era um bom produto para a taxação.

A explicação depende de minha tese segundo a qual havia inúmeros mercadores, flamengos, ingleses e outros, interessados no comércio de tecidos, e quaisquer que fossem suas diferenças, todos, ou pelo menos muitos deles, partilhavam no fundo o mesmo tipo de valores; assim, embora a teoria seja individualista, não precisei tratar cada indivíduo separadamente.

Não forneci uma explicação completa, mas decerto aceitei tacitamente que os agentes, a começar pelo rei, se comportaram conforme suas percepções do que poderia melhorar suas recompensas. A tese é econômica, mas o advento da indústria têxtil inglesa teve consequências políticas e sociais de longo alcance. Ele lançou os alicerces da liderança britânica durante a Revolução Industrial. Não pretendo, com este único acontecimento, explicar a indústria têxtil da Inglaterra. Note-se que, para levar adiante a explicação, os princípios gerais tácitos sobre recompensa e sucesso da ação devem ser aplicados às condições dadas iniciais: a Inglaterra era originariamente uma grande exportadora de lã, a Inglaterra possuía uma instituição (a monarquia) com poder efetivo de taxar, e daí por diante. Essas condições iniciais podem estar sujeitas a uma explicação mais abrangente, mas em algum momento, por falta de informação ou simplesmente por conveniência, a regressão do universo deve cessar.

A explicação dos resultados do comportamento de Eduardo I e dos mercadores de lã é relativamente simples, ainda que o número de mercadores fosse grande. É tão simples quanto a explicação de alguns traços comuns dos pequenos grupos. Por isso hesitei em traçar uma linha nítida, com base no tamanho da população, entre micro e macrossociologia. Prefiro adotar o critério da complexidade de explicação.

Bem mais complicado que os exemplos anteriores é o estudo relatado por Raymond Boudon em seu livro *Effets pervers et ordre social* [*Efeitos perversos e ordem social*] (1977, p.17-130). Trata-se de um estudo sobre as relações entre uma nova ordem institucional, as eleições resultantes realizadas ao longo do tempo por um número bastante significativo de indivíduos e grupos familiares sem comunicação sistemática entre si (provavelmente menos sistemática que a do rei Eduardo com os mercadores), e os efeitos mais gerais dessas eleições. O novo arranjo institucional era a organização de uma educação superior gratuita para todos os franceses e francesas. Ao invés do efeito previsto de amenizar o grau de estratificação social, ocorreu o contrário: no dizer de Boudon, um *efeito perverso*. A explicação desse resultado exige um domínio bem maior de métodos estatísticos sofisticados do que a do resultado da taxação de Eduardo ou da relação entre coesão e conformidade em pequenos grupos. Entretanto, nenhum novo princípio behaviorista precisa ser introduzido. O *explicandum* é ainda um agregado de comportamentos individuais. Suspeito que um número crescente de pesquisas sociológicas serão desse tipo.

É ainda mais difícil explicar em detalhe proposições sobre as relações entre instituições, como esta, que julgo verdadeira: nações dotadas de instituições democráticas e representativas possuem igualmente um judiciário relativamente independente. A explicação teria de ser histórica, abarcando talvez vários séculos, e exigir atenção tanto para as duas instituições quanto para as relações mutáveis ente elas. Reduzir explicitamente a explicação aos princípios behavioristas pressuporia reiterá-los continuamente em cada etapa do processo histórico, o que seria monótono e aborrecido – e já estamos suficientemente aborrecidos. Ninguém assumiria semelhante explicação. Utilizaríamos, como fizemos no passado, toda sorte de expedientes. No entanto, mesmo aqui, creio que seria proveitoso recorrer aos princípios behavioristas ao menos uma vez. Eles indicariam as hipóteses nem sempre manifestas que orientam a explicação e nos lembrariam que a mudança histórica não é o resultado de forças "impessoais" como "progresso", "diferenciação crescente" ou "fomento das forças produtivas". As mudanças são feitas pelas pessoas, embora os agregados de suas escolhas sejam muitas vezes resumidos em frases como essas. As pessoas em questão podem estar, é claro, limitadas em seus atos não por condições "sociais", mas por características físicas do ambiente. Pense-se na diferença que fez, para a Inglaterra, o fato de ser uma ilha.

O espírito da tese aqui apresentada revela que não existem leis históricas gerais *per se*, ainda que muitos historiadores as tenham buscado. Há incontáveis generalizações históricas, às vezes de enorme relevância, que funcionam sob certas condições, mas que não vão além. As únicas proposições absolutamente gerais da história são as que dizem respeito ao comportamento dos seres humanos como membros de uma espécie. Para uma boa discussão, ver Raymond Boudon, *La Place du désordre* [*O lugar da desordem*] (1984), e o mais antigo *Die Probleme der Geschichtsphilosophie* [*Os problemas da filosofia da história*] (1907), de Georg Simmel, que se encontrou em desvantagem porque não teve uma psicologia adequada à sua disposição. Às vezes penso que a psicologia behaviorista é tão útil como guia geral para a natureza da explicação nas ciências sociais quanto o é ao proporcionar as premissas maiores explícitas para a explicação real.

X

O ponto de vista e a prática aqui apresentados tornam-se cada vez mais importantes, conforme se vê pelo número crescente de estudiosos que os adotam. Na verdade, poucos utilizam o instrumental completo da psicologia behaviorista, preferindo sua versão simplificada, que nem sempre reconhecem como tal e frequentemente chamam de utilitarismo ou teoria da escolha racional. Mas ao menos admitirão que utilizam uma metodologia individualista, coisa impensável há alguns anos.

Restringindo-me aos sociólogos americanos contemporâneos, chamo a atenção para os seguintes trabalhos: quase toda a obra de Robert Hamblin[7] e John H. Kunkel,[8] o pouco conhecido livro de John F. Scott, *The Internalization of Norms* [*A internalização de normas*] (1971), a coletânea de ensaios em *Behavioral Theory in Sociology* [*Teoria behaviorista em sociologia*] (Hamblin & Kunkel, 1977) e, mais recentemente, o livro organizado por Michael Hechter, *The Microfoundations of Macrosociology* [*Os microfundamentos da macrossociologia*] (1983). Embora o considere às vezes confuso, acredito que Arthur Stinchcombe tenha muito a dizer. Pelo menos em *Theoretical Methods in Social History* [*Métodos teóricos em história social*] afirma: "As forças causais que engendram a mudança social

7 Por exemplo, Hamblin et al., 1971.

8 Por exemplo, Kunkel, 1975.

sistemática são o que as pessoas planejam fazer" (Stinchcombe, 1978, p.30). O falecido Richard Emerson, com certeza, era um dos nossos, apesar de não empregar nossa linguagem.[9]

Na Grã-Bretanha, como já disse, W. G. Runciman (1983) admite que a sociologia "depende" da psicologia. Recomendaria ainda, embora nem sempre concorde com ele, o livro de Anthony Heath, *Rational Choice and Social Exchange* [*Escolha racional e intercâmbio social*] (1976). É provável que muitos desses autores já soubessem o que agora se dispõem a admitir abertamente. No passado, talvez os contivesse o receio de estar apenas apregoando o senso comum. Hoje, porém, o senso comum aplicado ao comportamento humano tornou-se uma ciência altamente desenvolvida, integrante da grande corrente da psicologia, com um crédito de muitos trabalhos experimentais cuidadosos feitos em animais e seres humanos. O senso comum, depois que deixou de ser apenas senso comum, passou a ser bem mais defensável.

Por razões que não me são inteiramente claras, o programa esboçado acima foi adotado, até certo ponto, mais por sociólogos europeus que americanos. O primeiro a fazê-lo foi meu caro amigo Andrzej Malewski com seu livro *Verhalten und Interaktion* [*Relação e interação*] (1967). Infelizmente, Malewski se suicidou, creio que desesperado com o futuro de seu país, a Polônia. Os alemães ocidentais contribuíram mais que os outros europeus e que os americanos. Coloco em primeiro plano o Dr. Karl-Dieter Opp, professor de Sociologia na Universidade de Hamburgo, por toda uma série de livros que tratam, uns mais diretamente que outros, do programa (Opp, 1970, 1972, 1976, 1978, 1979, 1983, Opp & Hummell, 1973). À obra de Opp acrescento *Soziales Handel* [*Intercâmbio social*] (1970), de Enno Schwanenberg, *Individuelles Handeln und gesellschaftliche Folgen* [*Intercâmbio individual e consequências sociais*] (1981), de Werner Raub e Thomas Voss, *Rationale Akteure, institutionelle Regelungen und Interdependenzen* [*Ação racional, normas sociais e interdependência*] (1984), de Werner Raub, e vários ensaios de Siegwart Lindenberg.[10] Numa

9 Ver, especialmente, Emerson, 1962.

10 Convenientemente catalogados na Bibliografia de Raub (1984).

categoria diferente, mas muito importante, eu colocaria *As duas sociologias* (1975), de Viktor Vanberg, já citada e que pela primeira vez me esclareceu as relações, inclusive históricas, entre sociologia individualista e o que se poderia chamar de sociologia coletiva, ou seja, as relações entre individualismo e estruturalismo.

Os franceses contribuíram menos, mas com trabalhos de igual qualidade. A figura dominante, que já mencionei, é Raymond Boudon, especialmente com suas obras *Efeitos perversos e ordem social* (1977) e *O lugar da desordem*: críticas das teorias de mudança social (1984). Uma vez que muitos sociólogos americanos, como os americanos em geral, não conseguem ler com facilidade línguas estrangeiras – um dos graves defeitos da educação americana –, quase sempre desconhecem esses livros, para seu próprio prejuízo.

Falei de sociólogos, americanos e estrangeiros. Mas em anos recentes os cientistas sociais de outras áreas, como economia e ciência política, têm utilizado os modelos da escolha racional para explicar fenômenos não tratados comumente em suas disciplinas. (É claro, a economia clássica emprega um modelo de escolha racional.) Consideremos, em especial, os livros que se seguem e sua influência potencial na sociologia: *An Economic Theory of Democracy* [*Uma teoria econômica da democracia*] (1957), de A. Downs, *The Logic of Collective Action* [*A lógica da ação coletiva*] (1965), de Mancur Olson, *Micro-Macro Political Analysis* [*Análise micro e macropolítica*] (1969), de H. Eylau, *Exit, Voice, and Loyalty* [*Saída, voz e lealdade*] (1970), de A. O. Hirschman, *Sociologists, Economists, and Bureaucracy* [*Sociólogos, economistas e burocracia*] (1970), de B. Barry, *Micromotives and Microbehavior* [*Micromotivos e microcomportamento*] (1978), de T. Schelling, e *Beyond Economic Man*: A New Foundation for Microeconomics [*Além do homem econômico*: uma nova base para a microeconomia] (1976), de H. Leibenstein. Este último livro não é bem o que pretende ser, pois emprega ainda uma teoria da escolha racional, como a microeconomia sempre fez. Mas explora alguns tipos de influência na escolha econômica que não costumam ser levados em conta pela análise econômica comum. Se os sociólogos não atentarem para esses novos desenvolvimentos e para o tipo de teoria utilizado neles, correrão o risco de perder algumas das partes de seu campo, potencialmente mais interessantes, para outras disciplinas da ciência social. Acredito que este risco – se houver risco – é muito maior que o oriundo da psicologia, mais amplamente reconhecido. Aliás, não considero este último um perigo, em absoluto.

XI

Concluo referindo o estado interno atual da sociologia. Lamentavelmente, se encontra dividida em várias escolas diferentes: interacionismo simbólico, estruturalismo, etnometodologia, teoria do conflito, dramaturgia (Goffman) e não sei quantas mais, cada qual defendendo ferozmente sua originalidade e independência. Todas têm a seu crédito um bom número de descobertas empíricas valiosas. Mas, embora não empreguem nenhuma outra palavra com tanta frequência quanto "teoria", são teoricamente débeis; nenhuma, exceto talvez a minha, explique o que *é* uma teoria. Como não possuem uma doutrina da teoria, não esclarecem suas leis explicativas, o que dificulta descobrir se essas escolas são mesmo tão diferentes umas das outras quanto alegam ser. A meu ver são pouquíssimo diferentes. Vejamos o tratamento dado por Mitchell à abordagem de Goffman: "Portanto, um ator eficiente não é apenas aquele cujos bons desempenhos são recompensados pela aceitação do público, mas também aquele que percebe uma continuidade de substância em suas atuações e pode responder por si mesmo como alguém que é muito mais que um mero joguete" (Mitchell, 1978, p.112). Essa explicação do que faz um bom ator implica uma premissa maior tácita, que é uma das proposições gerais da psicologia behaviorista: a pessoa que executa uma ação seguida de recompensa tende a repetir essa ação. Considere-se, como outro exemplo, a visão que Mitchell tem da obra de Harold Garfinkel: "As questões da etnometodologia são as questões da intercomunicação no sentido de que a pesquisa etnometodológica trata dos processos de comunicação que geram um senso de compreensão comum entre as pessoas" (Mitchell, 1978, p.148). Mas, como observei em outro lugar, "a 'compreensão comum' *recompensa* as pessoas: a vida social é impossível sem ela" (Homans, 1982, p.290). Consequentemente, também a etnometodologia corporifica em suas premissas tácitas maiores as proposições de sucesso e valor da psicologia behaviorista. Eu poderia dizer o mesmo das outras escolas.

Uma vantagem para todos, se aceitássemos a visão teórica da lei explicativa e agíssemos de acordo com ela, seria que as diferentes escolas teriam de perguntar a si mesmas que leis explicativas precisariam usar caso pretendessem formalizar suas teorias. Não espero que façam isto sempre que tentarem explicar alguma coisa. Como já disse, isso seria repetitivo e enfadonho. Quero, no entanto, que o façam pelo menos uma vez. Penso que todas as escolas descobririam que usam os princípios da psicologia behaviorista tanto naquilo que chamei de forma despojada quanto na forma que encarna, mais plenamente, as descobertas experimentais ainda em curso. Por suas leis explicativas seria possível reconhecer as afinidades entre as teorias.

A busca de leis explicativas que porventura tenham em comum não interferiria, nem de longe, em sua devoção às diferentes áreas da pesquisa empírica. E a pesquisa poderia, *presumivelmente*, ajudar a restaurar – embora eu não acredite nisso –, ou melhor, a criar uma unidade intelectual em nossa ciência, encorajando-nos ao mesmo tempo a concretizar a esperança tantas vezes manifestada de que nossas descobertas sejam cumulativas. Exceto a esse respeito, não acho que meu programa requeira, dos sociólogos, muito mais do que já estão fazendo agora. E digo *presumivelmente* porque, no momento, os membros das diversas escolas parecem ter investido vaidade demais em sua diferenciação para renunciarem a ela.

Referências bibliográficas

BANDURA, A. *Principles of Behavior Modification*. New York, Holt, Rinehart and Winston, 1969.

______. *Aggression*: A Social Learning Analysis. Englewood Cliffs, NJ: Prentice-Hall, 1973.

BARRY, B. *Sociologists, Economists, and Bureaucracy*. Chicago: University of Chicago Press, 1970.

BOUDON, R. *Effets pervers et ordre social*. Paris: Presses Universitaires de France, 1977.

BOUDON, R. *La Place du désordre*: critiques des théories de changement social. Paris: Presses Universitaires de France. (Trad. ingl.: Theories of Social Change. Cambridge, England: Polity Press, 1986).

BRAITHWAITE, R. B. *Scientific Explanation*. Cambridge, England: Cambridge University Press, 1953.

BRELAND, K., BRELAND, M. The Misbehavior of Organisms. *American Psichologist*, v.16, p.681-4, 1961.

BROWN, R., HERRNSTEIN, R. J. *Psychology*. Boston: Little, Brown, 1975.

DOWNS, A. *An Economic Theory of Democracy*. New York: Harper & Row, 1957.

DURKHEIM, É. *Les Règles de la méthode sociologique*. Paris: Alcan, 1927.

EMERSON, R. Power-Dependence Relations. *American Sociological Review*, v.22, p.31-41, 1962.

EYLAU, H. *Micro-Macro Political Analysis*: Accents of Inquiry. Chicago: Aldine, 1969.

FESTINGER, L., SCHACHTER, S., BACK, K. *Social Pressures in Informal Groups*: A Study of Human Factors in Housing. New York: Harper & Row, 1950.

HAMBLIN, R. T., BUCKHOLDT, D., FERRITOR, D., KOZLOFF, M., BLACKWELL, L. *The Humanization Process*: A Social, Behavioral Analysis of Children's Problems. New York: Wiley-Intersciences, 1971.

HAMBLIN, R. T., KUNKEL, R. H. (Org.) *Behavioral Theory in Sociology*: Essays in Honor of George C. Homans. New Brunswick, NJ: Transaction Books, 1977.

HEATH, A. *Rational Choice and Social Exchange*: A Critique of Exchange Theory. Cambridge, England: Cambridge University Press, 1976.

HECHTER, M. (Org.) *The Microfoundations of Macrosociology*. Philadelphia: Temple University Press, 1983.

HEMPEL, C. G. *Aspects of Scientific Explanation and Other Essays in the Philosophy of Science*. New York: Free Press, 1965.

HERRSTEIN, R. J. Quantitative Hedonism. *Journal of Psychiatry*, v.8, p.399-412, 1971.

______. The Evolution of Behaviorism. *American Psychologist*, v.32, p.593-603, 1977.

HIRSCHMAN, A. O. *Exit, Voice, and Loyalty*: Responses to Decline in Firms, Organizations, and States. Cambridge, Mass.: Harvard University Press, 1970.

HOLTON, G. *Thematic Origins of Scientific Thought, Kepler to Einstein*. Cambridge, Mass.: Harvard University Press, 1973.

HOMANS, G. C. *Social Behavior*: Its Elementary Forms. New York: Harcourt, Brace, 1961. Obra revista em 1974.

______. The Present State of Sociological Theory. *Sociological Quarterly*, v.23, p.285-99, 1982.

______. *Coming to my Senses*: The Autobiography of a Sociologist. New Brunswick, NJ: Transaction Books, 1984.

KUNKEL, J. H. *Behavior, Social Problems and Change*: A Social Learning Approach. Englewood Cliffs, NJ: Prentice-Hall, 1975.

LEIBENSTEIN, H. *Beyond Economic Man*: A New Foundation for Microeconomics. Cambridge, Mass.: Harvard University Press, 1976.

MALEWSKI, A. *Verhalten und Interaktion*. Tübingen: Mohr Siebeck, 1967. (Publicado originalmente em polonês, 1964.)

MERTON, R. K. *Social Theory and Social Structure*, ed. ampliada. New York: Free Press, 1968.

MILL, J. S. *A System of Logic*. Book 6, ch. 7, sect. I.

MITCHELL, J. N. *Social Exchange, Dramaturgy, and Ethnomethodology*. New York: Elsevier, 1978.

NAGEL, E. *The Structure of Science*: Problems in the Logic of Scientific Explanation. New York: Harcourt, Brace, 1961.

OLSON, M. *The Logic of Collective Action*: Public Goods and the Theory of Groups. Cambridge, Mass.: Harvard University Press, 1965.

OPP, K.-D. *Soziales Handeln, Rollen und soziale Systeme*: Ein Erklärungswersuch sozialen Verhaltens. Stuttgart: Enke, 1970.

______. *Verhaltenstheoretische Soziologie*: Eine neue soziologische Forschungsrichtung. Hamburg: Rohwolt, 1972.

______. *Methodologie der Sozialwissenschaften*: Einführung in Probleme ihrer Theorienbildung. ed. revisada. Hamburg: Rohwolt, 1976.

______. *Theorie sozialer Krisen*: Apathie, Protest und kollektives Handeln. Hamburg: Hoffman und Campe, 1978.

______. *Individualistische Sozialwissenschaft*: Arbeitsweise und Probleme individualistisch und kollektivistisch orientierter Sozialwissenschaften. Stuttgart: Enke, 1979.

______. *Die Entstehung sozialer Normen*: Ein Integrationsversuch soziologischer, sozialpsychologischer und ökonomischer Erklärungen. Tübingen: Mohr Siebeck, 1983.

OPP, K.-D., HUMMELL, H. J. *Kritik der Soziologie*: Probleme der Erklärung sozialer Prozesse. 2v. Frankfurt-on-Main: Athenäum, 1973.

POPPER, K. R. *The Poverty of Historicism*. New York: Harper & Row, 1964.

RACHLIN, H. *Introduction to Modern Behaviorism*. 2.ed. San Francisco: W. H. Freeman, 1976.

RAUB, W. *Rationale Akteure, institutionelle Regelungen und Interdependenzen*: Untersuchung zu einer erklärenden Soziologie auf strukturell-individualistischer Grundlage. Frankfurt-on-Main: Peter Lang, 1984.

RAUB, W., VOSS, T. *Individuelles Handeln und gesellschaftlicher Folgen*: Das individualistische Programm in der Sozialwissenschaften. Darmstadt: Luchterhand, 1981.

REYNOLDS, G. S. *A Prime of Operant Conditioning*. Glenview, Ill.: Scott, Foresman, 1968.

RUNCIMAN, W. G. The Methodology of Social Theory. In: ______. *A Treatise on Social Theory*. v.1. Cambridge, England: Cambridge University Press, 1983.

SCHELLING, T. C. *Micromotives and Macrobehavior*. New York: Norton, 1978.

SCHWANENBERG, E. *Soziales Handel* – Die Theorie und ihr Probleme. Bern: Hans Huber, 1970.

SCOTT, J. F. *The Internalization of Norms*: A Sociological Theory of Moral Commitment. Englewood Cliffs, NJ: Prentice-Hall, 1971.

SIMMEL, G. *Die Probleme der Geschichtsphilosophie*. Munich: Dunker und Humblot, 1907.

SKINNER, B. F. *The Behaviour of Organisms*. New York: Appleton-Century-Cloft, 1938.

______. *Beyond Freedom and Dignity*. New York: Knopf, 1971.

STINCHCOMBE, A. L. *Theoretical Methods in Social History*. New York: Academic Press, 1978.

TIGER, L. *Men in Groups*. New York: Random House, 1969.

VANBERG, V. *Die zwei Soziologien*: Individualismus und Kollektivismus in der Sozialtheorie. Tübingen: Mohr Siebeck, 1975.

WATKINS, J. W. N. Historical Explanation in the Social Sciences. In: P. Gardiner (Org.) *Theories of History*. Glencoe, Ill.: Free Press, 1959. p.503-14.

WILSON, E. O. *Sociologie*. Cambridge, Mass.: Harvard University Press, 1975.

______. *On Human Nature. Cambridge, Mass.: Harvard University Press, 1978.*

INTERACIONISMO SIMBÓLICO[1]

Hans Joas

Quando a sociologia americana iniciou sua marcha triunfal pelo mundo, após o fim da Segunda Guerra Mundial, ela havia ultrapassado seu próprio momento histórico decisivo pouco tempo antes. A combinação Lazarsfeld-Merton, como foi denominado o método sociológico depois desse momento de inflexão (Shils, 1970, p.794), juntou uma pesquisa social empírica quantitativamente orientada e sofisticada com uma teoria estrutural-funcionalista desvinculada de suas origens e de seu contexto histórico e filosófico, e reduzida a uma aplicação de "médio alcance". Essa combinação se apresentava como a soma de tudo quanto era valioso no legado dos sociólogos europeus clássicos e como o modo de integrar esse legado no acervo teórico e em um método de aquisição de conhecimento cumulativo e profissionalmente salvaguardado. Sem dúvida, a manutenção da identidade da disciplina foi comprada ao preço escorchante da supressão daquelas tradições que, só com muita dificuldade, podiam ser integradas à nova

1 Este ensaio foi traduzido do alemão por Raymond Meyer, Palo Alto, Calif. Agradeço a Anselm Strauss por seus valiosos comentários sobre o texto.

imagem da sociologia. Nesse sentido surpreende que, embora Parsons tenha lutado com a interpretação de Durkheim, Weber e Pareto em centenas de páginas de sua primeira grande obra, *A estrutura da ação social* (1968a), nessa discussão ele não apenas apresentou um quadro totalmente inadequado do idealismo alemão e do marxismo como chegou a considerar as tradições americanas da teoria social praticamente indignas de menção. Literalmente, não dedicou uma única palavra às realizações da filosofia social pragmática de John Dewey e George Herbert Mead, nem aos trabalhos metodológicos pioneiros da Escola de Chicago com as implicações teóricas de suas abrangentes pesquisas empíricas em sociologia. As ideias e as pesquisas americanas, consideradas de pouco interesse em seu próprio país de origem, dificilmente encontrariam melhor acolhida fora dos Estados Unidos, dado o ceticismo geral de esquerda ou eurocêntrico com relação ao pensamento americano.

Não quer isso dizer que semelhante tradição desapareceu completamente. Em numerosas subáreas da sociologia, das pesquisas sobre socialização à sociologia criminal e urbana, sem falar da ocupacional, obras da tradição de Chicago continuaram a desempenhar papel relevante e contribuíram para o êxito das pesquisas encetadas nessas áreas. Fragmentos dispersos dessa tradição, como as concepções de Mead sobre o eu e a adoção de papéis, o "teorema de Thomas" sobre o caráter efetivo de todos os componentes de uma situação considerada real e a noção básica do método biográfico, tudo isso pertence ao repositório-padrão do conhecimento sociológico. Certamente, inúmeros representantes dessa tradição se encontraram num isolamento relativo ou tiveram de assumir o papel de "oposição" mais ou menos "leal" frente à corrente da sociologia. Na década de 1960, esta tradição, principalmente sob a forma que lhe deu Herbert Blumer (1969), tornou-se quase um modismo. No entanto, isso se deveu a uma combinação teoricamente confusa com a fenomenologia e outras concepções que ensejavam a chamada abordagem interpretativa (Wilson, 1970). No passado mais recente, houve um número cada vez maior de tentativas de sufocar a tendência anterior dessa tradição, em concentrar-se em fenômenos microssociológicos, bem como em obter uma compreensão de suas premissas e princípios graças a um exame de sua história.

Essas tentativas assumiram duas formas absolutamente distintas. Por um lado, o movimento rumo à teoria neopositivista da ciência e da psicologia behaviorista acena com a promessa de superar a "tendência aestrutural" da tradição simbólico-interacionista.[2] Do ponto de vista da história da teoria sociológica, essa linha de pensamento tenta legitimar-se tentando fazer do conflito metateórico entre nominalistas e realistas o parâmetro para distinguir a linha da tradição nascida com Peirce e Mead daquela que conduz de James, *via* Dewey, a Blumer.[3] Por outro lado, há os esforços para revelar e extrair as conclusões macroteóricas que sempre estiveram implícitas na pesquisa concreta elaborada dentro dessa tradição, além de integrá-las num todo coerente, numa teoria de "ordem ajustada". Nos escritos mais recentes dos interacionistas simbólicos podemos vislumbrar também indícios de que estão se ocupando das ideias estruturalistas e pós-estruturalistas (Perinbanayagam, 1985).

Não importa o modo como se afirmem essas diferentes tendências, elas são todas reveladoras da intenção explícita de introduzir, na discussão teórica geral, o legado da tradição sociológica enraizada na Escola de Chicago – o que, de forma alguma, é típico dessa escola. Durante muitas décadas, a tradição da Escola de Chicago se manteve menos em virtude da elaboração de uma teoria sistemática e do autoembasamento teórico da tradição do que em virtude de pesquisas modelos e da transmissão oral. Esse fato poderia, por si só, tornar-se um ponto de referência para a autocompreensão dos interacionistas simbólicos, bem como para um registro da história dessa escola de pensamento (Rock, 1979). O silêncio de Parsons foi, por assim dizer, pago com a mesma

2 Observações ilustrativas sobre essa postura podem ser encontradas em McPhail e Rexroat (1979) e Stryker (1980). Para uma discussão do livro de Stryker, ver Symbolic Interaction, *Review Symposium*, v.5, p.141-72, 1982.

3 Ver Lewis & Smith, 1980. Apareceram diversos comentários, quase sempre negativos, sobre esse livro, contendo argumentos importantes sobre a relação entre pragmatismo e sociologia. Eis alguns deles: Blumer, 1983; Johnson & Picou, 1985; Miller, 1982; Rochberg-Halton, 1983.

moeda. É difícil dizer se esse auto-isolamento teórico se deveu a uma compreensível desconfiança quanto à construção analítica da teoria, em contraste com o próprio programa de formulação de uma teoria empiricamente sustentada dos interacionistas simbólicos (Glaser & Strauss, 1967), ou simplesmente à incapacidade, por parte dos teóricos de Chicago, de opor algo de um alcance sequer aproximadamente equivalente a abordagens teórica e historicamente compreensivas como as de Parsons, ou as da teoria crítica e do marxismo.

É daí que surgem as dificuldades de rever o interacionismo simbólico. Num primeiro momento, definiremos o interacionismo simbólico tal como costuma ser entendido. O nome dessa linha de pesquisa sociológica e sociopsicológica foi cunhado em 1938 por Herbert Blumer (1938). Seu enfoque são os processos de interação – ação social caracterizada por uma orientação imediatamente recíproca –, ao passo que o exame desses processos se baseia num conceito específico de interação que privilegia o caráter simbólico da ação social. O caso prototípico é o das relações sociais em que a ação não adota a forma de mera transferência de regras fixas em ações, mas em que as definições das relações são, recíproca e conjuntamente, propostas e estabelecidas. Assim, as relações sociais são vistas, não como algo estabelecido de uma vez por todas, mas como algo aberto e subordinado ao reconhecimento contínuo por parte dos membros da comunidade.

Ora, seria totalmente inadequado confinar o delineamento do interacionismo simbólico a essa concepção central e às preferências teóricas e metodológicas que dela decorrem. As críticas amplamente disseminadas ao interacionismo simbólico são suficientes para que se vá mais além deste primeiro nível de apresentação. Tais críticas apontam principalmente a limitação do interacionismo simbólico a fenômenos de imediaticidade interpessoal. Entretanto, apontam também que o interacionismo simbólico ignora questões de poder e dominação. Atribui-se-lhe a visão de que o complexo das relações macrossociais não ultrapassa o horizonte da sociabilidade mundana, assim como uma total ignorância do domínio social sobre a natureza ou o fato de que as condições sociais possam tornar-se autônomas em relação aos atos e orientações daqueles que participam da ação social. Embora muitas dessas críticas na verdade se apliquem, pelo menos em parte, ao programa de Herbert Blumer e aos sociólogos que seguem esse programa, sua justificativa soa duvidosa quando se considera o montante da obra teórica e empírica produzida por essa linha de pesquisa.

O significado real do interacionismo simbólico e sua potencial fecundidade teórica só podem ser compreendidos quando contrastados com a velha Escola de Chicago, a quem dão continuidade, embora omitindo alguns aspectos de seu pensamento. Assim, essa forma de considerar interacionismo simbólico representa outro aspecto da presente exposição daquela tradição. O interacionismo simbólico é visto como a continuação de certas partes do pensamento e obra do heterogêneo grupo interdisciplinar de teóricos, pesquisadores e reformadores sociais da Universidade de Chicago que exerceram certa influência na sociologia americana entre 1890 e 1940, durante a fase de institucionalização propriamente dita da disciplina. Na verdade, essa escola não possuía nenhum teórico de destaque e nenhum programa concreto de pesquisa; a Escola de Chicago era constituída por um grupo de pensadores e pesquisadores mais ou menos importantes cujas influências mútuas são difíceis de ser reconstruídas agora.

Uma história dessa escola preocupada com uma descrição de seus aspectos teórico-sistemáticos deve procurar desvendar e extrair a estrutura subjacente das concepções comuns de seus membros, e isso sem gerar a falsa impressão de que a escola apresentava homogeneidade absoluta ou estabilidade temporal. Essa, porém, não é a dificuldade maior. A dificuldade maior reside no fato de a Escola de Chicago – que pode ser descrita como combinação de uma filosofia pragmática, de uma orientação política reformista para as possibilidades da democracia num quadro de rápida industrialização e urbanização, e dos esforços para transformar a sociologia numa ciência empírica, sem deixar de atribuir grande importância às fontes pré-científicas do conhecimento experimental – ser apenas uma realização parcial, do ponto de vista teórico, das possibilidades inerentes à filosofia social do pragmatismo.

Daí a terceira linha do presente estudo: a reconstrução do pragmatismo como fonte filosófica da Escola de Chicago e do interacionismo simbólico. Isso, é claro, não significa que se deva atribuir maior importância ou validade mais duradoura à elaboração de noções filosóficas em si. Significa, antes, que na filosofia do pragmatismo podemos descobrir ideias fundamentais sobre as teorias da ação e da ordem social, bem mais relevantes para a tarefa teórica da sociologia contemporânea. Esses fundamentos da teoria da ação e da ordem social não foram adequadamente integrados à sociologia. A Escola de Chicago e a tradição vital do interacionismo simbólico devem muito de sua importância à transformação dessas ideias fundamentais em teoria científico-social concreta e em pesquisa empírica. Poder-se-ia mostrar, entretanto, que isso sucedeu de modo fragmentário e que alguns dos problemas renitentes dessa tradição podem ser solucionados graças a uma reconsideração de seu ponto de partida. Assim, o estudo que se segue começa com uma análise do significado do pragmatismo para a teoria social. Vem depois um exame das etapas mais importantes do desenvolvimento do pragmatismo em sua versão sociológica, representada nas obras de W. I. Thomas, Robert Park, Herbert Blumer e Everett Hughes, e da situação atual. Uma avaliação da contribuição teórica dessa tradição para a atual construção da teoria encerra esse exame da escola pragmática de sociologia.

I O pragmatismo como fonte filosófica da Escola de Chicago

O pragmatismo é uma filosofia da ação. Contudo, não desenvolve seu modelo de ação como fez Parsons, e, pelo menos segundo a interpretação que este lhes deu, os pensadores sociológicos clássicos responderam à pergunta por eles mesmos formulada: "Que dimensões acrescentar à noção utilitarista do agente solitário que persegue racionalmente seus objetivos para apreender teoricamente o fato inegável, mas – no quadro do utilitarismo – inexplicável da existência da ordem social?". Decerto, o pragmatismo não se mostra menos crítico em relação ao utilitarismo do que os teóricos clássicos da sociologia. Todavia, não ataca o utilitarismo por causa do problema da ação e da ordem social, mas por causa do problema da ação e da consciência. O pragmatismo desenvolveu o conceito de ação a fim de superar os dualismos cartesianos. Desse empreendimento surgiu uma compreensão da intencionalidade e da sociabilidade radicalmente diferente da compreensão do utilitarismo. O conceito de racionalidade e o ideal normativo desse modo de pensamento inserem-se teoricamente na ideia de ação autorregulada. A teoria pragmática da ordem social é, pois, orientada pela concepção do controle social no sentido de autorregulação e solução de problemas coletivos. Essa concepção da ordem social é moldada por ideias sobre democracia e estrutura de comunicação nas comunidades científicas. A real importância desse tipo de ordem social, nas modernas sociedades, suscita um dos principais problemas da filosofia política pragmática e da sociologia baseada nessa filosofia. Examinemos esses temas em pormenor.

O fato de o indivíduo emancipar-se da validade e da autoridade autoevidentes das instituições e ideias herdadas, que ocorreu no início da era moderna, alcançou sua mais extrema e absoluta expressão no pensamento de René Descartes. Ele elevou o direito de duvidar à condição de autocerteza do ego que pensa e duvida, transformando-o no sólido alicerce da filosofia. Desse modo, é claro, aboliu a existência autoevidente e pacificamente aceita do mundo em presença da consciência individual, do corpo do eu pensante como componente desse mundo e de outros sujeitos pensantes nesse mundo. Assim, uma filosofia epistemologicamente orientada pôde reivindicar seu papel fundador *vis-à-vis* às ciências. Ao mesmo tempo, porém, deparou-se com a difícil tarefa (ou impossível) de constituir o mundo, o corpo e o "outro", que é o objeto do eu, na base de um eu pensante. Pois foi contra todo esse programa que a ideia capital do pragmatismo se dirigiu. Os pragmáticos põem em dúvida o sentido da dúvida cartesiana.

> Não podemos partir da dúvida absoluta. Quando nos debruçamos sobre o estudo da filosofia, temos de começar pelos preconceitos que realmente temos. Esses preconceitos não podem ser dissipados por uma máxima, pois só coisas que não acontecem para nós *podem* ser questionadas. Portanto, esse ceticismo inicial será um mero autoengano, não uma dúvida real; e quem quer que siga o método

> cartesiano só se satisfará quando recuperar, formalmente, as crenças que adotara. Portanto, trata-se de uma medida preliminar tão inútil quanto ir ao Polo Norte para descer a Constantinopla pelo meridiano correspondente. É claro, no curso de seus estudos, a pessoa pode achar motivo de duvidar daquilo em que antes acreditava; mas então duvidará por ter uma razão positiva para isso, não em virtude da máxima cartesiana. Não duvidemos em filosofia daquilo de que não duvidamos em nossos corações. (Peirce, 1934, p.156 ss)

Essa crítica da dúvida cartesiana nada mais é que a defesa de autoridades inquestionáveis contra a reivindicação emancipatória do eu pensante; é, portanto, um pleito em defesa da *verdadeira* dúvida, em defesa do enraizamento da cognição em situações concretas. A noção central cartesiana do eu solitário que duvida sucumbe à ideia de uma busca coletiva da verdade para solucionar os problemas reais encontrados no curso da ação. Poder-se-ia atribuir a essa transformação o mesmo significado histórico concedido à filosofia de Descartes.

Pelo menos as consequências dessa transformação da ideia orientadora da reflexão filosófica têm imenso alcance. De fato, o que muda é toda a relação entre cognição e realidade. O conceito de verdade já não expressa a correta representação da realidade na cognição, que pode ser considerada uma espécie de metáfora de uma cópia; expressa, antes, um aumento do poder de agir em relação a um ambiente. Todas as etapas da cognição, da percepção sensorial, através da extração lógica de conclusões até a autorreflexão, devem agora ser concebidas de outra maneira. Charles Peirce encetou esse programa. William James aplicou-o a um bom número de problemas, principalmente de natureza religiosa ou existencial. Movido talvez pelo desejo de mostrar a impossibilidade de encontrar soluções universalmente válidas para esses problemas, James estreitou, e portanto debilitou de um modo decisivo, a ideia básica do pragmatismo. Contrariamente a Peirce, formulou o critério de verdade em termos dos resultados realmente obtidos, não dos resultados esperados. Em sua psicologia, James não considerou a ação como ponto de partida, mas o puro fluxo da experiência consciente. Formulou, entretanto, análises extraordinariamente profundas e intrigantes que mostravam a seletividade da percepção e a distribuição da atenção como função dos objetivos do sujeito. Peirce praticamente não exerceu influência alguma sobre os sociólogos; os escritos de James, sim, mas uma influência bastante difusa, manifesta primordialmente em fazer perceber as sutilezas das experiências subjetivas. A influência decisiva do pragmatismo na sociologia começou com John Dewey e George Herbert Mead. Esses dois estudiosos, que antes perseguiam um programa hegeliano "naturalizado" – isto é, um hegelianismo exarado em termos de processos evolucionistas da natureza – e que, como Feuerbach,[4] sentiam-se por isso mesmo muito acima das restrições cartesianas do pensamento, perceberam a necessidade crucial de refundar o pragmatismo nas ciências sociais e biológicas.

O reembasamento do pragmatismo assumiu inicialmente os contornos de uma psicologia funcionalista. O objetivo dessa psicologia era interpretar todos os processos e operações psíquicas – não apenas as cognitivas – segundo sua eficácia para a solução dos problemas encontrados pelas pessoas no curso de sua conduta. Tal empresa significava a rejeição das abordagens epistemológicas tradicionais, utilizadas na interpretação dos fenômenos psíquicos, e uma crítica a todas as psicologias que, em maior ou menor grau, acatavam essas obsoletas posturas filosóficas. O mais famoso documento da nova abordagem foi o marcante artigo de John Dewey, "The Reflex Arc Concept in Psychology" [O conceito do arco reflexo em psicologia], publicado em 1896 (Dewey, 1972); sua elaboração mais acabada, contudo, encontra-se no estudo detalhado, mas ainda quase desconhecido, de George Herbert Mead, "The Definition of the Psychical" [A definição do psíquico] (1903).

Dewey critica uma psicologia que julga ter encontrado seu objeto no estabelecimento de relações causais aparentemente normativas entre estímulos ambientais e reações orgânicas. Dewey nega que possamos, legitimamente, conceber as ações como somatório das fases de estimulação externa, processamento interno de estímulos e reações externas. A esse "modelo de arco reflexo" opõe a totalidade da ação: é a ação que determina quais os estímulos relevantes dentro do contexto definido pela própria ação.

4 Sobre Feuerbach, ver Honneth & Joas, 1980.

Os elementos de uma ação considerados singulares pelo modelo de arco reflexo não passam, no dizer de Dewey, de distinções funcionais no interior da ação; a unidade da ação se rompe e a funcionalidade dessas distinções se torna clara sempre que a execução de uma ação é interrompida. A sensação penetra na consciência do indivíduo, como um estímulo externo, quando sua natureza é *desconhecida*; e percebemos a necessidade de uma reação quando *não* sabemos *como* deveríamos reagir. De igual modo, Mead define o psíquico como "aquela fase da experiência na qual ficamos imediatamente conscientes de impulsos conflitantes que despojam o objeto de seu caráter de estímulo, lançando-nos numa atitude de subjetividade. Entrementes, porém, um novo objeto de estímulo aparece, graças à atividade reconstrutiva identificada com o sujeito 'eu' e distinta do objeto 'a mim'" (Mead, 1903, p.109).

Obviamente, a crítica de Dewey e Mead, tal qual apresentada aqui, volta-se sobretudo contra as teorias que reduzem a ação a uma conduta determinada pelo meio. Entretanto, o modelo de ação utilizado nessa crítica revela também a modificação do significado da intencionalidade em comparação com as teorias que veem a ação como a concretização de fins predeterminados. No pragmatismo, justamente porque ele considera todas as operações psíquicas à luz de sua eficácia para a ação, é impossível sustentar que a determinação de um fim seja um ato consciente *per se*, que ocorre fora dos contextos da ação. Ao contrário, a determinação de um fim só pode ser o resultado de ponderações sobre as resistências que uma conduta variamente orientada em diversas direções encontra. Ao ser impossível acompanhar simultaneamente todos os impulsos ou compulsões que levam à ação, ocorrerá a seleção de um motivo dominante que, como se fora um fim, sufocará os demais ou lhes concederá eficácia apenas num grau subordinado.

Entretanto, essa clara orientação para um fim não é, de forma alguma, costumeira. Por natureza, a ação só é teleológica de uma maneira difusa. Mesmo nossa percepção moldada por nossas capacidades e possibilidades de ação. Apenas coagido por si mesmo ou outrem o agente restringirá o leque de seus impulsos e sensibilidade a uma linha de ação definida, voltada para um fim único. Dewey e Mead interessavam-se pelas brincadeiras infantis não só porque queriam promover uma reforma educacional, mas também porque tais brincadeiras lhes serviam como modelo de uma ação sujeita a um mínimo de obstáculos para sua realização. Em suas análises experimentais, definiram a inteligência criativa como a capacidade de superar problemas oriundos da ação por meio da invenção de novas possibilidades de ação; entretanto, essa capacidade de invenção ou criatividade pressupõe a manipulação consciente da forma de atividade chamada brincadeira ("brincar" com diferentes alternativas de ação). A esta altura do desenvolvimento das ideias de Dewey e Mead, fica claro que, em comparação com a abordagem utilitarista, a teoria pragmática da ação inaugura novos campos de fenômenos e, ao mesmo tempo, torna necessário repensar os campos conhecidos – e o faz de um modo que não encontra precedentes na crítica feita pelos pensadores da sociologia clássica ao utilitarismo.

Examinemos agora, brevemente, três possíveis objeções ao modelo pragmático de ação. A crítica de que esse modelo reduz o conceito de ação de um modo instrumentalista ou ativista perdeu muito de sua plausibilidade graças à referência, acima mencionada, ao significado que a brincadeira e a criatividade têm para o pragmatismo. A refutação mais vigorosa desta crítica por ser encontrada nos escritos de Dewey sobre estética (Dewey, 1934), onde se demonstra precisamente a disponibilidade passiva do indivíduo à experiência e ao aperfeiçoamento da experiência em relação ao presente. Para Dewey, o pragmatismo era nada menos que uma maneira de criticar aqueles aspectos da vida americana "que tornam a ação um fim em si mesmo e têm dos fins uma visão muito estreita e muito 'prática'" (Dewey, 1931, p.16). Portanto, a escolha da ação como ponto de partida da reflexão filosófica não significa que o mundo decaiu ao nível de simples material à disposição das intenções dos agentes; também essa objeção se baseia na dicotomia cartesiana, cuja superação é justamente o que está em questão. Somente na ação a imediaticidade qualitativa do mundo e de nós mesmos nos é revelada.

A outra objeção possível é que no modelo pragmático de ação a consciência se encontra orientada para o momento presente. Essa acusação pode ser rebatida salientando a importância capital dos "hábitos" nesse modelo. As soluções para os problemas da ação não são armazenadas na consciência dos agentes, mas utilizadas para novas ações que, rotineiras no caráter, seguem seu curso fora da consciência deles. Somente os problemas novos é que tornam ineficazes os hábitos e a rotina, exigindo novos conhecimentos.

O terceiro problema, mais espinhoso para a filosofia social pragmática, é que o modelo de ação descrito acima parece tão genérico que sequer distingue a relação do agente com os objetos de seu meio da relação desse agente com seus semelhantes. A transformação do eu cartesiano numa comunidade constituída pela solução coletiva de problemas foi, de início, apenas aventada. Peirce podia, sem dúvida, ligar imanentemente essa ideia da comunidade crítica de cientistas ao seu modelo teórico, já que declarava que toda cognição era simbólica. Sua teoria dos signos contém, além do objeto significado e da peculiaridade quantitativa do detentor do signo, uma consciência interpretativa pertencente ao sujeito que quer transmitir sua intenção a outro ou a si mesmo.[5]

Peirce não conseguiu, entretanto, elaborar uma verdadeira teoria do sujeito em comunicação consigo mesmo e com os outros. Cooley foi o primeiro a proclamar a necessidade de um pragmatismo "social" ou "sociológico"[6] e o primeiro a desenvolver uma teoria do eu e sua dependência de grupos primários. Ao elaborar semelhante teoria, porém, procedeu de maneira um tanto inconsistente. Não enraizou, com rigor lógico, a consciência na ação e acabou formulando uma teoria emotiva e não cognitiva do eu. O problema de chegar a uma análise pragmática de situações de interação social e autorreflexão individual constituía o vínculo necessário para juntar filosofia pragmática com psicologia social antiutilitarista e sociologia. Indo muito além de Dewey, George Herbert Mead, em sua análise da origem do gestual humano e da comunicação linguística, examinou minuciosamente o problema e, passo a passo, encontrou a solução para ele. E, uma vez que lhe

---

5 Uma apreciação muito interessante da teoria pragmática dos signos, em comparação com a teoria estruturalista, encontra-se em Rochberg-Halton (1982).

6 Charles H. Cooley: "Um pragmatismo social, ou melhor, sociológico ainda está por fazer", citado em Jandy (1942, p.110). Sobre Cooley, ver a crítica de Mead em Mead (1930).

creditaram essa solução, Mead tornou-se a figura estrategicamente central da Escola de Chicago. Isso é verdade mesmo sem se considerar a irretocabilidade de sua solução e o grau de conhecimento que os sociólogos tinham dela.

Seria incorreto entender a contribuição de Mead[7] como uma simples inversão da relação entre o individual e o coletivo – agora para vantagem do coletivo. O verdadeiro significado de sua realização reside, antes, no fato de ele ter alterado completamente a maneira de encarar o problema. Tomado pelo espírito do pragmatismo, investigou o tipo de situação de ação em que uma maior atenção nos objetos do ambiente não basta para garantir o êxito da continuidade da ação. O que tinha em mente eram problemas de ação interpessoal. Em situações sociais, o agente é, ele próprio, uma fonte de estímulo para seu parceiro. Ele deve então estar atento a seus modos de ação, uma vez que estes suscitam reações do parceiro e, por isso, tornam-se condições para a continuidade de suas próprias ações. Nesse tipo de situação, não apenas a consciência, mas também a autoconsciência são funcionalmente requeridas. Com essa análise da autorreflexividade, Mead tentou reconstruir, pragmaticamente, a herança do idealismo alemão.

Mead desenvolveu as condições da possibilidade de autorreflexividade a partir de uma teoria das origens da comunicação e sociabilidade especificamente humanas. Numa série de artigos escritos por volta de 1910, ele chega gradativamente aos fundamentos da teoria da interação simbolicamente mediada. Sustenta que a transformação de fases de ação em signos gestuais capacita o ator a reagir às próprias ações e, portanto, a representar com elas as de outros; assim, suas ações são antecipadamente influenciadas pelas reações virtuais do público. O comportamento humano se volta para as reações possíveis dos outros: por meio de símbolos, são elaborados esquemas e expectativas mútuas de comportamento que, entretanto, continuam mergulhados no fluxo de interação, de verificação de antecipações.

7 Ver Mead (1934) e Joas (1985a). Bodenhafer (1920-1921) defende uma importante tese, escrita sob a influência de Mead, que ajuda a compreender o significado da mudança de perspectiva, proposta por Mead, na sociologia contemporânea.

As consequências conceituais dessa inovação são bem conhecidas – as noções da adoção de papéis, do eu, do outro generalizado etc. –, de sorte que uma explicação delas pode ser omitida aqui. Mais importante para os objetivos do presente ensaio é o fato de Mead procurar estender sua abordagem ao domínio dos problemas cognitivos. Com base nesse desvio social do pragmatismo,[8] fornece uma nova interpretação da constituição do objeto físico, da imagem do corpo e da temporalidade subjetiva. Reunidos, esses fragmentos possibilitam a compreensão da ação como um comportamento autocontrolado e a visão de um conceito de autocontrole que não é instrumentalmente restrito como o conceito pragmático de racionalidade.

Mead estabelece, em particular, as condições de interação simbólica e da autorreflexão. Suas análises são orientadas por uma concepção normativamente ideal da estrutura da ordem social, baseada principalmente no ideal do autogoverno democrático combinado com ideias peircianas sobre a comunicação livre e irrestrita dentro da comunidade científica. Nas partes teóricas centrais de sua obra, entretanto, essa noção não é adotada para elaborar uma teoria social sociologicamente útil. Esse desenvolvimento é encontrado com maior frequência em seus escritos jornalísticos de cunho político.

Sob esse aspecto, os escritos de John Dewey vão mais longe, especialmente na discussão de seu livro *The Public and its Problems* [*O público e seus problemas*] (1927).[9] Aqui, Dewey defende uma teoria que parte do processo de ação coletiva. Essa ação se depara com problemas e provoca consequências involuntárias e inesperadas, que podem ser reflexivamente "processadas" pela coletividade atuante. No quadro dos padrões comunitários, as consequências da ação são percebidas, interpretadas, confirmadas e levadas em consideração no preparo de ações futuras – não apenas pelas instituições especificamente encarregadas dessas tarefas, mas também

8 Discuti a constituição da imagem do corpo em Joas (1983).

9 Dado que a maior parte dos ensaios sobre pragmatismo pouco ajuda nas questões de teoria política e de aplicação do pragmatismo em ciências sociais, recomendo aqui Rucker (1969) e White (1957).

por todos os indivíduos e coletividades afetados pelas consequências. Nesse processo de interpretar e confirmar as consequências da ação coletiva, a comunicação entre todos os envolvidos desempenha um papel relevante; quem quer que tenha sido afetado se dispõe a participar dessa comunicação, a mostrar que também foi atingido, a confirmar suas preocupações com as consequências. Desse modo, a filosofia política de Dewey não considera como ponto de partida um antagonismo entre o indivíduo e o Estado, mas os problemas internos da ação de grupo. O público fundado na ação de grupo, como comunidade de comunicação constituída por todos aqueles que sofrem as consequências dessa ação, é constituído tanto pelo Estado independente quanto pelo indivíduo autônomo.

Nesse modelo teórico, a comunicação para fins de resolução dos problemas de interesse coletivo torna-se uma condição essencial da ordem social. Isso fica ainda mais claro quando comparamos tal noção com teorias de ordem social rivais. Assim concebida, a ordem social não exige a "unanimidade" dos membros da sociedade; a comunicação humana vincula as singularidades individuais, bem como o reconhecimento partilhado ou universal e o uso dos sistemas simbólicos. A filosofia política de Dewey volta-se também contra a tradição de pensamento hobbesiana, que concebe a integração social como fruto unicamente da ação de autoridades externas.

Enfim, o programa de Dewey, como as reflexões anteriores de Cooley, opõe-se explicitamente à "naturalização" do mercado e à concepção de que ele é um mecanismo de solução de problemas, autorregulador. São precisamente as consequências da interconexão de ações dotadas de fins comuns que exigem interpretação e confirmação coletiva. No modo específico segundo o qual a noção de "controle social" foi utilizada por esse grupo de pensadores, ela não aponta para uma garantia de conformidade social mas, antes, para uma autorregulamentação consciente, para a ideia de autogoverno efetivada por intermédio da comunicação e entendida como a solução de problemas coletivos. Assim, esse conceito de "controle social" era, na teoria da ordem social, o equivalente ao conceito de "autocontrole" na teoria da ação.[10] Nenhum deles

10 Sobre esse ponto, ver o excelente artigo de Janowitz (1975-1976).

se destinava ao uso em descrições isentas de valores. Continham, isso sim, critérios imanentes para julgar a racionalidade das ações ou das ordens sociais. Não quer dizer que fossem meros conceitos de avaliação: iriam mostrar seu poder revelador precisamente nas análises reais das ações dos homens e das sociedades. Por um lado, a filosofia social do pragmatismo forneceu um complexo de conceitos fundamentais para a pesquisa científico-social e a construção de teorias. Por outro, dotou essas próprias ciências sociais de enorme importância política e moral. De fato, supunha-se que ajudariam as comunidades humanas a aumentar seu potencial para a ação coletiva e, num mundo já sem nenhuma certeza metafísica, dariam uma contribuição decisiva ao fomento da solidariedade no seio de uma comunidade humana universal capaz de, coletivamente, reconhecer, discutir e resolver os problemas da humanidade.

II A evolução da Escola de Chicago

Aqueles que investigam o conteúdo teórico do pensamento e da obra da antiga Escola de Chicago devem, primeiro, livrar-se de vários equívocos amplamente disseminados sobre ela, para poder avaliar de fato as verdadeiras realizações desse grupo de pesquisadores e filósofos.[11]

O primeiro desses equívocos é que a escola adotava uma orientação exclusivamente empírica e não só falhou em sistematizar teoricamente os resultados de suas pesquisas como as considerou meras emanações dos objetos pesquisados. Tal assertiva é verdadeira na medida em que, de fato, a escola valorizava muito a pesquisa empírica, fiel que era ao espírito do pragmatismo. Na história da ciência social, ela se postava a meio caminho entre a filosofia social evolucionista, de caráter especulativo e inerente aos primeiros anos da sociologia, e a moderna ciência social empírica. Também é verdade que, em retrospecto, a Escola de Chicago produziu quase sempre um mosaico de estudos semietnográficos em lugar

11 Sobre a antiga sociologia americana, ver Hinkle, 1963, 1980. Sobre a independência da sociologia americana em relação aos teóricos sociais clássicos da Europa, ver Sutherland, 1978.

de tratados teóricos. Mas esse fato não deve dar a impressão errada de que os trabalhos de seus membros não compartilhassem, implicitamente, pelo menos um mesmo quadro teórico. Embora não seja exatamente igual em cada estudo, ainda assim um quadro teórico geral e implícito do pragmatismo – que no entanto jamais recebeu bases metateóricas explícitas – pode ser observado nos sólidos teoremas individuais da escola.

Tão falsa quanto essa concepção é a ideia de que a Escola de Chicago estava interessada unicamente em promover reformas sociais, ou de que sua natureza específica consistia num reformismo social protestante mais ou menos secularizado.[12] Também a esse respeito se poderia falar em uma posição intermediária na história da ciência social, ou seja, uma posição entre a ausência de profissionalização das ciências sociais e sua profissionalização total. Todas as principais personalidades da Escola de Chicago repudiavam a pesquisa social desprovida dos padrões profissionais, cujo único objetivo era o de convencer a opinião pública da existência e gravidade dos problemas sociais. Eles tinham, além disso, plena consciência de que, embora a profissionalização das ciências sociais exigisse métodos de pesquisa mais exatos e um quadro universal de referências – em contraste com o mero reformismo –, ela não devia renunciar às responsabilidades extracientíficas. Finalmente, no que diz respeito ao caráter cristão da Escola de Chicago, este não pode decerto ser encontrado no pensamento e obras de figuras importantes como Thomas e Mead. Nem é possível falar consistentemente de uma forma secularizada de cristianismo, dado o espírito fortemente antipuritano de muitos dos membros da escola.

Um terceiro equívoco é considerar a Escola de Chicago como consequência do estudo das obras de pensadores europeus e da apropriação de suas ideias. É verdade que, mais que outros, o pensamento alemão – em sua transição do historicismo para a sociologia (representada por Dilthey, Windelband, Rickert, Tönnies e Simmel) –, bem como a etnologia e a psicologia popular

12 Tais equívocos são encontrados mesmo nos escritos recentes de autores de primeira linha. Ver Tenbruck, 1985; Vidich & Lyman, 1985.

(*Völkerpsychologie*) alemãs – que procuravam explicar a vida cultural de nações e povos –, influenciaram na formação de muitas figuras importantes da escola. Deu-se muita atenção às teorias sociológicas de Durkheim, Tönnies e Simmel. Havia, em especial, afinidades entre membros da escola e Simmel, na medida em que Simmel buscava um conceito de sociedade que nem reduzisse a sociedade a mero agregado de indivíduos nem a reificasse numa entidade completamente transcendente em relação aos indivíduos.[13] No entanto, seria absolutamente errôneo derivar do pensamento de Simmel as ideias da Escola de Chicago, ou mesmo presumir uma superioridade geral do pensamento científico-social europeu na época. A ser correta a tese de que o quadro teórico da Escola de Chicago se origina da filosofia social do pragmatismo, então se deverá mostrar também que ela partiu de uma escola de pensamento autenticamente americana e não de uma filosofia europeia. Não é sequer suficiente a constatação, por parte de Parsons, de que Cooley, Thomas e acima de tudo Mead desenvolveram uma teoria sociopsicológica de internalização que superou significativamente os teóricos clássicos europeus,[14] pois essa constatação isola suas realizações das condições em que foram obtidas e das consequências que delas decorreram. Ou seja, a crítica pragmática do individualismo racionalista não foi plenamente reconhecida.

O fato aparece de modo mais gritante no mito da superioridade do individualismo utilitarista de Herbert Spencer em relação à sociologia americana pré-parsoniana. No que toca ao período anterior à Escola de Chicago e aos sociólogos especulativos alheios a essa escola, é verdade que muito se fez em prol de uma modificação teórica das ideias de Spencer. Mas, na realidade, para todos os teóricos sociais posteriores a essa época e cujas obras ainda são lidas – Peirce, James, Baldwin, Mead, Dewey, Cooley, Veblen, Thomas e Park –, Spencer era "mais o bode expiatório que o responsável".[15] O primeiro compêndio importante da sociologia

---

13 Sobre a acolhida de Simmel nos Estados Unidos, ver o abrangente estudo de Levine et al. (1975-1976).

14 O texto mais importante de Parsons sobre esse conjunto de temas é seu estudo sobre Cooley (Parsons, 1968b).

15 Essa tese foi proposta com mais vigor por Wilson (1968), de quem é extraída a citação.

americana, *Source Book for Social Origins* [*Manual das origens sociais*] (1907), pode ser considerado, *grosso modo*, como uma polêmica contra Spencer. Desde o fim da Guerra Civil Americana, vários pensadores americanos se rebelaram contra o individualismo atomístico e passaram a buscar novos modelos teóricos e práticos de formação de comunidade. As soluções que deram ao problema de uma nova base para a comunidade assumiram formas muito diferentes, indo do retorno aos ideais comunitários do velho puritanismo, passando pelo misticismo da natureza, a atração pelo catolicismo, esquemas e experiências utópicas, até a glorificação do passado colonial da América ou as condições outrora reinantes nos estados sulistas. Em muitos casos, tentou-se inserir os postulados morais do individualismo nesses modelos de comunidade.

Sem dúvida, o modo como o pragmatismo foi transformado em sociologia deveu-se, de forma decisiva, às condições da sociedade americana, da Universidade de Chicago e da conexão política da antiga sociologia americana com a sociedade local do período em que se originou, no começo da década de 1890 e nos anos que se seguiram. Nessa época, os Estados Unidos atravessavam uma fase de rápida industrialização e urbanização.[16] Era enorme a afluência de imigrantes, na sua grande maioria oriundos de meios culturais bem diferentes da tradição protestante. A dissolução da estrutura política e econômica fortemente descentralizada dos Estados Unidos, juntamente com as simultâneas mudanças econômicas, proporcionaram a base para uma profunda alteração da estrutura de classes da sociedade americana. No âmbito dessas mudanças, cumpre mencionar especialmente o advento de uma nova classe média "profissional". Politicamente, tais mudanças eram seguidas de constantes esforços para promover reformas sociais, que deram a essa época o nome de "era do progresso". Elemento comum dos esforços reformistas era o objetivo de preservar os ideais democráticos de autogoverno das comunidades locais, sob as novas condições de hegemonia, na sociedade americana, das grandes corporações e do governo federal centralizado: e isso se

16 O melhor relato histórico dos elementos histórico-sociais dos desenvolvimentos mencionados é de Wiebe (1967).

fez graças à transformação dos ideais das pequenas comunidades locais em uma forma apropriada às novas comunidades urbanas. Chicago foi um dos centros desses empreendimentos reformistas. Os intelectuais da Escola de Chicago estavam pessoalmente envolvidos nesses esforços e assim permaneceram mesmo durante o período conservador dos anos 20. Os temas principais da Escola de Chicago eram, portanto, os problemas da cidade moderna, especialmente da própria Chicago. A escolha dos seus temas de estudos sociológicos pode ser explicada quase sempre por esse enfoque.

As condições institucionais da recém-fundada Universidade de Chicago favoreciam a opção pela pesquisa e pela interdisciplinaridade. Nessa universidade os alunos enfatizavam o aprendizado por meio da pesquisa, enquanto a infraestrutura enfatizava a pesquisa cooperativa. A fundação de um periódico profissional, o *American Journal of Sociology*, em 1885, e a publicação de compêndios por Thomas, Park & Burgess, deram suporte ao trabalho dos sociólogos da Universidade de Chicago. Ali, a sociologia não precisou lutar pela sua existência contra o *poder* das disciplinas mais antigas, especialmente a economia política, mas conseguiu, sob condições melhores que em qualquer outra parte, dar-lhes a máxima atenção *intelectual* e demarcar sua própria área em relação a elas.[17] Estava estreitamente ligada à etnologia, à filosofia e à teoria educacional (nas pessoas e pensamento de Dewey e Mead), bem como à economia institucionalista e antimarginalista de Thorstein Veblen.

Os fundadores da sociologia na Universidade de Chicago, em sentido estrito, com exceção de Albion Small, estão completamente esquecidos, não se lhes atribuindo, com justiça, nenhuma importância como teóricos. Small pode ser definido como uma combinação de "sociólogo de sistemas" especulativo e precursor

---

17 Sobre esse assunto, ver Diner, 1975. Os trabalhos mais importantes sobre a Escola de Chicago são Bulmer (1984), Carey (1975), Faris (1967) e Fischer & Strauss (1978). Os interessados no estudo desse tema encontrarão ainda uma valiosa ajuda na vasta bibliografia de Kurtz (1984). Um relato breve, mas interessante de um aspecto destacado da tradição de Chicago é o de Farberman (1979).

administrativo da pesquisa sociológica empírica. Sua própria postura teórica, que aparentemente não chegou a se transformar na linha-mestra da pesquisa sociológica empírica da Universidade de Chicago, pode ser chamada de "utilitarismo coletivo", quer dizer, era uma teoria que explicava a vida social segundo os processos engendrados pelo conflito entre grupos de interesses. Contra o poder das ideias pragmáticas, entretanto, essa postura tinha poucas possibilidades de prevalecer. Na obra de William Isaac Thomas, antigo diplomado da Universidade de Chicago que depois passou a integrar o corpo da faculdade, surge o primeiro vínculo importante entre pragmatismo e pesquisa sociológica.

As raízes intelectuais de Thomas estão na etnografia e na psicologia popular.[18] Esses dois campos de pesquisa coletavam e investigavam materiais oriundos da diversidade cultural de povos e épocas de uma maneira holística – se comparada com a psicologia introspectiva – e "objetiva". Metodologicamente, Thomas permaneceu fiel ao procedimento etnográfico, mas agora aplicado a objetos não exóticos; teoricamente, nos debates sobre a elaboração de uma psicologia social, mostrou-se interessado por um modelo teórico que enfatizasse a influência da cultura no comportamento individual e coletivo. Em seus primeiros escritos, distanciou-se gradualmente da ideia contemporânea da determinação biológica das diferenças raciais e sexuais. Os traços básicos de seu próprio modelo teórico são, porém, pragmáticos. Na Introdução ao *Source Book for Social Origins* [*Manual das Origens Sociais*] (1909), uma posição teórica central já era atribuída ao modelo de ação dos "hábitos". Perante estímulos desconhecidos, os hábitos se rompem, estado de coisas que constitui uma crise somente superada por uma operação consciente ("atenção") da parte do sujeito, da qual novos hábitos de comportamento se originam. Ele também opõe o conceito de controle a todos os outros conceitos-

---

18 Uma bibliografia das publicações de Thomas pode ser encontrada em Janowitz (1966, p.307-10). Não existe uma bibliografia completa de Thomas. Relatos curtos de sua vida, que podem ser recomendados, são a Introdução de Janowitz à já mencionada edição dos escritos de Thomas (Janowitz, 1966, p.vii-lviii), Coser sobre Thomas e Znaniecki (Coser, 1977, p.511-59), Deegan e Burger (1981) e Zaretsky (1984).

-chave então em uso, como imitação, conflito, coerção, contrato e "consciência de tipo".

De modo mais claro que os filósofos pragmáticos, Thomas insistia no caráter cultural dos hábitos de comportamento e no aspecto coletivo até das iniciativas individuais: "O nível cultural do grupo limita a capacidade da mente de enfrentar crises e reajustar-se" (Thomas, 1909, p.20). A cultura, no entender de Thomas, abarcava toda uma diversidade de recursos comunitários materiais, técnicos e cognitivos. Metodologicamente, essa linha conduz à busca de procedimentos que possibilitem reconstruir a dinâmica da resposta subjetiva aos problemas de ação e solucioná-los. Para Thomas, isso ainda não significa observação participativa ou análise de processo de interação, mas antes a coleta e interpretação de material relativo às perspectivas subjetivas dos agentes. Contrariamente à máxima de Durkheim em *As regras do método sociológico*, os fatos sociais não podem ser explicados unicamente por outros fatos sociais. Assim, não se aplicam fundamentalmente procedimentos de análise estatísticos; ao contrário, as percepções individuais e as novas criações têm de ser reconhecidas como o vínculo mediador entre os fatos sociais. Nos estudos sociológicos, portanto, cumpre reunir e examinar materiais que mais se assemelhem ao ideal de autoapresentação biográfica e, consequentemente, à unidade narrativa da existência humana. Desse modo, para Thomas e para toda a Escola de Chicago, não era importante separar seu pensamento e sua pesquisa da psicologia, como era para Durkheim. O modelo teórico de uma psicologia social evitava a identificação da psicologia com o individualismo atomístico que combatiam.

A resposta subjetiva e a oposição à transformação da sociedade "tradicional" em uma sociedade "moderna" foi o tema de pesquisa sobre o qual mais avançavam as reflexões de Thomas, numa combinação de teoria e pesquisa empírica considerada muitas vezes pouco consistente. No início da carreira começou a se interessar pelo problema dos negros americanos, dos socialistas judeus nos Estados Unidos e dos imigrantes de várias nacionalidades (Bressler, 1952). Seu estudo mais extenso tratou dos imigrantes poloneses (Thomas & Znaniecki, 1926) e foi reconhecido como uma das obras paradigmáticas da Escola de Chicago. Thomas prosseguiu com outros estudos sobre problemas concernentes aos imigrantes e outros tópicos relativos à adaptação social, inclusive um sobre prostituição juvenil (Park & Miller, 1921;[19] Thomas, 1923), sem, no entanto, obter progressos teóricos significativos.

O modelo teórico de Thomas, tal como foi apresentado sobretudo nas observações metodológicas preliminares em *The Polish Peasant* [*O camponês polaco*] (1926) e em outras partes desse estudo, amplia o modelo pragmático de ação em dois sentidos: primeiro, o modelo se torna mais concreto e, segundo, passa a incluir a ação coletiva. Torna-se mais concreto na medida em que a operação subjetiva de definir uma situação é considerada com maior precisão. Normas de conduta aceitas são vistas como o resultado de definições de situações previamente bem-sucedidas. Ao lado do conceito de "atitude", essas definições são formuladas em relação à ação e se distinguem da psicologia da consciência. Dá-se atenção ao papel social daquele que define as situações. Fica claro que tais definições sempre contêm um elemento de risco. Não precisam necessariamente formar um sistema unitário coeso ou explicar todas as situações com a mesma precisão. Surgem continuamente situações para as quais não bastam as definições já estabelecidas. Thomas afirma que é possível dividir os motivos da ação em quatro classes. São elas: o desejo de novas experiências; o desejo de domínio duma situação; o desejo de reconhecimento social e o de certeza da identidade.

Esse esboço de uma teoria da motivação revela que Thomas superou as noções da psicologia dos instintos sem aceitar as explicações propostas pelos psicanalistas, que considerava monocausais. Sua teoria incluía motivos que iam além da autopreservação material ou da busca egoísta de interesses pessoais, lembrando fortemente a psicologia "humanista" desenvolvida posteriormente. Contribuiu para com a teoria da personalidade com sua noção da "organização da vida", a modelagem subjetiva do curso da existência. Empregando essa categoria, distinguiu três tipos de personalidade: o "filisteu" e sua rígida norma de vida; o "boêmio" e sua

19 Sabe-se que essa obra foi praticamente escrita por Thomas.

estrutura de caráter incoerente e, por fim, com uma avaliação nitidamente positiva, o criativo, que consegue orientar sistematicamente o próprio desenvolvimento.

A ampliação do modelo de ação pragmático para incluir a ação coletiva altera a tese da desintegração das sociedades ou orientações tradicionais. Segundo esse novo ponto de vista, a desorganização e a crise sempre possibilitam a reorganização criativa. Thomas não era um pessimista cultural que via na era moderna apenas a desintegração da "comunidade". Não acreditava na rígida oposição entre instituições fortes e perda anômica de orientação; ao contrário, interessava-se pelos processos coletivos que engendram novas instituições. Para ele, "a estabilidade das instituições do grupo é, simplesmente, o equilíbrio dinâmico de processos de desorganização e *reorganização*" (Thomas & Znaniecki, 1926, p.1130).

Essa visão da sociedade e da história tornou *dépassées* as categorias históricas dicotômicas que tanta influência haviam exercido nos primórdios da sociologia. Já não se opunha comunidade a sociedade, solidariedade mecânica a solidariedade orgânica; essas oposições foram substituídas por processos contínuos de desintegração institucional, de formação bem-sucedida ou fracassada de novas instituições. Não era mais necessário negar a importância, para as sociedades modernas, de componentes vitais das sociedades anteriores, como a família e a solidariedade dos grupos étnicos. Estes, decerto, haviam mudado, sem que com isso sua importância diminuísse. A relação entre ação individual e coletiva, ou entre desorganização e reorganização individual e coletiva, não era explicitamente vista através do prisma funcionalista, a saber, a oportunidade de reorganização individual existia também sob condições de desorganização social. Em sua pesquisa empírica sobre os imigrantes poloneses, Thomas investigou as diferentes fases do processo crítico de adaptação desses indivíduos recorrendo a materiais empíricos correspondentes a cada fase (Madge, 1962, p.52-87). Com base em cartas, esboçou um quadro da sociedade rural polonesa a partir de aspectos surpreendentemente diversos. A desintegração dessa sociedade durante a expansão do capitalismo industrial e seus esforços iniciais para se reorganizar foram documentados com artigos de jornais poloneses. A desorganização pessoal dos imigrantes pôde ser mostrada graças a um vasto material autobiográfico. Quanto às informações sobre a desorganização social da cultura dos imigrantes nos Estados Unidos, baseou-se em registros de tribunais e paróquias. Assim, a despeito de todos os problemas da relação entre teoria e pesquisa empírica, bem como da complexidade da teoria e dos métodos de pesquisa empírica, foi realizada uma notável obra sociológica pioneira que hoje merece bem o *status* de clássica.

Durante algum tempo, William Thomas foi o mais importante sociólogo da Escola de Chicago. Quando, em 1918, acabou despedido da universidade em virtude de uma conspiração movida contra seu inconformismo político e moral, o cargo de chefe oficioso da escola foi preenchido por um homem que o próprio Thomas trouxera para Chicago alguns anos antes. Esse homem, mesmo antes de se conhecerem, já revelara sólida afinidade com as orientações e temas de pensamento e pesquisa de Thomas: era Robert Park. Até meados da década de 1930, Park foi a figura mais influente da escola. Aliás, sua importância é ainda maior que a de Thomas, pois atuou através de seus muitos discípulos e da organização de projetos de pesquisa, e não apenas por meio de seus próprios estudos.

À luz dos incontáveis vaivéns de sua vida, que o fizeram professor só depois dos 50 anos, chega-se quase a pensar que Park estava predestinado ao papel que desempenhou na Universidade de Chicago.[20] Quando estudante, sofrera a influência decisiva de John Dewey, trabalhara por muitos anos como repórter de jornal e obtivera um doutorado na Alemanha com uma crítica à psicologia de massas contemporânea, inspirada em Simmel e publicada em alemão. Além disso, por ter colaborado estreitamente, durante anos, com o reformador negro Booker T. Washington, conhecia os problemas dos negros nos Estados Unidos melhor que qualquer outro branco da época. Vale ressaltar que essas diferentes

20 Muitos artigos importantes de Park foram publicados na edição em três volumes de seus *Collected Papers* [*Coletânea de ensaios*] (1950-1955). Há uma ótima literatura auxiliar sobre Park, destacando-se Matthews (1977), Coser (1977, p.357-84) e Turner (1967).

atividades não eram tão desencontradas como pode parecer à primeira vista. Pelo menos, a personalidade criativa de Parker conseguiu integrá-las. Da filosofia de Dewey, Park extraíra, em particular, a ênfase na democracia como ordem social e na comunicação pública como pré-requisito para a democracia. Sua experiência como jornalista familiarizou-o com a comunicação pública e proporcionou-lhe material para reflexões sociológicas.

Mais tarde, Park definiria a "notícia" como uma informação do interesse de todos porque a todos diz respeito; sua interpretação, no entanto, ainda está em aberto (Park, 1972). Park estava mais interessado que Dewey na realidade empírica dos processos de formação da opinião pública e da dinâmica dos processos de discussão que frequentemente conduzem a resultados não consensuais. Sua paixão por relatos originais e sua dedicação aos negros da América eram alimentadas por uma sede insaciável de experiências que extrapolavam os rígidos limites culturais e morais do acanhado meio protestante americano. Embora dificilmente se encontre algum laivo de consciência da situação dos negros nos Estados Unidos entre os intelectuais progressistas do período, Park percebeu que, antes da questão da integração dos novos imigrantes à sociedade americana, a existência de uma população negra tornava necessário refletir sobre a possibilidade de "controle social", de democracia sob condições de heterogeneidade cultural. Finalmente, em sua tese alemã, Park tentara utilizar o conceito de democracia de Dewey como um conceito formal, no sentido que Simmel atribuía ao termo. Ao dar esse passo, Park conseguiu duas coisas. Do ponto de vista da teoria da ação, evidenciou que o problema de se chegar a um consenso criativo tinha uma importância fundamental; e, em contraste com os objetivos dos psicólogos de massas europeus, demonstrou que de fato pode haver racionalidade nos processos coletivos de tomada de decisão. O que Park fez com o conceito de Dewey, no entanto, também propiciou uma alternativa à teoria dicotômica da transformação histórica com suas categorias opostas de "comunidade" e "sociedade". Essa alternativa era a transformação de comunidades tradicionais em sociedades de massa ou em sociedades democraticamente integradas. Park se interessou intensamente pelas possibilidades criativas tanto da discussão pública quanto da discussão das massas.

Esse fato explica por que o comportamento coletivo do qual as instituições se originam e no qual se transformam passou a ser para ele o próprio objeto da sociologia. No longo compêndio introdutório escrito por Park & Burgess (1921) – a "Bíblia verde" dos sociólogos americanos no período de entreguerras –, a sociologia é definida como a ciência do comportamento coletivo. Isso não significa, é claro, que a ação individual deva ser ignorada ou excluída do domínio da sociologia, mas antes que ela tem de ser encarada como algo coletivamente constituído em sua orientação.

Para Park, a sociedade não se apresenta ao indivíduo unicamente como um meio de repressão, coerção e obrigação. Ela é também vivenciada como uma fonte de inspiração, de expansão do eu, de libertação e fortalecimento de energias pessoais latentes. A condição da ação coletiva é a existência de "representações coletivas", constituídas na comunicação. Assim, semelhante abordagem deve enfocar os diferentes tipos de constituição dessas representações coletivas – que vão dos sistemas de símbolos religiosos à opinião pública, incluindo ainda fenômenos como a moda.

Essa noção não nos afasta do terreno tão familiar à filosofia social pragmática. A linguagem com que Park e Burgess expressam essas ideias em seu compêndio é obviamente influenciada por Durkheim.[21] Todavia, mais vigorosamente que o teórico francês, privilegiam as formas modernas e cotidianas do surgimento de representações coletivas. Poder-se-ia concluir facilmente que isso pouco mais é que uma simples formulação de ideias básicas consabidas, de estilo durkheimiano e mais próximas da realidade empírica. Essa impressão se esvai, no entanto, quando percebemos que, para Park, apenas um dos dois tipos de ordem social é abarcado por essa visão da sociedade: o tipo da "ordem moral", da ação coletiva regulada com referência a valores e significados. A esse tipo, porém, opõe-se outro, que Park chama de ordem "biótica" ou "ecológica".[22] O motivo para a introdução desse

21 Uma comparação teria de levar em conta a posição de Durkheim sobre o pragmatismo, além de sua sociologia da religião (Durkheim, 1955). A interpretação desses estudos aparece em Joas (1985b) e Stone & Farberman (1967).

22 Para um resumo, ver Park, 1936.

segundo tipo de ordem social foi, evidentemente, a dificuldade de conceber – com base em seu modelo característico de ordem social – os desvios sistemáticos dos resultados da ação coletiva em relação ao que é coletivamente planejado, ou dos resultados sistemáticos de ação não coordenada. Park foi buscar o arquétipo para sua teoria "ecológica humana" no mundo vegetal, arquétipo por seu turno parcialmente influenciado pelos modelos da economia de mercado. Esses modelos lhe pareciam convenientes para a representação científica de processos de concorrência por recursos escassos, com as consequentes adaptações recíprocas, além das distribuições espaciais e temporais.

A teoria de Park revelou-se frutífera por levar a sério a relação entre processos sociais e ambiente físico. Essa teoria está na origem de inúmeras iniciativas, como por exemplo a investigação da origem e transformação da função dos bairros, e a pesquisa da difusão espacial ou regional dos fenômenos sociais. Os modelos utilizados nesses estudos, entretanto, arriscam-se quase sempre a "naturalizar" os fenômenos sociais e, portanto, a interpretá-los deterministicamente. Ralph Turner apontou essas falhas cruciais.[23] A distinção entre os dois tipos de ordem social nada tem a ver com esferas sociais diferentes, mas sim com o caráter intencional ou involuntário dos resultados da ação social.

O fato, porém, suscita o problema da aplicação desses modelos de ordem social e, acima de tudo, de sua integração com vistas a uma teoria única e coerente da sociedade. Aqui, a ausência de clareza teórica de Park leva a uma mera combinação de macrossociologia democraticamente orientada com pressupostos implícitos de concorrência e luta pela sobrevivência, consideradas naturais. Ainda não se chegou a uma teoria capaz de reconciliar economia e sociedade. O hiato entre as duas partes da teoria de Park é preenchido com conclusões evolucionistas sobre a transformação gradual do setor não planejado e competitivo da sociedade num setor democraticamente autodeterminado: "A evolução da sociedade tem sido a extensão progressiva do controle sobre a natureza e a substituição da ordem natural pela ordem moral"

23 Ver as excelentes observações críticas de Turner (1967, p.xxix).

(Park & Burgess, 1921, p.511). Essa visão implícita também distorce a ideia da "história natural" e, sobretudo, influencia o famoso modelo das "etapas" de desenvolvimento das relações raciais, desde a "concorrência", passando pelo "conflito", até a "acomodação" mútua e, finalmente, a "assimilação". Park e seus discípulos não utilizaram essas ideias como tipos ideais de processos, mas como um modelo determinista. Nesse ponto podem ser facilmente criticados, tanto por chamar a atenção para os aspectos etnocêntricos do modo como certos fenômenos de urbanização são vistos, quanto por assinalar aqueles casos nos quais o curso do desenvolvimento das relações raciais possui um resultado inteiramente diverso daquele da assimilação.[24] Park, no entanto, valeu-se do caráter determinista de seus modelos para polemizar contra os distúrbios dos negros americanos e contra os intelectuais reformistas que agiam em nome dos outros.

Não se pode, portanto, sustentar que Park e seus discípulos tenham conseguido transformar o pragmatismo numa teoria satisfatória da sociedade. Essa abordagem pouco tinha a dizer sobre questões capitais a que uma teoria deveria responder no século XX, tais como evolução entre as relações de classes, burocracia e relações internacionais. Contudo, eles elaboraram um quadro de referências flexível, teórica e macrossociologicamente orientado, para os inúmeros estudos empíricos dos fenômenos cotidianos das grandes cidades (americanas) da atualidade. Ao longo das décadas de 1920 e 1930, estudos desse tipo foram realizados numa quantidade tal que até hoje impressiona. Alguns ficaram famosos graças a seus métodos e descobertas, como por exemplo Nels Anderson com *The Hobo* [*O trabalhador itinerante*] (1923), a pesquisa sobre *gangs* de jovens criminosos de Thrasher (1927) ou a biografia de um assassino juvenil de Clifford Shaw (1930). Os primeiros estudos sociológicos realizados por sociólogos negros sobre os problemas dos negros americanos têm origem na escola de Park. Em todos esses casos, é impressionante a diferença existente entre

24 Para a crítica do ciclo de relações entre as raças, ver também o relato sobre os últimos anos da vida de Park, após sua partida de Chicago, em Cahnman (1978).

sua percepção dos fenômenos sociais e o ponto de vista da classe média, fosse ela moralista ou reformista. O que Park e seus discípulos produziram foi um mosaico de estudos sobre a vida metropolitana, repleto de descrições de primeira-mão de qualidade quase literária; mas isto, decerto, não era uma ciência social que se desenvolvia metodicamente por intermédio de avaliações de hipóteses ou generalizações teóricas.

Embora não seja possível discutir aqui, em pormenor, a obra de outros pensadores importantes da Escola de Chicago desse período, pelo menos devemos mencionar alguns. O que mais se destaca é o amigo e colaborador de Park, Ernest Burgess, cuja sociologia urbana sem dúvida tendia a um determinismo maior que o de Park. Ele reduziu a esfera da economia ao modelo ecológico e propôs a famosa teoria dos círculos concêntricos de desenvolvimento urbano, baseada no caso de Chicago. Deu importante contribuição à sociologia da família, nela introduzindo a visão da família como unidade processual de personalidades interativas, sem contudo utilizar os instrumentos metodológicos correspondentes a esse programa e pressupondo que o desenvolvimento evolucionista unilinear da família se dava "desde a instituição ao companheirismo" (Bogue, 1974). Ellsworth Faris (1937), em diversos pequenos artigos e na sua influência no ensino, defendeu ideias essenciais da filosofia social pragmática, aplicando-as de uma maneira original sobretudo para criticar o reducionismo behaviorista e as pretensões da psicologia do instinto. Louis Wirth,[25] autor de grande influência no final da década de 1930 e na de 1940, investigou os guetos judaicos seguindo à risca o método de Park; por outro lado, entretanto, propôs uma teoria da grande cidade que, de forma totalmente oposta à abordagem típica da escola de Park, interpretava a vida na cidade grande segundo o esquema da *substituição* dos vínculos comunitários pelas relações sociais.

Também não seria apropriado especular aqui sobre os motivos tão controversos da decadência da Escola de Chicago nos

25 Ver Wirth (1964, 1969); o primeiro volume inclui o famoso e controvertido ensaio "Urbanism as a Way of Life" [Urbanismo como meio de vida] (1964, p.60-83), publicado originalmente em 1938 (Wirth, 1938).

anos 30.[26] No contexto do presente ensaio, não interessam os detalhes da história da sociologia, mas as posteriores mudanças da teoria pragmática. Como essa teoria encarou os problemas novos e como tratou os antigos, ainda não resolvidos? Que aconteceu com ela depois do reflexo do otimismo progressista que seus fundadores nutriam em relação às possibilidades de reforma? Que foi feito do dualismo da ordem moral e da ordem biótica?

Costuma-se identificar a principal continuação dessa tradição sobretudo nos escritos programáticos sobre psicologia social de Herbert Blumer. Por mais importantes que estes sejam, constituem uma base muito restrita para se examinar a continuidade desta tradição. Por isso, a inspiradora obra de Everett Hughes tem aqui a mesma importância que a de Blumer. Nos escritos destes autores, podemos inferir dois modos de tratar os problemas suscitados.

A obra de Herbert Blumer, com seus pontos fortes e fracos, foi de importância decisiva para a autocompreensão das gerações posteriores de representantes do interacionismo simbólico. Após redigir uma dissertação em que discutia os métodos da psicologia social, Blumer se tornou muito conhecido na década de 1930 graças, sobretudo, a dois trabalhos (Blumer, 1928, 1939). Ele examinou, de um modo extremamente crítico, a relação entre teoria e pesquisa empírica apresentada na obra de Thomas e Znaniecki sobre o camponês polonês; e num artigo para um manual, em que sistematizava as premissas da tradição da Escola de Chicago, cunhou o termo "interacionismo simbólico". A relação entre teoria e pesquisa empírica nas ciências sociais tornou-se objeto de duradouro interesse para Blumer. Em oposição à pesquisa descritiva e à análise profissional de dados, que ia dominando as ciências sociais, desenvolveu progressivamente a tese da necessidade de uma relação íntima do cientista social com o objeto de sua pesquisa. Seus protestos e programas metodológicos tornaram-se um ponto de referência vital para todos os sociólogos que utilizavam os métodos interpretativos, a inclusão de experiências subjetivas

26 Além das impressões gerais sobre a Escola de Chicago, ver também Kuklick (1973) e Lengermann (1979).

na pesquisa sociológica e o emprego de conceitos teóricos que os tornassem mais sensíveis à realidade empírica. Mais que Mead e que os outros pensadores sociológicos com quem aprendera, Blumer converteu o caráter processual de toda ação em um dogma metodológico. Os modelos de etapas de ação poderiam ser aproximadamente corretos se a contínua readaptação a novas ou modificadas condições ambientais fosse a característica única da ação. Suas sistematizações também proporcionaram uma explicação das premissas básicas do pensamento pragmático, muito distante da filosofia e mais fácil de usar para os propósitos do pesquisador sociológico.

Em seus sólidos estudos sobre temas étnicos e comportamento coletivo, Blumer tentou ir para além das explicações psicológicas e funcionalistas; e, ao contrário de Park, seus escritos não eram orientados por ideias evolucionistas. Se, no entanto, a obra de Blumer for avaliada em relação às questões enfrentadas pela moderna teoria social, fica claro que seus escritos simplesmente não oferecem respostas a muitos deles. O problema implícito no dualismo parkiano da ordem "moral" e "biótica" não é retomado em momento algum. Em sua versão do interacionismo simbólico, Blumer se restringe aos problemas enquadrados no conceito de "ordem moral". Evita questões que, em princípio, não podem ser inseridas nesse quadro, ou cuja atribuição à "ordem moral" só com muita dificuldade parece intuitivamente possível. Assim, ele conseguiu consolidar um paradigma eficaz sem agravar em demasia o confronto com outras teorias.

Essa restrição não vale para Everett Hughes, o mais destacado sociólogo da ocupação e do trabalho da tradição da Escola de Chicago.[27] Em sua obra, o dualismo de Park é preservado, mas sua forma é modificada. A distinção entre um setor da sociedade, normativa ou comunicativamente integrado, e um domínio social, regulado por processos de mercado ou por interconexões não planificadas entre os resultados de ações, transforma-se de tal

27 Os escritos curtos de Everett Hughes foram coletados em *The Sociological Eye*: Selected Papers [*O olho sociológico*: ensaios selecionados] (1971). Duas interpretações importantes de sua obra são Faught (1980) e Simpson (1972).

maneira que, embora toda organização ou instituição continue a ser analisada segundo o modelo da integração normativa, as relações entre essas instituições ou organizações apresentam-se como relações de concorrência entre agentes coletivos – bem à moda do "utilitarismo coletivo" que pode ser encontrado, digamos, na teoria de Albion Small, logo no início da Escola de Chicago. Hughes considera que toda instituição constitui parte de um sistema orgânico que não especifica, tem algumas funções a desempenhar mas que, no conjunto, não manifesta nenhum sistema de valores integrativo. O conceito de consciência coletiva já não é atribuído à sociedade na sua totalidade, mas aplicado somente aos agentes macroscópicos individuais. Nessa postura vislumbramos, sem dúvida, inegáveis possibilidades para uma análise frutífera da realidade empírica, que de fato foram posteriormente desenvolvidas, dentro e fora do quadro do interacionismo simbólico, na teoria dos grupos de referência. Ao mesmo tempo, porém, essa limitada aplicação do conceito de consciência coletiva significa a negação do conceito de sociedade como ordem política e social unitária.

Como a de Park, a *oeuvre* de Hughes inclui um bom número de pequenos estudos e apenas alguns de fôlego. Sua importância reside na capacidade de sustentar um ponto de vista consistente ao mesmo tempo que permanece próximo à realidade empírica, assim como na sua capacidade de tornar esse ponto de vista operativo na pesquisa de seus alunos. Igualmente significativos foram seus esforços para fazer com que outros pesquisadores se interessassem pelos estudos das instituições como totalidades vivas, bem como pelo estudo dos conflitos entre grupos étnicos. De importância ainda maior, no entanto, foram seus estudos sobre sociologia ocupacional. Não é de surpreender que a sociologia ocupacional atraísse a atenção dos continuadores da tradição de Chicago, interessados em fazer bom uso, na pesquisa empírica, de suas ideias sobre estrutura da ordem social. Isto porque as ocupações são modelos de atividades especializadas de acordo com uma divisão do trabalho, na qual se manifesta com particular clareza a mediação, entre diferentes interesses, relações de forças e processos de negociação, de uma estrutura que só na aparência resulta de coações objetivas.

Hughes centrou-se especialmente nas profissões, as ocupações que exigem formação universitária, pois a maior possibilidade que oferecem aos indivíduos de realizar seu próprio trabalho torna evidente o traço essencial, teoricamente previsível, da divisão do trabalho – que não é nem tecnológica, nem ecológica nem normativamente determinada, só podendo ser entendida com referência à ação dos indivíduos ou grupos ocupacionais envolvidos. Como para Hughes não existia a questão da comunidade macrossocial e institucionalizada, não teve dificuldade em fazer das profissões o tema de sua reflexão e pesquisa sem alimentar nenhuma crença em sua autojustificação. Examinou criticamente as ideologias de diversos tipos de profissões como meios de escapar ao controle e alcançar *status*. Interessava-se pelas técnicas e táticas empregadas para evitar tarefas indesejáveis, e para esconder de subordinados e clientes os erros cometidos. Assim, sua insistência nas profissões em que normas e linhas rígidas de conduta desempenham papel insignificante – e em que existe a necessidade, para os profissionais, de "criar" seus próprios papéis – de modo algum se originou de uma atitude acrítica com relação à ideologia dessas profissões. Paralelamente às pesquisas, Hughes fez também estudos sobre locais de trabalho na indústria. O ponto crucial dessas investigações foi que, mesmo sob as condições mais restritivas, a atividade ocupacional não pode ser entendida sem se considerarem as definições que os próprios trabalhadores faziam de sua situação e de sua luta pela autonomia.

No início da década de 1950 a Escola de Chicago, cujo papel predominante tinha terminado no final dos anos 30, perdeu seus representantes mais notáveis na própria Universidade de Chicago: Ernest Burgess se aposentou, Louis Wirth faleceu e Herbert Blumer mudou-se para a Califórnia. Data dessa época o fim da escola em seu sentido mais cabal. Seu legado, não elaborado homogeneamente em todos os aspectos, foi então passado adiante e tomou caminhos muito diversos. A parte mais conhecida dessa herança é a elaboração de uma psicologia social simbólico-interacionista por Tamotsu Shibutani (1961), Anselm Strauss (1959) e Norman Denzin (1977a),[28] bem como uma teoria dos

28 Um bom exame é o de Lauer & Handel (1977).

papéis e uma sociologia da família elaboradas, entre outros, por Ralph Turner (1970). A continuação da obra de Hughes pode ser percebida também nos excelentes estudos sociológicos sobre profissões, especialmente da medicina, realizados por Eliot Freidson (1970), Howard Becker (Becker et al., 1961) e Anselm Strauss. Além disso Becker, em grande medida, inaugurou um novo campo de pesquisa com seu influente estudo, baseado por inteiro no espírito da tradição de Chicago, sobre os "marginalizados" (*outsiders*) e a gênese do desvio de comportamento (Becker, 1963). Gregory Stone e vários outros contribuíram para a compreensão sociológica e a explicação de inúmeros fenômenos do cotidiano (Stone & Farberman, 1970). À margem dessa escola destaca-se a obra brilhante e profundamente original de Erving Goffman.[29] Se considerarmos todos esses tópicos e estudiosos em conjunto, o quadro que surge é certamente o de uma vigorosa e exequível linha de pesquisa. Entretanto, desses muitos caminhos de pesquisa, somente um parece conduzir à superação do isolamento teórico da escola. Foi o que se desenvolveu a partir dos fundamentos elaborados principalmente pelos estudos de Anselm Strauss, apresentado nos escritos de sociólogos mais jovens como a abordagem da "ordem negociada".

Também a estruturação dessa abordagem foi conduzida inteiramente segundo o estilo empírico da tradição de Chicago: no conjunto se desenvolveu, graças a estudos de caso específicos tematicamente limitados, mais que da simples elaboração de conceitos. O ponto de partida para o desenvolvimento dessa abordagem pode ser localizado onde a pesquisa de profissões, conduzida por membros da Escola de Chicago (principalmente em estudos de hospitais), assumiu uma perspectiva distinta em relação à sociologia das organizações.[30] Inicialmente, foi a reação ao processo de mudança, isto é, ao incremento dos tipos de profissionais que exerciam suas atividades em organizações complexas, que desviou o interesse das "profissões" para as "organizações profissionais".

---

29 Como a obra de Goffman não pode ser explicada por intermédio das premissas do pragmatismo, apenas a menciono aqui.

30 Exemplos dessa pesquisa são Strauss et al. (1963) e Bucher & Stelling (1969).

Na análise do "hospital" como exemplo típico dessa organização, os modelos de sociologia organizacional dos tipos racionalista-burocrático e funcionalista revelaram-se inadequados. Nos hospitais, as estruturas da divisão do trabalho eram, desde o início, bastante indefinidas, com objetivos não específicos e regras equívocas. Somente um processo contínuo de acordos tácitos, arranjos oficiosos e decisões oficiais entre os vários grupos profissionais implicados, os setores dos grupos profissionais e os indivíduos sujeitos à estratégia da organização em seu conjunto e à forma da divisão do trabalho, tornam possível o funcionamento de semelhante organização. Daí advém o princípio geral proposto por essa sociologia das organizações: elas devem ser concebidas como "sistemas de negociação contínua".

Segundo essa teoria, as organizações não são formações estruturadas por regras normativas unívocas; as ações nelas executadas não estão determinadas pela mera aplicação de prescrições ou orientações livres de toda intervenção do eu do agente. Exige-se reflexão e diálogo não apenas para a modificação de regras e normas, mas também para sua manutenção e reprodução. A existência das organizações depende de sua contínua reconstituição na ação; se reproduzem na ação e por meio dela. Os objetivos e estratégias das organizações estão sujeitos à controvérsia; o acordo pode assumir muitas formas diferentes, inclusive as do entrecruzamento de objetivos intencional ou conscientemente tolerados e a pluralidade de objetivos. Cada acordo apresenta caráter condicional e transitório. Os próprios agentes têm teorias, extraídas de sua experiência diária, sobre a natureza, o alcance e o provável sucesso dos processos de negociação. Se isso pode funcionar, inclusive, em organizações relativamente formais, o mesmo poderá se aplicar em formações sociais menos rigidamente organizadas. Não é a investigação das estruturas estáticas, mas a reconstrução dos processos recíprocos de definição desdobrados no tempo que se torna, então, a principal tarefa de uma sociologia das organizações que trata de ser compatível com as premissas do interacionismo simbólico referente à psicologia social e à teoria da personalidade, e tenta recuperar assim a possibilidade de concretizar um objetivo mais amplo: a transformação do pragmatismo dentro da sociologia.

Essa sociologia das organizações constitui, decerto, apenas o primeiro passo. A importância dos processos de negociação em organizações formais não se firma unicamente perante uma compreensão incorreta dessa forma social; de maior alcance é a tese de que praticamente todos os tipos de ordem social serão mal-interpretados se o papel dos processos de negociação não for considerado. Quando nem o consenso absoluto nem a mera força prevalecem, tais processos poderão ser encontrados, e o consenso absoluto e a força pura são apenas casos limites, não protótipos da vida social (ver Maines & Charlton, 1985, p.295).

O emprego dessa concepção, entretanto, pode tomar diferentes rumos. Podemos, por exemplo, tentar distinguir as diferentes dimensões dos processos de negociação para aumentar a sensibilidade frente a eles em estudos empíricos. Anselm Strauss, em seu livro *Negotiations* [*Negociações*] (1979), tentou elaborar esse esquema conceitual, ainda que de modo bastante rudimentar sob certos aspectos.[31] As dimensões que enumera incluem o número de participantes, sua experiência relevante e o fato de estarem falando por si mesmos ou pela coletividade. Em seguida, ressalta que as negociações podem ser recorrentes ou não e que podem ser retomadas em intervalos regulares ou ordenar-se em sequências determinadas. Ademais, a diferença de poder entre os agentes que participam é significativa. Outras dimensões são: a importância das negociações para os participantes, e se é ou não a mesma para todos eles; a observação da negociação por terceiros; o número e a complexidade dos objetos da negociação; e finalmente, as alternativas dos parceiros na negociação, afora a implementação de decisões consensuais, isto é, no caso de a negociação ser suspensa.

Esta relação deixa claro que tal abordagem não pretende afirmar a existência de um consenso ideal perante as regulamentações sociais em que o poder, o conflito e as imposições estruturais não desempenham nenhum papel. Isso seria um grave equívoco. Ao contrário, o que tem de ser determinado é a maneira de levar em consideração os resultados de ações passadas, mesmo por parte

31 Além de Maines & Charlton (1985), ver os exames de Fine (1984) e Maines (1977).

do próprio agente, em caráter individual e coletivo, consensual e conflitante. Deve-se considerar também que essa assimilação e esse ajuste ocorrem sob condições estruturais que remontam, por sua vez, a processos anteriores de negociação ou a resultados intencionais ou não intencionais de ação.

Um esquema das dimensões dos processos de negociação é, a princípio, neutro em relação à esfera social em que tais processos ocorrem, bem como em relação ao problema do significado dessas dimensões para o funcionamento das sociedades. A inclusão, além da "organização profissional", de outros objetos de pesquisa, e o subsequente alargamento gradual da capacidade macrossociológica da abordagem da "ordem negociada" seria, assim, a segunda vertente a partir da qual se desenvolveu esta abordagem.

Estudos de orientação muito diferente partilham desse objetivo. O curso seguido pela tomada política de decisões, por exemplo, oferece claramente um objeto para este tipo de abordagem (Hall, 1972). Eliot Freidson (1975-1976) transformou em objeto de estudo não apenas a determinação formal e substantiva das relações entre grupos profissionais de instituições concretas, mas também a constituição da estrutura das profissões e do sistema de divisão social do trabalho em geral. Pesquisadores como Harvey Farberman (1975) e Norman Denzin (1977b) deram atenção a determinados fenômenos de mercado e mostraram que estes permanecem incompreensíveis sem a referência à intermediação dos processos de negociação. Gary Alan Fine & Sherryl Kleinman (1983) ampliaram o campo de atenção do interacionismo simbólico, ultrapassando os pequenos grupos e organizações para abranger as redes pessoais, a cujo exame também deram uma contribuição original.

Traço comum a todos esses empreendimentos dispersos é que produziram estudos macrossociológicos ou fragmentos de teoria sem incidir na naturalização dos processos pesquisados dentro de uma "ordem biótica". Mais que na teoria democrática da filosofia social pragmática, insistem não apenas na normatividade, mas também na enorme força empírica de um exame dos aspectos da vida social manifestos numa ordem democrática. Na sua maior parte, no entanto, esses estudos ainda não passam de retratos em miniatura, pouco se assemelhando aos grandes quadros atuais que exibem temas de relevância histórica e política. Não obstante, cruzaram-se os umbrais que levam a uma teoria da sociedade como um todo e a uma compreensão das formas de integração social, por exemplo o mercado onde se institucionaliza a independência das decisões coletivas. No entanto, novos passos nesse caminho não podem ser dados sem o confronto com as grandes escolas teóricas que tratam desses temas. Todavia, é exatamente a essas escolas que a base filosófica estabelecida pelo pragmatismo, sua psicologia social e microssociologia amplamente elaboradas, bem como os princípios fundamentais da abordagem da "ordem negociada", propõem um desafio teórico.

III Uma avaliação

Uma avaliação sumária dos frutos teóricos da escola sociológica derivada do pragmatismo e um contraste dessa escola com as outras grandes correntes atuais da sociologia não pode ser sucintamente formulada sem restringir a umas poucas questões fundamentais os muitos e diferentes problemas abordados pelas teorias ou pesquisas das escolas contrárias. Nesse ponto, a sugestão mais convincente encontra-se na tradição parsoniana. Segundo essa proposta, são as questões relativas à ação e à ordem social, enquanto série ordenada de ações, que suscitam os problemas metateóricos cruciais e incontornáveis da sociologia.[32] Tais problemas são metateóricos porque não se referem ao desenvolvimento de teorias empiricamente sustentáveis para áreas específicas de fenômenos, mas questionam a definição conceitual e a descrição do campo da sociologia ou das ciências sociais em geral. É possível dizer que essas questões são inevitáveis porque, embora nem todas as teorias sociológicas as contemplem explicitamente, nenhuma poderia fazê-lo sem ao menos alguns pressupostos implícitos sobre a natureza da ação e da ordem social. A reflexão

---

32 O melhor esclarecimento dessa postura encontra-se em Alexander (1982).

metateórica, nesse sentido, realça esses pressupostos mais ou menos implícitos e exige seu embasamento. Se aceitarmos a definição de *status* lógico da teoria da ação e da ordem social, a realidade e as possibilidades intrínsecas do pragmatismo poderão ser relacionadas às escolas opostas ou complementares da sociologia, nesses dois planos.

Como vimos acima, a teoria pragmática da ação difere radicalmente dos modelos do utilitarismo sociológico. Em seu reconhecimento exclusivo da ação racional, esses modelos se mostram incapazes de explicar as atividades que se afastam desse modelo de racionalidade a não ser como modos de ação equivocados. Eles produzem uma categoria residual de "ação não racional" que não permite a reconstrução da diversidade fenomênica da ação. A superação dessa postura utilitarista, que é própria da sociologia – implicitamente nas obras dos teóricos sociais clássicos (Weber, Durkheim e Pareto) e explicitamente nos escritos de Parsons – continuou a ser moldada pela polêmica com que começou. Assim, caracteriza-se pela insistência na dimensão normativa, o que, certamente, representa um progresso em relação ao utilitarismo, mas corre o risco de compreender mal o papel das normas na dinâmica da ação real. Ao contrário, o interacionismo simbólico não assume nem a consistência nem o caráter determinista das normas internalizadas. A grande tradição oposta à sociologia acadêmica, o marxismo, é incompreensível – pelo menos na sua origem – sem a sua fundamentação própria da teoria da ação, no conceito "expressionista"[33] do trabalho segundo o qual este corporifica a força de trabalho e as habilidades do operário no produto de seu trabalho. Entretanto, muitos dos que contribuíram para o desenvolvimento dessa tradição enquanto teoria da sociedade e da história desprezaram esse fundamento do marxismo. Mal foram elaboradas as ideias de "práxis", "atividade" ou "trabalho", assim como sua relação com os problemas tratados pela teoria sociológica da ação.

Sequer a nova e mais criativa abordagem da teoria sociológica da ação, que transcende o utilitarismo, a crítica normativista do

33 Sobre essa tradição "expressionista", cf. Berlin (1980) e Taylor (1975).

utilitarismo e o marxismo tradicional – a teoria da ação comunicativa de Jürgen Habermas (1981) – faz uma revisão abrangente da teoria sociológica da ação. A oposição de um conceito comunicativo de racionalidade às deficiências da compreensão instrumentalista da racionalidade tem por consequência excluir inúmeras dimensões da ação que podem ser encontradas na história do pensamento social.[34] Aqui, o problema não solucionado é o modo pelo qual a teoria sociológica da ação pode ser integrada à fecundidade teórica do pragmatismo e às tradições da filosofia da práxis, além da noção expressionista de trabalho.[35] Para a solução de semelhante problema, o pragmatismo ainda é de capital importância. Ele preparou o caminho não apenas para se tomar como modelo da teoria sociológica da ação o indivíduo que age voluntariamente e domina seu próprio corpo, sendo autônomo em relação a seus semelhantes e ao ambiente, mas também para explicar as condições da possibilidade desse tipo de "agente".

A literatura do interacionismo simbólico oferece abundante material para esse esclarecimento. Uma vez que o pragmatismo introduziu o conceito de ação como meio de obter uma nova visão da relação entre ação e consciência, ou seja, como um meio de superar a filosofia da consciência, se revela igualmente capaz de barrar a ofensiva do estruturalismo e do pós-estruturalismo, sem deixar de reconhecer alguma pertinência em seus argumentos, e salvaguardar a dimensão da ação humana.[36]

---

34 Para um exame crítico dessa teoria da ação, ver Joas (1986). Atualmente as duas outras novas abordagens mais importantes sobre a teoria da ação são, em minha opinião Castoriadis (1987) e Giddens (1984). Sobre Giddens, ver Joas.

35 Como tratamento das diferentes tradições filosóficas que geraram o conceito de ação, Bernstein (1971) permanece insuperável.

36 Referindo-se aos paralelos entre James e Nietzsche, Richard Rorty declarou o seguinte: "James e Nietzsche fizeram críticas semelhantes ao pensamento do século XIX. No entanto, a versão de James é preferível porque evita os elementos 'metafísicos' de Nietzsche que Heidegger condena, e, no caso, os elementos 'metafísicos' de Heidegger que Derrida critica. A meu ver, James e Dewey não estavam apenas esperando no fim da estrada dialética percorrida pela filosofia analítica, mas da estrada que, por exemplo, Foucault e Deleuze estão agora percorrendo" (Rorty, 1982, p.xviii).

No nível da teoria da ordem social, a teoria da ação da tradição pragmática, o interacionismo simbólico, impõe uma relativização dos modelos utilitaristas e funcionalistas. Uma relativização apenas, pois a eficácia pragmática e o valor explicativo desses modelos, em muitos casos, não são discutidos, representando antes a reivindicação, em sociologia, de sua validade abrangente. Em termos concretos, a única teoria capaz de evitar que se caia no funcionalismo é aquela que, em sua teoria da ordem social, tome a ação coletiva como ponto de partida e desenvolva uma tipologia ampla de suas formas, desde os rituais totêmicos até o discurso ideal e o autogoverno democrático bem-sucedido. Portanto, a análise sociológica concentra-se em formas de processamento coletivo de resultados intencionais e não intencionais da ação, e na constituição coletiva de regras normativas e procedimentos coletivos para sanar conflitos normativos. A esse respeito, também, a tradição do interacionismo simbólico oferece rico material nas categorias do comportamento coletivo e do movimento social, da determinação de estruturas sociais por negociação, e da democracia como um tipo de ordem social. Frequentemente, porém, essas noções foram utilizadas, à maneira de um "empirismo qualitativo", na pesquisa de objetos de pouquíssima relevância macrossociológica. A riqueza analítica do interacionismo simbólico permanece, assim, intocada para um diagnóstico dos tempos atuais que seja politicamente orientado e que leve em consideração o desenvolvimento histórico e o contexto da época. Isso terá de mudar se a tradição do interacionismo quiser desempenhar de novo o papel que a filosofia social do pragmatismo desempenhou em seus primórdios.

Referências bibliográficas

ALEXANDER, J. *Positivism, Presuppositions, and Current Controversies*. v.1 In: *Theoretical Logic in Sociology*. Berkeley, Los Angeles: University of California Press, 1982.

ANDERSON, N. *The Hobo*. Chicago: University of Chicago Press, 1923.

BECKER, H. *Outsiders*: Studies in the Sociology of Deviance. London: Macmillan, 1963.

BECKER, H. et al. *Boys in White*. Chicago: University of Chicago Press, 1961.

BERLIN, I. *Against the Current*. London: Hogarth Press, 1980.

BERNSTEIN, R. *Praxis and Action*. Philadelphia: Duckworth, 1971.

BLUMER, H. *The Method of Social Psychology*. Tese (Doutorado) – University of Chicago, 1928.

______. *Social Psychology*. In: SCHMIDT, E. P. (Org.) *Man and Society*. New York: 1938. p.144-98.

______. An Appraisal of Thomas and Znaniecki's 'The Polish Peasant in Europe and America'. *Critiques of Research in the Social Sciences*. New York: Transaction, 1939. v.I.

______. *Symbolic Interactionism*: Perspective and Method. Englewood Cliffs, NJ: Prentice-Hall, 1969.

______. Going Astray with a Logical Scheme. *Studies in Symbolic Interaction*, v.6, p.123-38, 1983.

BODENHAFER, W. The Comparative Role of the Group Concept in Ward's 'Dynamic Sociology' and Contemporary American Sociology. *American Journal of Sociology*, v.26, p.273-314, 583-600, 716-43, 1920-1921.

BOGUE, D. J. (Org.) *The Basic Writings of Ernest W. Burgess*. Chicago: University of Chicago Press, 1974.

BRESSLER, M. Selected Family Patterns in W. I. Thomas's Unfinished Study of the 'Bintl Brief'. *American Sociological Review*, v.17, p.563-71, 1952.

BUCHER, R., STELLING, J. Characteristics of Professional Organizations. *Journal of Health and Social Behavior*, v.10, p.3-15, 1969.

BULMER, M. *The Chicago School of Sociology*: Institutionalization, Diversity, and the Rise of Sociology. Chicago: University of Chicago Press, 1984.

CAHNMAN, W. J. Robert E. Park at Fisk. *Journal of the History of the Behavioral Sciences*, v.14, p.328-36, 1978.

CAREY, J. T. *Sociology and Public Affairs*: The Chicago School. London: 1975.

CASTORIADIS, C. *The Imaginary Institution of Society*. Cambridge, England: Polity Press, 1987.

COSER, L. *Masters of Sociological Thought*. New York: Harcourt, Brace, Jovanovich, 1977.

DEEGAN, M. J. e BURGER, J. S. W. I. Thomas and Social Reform: His Work and Writings. *Journal of the History of the Behavioral Sciences*, v.17, p.114-25, 1981.

DENZIN, N. *Childhood Socialization*: Studies in the Development of Language, Social Behavior, and Identity. San Francisco: Jossey--Bass, 1977a.

______. Notes on the Criminogenic Hypothesis: A Case Study of the American Liquor Industry. *American Sociological Review*, v.42, p.905-20, 1977b.

DEWEY, J. *The Public and its Problems*. New York: Henry Holt, 1927.

______. The Development of American Pragmatism. In: *John Dewey, Philosophy and Civilization*. New York: Minton, Balch, 1931. p.13-35,

______. *Art as Experience*. New York: Minton, Balch, 1934.

______. The Reflex Arc Concept in Psychology. In: *The Early Works*. Carbondale, Ill.: s.n., 1972. p.96-109. (Publicado originalmente em 1896).

DINER, S. J. Department and Discipline: The Department of Sociology at the University of Chicago 1892-1920. *Minerva*, v.13, p.514-53, 1975.

DURKHEIM, E. *Pragmatisme et Sociologie*. Paris: Alcan, 1955.

FARBERMAN, H. A Criminogenic Market Structure: The Automobile Industry. *Sociological Quarterly*, v.16, p.438-57. 1975.

______. The Chicago School: Continuities in Urban Sociology. *Studies in Symbolic Interaction*, v.2, p.3-20, 1979.

FARIS, E. *The Nature of Human Nature*. Chicago: University of Chicago Press, 1937.

FARIS, R. E. L. *Chicago Sociology 1920-32*. Chicago: University of Chicago Press, 1967.

FAUGHT, J. Presuppositions of the Chicago School in the Work of Everett Hughes. *The American Sociologist*, v.15, p.72-82, 1980.

FINE, G. A. Negotiated Orders and Organization Cultures. *Annual Review of Sociology*, v.10, p.239-62, 1984.

FINE, G. A., KLEINMAN, S. Network and Meaning: An Interactionist Approach to Structure. *Studies in Symbolic Interaction*, v.6, p.97-110, 1983.

FISHER, B., STRAUSS, A. Interactionism. In: BOTTOMORE, T., NISBET, R. (Org.) *A History of Sociological Analysis*. New York: Oxford University Press, 1978.

FREIDSON, E. *Profession of Medicine*: A Study of the Sociology of Applied Knowledge. New York, 1970.

______. The Division of Labor as Social Interaction. *Social Problems*, v.23, p.304-13, 1975-1976.

GIDDENS, A. *The Constitution of Society*. Cambridge, England: Polity Press, 1984.

GLASER, B., STRAUSS, A. *The Discovery of Grounded Theory*: Strategies for Qualitative Research. New York: Sociology Press, 1967.

HABERMAS, J. *Theorie des kommunikativen Handelns*. Frankfurt-on-Main, 1981. 2v. (Ed. ingl.: Reason and the Rationalization of Society. In: *Theory of Communicative Action*. Cambridge, England: Polity Press, 1984. v.1).

HALL, P. M. A Symbolic Interactionist Analysis of Politics. *Sociological Inquiry*, v.42, p.35-75, 1972.

HINKLE, R. C. Antecedents of the Action Orientation in American Sociology before 1935. *American Sociological Review*, v.28, p.705-15, 1963.

______. *Founding Theory of American Sociology 1881-1915*. Boston: Methuen, 1980.

HONNETH, A., JOAS, H. *Soziales Handeln und menschliche Natur*: Anthropologische Grundlagen der Sozialwissenschaften. Frankfurt-on--Main: 1980. Ed. ingl., Cambridge, 1987.

HUGHES, E. *The Sociological Eye*: Selected Papers of Everett Hughes. Chicago: University of Chicago Press, 1971.

JANDY, E. C. *Charles H. Cooley*: His Life and his Social Theory. New York: Hippocrene Books, 1942.

JANOWITZ, M. (Org.) W. I. Thomas *On Social Organization and Social Personality*. Chicago: University of Chicago Press, 1966.

______. Sociological Theory and Social Control. *American Journal of Sociology*, v.81, p.82-108, 1975-1976.

JOAS, H. The Intersubjective Constitution of the Body Image. *Human Studies*, v.6, p.197-204, 1983.

______. *G. H. Mead: A Contemporary Re-examination of his Thought*. Cambridge, England: Polity Press, 1985a.

______. Durkheim und der Pragmatismus: Bewusstseinspsychologie und die soziale Konstitution der Kategorien. *Kölner Zeitschrift für Soziologie und Sozialpsychologie*, v.37, p.411-30, 1985b.

______. Die unglückliche Ehe von Hermeneutik und Funktionalismus. In: HONNETH, A., JOAS, H. (Org.) *Kommunikatives Handeln*. Frankfurt-on-Main: Suhrkamp, 1986.

______. Giddens' theory of structuration *International Sociology*, 2.

JOHNSON, G., PICOU, J. S. The Foundations of Symbolic Interactionism Reconsidered. In: HELLE, H. J., EISENSTADT, S. N. (Org.) *Microsociological Theory*: Perspectives on Sociological Theory (London), v.2, p.54-70. 1985.

KUKLICK, H. A "Scientific Revolution": Sociological Theory in the United States 1930-45. *Sociological Inquiry*, v.43, p.3-22, 1973.

KURTZ, L. R. *Evaluating Chicago Sociology*. Chicago: University of Chicago Press, 1984.
LAUER, R., HANDEL, W. *Social Psychology:* The Theory and Application of Symbolic Interactionism. Boston: P.-H., 1977.
LENGERMANN, P. The Founding of the *American Sociological Review*: The Anatomy of a Rebellion. *American Sociological Review*, v.44, p.185-98, 1979.
LEVINE, D. N. et al. Simmel's Influence on American Sociology. *American Journal of Sociology*, v.81, p.813-45, 1112-32, 1975-1976.
LEWIS, J. D., SMITH, R. L. *American Sociology and Pragmatism*: Mead, Chicago Sociology, and Symbolic Interaction. Chicago: University of Chicago Press, 1980.
MADGE, J. *The Origins of Scientific Sociology*. New York: Free Press, 1962.
MAINES, D. Social Organization and Social Structure in Symbolic Interactionist Thought. *Annual Review of Sociology*, v.3, p.235-59, 1977.
MAINES, D., CHARLTON, J. The Negotiated Order Approach to the Analysis of the Social Organization. *Studies in Symbolic Interaction*. Foundations of Interpretative Sociology. FARBERMAN, H., PERINBANAYAGAM, R. (Org.), supl. 1, p.271-308. 1985.
MATTHEWS, F. H. *Quest for an American Sociology:* Robert E. Park and the Chicago School. Montreal: McGill-Queens University Press, 1977.
MCPHAIL, C., REXROAT, C. Mead vs. Blumer: The Divergent Methodological Perspectives of Social Behaviorism and Symbolic Interactionism. *American Sociological Review*, v.44, p.449-67. 1979.
MEAD, G. H. The Definition of the Psychical. *Decennial Publications of the University of Chicago*. Chicago: University of Chicago Press, v.3, p.77-112. 1903.
______. Cooley's Contribution to American Social Thought. *American Journal of Sociology*, v.35, p.693-706. 1930.
______. *Mind, Self, and Society*. MORRIS, C. W. (Org.) Chicago: University of Chicago Press, 1934.
MILLER, D. L. Resenha, *Journal of the History of Sociology*, v.4, p.108-14, 1982.
PARK, R. E. Human Ecology. *American Journal of Sociology*, v.42, p.1-15, 1936.
______. *Collected Papers*. Glencoe, Ill.: Free Press, 1950-1955. 3v.
______. *The Crowd and the Public*. Chicago: University of Chicago Press, 1972. (Publicado originalmente em 1904 como *Masse und Publikum: Eine methodologische und soziologische Untersuchung*. Berna).
PARK, R. E., BURGESS, E. W. *Introduction to the Science of Sociology*. Chicago: University of Chicago Press, 1921.

PARK, R. E., MILLER, H. A. *Old World Traits Transplanted*. New York: s. n., 1921.

PARSONS, T. *The Structure of Social Action*. New York: Free Press, 1968a. (Publicado originalmente em 1937).

______. Cooley and the Problem of Internalization. In: REISS, A. J. (Org.) *Cooley and Sociological Analysis*. Ann Arbor, 1968b. p.48-67.

PEIRCE, C. S. Some Consequences of Four Incapacities. In: HARTSHORNE, C., WEISS, P. *Colledted Papers*. Cambridge, Mass.: Harvard University Press, 1934. v.5.

PERINBANAYAGAM, R. S. *Signifying Acts*: Structure and Meaning in Everyday Life. Carbondale, Ill.: S. Illinois University Press, 1985.

ROCHBERG-HALTON, E. Situation, Structure and the Context of Meaning. *Sociological Quarterly*, v.23, p.455-76, 1982.

______. The Real Nature of Pragmatism and Chicago Sociology. *Studies in Symbolic Interaction*, v.6, p.139-54, 1983.

ROCK, P. *The Making of Symbolic Interactionism*. London: Rowman, 1979.

RORTY, R. *Consequences of Pragmatism*: Essays 1972-1980. Minneapolis: University of Minneapolis Press, 1982.

RUCKER, D. *The Chicago Pragmatists*. Minneapolis: University of Minneapolis Press, 1969.

SHAW, C. *A Delinquent Boy's Own Story*. Chicago: University of Chicago Press, 1930.

SHIBUTANI, T. *Society and Personality*: An Interactionist Approach to Social Psychology. Englewood Cliffs, NJ: Prentice-Hall, 1961.

SHILS, E. Tradition, Ecology, and Institution in the History of Sociology. *Daedalus*, v.99, p.760-825, 1970.

SIMPSON, T. H. Continuities in the Sociology of Everett Hughes. *Sociological Quarterly*, v.13, p.547-59, 1972.

STONE, G., FARBERMAN, H. On the Edge of Rapprochement: Was Durkheim Moving towards the Perspective of Symbolic Interaction? *Sociological Quarterly*, v.8, p.149-64, 1967.

______. (Org.) *Social Psychology through Symbolic Interaction*. Waltham, Mass., 1970.

STRAUSS, A. *Mirrors and Masks*: The Search for Identity. Glencoe, Ill.: Sociology Press, 1959.

______. *Negotiations*. San Francisco: Jossey-Bass, 1979.

STRAUSS, A. et al. The Hospital and its Negotiated Order. In: FREIDSON, E. (Org.) *The Hospital in Modern Society*. New York: 1963. p.147-69.

STRYKER, S. *Symbolic Interactionism*: A Social Structural Vision. Menloe Park: Benjamin Cummings, 1980.

SUTHERLAND, D. E. Who now Reads European Sociology? Reflections on the Relationship between European and American Sociology. *Journal of the History of Sociology*, v.1, p.35-66, 1978.

TAYLOR, C. *Hegel*. Cambridge, England: University of Chicago Press, 1975.

TENBRUCK, F. H. G. H. Mead und die Ursprünge der Soziologie in Deutschland und Amerika: Ein Kapital über die Gultigkeit und Vergleichbarkeit soziologischer Theorien. In: JOAS, H. (Org.) *Das Problem der Intersubjektivität*: Neuere Beiträge zum Werk G. H. Meads. Frankfurt-on-Main: 1985. p.179-243.

THOMAS, W. I. (Org.) *Source Book for Social Origins*. Boston: s.n., 1907.

______. *The Unadjusted Girl*. Boston: s.n., 1923.

THOMAS, W. I., ZNANIECKI, F. *The Polish Peasant in Europe and America*. New York: University of Illinois Press, 1926. 2v.

THRASHER, F. *The Gang*. Chicago: University of Chicago Press, 1927.

TURNER, R. Introduction. In: PARK, R. *On Social Control and Collective Behavior*. Chicago: University of Chicago Press, 1967. p.ix-xlvi.

______. *Family Interaction*. New York: s.n., 1970.

VIDICH, A. J., LYMAN, S. M. *American Sociology*: Worldly Rejections of Religion and their Directions. New Haven, Conn.: Yale University Press, 1985.

WHITE, M. *Social Thought in America*: The Revolt Against Formalism. Boston: Oxford, 1957.

WIEBE, R. H. *The Search for Order 1877-1920*. New York: Greenwood, 1967.

WILSON, R. *In Quest of Community*: Social Philosophy in the United States 1860-1920. New York: Knopf, 1968.

WILSON, T. P. Concepts of Interaction and Forms of Sociological Explanation. *American Sociological Review*, v.35, p.697-710, 1970.

WIRTH, L. Urbanism as a Way of Life. *American Journal of Sociology*, v.44, p.1-24, 1938.

______. *On Cities and Social Life*: Selected Papers of Louis Wirth. Chicago: University of Chicago Press, 1964.

______. *The Ghetto*. Chicago: University of Chicago Press, 1969. (Publicado originalmente em 1928.)

ZARETSKY, E. Introduction. In: THOMAS, W. I., ZNANIECKI, F. *The Polish Peasant in Europe and America. Ed. resumida. Urbana, Ill.: University of Illinois Press, 1984. p.1-53.*

A TEORIA PARSONIANA HOJE: A BUSCA DE UMA NOVA SÍNTESE[1]

Richard Münch

Introdução

Atualmente, a tradição teórica de Parsons vem passando por uma considerável renovação. Embora muitos sociólogos houvessem decretado a morte dessa tradição durante os anos 70, nos anos 80 foram elaboradas, de modo um tanto surpreendente, diversas abordagens novas que se basearam na teoria parsoniana elevando-a a um novo patamar. Vale notar, entretanto, que esse desenvolvimento tem suas origens na década de 1970. Foi a década em que se observou um curioso paralelo entre o reconhecido declínio do parsonianismo e o aumento simultâneo do número de contribuições que tratavam da obra de Talcott Parsons, cujos autores eram, na origem, jovens membros do mundo acadêmico. As abordagens elaboradas no período deixam claro que uma nova geração de sociólogos retoma a tradição teórica de Parsons, mas de uma maneira nova, com uma atitude crítica e construtiva.

Não é, pois, tão surpreendente como pareceria à primeira vista que, durante os anos 80, tenha havido um avanço na renovação

1 Agradeço a Neil Johnson, que traduziu este artigo do original alemão.

da tradição teórica de Parsons. O ponto alto dessa revivescência foi a coletânea testemunhal produzida por Jan J. Loubser, Rainer C. Baum, Andrew Effrat e Victor M. Lidz em 1976, *Explorations in General Theory in Social Science* [*Pesquisas de teoria geral em ciência social*], publicação que documenta admiravelmente a vitalidade da teoria parsoniana (Loubser et al., 1976).[2] Entre os muitos tratados posteriores, e que também oferecem uma sólida base para a renovação da teoria, a extensa obra de Jeffrey C. Alexander se destaca, como é o caso sobretudo de *Theoretical Logic in Sociology* [*Lógica teórica em sociologia*], em quatro volumes, publicada em 1982 e 1983.[3] Igualmente na Europa, novos vínculos se forjam com a obra de Talcott Parsons. Niklas Luhmann, por exemplo, foi extremamente bem-sucedido ao desenvolver uma nova concepção da teoria de sistemas (Luhmann, 1974, 1977, 1978, 1980, 1984). Jürgen Habermas, refletindo criticamente sobre a teoria de sistemas de Parsons, elaborou um paradigma compreensivo para a análise da sociedade moderna (Habermas, 1981a, 1981b). Wolfgang Schluchter incorporou elementos fundamentais da obra de Parsons em sua renovação da sociologia weberiana (Schluchter, 1979, 1980). O autor do presente ensaio vem tentando dar uma nova interpretação da teoria parsoniana a partir de uma perspectiva kantiana e reformulá-la (Münch, 1980, 1981a, 1981b, 1982b, 1982c, 1983a, 1983b, 1984, 1986; ver também Alexander, 1984).

Todas essas tentativas têm em comum o fato de se referirem ao presente estado do desenvolvimento teórico com vistas a uma nova síntese, tal como Parsons pretendeu em 1937 com seu primeiro trabalho de vulto, *The Structure of Social Action* [*A estrutura*

---

2 Para contribuições importantes anteriores a esta coletânea, ver Bershady, 1973; Black, 1961; Inkeles, Barber, 1973; Mitchell, 1967; Rocher, 1974; Schwanenberg, 1970, 1971; Turner, 1974; 1978; Turner & Beeghley, 1974. Para uma importante bibliografia paralela à coleção e o surto de obras que se seguiram, ver Adriaansens, 1980; Alexander, 1985; Almarez, 1981; Bourricaud, 1976; Berger, 1977; Buxton, 1982; Genov, 1982; Loh, 1980; Menzies, 1977; Miebach, 1984; Proctor, 1980; Saurwein, 1984; Savage, 1981; Sciulli, 1984; Sciulli & Gerstein, 1985; Stichweh, 1980; Tiryakian, 1979-1980; Turner & Beeghley, 1981.

3 Ver também Alexander, 1978, 1982-1983.

da ação social] (1968), ao mesmo tempo integrando e superando o positivismo e o idealismo numa teoria voluntarista da ação. No atual estágio de desenvolvimento da teoria em geral, isso requer o emprego de todas as críticas à abordagem de Parsons e de todas as teses teóricas alternativas formuladas desde o final dos anos 50 para superar os desequilíbrios da teoria de Parsons; ao mesmo tempo, os acertos reconhecidos de sua teoria devem ser usados como um quadro de referência na determinação da amplitude e dos limites das novas abordagens. Desse modo, a teoria parsoniana poderá entrar numa fértil relação interpenetrativa com as abordagens teóricas rivais, capacitando-se a gerar novas formulações teóricas.

O presente ensaio tenciona indicar, de maneira programática, o novo caminho para o desenvolvimento da tradição parsoniana, apontado tanto pela penetração mútua resultante da volta da teoria parsoniana a seus fundamentos abstratos quanto pela aplicação de abordagens teóricas rivais à formulação da teoria em níveis mais especializados. Retorno ao próprio ponto de partida de Parsons, indicado em *A estrutura da ação social*, ao chamar essa abordagem de "teoria voluntarista da ação". A análise teórica das modernas instituições será tomada como exemplo esclarecedor dessa abordagem. Essas instituições incluem a economia, a política (com suas próprias instituições: constituição, sistema jurídico, poder executivo, burocracia e mercado político), a comunidade social moderna baseada em direitos civis e as instituições culturais – científicas, profissionais e envolvidas com a formação de consenso público ou com o discurso intelectual. Em qualquer dos casos, a questão é: que abordagem teórica deverá ser adotada para pesquisar essas instituições?

Para submeter as instituições modernas à análise teórica, temos de contar com uma teoria abrangente da ação capaz de incorporar as duas correntes fundamentais do pensamento ocidental, o positivismo e o idealismo. Temos de diferenciar essa teoria, como teoria voluntarista da ação, das teorias da ação positivista ou idealista. Os aspectos parciais do positivismo e do idealismo precisam ser superados tanto no nível metateórico quanto no nível teórico-objetivo (Münch, 1982b; cf. Alexander, 1982, Miebach, 1984, Parsons, 1968, p.757-75, Parsons & Platt, 1973, p.7-102).

No nível metateórico, tentarei inicialmente integrar abordagens metodológicas idiográficas, típico-ideais, nomológicas e construtivistas. Cada uma dessas formas de procedimento pode ser concebida segundo uma variante positivista ou idealista. O próximo passo será forjar um vínculo entre os métodos positivistas de explicação causal e teleonômica e os métodos idealistas voltados para o universo normativo e vivencial ou a interpretação racional. A tarefa, no nível teórico-objetivo, consiste em integrar utilitarismo e teoria do conflito – variantes do positivismo – com sociologia normativa vivencial e teoria racionalista da cultura, como variantes do idealismo. Finalmente, deve-se integrar teorias de estabilidade social e teorias de mudança social, microssociologia e macrossociologia, individualismo e coletivismo, teoria da ação e teoria de sistemas.

No intento de desenvolver um paradigma compreensivo capaz de integrar as diferentes abordagens procedimentais metateóricas e teórico-objetivas, começarei construindo um espaço de ação abstrato dentro dos limites de ocorrência de todas as ações. O segundo passo consistirá em determinar o procedimento metateórico de acordo com as dimensões do espaço de ação, ou seja, determinar os métodos e as explicações. O terceiro passo é a construção de um quadro de referências de ação teórico-objetiva, de um modelo dos fatores que controlam a ação em áreas distintas. No quarto passo, os subsistemas de ação serão determinados nos moldes de uma teoria de sistemas. O quinto passo tornará explícitas as várias aplicações metodológicas do quadro de referências teórico-objetivo. Depois que o paradigma de uma teoria voluntarista da ação estiver formalmente introduzido, daremos o sexto passo, indicando os limites das abordagens metateórica e teórico-objetivas específicas e a maneira de integrá-las.

I Elementos básicos do quadro de referência teórica

Todo estudo científico procura saber como o mundo é ordenado. O mesmo se aplica ao estudo científico da ação humana (Bershady, 1973, Kant, 1956, Münch, 1982b, p.17-58, 1982c, p.709-39, Parsons, 1954, Whitehead, 1956). Este problema analítico da ordem no mundo deve ser estritamente delimitado com relação ao problema empírico da estabilidade ou mudança nas sociedades concretas. Igualmente, o interesse em adquirir conhecimento da ordem analítica do mundo (da ação) nada tem a ver, em absoluto, com o interesse pela estabilidade de sociedades concretas.[4] A fusão desses dois níveis, que deveriam apresentar uma distinção fundamental – entre ordem analítica e estabilidade empírica – é um fenômeno generalizado que leva a dicotomizações absurdas como teoria da mudança contra teoria da estabilidade, teoria do conflito contra teoria da ordem ou integração, individualismo contra coletivismo e teoria da ação contra teoria de sistemas.

Os fenômenos, na realidade (e, portanto, também na ação), podem variar desde a imprevisibilidade total (contingência) à total previsibilidade (ordenabilidade). Baseamos as predições em eventos anteriores que, esperamos, provoquem certas consequências. O número de antecedentes implicados pode variar de um máximo de complexidade (uma multiplicidade com inúmeras interdependências) a um máximo de simplicidade (um único antecedente); quanto às consequências, podem também variar da máxima contingência à previsibilidade mínima (um número infinito de consequências), à contingência mínima ou à previsibilidade máxima (apenas uma consequência possível). Nessa base, podemos construir um sistema de coordenadas no qual o eixo vertical (ordenadas) representa a complexidade de antecedentes e o eixo horizontal (abscissas) representa a contingência de consequências. As quatro extremidades desse sistema de coordenadas são os pontos determinantes dos quatro campos nos quais os eventos são ordenados (Münch, 1982b, p.98-109, 224-6, 242-52).

1 complexidade máxima de antecedentes e contingência máxima de consequências;

2 complexidade máxima de antecedentes e contingência mínima de consequências;

4 Isso é mostrado em Alexander, 1982, p.90-4.

3 complexidade mínima de antecedentes e contingência máxima de consequências;

4 complexidade mínima de antecedentes e contingência mínima de consequências.

Se quisermos aplicar o sistema de coordenadas à ação humana, deveremos começar pela primeira característica definidora que distingue a ação humana da mera reação a impulsos causais ou resposta instintiva a estímulos, isto é, pelo seu pleno significado. No nível do significado, a ação humana é orientada por símbolos cujo significado os agentes interpretam. Nesse caso, então, as relações entre antecedentes e consequências são as relações entre símbolos e ações por eles abrangidas. Também podemos considerar que as várias interpretações ensejadas pelos símbolos integram a categoria das ações. Aqui, de novo, um sistema de coordenadas pode ser construído para definir o espaço de ação. Agora, a ordenada representa a complexidade simbólica, e a abscissa, a contingência de ação. O espaço de ação é delineado por quatro pontos extremos que definem seus respectivos campos de ação:

1 complexidade simbólica máxima e contingência de ação máxima;

2 complexidade simbólica máxima e contingência de ação mínima;

3 complexidade simbólica mínima e contingência de ação máxima;

4 complexidade simbólica mínima e contingência de ação mínima.

II Métodos e explicações

Graças a esse sistema de coordenadas é possível, de modo correspondente e tomando-se em primeiro lugar o nível metateórico, obter quatro métodos distintos e quatro explicações distintas, embora, é claro, combinações menos extremas possam existir entre eles.

Cabe distinguir os quatro procedimentos metodológicos que se seguem (ver Figura 1).

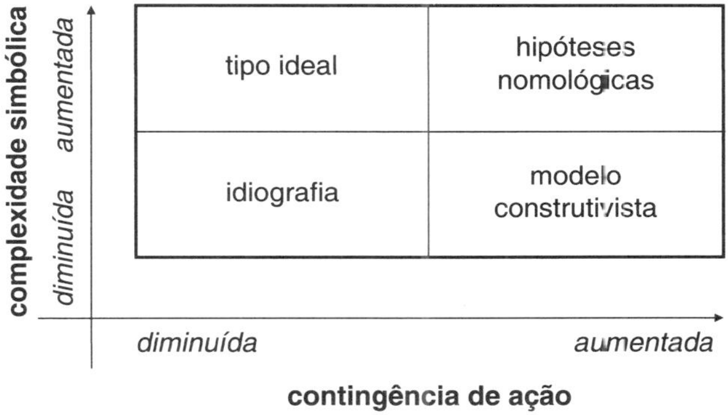

FIGURA 1 – Procedimentos metodológicos.

1 O método nomológico procura formular leis científicas independentemente da complexidade simbólica e da contingência de ação. Ele investiga leis em contextos de ação que, como tais, são totalmente abertos.

2 O método típico-ideal atua seletivamente. Da complexidade de símbolos que orientam a ação em diferentes direções, extrai uma interpretação específica e seletiva dos símbolos que exercem um controle relativamente preciso sobre a ação.

3 A elaboração do modelo construtivista reduz a complexidade do mundo simbólico a um grupo simplificado de símbolos abstratos que orientam a ação em geral, mas, no nível concreto, implica que a ação é altamente contingente e apresenta um mínimo de previsibilidade.

4 O método idiográfico descreve a ação em contextos sociais fechados nos quais tanto a complexidade simbólica quanto a contingência de ação são reduzidas por um mundo vivencial autoevidente, mas particularizado.

Com relação às explicações, os quatro tipos seguintes devem ser diferenciados (ver Figura 2).

FIGURA 2 – Explicações.

1 A explicação causal aplica leis causais latentes, independentemente da complexidade do mundo simbólico e da contingência de ação, à explicação da ação.

2 A explicação teleonômica procura, independentemente da complexidade do mundo simbólico, explicar uma direcionalidade, portanto uma contingência restrita, latente da ação.

3 A interpretação racional considera a ação como uma dedução, segundo princípios simples e gerais, de uma série de premissas e de condições iniciais dessas premissas. Os princípios gerais (baixa complexidade simbólica) comportam uma multiplicidade de ações (elevada contingência de ação) que dependerão de circunstâncias concretas.

4 A interpretação normativa contempla a ação como um quadro simbólico estabelecido, de natureza normativa. O conhecimento de um mundo vivencial particularizado (baixa complexidade simbólica) permite que a ação seja predita inequivocamente (baixa contingência de ação).

III Pressupostos básicos da teoria da ação

No nível teórico-objetivo, podemos formular um quadro de referências a partir dos fatores que orientam a ação nos quatro campos de ação distintos (Münch, 1982b, p.234-52; Parsons, 1968, p.43-86) (ver Figura 3).

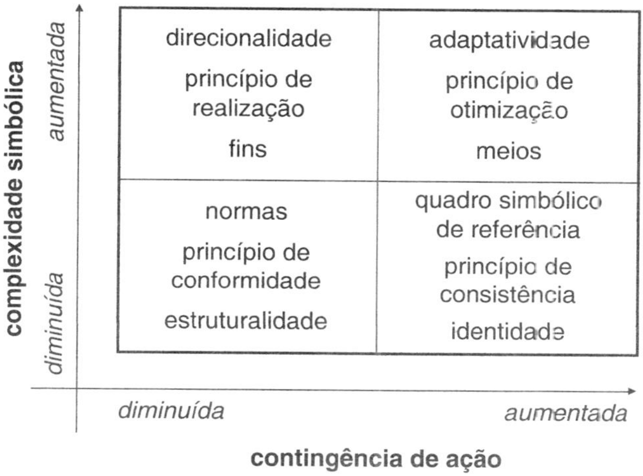

FIGURA 3 – O quadro de referências da ação.

1 Os meios facultam a variabilidade e adaptatividade da ação e permitem que a complexidade simbólica máxima se combine com a contingência máxima de ação. Esse é o âmbito em que a ação é adaptável e governada pelo princípio da otimização dos fins.

2 Os fins levam à orientação da ação, reduzindo assim a contingência da ação, apesar das alternativas simbólicas possíveis. Esse é o âmbito em que a ação possui direcionalidade e ocorre de acordo com o princípio de realização e de maximização dos fins.

3 Quadros simbólicos de referência dão identidade à ação. O mundo simbólico é simplificado por abstração, mas a contingência de ação por ele abrangida permanece elevada. Esse é o âmbito em que a ação possui identidade e ocorre de acordo com o princípio de consistência dentro de um quadro de referências.

4 As normas são responsáveis pela ação executada segundo esquemas regulares. Nesse caso, o mundo simbólico é normativamente simplificado e, ao mesmo tempo, a ação sujeita às normas vigentes é inequivocamente determinada. Esse é o âmbito em que a ação possui estruturalidade e obedece ao princípio da conformidade às normas.

IV Pressupostos básicos da teoria de sistemas

A teoria da ação pode ser ampliada em termos teórico-sistemáticos se a subdividirmos e encontrarmos subsistemas, juntamente com seus respectivos ambientes, que correspondam aos campos de ação no espaço de ação. Os subsistemas se caracterizam por funções particulares, por processos e estruturas com elas relacionados, assim como por meios gerais que controlam tais processos. Dependendo do nível envolvido, do mais alto ao mais baixo, os meios gerais se dirigem, respectivamente, para categorias de orientação e padrões de avaliação a elas aplicados, isto é, esquemas e padrões valorativos ou princípios e padrões de coordenação (Münch, 1982b, p.123-67).

A instância mais abstrata da análise compreende o nível antropológico da condição humana. Os seguintes subsistemas podem ser discriminados nesse nível (Parsons, 1978) (ver Figura 4).

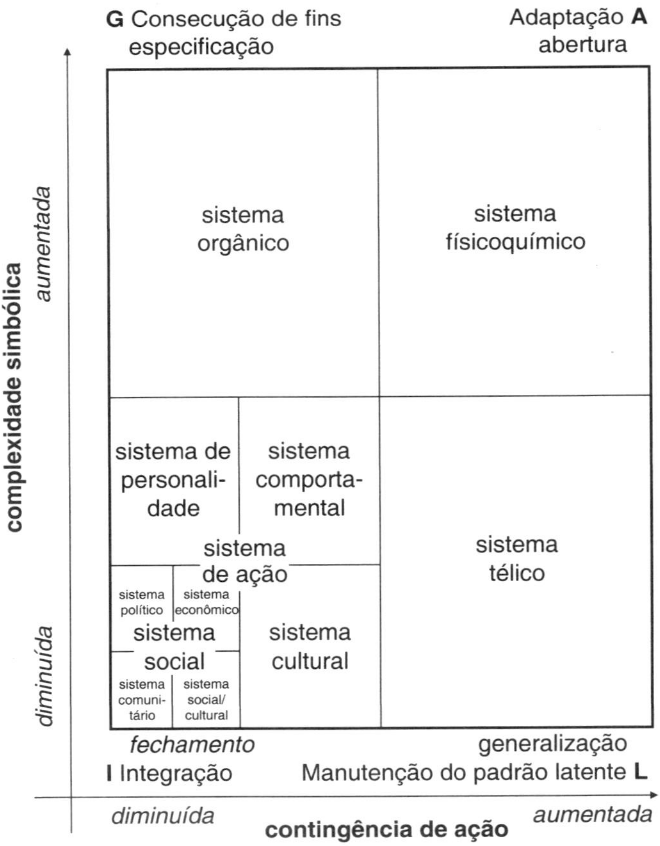

FIGURA 4 – A condição humana.

1 O sistema físico-químico é constituído de processos físicos e químicos controlados por meio da ordem empírica. Desempenha as funções de adaptação e abertura combinando um máximo de complexidade com um mínimo de contingência (**A**). A categoria de orientação é a causalidade e o padrão de avaliação associado é a adequação de explicações causais.

2 O sistema orgânico baseia-se em processos orgânicos controlados pela saúde. Desempenha as funções de consecução de fins e especificação combinando um máximo de complexidade com um mínimo de contingência (**G**). A categoria de orientação é a teleonomia e o padrão de avaliação é a diagnose.

3 O sistema télico compreende as condições transcendentais de existência humana significativa controladas por meio da ordem transcendental. Desempenha as funções de manutenção de padrões latentes e generalização combinando um mínimo de complexidade com um máximo de contingência (**L**). A categoria de orientação é a transcendentalidade e o padrão de avaliação é o discurso transcendental.

4 O sistema de ação baseia-se na ação controlada pelo significado. Desempenha as funções de integração e fechamento combinando um mínimo de complexidade com um mínimo de contingência (**I**). A categoria de orientação é a generatividade e o padrão de avaliação é a interpretação (*Verstehen*).

O segundo nível de sistemas é o sistema geral de ação, que também pode ser dividido internamente de acordo com os quatro campos de ação (Loubser et al., 1976, v.1; Parsons, 1951, 1959, 1964; Parsons & Bales, 1956; Parsons & Platt, 1973, p.7-102; Parsons & Shils, 1951).

1 O sistema comportamental é composto de associações do tipo estímulo-resposta e de esquemas cognitivos controlados pela inteligência. Desempenha as funções de adaptação e abertura do raio de ação combinando um máximo de complexidade simbólica com um máximo de contingência de ação (**A**). O esquema de significado ao qual a inteligência se relaciona compreende bases para a validade cognitiva e a significação, e o padrão de valor é a racionalidade cognitiva.

2 O sistema de personalidade engloba as disposições pessoais controladas pela capacidade pessoal de atuação. Desempenha as funções de consecução de fins e especificação de raio de ação combinando um máximo de complexidade simbólica com um mínimo de contingência de ação (**G**). O esquema de significado é a internalização de significado relevante pela personalidade e o padrão de valor é a racionalidade de ação do tipo meios-fins.

3 O sistema cultural é constituído por símbolos controlados por definições da situação. Desempenha as funções de manutenção dos padrões latentes e de generalização do raio de ação combinando um mínimo de complexidade simbólica com um máximo de contingência de ação (**L**). O esquema de significado é moldado pelas bases constitutivas de significado da condição humana, e o padrão de valor é a plenitude de significado da ação num quadro cultural de referência.

4 O sistema social é definido pela ação social, controlado pelo apego afetivo. Desempenha as funções de integração e de fechamento do raio de ação combinando um mínimo de complexidade simbólica com um mínimo de contingência de ação (**4**). O esquema de significado relevante é a institucionalização do significado nos sistemas sociais, e o padrão de valor é a unidade de significado das identidades dos agentes sociais. A estrutura interna do sistema social pode, por sua vez, ser diferenciada em quatro subsistemas alinhados com os campos nos quais o espaço de ação é dividido. Podem ser distinguidos segundo a estrutura da interação social e os meios generalizados correspondentes, que controlam a ação social. Num caso ideal, o emprego de meios generalizados é regulado por uma ordem normativa especial. Os sistemas subsociais e os meios generalizados correspondentes estão associados com princípios de valor gerais e distintos, e com padrões de coordenação utilizados para avaliar a concretização desses princípios (Loubser et al., 1976, v.2; Parsons, 1961, 1967, 1977; Parsons & Smelser, 1956).[5]

5 Ver também os ensaios de Parsons, "On the Concept of Political Power", "On the Concept of Influence" e "On the Concept of Value Commitments" (1969, p.352-404, 405-48, 439-72).

1 O sistema econômico é determinado por atos de concorrência e intercâmbio num mercado; a ação econômica é controlada pelo dinheiro regulado por regime de propriedade. Desempenha as funções de alocação de recursos e preferências, e, como tal, é a concretização da função de adequação e abertura do raio de ação, combinando um máximo de complexidade simbólica com um máximo de contingência de ação. O princípio de valor aplicado ao dinheiro é a utilidade e o padrão de coordenação é a solvência das empresas econômicas.

2 O sistema político se alicerça na autoridade. A ação política é controlada pelo poder regulado numa ordem de autoridade. Desempenha as funções de tomada coletiva de decisões e é a concretização da função de consecução de fins e a especificação do raio de ação, combinando um máximo de complexidade simbólica com um mínimo de contingência de ação (G). O princípio de valor para o poder político é a eficiência política, expressa na capacidade de tomar decisões, e o padrão de coordenação é a aceitação e a observância de decisões.

3 O sistema social/cultural surge do discurso, conduzido com argumentos (compromissos de valor) regulados pela ordem do discurso. Desempenha as funções de construção de símbolos de uma maneira socialmente obrigatória e é a concretização da função de manutenção de padrões latentes, bem como a generalização do raio de ação, combinando um mínimo de complexidade simbólica com um máximo de contingência de ação (L). O princípio de valor referente aos argumentos (compromissos de valor) é a integridade de padrões de símbolos e o padrão de coordenação é a consistência dos sistemas simbólicos.

4 O sistema comunitário funda-se no apego mútuo, controlado pela influência e baseado na dedicação a uma comunidade com suas normas, reguladas pela ordem comunitária. Desempenha as funções de manutenção da solidariedade e é a concretização da função de integração, bem como o fechamento do raio de ação, combinando um mínimo de complexidade simbólica com um mínimo de contingência de ação (I). O princípio de valor para a influência baseada na dedicação é a solidariedade dos membros da comunidade e o padrão de coordenação é o consenso social.

Todos os subsistemas são funcionalmente especializados, exigindo estruturas adequadas ao desempenho de suas funções; além disso, não são autossuficientes, mas dependem do desempenho de funções complementares por parte de outros subsistemas. Para tanto, é necessário que o desempenho das funções seja intercambiado com o auxílio de meios generalizados e que os subsistemas mediadores se desenvolvam em zonas de interpenetração dos sistemas. Uma sociedade é um sistema social concreto e relativamente auto-suficiente. Para que sua unidade se preserve, deve haver interpenetração interna entre seus subsistemas, e ela tem de "adaptar-se" a seu ambiente – ou seja, tem de haver também interpenetração externa. O ambiente de uma sociedade pode ser subdividido conforme as dimensões do espaço de ação, da seguinte maneira: **A**, articulação de interesses, aprendizado, processos físicoquímicos; **G**, fins estabelecidos por indivíduos e grupos, disposições pessoais do indivíduo, estruturas orgânicas; **L**, discurso social/cultural, símbolos culturais, condições transcendentais; **I**, comunidades particularizadas.

As relações entre os subsistemas de ação, e entre a sociedade e seu ambiente, variam segundo o grau de coerência dos sistemas e o tipo de ordem a eles inerente, bem como o nível de desenvolvimento dos sistemas mediadores e seu tipo de ordem.

(a) Se os subsistemas adaptativos forem relativamente bem desenvolvidos, isso provocará a dinamização de outros subsistemas e os levará a ajustar-se aos subsistemas adaptativos, isto é, normas, valores e fins serão ajustados aos interesses e/ou meios.

(b) Se os subsistemas voltados para os fins forem relativamente bem desenvolvidos, isso provocará um efeito seletivo nos outros subsistemas e os sujeitará ao domínio da compulsão, isto é, valores, normas e interesses/meios serão forçosamente subjugados pelos fins e o poder que os sustenta.

(c) Se os subsistemas integrativos forem relativamente bem desenvolvidos, isso provocará um efeito limitador nos outros subsistemas e forçará seu encadeamento, isto é, valores, fins e interesses/meios serão encadeados pelas normas.

(d) Se os subsistemas mantenedores de estrutura forem relativamente bem desenvolvidos, isso provocará um efeito generalizante nos outros subsistemas, de sorte que todos passem a ser definidos sem controle concreto, isto é, normas, fins e interesses/meios serão incluídos nos valores geralmente aplicáveis.

Até que ponto certos subsistemas podem impor-se, com as implicações sobre outros subsistemas decorrentes, depende do desenvolvimento relativo dos próprios subsistemas, como ainda dos sistemas mediadores. As seguintes instâncias são possíveis.

(a) Todos os subsistemas e sistemas mediadores apresentam fraco desenvolvimento: o resultado é um sistema de ação subdesenvolvido e mal-integrado.

(b) Todos os subsistemas apresentam fraco desenvolvimento, mas os sistemas mediadores são mais desenvolvidos: o resultado é um sistema de ação subdesenvolvido, mas integrado.

(c) Os subsistemas apresentam bom desenvolvimento, mas os sistemas mediadores, não: o resultado é o conflito.

(d) Um dos subsistemas é bem desenvolvido, mas os outros e os sistemas mediadores, não: o resultado é o predomínio daquele subsistema sobre os demais.

(e) Um dos subsistemas é bem desenvolvido, os outros nem tanto, mas os sistemas mediadores apresentam grande avanço: o resultado é a predominância do subsistema forte sobre os outros.

(f) Todos os subsistemas e sistemas mediadores são bem desenvolvidos: o resultado é um sistema de ação altamente desenvolvido, diferenciado e integrado.

O modo como o sistema de ação é integrado resulta, por seu turno, da estrutura dos sistemas mediadores.

(a) O intercâmbio produz integração aberta e instável.

(b) A autoridade produz uma integração imposta compulsoriamente.

(c) A associação comunitária leva a uma integração conformista e imóvel.

(d) O discurso implica integração por meio de reconciliação.

(e) A combinação de intercâmbio, autoridade, associação comunitária e discurso, segundo sua ordem analítica como sistemas mediadores, é a pré-condição essencial para a interpenetração de subsistemas bem desenvolvidos. E esses, por sua vez, são a condição necessária para a interpenetração realizada pelos sistemas mediadores.

V Formas de aplicação do quadro teórico de referências

Com a ajuda deste paradigma, podemos avançar de forma construtivista, típico-ideal, nomológica e idiográfica.

1 Dispomos de um modelo construtivista na forma de todo um quadro de referências. Em termos de teoria da ação, representa um modelo fechado de fatores interdependentes que, em qualquer situação, orienta a ação em determinados campos do espaço de ação. Em termos de teoria de sistemas, o quadro de referências é um modelo fechado de subsistemas interdependentes num ambiente definido conforme as dimensões do espaço de ação. Nesse caso, enfatiza-se a abstração (**L**).

2 Os tipos ideais podem ser construídos selecionando-se campos e fatores de ação específicos ou funções e subsistemas específicos. É importante que a natureza seletiva desse procedimento seja imediatamente visível do ponto de vista do quadro de referências, e que a interdependência das estruturas e processos típico-ideais com os outros fatores de ação e subsistemas seja demonstrada. Os tipos de ação de Max Weber servem de exemplo: definem seletivamente fatores muito específicos que controlam a ação, sem no entanto estarem dispostos num modelo capaz de lançar luz sobre suas características especiais e suas mútuas relações. Weber distingue as seguintes ações: racional-instrumental (meios-fins), racional-avaliativa, afetiva e tradicional. Sua interdependência e características intrínsecas aflorarão com mais clareza do que na própria obra de Weber se as interpretarmos como representantes de diferentes campos de ação no espaço de ação. A ação racional-instrumental leva ao campo da adaptabilidade; a ação racional-avaliativa, ao da identidade; a ação afetiva, ao da direcionalidade, e a ação tradicional, ao da estruturalidade. Os tipos ideais são especificações do quadro geral de referências (**G**).

3 As hipóteses nomológicas exprimem relações estruturais. As seguintes hipóteses básicas podem ser formuladas sem o nosso quadro de referências.

(i) Quanto mais a ação for controlada pelo intercâmbio, orientação utilitária, dinheiro, aprendizado, inteligência e processos físico-químicos, mais frequente e rapidamente uma ordem institucional se modificará; porém, quanto menos uma ordem for reforçada, mais se preservará ou se conformará a esquemas regulares.

(ii) Quanto mais a ação for controlada pela autoridade, orientação para fins e poder, disposições pessoais, capacidade de desempenho e processos orgânicos, mais uma ordem institucional se imporá a outras alternativas; porém, quanto menos mudar situacionalmente, mais se preservará ou se conformará a esquemas regulares.

(iii) Quanto mais a ação for controlada pelo discurso, orientação para princípios universais, argumentos, símbolos, definições de situação e condições transcendentais, mais uma ordem institucional se preservará; nesse caso, entretanto, mudará menos situacionalmente, será menos concretizada e reforçada e se conformará menos aos esquemas regulares.

(iv) Quanto mais a ação for controlada pela associação comunitária, orientação para normas, influência baseada em compromissos, obrigação de solidariedade e apego afetivo, mais uma ordem institucional se conformará a esquemas regulares; porém, mudará menos situacionalmente, será menos reforçada concretamente contra suas alternativas e se preservará menos.

As hipóteses nomológicas se referem ao campo de abertura no espaço de ação (**A**).

4 Nas explicações idiográficas utilizamos a linguagem do paradigma. Mais especificamente, podemos indicar, com a ajuda do quadro de referências: quais fatores da ação, subsistemas, estruturas e funções têm peso específico e prevalecem com relação aos demais em determinadas sociedades; que atritos existem entre os subsistemas e que falhas se observam na ordem institucional. As descrições idiográficas contemplam o campo em que o raio de ação está fechado (**I**).

VI Alcance e limites das abordagens específicas na metateoria e na teoria objetiva

Após a apresentação formal do paradigma de uma teoria voluntarista da ação, passamos a adotar essa perspectiva num exame detalhado do alcance e dos limites das abordagens especificamente metateóricas e teórico-objetivas, bem como de sua integração no paradigma voluntarista. Discutiremos as seguintes abordagens metateóricas e as seguintes explicações no nível metateórico: (**a**) métodos idiográfico, típico-ideal, nomológico e construtivista; (**b**) explicações causal, teleonômica, normativo-interpretativa e racional-interpretativa. No plano teórico-objetivo, ocupamo-nos do alcance, limites e integração das seguintes abordagens: (**c**) utilitarismo e teoria do conflito como variantes do positivismo, e normativismo e racionalismo cultural como variantes do idealismo; (**d**) a explicação da estabilidade e da mudança nas instituições; (**e**) micro e macrossociologia; (**f**) individualismo e coletivismo; (**g**) teoria da ação e teoria de sistemas. Finalmente, (**h**) o surgimento do direito moderno será discutido como um exemplo de análise de sistemas fundado na teoria da ação.

(a) Métodos idiográfico, típico-ideal, nomológico e construtivista

Se examinarmos as instituições modernas com a ajuda do quadro de referências da teoria da ação voluntarista, ultrapassaremos a descrição e a explicação meramente *idiográficas* das instituições. Esse método teria de propiciar uma explicação interpretativa da singularidade de uma instituição dentro de uma sociedade concreta num momento qualquer no tempo, extrapolando o contexto do mundo vivencial dessa sociedade em particular (Collingwood, 1946; Dilthey, 1970; Husserl, 1928; Schütz, 1962; Schütz & Luckmann, 1979). A casuística histórica impera, sem que se possa fazer remontar as relações funcionais hipotéticas ao conhecimento universalmente verificável ou apontar deficiências, procedimentos alternativos ou novos desenvolvimentos associados a um modelo que vá além do caso individual estudado. O empirismo positivista difere dessa variante idealista do empirismo uma vez que oferece uma explicação histórica graças ao levantamento de dados históricos quantificáveis (Best & Mann, 1977; Clubb & Scheuch, 1980; Flora, 1974; Imhof, 1980). No entanto, quando esses levantamentos de dados constituem a única base metodológica, o problema é o mesmo, ou seja, nada se pode dizer a respeito de relações funcionais, deficiências, procedimentos alternativos e novos desenvolvimentos.

Nosso procedimento não deve também se basear apenas na construção deliberadamente seletiva de *tipos ideais* positivistas ou idealistas, à maneira de Max Weber.[6] Aqui também não é possível estabelecer de modo geral as relações funcionais, deficiências, procedimentos alternativos e novos desenvolvimentos. Em última análise, um tipo ideal é uma seleção arbitrária das características de um fenômeno a partir das inúmeras qualidades presentes na realidade, sem nenhuma tentativa de colocá-lo numa relação superordenada. Isso conduz facilmente a distorções e conclusões apressadas, que não podem ser corrigidas na ausência de um conhecimento mais universal, mesmo que as distorções ocorram durante o processo "consciente". Não existe uma ordem analítica superordenada.

Outro método, inadequado quando aplicado isoladamente, é a explicação histórica por meio de hipóteses *nomológicas*, seja em sua variante positivista, centrada em leis naturais, seja em sua variante idealista, com ênfase normativa (Dray, 1957; Goldstein, 1972; Hempel, 1965a, 1966; Nagel, 1960; Schmid, 1979). A primeira não tem acesso aos aspectos significativos da ação, nem a uma ordem superordenada, ao passo que a segunda carece de ordem universal. Em geral, as explicações positivistas caracterizam as abordagens utilitaristas e as da teoria do conflito. Isso significa que a equação entre inter-relações normativas, do mundo vivencial e cultural, onde estão envolvidas ordens institucionais, ou é completamente eliminada ou reduzida a constelações de interesses e poder. Assim, a qualidade substantiva das instituições se

6 Ver Burger, 1976; Henrich, 1952; Parsons, 1968, p.579-639; Prewo, 1979; Schelting, 1934, p.325-43, 354-61; Tenbruck, 1959; Watkins, 1952; Weber, 1973; Weiss, 1975.

perde. Na falta de uma ordem analítica superordenada, é impossível determinar as formas especiais de atuação dos fatores e das relações recíprocas entre diferentes hipóteses nomológicas em qualquer outro esquema estruturado. Ainda não se sabe quais hipóteses devam ser aplicadas a quais problemas: existe um verdadeiro emaranhado de hipóteses contrárias.

Enfim, o *construtivismo* positivista ou idealista é um método que, independentemente de sua relevância especial aqui, não deve tornar-se um fim em si mesmo (Kambartel, 1976; Lorenzen, 1974). Ele se restringe à construção de modelos abstratos que são depois testados segundo o único critério de sua consistência interna. Sob essas circunstâncias, nada mais fácil que a concretização histórica se perca, juntamente com quaisquer aplicações à realidade. Considerado como um fim em si mesmo, o construtivismo leva em última instância ao "neoplatonismo" (Albert, 1965). Podem encontrar-se exemplos nas construções de lógica do desenvolvimento, nas suas variantes idealistas, materialistas e até dialéticas. A teoria da racionalização, tal como usada para explicar a formação das instituições modernas, sem dúvida exibe esse tipo de lógica do desenvolvimento.

Se quisermos evitar as distorções provocadas por esses diferentes métodos, teremos de escolher um procedimento que os integre num quadro mais amplo de referências. Teremos de trabalhar, a um só tempo, construtivisticamente, típico-idealmente, nomologicamente e idiograficamente. Isso de maneira alguma exclui a possibilidade de priorizar um método em particular (na dependência do tipo de conhecimento que se queria desenvolver) e depois suplementá-lo utilizando os outros ao menos em parte. Quando empreendemos a pesquisa histórica de um caso individual, por exemplo, ficamos propensos a recorrer ao método idiográfico. Todavia, mesmo aqui, isso não passa de um trabalho empírico feito às cegas e sem ordem caso a pesquisa não esteja orientada por um quadro construtivo de referências, e por hipóteses típico-ideais e nomológicas. A pesquisa sociológica difere do tratamento histórico porque busca alcançar um nível mais alto de conhecimento à custa da variedade de casos individuais. Por isso, um quadro construtivo de referências se torna especialmente importante, embora precise ser ampliado por tipos ideais, hipóteses nomológicas e relatos empírico-idiográficos.

Na pesquisa das instituições modernas, precisamos adotar uma abordagem sociológica; portanto, a primeira exigência é um quadro de referências abrangente. O método construtivista, que elabora os esquemas gerais inerentes às instituições modernas, destaca-se nesse ponto. Utilizamo-lo na convicção de que o conhecimento sociológico, sem a realização desse ordenamento, permanecerá inevitavelmente cego. Assim como a intuição e a observação empírica são cegas na ausência de conceitos e do quadro teórico de referências, assim também os conceitos e o quadro teórico de referências são vazios na ausência de intuição e observação empírica (Kant, 1956, p.294-349). Se quisermos permanecer fiéis a essa máxima de Kant, um método construtivista será tão indispensável na pesquisa das instituições modernas como em qualquer outra parte – mas, repetimo-lo, ele não pode se converter num fim em si mesmo. Terá de ser compelido a trabalhar lado a lado com os métodos idiográficos/empíricos a quem caberá a contrastação empírica, com o método típico-ideal que permitirá estabelecer a especificidade a certos setores da realidade e com o método nomológico que explicará os fenômenos observados.

(b) Explicações causal, teleonômica, normativo-interpretativa e racional-interpretativa

Outra questão que aflora no nível metateórico é a controvérsia entre método idealista de interpretação (*Verstehen*) e método positivista de explicação (Parsons, 1968, p.579-639; Weber, 1973). Também aqui não precisamos escolher entre ambos, mas encontrar um modo de agir que os integre. As instituições são esquemas de normas. Ao analisar suas relações de significado – interna ou externamente, com respeito a outras instituições, culturas em geral e o mundo vivencial das comunidades –, necessitamos de interpretação por meio de *Verstehen*. De igual modo, a inserção dessas instituições num esquema mais universal pode ser atribuída a essa forma de interpretação. Contudo, a interpretação também se evidencia na explicação de ações de atores individuais e coletivos numa dada situação. Toda ação intencional desse tipo deve ser encarada como fruto de uma escolha feita de acordo com determinado princípio, sob condições iniciais dadas de meios, situações, fins, normas e quadro de referências. Os princípios subjacentes que o agente pode seguir são a otimização de objetivos, a maximização e consecução de um fim, a conformidade a normas ou consistência com um quadro de referências ou, novamente, um esquema ordenado que incorpore tudo isso. O vínculo entre as condições iniciais e a intenção implícita na ação é uma relação de significado que pode ser discernida por meio da interpretação, e não uma relação causal; o único aspecto causal ou semicausal na natureza é o efeito direto das condições sobre a ação executada.

Quanto mais o objeto de pesquisa for determinado por níveis de ação isolados das estruturas simbólicas (cultura e mundo vivencial) e constituir condições que o agente não possa mudar pela argumentação, mais sua ação será causal ou semicausalmente determinada, devendo ser assim esclarecida. Isso se aplica também à relação entre estruturas de interação relativamente rígidas e firmadas ou estruturas institucionais, por um lado, e frequências particulares de certos tipos de ação, por outro. Os vínculos entre traços da estrutura social e índices de suicídio, investigados por Émile Durkheim (1973), são exemplos clássicos de relações semicausais. Eles são exemplificados também pela demonstração de Max Weber da relação entre a disseminação do protestantismo ascético e a existência do capitalismo *racional* como forma de capitalismo sujeita à ordem normativa (Weber, 1973). Todavia, não se trata de leis causais a tomar seu curso previsível independentemente da reflexão humana, mas de leis naturais, as únicas semicausais no caráter. Além de estabelecer correlações estatisticamente significativas e a fim de comprovar a adequação causal, Weber e Durkheim se esforçaram muito para descobrir a relação de significado entre traços simbólicos da estrutura social em questão e as intenções dos agentes. Max Weber enfatizou o nexo de significado entre a ética protestante e as normas capitalistas a fim de afirmar a adequação da relação hipotética no nível do significado. Émile Durkheim analisou o suicídio como um ato significativamente compreensível sob condições de desordem do sistema de personalidade (suicídio anômico), isolamento social e busca individual de sentido (suicídio egoísta), e responsabilidade comunitária (suicídio altruísta).

O fato de estruturas de significado acessíveis à reflexão humana estarem na base do que à primeira vista parece um conjunto de leis inexoráveis implica que elas possam também ser solapadas e modificadas pelos seres humanos. Por isso tais relações são qualificadas como *semi*causais. Por exemplo, o nexo de significado entre a ética protestante e o capitalismo pode ser problematizado no discurso, daí resultando que as mudanças ocorram na justificação das estruturas econômicas. Bem perto das relações semicausais, no que toca a seu efeito sobre a frequência de ações e às características das ordens sociais, estão as constelações de interesses e as estruturas de poder. Aqui, os agentes atuam estrategicamente e, em qualquer caso, de forma comunicativa, num nível superior, ou seja, sua ação é determinada em grande parte por condições externas. A frequência com que os agentes geram efeitos negativos externos para os outros, quando agem em interesse próprio ou fazem uso do poder em círculos de interação amplos e interdependentes, é uma consequência necessária que só podem superar passando da ação estratégica à ação comunicativa.

A pesquisa das instituições modernas não deverá restringir-se ao nível das estruturas de significado nem ao nível das estruturas de interesse e poder, ou ao da ação individual; e, se as instituições tiverem de ser vistas como estruturas de significado que se inter-relacionam não apenas com outras da mesma natureza, mas também com estruturas de interesse e poder, então uma abordagem abrangente exigirá a formulação de hipóteses seminomológicas que possam ser mensuradas segundo o critério da adequação causal de assertivas às relações e aplicativos por meio de uma explicação de tipo semicausal. Mas a pesquisa também exige interpretações (por intermédio da *Vestehen*) de relações de significado e modos de ação orientados para o critério da adequação de assertivas que se referem às relações no nível do significado.

Outro método de explicação pode ser empregado, sobretudo quando estamos investigando sistemas de ação claramente delimitados, aos quais é possível atribuir uma finalidade básica inequívoca, como no caso das organizações. Aqui, precisamos um modelo que abarque as funções que tais sistemas têm de desempenhar para, de fato, alcançar suas finalidades no seu entorno. É, pois, possível dar uma explicação *funcional* da relação entre consecução de fins e desempenho das funções exigidas dentro de um sistema. Se o sistema consegue alcançar seus fins, podemos deduzir *funcionalmente* a existência das estruturas exigidas para esse propósito. Se dispõe de meios para controlar as contribuições do ambiente para a manutenção constante da consecução de fins, então, sempre que ocorrerem rupturas consequentes do meio, certos processos poderão ser explicados *teleonomicamente* como responsáveis pelo restabelecimento da capacidade de consecução de fins (Hempel, 1965b; Münch, 1976, p.111-59; Nagel, 1956). Dessas três variantes explicativas, a que provavelmente desempenha um papel mais adequado para a análise das instituições é a funcional. Nesse, é preciso considerar uma instituição como o esquema normativo de um sistema concreto de interações direcionado para um objetivo particular (função) e indicar quais estruturas, isto é, quais esquemas de interação deverão ser desenvolvidos para se alcançar aquele objetivo (desempenhar a função); o grau da consecução de fins de um sistema (desempenho de funções) pode ser determinado segundo o grau de evidência dos padrões de interação exigidos.

(c) Utilitarismo, teoria do conflito, normativismo e racionalismo cultural

Retorno, agora, à teoria do objeto. Aqui, é preciso superar as limitações das duas variantes do positivismo, o utilitarismo e a teoria do conflito, assim como as duas do idealismo, a sociologia normativa do mundo vivencial e a teoria racionalista da cultura.

Um ponto de vista *utilitarista* teria de atribuir a formação das instituições modernas aos cálculos de utilidade dos agentes envolvidos.[7] E isso, sem dúvida, é uma tarefa difícil. Todas as tentativas feitas até agora nesse sentido se limitaram invariavelmente à simples questão de saber se a existência da ordem social é benéfica, ou então se a existência das leis da propriedade são benéficas se comparadas com a possibilidade de sua não existência. Entretanto,

7 Ver, entre outros, Becker, 1976; Buchanan, 1975; North & Thomas, 1973. Para uma crítica desses trabalhos, ver Münch, 1983b, p.45-76.

em círculos mais amplos de interação, essa pergunta não pode ser respondida com base em considerações de utilidades individuais, porquanto os atores, em tal situação, sucumbem ao dilema do prisioneiro. Semelhante abordagem nada enseja de substancial sobre as instituições modernas ou sobre o significado, para sua estabilidade e desenvolvimento, de tradições culturais e discussões. Para essa abordagem, as instituições se encontram num vazio cultural e comunitário.

Problemas similares são levantados pelas explicações da *teoria do conflito* sobre as instituições modernas (Bendix, 1964, 1978; Collins, 1968, 1975; Coser, 1956, 1967; Dahrendorf, 1959, 1961). A questão de como se originaram estas instituições é reduzida, na versão autoritária dessa teoria, ao tamanho e força dos batalhões que podem ser mobilizados em sua defesa ou, na versão liberal, à existência de um equilíbrio precário e provisório de poder entre os grupos sociais. Isso, por seu turno, leva a questionar como, dessa perspectiva, deve-se considerar a continuidade das instituições políticas como as da Grã-Bretanha e dos Estados Unidos, que não são amparadas nem por uma estrutura de poder, sempre estável, nem por um constante equilíbrio de poder. Os teóricos do conflito frequentemente tendem a ignorar as bases do conflito controlado que, em si mesmas, não contêm nenhum elemento de conflito, ou seja, as bases culturais e comunitárias – do mesmo modo que os utilitaristas ignoram as bases não contratuais (isto é, culturais e comunitárias) subjacentes ao fechamento de contratos em interesse próprio. A teoria do conflito oculta as características substantivas das instituições, exceto se estivermos dispostos a considerar as tradições culturais daqueles que a sustentam. Contudo, isso seria romper os limites da teoria do conflito em direção a uma sociologia da cultura e ao universo vital.

Do ponto de vista de uma sociologia *normativista* do mundo vivencial, as instituições modernas surgem como a expressão do mundo vivencial particularizado de sociedades específicas e, como tais, normativamente fechadas (Berger & Luckmann, 1966; Collingwood, 1946; Schütz & Luckmann, 1979).[8] Cada instituição

8 Para uma conjunção do mundo vivencial/normativo e as abordagens da teoria do conflito, cf. Haferkamp, 1980, 1981.

deve ser entendida e interpretada segundo sua própria posição nas inter-relações da vida. Sua formação e estrutura, em termos de significado, devem enraizar-se na estrutura do mundo vivencial de uma sociedade concreta. A objeção a essa abordagem, de uma perspectiva racionalista, é que ela não propicia nenhum vislumbre de explicação para o desenvolvimento de padrões institucionais universais. As instituições continuam sendo inter-relações vivenciais particularizadas, confinadas em si mesmas. Igualmente impossível é elaborar uma crítica das instituições recorrendo a esquemas normativos com validade mais geral. Outros fatores que não podem enquadrar-se no esquema normativo são aqueles que induzem mudanças nas instituições, como os processos de aprendizado e o comportamento de mercado. O mesmo é verdadeiro para os fatores que reforçam as normas institucionais concretas, embora não integrem nenhuma tradição existente, ou para fatores que podem realmente provocar o rompimento da tradição, como o carisma e a mobilização do poder.

A teoria *racionalista* da cultura considera as instituições modernas como o produto de processos culturais de racionalização que, por seu turno, convertem-se na racionalização social das instituições (Habermas, 1981a; Tenbruck, 1975; Schluchter, 1979). As racionalizações da economia, da política e das relações comunitárias, são interpretadas como especificações de um esquema cultural geral de racionalidade. Aqui, racionalização significa a tendência da cultura a intelectualizar-se, da economia e negócios a racionalizar-se economicamente, da política a burocratizar-se, das relações comunitárias a formalizar-se e a objetificar-se. Nem sempre é claro se as instituições se deixam penetrar e modelar pela racionalização cultural ou se os impulsos culturais estimulam a racionalização das esferas institucionais de acordo com suas próprias leis. O que não se pode apreender com o quadro de referências desse enfoque são os particularismos institucionais resultantes da tradição do mundo vivencial de uma dada sociedade; nem pode ele explicar as mudanças situacionais, abertas e não dirigidas a que as instituições estão sujeitas pela articulação de interesses, pelos processos de aprendizagem e pelas relações de troca. Ele não explica, enfim, os casos em que se impõem normas institucionais sem legitimação cultural geral antes de se apresentarem justificativas racionais.

Em lugar dos limitados pontos de vista das abordagens sociológicas já esboçadas, necessitamos de um paradigma compreensivo com um quadro de referências no qual se preservem os postulados adequados de todas essas abordagens, ao mesmo tempo que se reconheçam suas limitações. É necessário um paradigma integrado, capaz de abarcar os diversos campos institucionais a que as abordagens específicas se propõem dar explicações adequadas. É possível distinguir os seguintes campos (ver Figura 5).

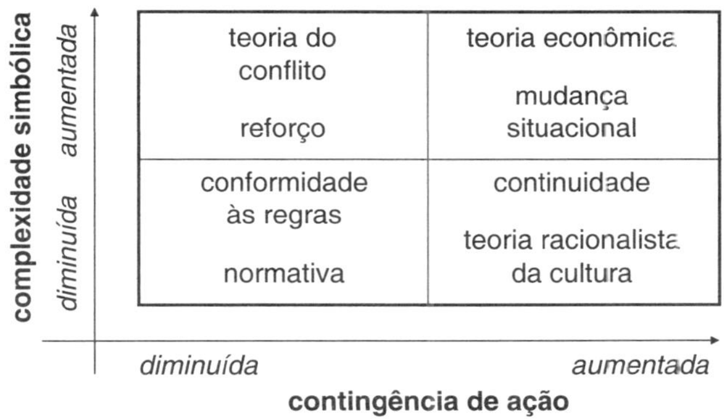

FIGURA 5 – Paradigmas teóricos e aspectos de ordens institucionais.

1 A *mudança situacional* das normas institucionais específicas ocorre como resultado de processos de aprendizado, de intercâmbio de interesses e das orientações utilitárias. Este é o domínio do positivismo utilitarista.

2 O *reforço* de normas institucionais específicas, em caso de oposição, depende da mobilização de poder, da autoridade e do carisma. Aqui, é apropriada a variante positivista da teoria do poder e do conflito.

3 A observância de *esquemas regulares* na ação institucional e o *poder social coercitivo* das normas estão em íntima relação com as raízes na tradição do mundo vivencial de uma sociedade. Este é o campo do idealismo normativista.

4 A *continuidade* das instituições é consequência da generalização de suas normas em processos discursivos de argumentação. Nesta esfera o idealismo racionalista possui a força explicativa.

(d) Explicação da estabilidade e da mudança nas instituições

Com um paradigma adequado, capaz de integrar abordagens específicas num quadro de referências universalmente válido, será possível explicar não apenas a mudança das instituições, mas também sua estabilidade e consolidação (Alexander, 1981; Eisenstadt, 1973; Parsons, 1961, p.70-9; Smelser, 1963). Mudança não é caos, mas transformação de um esquema institucional de um ponto no tempo, t_1, a outro, t_2. Essa transformação produz efeitos em todos os campos de ação aqui discutidos. Em t_1, um esquema institucional encontra-se inicialmente baseado na tradição comunidade. Processos de aprendizado, articulação de interesses e orientações utilitárias pressionam por mudança, de maneira não dirigida, esse esquema, ao passo que a pressão dirigida por mudança vem do argumento discursivo que questiona a validade dos esquemas institucionais. Ambos os processos abalam a tradição em questão. Havendo à disposição procedimentos regulados, o esquema institucional pode ser ajustado passo a passo, graças à generalização discursiva e à abertura. Na falta de semelhantes procedimentos, faz-se necessário um rompimento com a tradição, provocado pela mobilização do poder e pelo carisma (Eisenstadt, 1968; Shils, 1975, p.127-34, 256-75; Weber, 1976, p.140-8, 654-87). No entanto, para que isso conduza a um novo esquema institucional, é necessário que processos de tradicionalização e consolidação comunitária estabeleçam o imprescindível poder social de coesão à medida que os ajustes forem ocorrendo. No caso de ruptura da tradição, outro processo de tradicionalização se impõe para consolidar o poder social de coesão; além disso, justificações discursivas terão de garantir a continuidade do novo esquema. Nesse sentido, qualquer mudança numa instituição t_1 e t_2 que não seja meramente caótica depende sempre de processos graças aos quais as instituições são franqueadas, generalizadas, reforçadas e reconsolidadas. Em consequência, precisa-se de uma teoria que possa englobar esses diferentes processos e a natureza de seus efeitos na ação, dentro de um paradigma integrado.

Uma forma especial de mudança é a evolução de esquemas socioculturais (Giesen, 1980; Parsons, 1966, 1971a; Giesen, 1982;

Schmid, 1982).[9] Para tal propósito podemos considerar os esquemas culturais como um código genético que, durante o processo de evolução sociocultural, obedece *internamente* a uma lógica de discussão racional e, determinado apenas por essa lógica, contempla um esquema cultural com crescente validade universal. *Externamente*, esse esquema cultural tem de ser convertido, mediante procedimentos interpretativos, em esquemas institucionais específicos. Sob esse aspecto, os esquemas institucionais representam genótipos do esquema cultural modelados pela construção genética. A transmissão da tradição e da socialização garante a reprodução dos esquemas institucionais, ao passo que as inovações provocam variações e, portanto, facilitam a mudança. Os esquemas institucionais obtidos por interpretação são depois especificados para se tornar normas institucionais. Estas são as instituições concretas, que podem ser descritas como fenótipos, e como tais se acham expostas a um processo *externo* de seleção imposto por seu ambiente.

Podemos entender uma instituição como um esquema normativo específico, cuja "sobrevivência bem-sucedida" enraíza-se na tradição vivencial de uma comunidade, no fortalecimento graças à mobilização do poder e ao carisma, e na adaptação a interesses, cálculos utilitários e experiências de aprendizado situacionalmente mutáveis. As instituições assim estabilizadas socioculturalmente reformulam o esquema cultural, ou seja, a evolução desse esquema não só procede de acordo com a lógica interna da racionalização cultural como está também submetida a processos de seleção externos. Determinar quais sejam os fatores relevantes da evolução significa determinar até que ponto eles são moldados por estruturas apropriadas e quais as relações que mantêm – relações que vão do domínio e acomodação até a interpenetração, passando pelo isolamento mútuo e a reconciliação.

A perspectiva evolucionista tem um papel a desempenhar no exame das instituições modernas, porquanto estas exibem um esquema cultural específico que representa uma interpretação dos

9 Ver também os ensaios de Parsons, "Evolutionary Universals in Society" (1967, p.490-520) e "Comparative Studies and Evolutionary Change" (1977, p.279-320).

esquemas gerais da cultura do Ocidente (racionalidade, dinamismo, liberdade, igualdade). Esse esquema institucional especifica-se em normas institucionais que estão sujeitas ao processo de seleção pelo apego à tradição, pela mobilização de poder e carisma, pelos processos de aprendizado e pelos cálculos utilitários.

(e) Micro e macrossociologia

Além dos efeitos de integração já referidos, um paradigma compreensivo deve também permitir que micro e macroníveis sejam considerados numa base integrada.[10] Essa distinção, feita de acordo com as dimensões da unidade examinada, só pode ser relativa. No nível da ação social, podemos considerar a interação situacional entre dois agentes como um microfenômeno. Por exemplo, a interação que ocorre numa situação concreta entre um comprador e um vendedor de determinado artigo é um microfenômeno, desde que só levemos em consideração o artigo em si e as orientações mútuas das partes envolvidas. Mas se levarmos em conta também os possíveis efeitos da transação em terceiros, o modo como reagem e como as partes contratantes se orientam para isso, passamos a investigar uma unidade social mais ampla que então, em termos *relativos*, surge como macrofenômeno. Similarmente, o fato de, ao efetuarem sua transação, as duas partes obedecerem a um esquema normativo compartilhado com uma vasta comunidade de mercado ou observarem normas reforçadas por um corpo superordenado que rege todos os atos de troca, é um macrofenômeno que ultrapassa a díade interativa imediata. O mesmo é verdadeiro para a linguagem na qual se comunicam, a menos de tratar-se de um jargão utilizado privativamente entre ambas as partes e não de uma língua falada por uma comunidade maior.

Vemos então que, como regra, toda ação concreta envolve um tecido complexo de microinteração e macrorrelações, de sorte que as duas perspectivas devem concorrer para a análise. Na medida

10 Ver Blau, 1975; Brodbeck, 1958; Collins, 1981; Homans, 1961; Lindenberg, 1977; O'Neill, 1973; Parsons, 1971b; Sztompka, 1979, p.83-128, 287-323; Turk & Simpson, 1971; Wippler, 1978.

em que as instituições são esquemas de interações válidos para um círculo mais amplo de pessoas, elas devem ser consideradas como macrofenômenos. Por outro lado, como especificações de um esquema cultural mais vasto, elas são microfenômenos. Inversamente, a ação de duas partes que interagem, orientadas pelas instituições, inclui elementos puramente situacionais que, contrapostos ao macronível das instituições, definem o micronível da ação institucionalmente orientada. Por exemplo, a democracia moderna é um microfenômeno em relação ao sistema social da sociedade em seu conjunto. Assim, a possibilidade de micro ou macroanálise depende da perspectiva aplicada. Seja como for, o exame concreto de uma instituição deve ir da microinteração diretamente para a natureza do tecido nos níveis superiores da sociedade e da cultura. O mesmo pode ser dito da análise das instituições modernas. Aqui, é necessário um modelo em que unidades maiores sejam construídas sistematicamente a partir da combinação de unidades menores.

(f) Individualismo e coletivismo

A dicotomia teórica entre individualismo e coletivismo também não é aqui apropriada (Alexander, 1982, p.90-112; Parsons, 1968, p.43-125). As instituições devem ser vistas como esquemas de ordem coletiva, isto é, consideradas do ponto de vista de sua regularidade consolidada, consistem em normas compartilhadas numa coletividade (comunidade) e são mantidas pela solidariedade. Tanto os que violam normas quanto suas vítimas esperam que os membros da comunidade preservem a solidariedade para que a força de coesão das normas permaneça intacta. O infrator deve contar com as sanções, a vítima conta com o socorro proporcionado pela solidariedade. O principal fundamento da força de coesão das normas não são as sanções aplicadas em caso de infração, mas a mútua adesão solidária que ocorre quando as normas são compartilhadas, o que é um pré-requisito para a justa sanção invocada pelas violações. De outra forma, qualquer sanção poderia ser anulada por uma sanção contrária. Nesse sentido, as instituições possuem uma base *coletiva* para sua conformidade a esquemas regulares.

Ao contrário da solidariedade comunitária, outros fatores não provocam o mesmo efeito singular na consolidação das normas. O argumento discursivo tende a gerar a universalização, e portanto a alteração, de normas vivenciais particulares. A articulação espontânea de interesses e as orientações utilitárias dos agentes individuais podem criar ordens coincidentes, mas elas serão situacionais e passageiras; a longo prazo, são fatores de dissolução da ordem. O uso do poder só fortalece as regras se houver uma escala definida de poder, mas mesmo então ele é invariavelmente posto de lado, ou porque o detentor do poder não precisa ele próprio de regras ou porque a escala foi alterada. O equilíbrio de poder é um estado extremamente precário, tão precário quanto a complementariedade circunstancial de interesses. Mas mesmo que as instituições, em relação a seus esquemas regulares consolidados, não possam contar com tais fatores, isso não quer dizer que eles sejam dispensáveis, pois as instituições não são amparadas unicamente por esquemas regulares consolidados. Na medida em que passem por processos de universalização, dependem de procedimentos discursivos; sua capacidade de mudar decorre do efeito de abertura de interesses e orientações utilitárias; e, para se firmarem, precisam utilizar o poder e o carisma.

De fato, o aspecto dos esquemas regulares consolidados, nas instituições, baseia-se na preocupação coletiva com a comunhão e manutenção das normas. Isso não significa, porém, que o agente individual esteja ausente do paradigma que conduz nossa análise; significa apenas que a orientação utilitária individual, entre um número elevado de agentes, não é capaz de produzir ordem na ação social, exceto de natureza circunstancial e instável. Ao mesmo tempo, porém, amplia-se o conceito de agente individual. As abordagens estritamente individualistas, sem exceção, localizam as raízes da motivação para obedecer às regras coletivas no próprio indivíduo, não no envolvimento ou adesão comunitária, nem na socialização. Assim, a variante radical do utilitarismo reduz a possibilidade de ordem coletiva à complementariedade circunstancial de interesses (Buchanan, 1975; Locke, 1963, esp. Livro II, parágrafos 95-122; Smith, 1937). A variante não radical quase sempre postula um senso *naturalmente* dado de simpatia social em cada indivíduo (Hume, 1966; Smith, 1966). As variantes individualistas do pragmatismo e do interacionismo simbólico também postulam, pelo menos em termos evolucionistas, que existe uma certa solidariedade nos indivíduos anterior à adesão e à socialização (Joas, 1980; Lewis & Smith, 1980; Mead, 1972; Peirce, 1958, 1960). A solução coletivista para o problema da ordem considera o surgimento de uma ordem moral coletiva apenas como resultado da adesão comunitária do indivíduo e da socialização na comunidade. Como parte do mesmo processo, entretanto, somente então é que a personalidade individual ultrapassa a estrutura dos impulsos orgânicos, e que a autonomia e a identidade cultural vão além dos limites de grupos particularizados (Münch, 1981a, p.311-54; 1982b, p.364-426).

O indivíduo *concreto* abarca todos esses aspectos: estrutura de necessidades, personalidade, participação na coletividade e identidade cultural. Nesse caso, a ordem coletiva baseia-se naturalmente na unificação dos indivíduos envolvidos que, em sua associação comunitária, imprimem uma marca normativamente consolidada, que todos passam a ostentar em suas próprias estruturas de necessidades, livre desenvolvimento pessoal e identidade cultural. Já as estruturas de necessidades e as personalidades não são compartilhadas, e sua identidade cultural extrapola os limites estabelecidos pelas normas comunitárias, podendo assim submeter tais normas à reflexão crítica. A ordem coletiva repousa na capacidade individual de superar as barreiras de suas necessidades orgânicas e disposições pessoais para obter a visão mais panorâmica da solidariedade coletiva.

Um paradigma abrangente não deve ser nem puramente individualista nem puramente coletivista; deve, ao contrário, integrar a tensão entre esses dois componentes. Essa tensão se expressa fundamentalmente no conceito de ordem voluntária, que depende da interpenetração da estrutura orgânica das necessidades, disposições pessoais, adesão coletiva e identidade cultural. Em qualquer das quatro instâncias, podemos falar de orientação individual para a ação. Nesse sentido mais amplo, adoto termos individualistas. Contudo, a ordenabilidade da ação não pode ser reduzida à complementaridade incidental de necessidades e disposições, pois deriva da associação comunitária. Nesse sentido, adoto um procedimento coletivista. Aqui, convém fazer uma distinção entre o indivíduo como agente concreto, que age intencionalmente combinando as orientações para a ação de um certo modo e numa situação particular, e a personalidade individual, o organismo individual e o sistema comportamental individual, que não passam de aspectos analíticos do indivíduo. Também um agente coletivo que age intencionalmente, como o grupo, a empresa comercial, o clube e mesmo a sociedade, deve ser isolado da associação comunitária coletiva, que é um aspecto analiticamente definível dos sistemas sociais (Parsons, 1968, p.337).

(g) Teoria da ação e teoria de sistemas

A última dicotomia, que deve ser evitada, ocorre entre teoria da ação e teoria de sistemas.[11] Ambas têm de ser incorporadas, como perspectivas diferentes, num só quadro de referências. Na perspectiva da teoria da ação, o objeto de pesquisa é um agente individual ou coletivo cuja ação se dá sob certas condições e meios disponíveis, é dirigida para fins e orientada por normas e um quadro geral de referências. O agente deriva sua ação intencional segundo um determinado princípio de ação ou uma combinação desses princípios, ordenados de certa maneira, de percepções da situação, do quadro de referências, dos fins e das normas. Podemos explicar como ocorre tal derivação por meio da interpretação (*Verstehen*).

Também é possível, da perspectiva teórica da ação, resolver o problema da ordem na ação. Pode-se perguntar que influência os elementos básicos da ação (fins, situação, normas, quadro de referências) exercem sobre a ordenabilidade da ação. Os fins conferem orientação à ação, mas uma orientação que depende do poder de que o agente dispõe. Os meios e as condições dão-lhe variabilidade situacional, mas não uma ordem constante e estável. Os quadros gerais de referência apenas atribuem à ação

---

11 Ver Adriaansens, 1980; Bershady, 1973; Dubin, 1967; Gerstein, 1975; Habermas, 1981a, v.2, p.297-443; Menzies, 1977; Münch, 1982b, p.193-214; Parsons, "Pattern Variables Revisited, A Response to Robert Dubin" (1967, p.192-219); Savage, 1981.

uma identidade abstrata, com variabilidade maior em níveis mais superficiais. Só as normas produzem esquemas regulares consolidados na ação. Isso é igualmente verdadeiro tanto para a ação em geral quanto para a ação social em particular. As normas não podem ser estabelecidas apenas por indivíduos, pois isso as faria sinônimos de fins e colocaria sua eficácia na dependência do poder individual. Unicamente sob a forma de regras compartilhadas, amparadas pela adesão na solidariedade, podem as normas conferir uma ordenação constante e estável à ação em geral e à ação social em particular.

Um passo rumo à ampliação da teoria da ação é dado pela teoria de sistemas quando subsistemas de ação são distinguidos de acordo com um quadro sistemático apropriado, capaz de abranger dimensões e aspectos da ação, bem como a ordem analítica própria a esse quadro. Aqui, os elementos básicos da ação são atribuídos a estruturas e processos particulares que podem ser delineados como subsistemas de ação e que têm relações recíprocas de troca especialmente significativas para a ordem subjacente à ação. Três níveis podem ser aqui distinguidos: a condição humana, o nível geral de ação e a ação social. No nível antropológico da condição humana, o organismo humano determina os fins, os processos físico-químicos permitem a adaptação situacional, a definição significativa da ação promove a ordem e as condições transcendentais para uma existência humana significativa formam um quadro geral de referências. No nível da ação geral, os objetivos são estabelecidos pela formação e desenvolvimento das disposições pessoais e capacidade de desempenho, a adaptação situacional é produto da inteligência e de processos de aprendizado adaptativos, a adesão às normas provém da coesão social e do apego afetivo, e a orientação para um quadro geral de referências se dá graças à simbolização cultural e às definições da situação. No nível da ação social, os objetivos são estabelecidos pela autoridade, como procedimento de tomada de decisões, e pelo poder político; a adaptação situacional é consequência da alocação econômica de recursos, preferências e dinheiro; a adesão às normas baseia-se na associação comunitária e na obediência às regras, e a orientação para um quadro geral de referências surge da comunicação no discurso polêmico.

Quanto mais os subsistemas de ação forem não apenas analiticamente separáveis, mas também concretamente diferenciáveis uns dos outros, mais a ordem subjacente à ação será o produto, não apenas das diversas contribuições dos subsistemas, mas também de suas inter-relações. Nenhum desses subsistemas é autossuficiente: todos dependem da provisão de "fatores" e "produtos" por parte dos outros subsistemas a fim de se capacitarem a exercer essas funções.

Tomemos como exemplo o subsistema social do estabelecimento de objetivos e tomada de decisões. O subsistema abrange os procedimentos de tomada de decisões e os processos dele resultantes, assim como o fortalecimento de decisões por meio do poder político. A seleção e o fortalecimento de decisões decorrem das estruturas e processos acima mencionados – mas não sua força de coesão, legitimidade e exequibilidade. As decisões, para terem força de coesão social, exigem a mobilização dos esforços da sociedade comunitária; para adquirirem legitimidade, exigem justificação sociocultural discursiva; e para serem exequíveis, exigem a mobilização de recursos do sistema econômico. A relação de um subsistema político com outros subsistemas sociais não é, nesse sentido, entendida como um sistema concreto que precise adaptar-se naturalmente a um ambiente complexo. Ao contrário, o intercâmbio de fatores e produtos será considerado essencial para que os subsistemas desempenhem suas funções específicas, sendo interpretado como uma forma de interpenetração.

O sistema político não funciona de forma naturalista, mas como um conjunto de ações sociais interdependentes e com sentido próprio, orientadas para a tomada coletiva de decisões. Quanto mais essas ações apresentarem densidade de interdependência entre si, que é relativamente maior que a densidade de sua interdependência com ações orientadas de outro modo, mais poderão ser isoladas de outras ações como um sistema concreto. Sabemos que a persistência do isolamento de um sistema depende de uma ordem normativa para uma instituição política. Afirmamos que o sistema exerce sua função quando decisões coletivas, em consonância com necessidades articuladas, são obtidas no âmbito dessas interações políticas interdependentes e normativamente governadas. Embora não seja um subsistema social autossuficiente, mas especializado para preencher determinada função, o sistema político depende, para sua eficácia, da mobilização de recursos econômicos, da legitimação sociocultural e da adesão comunitária, que, por seu turno, dependem dos efeitos da tomada de decisões política (Münch, 1982a).

A única área em que o intercâmbio aqui descrito pode apresentar aspectos seminaturalistas é a relação do sistema político com a mobilização de recursos econômicos, ao menos na medida em que a tomada de decisões coletiva se acomode às realidades dos recursos materiais disponíveis, o que acontece de modo instrumental e técnico. Todavia, como o intercâmbio se faz igualmente entre agentes dos setores político e econômico, também aqui estão envolvidos elementos de comunicação significativa. Estes se aplicam exclusivamente ao caso da legitimação cultural dos procedimentos de tomada de decisões políticas e às decisões daí resultantes. O requisito essencial desse processo é que tanto os procedimentos quanto as decisões resultantes estejam racionalmente fundamentados na argumentação discursiva, que mantém unidos o discurso sociocultural e as decisões políticas. Em termos concretos, isso significa que os políticos não podem simplesmente basear seus procedimentos de tomada de decisões e as decisões resultantes no poder existente de fato: precisam justificá-los à luz de valores e normas aceitos em geral. Ao contrário, os procedimentos e decisões resultantes acham-se invariavelmente sujeitos à crítica sociocultural dos intelectuais. Assim, a relação do sistema político com seu "ambiente" sociocultural não é seminaturalista, mas discursiva. Nem sua relação com o ambiente das comunidades é seminaturalista no caráter. Nesse caso, o fator essencial é a força de coesão social dos procedimentos de tomada de decisões e as decisões resultantes. Para assegurar-lhe a eficácia, as comunidades sociais pertinentes devem participar do processo de tomada de decisões e tornar-se, pelo menos, representantes das regras de procedimento. Isso gera associação comunitária e comunicação num mundo vivencial.

Não há traços de naturalização ou tecnologização de comunicação na teoria de sistemas discutida acima. Além disso, as relações de troca entre os subsistemas sociais não devem ser encaradas como relações de intercâmbio econômico. Os intelectuais não trocam a legitimação cultural dos procedimentos de tomada de decisões e as decisões reais pelas decisões coletivas. Seria absurdo interpretar desse modo as relações de troca. O que se quer afirmar é que os políticos, por exemplo, só alcançam a legitimação necessária para os procedimentos de tomada de decisões e as decisões resultantes quando asseguram uma fundamentação racional, ou seja, não podem deixar de levar em conta as discussões socioculturais. Em termos mais claros, eles têm de sair do contexto puramente político a fim de submeter-se às regras do discurso sociocultural se quiserem obter legitimação e justificação para seus procedimentos de tomada de decisões e das próprias decisões resultantes. Em contrapartida, os intelectuais precisam esforçar-se para mobilizar poder em processos de tomada de decisão caso queiram ver seus ideais abstratos convertidos em decisões concretas. E para tanto têm de saltar fora da esfera da simples discussão e descer à arena política.

Essa forma de intercâmbio entre os sistemas político e sociocultural é facilitada pela formação de sistemas mediadores nas zonas de interpenetração dos sistemas. As constituições políticas, por exemplo, podem ser encaradas como subsistemas socioculturais de sistemas políticos em que as decisões políticas ficam subordinadas a procedimentos socioculturais de natureza discursiva. Do mesmo modo, o complexo profissional pode ser entendido como um subsistema do sistema sociocultural em que as interpretações de significado, normas, expressões e conhecimento são transferidos para decisões coletivas com base na autoridade profissional. Os subsistemas correspondentes nas outras zonas de interpenetração fazem da mesma maneira a mediação do intercâmbio de fatores e produtos entre os sistemas sociocultural, comunitário, político e de ação econômica.

Daríamos mais um passo na direção da análise ambiental-sistemática caso a "sobrevivência" da estrutura normativa de um sistema – normas dos procedimentos de tomada de decisões política, por exemplo – fosse interpretada como um sistema que se adaptou a seu ambiente (cf. Buckley, 1967; Luhmann, 1970; Sztompka, 1974). Entretanto, sequer esse tipo de perspectiva pode ser interpretado naturalisticamente no nível da ação significativa.

Nem a estrutura do sistema – interações significativas – nem seu ambiente se erigem unicamente sobre fenômenos não significativos. Consideremos de novo, como exemplo, o sistema político. Seu ambiente imediato consiste em articulações de interesse utilitaristas, discussões socioculturais e comunidades. Aplicada a essas dimensões, a "adaptação" ambiental significa o desenvolvimento de subsistemas que abrem os procedimentos de tomada de decisões a articulações de interesse utilitaristas (o mercado político), abrigam-nos sob normas e valores geralmente aceitos, e ligam-nos ao mundo vivencial das comunidades (sistema jurídico), podendo ainda executar decisões mesmo que haja uma ampla variedade de preferências (a administração). Pelo menos no que toca à cultura e às comunidades, a "adaptação", nesse caso, só é possível por meio do discurso e da comunicação.

Diga-se o mesmo da "adaptação" da sociedade, que podemos considerar como um sistema social concreto, impróprio para desempenhar qualquer função social específica e, nesse sentido, relativamente autossuficiente em termos *sociais*.[12] Um ambiente social é constituído apenas em parte de recursos e demandas materiais; essa dimensão, por outro lado, é a única onde a adaptação da sociedade ao ambiente apresenta um caráter naturalista, graças ao desenvolvimento da tecnologia, aos recursos econômicos e à alocação de preferências. É que a sociedade se situa também num ambiente de comunidades sociais que ela precisa absorver por intermédio de uma associação comunitária *social*. Somente a comunicação entre os grupos envolvidos, e entre representantes do centro social de tomada de decisões e esses grupos, pode viabilizar a adaptação. Outro ambiente que se deve levar em conta é a área cultural a que a sociedade pertence. Nesse caso, a base discursiva da cultura social com relação à cultura geral torna-se imperativa. Enfim, os objetivos estabelecidos por grupos sociais e extrassociais constituem um ambiente em relação ao qual a sociedade precisa demonstrar sua capacidade de desenvolver e consolidar os objetivos coletivos. Isso significa que os procedimentos de tomada de decisões política são um requisito essencial.

12 Ver o ensaio de Parsons, "Social Systems" (1977, p.177-203), esp. p.182-3.

Quando aumentam as demandas desses ambientes diversos, a "adaptação" da sociedade a eles exige a formação de subsistemas apropriados, "funcionalmente" especializados no tratamento de demandas específicas do meio. Eles então formam zonas de interpenetração entre sociedade e ambiente. Todavia, como são funcionalmente especializados, os subsistemas têm de contar com o intercâmbio de fatores e produtos não apenas para exercer suas próprias funções como para conseguir manter a existência da sociedade como unidade concreta. Esse intercâmbio de fatores e produtos, por seu turno, deve ser mediado por outros subsistemas nas zonas de interpenetração sociais e internas. Estes vão proliferando à medida que os sistemas funcionalmente especializados se "adaptam" a seu ambiente social interno. Em todos esses casos, a relação entre sistema e ambiente só apresenta caráter naturalista quando promove a adaptação do sistema às condições orgânicas e materiais. Mesmo as relações com as articulações de interesse e os fins estabelecidos são, no máximo, seminaturalistas, achando-se permeadas por processos de comunicação. Sem comunicação, não se concebem relações nas dimensões cultural e comunitária. Por isso, temos de considerar as relações de troca entre os subsistemas sociais, que são os componentes de um paradigma de intercâmbio (Baum, 1976a, 1976b; Gould, 1976; Johnson, 1973; Münch, 1982c, esp. p.796-806).[13]

(h) Um exemplo de análise de sistemas baseado na teoria da ação: o advento do direito moderno

Explicar o desenvolvimento do direito moderno como fruto das necessidades de manutenção dos sistemas, à medida que seu ambiente vai se tornando cada vez mais complexo, é tarefa destinada ao fracasso.[14] O problema começa com a explicação usual

13 Ver também os ensaios de Parsons, "O conceito de poder político", "O conceito de influência", "O conceito de adoção de valores", já citados, e "Social Structure and the Symbolic Media of Interchange" (1977, p.204-28).

14 Ver Teubner & Willkie, 1984, esp. p.9-13, 15-6, 19-24; ver também Luhmann, 1972, 1984.

para a crescente complexidade do meio, ou seja, os sistemas de diferenciação. Poderá o desenvolvimento do direito moderno ser realmente entendido como um processo de diferenciação, capaz de proporcionar-lhe a base para alcançar um grau sem precedentes de autonomia, de acordo unicamente com suas próprias leis internas? A fórmula soltou a língua dos sociólogos a tal ponto que deixaram de refletir inteiramente sobre o que ela de fato significa. Deveríamos esclarecer a fundo as causas desse desenvolvimento, isto é, a predominância do direito consuetudinário, exprimindo princípios que uma comunidade aceita sem questionar. O direito comum obedece a lógica da associação comunitária, estando assim preocupado com a sociedade e seus limites. Ele é relativamente rígido, limitado nas possibilidades de mudança, pode ser especificado para adequar-se a determinados propósitos ou estendido além das fronteiras da comunidade.

A crescente complexidade do ambiente é uma instância genérica demais para explicar com exatidão os processos de diferenciação entre o direito e a ação comunitária. Embora a "complexidade" da sociedade certamente aumentasse à medida que as cidades e o comércio renasciam na Idade Média, esses surtos de complexidade ocorreram repetidamente na esteira de uma atividade comercial mais ampla na Índia e na China, sem com isso resultar numa racionalização comparável do direito. Max Weber ressaltou isso com bastante clareza. Todavia, ele aponta três fatores primários na base do desenvolvimento do moderno direito racional: uma profissão independente de advogados e juristas, afeitos unicamente a seu próprio sistema de lógica, grupos de capitalistas interessados em garantir oportunidades de ganho, e reis e príncipes em busca de um controle unificado de seus domínios, opondo-se a feudos isolados (Weber, 1972, p.437-8; 1976, p.398-9, 401, 416-22, 487-8, 490-1, 502, 506). Em suma, o direito foi submetido, pelos juristas, a um processo de racionalização (abstração, precisão analítica de conceitos, ausência de contradição, formalismo). Se considerarmos que a função do direito é regular a interação social por meio de normas, veremos que tais regulações foram tão generalizadas pela racionalização que passaram a ser aplicadas a contextos de interação bem mais amplos que a mera ação comunitária. Eis o que explica a universal aplicabilidade do direito moderno.

Contudo, o direito também sofreu a influência dos interesses utilitaristas, desejosos de racionalizar as relações comerciais a fim de aumentar suas oportunidades de lucro. Assim, vemos o direito atrelado a um constante processo de mudança, pois novas situações e novos interesses requerem novos regulamentos. Isso explica por que a velocidade de mudança é uma das características do direito moderno. Finalmente, instituições investidas de autoridade política (monarcas, príncipes, governos, parlamentos, burocracias) prestam-se a colocar seus respectivos domínios sob controle uniforme, e a sufocar quaisquer reivindicações particulares de autoridade ou fontes de resistência. Representam, assim, uma força em prol da unificação sistemática do direito e de seu fortalecimento de modo uniforme, mesmo diante de resistências (Münch, 1984, p.380-446).

A generalização, a dependência de interesses, a sistematização e o fortalecimento uniformes, ultrapassando o contexto da ação puramente comunitária, constituem três aspectos que distinguem o direito moderno do direito consuetudinário, e nesse sentido incluem um processo de diferenciação do direito comum original, rígido, particularizado e limitado em sua eficácia. É, entretanto, um processo que avança em três direções totalmente diversas, nenhuma das quais leva a uma lógica interna unidimensional do desenvolvimento jurídico. Além disso, mesmo que a tradição do direito comum perca algum significado, não se torna absolutamente inexpressivo, muito menos na esfera jurídica anglo-saxã. A tradição legal, característica do direito comum, permanece a fonte do poder coercitivo autoevidente do direito. Desse modo, não estando preso às convicções jurídicas coletivas de uma comunidade legal – que pode variar no pluralismo de sua estrutura –, o direito politicamente estabelecido também ficará despido de todo poder de coesão *sentido como obrigatório*. A diferenciação do direito, oriunda do puro direito comum, torna seu desenvolvimento acessível à lógica das regras de pensamento, ao pluralismo dos interesses econômicos, ao estabelecimento de objetivos e unificação associados a um processo legislativo central e político. Caminha da ação comunitária para as esferas do pensamento científico e cultural, do intercâmbio comercial e do exercício do poder político; nessa qualidade, ocupa uma nova posição como zona de interpenetração entre esses campos extremos de ação.

Comparado ao direito consuetudinário, o direito moderno se caracteriza por uma variedade maior de fatores distintos e representa o espaço onde estes colidem e lutam continuamente pela supremacia. Para detectar as diferenças fundamentais no curso real tomado pelo processo de diferenciação, não é preciso mais que examinar o desenvolvimento do direito europeu em comparação com o anglo-saxão.

Na Europa, a formulação das leis sempre esteve em mãos de juristas titulados. Sempre esteve sujeita a uma ampla racionalização que levou a uma ruptura radical com o particularismo associado ao direito consuetudinário. Os juristas titulados atuavam principalmente como funcionários públicos, o que significa que o Estado podia fortalecer seu propósito de exercer um controle intencional e uniforme sobre sua esfera de autoridade. O intenso movimento para a codificação das leis surgiu dessa união do Estado e da burocracia, dando forma à generalização e a um fortalecimento proposital e uniforme, característicos do direito moderno. Comparativamente, os interesses econômicos desempenharam papel secundário, embora não possam ser de todo ignorados. O direito codificado desenvolveu-se em meio ao clamor de que estava desvinculado da realidade. O racionalismo jurídico e os legisladores políticos logo superaram a tradição do direito comum.

A esfera jurídica anglo-saxã é muito diferente. Nela, o direito comum continua a ser parte essencial do sistema jurídico. O direito anglo-saxão enraíza-se nas convicções legais coletivas de uma comunidade legal; no entanto, sua autoevidência primordial sempre cessa quando novos grupos sociais se apresentam com interesses e convicções que ainda não penetraram no consenso jurídico comunitário. Nessas circunstâncias, o senso comum é apenas o senso dominante, mas de natureza precária.

O direito anglo-saxão tem sido parcamente sujeito à racionalização pelos juristas. Foi modelado por *profissionais* da lei em contato direto com seus clientes economicamente motivados. Assim, as leis se adaptaram mais rapidamente às constelações mutáveis dos interesses econômicos e representam a conjunção do poder coercitivo do direito comum e da adaptação situacional a novos interesses. A unificação para adequação aos propósitos dos corpos políticos, entretanto, é bem menos marcante que na Europa continental. Na falta de uma aliança comparável entre teóricos do direito e legislatura política, as leis não contam com um grau equivalente de codificação para formar um sistema uniforme, ainda que seja possivel identificar uma certa tendência nessa direção.

O direito moderno, portanto, passou por um desenvolvimento que, embora o diferencie do direito comum, não o transformou de forma alguma em um sistema unidimensional estribado em sua própria lógica. Ao contrário, representa uma zona de interpenetração entre pensamento racional, formulação política de estatutos, articulação econômica de interesses e convicções coletivas da comunidade legal, qualquer que seja seu grau de pluralismo. Assim, embora seu peso específico varie, o direito moderno combina características tão diversas quanto racionalidade, autoridade coercitiva coletiva, fortalecimento uniforme e mudança de acordo com constelações de interesses. Não é possível apreender a natureza e o alcance de seu desenvolvimento supondo-se que essas características estejam sujeitas unicamente a um processo seminaturalista e totalmente inespecífico, pelo qual a complexidade do direito moderno se ergue em resposta a uma crescente complexidade ambiental.

Falta totalmente nessa abordagem qualquer base teórica da ação, e portanto, qualquer acesso às diferenças culturais no desenvolvimento do direito. Para adotar uma orientação teórica da ação, teríamos de compreender o desenvolvimento de certas características do direito (racionalidade, autoridade coercitiva, fortalecimento uniforme e mudança dependente de interesses) como resultado do modo como determinados agentes se comportam de acordo com certos princípios, influenciando assim o perfil do direito (ver Figura 6). Os juristas orientam suas ações para leis racionais de pensamento (princípio de consistência); os corpos políticos, para o controle instrumental sobre seu domínio (princípio de realização); os interesses econômicos em direção à maximização do lucro (princípio de otimização) e nós, até onde nos sentimos membros de uma comunidade legal, seguimos as normas que sempre foram aplicadas ao convívio social (princípio de conformidade).

Da perspectiva adotada pela teoria de sistemas, todas essas especificações do desenvolvimento concreto do direito são suprimidas até se tornarem irreconhecíveis pela lógica do desenvolvimento de sistemas.

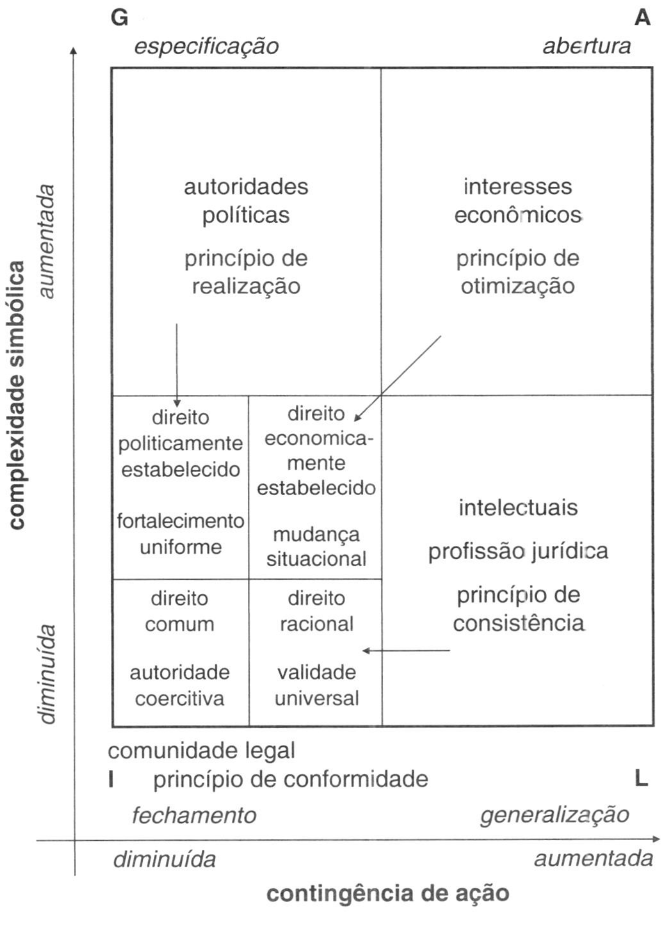

FIGURA 6 – O desenvolvimento do direito moderno em seu ambiente social.

Conclusão

Tentei mostrar, programaticamente, como a fertilização cruzada entre a teoria parsoniana e outras abordagens teóricas rivais pode nos conduzir a uma nova síntese. Agora, o mais importante é a boa vontade para continuar trilhando esse longo caminho graças à crítica mútua, disposta a avaliar os pontos de vista alternativos e depois aplicá-los à pesquisa prática concreta. O objetivo não é simplesmente incorporar abordagens teóricas antagônicas ao paradigma da teoria parsoniana existente, mas operar uma *nova* síntese que ultrapasse tanto o parsonianismo quanto seus oponentes.

Referências bibliográficas

ADRIAANSENS, H. P. *Talcott Parsons and the Conceptual Dilemma*. London: Routledge and Kegan Paul, 1980.

ALBERT, H. Modell-Platonismus: Der neoklassische Stil des ökonischen Denkens in kritischer Beleuchtung. In: TOPITSCH, E. (Org.) *Logik der Sozialwissenschaften*. Cologne e Berlin: Kiepenheuer & Witsch, 1965. p.406-34.

ALEXANDER, J. C. Formal and Substantive Voluntarism in the Work of Talcott Parsons: A Theoretical and Ideological Reinterpretation. *American Sociological Review*, v.43, p.177-98, 1978.

______. Revolution, Reaction, and Reform: The Change Theory of Parsons' Middle Period. *Sociological Inquiry*, v.51, p.267-80, 1981.

______. Positivism, Presuppositions and Current Controversies. In: *Theoretical Logic in Sociology*. Berkeley, Los Angeles: University of California Press, 1982. v.1.

______. *Theoretical Logic in Sociology*. Berkeley e Los Angeles: University of California Press, 1982. 4v.

______. The Parsons Revival in German Sociological Theory. *Sociological Theory*, v.2, p.394-412, 1984.

______. (Org.) *Neofunctionalism*. Beverly Hills: Sage, 1985.

ALMAREZ, J. *La Teoría sociológica de Talcott Parsons*. Madrid: Centro de Investigaciones Sociológicas, 1981.

BAUM, R. C. Communication and Media. In: LOUBSER et al., 1976. p.53-6.

______. On Societal Media Dynamics. In: Loubser et al., 1976b. p.579-608.

BECKER, G. S. *The Economic Approach to Human Behavior*. Chicago: University of Chicago Press, 1976.

BENDIX, R. *Nation-Building and Citizenship*: Studies of our Changing Social Order. New York: Wiley, 1964.

______. *Kings or People*: Power and the Mandate to Rule. Berkeley, Los Angeles: University of California Press, 1978.

BERGER, P. L., LUCKMANN, T. *The Social Construction of Reality*. Garden City, NY: Doubleday, 1966.

BERSHADY, H. J. *Ideology and Social Knowledge*. Oxford: Basil Blackwell, 1973.

BEST, H., MANN, R. (Org.) *Quantitative Methoden in der historisch-sozialwissenschaftlichen*. Stuttgart, Klett-Cotta, 1977.

BLACK, M. (Org.) *The Social Theories of Talcott Parsons*: A Critical Examination. Englewood Cliffs, NJ: Prentice-Hall, 1961.

BLAU, P. M. (Org.) *Approaches to the Study of Social Structure*. New York: Free Press, 1975.

BOURRICAUD, F. *Understanding Talcott Parsons*. Morristown: General Learning Press, 1976.

______. *L'individualisme institutionnel*: Essai sur la sociologie de Talcott Parsons. Paris: Presses Universitaires de France, 1976.

BRODBECK, M. Methodological Individualism: Definition and Reduction. *Philosophy of Science*, v.25, p.1-22, 1958.

BUCHANAN, J. M. *The Limits of Liberty*: Between Anarchy and Leviathan. Chicago: University of Chicago Press, 1975.

BUCKLEY, W. *Sociology and Modern Systems Theory*. Englewood Cliffs, NJ: Prentice-Hall, 1967.

BURGER, T. *Max Weber's Theory of Concept Formation*: History, Laws, and Idealtypes. Durham, NC: Duke University Press, 1976.

______. Talcott Parsons, the Problem of Order in Society, and the Program of Analytical Sociology. *American Journal of Sociology*, v.83, p.320-34. 1977.

BUXTON, W. *Parsonian Theory in Historical Perspective*. Fredericton: University of New Brunswick, 1982.

CLUBB, J. M., SCHEUCH, E. K. (Org.) *Historical Social Research*. Stuttgart: Klett-Cotta, 1980.

COLLINGWOOD, R. G. *The Idea of History*. Oxford: Clarendon Press, 1946.

COLLINS, R. A Comparative Approach to Political Sociology. In: BENDIX, R. (Org.) *State and Society*: A Reader in Comparative Political Sociology. Berkeley e Los Angeles: University of California Press, 1968. p.42-67.

COLLINS, R. *Conflict Sociology*: Toward an Explanatory Science. New York: Academic Press, 1975.

______. The Microfoundations of Microsociology. *American Journal of Sociology*, v.86, p.984-1014, 1981.

COSER, L. *The Functions of Social Conflict*. New York: Free Press, 1956.

______. *Continuities in the Study of Social Conflict*. New York: Free Press, 1967.

DAHRENDORF, R. *Class and Class Conflict in Industrial Society*. Stanford: Stanford University Press, 1959.

______. *Gesellschaft und Freiheit*. Munich: Piper, 1961.

DILTHEY, W. *Der Aufbau der geschichtlichen Welt in den Geisteswissenschaften*. In: RIEDEL, M. (Org.) Frankfurt-on-Main: Suhrkamp, 1970.

DRAY, W. *Laws and Explanation in History*. Oxford: Clarendon Press, 1957.

DUBIN, R. Parsons' Actor: Continuities in Social Theory. In: PARSONS, 1967. p.521-36.

DURKHEIM, É. *Le Suicide*. Paris: Presses Universitaires de France, 1973. (Publicado originalmente em 1897).

EISENSTADT, S. N. Charisma and Institution Building: Max Weber and Modern Sociology. In: ______. (Org.) *Weber*. On Charisma and Institution Building. Chicago: University of Chicago Press, 1968. p.ix-lvi.

______. *Tradition, Change and Modernity*. New York: Wiley, 1973.

FLORA, P. *Modernisierungsforschung*. Opladen: Westdeutscher Verlag, 1974.

GENOV, N. *Talcott Parsons and Theoretical Sociology*. Sofia: Publishing House of the Bulgarian Academy of Sciences, 1982.

GERSTEIN, D. R. A Note on the Continuity of Parsonian Action Theory. *Sociological Inquiry*, v.45, p.11-5, 1975.

GIESEN, B. *Makrosoziologie*: Eine evolutionstheoretische Einführung. Hamburg: Hoffman and Campe, 1980.

GOLDSTEIN, L. Theorien in der Geschichtsforschung. In: ALBERT, H. (Org.) *Theorie und Realität*. Tübingen: Mohr Siebeck, 1972. p.289-315.

GOULD, M. Systems Analysis, Macrosociology, and the Generalized Media of Social Action. In: LOUBSER et al., p.470-506. 1976.

HABERMAS, J. *Theorie des Kommunikativen Handelns*. Frankfurt-on--Main: Suhrkamp, 1981a. 2v. (Trad. ingl. Theory of Communicative Action. In: *Reason and the Rationalization of Society*. Cambridge, England: Polity Press, 1984).

______. Problems of Theory Construction. *Sociological Inquiry*, v.51, p.173-96, 1981b.

HAFERKAMP, H. *Herrschaft und Strafrecht*. Opladen: Westdeutscher Verlag, 1980.

______. Entstehung und Entwicklung von Normen. *Archiv für Rechts- und Sozialphilosophie*, v.67, 1981. p.217-32.

HEMPEL, C. G. *Aspects of Scientific Explanation*. New York: Free Press, 1965a.

______. The Logic of Functional Analysis. In: *Aspects of Scientific Explanation*. New York: Free Press, 1965b. p.297-30.

______. Explanation in Science and in History. In: DRAY, W. H. (Org.) *Philosophical Analysis and History*. New York: Harper & Row, 1966. p.95-126.

HENRICH, D. *Die Einheit der Wissenschaftslehre Max Webers*. Tübingen: Mohr Siebeck, 1952.

HOMANS, G. C. *Social Behavior*: Its Elementary Forms. New York: Harcourt, Brace and World, 1961.

HUME, D. Enquiries Concerning the Human Understanding and Concerning the Principles of Morals. In: SELBY-BIGGE, L. A. (Org.) Oxford: Clarendon Press, 1966. (Publicado originalmente em 1748-1751).

HUSSERL, E. *Logische Untersuchungen*. Halle: M. Niemeyer. 1928. (Publicado originalmente em 1900-1901).

IMHOF, A. E. *Einführung in die historische Demographie*. Munich: Beck, 1980.

INKELES, A., BARBER, B. (Org.) *Stability and Social Change*. Boston: Little Brown, 1973.

JOAS, H. *Praktische Intersubjektivität*: Die Entwicklung des Werkes von George Herbert Mead. Frankfurt-on-Main: Suhrkamp, 1980.

JOHNSON, H. M. The Generalized Symbolic Media in Parsons' Theory. *Sociology and Social Research*, v.57, p.208-21, 1973.

KAMBARTEL, F. *Erfahrung und Struktur*: Bausteine zu einer Kritik des Empirismus und Formalismus. Frankfurt-on-Main: Suhrkamp, 1976. (Publicado originalmente em 1968).

KANT, I. *Kritik der reinen Vernunft*. Hamburg: Meiner, 1956. (Publicado originalmente em 1781.)

LEWIS, J. D., SMITH, R. L. *American Sociology and Pragmatism*: Mead, Chicago Sociology, and Symbolic Interactionism. Chicago: University of Chicago Press, 1980.

LINDENBERG, S. Individuelle Effekte, Kollektive Phänomene und das Problem der Transformation. In: EICHNER, K., HABERMEHL, W. (Org.) *Probleme der Erklärung sozialen Verhaltens*. Meisenheim: Hain, 1977. p.46-84.

LOCKE, J. Two Treatises on Government. In: *The Works*. Aalen, West Germany: Scientia, 1963. v.5. (Publicado originalmente em 1690).

LOH, W. AGIL-Dimensionen im Spätwerk von T. Parsons und Kombinatorik. *Kölner Zeitschrift für Soziologie und Sozialpsychologie*, v.32, p.130-43, 1980.

LORENZEN, P. *Konstruktive Wissenschaftstheorie*. Frankfurt-on-Main: Suhrkamp, 1974.

LOUBSER, J. J., BAUM, R. C., EFFRAT, A., LIDZ, V. M. (Org.) *Explorations in General Theory in Social Science*: Essays in Honor of Talcott Parsons. New York: Free Press, 1976. 2v.

LUHMANN, N. *Soziologische Aufklärung*. Opladen: Westdeutscher Verlag, 1970. v.1.

______. *Rechtssoziologie*. Reinbek bei Hamburg: Rowolhlt, 1972.

______. Einführende Bemerkungen zu einer Theorie symbolische generalisierter Kommunikationsmedien. *Zeitschrift für Soziologie*, v.3, p.236-55. 1974.

______. Interpenetration – Zum Verhältnis personaler und sozialer Systeme. *Zeitschrift für Soziologie*, v.6, p.62-76, 1977.

______. Interpenetration bei Parsons. *Zeitschrift für Soziologie*, v.7, p.299-302, 1978.

______. Talcott Parsons – Zur Zukunft eines Theorieprogramms. *Zeitschrift für Soziologie*, v.9, p.5-17.

______. *Soziale Systeme*: Grundriss einer allgemeinen Theorie. Frankfurt-on-Main: Suhrkamp, 1984.

MEAD, G. H. *Mind, Self, and Society from the Standpoint of a Social Behaviorist*. Chicago: University of Chicago Press, 1972. (Publicado originalmente em 1934.)

MENZIES, K. *Talcott Parsons and the Social Image of Man*. London: Routledge and Kegan Paul, 1977.

MIEBACH, B. *Strukturalistische Handlungstheorie*: Zum Verhältnis von soziologischer Theorie und empirischer Forschung im Werk Talcott Parsons. Opladen: Westdeutscher Verlag, 1984.

MITCHELL, W. C. *Sociological Analysis and Politics: The Theories of Talcott Parsons*. Englewood Cliffs, NJ: Prentice-Hall, 1967.

MÜNCH, R. *Theorie sozialer Systeme*: Eine Einführung in Grundbegriffe, Grundannahmen und logische Struktur. Opladen: Westdeutscher Verlag, 1976.

______. Über Parsons zu Weber: von der Theorie der Rationalisierung zur Theorie der Interpenetration. *Zeitschrift für Soziologie*, v.9, p.18-53, 1980.

MÜNCH, R. Sozialization and Personality Development from the Point of View of Action Theorie: The Legacy of Émile Durkheim. *Sociological Inquiry*, v.51, p.311-54, 1981a.

______. Talcott Parsons and the Theory of Action I: The Structure of the Kantian Core. *American Journal of Sociology*, v.86, p.709-39, 1981b.

______. *Basale Soziologie*: Soziologie der Politik. Opladen: Westdeutscher Verlag, 1982a.

______. *Theorie des Handelns*: Zur Rekonstruktion der Beiträge von Talcott Parsons, Émile Durkheim und Max Weber. Frankfurt-on-Main: Suhrkamp, 1982b.

______. Talcott Parsons and the Theory of Action II: The Continuity of the Development. *American Journal of Sociology*, v.87, p.771-826, 1982c.

______. Modern Science and Technology: Differentiation or Interpenetration? *International Journal of Comparative Sociology*, v.24, p.157-75. 1983a.

______. From Pure Methodological Individualism to Poor Sociological Utilitarianism: A Critique of an Avoidable Alliance. *Canadian Journal of Sociology*, v.8, p.45-76, 1982b.

______. *Die Struktur der Moderne*: Grundmuster und differentielle Gestaltung des institutionellen Aufbaus der modernen Gesellschaften. Frankfurt-on-Main: Suhrkamp, 1984.

______. *Die Kultur der Moderne*: Ihre Entwicklung in England, Amerika, Frankreich und Deutschland. Frankfurt-on-Main: Suhrkamp, 1986.

NAGEL, E. A Formalization of Functionalism. In: *Logic without Metaphysics*. New York: Free Press, 1956. p.247-83.

______. Determination in History. *Philosophy and Phenomenological Research*, v.20, p.291-317, 1960.

NORTH, D. C., THOMAS, R. P. *The Rise of the Western World*. Cambridge, England: Cambridge University Press, 1972.

O'NEILL, J. (Org.) *Modes of Individualism and Collectivism*. London: Heinemann, 1973.

PARSONS, T. *The Social System*. Glencoe, Ill.: Free Press, 1951.

______. The Present Position and Prospects of Systematic Theory in Sociology. In: *Essays in Sociological Theory*. New York: Free Press, 1954. p.212-37.

______. An Approach to Psychological Theory in Terms of the Theory of Action. In: KOCK, S. (Org.) *Psychology*: A Study of a Science. New York: McGraw-Hill, v.3, 1959. p.612-711.

______. An Outline of the Social System. In: PARSONS, E. A., SHILS NAEGELE, K. D., PITTS, J. R. (Org.) *Theories of Society*. New York: Free Press, 1961. p.30-79.

PARSONS, T. *Social Structure and Personality*. New York: Free Press, 1964.

______. *Societies*: Evolutionary and Comparative Perspectives. Englewood Cliffs, NJ: Prentice-Hall, 1966.

______. *Sociological Theory and Modern Society*. New York: Free Press, 1967.

______. *The Structure of Social Action*. New York: Free Press, 1968. (Publicado originalmente em 1937).

______. *Politics and Social Structure*. New York: Free Press, 1969.

______. *The System of Modern Societies*. Englewood Cliffs, NJ: Prentice-Hall, 1971a.

______. Levels of Organization and the Meditation of Social Interaction. In: TURK, H., SIMPSON, R. L. (Org.) *Institutions and Social Exchange*. Indianapolis: Bobbs-Merill, 1971b. p.23-35.

______. *Social Systems and the Evolution of Action Theory*. New York: Free Press, 1977.

______. A Paradigm of the Human Condition. In: *Action Theory and the Human Condition*. New York: Free Press, 1978. p.352-43.

PARSONS, T., BALES, R. F. *Family Socialization and Interaction Process*. London: Routledge and Kegan Paul, 1956.

PARSONS, T., PLATT, G. M. *The American University*. Cambridge, Mass.: Harvard University Press, 1973.

PARSONS, T., SHILS, E. A. (Org.) Values, Motives and Systems of Actions. In: *Toward a General Theory of Action*. Cambridge, Mass.: Harvard University Press, 1951. p.45-275.

PARSONS, T., SMELSER, N. J. *Economy and Society*. New York: Free Press, 1956.

PEIRCE, C. S. *Collected Papers*. BURKS, A. (Org.) Cambridge, Mass.: Harvard University Press, 1958. v.7-8. (Publicado originalmente em 1931-1935.)

PEIRCE, C. S. *Collected Papers*. HARTSHORNE, C., WEISS, P. (Org.) Cambridge, Mass.: Harvard University Press, 1960. v.1-4, (Publicado originalmente em 1931-1935.)

PREWO, R. *Max Webers Wissenschaftsprogramm*: Versuch einer methodischen Neuerschliessung. Frankfurt-on-Main: Suhrkamp, 1979.

PROCTOR, I. Parsons' Early Voluntarism. *Sociological Inquiry*, v.48, p.37-48, 1980.

ROCHER, G. *Talcott Parsons and American Sociology*. London: Nelson, 1974.

SAURWEIN, K. H. *Das ökonomische Element in der soziclogischen Theorie Talcott Parsons*. 1984. Tese (Doutorado) – Universidade de Düsseldorf.

SAVAGE, P. *The Theories of Talcott Parsons*. New York: St Martin's, 1981.

SCHELTING, A. V. *Max Webers Wissenschaftslehre*: Das logische Problem der historischen Kulturerkenntnis. Die Grenzen der Soziologie des Wissens. Tübingen: Mohr Siebeck, 1934.

SCHLUCHTER, W. *Entwicklung des okzidentalen Rationalismus*: Eine Analyse von Max Webers Gesellschaftsgeschichte. Tübingen: Mohr Siebeck, 1979.

______. (Org.) *Verhalten Handeln und System*: Talcott Parsons' Beitrag zur Entwicklung der Sozialwissenschaften. Frankfurt-on-Main: Suhrkamp, 1980.

SCHMID, M. *Handlungsrationalität*: Kritik einer dogmatischen Handlungswissenschaft. Munich: Finck, 1979.

______. *Theorie sozialen Wandels*. Opladen: Westdeutscher Verlag, 1982.

SCHÜTZ, A. *Collected Papers*. The Hague: Martinus Nijhoff, 1962. v.1.

SCHÜTZ, A., LUCKMANN, T. *Strukturen der Lebenswelt*. Frankfurt--on-Main: Suhrkamp, 1979.

SCHWANENBERG, E. *Soziales Handeln* – Die Theorie und ihr Problem. Berne: Huber, 1970.

______. The Two Problems of Order in Parsons' Theory: An Analysis from Within. *Social Forces*, v.49, p.569-81, 1971.

SCIULLI, D. Talcott Parsons' Analytical Critique of Marxism's Concept of Alienation. *American Journal of Sociology*, v.90, p.514-40, 1984.

SCIULLI, D., GERSTEIN, D. Social Theory and Talcott Parsons in the 1980s. *Annual Review of Sociology*, v.11, p.369-87, 1985.

SHILS, E. *Center and Periphery*: Essays in Microsociology. Chicago: University of Chicago Press, 1975.

SMELSER, N. S. *Theory of Collective Behavior*. New York: Free Press, 1963.

SMITH, A. *The Wealth of Nations*. New York: Modern Library, 1937. (Publicado originalmente em 1776.)

______. *The Theory of Moral Sentiments*. New York: Bohn, 1966. (Publicado originalmente em 1759.)

STICHWEH, R. Rationalität bei Parsons. *Zeitschrift für Soziologie*, v.9, p.54-78, 1980.

SZTOMPKA, P. *System and Function*: Toward a Theory of Society. New York: Academic Press, 1974.

______. *Sociological Dilemmas*: Toward a Dialectic Paradigm. New York: Academic Press, 1975.

TENBRUCK, F. H. Die Genesis der Methodologie Max Webers. *Kölner Zeitschrift für Soziologie und Sozialpsychologie*, v.11, p.573-630, 1959.

______. Das Werk Max Webers. *Kölner Zeitschrift für Soziologie und Sozialpsychologie*, v.27, p.663-702, 1975.

TEUBNER, G., WILLKIE, H. Kontext und Autonomie: Gesellschaftliche Selbststeuerung durch reflexives Recht. *Zeitschrift für Rechtssoziologie*, v.6, p.4-35, 1984.

TIRYAKIAN, E. A. Post-Parsonian Sociology. *Humboldt Journal of Social Relations*, v.7, p.17-32, 1979-1980.

TURK, H., SIMPSON, R. L. (Org.) *Institutions and Social Exchange*. Indianapolis: Bobbs-Merill, 1971.

TURNER, J. H. Persistent Issues in Parsonian Action Theory. *Sociological Inquiry*, v.44, p.61-3, 1974.

______. *The Structure of Sociological Theory*. Homewood, Ill.: Dorsey, 1978. (Publicado originalmente em 1974.)

TURNER, J. H., BEEGHLEY, L. Current Folklore in the Criticism of Parsonian Action Theory. *Sociological Inquiry*, v.4, p.47-55. 1978.

______. *The Emergence of Sociological Theory*. Homewood, Ill.: Dorsey, 1981.

WATKINS, J. W. N. Idealtypes and Historical Explanation. *British Journal of Sociology*, v.3, p.22-43, 1952.

WEBER, M. *Gesammelte Aufsätze zur Religionssoziologie*. Tübingen: Mohr Siebeck, 1972. (Publicado originalmente em 1920.)

______. *Gesammelte Aufsätze zur Wissenschaftslehre*. Tübingen: Mohr Siebeck, 1973. (Publicado originalmente em 1922.)

______. *Wirtschaft und Gesellschaft*. Tübingen: Mohr Siebeck, 1976. (Publicado originalmente em 1922.)

WEISS, J. *Max Webers Grundlegung der Soziologie*. Munich: Ullstein, 1975.

WHITEHEAD, A. N. *Science and the Modern World*. New York: Macmillan, 1967. (Publicado originalmente em 1925).

WIPPLER, R. Nicht-intendierte soziale Folgen individueller Handlungen. *Soziale Welt, v.29, p.155-79, 1978.*

TEORIZAÇÃO ANALÍTICA

Jonathan H. Turner

O termo "analítico" é reconhecidamente vago, porém eu o emprego aqui para descrever uma série de abordagens teóricas que adotam os seguintes pressupostos: existe um universo exterior, "lá fora", independente de nossas concepções a seu respeito; esse universo revela propriedades atemporais, universais e invariáveis; o objetivo da teoria sociológica é isolar essas propriedades genéricas e compreender seu funcionamento. Afirmações assim, receio bem, provocam uma torrente de críticas e logo envolvem a atividade teórica num debate filosófico que, por natureza, é insolúvel. De fato, os teóricos sociais têm desperdiçado muito tempo defendendo ou atacando a posição da teorização analítica, e, em consequência, negligenciam a tarefa principal de toda teoria: compreender como funciona o mundo social. Longe de mim querer ser outro Brer Rabbit,* arrastado para esse atoleiro filosófico; seja-me apenas permitido esboçar, em termos gerais, algumas das questões filosóficas.

---

* Personagem que aparece nos livros de J. C. Harris. (N. T.)

O debate filosófico

A teoria analítica postula, nas palavras de A. R. Radcliffe-Brown, que uma "ciência natural da sociedade" é possível (Radcliffe-Brown, 1948). Quem mais fortaleceu essa tese foi o fundador titular da sociologia, Augusto Comte, para quem ela podia ser uma "ciência positiva". Portanto, a teoria analítica e o positivismo se acham estreitamente ligados, embora a natureza dessa ligação seja obscurecida pelo fato de as definições do positivismo variarem grandemente. À diferença de certas definições recentes do positivismo, que associam esse termo a "empirismo bruto", Comte declarava que "nenhuma observação real, de qualquer tipo de fenômeno, é possível a menos que seja de início dirigida e por fim interpretada por alguma teoria" (Comte, 1830-1842, p.242). Na verdade, Comte via como "um grande estorvo ... o empirismo introduzido no [positivismo] por aqueles que, em nome da imparcialidade, pretendem proibir o uso de qualquer teoria" (p.242). Assim, o positivismo significa o uso da teoria para interpretar eventos empíricos e, inversamente, a confiança na observação para afirmar a plausibilidade da teoria. Mas qual é a natureza da teoria no positivismo de Comte? As páginas iniciais de sua *Filosofia positiva* no-la explicam.

> A primeira característica da filosofia positivista é considerar todos os fenômenos como sujeitos a *Leis* naturais invariáveis. Nossa missão é – em vista da inutilidade de pesquisar as chamadas *Causas*, primeiras ou últimas – empreender uma cuidadosa descoberta dessas Leis para reduzi-las ao menor número possível. Se especularmos a respeito de causas, não resolveremos nenhuma dificuldade sobre origem e finalidade. Nosso verdadeiro trabalho é analisar em minúcia as circunstâncias do fenômeno e ligá-los pelas relações naturais de sucessão e semelhança. A melhor ilustração disso é o caso da doutrina da Gravitação. (Comte, 1830-1842, p.5-6)

A citação acima levanta diversos pontos críticos. Em primeiro lugar, a teoria sociológica envolve a busca de leis naturais abstratas. Deveria haver pouquíssimas leis; e um dos alvos principais da atividade teórica é reduzir o número de leis de modo que apenas as propriedades invariáveis e fundamentais do universo fiquem sujeitas à análise teórica.

Em segundo lugar, as análises causal e funcional são inadequadas. Aqui, Comte parece aceitar a tese de David Hume sobre a impossibilidade de determinar a causa dos fenômenos; no entanto, ele acrescenta uma advertência semelhante a respeito da análise de fenômenos em termos de propósitos, fins ou necessidades a que se prestam. Infelizmente, a sociologia ignorou o aviso de Comte. Com efeito, Émile Durkheim pretendia "sacudir Comte" em 1895 com a publicação de *The Rules of the Sociological Method* [*As regras do método sociológico*], que postulava tanto a análise causal quanto a funcional (Durkheim, 1983). Creio que melhor andaríamos, enquanto disciplina teórica, se seguíssemos as velhas regras comtianas do método sociológico, ao invés de aceitar a proposta de Durkheim, e, conforme indicarei de passagem, certamente não deveríamos seguir as propostas de Giddens e outros quanto a "Novas Regras" de método sociológico (Giddens, 1977). Lamentavelmente, a teoria sociológica iria ouvir o conselho de Durkheim e não o de Comte – e, mais recentemente, toda uma variedade de tratados antipositivistas. O resultado geral foi desviar e dispersar a teorização em sociologia.

Em terceiro lugar, as leis sociológicas deveriam ser moldadas segundo a física da época de Comte, mas continuam um tanto vagas na forma. Expressões como "relações naturais de sucessão e semelhança" são imprecisas, sobretudo quando se eliminam as preocupações causais. Diante dessa imprecisão, muitos intérpretes do positivismo em filosofia se equivocaram quanto ao programa de Comte e inseriram critérios rígidos para formular as "relações naturais" dos fenômenos (por exemplo, Carnap, 1966; Hempel, 1965). Esse novo positivismo vem frequentemente precedido do adjetivo "lógico" e assume a seguinte forma (Keat & Urry, 1975): as leis abstratas exprimem regularidades no universo; essas leis "explicam" eventos ao predizer o que ocorrerá num caso empírico específico; o veículo de tal explicação são as "deduções lógicas" da lei (o *explanas*) para um conjunto de fenômenos empíricos (o *explicandum*); tais "deduções lógicas" se valem das leis como de uma premissa, inserindo postulados que "conectam" ou "ligam" a lei a uma classe geral de fenômenos empíricos, para depois predizer o que ocorrerá num caso empírico específico, dentro dessa classe geral de fenômenos; e, se a predição não for confirmada pelo caso empírico, a teoria será reafirmada, embora se discorde aqui quanto a saber se a teoria foi "falsificada" (Popper, 1959, 1969) ou se, para confirmar seu "fracasso", apenas se exige um reexame acurado da teoria (Lakatos, 1970).

Essa visão do positivismo "preenche" as imprecisões de Comte com critérios excessivamente restritivos, que muitos analistas teóricos não acatam nem podem acatar. Sem dúvida, louvam-nos em seus momentos de reflexão filosófica/metodológica, mas, no trabalho concreto, não os aceitam. Há boas razões para essa incapacidade de obedecer às rígidas exigências do positivismo lógico, e razões fundamentais para a teorização analítica. Tratemos disso.

Primeiro, o critério de predição é irrealista. Quando os cientistas têm de trabalhar com sistemas empíricos naturais, a predição se torna difícil, pois não se pode impor controles aos efeitos de variáveis extrínsecas. Essas forças extrínsecas podem ser desconhecidas ou não mensuráveis pelas metodologias vigentes, e, mesmo sendo conhecidas ou mensuráveis, talvez haja razões morais ou políticas para renunciar aos controles. Tal situação é verdadeira tanto para a ciência social quanto para a ciência natural. Mesmo reconhecendo as dificuldades da predição, entretanto, não proponho que renunciemos ao *status* de ciência natural, do mesmo modo que a geologia ou a biologia não precisam reafirmar seu valor quando fracassam em predizer terremotos ou formação de espécies.

Segundo, a rejeição da causalidade denuncia uma grande fraqueza em algumas formas de positivismo, tanto a de Comte quanto as de outros filósofos mais recentes. Essa rejeição é aceitável quando as deduções lógicas, das premissas às conclusões, chegam a constituir o critério de explicação; contudo, a teoria analítica tem de ocupar-se também dos processos que conectam fenômenos. Em suma, é importante saber como, por que e em que forma as propriedades invariáveis do universo operam. Tais preocupações exigem a análise dos processos sociais subjacentes e, sempre, da causalidade. Dependendo do teórico, a causalidade pode ou não fazer parte das leis formais: só não pode ser ignorada (Keat & Urry, 1975).

Terceiro, o positivismo lógico presume que os cálculos pelos quais são feitas as "deduções" (das premissas às conclusões e do *explanas* ao *explicandum*) são claros e inconfundíveis. Mas na realidade não são. Boa parte do "sistema dedutivo" das teorias científicas não passa de lugar-comum, altamente discursivo. Por exemplo, a teoria sintética da evolução é discursiva, embora algumas partes dela (como a genética) possam ser estabelecidas com certa precisão. Quando, porém, essa teoria é usada para explicar eventos, sua aplicação não obedece estritamente a um cálculo, mas conforma-se ao que parece "razoável" a uma comunidade de estudiosos. Ao dizer isso, não advogo o recuo para uma versão de hermenêutica ou relativismo em moda.

As considerações citadas pedem que a teoria sociológica abrande as exigências do positivismo lógico. Ainda devemos considerar como nosso objetivo o isolamento e a compreensão dos traços básicos e invariáveis do universo social, mas, quanto a isso, não sejamos fascistas intelectuais. A teoria analítica, além de tudo, não deve ocupar-se das regularidades *per se* e sim do "como" e o "porquê" das regularidades invariáveis. Eis, pois, minha visão da teoria, aliás compartilhada por inúmeros teóricos analíticos: nós podemos desenvolver leis abstratas de propriedades invariáveis do universo, mas elas terão de ser suplementadas por modelos, descrições ou analogias dos processos subjacentes a essas propriedades. Acrescente-se que, na maioria dos casos, a explicação não envolve predições e deduções exatas, antes de mais porque os controles experimentais não são possíveis na verificação de muitas teorias. A explicação consistirá, ao contrário, no uso mais discursivo de proposições e modelos abstratos, para a compreensão de eventos específicos. Que a dedução seja livre, mesmo metafórica, e naturalmente sujeita a contestação e debate. Ora, isso não é apanágio da sociologia: diversas ciências se comportam de modo idêntico. Embora a análise de Thomas Kuhn seja altamente falha, ela enfatiza o caráter sociopolítico das teorias (Kuhn, 1970). Ainda assim, repetimo-lo, não precisamos abandonar a busca das propriedades invariáveis, considerando-se que a física não o fez após reconhecer que muitas formulações foram alinhavadas de modo precário, ao menos no início, e que elas estão sujeitas a negociação política dentro de uma comunidade científica.

Quero encerrar esta seção sobre o debate filosófico com um breve comentário a respeito das críticas ao positivismo e até de meu esboço um tanto frouxo de seus aspectos. Segundo uma das críticas, as assertivas teóricas não são tanto descrições ou análises de uma realidade exterior e independente quanto criações e construções do próprio cientista. A teoria não contempla a realidade "lá fora", é antes produto dos interesses do cientista ou de seu senso estético. Uma variante dessa crítica sustenta que as teorias nunca são acareadas com os "fatos nus e crus" do mundo exterior porque os "fatos" estão também relacionados com os interesses do cientista e com os protocolos de pesquisa politicamente aceitáveis dentro de uma comunidade científica. Além disso, os fatos serão interpretados ou ignorados segundo os interesses dos cientistas. O resultado final, dizem os críticos, é que o pretenso processo de autocorreção da verificação de hipóteses teóricas não passa de ilusão na ciência.

Creio que haja um ponto importante nessa crítica, mas muito exagerado. Todos os conceitos são, é claro, reificações em algum sentido; todos os "fatos" são distorcidos por nossos métodos; todos os fatos são interpretados em certa medida. Entretanto, a despeito desses problemas, o conhecimento sobre o universo se acumulou. Ora, tal conhecimento não pode ser inteiramente subjetivo e tendencioso, do contrário as bombas atômicas não explodiriam, os termômetros não oscilariam, os aviões não voariam etc. Se, em sociologia, levarmos a sério a construção de teorias, o conhecimento sobre o universo social se acumulará, embora ao longo do caminho lamacento que lhe é reservado por entre as "ciências fortes". Assim, a longo prazo, o mundo exterior se imporá como um corretivo ao conhecimento teórico.

Uma segunda linha geral de crítica da abordagem analítica que estou defendendo é mais específica às ciências sociais e diz respeito à natureza substantiva do universo social. Há inúmeras variações desse raciocínio, mas o ponto importante é este: a própria natureza do universo é modificável graças à capacidade humana de pensamento, reflexão e atividade. Leis de um mundo inalterável são inaplicáveis ou pelo menos provisórias em ciência social porque o universo social está constantemente se refazendo por meio dos atos de reflexão dos homens. Estes podem, além do mais, utilizar as teorias da ciência social para reestruturar o universo de um modo que anule a pertinência dessas leis (ver, por exemplo, Giddens, 1984). Na melhor das hipóteses, portanto, as leis e outros instrumentos teóricos como a modelagem são perfunctórios e adequados a um período histórico específico; na pior, nunca são úteis, dado que a natureza básica do universo social se renova constantemente.

Muita gente que fez tal acusação – de Marx a Giddens – violou-a em sua própria obra. Haveria, digamos, pouquíssima razão para nos debruçarmos sobre Marx, como querem muitos teóricos contemporâneos, se não percebêssemos que ele deslindou certas dinâmicas básicas, genéricas e invariáveis do poder. E por que se preocuparia Giddens (1981, 1984) em desenvolver uma "teoria da estruturação", que postula relações entre propriedades invariáveis do universo, se não sentisse ter descido abaixo das mudanças históricas superficiais para captar o cerne da ação, interação e organização humana?

Ao fazer tal acusação, muitos confundem lei com generalização empírica. Certamente, os sistemas sociais concretos mudam, como mudam no universo empírico os sistemas solar, biológico, geológico e químico. Mas essas mudanças não alteram, respectivamente, as leis da gravidade, da formação de espécies, da entropia, da força/difusão ou da tabela periódica. Na verdade, a mudança ocorre de acordo com essas leis. Os homens sempre agiram, interagiram, diferenciaram e coordenaram suas relações sociais; eis aí algumas das propriedades invariáveis da organização humana, que nossas leis mais abstratas devem explicar. O capitalismo, a família nuclear, o sistema de castas, a urbanização e outros eventos históricos são sem dúvida variáveis – mas não constituem o *objeto* da teoria, como muitos pretendem. Assim, enquanto a estrutura do universo social está em perpétua mudança, a dinâmica fundamental dessa estrutura não se altera.

A terceira linha de crítica da teorização analítica deve-se aos teóricos críticos (ver, por exemplo, Habermas, 1972) segundo os quais o positivismo considera as condições existentes como a forma *necessária* do universo social; desse modo, ele não pode propor alternativas ao *status quo*. Ocupando-se com a ordem regular própria à estrutura atual do universo, os positivistas aceitam ideologicamente as condições vigentes de servidão humana. Uma ciência não axiológica torna-se assim o instrumento de defesa dos interesses daqueles que mais se beneficiam do atual estado de coisas.

Essa crítica tem seu valor. No entanto, a alternativa que o crítico teórico apresenta ao positivismo é a geração de formulações que quase nunca se esteiam na dinâmica operacional do universo. Muitas teorias críticas, por exemplo, são teses pessimistas e/ou construções de utopias ingênuas (ver, por exemplo, Habermas, 1981).

Penso também que semelhante crítica se baseia numa visão distorcida do positivismo. A teoria não deve simplesmente descrever estruturas vigentes, mas revelar a dinâmica subjacente a essas estruturas. Em lugar de "teorias" do capitalismo, burocracia, urbanização e outros eventos empíricos, precisamos de, respectivamente, teorias da produção, organização de tarefas, destruição espacial e processos genéricos semelhantes. Casos históricos e manifestações empíricas não são temas de leis; são instâncias para avaliar a plausibilidade das leis. Por exemplo, as descrições de regularidades, nas economias capitalistas, são os dados (não a teoria) para avaliar as implicações de leis abstratas de produção.

Pode-se objetar, é claro, que essas "leis de produção" aceitam sem crítica o *status quo*, mas eu replicaria que os esquemas de organização humana exigem produção para perdurar e, assim, representar uma propriedade genérica da organização humana, não uma cega afirmação do *status quo*. Muitas teorias críticas deixam de reconhecer que existem propriedades invariáveis que os teóricos não podem "varrer" com suas utopias. Karl Marx cometeu esse erro em 1848 ao declarar que o poder concentrado "se estiola" em sistemas diferenciados (Marx & Engels, 1971). Mais recentemente, Jürgen Habermas (1970, 1981) propôs uma visão utópica da ação comunicativa que subestima o grau em que *toda* interação passa a ser naturalmente distorcida em sistemas complexos.

Aqui, minha opinião se divide em duas partes. Primeira: se buscarmos propriedades invariáveis, tenderemos menos a fazer afirmações em apoio do *status quo*. Segunda: sustentar que não existem propriedades invariáveis gera uma teoria que deixa cada vez mais de reconhecer que o mundo não se curva facilmente e, em alguns casos, nunca pode curvar-se às fantasias e aos despropósitos ideológicos dos teóricos.

Não seria sensato continuar com essas questões filosóficas. Sobre elas, a posição da teorização analítica é bastante clara. O que realmente se debate na teoria analítica é a melhor estratégia para desenvolver assertivas teóricas sobre as propriedades básicas do universo social.

As múltiplas estratégias da teorização analítica

A meu ver, existem quatro abordagens fundamentais para a construção da teoria sociológica:[1] esquemas metateóricos; esquemas analíticos; esquemas proposicionais e esquemas modeladores. Contudo, há variantes contraditórias dentro dessas abordagens fundamentais, de sorte que, na prática real, elas são muito mais que quatro. Ainda assim examinaremos as variantes sob essas quatro rubricas gerais.

Metateorização

Muito se diz, em sociologia, que para uma teoria ser produtiva cumpre esboçar os "pressupostos" básicos que guiarão a atividade teórica. Ou seja, antes que ocorra a teorização adequada, é necessário fazer perguntas importantes como: qual a natureza da atividade humana, da interação humana, da organização humana? Qual o melhor conjunto de procedimentos para desenvolver uma teoria e que tipo de teoria é possível? Quais são as questões principais ou problemas críticos em que deve concentrar-se a teoria sociológica? E assim por diante. Tais perguntas, bem como os grandes tratados (por exemplo, Alexander, 1982-1983) que elas estimulam, mergulham a teoria nos velhos e inextricáveis debates filosóficos: idealismo contra materialismo, indução contra dedução, subjetivismo contra objetivismo etc.

O que torna esses tratados "meta" – isto é, "que vem depois" ou "subsequente a", como nos informam os dicionários – é o fato

---

1 Para uma análise mais detalhada, ver Turner, 1985b, 1986, cap. 1.

de tais questões filosóficas serem suscitadas no contexto de mais uma reanálise dos "grandes teóricos", sendo os alvos favoritos Karl Marx, Max Weber, Émile Durkheim e, mais recentemente, Talcott Parsons. Embora essas obras sejam sempre eruditas, repletas de notas de rodapé e citações oportunas, suspeito que elas frequentemente sufocam a atividade teórica. Envolvem a teoria em questões filosóficas insolúveis e logo se tornam tratados escolásticos que perdem de vista o objetivo de toda teoria: explicar como funciona o universo social. A metateorização é, portanto, uma filosofia interessante e às vezes uma fascinante história das ideias, mas não é teoria e não pode ser usada facilmente na teorização analítica.

Esquemas analíticos

Em sociologia, boa parte da teorização envolve a construção de sistemas abstratos de categorias que, presumivelmente, denotem propriedades-chave do universo e relações cruciais entre essas propriedades. Em suma, tais esquemas constituem tipologias que mapeiam a dinâmica importante do universo. Conceitos abstratos dissecam as propriedades básicas do universo e em seguida as ordenam de modo a oferecer uma visão da estrutura e da dinâmica do universo. A explicação de eventos específicos ocorre quando o esquema pode ser usado para interpretar certos processos empíricos específicos. São de dois tipos essas interpretações: quando se descobre o lugar ou a localização de um evento empírico no sistema de categoria, diz-se que esse evento foi explicado;[2] ou, quando o esquema pode ser usado para construir uma sequência descritiva de como e por que transpiraram os eventos numa situação empírica, esses eventos são vistos como explicados.[3]

Essas posturas, um tanto diferentes, de explicação mediante esquemas analíticos refletem duas abordagens contraditórias: "esquemas analíticos naturalistas" e "esquemas analíticos sensibilizadores". A primeira postula que a ordenação de conceitos no es-

2 Para exemplos, ver Parsons, 1937, 1961, 1966, 1971a, 1971b, 1978.
3 Para exemplos, ver Blumer (1969) e Giddens (1984).

quema representa uma "ênfase analítica" na ordenação do universo (Parsons, 1937); em consequência desse isomorfismo, diz-se usualmente que a explicação envolve a descoberta do lugar ocupado por um evento empírico no esquema. A segunda abordagem quase sempre rejeita tanto o positivismo quanto o naturalismo e sustenta que o sistema de conceitos é meramente provisório e sensibilizador (Blumer, 1969; Giddens, 1984). Uma vez que o universo mudará, devem mudar também os esquemas conceituais; no melhor dos casos, eles podem propiciar um meio útil de interpretar eventos empíricos num determinado ponto do tempo.

Os adeptos da variante naturalista costumam pensar como os metateóricos: o esquema analítico é um pré-requisito necessário para outros tipos de atividade teórica (por exemplo, Münch, 1982). Pois, a menos que se disponha de um esquema capaz de denotar e ordenar, no nível analítico, as propriedades do universo, é difícil descobrir sobre o que se irá teorizar. Assim, para alguns, os esquemas analíticos naturalistas constituem uma preliminar necessária a fim de que as abordagens proposicional e modeladora desenvolvam uma teoria sociológica. Em contrapartida, os que adotam os esquemas analíticos sensibilizadores rejeitam, como infrutífera, a busca de leis universais, já que essas leis vão sendo anuladas à medida que a natureza fundamental do mundo se altera (Giddens, 1977, 1984).

Esquemas proposicionais

Os esquemas proposicionais giram em torno de assertivas que ligam variáveis entre si. Ou seja, as proposições estabelecem a forma da relação entre duas ou mais propriedades variáveis do universo social. Os esquemas proposicionais variam consideravelmente, mas podem ser agrupados em três tipos gerais: "esquemas axiomáticos", "esquemas formais" e "esquemas empíricos".

A teorização axiomática envolve deduções, em termos de um cálculo preciso, de axiomas abstratos que contenham conceitos bem definidos para um evento empírico. A explicação consiste em determinar que um evento empírico é "coberto" por um ou mais axiomas. Na verdade, porém, a teoria axiomática raramente é viável nas ciências que não recorrem a controles de laboratório, não definem conceitos em termos de "classes exatas" e não empregam um cálculo formal como a lógica ou a matemática (Freese, 1980). Embora os sociólogos (por exemplo, Emerson, 1972; Homans, 1974) frequentemente se valham do vocabulário da teoria axiomática – axiomas, teoremas, corolários –, eles quase nunca estão à altura de atender às exigências da verdadeira teoria axiomática. Entregam-se, ao contrário, à teorização formal (Freese, 1980).

A teorização formal "atenua" a teorização axiomática. As leis abstratas são articuladas e, naquilo que não raro é uma maneira tosca e discursiva, fazem-se "deduções" para eventos empíricos. A explicação consiste em visualizar um evento empírico como uma instância ou manifestação da lei mais abstrata. O objetivo da teorização é, assim, desenvolver leis ou princípios elementares sobre propriedades básicas do universo.

O terceiro tipo de esquema proposicional – o empírico – não é realmente teoria. Entretanto, muitos teóricos e pesquisadores acham que seja, e por isso devo mencionar também esse tipo de atividade. Com efeito, vários críticos da teorização analítica recorrem a exemplos de esquemas proposicionais empíricos para acusar o positivismo. Já aludi à tendência dos críticos do positivismo de confundir lei abstrata de um fenômeno genérico com generalização de uma série de eventos empíricos. A afirmação de que generalizações empíricas são leis é então usada para estimular a rejeição do positivismo: não existem leis eternas porque os eventos empíricos sempre mudam. Essa conclusão se baseia na incapacidade dos críticos em reconhecer a diferença entre uma generalização empírica e uma lei abstrata. Mas mesmo entre os simpatizantes do positivismo nota-se a tendência a confundir o que deve ser explicado (generalização empírica) com o que se deve explicar (lei abstrata). Essa confusão assume diversas formas.

Uma delas consiste em guindar a humilde generalização empírica ao *status* de "lei", como é o caso da "lei de Golden", que apenas afirma que industrialização e instrução estão positivamente relacionadas. Outra é acolher a famosa defesa de Robert Merton das "teorias de médio alcance", cujo objetivo é desenvolver algumas generalizações para uma área concreta – digamos, urbanização, controle organizacional, desvio, socialização ou outro tópico semelhante (Merton, 1968). Tais "teorias" não passam de generalizações empíricas cujas regularidades exigem uma formulação mais abstrata para explicá-las. No entanto, muitos sociólogos de destaque acreditam que essas proposições de "médio alcance" são mesmo teorias, em que pese seu caráter empírico.

Portanto, muitos dos trabalhos desenvolvidos na atividade proposicional não serão úteis para a construção de teorias. As condições que a teoria axiomática requer, raras vezes podem ser alcançadas, e as proposições empíricas não são, pela sua natureza, suficientemente abstratas para serem teóricas. Dos diversos enfoques proposicionais, creio que o da teoria formal é o mais útil para o desenvolvimento da teoria analítica.

Esquemas modeladores

O uso do termo "modelo" é altamente ambíguo nas ciências sociais. Em ciências mais maduras, um modelo é uma forma de representar visualmente determinado fenômeno, de sorte a expor suas propriedades inerentes e suas interconexões. Em teoria social, a modelagem envolve uma série de atividades, que vão da construção de equações formais e simulações de computador a representações gráficas de relações entre fenômenos. Restringirei o uso do termo à teorização em que conceitos e suas relações são apresentados como um quadro que mapeia propriedades e inter-relações do universo social.

Um modelo, portanto, é uma representação diagramática de eventos que inclui: conceitos que denotam e esclarecem certos aspectos do universo; disposição desses conceitos num espaço visual de modo a refletir a ordenação dos eventos no universo e símbolos que ressaltam a natureza das conexões entre conceitos. Na teoria sociológica, são geralmente construídos dois tipos de modelos: "modelos analítico-abstratos" e "modelos empírico-causais".

Os modelos analítico-abstratos desenvolvem conceitos independentes de contexto – por exemplo, conceitos pertinentes a produção, centralização de poder, diferenciação etc. – e representam suas relações num quadro visual. Geralmente essas relações são expressas em termos causais, mas as conexões causais se revelam complexas, envolvendo diversos pesos e padrões (como circuitos de realimentação, ciclos, efeitos mútuos e outras representações conectivas não lineares).

Os modelos empírico-causais, ao contrário, são em geral assertivas de correlação entre variáveis mensuráveis, dispostas numa sequência linear ou temporal. A finalidade é "explicar a variação" numa variável dependente em termos de uma série de variáveis independentes e intervenientes (Blalock, 1964; Duncan, 1966). Esses exercícios constituem, na realidade, descrições empíricas, pois os conceitos no modelo são variáveis mensuráveis para um caso empírico particular. No entanto, apesar de sua falta de abstração, elas são muitas vezes consideradas "teóricas". Assim, tal como os esquemas proposicionais empíricos, esses modelos mais empíricos serão bem menos úteis na construção teórica do que os analíticos. À semelhança dos modelos proposicionais, os causais representam regularidades de dados que exigem uma teoria mais abstrata para explicá-las.

Isso completa meu exame das várias estratégias para construir uma teoria sociológica. É claro que só considero algumas delas apropriadas à teorização analítica e à teorização em geral. Encerro agora este exame com uma exposição mais explícita de seus méritos relativos.

Os méritos relativos das diversas estratégias teóricas

Do ponto de vista analítico, a teoria deveria ser, em primeiro lugar, abstrata e desvinculada dos aspectos particulares de um caso histórico/empírico. Portanto, a modelagem empírica e os esquemas proposicionais empíricos não são teorias, mas regularidades de dados que exigem uma teoria para explicá-las. Elas são um *explicandum* em busca de um *explanas*. Em segundo lugar, a teorização analítica insiste em que as teorias sejam acareadas com os fatos, de modo que os esquemas metateóricos e os esquemas analíticos complexos não são propriamente teorias. Se a metateoria é altamente filosófica e impossível de testar, os esquemas analíticos sensibilizadores podem ser utilizados como ponto de partida para construir uma teoria apta a ser testada. Se os dogmas antipositivistas de seus adeptos forem ignorados, esses esquemas analíticos sensibilizadores propiciarão uma base sólida para se *começar* a conceituar classes fundamentais de variáveis, aptas a serem incorporadas em proposições e modelos aquilatáveis. Isso também é possível com os esquemas analíticos naturalistas, mas mais difícil porque eles tendem a preocupar-se excessivamente com sua própria majestade arquitetônica. Enfim, ao contrário de alguns teóricos analíticos, penso que a teoria deva envolver mais que a exposição abstrata de regularidades: ela deve versar a questão da causalidade, mas não a causalidade simples dos modelos empíricos. Minha opinião é que os modelos analíticos suplementam significativamente as proposições abstratas por mapearem as complexas conexões causais – efeitos diretos e indiretos, circuitos de realimentação, efeitos recíprocos etc. – entre os conceitos nas proposições. Sem esses modelos, seria difícil saber quais processos e mecanismos estão envolvidos na criação de relações especificadas numa proposição.

À luz dessas considerações, portanto, a teoria analítica deve ser abstrata; deve denotar propriedades genéricas do universo; deve ser aquilatável ou apta a gerar proposições aquilatáveis; e não pode ignorar causalidade, processos e mecanismos processuais. A melhor abordagem à construção de teoria em sociologia é, assim, uma combinação de esquemas analíticos sensibilizadores, proposições formais abstratas e modelos analíticos (Turner, 1986). É aí que reside uma sinergia mais criativa; e, embora vários teóricos analíticos tendam a privilegiar uma à custa de outra, o uso *simultâneo* das três abordagens é que oferece maior potencial para o desenvolvimento de uma "ciência natural da sociedade". A Figura 1 expõe minha ideia de um modo um tanto idealizado.[4]

4 Ver Turner (1985b, 1986) para explicações mais detalhadas dos elementos da Figura 1.

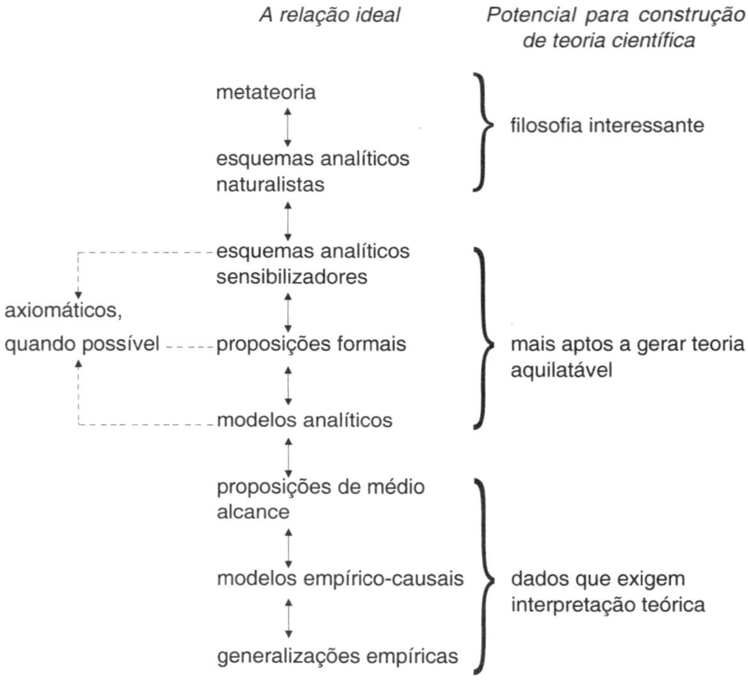

FIGURA 1 – Relações entre abordagens teóricas e potencial para construção de teoria.

Como é evidente, um modo de começar a teorizar é construir esquemas analíticos sensibilizadores que denotem, de maneira provisória, propriedades-chave do universo social. Por si mesma, essa atividade é improdutiva, já que o esquema não pode ser testado. Pode apenas ser usado para "interpretar" eventos. Acho isso inadequado: é preciso também gerar, a partir do esquema, proposições abstratas e aquilatáveis, ao mesmo tempo que se modelam os processos que ligam conceitos nas proposições. Esse exercício, independentemente de testes empíricos, é capaz de forçar a revisão do esquema sensibilizador. Ou então a construção de um modelo analítico pode levar a repensar uma proposição. O ponto crítico, aqui, é que essas três atividades se reforçam mutuamente: eis o que entendo por "sinergia criativa".

Em contrapartida, os esquemas analíticos naturalistas e a metateorização tendem a ser filosóficos demais, e desvinculados das operações reais do mundo. Tornam-se francamente reificados, ocupados com sua própria arquitetura ou obcecados com sua capacidade escolástica de "resolver" problemas filosóficos. Mas nem assim acho que estas sejam atividades inúteis; apenas, são úteis *depois* de havermos aperfeiçoado leis e modelos nos quais confiamos. Então a discussão filosófica passa a ser profícua e consegue forçar o reexame de leis e proposições. Sem essas leis e proposições, no entanto, os esquemas analíticos e a metateorização se transformam em tratados filosóficos autossuficientes. O veículo para ligar proposições e modelos a esquemas analíticos e metateoria mais formais é o esquema analítico sensibilizador. Esses esquemas sensibilizadores, quando usados para estimular a formulação de proposições e reafirmados à luz da avaliação das proposições, podem proporcionar pressupostos empiricamente constituídos para esquemas naturalistas e metateorização mais complexos. Por sua vez, quando a metateoria e os esquemas naturalistas são construídos sobre uma base proposicional, podem propiciar ideias úteis que confirmam modelos e proposições já existentes. Entretanto, sem essa ligação à teoria aquilatável, os esquemas analíticos e a metateoria se esfumam para o mundo reificado e rarificado da especulação e debate filosóficos.

No lado mais empírico da construção de teoria, as proposições de médio alcance que são, em essência, generalizações empíricas para toda uma área concreta, podem revelar-se úteis como um modo de testar teorias mais abstratas. Essas "teorias" de médio alcance ordenam dados de pesquisa para classes inteiras de fenômenos empíricos e, assim, oferecem um conjunto sólido de dados capaz de lançar luz sobre uma lei ou modelo teórico. Modelos empírico-causais podem explicar os processos temporais que ligam variáveis em teorias de médio alcance ou uma simples generalização empírica. Como tais, ajudam a garantir a plausibilidade de modelos analíticos e proposições abstratas. Mas sem as leis e modelos abstratos essas abordagens mais empíricas de nada valerão para construir teoria. É que, não constituídos por leis abstratas e modelos formais, as teorias de médio alcance, os modelos causais e as generalizações empíricas são construídos *ad hoc*, sem a preocupação de se saber se ilustram ou não uma dinâmica subjacente ao universo. Raramente fazemos induções a partir desses formatos empíricos e criamos teoria, pois a realidade da construção de teoria é diferente: primeiro teoria, depois comprovação com dados. Sem dúvida, graças ao concurso dos dados, a teoria é comprovada. Mas quando se começa pelas minúcias, raramente se vai além delas.

Essa é a minha posição e a da maioria dos teóricos analíticos. Cumpre iniciar com os esquemas sensibilizadores, proposições e modelos, e só depois passar para a coleta formal de dados ou para a metateorização e construção de esquemas. Embora muitos teóricos analíticos possam concordar com esse tipo de afirmação estratégica, há considerável desacordo quanto à substância da teorização analítica.

O debate substantivo em teorização analítica

O debate substantivo em teorização analítica é sobre o que deveria versar a teoria. Quais são as propriedades mais importantes do universo social? Qual deveria ser estudada em primeiro lugar ou é a mais fundamental? Como reconciliar os microprocessos de ação e interação com a microdinâmica da diferenciação e integração de populações? Eis aí o tipo de questões que ocupam a teoria analítica, e, embora de fato sejam importantes, os teóricos da sociologia gastaram tempo demais debatendo-as. Felizmente, houve também esforços mais criativos para teorizar, ou seja, para determinar o que é uma propriedade importante no universo social, para desenvolver um esquema analítico-sensibilizador capaz de englobar as questões relevantes, para aprimorar conceitos abstratos e proposições, para construir modelos analíticos aptos a explicar os mecanismos operacionais e os processos inerentes a essa propriedade.

Não posso examinar todos esses empreendimentos teóricos e por isso apresentarei minhas próprias opiniões sobre as propriedades básicas do universo, tentando ilustrar o tipo de teorização analítica que, a meu ver, é mais produtivo. Com isso, resumirei boa parte da obra teórica em teoria analítica, já que adoto uma postura bastante eclética e recorro a inúmeras fontes. Entretanto, acrescentarei algumas advertências. Em primeiro lugar, recorro seletivamente e, por isso, nem sempre faço plena justiça àqueles de quem tomo ideias. Em segundo lugar, de muito bom grado cito autores que não se consideram teóricos analíticos ou, até, se mostrariam hostis ao tipo de teorização que advogo. Feitas essas ressalvas, comecemos.

Um esquema sensibilizador para a análise da organização humana

Como já foi mencionado, a maioria dos esquemas analíticos naturalistas são muito complexos. Além disso, tendem a ficar ainda mais complexos à medida que novas dimensões de realidade vão sendo incorporadas ao inestancável sistema de categorias e que novos elementos no esquema se reconciliam com outros mais antigos. Os esquemas analíticos sensibilizadores também apresentam essa tendência à complexidade, acrescentando conceitos e especificando novas conexões analíticas. Penso que, quanto mais esses esquemas analíticos se complicam, menos úteis se tornam. Em minha opinião, a complexidade deve ser manipulada no nível das proposições e dos modelos, não no quadro conceitual abrangente. Assim, um esquema analítico sensibilizador apenas explicaria *classes* genéricas de variáveis, com proposições e modelos específicos preenchendo as lacunas. Desse modo, o esquema sensibilizador proposto na Figura 2 é bem mais simples do que os reais, embora possa complicar-se à medida que cada um de seus elementos for analisado mais pormenorizadamente.

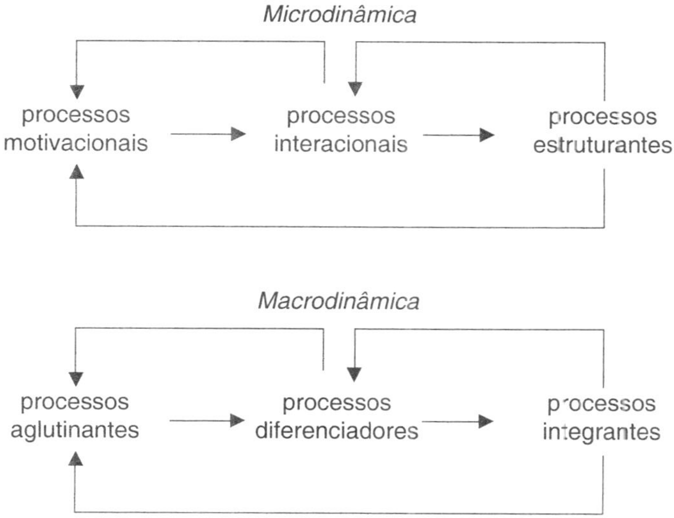

FIGURA 2 – Um esquema sensibilizador para teorização analítica.

Uma das razões da complexidade dos esquemas existentes é tentarem fazer demais. Caracteristicamente, eles procuram explicar "tudo de uma vez" (Turner, 1984, cap.1). No entanto, as ciências não progrediram muito *em suas etapas iniciais* tentando alcançar uma abrangência prematura. Essa ânsia de abrangência reflete-se na recente retomada de interesse pelo "elo" micro-macro, ou "lacuna", como às vezes é chamado (Alexander et al., 1986; Knorr-Cetina e Cicourel, 1981; Turner, 1983). Hoje, os teóricos querem dar conta de tudo – micro e macro – ao mesmo tempo, a despeito do fato de nem os microprocessos de interação entre indivíduos nem a microdinâmica de agregados de pessoas terem sido adequadamente conceituados. A meu ver, toda essa preocupação com a compreensão das microbases do macro, e vice-versa, é prematura. A Figura 1 procura conservar a divisão entre macro e microssociologia, ao menos por enquanto. Portanto, existe uma "lacuna" entre micro e macroprocessos e, exceto na mais metafórica das instâncias, não pretendo preenchê-la.

Com respeito aos microprocessos, considero três classes de dinâmica importantíssimas na teorização analítica: aquelas que "energizam" ou "empurram" os indivíduos para a interação (observe-se que não digo "ação", termo que recebeu excessiva ênfase conceitual em sociologia) (Turner, 1985a); aquelas que operam nos indivíduos enquanto eles ajustam mutuamente suas condutas e aquelas que estruturam cadeias de interação no tempo e no espaço. Como indicam as setas, esses microprocessos são inter-relacionados, operando cada qual como um parâmetro para os outros. Quanto aos macroprocessos, considero três tipos de dinâmica fundamentais para a teorização analítica: processos aglutinantes que determinam o número de atores (sejam eles indivíduos ou coletividades) e sua distribuição no tempo e no espaço; processos diferenciadores de atores no tempo e no espaço, e processos de integração que coordenam as interações dos agentes no tempo e no espaço.

Microdinâmica

Conforme sugeri, deve-se acrescentar a complexidade analítica no nível da construção de modelos e, às vezes, no nível proposicional, pois só aqui podem as ideias teóricas ser confrontadas com os fatos (com todos os problemas apresentados pelos críticos do positivismo, observados e rejeitados, ao menos em sua forma extrema e intelectualmente debilitante). Assim, a tarefa da microanálise consiste em especificar a dinâmica das três classes de variáveis – motivacional, interacional e estruturante – em modelos e proposições abstratos. Comecemos pelos processos motivacionais.

Processos motivacionais

A conceituação explícita de "motivos" ficou pendente na teorização em razão dos problemas envolvidos na análise e mensuração daquilo que "impulsiona as pessoas" e as leva a "fazer coisas". Ao invés, os sociólogos preferiram falar de comportamento, ação e interação de um modo que mascara sua preocupação com o problema da motivação. Desse modo, obscureceram a análise tanto da motivação quanto da interação. É mais útil separá-las analiticamente apresentando um modelo simples daquilo que "empurra", "impulsiona", "motiva" e "dirige" as pessoas em sua interação com os semelhantes de determinada forma. Sem dúvida esses termos são vagos, mas mesmo assim comunicam minha tese geral.

Existem quatro processos motivacionais em todas as situações de interação: os que garantem a "segurança ontológica" (Giddens, 1984), ou a necessidade implícita de reduzir a ansiedade e alcançar um senso de confiança nos outros; os que implicam a manutenção daquilo que alguns interacionistas chamam uma autoconcepção "nuclear", ou a reafirmação da definição central e básica de alguém como um certo tipo de ser; os que dizem respeito ao que os teóricos do intercâmbio comportamental e economia utilitarista consideram esforços dos indivíduos para "levar vantagem" ou aumentar seus recursos materiais, simbólicos, políticos ou psíquicos (Homans, 1974); e os que se referem ao que os etnometodologistas costumavam chamar de "facticidade", ou a presunção de que o mundo apresenta ordem e caráter factuais, inexoráveis (Garfinkel, 1984). Esses quatro processos correspondem, respectivamente, a diversas concepções de motivação nas tradições psicanalítica (Erikson, 1950), simbólico-interacionista (Kuhn & McPartland, 1954), utilitarista/behaviorista (Homans, 1974) e etnometodológica (Garfinkel, 1984). Eles foram, sintomaticamente, vistos como abordagens antagônicas, com algumas exceções de peso (por exemplo, Collins, 1975; Giddens, 1984; Shibutani, 1968). Na Figura 3, temos um modelo que esboça as principais inter-relações entre os quatro processos.

À direita da Figura 3, enfatizo que toda interação é motivada por considerações de troca. As pessoas querem sentir que aumentaram seus recursos em troca do gasto de energia e investimentos. Evidentemente a natureza dos recursos investidos variam, mas as teorias do intercâmbio analítico usualmente consideram como os mais genéricos o poder, o prestígio, a aprovação e, às vezes, o bem-estar material. Assim, dos pontos de vista de troca mais contemporâneos, os indivíduos são "impulsionados" a buscar algum proveito em termos dessas classes de recursos, de sorte que a interação envolve negociações em torno de poder, prestígio e aprovação (ocasionalmente, benefícios materiais). Não vou citar aqui as teses da teoria da troca, que são bem conhecidas, mas seus princípios básicos constituem, cuido eu, um excelente sumário de *um* processo motivacional.

Outro processo motivacional faz parte também das trocas interpessoais: fala e conversação. Penso que Collins (1986) está certo quanto a ser esse um recurso importante, em contraposição ao veículo ou meio na interação. Ou seja, as pessoas "gastam" palavras e conversas na esperança de receber, não apenas poder (deferência), prestígio ou aprovação, mas também uma palestra gratificante *per se*. Com efeito, elas negociam recursos conversacionais tanto quanto negociam os outros. Assim, desenvolvem um "senso" e um "sentimento" de satisfação, ou aquilo que Collins chamou de "emoção". Em suma, as pessoas gastam e discutem seu "capital emocional" em suas trocas de conversação. Portanto, esta não é só um meio pelo qual o poder, o prestígio e a aprovação se transmitem, mas também um recurso em si.

As negociações em torno de tais recursos, no entanto, envolvem mais que troca: existe ainda a tentativa de "completar" ou "interpretar" o que ocorre numa interação. Uma situação não parece "certa" sem a capacidade de usar palavras, gestos não verbais, descrições e outras chaves para se obter um "senso" pleno "do que está sendo dito" e "do que está acontecendo". Como Garfinkel (1984) enfatizou a princípio, muito do que sucede numa interação exige interpretações de gestos à luz do contexto de interação. As pessoas se valem de reservas implícitas de conhecimento e entendimento para interpretar a conversa e, assim, se sentir à vontade num contexto de interação. E utilizam métodos "populares" ou "étnicos" para gerar o senso de que cada qual entende o outro e estão todos vivenciando um mundo único. Assim, além de troca de recursos, a conversação é uma negociação sobre "o que está acontecendo"; quando se rompe esse senso de mútua compreensão de uma dada circunstância (como era evidente nas famosas "experiências de ruptura" de Garfinkel), as pessoas se esforçam para "restaurar" o senso compartilhado e vivenciado num mundo comum. Sua ansiedade aumenta se não conseguem manter o senso de um universo comum e compartilhado; o senso de confiança, tão necessário para a segurança ontológica, é sclapado e, por seu turno, força as pessoas a reinterpretar e renegociar suas trocas de conversação. Essas negociações apresentam a irônica consequência de perpetuar a ansiedade, mas, se os participantes conseguem utilizar métodos "étnicos" para adquirir o senso e a presunção de que partilham o mesmo mundo factual, então a ansiedade diminui. Portanto, a necessidade de "facticidade" representa uma poderosa força motivacional na interação humana, como se vê pelos processos mostrados na parte inferior da Figura 3.

Voltando ao alto da Figura 3, vemos que outra força motivadora na interação é o esforço para sustentar uma concepção de si mesmo como um certo tipo de pessoa. Isso se faz, primariamente, graças a relações de troca no âmbito do poder, prestígio, aprovação e, às vezes, bem-estar material, como ainda no daquelas que dizem respeito aos proventos do capital emocional investido na conversação. Assim, quando as pessoas percebem que estão auferindo "lucros psíquicos" em suas relações, passam a alimentar a autoestima, que considero o principal. mecanismo de mediação entre seu "eu nuclear" ["*core self*"] (Kuhn & Hickman, 1956) e os resultados da troca. Conforme indicam as setas pontilhadas, um processo secundário de manutenção do "lucro" é a dinâmica conducente ao senso de facticidade. Se for problemática a obtenção da facticidade, os indivíduos não acharão que "lucraram" com uma interação e, nessa circunstância, só com dificuldade preservarão a autoestima e a autoconcepção. Seja a partir dessa fonte secundária ou simplesmente da incapacidade de aumentar o capital emocional ou obter aprovação, deferência e prestígio, o fracasso em confirmar o eu [*self*] gera ansiedade – a qual, por seu turno, quebra a confiança (em si mesmo), imprescindível para a segurança ontológica.

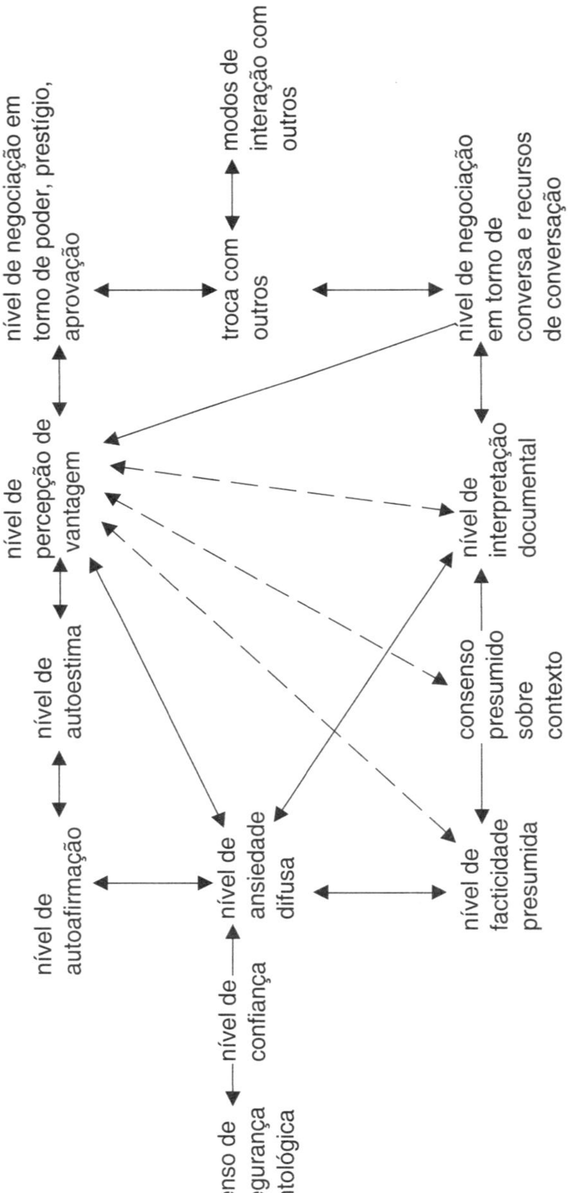

FIGURA 3 – A dinâmica da motivação interpessoal.

Não posso examinar a fundo, aqui, os pormenores desse modelo, que entretanto procura canalizar tradições analíticas diversas para uma visão mais sintética da dinâmica motivacional. Para finalizar, ilustrarei minha estratégia teórica geral utilizando o modelo para desenvolver várias "leis de motivação" abstratas.

I O nível de energia motivacional dos indivíduos, numa interação, constitui uma função inversa do grau em que eles falham em (*a*) obter senso de segurança ontológica, (*b*) pressupor facticidade, (*c*) afirmar seu eu nuclear e (*d*) alcançar senso de aumento de recursos.

II A forma, direcionamento e intensidade da interação serão uma função positiva da preeminência relativa de (*a*), (*b*), (*c*) e (*d*) acima, bem como dos níveis absolutos de (*a*), (*b*), (*c*) e (*d*) acima.

Esses dois princípios estabelecem, num nível abstrato, a maneira geral com que as pessoas são "energizadas" para interagir. Obviamente, as proposições não especificam os processos de motivação, como faz o modelo da Figura 3. Penso, pois, que o modelo analítico fornece os detalhes necessários sobre os mecanismos (isto é, ansiedade, autoestima, lucro, consenso quanto a contexto, interpretação documental e negociação). Eu poderia, sem dúvida, inserir tudo isso nas proposições, mas então as leis perderiam sua simplicidade e sobriedade, como é desejável para inúmeros fins (como seu uso no cálculo dedutivo). Há portanto, como indicado acima, um jogo criativo entre leis abstratas e modelos analíticos. Umas sem outros deixam algo a desejar: o modelo é complexo demais para ser testado como um todo (consequentemente, sua conversão em leis simples é imperativa), mas essas leis simples não delineiam os processos causais complexos e os mecanismos que presidem às relações especificadas na lei (daí, a necessidade de suprir as leis com modelos analíticos abstratos).

Processos interacionais

O elemento seguinte no esquema sensibilizador apresentado na Figura 2 é o processo de interação em si. Eis a pergunta-chave: que acontece quando as pessoas acenam umas para as outras e interpretam tais gestos? A Figura 4 esboça os processos cruciais: o emprego de reservas de conhecimento implícito (Schütz, 1967), ou "*stock-making*" [aplicação de reservas], em minha terminologia, para promover diversos processos de sinalização, principalmente *stage-making* [encenação] (Goffman, 1959), *role-making* [desempenho de papéis] (Turner, 1962), *claim-making* [reivindicação] (Habermas, 1981) e *account-making* [explicação] (Garfinkel, 1984), e o emprego de reservas de conhecimento, ou "*stock-taking*" [uso de reservas], para desempenhar processos interpretativos, particularmente explicação (Garfinkel, 1984), *claim-taking* [recepção de pretensão] (Habermas, 1981), *role-taking* [adoção de papéis] (Mead, 1934) e *type-taking* [tipificação] (Schütz, 1967). Não posso fornecer uma discussão detalhada desses processos, tanto mais que o modelo da Figura 4 provém de tradições teóricas muito disparatadas. Enumerarei, entretanto, os processos delineados.

George Herbert Mead foi o primeiro a reconhecer explicitamente que interação é "conversação de gestos". As pessoas sinalizam suas respectivas linhas de ação (consciente e inconscientemente) fazendo gestos e, ao mesmo tempo, interpretando os gestos de outros. Com base nesse processo simultâneo de sinalização e interpretação, elas ajustam suas respectivas linhas de conduta, sendo o esquema desse ajustamento uma função dos processos motivacionais discutidos acima. A fim de sinalizar e interpretar, os agentes recorrem àquilo que Alfred Schütz chamou de "reserva de conhecimento disponível", ou estoques de significados, concepções, procedimentos, regras, atitudes e compreensão, explícitos e implícitos, que os indivíduos vão adquirindo à medida que vivem, crescem e participam de relações sociais contínuas. Para sinalizar, os indivíduos "*aplicam* reservas" [stock-*make*] no sentido de que recorrem às reservas de conhecimento para fazer ou construir uma linha própria de conduta. Reciprocamente, para interpretar gestos alheios, eles *usam* [stock-*take*] reservas porque precisam recorrer às suas reservas de conhecimento para "dar sentido" aos gestos dos outros. Esse processo simultâneo de fazer e tomar reservas é muitas vezes implícito e inconsciente. No entanto, quando os sinais não são reconhecidos por outros, quando esses sinais não podem ser facilmente interpretados ou quando motivos para obter segurança ontológica, autoafirmação, aumento de recursos ou facticidade não são atendidos (ver proposição II), então esses processos de fazer e tomar reservas se tornam bem mais explícitos.

As seções medianas do modelo da Figura 4 procuram reconciliar os antigos postulados de Mead e Schütz com aquilo que às vezes são consideradas tradições antagônicas. Não o são, contudo, já que cada qual pode contribuir para uma visão sintética da interação.

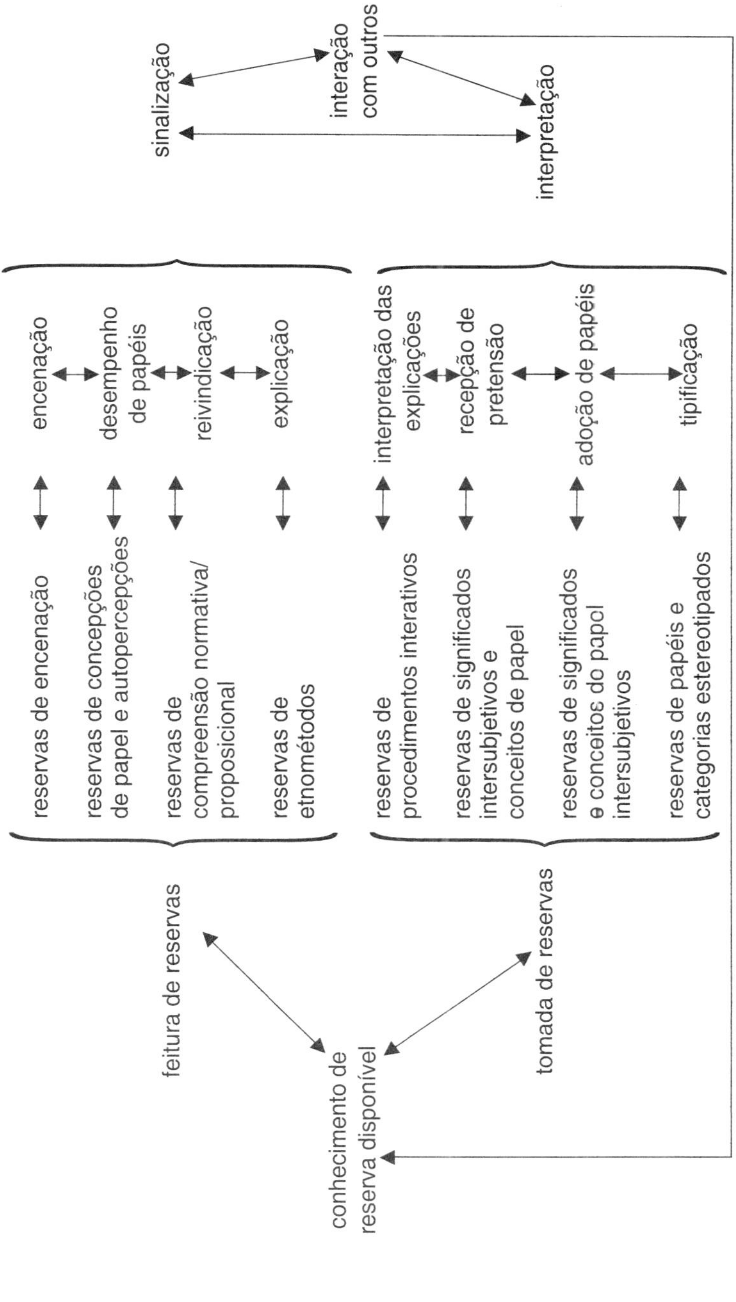

FIGURA 4 – A dinâmica da interação.

Documentarei essa compatibilidade discutindo cada um dos elementos esboçados nas seções medianas da Figura 4.

Goffman foi o primeiro a conceituar de modo explícito, e Giddens (1984) o reafirmou em época mais recente, que a interação envolve sempre uma "encenação". As pessoas têm compreensão da "técnica de palco" no sentido de que "conhecem", ao menos implicitamente, assuntos como posicionamento relativo dos atores, movimentação nas diversas áreas do palco e outros aspectos da demografia espacial. Posicionando-se ou movendo-se no espaço, elas sinalizam para outras suas intenções e expectativas. Sem essa capacidade de recorrer às reservas de conhecimento e criar para si mesmas uma "presença em cena", a interação seria difícil, já que os indivíduos não poderiam usar seus respectivos posicionamentos e movimentos espaciais para informar os outros sobre suas respectivas ações.

Boa parte dessa manipulação do posicionamento no espaço tem por meta facilitar aquilo que Ralph Turner chamou de "desempenho do papel", ou orquestração de gestos para sinalizar que papel alguém está tentando representar numa dada situação. Nessas atividades de desempenho de papéis, as pessoas não contam apenas com a técnica de encenação. Elas possuem reservas de "concepções de papel" que denotam síndromes de gestos e sequências comportamentais associados com uma determinada linha de conduta. Esses conceitos de papel podem tornar-se bem harmônicos no sentido de que, por exemplo, conseguimos não apenas distinguir alguém no "papel de estudante" como ainda *que tipo* de estudante ele está interpretando: sério, aplicado, esportista, sociável etc. Assim, as pessoas dispõem de um vasto repertório de conceitos de papel, e a partir desse repertório buscam elaborar um papel para si mesmas, orquestrando sua emissão de gestos. Quais os papéis que elaboram para si mesmos está, obviamente, circunscrito pela estrutura vigente (estudantes não podem ser professores, por exemplo) e por suas reservas de autopercepções e definições. Portanto, os seres humanos selecionam de seu repertório de papéis aqueles que respondem a suas reservas de autopercepções e definições. Algumas dessas autopercepções decorrem de autoconcepções nucleares que motivam interação, mas os humanos também possuem reservas de autoimagens mais periféricas e situacionais. Por exemplo, alguém poderá reconhecer, sem grande perda de autoestima ou degradação do eu íntimo, que não tem talento para os esportes, e em consequência elaborará um papel que corresponda a uma autoimagem de baixa proficiência em "situações de disputa". Sem essa capacidade de elaborar papéis, a interação seria desnecessariamente opressiva e demorada, já que os indivíduos não poderiam reconhecer que sua orquestração de gestos sinaliza para outros uma linha particular de conduta. Entretanto, graças a concepções comuns de diversos tipos de papéis, eles logram sinalizar suas intenções e ter certeza de que os outros reconhecerão o que vão fazer, sem ter de sinalizar repetidamente a linha de conduta que se propuseram.

Embora eu considere grande parte do "projeto crítico" de Jürgen Habermas excessivamente ideológico, idealizado e às vezes sociologicamente ingênuo, sua tese do "ato de fala ideal" e "ação comunicativa" (Habermas, 1981) ainda assim revelou uma dinâmica básica na interação humana: o processo de fazer "pretensões de validade". Quando os indivíduos interagem, revelam "pretensões de validade" que os outros podem aceitar ou recusar. Essas pretensões envolvem declarações, tipicamente implícitas, mas às vezes explícitas, sobre a autenticidade e sinceridade dos gestos como manifestações de experiências subjetivas; sobre o vigor e eficácia dos gestos como indicadores dos meios para os fins; e sobre a correção das ações em termos de normas relevantes. Não compartilho a visão ideológica de Habermas segundo a qual essa reivindicação (bem como a recusa e o discurso que se seguem) constitui a essência da liberação humana das formas de dominação, mas penso que a interação pressupõe um processo sutil e caracteristicamente implícito graças ao qual cada parte "assegura" que é sincera, eficiente e correta. As reivindicações se relacionam com os esforços de criação de papéis, mas também apelam para reservas comuns de conhecimento a respeito de normas, interpretações de comportamento sincero e conexões culturalmente aceitas entre meios e fins.

O processo final de sinalização liga-se às reivindicações, mas mais diretamente a estoques de *etno*métodos como o "princípio *et coetera*", as sequências de conversação, formas normais e outras práticas populares (Cicourel, 1973; Heritage, 1984) que os indivíduos empregam para criar um *senso* de ordem social. Assim, sinalizar envolve sempre um processo de "explicação" pelo qual os indivíduos, implicitamente, utilizam vários métodos ou procedimentos populares para convencer outros de que compartilham o mesmo mundo factual. As experiências de ruptura de Garfinkel (1963, 1984), como outras análises de conversações,[5] indicam que tais procedimentos são importantíssimos para uma boa interação; quando o uso dos *etno*métodos não ocorre ou quando estes não são compreendidos e aceitos, a interação se torna problemática. Portanto, muito do que os indivíduos sinalizam para outros representa um esforço para relatar o que é real e factual na situação.

Simultaneamente a esses quatro processos de sinalização – encenação, desempenho de papéis, reivindicação e explicação –, existem processos recíprocos de interpretação de sinais emitidos pelos outros. Além disso, até certo ponto, os humanos interpretam seus próprios sinais, de modo que a interação envolve um monitoramento consciente tanto de gestos alheios quanto próprios.

A explicação vai de par com a "*account taking*" [interpretação das explicações], na qual os sinais alheios e os próprios, sobretudo pertinentes às reservas de compreensão interpretativa, são usados para desenvolver uma série de pressupostos implícitos sobre os traços fundamentais de um quadro interativo. Ou seja, os atores interpretam certas classes de sinais (métodos populares) a fim de "completar" e "entender" o que os outros estão fazendo, bem como obter para si mesmos o senso, talvez um tanto ilusório, de que todos compartilham um mesmo universo.

Relacionada a essa "etnometodização", se é que posso inventar mais uma palavra num campo atravancado de neologismos, está a outra face das reivindicações de Habermas: as recepções de pretensões. Quer dizer, as "pretensões de validade" dos outros (e as próprias) à sinceridade, correção e eficácia de meios-fins são interpretadas à luz de reservas de interpretações normativas, fórmulas de meios-fins e gênero de autenticidade. Essa interpretação pode levar à aceitação de pretensões ou à "recusa" de um dos três tipos de pretensões de validade, ou todos eles. Se isto ocorre, então é sinalizada uma reivindicação contrária e a interação circulará à volta da reivindicação e da pretensão até que as pretensões de validade de todas as partes envolvidas sejam aceitas (ou até que

5 Para um exame, ver Heritage, 1984.

um conjunto de pretensões seja simplesmente imposto aos outros graças à capacidade de coerção ou de controle de recursos).

O terceiro processo interpretativo é aquele que foi pela primeira vez conceituado por Mead como "adoção de papel" ou "adoção do papel do outro", e que Schütz chamou de "reciprocidade de perspectivas". Os gestos ou sinais alheios são utilizados para alguém se colocar na posição de outro ou assumir-lhe a perspectiva. Essa adoção de papel, no entanto, ocorre em diversos níveis. Um deles é o inverso da criação de papel, em que as reservas de concepções de papel são usadas para determinar que papel os outros estão desempenhando. Outro nível, mais profundo, é a utilização de reservas de interpretações comuns sobre como as pessoas costumam agir em vários tipos de situação a fim de completar os traços necessários para se entender por que uma pessoa está agindo de certa maneira. Juntos, esses dois níveis de criação de papéis podem propiciar uma visão dos modos e condutas prováveis dos semelhantes.

Às vezes, a interação pressupõe o que Schütz chamou de "tipificação" ou interação em termos de "tipos ideais". É que boa parte da interação consiste em colocar os outros em categorias estereotipadas e depois interagir com elas como não pessoas ou ideais. Assim, a adoção de papel pode transformar-se em "tipificação" quando uma situação não exige interpretações acuradas dos motivos, sentimentos e atitudes dos outros. À medida que a tipificação se impõe, os demais processos interpretativos (adoção de papel, pretensão e explicação) decrescem porque, no fundo, eles foram "pré-programados" como reservas de categorias e papéis estereotipados que se empregam para a tipificação.

Em suma, vejo a interação como um processo duplo e simultâneo de sinalização e interpretação que recorre às reservas de conhecimento adquiridas pelos indivíduos. Diferentes abordagens teóricas enfatizaram diferentes aspectos desse processo básico, mas nenhuma apreende a dinâmica total da interação. O modelo da Figura 4 tenta reunir essas diversas abordagens num quadro mais unificado, que vê como inter-relacionados os processos de interpretação e sinalização. A fim de completar esta síntese de abordagens diferentes dos processos interacionais na teoria analítica, reformulemos os elementos-chave do modelo em umas poucas "leis de interação".

III O grau de interação, por parte das pessoas, depende da posição numa função conjunta e positiva de seus respectivos níveis de (*a*) sinalização e (*b*) interpretação.

(*a*) O grau de sinalização é uma função conjunta e positiva do grau de encenação, desempenho de papéis, reivindicação e explicação.

(*b*) O grau de interpretação é uma função conjunta e positiva do grau de interpretação das explicações, pretensão e tipificação.

IV O grau de mútua acomodação e cooperação entre pessoas numa situação interativa é uma função positiva do grau em que compartilham reservas comuns de conhecimento e as usam para sinalizar e interpretar.

Processos de estruturação

Muitas interações ocorrem no interior de uma estrutura vigente que foi construída e sustentada por interações anteriores. Essas estruturas constituem, de preferência, parâmetros coercitivos (Blau, 1977) no sentido de que circunscrevem as atividades de encenação dos indivíduos instalando-os em espaços físicos; restringem os tipos de processos de validação – isto é, pretensões e recusas – que possam ocorrer; proporcionam base contextual para atividades de registro graças às quais as pessoas logram criar um senso de realidade; ditam as espécies possíveis de criação de papel; dão pistas para a natureza da tomada de papel; e organizam as pessoas, com suas atividades, de modo a encorajar (ou desencorajar) a mútua tipificação.

Dado, porém, que os indivíduos exibem perfis motivacionais distintos e que as estruturas vigentes só oferecem parâmetros para a encenação, validação, registro, adoção de papel, desempenho de papel e tipificação, sempre resta algum potencial para reestruturar situações. Todavia, os processos atinentes a essa reestruturação são os mesmos que sustentam uma estrutura vigente, de sorte que podemos utilizar os mesmos modelos e proposições para entender tanto a estruturação quanto a reestruturação. Na Figura 5, apresento minha visão da dinâmica desses processos.

Começo explicando o que é "estrutura". Em primeiro lugar, trata-se de um processo e não de uma coisa. Para empregar a terminologia corrente, ela é "produzida" e "reproduzida" por indivíduos em interação. Em segundo lugar, refere-se à disposição ordenada de interações no tempo e no espaço (Collins, 1975; Giddens, 1981, 1984). A dimensão temporal pode indicar processos que ordenam interações para um determinado grupo de indivíduos, mas mais importante é a organização de interações para *grupos sucessivos* de indivíduos que, ao passar pelos parâmetros estruturais vigentes, reproduzem esses parâmetros. Em terceiro lugar, a reprodução de estruturas é, como a parte direita da Figura 5 enfatiza, determinada pela capacidade de os indivíduos em interação "regionalizarem", "rotinizarem", "normatizarem", "ritualizarem" e "categorizarem" suas atividades conjuntas. Assim, estrutura é tanto processo quanto produto de encenação, validação, registro, adoção de papel, desempenho de papel e tipificação. Esses processos interativos produzem (ou reproduzem) estruturas quando permitem aos indivíduos regionalizar, rotinizar, normatizar, ritualizar e categorizar suas ações conjuntas. Passo agora a analisar mais pormenorizadamente esses cinco processos da parte direita da Figura 5.

Quando os indivíduos encenam (ver Figura 4), negociam a utilização de espaço. Decidem quem ocupará um território, quem poderá mudar para onde e com que frequência, quem poderá transitar pelo espaço e outras questões similares de demografia e ecologia interativa. Se os agentes entram num acordo quanto a essas questões, regionalizam sua interação porque sua distribuição e mobilidade espacial se tornam esquematizadas. É claro, as negociações de espaço ficam mais fáceis quando existem elementos físicos como ruas, passagens, prédios, cômodos e escritórios para forçar as negociações. Igualmente importante, porém, é a concordância normativa quanto ao que esses elementos, bem como os sinais interpessoais, "significam" para as pessoas. Ou seja, a regionalização pressupõe regras, concordância e interpretação quanto a quem ocupará determinado espaço, quem deterá um espaço "desejável" e quem poderá mover-se pelo espaço (daí a seta que vai de "normatizar" a "regionalizar" na Figura 5). Outra força importante, relacionada à normatização mas também fator independente por direito próprio, é a rotinização. A regionalização de atividades é bastante facilitada quando ações conjuntas são rotinizadas, quer dizer, quando os indivíduos fazem mais ou menos as mesmas coisas (movimentos, gestos, palavras etc.), ao mesmo tempo e no mesmo espaço.

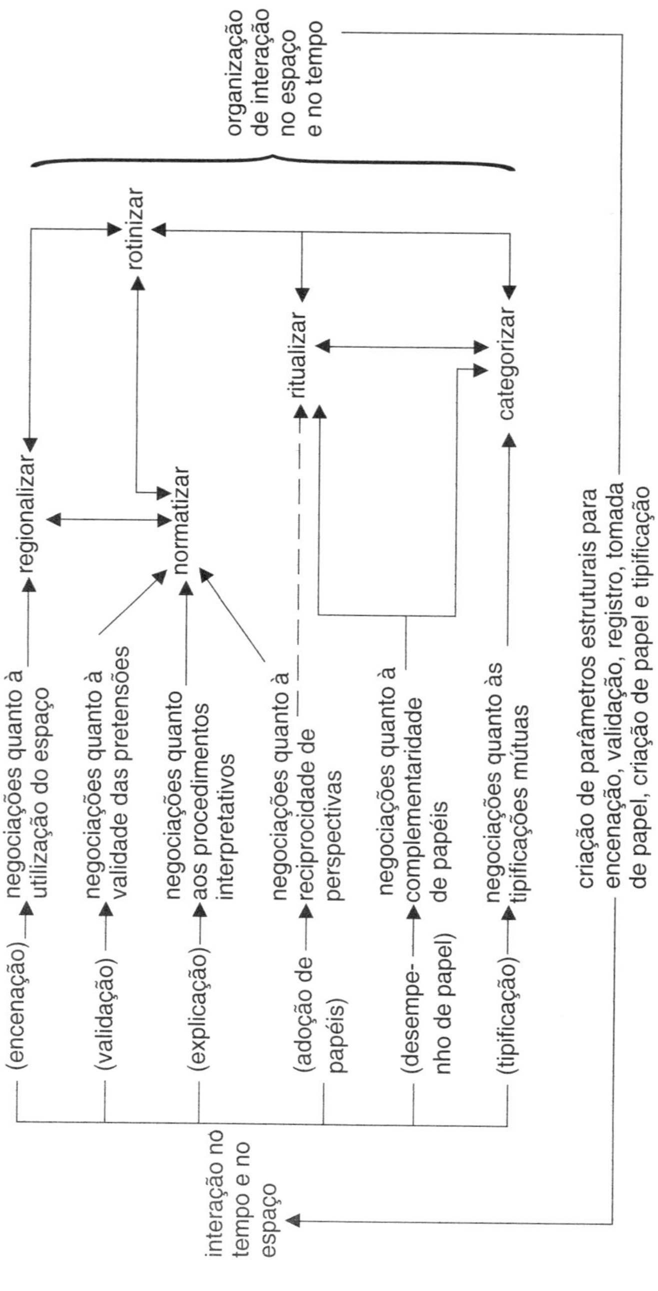

FIGURA 5 – O processo de estruturação.

Inversamente, a rotinização e a normatização são facilitadas pela regionalização. Há, nesse caso, um mútuo *feedback* entre os processos. As rotinas facilitam a ordenação do espaço, mas, uma vez ordenadas, tais rotinas são facilmente sustentadas (é óbvio que, se a ordem espacial for rompida, o mesmo sucederá às rotinas). As normas permitem que as distribuições no espaço sejam interpretadas, ao mesmo tempo que orientam as atividades conjuntas dos indivíduos que ocupam pontos diferentes no espaço; contudo, depois que as interações se regionalizam, a manutenção do sistema normativo é estimulada (ao contrário, quando se rompe a ordem espacial, rompe-se também a estrutura normativa).

Como fica claro na Figura 5, a criação de normas ("normatizar", como lhe chamo) é importantíssima para o processo de estruturação. Infelizmente, o conceito de "norma" saiu de moda na teoria social, sobretudo por sua associação com funcionalismo. Sugiro preservar esse conceito, usando-o porém em outra acepção que não a de "para cada posição há normas precípuas" ou de "os papéis são promulgações de expectativas normativas". Ambas as acepções são verdadeiras às vezes, mas constituem antes um caso especial de interação normativa do que a regra. Conforme enfatiza a Figura 5, considero as normas um processo que envolve validação, explicação e adoção de papel. Quando as pessoas negociam a propósito do que é correto, autêntico e eficiente (validação); quando negociam a propósito dos procedimentos interpretativos convenientes ou *etno*métodos para criar um senso de realidade comum (explicação); quando tentam se colocar no lugar de outrem e assumir-lhe a perspectiva (adoção de papel), elas *desenvolvem*, implícita e provisoriamente, consenso coercitivo sobre como devem interagir e ajustar sua conduta entre si. Se os humanos não conseguissem fazer isso, a interação seria por demais trabalhosa, pois estaríamos sempre e incessantemente a negociar quanto à conduta mais acertada. O desenvolvimento desses consensos implícitos é facilitado pela regionalização, rotinização e ritualização (este último conceito denota sequências estereotipadas de gestos entre os interagentes). Tais normas passam a integrar as reservas de conhecimento das pessoas e a ser utilizadas em contextos apropriados. De fato, muito da adoção de papel, explicação e validação gira em torno dos esforços que os indivíduos fazem para interpretar, numa dada situação, quais normas estão sendo tomadas das reservas de conhecimento.

As rotinas são também um importante processo na estruturação. Se grupos de agentes assumem mais ou menos as mesmas sequências de comportamento, no tempo e no espaço, em muito se facilita a organização da interação. Inversamente, as rotinas são influenciadas por outros processos estruturantes de regionalização, normatização, ritualização e categorização. Quando as atividades estão ordenadas no espaço, não é difícil estabelecer rotinas. Havendo consenso quanto a normas, estimula-se a criação de rotinas. Podendo a interação ser também ritualizada para que os contatos pessoais envolvam sequências estereotipadas de gestos, as rotinas são preservadas sem grande "trabalho interpessoal" (ou seja, sinalização e interpretação ativas e autoconscientes). E quando os agentes podem efetivamente categorizar-se uns aos outros como não pessoas, portanto interagir sem muito esforço para sinalizar e interpretar, as rotinas são mais prontamente estabelecidas e mantidas.

Os rituais constituem outro elemento de relevo na estruturação, pois, quando os agentes conseguem inaugurar, sustentar e encerrar interações com conversações e gestos, a interação ocorre com mais facilidade e pode ser mais rapidamente ordenada. Que rituais executar, como e quando executá-los, é matéria normativamente determinada. Todavia, os rituais são também o resultado da rotinização e da categorização. Se os agentes lograrem situar-se uns aos outros em categorias simples, sua interação será ritualizada, pressupondo gestos de abertura e encerramento previsíveis, com uma forma típica de conversação e gestual entre os rituais de começo e fim. Igualmente, atividades de rotina estimulam rituais, já que os indivíduos procuram preservar suas rotinas estabelecidas ao mesmo tempo que se esforçam para ritualizar a interação, a fim de evitar que se intrometam nas rotinas (se tiverem de fazer trabalho "interpessoal"). Talvez mais importante, no entanto, os rituais se relacionam com a feitura dos respectivos papéis que os indivíduos negociam; e, se conseguirem negociar papéis complementares, poderão ritualizar em larga medida sua interação. Esse é provavelmente o caso quando os respectivos papéis se revelam desiguais em termos de poder (Collins, 1975).

O processo final básico de estruturação é a categorização, que provém das negociações das pessoas a respeito de como se tipificarem umas às outras e a seu relacionamento. O processo de categorização das pessoas e do relacionamento é facilitado pela feitura de papel bem-sucedida e pela rotinização, bem como pela ritualização da relação. A categorização permite que os indivíduos se tratem como não pessoas, poupando-lhes o tempo e as energias necessárias para obterem uma sinalização e uma interpretação acuradas. Desse modo, pode sua interação prosseguir tranquilamente no tempo (em contatos repetidos) e no espaço (sem se renegociar quem deveria estar onde).

Não posso explorar aqui todas as sutilezas desses cinco processos, mas as setas da Figura 5 revelam como eu faria uma análise mais apurada (Turner, no prelo, a). Quando as pessoas fazem sinais e interpretações mútuas, estão encenando, validando, explicando, adotando papéis, desempenhando papéis e tipificando – o que envolve, respectivamente, negociações quanto a espaço, validade, pretensões, processos interpretativos, reciprocidade de perspectivas, papéis respectivos e tipificações mútuas. Desses processos brotam processos estruturantes de regionalização, rotinização, normatização, ritualização e categorização que organizam a interação no tempo e no espaço. Em contrapartida, esses processos estruturantes servem de parâmetros estruturais que restringem e circunscrevem os processos interativos de encenação, validação, explicação, adoção de papel, desempenho de papel e tipificação. Eis, em linhas gerais, minha visão do processo de estruturação que incorpora inúmeros trabalhos de teorização analítica sobre interpretações microinterativas de "estrutura social".

Encerro o exame propondo umas quantas "leis de estruturação".

V O grau de estruturação da interação é uma função positiva e cumulativa do grau em que essa interação pode ser (*a*) regionalizada, (*b*) rotinizada, (*c*) normatizada, (*d*) ritualizada e (*e*) categorizada

(*a*) O grau de regionalização da interação é uma função positiva e cumulativa do grau em que os indivíduos podem negociar com sucesso o uso de espaço, e rotinizar e normatizar suas atividades conjuntas.

(*b*) O grau de rotinização da interação é uma função positiva e cumulativa do grau em que os indivíduos podem normatizar, regionalizar, ritualizar e categorizar suas atividades conjuntas.

(*c*) O grau de normatização da interação é uma função positiva e cumulativa do grau em que os indivíduos podem negociar com sucesso a validade de pretensões, procedimentos interpretativos e reciprocidade de perspectivas, e regionalizar, rotinizar e ritualizar suas atividades conjuntas.

(*d*) O grau de ritualização da interação é uma função positiva e cumulativa do grau em que os indivíduos podem negociar com sucesso a reciprocidade de perspectivas e a complementaridade de papéis, e normatizar, rotinizar e categorizar suas atividades conjuntas.

(*e*) O grau de categorização da interação é uma função positiva e cumulativa do grau em que os indivíduos podem negociar com sucesso as mútuas tipificações e a complementaridade de papéis, e ritualizar e rotinizar suas atividades conjuntas.

Isso completa meu exame da obra teórica, em teoria analítica, sobre microdinâmica. Obviamente, aproveitei ideias de estudiosos que não gostariam de ser classificados como teóricos analíticos; entretanto, até onde a teoria analítica encara a questão dos microprocessos, as figuras 3, 4 e 5, bem como as proposições I-V, captam a essência dessa teorização. Com algumas exceções de monta (por exemplo, Collins, 1975, 1986; Giddens, 1984; Turner, 1980), a teorização analítica se concentrou na macrodinâmica, preferindo ver a interação como uma "gratuidade", como "processos aleatórios" (por exemplo, Mayhew & Levingen, 1976) ou como uma "taxa" (Blau, 1977). Investigarei agora essa macroabordagem.

Macrodinâmica

Não existe, na teorização social, um claro consenso a respeito do que venha a ser a "macrorrealidade". Alguns macrossociólogos consideram-na a análise de propriedades estruturais, independente dos processos que ocorrem entre os indivíduos (por exemplo, Blau, 1977; Mayhew, 1981). Outros veem a macrossociologia como a análise das diversas maneiras pelas quais microunidades se agregam para formar processos sociais e organizacionais em larga escala (por exemplo, Collins, 1975, 1986). De modo típico, os críticos acham que toda macroanálise é uma reificação ou hipostatização (Knorr-Cetina & Cicourel, 1981). No entanto, a despeito desses tipos de crítica e da aparente confusão conceitual em torno das microbases da estrutura social, continua a ser difícil negar um fato comezinho da vida social: as populações humanas aumentam e se agregam, criando formas sociais complexas que cobrem vastas regiões geográficas durante considerável período de tempo. Dizer, como dizem muitos, que tais formas possam ser analisadas unicamente em termos de interações e atos constitutivos do indivíduo é um erro. Essas abordagens reducionistas geram anarquia conceitual, pois não se deve nunca "tomar a floresta pelas árvores" ou mesmo ver as árvores através dos ramos.

Não há dúvida, é claro, de que os macroprocessos envolvem interações entre indivíduos, mas muitas vezes o melhor é deixar estes de lado – pois, assim como é útil ignorar, para certas finalidades analíticas, a fisiologia respiratória e circulatória da anatomia humana quando se estudam diversas propriedades interativas, assim é razoável ignorar, para inúmeros propósitos, os indivíduos, os atos individuais e as interações individuais. Naturalmente, saber o que as pessoas fazem quando regionalizam, rotinizam, normatizam, ritualizam e categorizam suas interações (ver Figura 5) pode constituir um *suplemento* útil para a macroanálise, mas semelhante investigação não substitui a macroanálise pura, empenhada nos processos pelos quais grande número de agentes se reúnem, se diferenciam e se integram (ver Figura 2). Essa é a minha posição e também a da maioria dos teóricos (Turner, 1983).

Na Figura 6, delineio minha visão sobre as macrodinâmicas mais fundamentais da organização humana. Agrupei essas dinâmicas, como na Figura 2, sob três processos constitutivos: *reunião*, ou agrupamento de indivíduos e suas capacidades produtivas no espaço; *diferenciação*, ou número de diferentes subunidades e símbolos culturais entre membros de uma população reunida; e *integração*, ou grau em que as relações entre subunidades de uma população reunida são coordenadas. Ao contrário de minha análise dos microprocessos, entretanto, não os fragmentei em três modelos separados. Ao contrário, elaborei um modelo compósito que, se fragmentado, poderia ser articulado com mais minúcia. Em breve empreenderei esta análise (Turner, no prelo, b), mas para as finalidades que ora tenho em mira o modelo é apresentado em sua forma simplificada.

Processos de associação

Os antigos teóricos da sociologia, particularmente Herbert Spencer (1905) e Émile Durkheim (1935), compreendiam bem essas dinâmicas. Eles reconheciam que o crescimento de uma população, seu agrupamento num espaço delimitado e seus modos de produção estavam inter-relacionados. Analisavam de preferência as sociedades, mas as relações entre esses processos valiam também para todas as outras unidades de análise. O esquema de interconexão é indicado pela direção das setas na Figura 6: tamanho/crescimento e produção reforçam-se mutuamente, cada qual alimentando o outro, aumentando os valores do outro especialmente quando os valores para recursos materiais, organizacionais e tecnológicos forem elevados; o agrupamento relaciona-se a tamanho/crescimento e níveis de produção, e, embora haja algum *feedback* entre essas forças, ele é secundário e não aparece nessa versão simplificada do modelo. Esses processos específicos de interconexão poderiam ser modelados mais acuradamente, mas prefiro não fazê-lo aqui.

Em contrapartida, cada um dos três processos é relacionado a outras forças, que aparecem bem à esquerda na Figura 6. O agrupamento é relacionado ao espaço disponível e à maneira pela qual esse espaço é comumente organizado (bem como aos padrões vigentes de organização social de subgrupos: observe-se a seta no alto da Figura 6). O crescimento/tamanho prende-se à taxa líquida de imigração para uma população, a taxa de aumento da população nativa (reprodução) e a incorporação externa (isto é, fusões, conquistas, alianças etc.). A produção se relaciona ao nível de recursos importantes, sobretudo materiais, organizacionais, tecnológicos e políticos (note a seta do *feedback* na base da Figura 6). Eis como apresento esses processos num quadro simplificado de "leis de reunião".

VI O nível de associação para uma população é uma função multiplicativa de seu (*a*) tamanho e taxa de crescimento, (*b*) grau de concentração ecológica e (*c*) nível de produção (tautologia óbvia, desfeita a seguir).

(*a*) O tamanho e a taxa de crescimento de uma população é uma função cumulativa e positiva de influxo externo, aumento interno, incorporação externa e nível de produção.

(*b*) O grau de ajuntamento de uma população é uma função cumulativa e positiva de seu tamanho e taxa de crescimento, nível de produção, capacidade de organizar espaço, e número e diversidade de seus subgrupos, sendo porém uma função inversa da quantidade de espaço disponível.

(c) O nível de produção para uma população é uma função multiplicativa positiva de seu tamanho e taxa de crescimento, nível de recursos materiais, organizacionais e tecnológicos, e capacidade de mobilizar poder.

O processo de diferenciação

O aumento no agrupamento, tamanho/taxa de crescimento e produção aguça o nível de competição pelos recursos entre as unidades sociais. Essa competição aciona, como enfatizaram Spencer e Durkheim, o processo de diferenciação entre indivíduos e subunidades de organização numa população. Essa diferenciação é resultado de dois ciclos mutuamente reforçadores: um deles gira em torno dos processos de competição, especialização, troca e desenvolvimento de atributos distintos (ou aquilo que chamo de "atributização"), o outro gira em torno de competição, troca, poder e controle de recursos. Por sua vez, esses dois ciclos produzem três formas de diferenciação inter-relacionadas: subgrupos ou heterogeneidade, subculturas ou diversidade simbólica e hierarquias ou desigualdades (Blau, 1977). Antes de analisar essas formas básicas de diferenciação, entretanto, voltemos aos ciclos mutuamente reforçadores que as produzem.

Competição e troca estão relacionadas. Com o tempo, a competição gera relações de troca entre agentes diferenciados e, inversamente, as relações de troca aumentam, ao menos no princípio, o nível de competição (Blau, 1966). Troca e competição produzem especialização de atividades (Durkheim, 1935; Spencer, 1905), já que alguns podem "superar" outros e forçar diferenciação de atividades, e que as relações de troca pressionam os agentes a especializar-se na provisão recíproca de recursos diferenciados (Emerson, 1972). Competição, troca e especialização atuam para gerar atributos distintivos – níveis de recursos, atividades, símbolos e outros parâmetros – entre os atores (Blau, 1977). Além disso, os processos de reunião de influxo externo e incorporação podem também atuar para distinguir os agentes, pois novos membros da população provêm de diversos sistemas (ver seta no alto da Figura 6). Por sua vez, a distinção estimula a troca de diferentes recursos, competição e especialização.

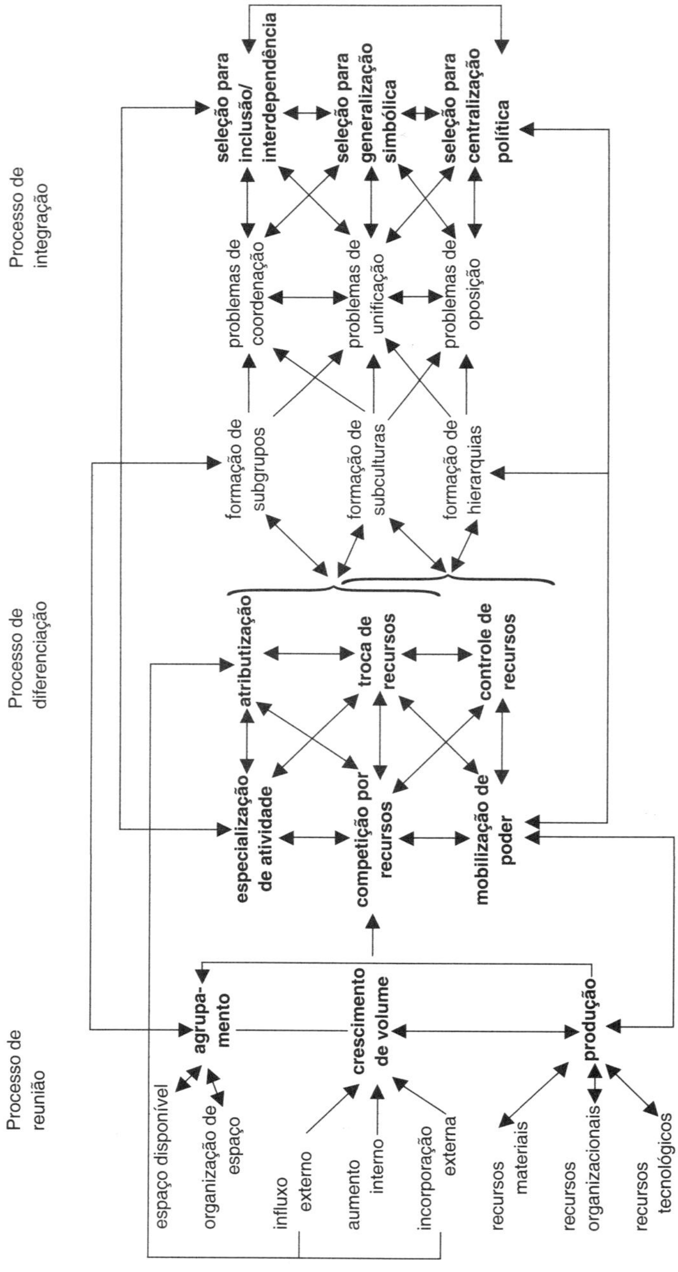

FIGURA 6 – O processo de associação, diferenciação e integração.

Esse ciclo é reforçado e intensificado pelos efeitos mutuamente estimulantes da competição, troca, mobilização de poder e controle de recursos. A competição e a troca envolvem sempre esforços para mobilizar poder (Blau, 1966); e essa mobilização aumenta, ao menos provisoriamente, a competição e a troca. A partir desse sistema positivo de *feedback*, alguns agentes conseguem empregar o poder para controlar os recursos – simbólicos, materiais, organizacionais etc. – que aumentarão seu poder, sua capacidade de realizar trocas e sua habilidade para competir. Como se vê pela seta na base da Figura 6, padrões vigentes de centralização política fomentam tanto a mobilização de poder quanto o controle de recursos. Por seu turno, os processos de mobilização e controle elevam o nível de especialização e aceleram o desenvolvimento de atributos distintivos porque induzem, até certo ponto, a competição e estimulam a troca.

Muitos dos efeitos causais recíprocos, nesses dois ciclos, são curvilíneos ou funções-*s* graduais. Quer dizer, eles aumentam seus respectivos valores até certo ponto, depois se estabilizam ou declinam. O motivo desse esquema de relação reside, em parte, nos processos autotransformadores inerentes a tais ciclos. Por exemplo, a troca aumenta a competição, mas, depois que o poder foi mobilizado e se estabeleceu o respectivo controle de recursos, é provável que a troca se institucionalize (Blau, 1966) e ganhe equilíbrio (Emerson, 1972), desacelerando assim a competição. Ou, para dar outro exemplo, a competição aumenta a mobilização de poder e o consequente controle de recursos, mas, depois que estes aumentam, poder e controle podem ser usados para suprimir a competição, ao menos provisoriamente. O que esses exemplos ilustram é que existem inúmeros subprocessos daqueles que foram delineados na Figura 6, os quais podem também ser modelados numa análise acurada; todavia, para minha finalidade aqui, basta mencionar esses processos mais específicos.

Desses dois ciclos promanam três formas básicas de diferenciação: a formação de subgrupos, cuja solidariedade interna é alta e cuja estrutura de rede é densa com relação a outros subgrupos; a formação de subculturas distintas, cujas reservas de conhecimento e repertórios de símbolos diferem entre si e cuja distinção é tanto causa quanto efeito da formação de subgrupos; e a formação de hierarquias, que variam em termos das respectivas quotas de recursos materiais, políticos e culturais que diversos agentes detêm, e na medida em que correlações na distribuição de recursos são "superimpostas" (Dahrendorf, 1958, 1959), "correlacionadas" (Lenski, 1966) ou "consolidadas" (Blau, 1977). Assim, o grau de diferenciação de uma população é definido em termos do número de subgrupos, subculturas e hierarquias, e, quanto maior for a diferenciação, mais graves serão os problemas de coordenação ou integração para uma população. Mas antes de passarmos a esse terceiro macroprocesso, reformulemos esta discussão em termos de algumas "leis de diferenciação".

VII O nível de diferenciação numa população é uma função positiva e multiplicativa do número de (*a*) subgrupos, (*b*) subculturas e (*c*) hierarquias evidentes nessa população (tautologia óbvia, que será desfeita abaixo).

(*a*) O número de subgrupos numa população é uma função curvilínea e multiplicativa do nível de troca, competição, especialização e atributização entre os membros da população, sendo porém uma função positiva do número de subculturas nessa população e da taxa de influxo e incorporação externos a ela.

(*b*) O número de subculturas numa população é uma função-*s* e cumulativa do nível de competição, troca, especialização, atributização, mobilização de poder e controle de recursos, sendo porém uma função positiva da formação de subgrupos e hierarquias.

(*c*) O número de hierarquias numa população é uma função inversa da mobilização de poder e controle de recursos, e uma função positiva da competição, troca e formação de subculturas, com o grau de consolidação de hierarquias representando uma função positiva da mobilização de poder e controle de recursos, e uma função negativa de competição e troca.

Processos de integração

O conceito de "integração" é reconhecidamente vago, se não axiológico (ou seja, a integração é "boa" e a não integração é "má"). Contudo, ainda ajuda como etiqueta para vários processos inter-relacionados. Para mim, integração é um conceito que varia ao longo de três dimensões separadas: o grau de coordenação entre unidades sociais; o grau de unificação simbólica entre unidades sociais; e o grau de oposição e conflito entre unidades sociais.

Vista assim, a pergunta teórico-crítica que se impõe é: quais são as condições que promovem ou retardam a coordenação, a unificação simbólica e o conflito/oposição? Em termos gerais, a própria existência de subgrupos, subculturas e hierarquias fomenta, respectivamente, problemas de coordenação estrutural, unificação simbólica e oposição conflitual. Assim, existem problemas de integração entre unidades amplamente diferenciadas, inerentes ao processo de diferenciação. Tais problemas provocam "pressões de seleção" para sua solução, mas, como na história de qualquer sociedade, organização, comunidade ou outras macrounidades, a existência dessas pressões não garante seleção para processos de integração. De fato, a longo prazo, *todos* os padrões de organização se desintegram. Mesmo assim, em grande parte da teoria macroanalítica, enfatiza-se a seleção de formas estruturais e culturais que solucionem, em graus variados, problemas de coordenação estrutural, unificação simbólica e oposição conflitual.

Na parte direita da Figura 6, esbocei os processos críticos de integração. A formação de subgrupos e subculturas cria problemas de coordenação que, por sua vez, geram pressões por inclusão estrutural (subunidades dentro de unidades ainda mais inclusivas)[6] e interdependência estrutural (superposição de membros e dependência funcional). A formação de subculturas e subgrupos também suscita, conforme enfatizou Durkheim (1935), o problema de unificar uma população com uma "consciência comum" e uma "consciência coletiva", ou, mais genericamente, com símbolos comuns (língua, valores, crenças, normas, reservas de conhecimento etc.). A criação de hierarquias intensifica esses problemas. Inversamente, os problemas de unificação podem também fomentar pressões de seleção por estruturas capazes de resolver problemas de coordenação e oposição associados a hierarquias e subgrupos.

6 Para uma análise mais detalhada, ver Wallace, 1983.

O efeito óbvio desses problemas de unificação simbólica é gerar pressões de seleção por generalização simbólica, ou desenvolvimento de sistemas simbólicos abstratos e amplamente generalizados (valores, crenças, códigos linguísticos, reservas de conhecimento) que possam suplementar a diversidade simbólica dos subgrupos, subculturas e hierarquias. Durkheim chamou esse processo de "enfraquecimento da consciência coletiva" e lamentou as consequências anômicas dos códigos culturais altamente abstratos, enquanto Parsons (1966) deu-lhe o nome de "generalização de valores", considerando-o um processo de integração que permitiria diferenciação social posterior. Estão ambos certos nesse sentido: se os códigos culturais gerais não são compatíveis com os códigos culturais mais específicos de classes, subclasses ou subgrupos, acabam agravando os problemas de unificação; se, porém, são compatíveis, promovem a integração de subgrupos, classes e subculturas. Assim, segundo indicam as setas recíprocas na Figura 6, a generalização simbólica pode ser uma faca de dois gumes: é essencial para a integração de sistemas diferenciados, mas mostra-se frequentemente inepta para a tarefa, e por vezes agrava não apenas os problemas de unificação como os de coordenação e oposição.

Hierarquias entre unidades sociais, especialmente quando consolidadas, correlacionadas ou superimpostas, geram problemas de oposição, como todas as versões da teoria do conflito salientam.[7] Essa oposição pode intensificar-se quando existem poucos símbolos generalizados; porém, as hierarquias geram também pressões por centralização política, de ambas as maneiras. Em primeiro lugar, as elites existentes se concentrarão politicamente para controlar a oposição; em segundo, se fracassarem e perderem a luta, a nova elite centralizará o poder a fim de consolidar sua posição e suprimir os remanescentes da velha hierarquia. Caracteristicamente, apela-se para símbolos generalizados (isto é, ideologias, valores, crenças) quando se quer legitimar tais esforços, e, se logram êxito, eles facilitam a centralização de poder ao criar uma autoridade legitimada. Mas, como a comprida seta

7 Ver Turner (1986) para um resumo.

de *feedback* indica, na base da Figura 6, esses processos põem em movimento as próprias forças que produzem oposição. E, como se vê pelas setas na extrema direita da figura, o poder centralizado não apenas reprime por algum tempo a oposição como se revela imprescindível para a inclusão e interdependência estrutural, já que isso envolve regulação e controle em termos de poder e/ou autoridade (Rueschemeyer, 1977). Com efeito, a existência de inclusão e interdependência, como ainda de símbolos generalizados, estimula a centralização política. Nota-se, pela seta de *feedback* no alto da Figura 6, que a interdependência e a inclusão politicamente reguladas facilitam a especialização posterior de atividades. Esse aumento de especialização aciona as dinâmicas que geram crescentes problemas de unificação simbólica e coordenação, os quais levam a uma centralização política maior que, a longo prazo, provoca oposição (como o enfatiza a seta de *feedback* na base da Figura 6).[8]

Há, pois, nas dinâmicas de integração forças que intensificam a diferenciação e os problemas de integração. Em todos os sistemas, a dada altura de sua história, esses problemas provocam o colapso da ordem social para depois se juntarem novamente sob outra forma. Tais são, a meu ver, as principais implicações dos efeitos causais, ciclos e circuitos de *feedback* delineados na Figura 6. Agora encerro este exame das seções à direita da Figura 6 oferecendo algumas "leis de integração".

VIII Quanto maior for o grau de diferenciação de uma população em subgrupos, subculturas e hierarquias consolidadas, mais numerosos serão os problemas de coordenação estrutural, unificação simbólica e oposição conflitual nessa população.

IX Quanto maiores forem os problemas de coordenação, unificação e oposição numa população, maiores serão as pressões de seleção por inclusão/interdependência estruturais, generalização simbólica e centralização política nessa população.

X Quanto mais uma população estiver integrada por meio de centralização política, símbolos generalizados e padrões de

8 Para uma análise e ilustração empírica desses processos, ver Kelley & Klein, 1977.

interdependência/inclusão, mais probabilidade haverá de essa população aumentar seu grau de diferenciação e, portanto, intensificar problemas de coordenação, unificação e oposição.

Teorização analítica: problemas e perspectivas

O maior problema da teorização analítica é sua inserção num contexto intelectual hostil. Muitos teóricos sociais, como se vê pelos ensaios deste volume, não aceitariam as teses propostas na primeira página do presente capítulo. Não poucos discordariam da existência de propriedades genéricas, atemporais e universais da organização social. Para outros, o objetivo da teoria não seria isolar essas propriedades e desenvolver leis e modelos abstratos de sua operação. Há na teoria social, segundo creio, excesso de ceticismo, historicismo, relativismo e solipsismo; em consequência, a teoria discute problemas e pessoas ao invés de discutir as dinâmicas operacionais do universo social.

O que propus neste ensaio é remontar à visão original de sociologia como ciência, de Augusto Comte. Para defendê-la, esbocei uma estratégia geral: construir esquemas analíticos sensibilizadores, leis abstratas e modelos analíticos abstratos; utilizar cada uma dessas três estratégias analíticas como corretivo para as outras duas; finalmente, testar a plausibilidade dessas proposições abstratas. Ilustrei semelhante estratégia apresentando minhas próprias ideias sobre processos microinterativos e macroestruturais. São apenas ideias preliminares e provisórias, em forma de simples esboços. Ainda assim a minha abordagem é eclética e consegue associar as obras de inúmeros estudiosos, de sorte que os modelos e proposições examinados neste capítulo constituem um resumo da teorização analítica em sociologia contemporânea. As melhores perspectivas para a sociologia residem em novos esforços para construir esse tipo de teoria analítica.

Referências bibliográficas

ALEXANDER, J. C. *Theoretical Logic in Sociology*. Berkeley, Los Angeles: University of California Press, 1982-1983. 4v.

ALEXANDER, J. C. et al. *The Micro-Macro Link*. Berkeley, Los Angeles: University of California Press, 1986.

BLALOCK, H. M. *Causal Inferences in Nonexperimental Research*. Chapel Hill: University of North Carolina Press, 1964.

BLAU, P. M. *Exchange and Power in Social Life*. New York: Wiley, 1966.

______. *Inequality and Heterogeneity*: A Primitive Theory of Social Structure. New York: Free Press, 1977.

BLUMER, H. *Symbolic Interaction*: Perspective and Method. Englewood Cliffs: Prentice-Hall, 1969.

CARNAP, R. *Philosophical Foundations of Physics*. New York: Basic Books, 1966.

CICOUREL, A. V. *Cognitive Sociology*. London: Macmillan, 1973.

COLLINS, R. *Conflict Sociology*. New York: Academic Press, 1975.

______. Interaction Ritual Chains, Power and Property. In: ALEXANDER et al., 1986.

COMTE, A. *A System of Positive Philosophy*. Paris: Bachelier, 1830-1842.

DAHRENDORF, R. Toward a Theory of Social Conflict. *Journal of Conflict Resolution*, v.7, p.170-83, 1958.

______. *Class and Class Conflict in Industrial Society*. Stanford: Stanford University Press, 1959.

DUNCAN, O. D. Path Analysis: Sociological Examples. *American Sociological Review*, v.72, p.1-10, 1966.

DURKHEIM, É. *The Division of Labor in Society*. New York: Macmillan, 1935. (Publicado originalmente em 1893).

______. *The Rules of the Sociological Method*. New York: Free Press, 1938.

EMERSON, R. Exchange Theory: Part 2. In: BERGER, J., ZELDITCH, M., ANDERSON, B. (Org.) *Sociological Theories in Progress*. Boston: Houghton Mifflin, 1972. v.2.

ERIKSON, E. *Childhood and Society*. New York: Norton, 1950.

FREESE, L. Formal Theorizing. *Annual Review of Sociology*, v.6, p.187-212, 1980.

GARFINKEL, H. A Conception of, and Experiments with, "Trust" as a Condition of Stable Concerted Actions. In: HARVEY, O. J. (Org.) *Motivation and Social Interaction*. New York: Ronald Press, 1963.

______. *Studies in Ethnomethodology*. Cambridge, England: Polity Press, 1984.

GIDDENS, A. *New Rules of the Sociological Method*. New York: Basic Books, 1977.

______. *Central Problems in Social Theory*. London: Macmillan, 1981.

______. *The Constitution of Society*. Cambridge, England: Polity Press, 1984.

GOFFMAN, E. *The Presentation of Self in Everyday Life*. New York: Doubleday, 1959.

HABERMAS, J. On Systematically-Distorted Communications. *Inquiry*, v.13, p.205-18, 1970.

______. *Knowledge and Human Interests*. Cambridge, England: Polity Press, 1972.

______. *Reason and the Rationalization of Society*. Cambridge, England: Polity Press, 1984.

HEMPEL, C. G. *Aspects of Scientific Explanation*. New York: Free Press, 1965.

HERITAGE, J. *Garfinkel and Ethnomethodology*. Cambridge, England: Polity Press, 1984.

HOMANS, G. C. *Social Behavior*: Its Elementary Forms. New York: Harcourt Brace, 1974.

KEAT, R., URRY, J. *Social Theory as Science*. London: Routledge and Kegan Paul, 1975.

KELLEY, J., KLEIN, H. S. Revolution and the Rebirth of Inequality. *American Journal of Sociology*, v.83, p.78-99, 1977.

KNORR-CETINA, K. D., CICOUREL, A. V. (Org.) *Advances in Social Theory and Methodology, Toward an Integration of Micro-and Macro--Sociologies*. London: Routledge and Kegan Paul, 1981.

KUHN, M. H., MCPARTLAND, T. S. An Empirical Investigation of Self-Attitudes. *American Sociological Review*, v.19, p.68-96, 1954.

KUHN, M. S., HICKMAN, C. A. *Individuals, Groups, and Economic Behavior*. New York: Dryden Press, 1956.

KUHN, T. *The Structure of Scientific Revolutions*. 2.ed. Chicago: University of Chicago Press, 1970.

LAKATOS, I. Fasification and the Methodology of Scientific Research Programmes. In: LAKATOS, I., MUSGRAVE, H. (Org.) *Criticism and the Growth of Scientific Knowledge*. Cambridge, England: Cambridge University Press, 1970.

LENSKI, G. *Power and Privilege*. New York: McGraw-Hill, 1966.

MARX, K., ENGELS, F. *The Communist Manifesto*. New York: International Publishers, 1971.

MAYHEW, B. H. Structuralism versus Individualism. *Social Forces*, v.59, p.627-48, 1981.

MAYHEW, B. H., LEVINGER, R. Size and Density of Interaction in Human Aggregates. *American Journal of Sociology*, v.82, p.86-110, 1976.

MEAD, G. H. *Mind, Self and Society*. Chicago: University of Chicago Press, 1934.

MERTON, R. K. *Social Theory and Social Structure*. New York: Free Press, 1968.

MÜNCH, R. *Theory of Action*: Reconstructing the Contributions of Talcott Parsons, Émile Durkheim and Max Weber. Frankfurt-on--Main: Suhrkamp, 1982. 2v.

PARSONS, T. *The Structure of Social Action*. New York: McGraw-Hill, 1937.

______. An Outline of the Social System. In: PARSONS et al. (Org.) *Theories of Society*. New York: Free Press, 1961.

______. *Societies*: Evolutionary and Comparative Perspectives. Englewood Cliffs, NJ: Prentice-Hall, 1966.

______. *The System of Modern Societies*. Englewood Cliffs, NJ: Prentice--Hall, 1971a.

______. Some Problems in General Theory. In: McKINNEY, J. C., TIRYAKIAN, E. C. (Org.) *Theoretical Sociology*: Perspectives and Developments. New York: Appleton-Century-Crofts, 1971b.

______. *Action Theory and the Human Condition*. New York: Free Press, 1978.

POPPER, K. R. *The Logic of Scientific Discovery*. London: Hutchinson, 1954.

______. *Conjectures and Refutations*. London: Routledge and Kegan Paul, 1969.

RADCLIFFE-BROWN, A. R. *A Natural Science of Society*. Glencoe, Ill.: Free Press, 1948.

RUESCHEMEYER, D. Structural Differentiation, Efficiency and Power. *American Journal of Sociology*, v.83, p.1-25, 1977.

SCHÜTZ, A. *The Phenomenology of the Social World*. Evanston: Northwestern University Press. 1967. (Publicado originalmente em 1932).

SHIBUTANI, T. A Cybernetic Approach to Motivation. In: BUCKLEY, W. (Org.) *Modern Systems Research for the Behavioral Scientist*: A Sourcebook. Chicago: Aldine, 1968.

SPENCER, H. *Principles of Sociology*. New York: Appleton, 1905. (Publicado originalmente, em série, em 1874-1896.)

TURNER, J. H. Theoretical Strategies for Linking Micro and Macro Processes: An Evaluation of Seven Approaches. *Western Sociological Review*, v.14, p.4-15, 1983.

______. *Societal Stratification*: A Theoretical Analysis. New York: Columbia University Press, 1984. cap.1.

______. The Concept of "Action" in Sociological Analysis. In: SEEBASS, G., TUOMELA, R. (Org.) *Social Action*. Dordrecht: D. Reidel, 1985a. p.61-87.

TURNER, J. H. In Defence of Positivism. *Sociological Theory*, v.4, 1985b.

______. *The Structure of Sociological Theory*. 4.ed. Homewood, Ill.: Dorsey Press, 1986.

______. "The Structure of Social Interaction". (No prelo, a).

______. "Macro Dynamics". (No prelo, b).

TURNER, R. H. Role-Taking: Process versus Conformity. In: ROSE, A. M. (Org.) *Human Behavior and Social Process*. Boston: Houghton Mifflin, 1962.

______. A Strategy for Developing an Integrated Role Theory. *Humboldt Journal of Social Relations*, v.7, 1980. p.128-39.

WALLACE, W. L. *Principles of Scientific Sociology. New York: Aldine, 1988.*

ESTRUTURALISMO, PÓS-ESTRUTURALISMO E A PRODUÇÃO DA CULTURA

Anthony Giddens

O estruturalismo e também o pós-estruturalismo são tradições mortas de pensamento. Apesar das promessas de juventude, não conseguiram promover a revolução que apregoavam na filosofia e na teoria social. Na presente discussão, ao invés de escrever-lhes o obituário, indicarei o que eles nos transmitiram com respeito a posses intelectuais que ainda podemos utilizar. Pois, embora não hajam transformado nosso universo intelectual da maneira que pretendiam, chamaram nossa atenção para alguns problemas de considerável e duradoura importância.

Sem dúvida, muitos duvidaram que existisse um corpo de pensamento suficientemente coerente para ser designado como "estruturalismo", sem falar da designação ainda mais vaga de "pós-estruturalismo" (ver Runciman, 1970). Afinal de contas, muitas figuras de destaque assim etiquetadas rejeitaram esses termos, dizendo-os sem significação para suas ideias. Saussure, tido como o fundador da linguística estruturalista, mal usa a palavra "estrutura" em sua obra (Saussure, 1974). Lévi-Strauss costumava perfilhar a causa da "antropologia estrutural" e do "estruturalismo" em geral, mas, na etapa final da carreira, mostrou-se mais cauteloso ao caracterizar desse modo a sua abordagem. Talvez Barthes tenha recorrido bastante, em seus primeiros escritos, a Lévi-Strauss; mais tarde, no entanto, tais conexões se tornaram muito remotas. Foucault, Lacan, Althusser e Derrida divergem radicalmente tanto entre si quanto das ideias capitais de Saussure e Lévi-Strauss. A homogeneidade necessária para se falar de uma tradição filosófica distinta pode parecer inteiramente ausente.

No entanto, apesar de tamanha diversidade, há um número de temas que despontam nos trabalhos de todos esses autores. Além disso, exceção feita a Saussure, são todos franceses que se emaranharam em redes de influência e contatos mútuos. Empregando os termos "estruturalismo" e "pós-estruturalismo" nas páginas que se seguem, tenho em mente Saussure e Lévi-Strauss como integrantes da primeira categoria, ficando os outros na segunda. "Pós-estruturalista" é, como se sabe, um rótulo excessivamente frouxo para uma plêiade de autores que, embora reajam contra algumas das ênfases típicas do primitivo pensamento estruturalista, ainda assim lhe aproveitam certas ideias em sua obra. Posto trabalharem esses temas de diferentes maneiras, eis o que podemos classificar como as características persistentes e definitivas do estruturalismo e do pós-estruturalismo: a tese de que a linguística, ou mais exatamente certos aspectos de versões particulares da linguística são de importância fundamental para a filosofia e a teoria social como um todo; a ênfase na natureza relacional das totalidades, ligada à tese do caráter arbitrário do signo e da primazia do significante sobre o significado; a descentralização do sujeito; a preocupação especial com a natureza da escrita e, portanto, com o material textual; e o interesse no aspecto temporal como algo constitutivamente integrante da natureza dos objetos e eventos. Nenhum desses temas deixa de suscitar questões importantes para a teoria social contemporânea. Mas também nenhum deles recebeu, de qualquer dos autores citados, uma explicação aceitável.

Problemas de linguística

No começo, o estruturalismo foi tanto um movimento dentro da linguística quanto uma tentativa de demonstrar a importância dos conceitos e métodos da linguística para uma ampla variedade de questões tratadas pelas humanidades e pelas ciências sociais. A distinção de Saussure entre *langue* (língua) e *parole* (fala) pode ser, com justiça, considerada a ideia-chave da linguística estrutural. A distinção afasta o estudo da "língua" da esfera do contingente e do contextual. Na qualidade de forma estrutural ampla, a língua deve ser isolada dos usos múltiplos dos atos particulares de fala. *Parole* é o que Saussure chama de "o lado executivo da língua", ao passo que *langue* é "um sistema de signos onde o elemento essencial único é a união de significados com imagens acústicas" (Saussure, 1974). Portanto, a língua é um sistema idealizado, inferido dos usos particulares da fala, mas independente deles. Os conteúdos sonoros da língua são, de certa maneira, irrelevantes para a análise da *langue*, pois o que importa são as relações formais entre os sons, ou marcas, e não sua substância real. Embora ainda subsistam em Saussure um certo mentalismo, uma certa confiança na psicologia, a linguística se tornou em princípio alguma coisa distinta das outras disciplinas ocupadas com o estudo da atividade humana. Também a fonêmica se isolou da fonética, restando a esta uma importância relativamente marginal para o núcleo da análise linguística.

Há uma inconsistência no âmago do conceito saussuriano de *langue*. Por um lado, a língua é vista, em última análise, como um fenômeno psicológico, organizado em termos de propriedades mentais. Por outro – como o débito aparente de Saussure para com Durkheim revelaria –, a língua é um produto coletivo, um sistema de representações sociais. Conforme salientaram os críticos, se a língua for essencialmente uma realidade psicológica, os signos não serão arbitrários. Uma vez que as relações constituintes da língua seriam esquematizadas nos termos das características da mente, apresentariam uma forma determinada, controlada por processos mentais. Portanto, se a língua for vista como uma realidade mental, o signo deixará de ser arbitrário e sua significação de modo algum poderá ser definida por suas relações com elementos contemporâneos da língua (Clarke, 1981, p.123).

Em sentido lato, inúmeras formas de linguística estruturalista optaram pela versão "psicológica" da *langue*, em detrimento da versão "social". Foi por adotar essa abordagem que Chomsky pôde realizar a fusão de ideias hauridas da linguística europeia com noções tomadas ao "estruturalismo behaviorista" de Bloomfield, Harris e outros linguistas americanos. Bloomfield e Harris tentaram separar completamente a linguística de todo tipo de mentalismo ou psicologia (Bloomfield, 1957; Harris, 1951). Para eles, o objetivo da linguística é analisar a língua, até onde possível, unicamente como sequências de sons regularizados. Não se atenta para os envolvimentos interpretativos dos falantes com o uso linguístico. Embora, à primeira vista, essa postura pareça visceralmente distinta da linguística saussuriana, e apesar de seus principais paladinos realmente rejeitarem a diferenciação entre *langue* e *parole*, há nela sem dúvida algumas afinidades subjacentes, que Chomsky logrou revelar. Redefinindo a distinção entre *langue* e *parole* como uma distinção entre competência e desempenho (*performance*), e dissociando-se de modo radical do behaviorismo de Bloomfield e Harris, Chomsky conseguiu reconciliar a base mentalista da língua com um modelo complexo de linguística formal. Dada essa nova diferenciação, a linguística chomskyana concede obrigatoriamente uma importância crucial à sintaxe (ver, por exemplo, Chomsky, 1968). Seu alvo não é explicar todas as elocuções dos falantes dentro de uma comunidade linguística particular, mas apenas as estruturas sintáticas de um falante idealizado. A teoria de Chomsky reintroduz a interpretação, pois a identificação da correção sintática depende do que é considerado aceitável pelos falantes de uma determinada língua. Ela concede também alguma prioridade aos componentes criativos da língua, no sentido de que o falante competente consegue gerar um *corpus* indefinido de sentenças sintaticamente aceitáveis. É provável que a distinção entre competência e desempenho, de Chomsky, supere em alguns aspectos a de Saussure, pois Chomsky possui, pelo menos, um modelo de agente linguístico. Como ele mesmo salienta ao criticar Saussure, este tratou a *langue* sobretudo como um repositório de "elementos de cunho verbal" ou "frases fixas", contrastando-a com o caráter mais flexível da *parole*. O que falta é uma descrição do "termo mediador" entre *langue* e *parole*. O agente é, para Chomsky, o *locus* daquilo que ele considera a "criatividade normativamente governada" da linguagem como sistema (Chomsky, 1964, p.23).

A gramática transformacional de Chomsky é influenciada por algumas das teses de Saussure; outra influência é a linguística da Escola de Praga, que por intermédio de Jakobson influenciou também Lévi-Strauss. Em termos amplos, podemos afirmar que o grupo de Praga adota antes a concepção "social" de *langue* que a "psicológica". Considerando que a linguística de Chomsky insiste na competência do falante individual, a linguística da Escola de Praga concentra-se na língua como meio de comunicação. Dessa forma, a semântica não é completamente apartada da sintaxe e a natureza da *langue* exprime relações de significação. Como exige Trubetzkoy, a linguística deveria investigar "que diferenças fônicas se ligam, na língua em apreço, a diferenças de significado, como esses elementos diferenciadores se relacionam entre si e de acordo com que regras eles se combinam para formar palavras e frases" (Trubetzkoy, 1969, p.12). Privilegiar o uso da língua como comunicação, além de enfatizar o significado, seria comprometer a autonomia da linguística tal qual especificada por Saussure (e Chomsky). Pareceria então que a língua teria de ser analisada nas instituições da vida social. Decerto, os linguistas de Praga se afastaram da distinção inflexível entre *langue* e *parole* proposta por Saussure, bem como da divisão afim entre sincronia e diacronia. Apesar disso, o grupo de Praga insistiu particularmente na fonologia, onde o sistema sonoro da língua pode ser estudado sem preocupações com as conotações externas de significado. As primeiras obras de Jakobson, em especial, alimentavam a ideia de que uma "revolução fonológica" (termo de Lévi-Strauss) poderia ser desfechada se se analisassem os fonemas em termos de oposições, que são os traços constituintes da língua como um todo. Embora isso reivindicasse bases metodológicas e não epistemológicas, o resultado foi, de novo, remeter a linguística ao estudo das estruturas internas da *langue* (Jakobson, 1971).

Em épocas diversas, tanto Lévi-Strauss quanto Barthes supuseram que as bases principais do estruturalismo consistiam na aplicação de procedimentos linguísticos a outras áreas de análise. Para Lévi-Strauss, a linguística estruturalista fornece modos de análise aplicáveis em toda parte e chaves concretas para explicar a natureza da mente humana. Em *As estruturas elementares*, ele compara explicitamente seus objetivos com os da linguística fonológica, acrescentando que os linguistas e os cientistas sociais "não só aplicam os mesmos métodos, como andam a estudar as mesmas coisas" (1969a, p.493). É que a linguística estrutural nos permite discernir aquilo que, mais tarde, ele considerou "realidades fundamentais e objetivas, formadas por sistemas de relações que são o produto de processos de pensamento inconscientes" (Lévi-Strauss, 1968, p.58). Conforme assinala Culler, atribuir à linguística uma importância capital para o estruturalismo geralmente acarreta inúmeras implicações. Em primeiro lugar, a linguística parece ostentar um rigor ausente no resto das humanidades e ciências sociais. Em segundo, ela oferece certos conceitos básicos aparentemente capazes de ultrapassar seu campo original de aplicação – sobretudo *langue* e *parole*, talvez, mas também as distinções afins entre sintagmático e paradigmático, significante e significado, a ideia da arbitrariedade do signo etc. Em terceiro lugar, a linguística parece oferecer uma série de elementos para a formulação de programas semióticos. Essa noção, é claro, foi esboçada por Saussure e aperfeiçoada em alguns detalhes por Jakobson e outros.

Dadas as conexões entre linguística estruturalista e estruturalismo em geral, diz-se com frequência que o estruturalismo participou da ampla "reviravolta linguística" que caracteriza a filosofia e a teoria social modernas. Eis aí uma conclusão falaciosa, por razões que passo agora a discutir. De um lado, as esperanças de que a linguística proporcionaria modelos gerais de procedimento, aplicáveis em uma multiplicidade de áreas, parecem hoje absolutamente deslocadas. De outro, a "reviravolta linguística", ao menos em suas formas mais valorizadas, não envolve a extensão de ideias tomadas do estudo da língua para outros aspectos da atividade humana, mas antes explora a interseção entre língua e constituição de práticas sociais. Aqui, as considerações relevantes dizem respeito tanto à crítica da linguística estruturalista, como abordagem à análise da língua em si, quanto à avaliação crítica da transferência de noções tomadas dessa versão para outras esferas de explicação da conduta humana.

Inúmeras críticas, é claro, foram assacadas contra a versão saussuriana de linguística – ou, quando menos, contra a imagem que dela nos transmitiram seus discípulos –, inclusive as que Chomsky fez com muita pertinência. Não há por que recapitulá-las aqui. Mais importantes para a argumentação a ser desenvolvida neste estudo são as falhas compartilhadas por praticamente todas as formas de linguística estruturalista, inclusive a de Chomsky. Elas se referem, sobretudo, ao isolamento da língua (ou de certos traços considerados fundamentais na estrutura e propriedades da língua) de seu ambiente social. Assim, embora Chomsky reconheça e mesmo acentue a capacidade criativa do ser humano, essa qualidade é atribuída às características da mente e não a agentes conscientes que desempenham suas atividades diárias no âmbito das instituições sociais. Conforme declarou um observador, "o poder criador do indivíduo deve ser tomado logo que seja reconhecido e dado a um mecanismo inscrito na constituição biológica da mente" (Clarke, 1980, p.171). Apesar de, sob muitos aspectos, ser a forma mais aprimorada e sofisticada de linguística estrutural, a teoria de Chomsky revelou-se incapaz de compreender certos aspectos absolutamente elementares da língua. Essa falha não é tanto da natureza bastante insatisfatória da divisão entre sintaxe e semântica, mas, principalmente, da identificação dos aspectos nucleares da competência linguística. Segundo Chomsky, o falante idealizado pode, inconscientemente, absorver regras que tornem possível a produção e compreensão de qualquer sentença gramatical de sua língua. Ora, esse não é de fato um modelo apropriado de competência. Quem pudesse, em qualquer contexto, produzir uma única sentença, sintaticamente correta, porém, seria tratado como uma aberração. A competência linguística pressupõe não apenas o domínio sintático de sentenças, mas o controle das circunstâncias em que determinados tipos de sentença são viáveis. Nas palavras de Hymes: "A pessoa adquire competência a respeito de quando falar e quando calar, o que falar com quem, quando, onde e como" (Hymes, 1972, p.277). Em suma, o domínio da língua é inseparável do controle da variedade de contextos em que essa língua é utilizada.

A obra de autores tão díspares quanto Wittgenstein e Garfinkel nos conscientizou do que isso significa tanto para a compreensão da natureza da língua quanto para a apreensão do caráter da vida social. Saber uma língua significa certamente conhecer regras sintáticas, mas, igualmente importante, saber uma língua é adquirir um conjunto de recursos metodológicos para, ao mesmo tempo, produzir sentenças e constituir (e reconstruir) a vida social nos contextos diários da atividade social (Giddens, 1984, cap. 1). Não quer dizer que saber uma língua seja conhecer uma forma de vida, ou antes, uma série de formas de vida entrelaçadas: conhecer uma forma de vida é poder aplicar certas estratégias metódicas ligadas a qualidades indiciais dos contextos em que se executam as práticas sociais. Para essa compreensão da língua, os linguistas não possuem o grau de autossuficiência que Saussure, a Escola de Praga, Chomsky e outros propalaram, nem faria muito sentido sustentar, como Lévi-Strauss algumas vezes pretendeu, que a vida social é "como uma língua". A linguística não pode fornecer um modelo analítico da natureza da ação ou das instituições sociais porque, fundamentalmente, ela só se explica graças à compreensão destas. A "reviravolta linguística" não passa de um afastamento da linguística, concebida como uma disciplina de formação independente, rumo ao exame da coordenação mútua de língua e práxis.

A natureza relacional das totalidades

Nas doutrinas de Saussure, o caráter relacional da *langue* está intimamente associado à tese da arbitrariedade do signo e à ênfase na importância dos significantes em detrimento da preocupação tradicional com os significados. Diz-se com frequência que a diferenciação saussuriana entre *langue* e *parole*, concedendo prioridade àquela sobre esta, reflete a ideia de Durkheim segundo a qual as qualidades dos todos sociais são mais que a soma de suas partes. Mas isso sem dúvida é um erro e subestima a sutileza com que Saussure designa a forma sistêmica da *langue*. Ao explicar a *langue* como um sistema de diferenças, Saussure reformula a natureza tanto do que o "todo" é quanto do que as "partes" são, ressaltando que cada qual só pode ser definido nos termos do outro.

Afirmar que a língua é um sistema sem termos positivos, ou seja, formado pelas diferenças existentes entre os sons, mostra que as "partes" são assim apenas em virtude das mesmas características que compõem o "todo". A ideia é fundamental por demonstrar que a totalidade linguística não "existe" nos contextos do uso da língua. A totalidade não está "presente" nas exemplificações que constituem seus traços.

O liame entre essa visão e a noção de caráter arbitrário do signo é facilmente especificado. A afirmação da natureza arbitrária do signo pode ser lida como uma crítica das teorias objetivas do significado e das teorias da referência ostensiva. Mas essa crítica não provém do tipo de demonstração que Wittgenstein, Quine e outros filósofos posteriores iriam fazer, segundo a qual o uso de itens lexicais não "corresponde" a coisas e acontecimentos do mundo. A crítica de Saussure baseia-se inteiramente na ideia da constituição da *langue* por meio da diferença. Considerando-se que a palavra extrai sua significação apenas das diferenças estabelecidas entre ela e outras palavras, as palavras não podem "significar" seus objetos. A língua é forma, não substância, e só consegue gerar significação graças ao jogo interno de diferenças. Dá-se praticamente o mesmo com a relação entre as palavras – ou sentenças – e os estados mentais que as acompanham, ou com a relação entre as palavras e os objetos/acontecimentos exteriores.

A ênfase na constituição da totalidade por meio da diferença talvez pareça repelir os significantes ao invés de acolhê-los, pois o que importa não é o que se usa para significar, mas sim as diferenças que criam o "espacejamento" entre eles. Entretanto, a concentração nas propriedades dos significantes parece fluir mais prontamente das teses de Saussure, em virtude da rejeição a algo "subjacente" à língua que explique seu caráter (afora a vaga presunção de algum tipo de qualidade mental inata). Se a substância real revestida pelos significantes pouco importa, sem as diferenças criadas pelos sons, marcas e outros diferenciadores nenhuma significação existiria. Portanto, o programa da semiótica não é apenas um acessório da linguística na formulação saussuriana, mas uma coextensão do exame da *langue* em si.

O caráter relacional dos todos, a natureza arbitrária do signo e a noção de diferença são conceitos que permeiam as perspectivas estruturalistas e pós-estruturalistas de um modo geral. Ao mesmo tempo, constituem a fonte dos traços principais que separam os autores estruturalistas de seus epígonos pós-estruturalistas. Jakobson e Lévi-Strauss fornecem casos óbvios da utilização direta da ideia saussuriana sobre o caráter relacional das totalidades. Para o primeiro, o estruturalismo se define em termos do estudo dos fenômenos "tratados, não como um aglomerado mecânico, mas como um todo estrutural" (Jakobson, 1971, p.711). Lévi-Strauss vai mais longe quando sustenta que "o estruturalismo autêntico ... busca acima de tudo apreender as propriedades intrínsecas de certos tipos de ordem. As propriedades nada expressam que lhes seja exterior" (Lévi-Strauss, 1971, p.561-2). No entanto, a própria crítica de Jakobson a Saussure deixa claro que o princípio da identificação de relações por meio da diferença pode ser isolado da afirmação de que a *langue* é um todo nitidamente definível. As fronteiras do "todo" que é a *langue* de Saussure ou o *corpus* linguístico de Chomsky, conhecido do falante competente, são extremamente difíceis de traçar. Pode-se, pois, sustentar que o empenho em examinar a natureza da diferença em si é mais importante que o princípio do estabelecimento da coerência da totalidade. No âmbito da linguística, Jakobson iniciou esse empreendimento com sua tentativa de enfocar as propriedades estruturantes básicas dos códigos e não os parâmetros desses códigos.

A filosofia de Derrida radicaliza ainda mais nesse ponto. Sua negação da "metafísica da presença" deriva diretamente de seu tratamento da ideia da diferença como elemento constitutivo, não apenas dos modos de significação, mas também da existência em geral (Derrida, 1976, 1978). Derrida não buscava propriedades universais da mente nem tentava construir de modo algum uma filosofia sistemática. Em sua discussão de Lévi-Strauss e do estruturalismo nas ciências sociais, Derrida enfatiza o caráter inexequível do programa de Lévi-Strauss, baseando-se em contradições supostamente implícitas no texto desse autor. O estudo de Lévi-Strauss sobre as culturas orais seria, paradoxalmente, uma forma de "logocentrismo" ocidental. A crítica de Derrida da metafísica da presença provém, mais ou menos diretamente, de um exame das implicações da ideia de diferença tal qual apontada de início por Saussure e contrastada com noções de negação existentes na obra de Hegel, Freud e outros. Graças à distinção entre *langue* e *parole*, Saussure pôde inserir a ideia de diferença num "sistema virtual" fora do tempo. A transformação da versão saussuriana de diferença na *différance* de Derrida foi realizada pela introdução do elemento temporal. Diferenciar é também diferir (adiar). Sendo assim, pergunta Derrida, como poderá alguma coisa, como as formas de significação, ser considerada presença? Os escritos de Saussure já encerram a noção da "totalidade ausente" que é a língua. Nessa ideia de totalidade, porém, subsiste ainda a nostalgia da presença, segundo Derrida. Toda significação opera por meio de traços: traços de lembrança no cérebro, o esmorecimento dos sons à medida que vão sendo emitidos, traços que a escrita deixa.

A inversão de Derrida da prioridade usual concedida à fala sobre a escrita denuncia a preocupação com os significantes em detrimento dos significados. Também isso se origina, em parte, de uma crítica imanente a Saussure. Para Derrida, a fala parece representar um momento em que forma e significação estão presentes ao mesmo tempo. Depois de percebermos, conforme o próprio Saussure demonstra, que isso não é possível, somos levados a questionar o pressuposto de que a fala constitui a expressão mais elementar da língua. Quando ouço minha própria fala, é como se as palavras proferidas fossem meros veículos de meus pensamentos: a língua envolve e expressa a consciência. O acesso aos conteúdos internos da consciência é considerado a base real das significações inerentes à língua, que a escrita só pode recapturar de modo indireto. Em pontos cruciais de seu exame da estruturação da língua por meio da diferença, entretanto, Saussure renuncia às unidades sonoras em favor de exemplos tomados da escrita. Assim, por exemplo, qualquer letra do alfabeto pode ser grafada de várias maneiras; tudo o que importa é que ela se distinga de outras letras que poderiam eventualmente ser confundidas com ela. A escrita surge como a melhor ilustração da diferença. As características de ausência e adiamento implícitas na natureza dos textos escritos indicam as condições de significação em geral. A fala "personaliza" a língua vinculando-a aos pensamentos do falante. Na verdade, a língua é essencialmente anônima, jamais propriedade de falantes individuais, e sua forma depende de propriedades retroativas. Sem dúvida, Derrida não pretende com isso conceder, à escrita concreta, primazia sobre instâncias de fala (o que não faria sentido), tanto mais que a escrita é historicamente um elemento novo em comparação com a prevalência das culturas orais. Ao contrário, a língua é uma "protoescrita" (*archi-écriture*), um processo do espacejamento e repetição temporal de fenômenos significativos. A protoescrita, sustenta Derrida, "é *invocada* pelos temas da arbitrariedade do signo e da diferença", mas "jamais poderá ser reconhecida como *objeto de ciência*".[1] Quer dizer, não deve ser o objeto de investigação de uma linguística não logocêntrica.

A noção do caráter arbitrário do signo é responsável não apenas por alguns pontos fortes, mas também pela duradoura fraqueza que contamina as tradições estruturalista e pós-estruturalista de pensamento. Tal como foi formulada por Saussure, a doutrina do caráter arbitrário do signo apresenta, ela própria, um aspecto arbitrário. Esse termo "arbitrário" não é particularmente feliz para o fenômeno em apreço. Conforme Saussure reconheceu plenamente, as convenções atinentes ao uso linguístico decerto não são arbitrárias no sentido de que o usuário da língua pode escolher qualquer possibilidade expressiva que queira. Ao contrário, o uso aceito é fortemente coercitivo. Mais importante, porém, é que a tese da natureza arbitrária do signo se revela, ao final, bastante obscura, sobretudo porque insiste antes na natureza do significado que na do significante. Se Saussure quis dizer que as palavras apresentam apenas uma conexão convencional com os objetos que designam, disse o óbvio. Se – o que parece ser frequentemente o caso em sua argumentação – a natureza arbitrária do signo equivale à ideia de que a língua é constituída pela diferença, sem dúvida isso tem implicações para a natureza da significação, implicações que no entanto não são buscadas porque a natureza dos significados permanece em grande medida inexplicada. Saussure, evidentemente, quis dizer que a significação de uma

1 Citado em Culler, 1979.

palavra não é o objeto a que essa palavra pode referir-se; todavia, como em parte alguma ele analisa a natureza da referência, tal alegação permanece não elucidada filosoficamente. O resultado é a confusão percebida por Benveniste, que observa:

> Embora Saussure afirmasse que a ideia de "irmã" não está vinculada ao significante s-ö-r [*soeur*], o que ele teve em mente foi apenas a *realidade da noção*. Quando aludiu à diferença entre b-ö-f [*boeuf*] e o-k-s [*ox*, boi], referiu-se, a despeito de si mesmo, ao fato de esses dois termos aplicarem-se à mesma *realidade*. Portanto, a *coisa* expressamente excluída da definição, num primeiro momento, a ela retorna por outros caminhos. (Benveniste, 1971, p.44)

Os escritos de Saussure promoveram uma "retirada para o código" que, desde então, caracterizou os autores estruturalistas e pós-estruturalistas. Ou seja, a descoberta de que os componentes da *langue* só possuem identidade graças à sua diferenciação dentro do sistema geral afasta a língua de quaisquer conexões referenciais com o mundo objetivo. O pensamento estruturalista e pós-estruturalista não conseguiu elaborar um cômputo de referência e, seguramente, não é por acaso que essas tradições de pensamento tanto se concentraram na organização interna dos textos, onde o jogo dos significantes pode ser analisado como um assunto interno (ver Giddens, 1979, cap. 1 ss). Cumpre notar que, embora a "retirada para o código" tenha sido promovida pelas ênfases saussurianas à medida que iam sendo modificadas e adaptadas por autores subsequentes, essa "retirada" jamais foi realmente consolidada pela discussão filosófica. Ela proveio da assimilação da doutrina da natureza arbitrária do signo com a do papel da diferença.

Os escritos de Derrida são, de certa maneira, o produto mais sofisticado da transição do estruturalismo para o pós-estruturalismo. Apesar de suas obras parecerem, à primeira vista, muito distantes do espírito anglo-saxão, há afinidades estreitas entre elas e as teses apresentadas pelo Wittgenstein da última fase. Ao impugnar a "metafísica da presença", Derrida não se afastou muito, em objetivos ou métodos, da tentativa de Wittgenstein de espicaçar as aspirações da metafísica em *Philosophical Investigations* [*Investigações filosóficas*] (1953). Para ambos os autores, os objetivos da metafísica não podem ser simplesmente reexaminados ou atualizados: têm de ser "desconstruídos" e não "reconstruídos", pois repousam em premissas enganosas. Nos dois casos, insinua-se que isso ocorre em virtude da má compreensão da natureza da realidade. Não existem essências a serem apreendidas por formulações linguísticas adequadas. Wittgenstein mostra-se tão firme quanto Derrida ao declarar que nem palavras nem sentenças pressupõem algum tipo de imagens mentais correspondentes que lhes deem significação, não mais que os objetos ou eventos do mundo exterior a que certas palavras podem ser aplicadas. Wittgenstein, com certeza, protestaria contra a ambição de Derrida de ampliar o conceito de escrita, mas concordaria com ele em que a língua não deve ser interpretada nos termos das signficações subjetivas dos agentes individuais. A rejeição, por parte de Wittgenstein, da tese da "língua privada" não é, obviamente, o equivalente direto da adoção, por parte de Derrida, da ideia de escrita, mas em ambas as instâncias a língua é necessariamente uma produção "anônima" e, portanto, "impessoal".

Se Wittgenstein levou a sério a ideia de diferença, é assunto no mínimo discutível. Ainda assim, em sua elaboração da noção de jogos linguísticos, o "espacejamento" de elocuções e atividades ocupa posição central. Tanto o caráter retroativo quanto o caráter relacional da língua são ressaltados. Todavia, parece inequívoco que as linhas principais de desenvolvimento da filosofia wittgensteiniana são mais defensáveis que as elaboradas na esfera do pós-estruturalismo. Ao invés de promover uma "retirada para o código", Wittgenstein procura compreender o caráter relacional de significação no contexto das práticas sociais. Sua resoluta dedicação à língua corrente tende a inibir preocupações com poesia, arte ou literatura. Mas não parece haver impedimento lógico visível à extensão das ideias de Wittgenstein para esses domínios, posto que a visão de língua e significação apta a ser extraída de sua filosofia (ou pelo menos de algumas noções básicas dessa filosofia) sejam mais sofisticadas que as oferecidas pelo estruturalismo e o pós-estruturalismo (assunto que retomarei mais adiante).

O caráter insatisfatório da tese da arbitrariedade do signo, tal qual se difundiu pelas tradições estruturalista e pós-estruturalista, empobreceu radicalmente os trabalhos sobre significação que essas tradições poderiam oferecer. A preocupação com os significantes à custa dos significados é, em grande parte, uma ênfase reforçada por essa circunstância. Para Wittgenstein, a significação dos itens lexicais deve ser buscada na mescla de língua e prática, dentro do complexo de jogos linguísticos vigentes nas formas de vida. Se, sem dúvida, essa visão (tal qual o próprio Wittgenstein a formulou) deixa de parte alguns problemas fundamentais de significação – sobretudo em que sentido, se algum há, a compreensão da significação implica a apreensão da veracidade de certas classes de declarações –, ela representa com certeza uma perspectiva bastante fértil.

A descentralização do sujeito

Embora a expressão "descentralização do sujeito" tenha se associado, de modo peculiar, ao estruturalismo e ao pós-estruturalismo, as ideias aí implícitas derivam de fontes mais amplas. Como gostam de salientar os próprios autores estruturalistas e pós-estruturalistas, a psicanálise já mostrou que o ego não reina em sua própria casa, sendo suas características reveladas só por um desvio através do inconsciente. Embora essa não fosse a interpretação de Sartre, as obras de Heidegger, de *O ser e o tempo* em diante, seguramente afirmam o primado do ser sobre a consciência (Heidegger, 1978). Além disso, há mais que uma conexão difusa entre Freud, Heidegger e Nietzsche. Com efeito, os escritos de cada um desses autores tendem a figurar com destaque na obra dos adeptos do pós-estruturalismo. Dito isso, fica claro que podemos discernir as origens da noção de "sujeito descentralizado" em Saussure.

Segundo Saussure, a língua é um sistema de signos constituído por diferenças e em relação arbitrária com os objetos. Se inclui objetos do mundo exterior, deve abranger também as características do produtor de língua, o falante. Assim como a significação de "árvore" não é o objeto árvore, a significação de termos referentes à subjetividade humana, em especial o "eu" do sujeito pensante ou atuante, não podem ser os estados de consciência desse sujeito. Como qualquer outro termo numa língua, "eu" se constitui em signo apenas por causa de suas diferenças em relação a "tu", "nós", "eles" etc. De vez que "eu" só tem sentido por ser um elemento da totalidade "anônima", não há por que conceder-lhe algum privilégio filosófico distintivo. Saussure não desenvolve diretamente essa ideia. Além disso, suas teses são um tanto confusas em razão da persistência de um certo mentalismo em seus escritos. Coube, pois, a outros desenvolver o que Saussure deixou pela maior parte implícito, e eles não hesitaram em fazê-lo: não há, com efeito, nenhum tema que apareça com mais frequência na literatura do estruturalismo e do pós-estruturalismo.

Lévi-Strauss versou menos explicitamente a descentralização do sujeito do que a maioria de seus sucessores. No entanto, em certa medida, seus escritos foram o elo mediador entre Saussure e as críticas do "humanismo" na filosofia pós-estruturalista. Aludindo à análise que fez dos mitos, Lévi-Strauss ressalta, numa declaração famosa, que pretende mostrar "não como os homens pensam em forma de mito, mas como os mitos atuam na mente dos homens sem que eles se deem conta do fato"; ou então, que "os mitos traduzem a mente que os elabora utilizando o mundo do qual ela mesma faz parte" (Lévi-Strauss, 1969b, p.12, 341). Não há um "eu penso" nessa caracterização da mente humana. As categorias inconscientes da mente são o pano de fundo contra o qual se revelam os sentimentos de individualidade. A consciência se torna possível graças a estruturas mentais que não lhe são imediatamente acessíveis.

A descentralização do sujeito surge sob vários disfarces na literatura estruturalista. Na discussão de Foucault sobre o começo e o fim da "idade do homem", ela é primordialmente um conjunto de observações históricas a respeito da evolução da filosofia e cultura ocidentais como um todo. Em Barthes, é uma série de reivindicações sobre a natureza dos autores em face de seus textos. Em Lacan, é parte da tentativa de reformular os conceitos principais da psicanálise, dando-se atenção especial, é claro, à ideia de que o inconsciente exemplifica certos aspectos da língua. Tudo isso partilha uma atitude crítica em relação ao cartesianismo e a qualquer filosofia (por exemplo, algumas versões da fenomenologia) que encare a consciência como um princípio sobre o qual se podem fundar as pretensões de conhecimento. "Penso, logo existo" perde qualificação em diversos níveis. O "eu" não é imediatamente acessível a si mesmo, já que deriva sua identidade do envolvimento num sistema de significação. O "eu" não é a expressão de um núcleo constante de identidade que constitua sua base. O "ser" sugerido pelo "existo" independe da capacidade do sujeito de empregar o conceito "eu". Aquilo que Lacan chama de "discurso do Outro" seria a fonte tanto da capacidade do sujeito de empregar o "eu" quanto da afirmação existencial em "existo". Como sustenta Lacan: "O Outro é, portanto, o sítio onde se constitui o Eu que fala a quem o escuta, aquilo que é dito por um sendo já a resposta, enquanto o outro decide escutá-lo quer o primeiro tenha ou não falado" (Lacan, 1977, p.453).

Todos os autores acima mencionados concordam quanto à irrelevância do autor para a interpretação do texto. O escritor não é uma presença a ser desvelada no escrito. Assim como o primado concedido ao autor é uma expressão histórica do individualismo da Idade do Homem, assim o "eu" do autor é uma forma gramatical e não um agente em carne e osso. Já que o texto se organiza em termos de jogo interno de significantes, pouco importa à nossa compreensão o que seu criador ou criadores quiseram colocar nele. Os autores estão em toda parte e consequentemente em parte alguma de seus textos; como diz Barthes, "um texto é ... um espaço multidimensional em que toda uma variedade de escritos, nenhum deles original, se mistura e se choca" (Barthes, 1977, p.146). Isso, repetimo-lo, não é uma conclusão especificamente do âmbito do pós-estruturalismo. A tese da "autonomia" dos textos, cultivada por Gadamer e extraída originalmente de Heidegger, pode sob certos aspectos ser diretamente comparada à das tradições do pensamento francês (Gadamer, 1975). Em nenhum caso se presume que o autor tenha algum tipo de relação privilegiada com seu texto. Assim, tanto a análise textual quanto a crítica literária precisam romper decisivamente com as perspectivas "intencionalistas".

O tema da descentralização do sujeito deve, sem dúvida, ser levado a sério por quem quer que se interesse pela filosofia ou teoria social modernas. Entretanto, embora a perspectiva básica deva ser certamente admitida, o modo particular com que é elaborada no estruturalismo e no pós-estruturalismo revela-se falho. Rejeitar a ideia de que a consciência (a consciência de si ou o registro sensorial do mundo exterior) possa embasar o conhecimento é participar de uma das mais importantes transições da moderna filosofia. As formas de filosofia, e portanto os modos de análise social baseados nelas, que postulam um acesso imediato à consciência acham-se hoje inteiramente desacreditados. Dado que algumas escolas de pensamento, sobretudo a fenomenologia, estiveram estreitamente associadas a tais pontos de vista filosóficos, a rejeição destes sem dúvida compromete também as próprias escolas. Todavia, os estudos estruturalistas e pós-estruturalistas sobre a descentralização do sujeito estão inevitavelmente ligados às versões de língua e inconsciente associadas à linguística estruturalista e sua influência. O desvio necessário para se recuperar o "eu" não só é tomado, de modo muito amplo, através da língua como é filtrado por uma teoria linguística particular. Se situarmos a língua nas práticas sociais e rejeitarmos a distinção estruturalista/pós-estruturalista entre consciente e inconsciente, alcançaremos uma concepção diversa do sujeito humano – como agente. Voltarei a esse tema mais adiante.

Escrita e texto

Numa comparação entre Wittgenstein e Derrida, vale indagar por que este dá tamanha prioridade ao tema da escrita enquanto aquele pouco se preocupa com sua significação. O zelo de Derrida pela escrita está intimamente ligado à sua rejeição da metafísica da presença. Diz ele:

> Nenhum elemento pode funcionar como signo sem se relacionar a outro elemento que não esteja meramente presente. Esse vínculo significa que cada "elemento" – fonema ou grafema – se constitui por referência aos traços que nele deixam os outros elementos da sequência ... Nada, nos elementos ou no sistema, está jamais simplesmente presente ou ausente. (Derrida, 1981, p.92)

Assim, na visão de Derrida, é um erro supor que a escrita seja um modo particular de dar expressão à fala. A escrita – no sentido lato que Derrida empresta ao termo – exprime, mais claramente que a fala, a natureza relacional de significação no espaço e no tempo. Com mais propriedade falaríamos de temporalidade e espacialidade da significação do que de sua "ocorrência" num dado contexto. Há aqui alguma semelhança com o que Wittgenstein tem a dizer, tanto com respeito à "desconstrução" de questões metafísicas sobre tempo e espaço quanto com respeito ao modo pelo qual se diz que tempo e espaço constituem a identidade dos objetos ou eventos. Examinando criticamente as reflexões de Santo Agostinho sobre a natureza do tempo, Wittgenstein afirma que os enigmas com que ele se engalfinhou são vazios de conteúdo porque repousam na enganosa atribuição de uma essência à temporalidade. O que precisa ser elucidado, na verdade, é a "gramática" do tempo. O tempo não possui essência, portanto não há formulações abstratas capazes de explicar sua natureza. Apenas no desdobramento dos eventos é que logramos experimentar e observar a temporalidade. Pode-se alegar que, de fato, Wittgenstein não arrisca o passo seguinte, e, como Derrida (e antes dele Heidegger), considera o tempo e o espaço elementos constitutivos dos eventos e objetos. Penso, porém, que não há meio de entender a filosofia de Wittgenstein a não ser presumindo-se que isso faz parte da análise que ele desenvolve.

A luta de Wittgenstein com a forma – sua ojeriza a escrever em estilo narrativo e o caráter aparentemente desalinhado das *Investigações filosóficas* – apresenta uma inequívoca afinidade com o uso, por parte de Derrida, de vários tipos de inovações gráficas. Com efeito, ambos os autores queriam exprimir visões que não cabem em "descrições". Ambos asseveravam que a presença de algum tipo de realidade, física ou mental, não é o que articula os componentes significativos dos sistemas de significação.

As limitações da visão da escrita, de Derrida, podem ser detectadas quando consideramos o que está implícito em sua "temporalidade" e "espacialização". Sua concepção de "escrita" constitui um desdobramento direto da separação saussuriana entre o significante e o mundo exterior dos objetos e eventos. Derrida participa da "retirada para o texto", o universo dos significantes característico das tradições do pensamento estruturalista e pós-estruturalista como um todo. Seu "texto" é o texto do jogo das diferenças inerentes à significação como tal. Embora a noção de *différance* torne possível a Derrida apreender a temporalidade, seu tratamento do espaço é puramente nominal. Em outras palavras, embora fale de "temporalidade" e "espacialização", isso vem a dar no mesmo. A "extensão" da escrita, pressuposta no espacejamento de sons e sinais, é o mesmo fenômeno constituído por sua diferenciação temporal. A imagem wittgensteiniana do caráter relacional da significação, tal qual expressa na organização de práticas sociais, não implica o colapso do tempo em espaço. Tempo e espaço não entram na estruturação da significação através da dimensão "plana" da escrita – ainda que conceituada como protoescrita –, mas através da contextualidade das próprias práticas sociais. Durante muito tempo, os filósofos influenciados por Wittgenstein se confundiram na pressuposição de que a significação de palavras ou sentenças consistia em seu uso. Longe disso: parece que nós simplesmente substituímos, pelo "uso", os objetos aos quais as palavras correspondiam em teorias anteriores de significação. Mas o que importa não é o "uso" e sim o processo de *usar* palavras e frases nos contextos de conduta social. A significação não é construída pelo jogo dos significantes, mas pela interseção da produção de significantes com objetos e eventos do mundo, enfocados e organizados pelo agente. A ser isso correto, como penso que é, a prioridade da escrita sobre a fala, postulada por Derrida, tem de ser questionada. É que a fala – ou antes, a conversa – volta a impor-se a outros meios de significação. A conversa, que ocorre em contextos cotidianos de atividade, é o "veículo" fundamental da significação porque opera em contextos comportamentais e conceituais saturados. A escrita (em seu sentido mais estrito e convencional) possui certas propriedades distintivas que podem ser explicadas com precisão apenas quando as opomos ao caráter cotidiano da conversa. A constituição da significação, nessa conversa, condiciona além disso as propriedades significativas da escrita e dos textos.

A ênfase de Derrida na escrita dá corpo a toda uma filosofia. Há, porém, três outros sentidos, mais modestos, nos quais as tradições estruturalista e pós-estruturalista tendem a gerar uma preocupação com a escrita. Um deles diz respeito ao vínculo entre escrita e poder. Tanto em Lévi-Strauss quanto em Foucault, esse tema é explorado por meio da relação entre oralidade e escrita. O método estruturalista de Lévi-Strauss parece aplicar-se unicamente às culturas orais. As sociedades sem escrita são "culturas frias" porque existem no quadro da tradição reiterada, transmitida pelo exemplo e de boca em boca. Civilização pressupõe existência de escrita, que é, em primeiríssimo lugar, um meio de poder administrativo e não só uma maneira nova de exprimir o que foi antes formulado na fala. A escrita não apenas produz "história" como exige novos modos de ajustamento ao mundo material e ao mundo social. Sociedade e natureza passam a ser vistas em termos de dinamismo e transformação, não mais em termos de saturação do presente pelo passado. Na obra de Lévi-Strauss, esse tema nunca é desenvolvido minuciosamente, já que ele não nos oferece uma análise das civilizações. Ao contrário, as sociedades dotadas de escrita formam um pano de fundo contra o qual as características distintivas das culturas orais podem ser mais facilmente assinaladas.

Em Foucault, a preocupação com os vínculos entre escrita, oralidade e poder aparece mais direta e extensamente. Foucault mostra que o discurso das ciências sociais e da psiquiatria não forma apenas um conjunto de teorias e achados sobre um "dado" assunto. Ao contrário, os conceitos e generalizações desenvolvidos nessas disciplinas constituem novos campos para o exercício do poder. Esses campos de poder são codificados pela escrita e dela dependem. A manutenção de registros escritos – por exemplo, de decisões judiciais ou laudos psiquiátricos – é imprescindível para as formas de organização disciplinar que Foucault tenta analisar.

Ao mesmo tempo que, por meio do registro de eventos, a escrita "faz" história, os indivíduos cujas atividades não chamam a atenção dos redatores desses registros são excluídos da "história". Ou seja, embora suas atividades façam "história" no sentido do fluxo de acontecimentos, nem em atos nem em ideias eles integram essa apropriação reflexiva do passado, que é a história escrita. Assim, como salienta Foucault em *Eu, Paul Rivière* (1978), os arquivos policiais dos criminosos e vagabundos constituem um dos poucos meios pelos quais aqueles que não pertencem por escrito à história podem figurar em seu campo de discurso.

O segundo sentido no qual o tema da escrita retorna constantemente no estruturalismo e pós-estruturalismo é o fascínio geral pelos textos. Ao esboçar um programa para a semiologia, Saussure abriu a possibilidade de um estudo dos sistemas sígnicos que ultrapassa em muito o material textual. O apelo por um desenvolvimento da semiologia foi ouvido e muitas obras subsequentes aperfeiçoaram a ideia de que qualquer diferença cultural propicia meios de significação. Mas, embora a ideia de uma disciplina unificada da semiologia, ou semiótica, tenha seus advogados, é preciso dizer que o estudo dos signos culturais permanece, no todo, um empreendimento difícil. Os adeptos do estruturalismo e do pós-estruturalismo continuam a recorrer ao texto como sua preocupação principal. E decerto não é por acaso que essas tradições de pensamento tiveram mais influência no campo da literatura do que em qualquer outro domínio.

A absorção nos textos simboliza alguns dos principais pontos fortes, e ao mesmo tempo a fraqueza mais consistente, das tradições estruturalista e pós-estruturalista. Por um lado, ela permitiu aos autores dessas tradições desenvolver análises sem paralelo na filosofia anglo-saxã. A teoria do texto se tornou fundamental para certas questões filosóficas elementares, sendo elucidada graças ao exame dessas questões. Os filósofos e teóricos sociais de expressão inglesa, excetuando-se os representantes da esfera relativamente especializada da crítica literária, contribuíram pouquíssimo para essa discussão. Por outro lado, a intensa preocupação com os textos trai limitações nos estudos sobre a natureza da significação que podem ser acompanhadas a partir de Saussure. A tese do caráter arbitrário do signo, tal qual Saussure a elaborou, tende a elidir a diferença entre textos que procuram fornecer uma descrição verídica do mundo e textos ficcionais. O valor positivo dessa elisão é de fato demonstrado, por exemplo, no tratamento sutil do uso de mecanismos figurativos nos textos científicos. Sua fraqueza se mostra quando vem a lume a questão que tem perturbado essas tradições: como vincular o texto ao mundo exterior? As tradições estruturalista e pós-estruturalista não apenas falharam na tentativa de produzir relatos de referência capazes de dar sentido às realizações científicas: elas se isolaram mais ou menos completamente do estudo da conversa cotidiana. Ora, a conversa cotidiana é nada menos que aquele "meio de vida no mundo" onde se entrecruzam referência e significação. Pelo menos, creio ser esse o caso; e creio também que investigar tal questão pode nos permitir chegar a um acordo quanto às mais entranhadas deficiências do estruturalismo e do pós-estruturalismo.

O terceiro sentido no qual essas tradições de pensamento tendem a gerar preocupação com a escrita diz respeito à escrita como processo ativo. O termo "escrita" é ambíguo porque pode referir-se ao que é registrado num determinado meio ou ao processo de registrar. No que toca a este último sentido, a escrita passou também a significar a feitura de livros de imaginação ou invenção. Na cultura moderna, o "escritor", ou autor literário, costuma gozar de muito prestígio. Abordando o tema do "autor", os estruturalistas e os pós-estruturalistas conseguiram contribuir bastante para nossa compreensão da produção cultural. Há aqui, obviamente, uma notória superposição com o tema mais geral da descentralização do sujeito. A fonte da "criatividade" exibida nos textos não deve ser buscada no indivíduo ou indivíduos que os escrevem. O texto gera seu próprio livre jogo de significantes, constantemente acessíveis à apropriação e reapropriação por sucessivas gerações de leitores. Também aqui, vislumbramos interessantes conexões entre estruturalismo, pós-estruturalismo e o recente desenvolvimento da hermenêutica. Na obra de Gadamer e outros, conforme já ressaltei anteriormente, voltamos a encontrar a afirmação da autonomia do texto em face de seu autor e a ênfase na multiplicidade de leituras que os textos podem ensejar. Os processos de ler e escrever se confundem, sendo a leitura considerada como a estabilização temporária do espectro indefinido de significações gerado pelos processos da escrita. Mas de novo nos deparamos com pontos fracos característicos. A escrita é às vezes encarada como se os textos a si mesmos se escrevessem – e relegar o autor ao papel de um nebuloso assessor da escrita é manifestamente algo de insatisfatório. Podemos reconhecer a importância do tema da descentralização do sujeito, e consequentemente a necessidade de construir um "autor"; mas não apreenderemos o processo de escrita a menos que tentemos recombinar satisfatoriamente os elementos que foram descentralizados. O estruturalismo e o pós-estruturalismo se mostraram, a meu ver, incapazes de descrever satisfatoriamente a ação humana, em grande medida por causa das falhas já notadas; e essa fraqueza reaparece sob a forma de tendência a equacionar a produção de textos com sua "produtividade" interna.

História e temporalidade

Nos trabalhos de Saussure, é como se o tema da temporalidade estivesse amplamente reprimido. Afinal, a grande inovação de Saussure foi tratar a *langue* como atemporal. Enquanto as formas anteriores de linguística se contentavam em rastrear as mudanças no uso de itens linguísticos, a de Saussure entronizou a língua como sistema no ápice da análise linguística. A *langue* não existe num contexto espaçotemporal: é construída inferencialmente a partir das práticas concretas dos usuários da língua. Sem dúvida, Saussure percebeu a diferença entre o estudo sincrônico integrante da análise da *langue* e a análise diacrônica consistente em rastrear as mudanças reais no uso linguístico. Quer pretendesse ou não dar prioridade à sincronia sobre a diacronia, é certo que muito do prestígio posterior de seus escritos se deve à diagnose das propriedades da *langue*. Paradoxalmente, no entanto, foi essa ênfase que tendeu a estimular uma preocupação constante com a temporalidade no seio do pensamento estruturalista e pós-estruturalista.

Muitos dos problemas levantados aqui surgem com mais clareza na obra de Lévi-Strauss. A repressão metodológica do tempo, observável na concepção saussuriana de *langue*, é traduzida por Lévi-Strauss na repressão substantiva do tempo, implícita nos códigos organizados por intermédio de mitos. Os mitos não extraem tanto a temporalidade da vida social quanto propiciam uma mobilização particular de tempo que os separe daquilo que mais tarde é entendido como "história". A noção de Lévi-Strauss de tempo reversível é oposta deliberadamente ao movimento do tempo na história, onde se encara a "história" como um mapeamento linear da mudança social (Lévi-Strauss, 1966). Conforme o próprio Lévi-Strauss enfatizou em seu debate com Sartre, preocupação com história não é o mesmo que preocupação com tempo. O adágio marxista segundo o qual "os seres humanos fazem história" expressa realmente o dinamismo de uma determinada cultura, mas não retrata o passado da existência humana como um todo. As culturas "quentes" existem num intercâmbio dinâmico com seu ambiente, mobilizando-se por dentro na busca de transformação social. A cultura moderna acelera vigorosamente esse dinamismo. Para nós, então, a história se torna o desdobramento linear de datas, dentro do qual certas formas de mudança são mapeadas. As culturas orais são genuinamente "pré-históricas" quando contrastadas com essa dinâmica. Para elas, o tempo não é mobilizado como história. Assim, a escrita da história se acha associada à própria historicidade que separa as culturas quentes de suas precursoras orais.

Embora a concepção das estruturas da mente humana, de Lévi-Strauss, tenha sido muitas vezes tida por a-histórica, talvez seja mais acurado supor que ele procurou explicar com sutileza e detalhe o que a história é em face da temporalidade. Às vezes se disse mesmo que Lévi-Strauss é "anti-histórico", mas tal afirmação não capta a finura com que sua discussão opõe tempo e história. O estruturalismo, tal qual concebido por Lévi-Strauss, decerto não se mostrou refratário à história como pretenderam alguns. Na verdade, empenhou-se naquilo que Foucault mais tarde chamou de uma "arqueologia", o mergulho na consciência histórica das culturas quentes para recuperar o nível de temporalidade característico das formas de cultura que dominam a "história" humana.

Em Derrida, obviamente, a temporalidade se revela fundamental para a crítica da metafísica da presença. Diferenciar é também diferir, e o tempo não se separa da natureza da significação.

A passagem da presença para a ausência torna-se o meio de compreender a temporalidade. Aqui, a questão não é tanto a "história", real ou escrita, mas a compreensão do ser como vir-a-ser. Para Derrida, o tempo está ligado à natureza de seu exame das limitações do estruturalismo praticado por Lévi-Strauss. É parte integrante do processo graças ao qual a significação gera um jogo de acepções (Culler, 1979). Ao substituir, segundo Culler, "a angústia do infinito regresso pelo prazer da criação infinita", Derrida afirma a evanescência do processo de significação: tudo deveria ser entendido "como um movimento ativo, um processo de desmotivação e não uma estrutura definitiva" (Derrida, 1981, p.103). Já critiquei essa tese, mas agora acrescento que a tendência a reduzir tempo a espacejamento de significação na verdade impede uma abordagem adequada das relações tempo-espaço no âmbito das quais ocorrem as práticas significativas.

Foucault escreve como historiador e é sobretudo em sua obra que os temas da temporalidade e da análise estrutural são explorados. A crítica de Foucault à "história contínua" está, a seu ver, intimamente relacionada com a necessidade de descentralização do sujeito. A história não apenas carece de uma teleologia geral: num sentido importante, sequer é resultado da ação dos sujeitos humanos. Seres humanos não fazem história: a história é que faz seres humanos. Quer dizer, a natureza da subjetividade humana deve-se a processos de desenvolvimento histórico. A história contínua depende da certeza de que o tempo nada dispensará sem reconstituí-lo numa nova unidade; da promessa de que, um dia, o sujeito – na forma de consciência histórica – poderá de novo dominar, trazer de volta as coisas que a diferença mantém a distância, para nelas descobrir como que a sua morada (Foucault, 1973, p.12).

Vê-se que o estilo de Foucault, ao escrever história, não acompanha o tempo cronológico. Nem depende da descrição narrativa de uma sequência de eventos. Ler Foucault é uma experiência incômoda para quem está acostumado a modos mais ordodoxos de escrever história. Os tópicos não são discutidos na ordem temporal e há interrupções quando o leitor espera continuidade na descrição. Pouco se diz a respeito das influências causais que possam estar motivando as mudanças ou desvios que Foucault analisa.

No entanto, por mais obscuras que possam ser suas reflexões epistemológicas, ele deixa suficientemente claro que seu estilo histórico deriva de uma visão particular do tempo e da natureza histórica da escrita da história. O passado não constitui uma área de estudo formada pela ocultação do tempo. Se o fluxo do tempo passado possui alguma forma, é a do baralhamento de camadas de organização epistêmica, que precisam ser escavadas pela "arqueologia". Há mais que um eco de Lévi-Strauss na visão foucaultiana segundo a qual a história é uma forma de conhecimento entre outras – e certamente, como essas outras, uma maneira de mobilizar o poder.

Ter separado o tempo da história, ter mostrado que existem propriedades de sistemas de significação fora do tempo-espaço e ter relacionado tudo isso a um reexame da natureza do sujeito humano – eis as principais realizações do estruturalismo e do pós-estruturalismo. Entretanto, sob esses e outros aspectos já discutidos, os resultados não são inteiramente satisfatórios. A maneira com que Foucault escreve história vale pelo impacto. Mas, a despeito de suas refinadas discussões metodológicas, o jeito com que pratica história permanece profundamente idiossincrático. Não se obtém nenhuma unificação real entre a diagnose de epistemas "atemporais" e os processos generativos da organização e mudança históricas. Depois de descentralizar o sujeito, Foucault não se mostra mais capaz de desenvolver um relato convincente da ação humana do que os outros escritores das tradições estruturalista e pós-estruturalista. Aceita-se prontamente que "a história não tem sujeito"; o problema é que a história de Foucault parece não ter sujeito ativo nenhum. É história sem ação. Os indivíduos que aparecem nas análises de Foucault mostram-se como que impotentes para determinar seus próprios destinos. Além disso, a apropriação reflexiva de história, fundamental para a história na cultura moderna, não desponta no nível dos próprios agentes. O historiador é um ser que reflete, cônscio da influência da escrita histórica na determinação do presente. Entretanto, essa qualidade de autocompreensão não parece estender-se aos agentes históricos.

Significação, produção cultural e escrita

Não se pode desenvolver adequadamente uma teoria da produção cultural sem uma visão apropriada da natureza dos agentes humanos. Ao exigir uma "teoria do sujeito" em lugar do pressuposto de que a subjetividade é o nível imediato da experiência, o estruturalismo e o pós-estruturalismo nos deram uma grande contribuição, mas uma contribuição que de modo algum é exclusiva dessas tradições de pensamento. Vale a pena, contudo, insistir na necessidade de uma interpretação, não do sujeito, mas do agente; não da subjetividade apenas, mas da ação. "Sujeitos" são, antes de tudo, agentes. Na explicação da ação humana, devemos trazer à baila dois elementos que costumam faltar ou ser menosprezados nos estudos estruturalistas. Um deles é o que chamei, em outra parte, de "consciência prática"; o outro, a contextualidade da ação. O pensamento estruturalista tende a operar em termos de contraste entre consciente e inconsciente. Para Lévi-Strauss e Lacan, o inconsciente representa "a face oculta" da língua. É aquilo que não se pode dizer por palavras, mas torna possível dizê-las. Bem, podemos aceitar que o conceito de inconsciente seja necessário para explicar genericamente por que os agentes agem de certa maneira. Podemos aceitar também que a relação entre o verbalizável e o não verbalizável tem importância elementar na atividade humana. Mas se, ao contrário do estruturalismo e do pós-estruturalismo, quisermos inserir a vida humana em quadros de ação prática, chegaremos a uma visão diferente da adotada por essas escolas de pensamento. O que não pode ser posto em palavras, como diz Wittgenstein, é aquilo que tem de ser *feito*. A ação humana não resulta de impulsos programados. Ao contrário, o ato de monitorar racionalmente o que fazem é, para os seres humanos, parte integrante do que fazem. Essa monitoração nem sempre é expressa discursivamente, mas conduzida no nível da consciência prática. Ainda assim é extraordinariamente elaborada, um aspecto indissociável até mesmo das atividades humanas mais corriqueiras.

Ao falar de contextualidade de ação, pretendo reformular a diferença entre presença e ausência. A vida social humana pode ser entendida em termos de relações entre indivíduos que se "movem" no tempo-espaço, associando ação e contexto, e diferenciando contextos, entre si. Os contextos formam "cenários" de ação a cujas qualidades os agentes costumam recorrer para orientar o que fazem e o que dizem uns aos outros (Giddens, 1984, cap. 1). A percepção comum desses cenários de ação constitui um elemento fixador no "conhecimento mútuo" graças ao qual os agentes entendem o que os outros fazem e dizem. O contexto não deve ser identificado com aquilo que torna idiossincrático um segmento particular de ação. Cenários de ação e interação, distribuídos ao longo do tempo-espaço e reproduzidos no "tempo reversível" das atividades cotidianas, integram a forma estruturada que tanto a vida social quanto a língua possuem.

Segundo essa visão, presume-se que a significação esteja saturada nos cenários de ação prática. Os conteúdos significativos engendrados na língua não existiriam se não fosse a natureza localizada, embora reproduzida, das práticas sociais. A temporalidade e a espacialidade são essenciais para a geração e manutenção dos conteúdos significativos, tanto na ordenação dos cenários quanto no uso reflexivo desses cenários para o intercâmbio verbal. Ao invés de "fala", que parece muito formal, vamos nos referir a "conversa". A conversa, troca casual de ideias nos cenários da vida cotidiana, é a base de todos os aspectos mais complexos e formalizados do uso da língua (pelo menos, é o que pretendo sustentar aqui). Mais que qualquer outro, Garfinkel mostrou que a conversa opera por meio da indexicabilidade do contexto e dos "recursos metodológicos" que os agentes utilizam para produzir um mundo social "significativo" (Garfinkel, 1984). A indexicabilidade não deve ser confundida com a dependência contextual. Tal identificação suscitou um dos mais graves problemas durante a fase inicial dos estudos etnometodológicos. A indexicabilidade se refere ao uso do cenário para a produção de liberdade contextual, como se refere ao uso de itens específicos de um tempo e lugar particulares para a geração de significação. O fato de a significação ser produzida e sustentada pelo emprego de recursos metodológicos é vital para a correção dos lapsos do estruturalismo e do pós-estruturalismo. A significação não está nos códigos ou nos conjuntos de diferenças associados à *langue*. O uso de cláusulas "*et coetera*", formulações e outros recursos metodológicos organiza contextualmente a significação. Um usuário competente da língua não apenas domina o quadro de regras sintáticas e semânticas como a gama de convenções praticadas nos contextos diários da atividade social.

A análise cultural examina a relação entre discurso e aquilo que doravante chamarei de "objetos culturais". Por objetos culturais, entendo artefatos que escapam de contextos de presença/ausência, mas se distinguem dos objetos em geral porque incorporam formas "ampliadas" de significação. Nessa definição, os textos são o principal tipo de objeto cultural, mas, nos tempos que correm, precisamos incluir aí os meios da comunicação eletrônica. Os objetos culturais contrastam de modos definidos com o uso da língua como conversa. Podemos enumerar assim essas características:

1 Os objetos culturais pressupõem um distanciamento entre "produtor" e "consumidor", qualidade partilhada com todos os artefatos materiais. Todos os artefatos materiais, e não apenas os objetos culturais, envolvem um processo de "interpretação" algo distinto do que está implícito na monitoração da conversa dentro de contextos de copresença. Na conversa comum, os indivíduos costumam empregar uma diversidade de aspectos de cenário a fim de compreender os outros e "engrenar" o que eles próprios dizem nesse processo de compreensão. A interpretação de objetos culturais ocorre sem a incidência de certos elementos de conhecimento mútuo pressupostos na copresença em um cenário e sem a monitoração coordenada que os indivíduos copresentes fazem como parte da continuidade da conversa.

2 Em consequência disso, o "consumidor" ou receptor torna-se mais importante que o produtor no processo interpretativo. Em contextos de copresença, a produção e a interpretação dos atos de fala tendem a mesclar-se, como parte da natureza serial e solidária da conversação.

3 Os objetos culturais, à diferença dos artefatos em geral, apresentam as seguintes características:

(a) *Um veículo de transmissão durável através dos contextos*. O "veículo" se refere tanto à substância física do objeto cultural quanto a seus processos de disseminação através de diferentes contextos.

(b) *Um meio de armazenamento.* No caso dos objetos culturais, isso pressupõe uma *codificação*. "Armazenamento", aqui, significa a coleta de traços pelos quais a informação possa ser "resgatada" da evanescência da conversa. A informação não pode ser armazenada como são armazenados os recursos materiais. Conforme postulam os estruturalistas e pós-estruturalistas, ela é armazenada como especificação de diferenças. "Codificação" refere-se às propriedades ordenadas das diferenças entre os traços.

(c) *Um meio de recuperação.* Recuperar informação é dominar as formas de codificação que ela incorpora. A recuperação pressupõe um agente humano dotado de certas habilidades como a leitura. Pode pressupor também, pelo menos nos dias de hoje, o uso de recursos mecânicos sem os quais não há acesso ao material codificado.

A natureza dos objetos culturais só pode ser entendida em relação com a conversa. Todos reconhecem que existe um vínculo estreito entre cultura, língua e comunicação. Como se viu, esse vínculo deve ser entendido à luz do papel fundamental que a conversa, em contextos de ação prática e copresença, desempenha na geração e manutenção do significado. A língua é um meio de comunicação, mas a comunicação não é o "objetivo" da conversa. Ao contrário, a conversa se exprime e é expressa no variado leque de atividades a que dá corpo. A importância dos objetos culturais e informacionais reside no fato de eles introduzirem novas mediações entre cultura, língua e comunicação. Na conversa, o agente e o cenário constituem os meios graças aos quais a cultura se liga à comunicação. Em contextos de ação prática, a comunicação por intermédio da conversa sempre tem de ser "trabalhada" pelos participantes, embora muito desse "trabalho" seja feito rotineiramente, como parte do processo de monitoração reflexiva na monitoração prática. Os objetos culturais rompem essa simetria. Uma vez que a língua "veiculada" por objetos culturais já não é conversa, ela perde a saturação nas propriedades referenciais que o uso linguístico possui nos contextos da ação diária. Como traço visível ou recuperável, separado da imediaticidade dos contextos de conversa, o significante assume importância peculiar. A preocupação do estruturalismo e do pós-estruturalismo com a escrita e o significante, em detrimento do significado, pode sem dúvida ser associada a isso. A diferença entre significante e contextos práticos de ação privilegia ao mesmo tempo a comunicação, em resultado do maior esforço de interpretação que se torna necessário. A comunicação deixa de ser o resultado mais ou menos indiscutível dos processos metodológicos usados para manter conversações. Tarefas hermenêuticas mais definidas e explícitas devem ser empreendidas a fim de se forjar o elo comunicativo entre o objeto cultural e seu intérprete. Sendo assim, não surpreende que, como disciplina formal, a hermenêutica nasça das dificuldades encontradas na interpretação de textos. Se jamais se destacou um elemento de hermenêutica no estruturalismo ou no pós-estruturalismo é porque, primariamente, abordou-se a significação em termos de organização interna de códigos, ou jogo de significantes, e não de "recuperação de significação".

Que é escrita e até que ponto ela contribui para a autonomia dos textos? Que relação, se alguma há, existe entre as intenções do autor e a interpretação subsequente de seus textos? Deverá uma "teoria do texto" ser essencialmente uma teoria da leitura? Essas são perguntas que precisam ser enfrentadas na esteira do impacto produzido pelo estruturalismo e pelo pós-estruturalismo, os quais, no mínimo, obrigaram-nos a encará-las de uma maneira nova.

Não podemos explicar o que é língua e o que é significação por meio da escrita. Nesse ponto, Derrida está errado. Deveríamos afirmar a preponderância, não do discurso, mas da fala sobre a escrita. Daí não se infira, porém, que a escrita é simplesmente uma "representação" da conversa. Por razões já mencionadas, não poderia ser assim. Tal como a invenção da escrita introduziu algo de novo na história, a produção de textos exige qualidades distintas das que se aplicam na conversa diária. As origens da escrita são certamente importantes para se apreender sua significação geral. A escrita não surgiu como um meio de descrever objetos ou eventos do mundo; ela era, no início, apenas um modo de recordar – armazenamento em sua forma mais pura. Nas antigas civilizações agrárias, a escrita era um instrumento administrativo que possibilitava a coordenação dos recursos materiais e da ação humana no tempo e no espaço. Portanto, a escrita nunca foi uma "tradução" do verbal para o visual. Ela apontava e exprimia novos modos de coordenação de atividades no tempo e no espaço. Os textos primitivos – listas, inventários – não têm autores. Mais importante que a pessoa que os produzia era a pessoa *para* quem eram produzidos e o uso que deles se faria (Giddens, 1981).

Infere-se daí que a escrita diverge da conversa não apenas quanto às características intrínsecas de cada uma delas, mas também quanto às formas mais amplas de organização social em que se inserem. Em certo sentido, a escrita dá primazia à "espacialidade" sobre a "temporalidade", ausente na conversa. E isso, seguramente, é mais importante que o mero fato de a escrita ser visual e a conversa, auditiva. A conversa (ao contrário da tese de Saussure) é sequencial e serial e não linear. A escrita não apresenta diferenciação temporal, embora, é claro, se pressuponha tal diferenciação em qualquer processo de leitura de texto. A ordem espacial da escrita, por outro lado, não impõe ao leitor a mesma coerção sequencial imposta pela conversa, dado que esta se situa "fora do tempo". Ou seja, o leitor deve seguir o texto do começo ao fim, mas pode espiar o fim antes do começo, e assim por diante.

Depois de ultrapassar a fase do simples inventário, a escrita se abre para a "arte" de um modo diferente da conversa. Mesmo as formas mais triviais da conversa cotidiana exigem imensa habilidade e boa dose de conhecimento. A conversa pode tornar-se arte no sentido de que formas particulares de convenção ou invenção são empregadas para garantir certos fins expressivos ou comunicativos. Contar histórias, exibir senso de humor, discursar e dramatizar, isso existe em todos os tipos de sociedade. O "sucesso" dessas formas verbais, entretanto, depende diretamente de seu desempenho em contextos de copresença. Concebida como um processo de produção e não como uma forma, a escrita artística apresenta características muito diferentes. Escrever não é atuar para um público. As habilidades de um escritor não dependem de sua capacidade de utilizar as qualidades disponíveis em contextos de copresença para influenciar os outros do modo desejado. A conversa é, necessariamente, uma produção individualizada; a escrita, não. O discurso possui caráter sequencial porque apenas um falante pode se expressar num determinado tempo e num dado contexto de copresença. Em se tratando da escrita, quase sempre é irrelevante para qualquer dos termos pelos quais o "sucesso" do texto possa ser avaliado se um ou muitos indivíduos foram responsáveis por sua produção. Textos de extensão variável têm de ser produzidos durante períodos de tempo, que podem ser longos. Enquanto o "trabalho" participa da construção de significação até na conversa mais casual, o texto tende a ser "trabalho" num sentido mais amplo. É um "labor" porque disciplina e originalidade se conjugam para moldar o espacejamento da escrita.

A língua corrente é "aberta" num sentido muito importante. Inúmeras palavras e frases empregadas nas conversas diárias não possuem definições lexicais exatas. Mas, como mostrou Wittgenstein, nem por isso a língua corrente é necessariamente vaga ou indefinida. O que lhe dá precisão é seu uso contextual. Cenários de conversa são utilizados pelos participantes para determinar a natureza do que está sendo dito. A abertura da escrita é bem diferente – algo que pode ser obscurecido pelo fato de formas linguísticas similares, como a metáfora e a metonímia, poderem ser empregadas tanto na conversa quanto na escrita. A abertura da escrita deriva da "suspensão" de referência que ela pressupõe. Precisamos ter cuidado ao especificar o que isso quer dizer. A escrita pode ser usada, e quase sempre o é, em referência a objetos e eventos do mundo. Um caso óbvio é, por exemplo, uma lista. As propriedades referenciais da escrita não dependem das qualidades referenciais da conversa, embora sempre as explorem. Significação e referência em geral aparecem combinadas na conversa, não porque esta se oriente sobretudo para a descrição, mas porque é praticada e organizada dentro de contextos práticos de ação. Ou seja, a significação se sustenta pela conexão constante entre conversa e modalidades de experiências cotidianas. As propriedades referenciais da escrita não podem ser conectadas dessa maneira a cenários. Em consequência, a declaração mais seca e friamente referencial pode ser lida retórica ou figuradamente, e vice-versa. Como o demonstram os exemplos de haicai japoneses, se uma demonstração for de fato necessária, uma lista pode muito bem ser lida como um poema.

Todas essas considerações são relevantes para a questão da autonomia dos textos. O problema tradicional de saber até que ponto se consegue entender um texto sem referência às intenções do autor pode ser encarado tanto à luz dessas considerações quanto do exame da ação, indicado mais acima. Os agentes, segundo Schütz, alimentam projetos globais para cuja execução a intencionalidade de suas atividades é organizada (Schütz, 1972). A redação de um texto pode envolver um ou mais projetos desses. Quer dizer, ao produzir um texto ele terá em mente um certo número de objetivos. Mas esses objetivos talvez não sejam tão relevantes para a compreensão do texto quanto para a monitoração reflexiva implícita no trabalho de construção do texto. O texto, repetimos, é um "trabalho" no sentido de que pressupõe um processo crônico de produção "monitorada". Portanto, o "autor" não é nem um amálgama de intenções nem uma série de sedimentos ou traços deixados no texto. É, antes, um produtor que trabalha dentro de cenários específicos de ação prática.

Isso não responde à pergunta que tem polarizado a discussão sobre a natureza dos textos: existirá mesmo uma interpretação "correta" do texto, estabelecida em relação às intenções do autor? Contra o "relativismo textual", Hirsch e outros sustentaram que a intenção do autor fornece uma base para se recuperar o sentido original de um texto. Aqui, "intenção" só se pode entender como "projeto" na acepção de Schütz. Mas percebemos facilmente que os projetos que induzem um autor a produzir um texto são talvez apenas perifericamente relevantes para seu leitor. Os autores resolvem escrever um dado texto por uma série de motivos particulares: alcançar fama, ganhar dinheiro, obter autossatisfação etc. Além do mais, não faz muito sentido indagar o que um texto, como um todo, "significa". Melhor faríamos se perguntássemos o que significa uma frase ou parágrafo isolado, ou que argumento foi desenvolvido ao longo do texto – o que é inteiramente consistente com a frase corriqueira "o que você quer dizer?". Se examinamos esse tipo de pergunta quando aplicada a textos, fica claro que nada está sendo indagado a respeito de seu produtor. Se alguém pergunta: "Que quis dizer Marx nessa seção do *Capital*?", não está decerto interessado nas características de Marx como pessoa.

Poderíamos, na maioria dos casos, substituir tal pergunta pela indagação mais anônima: "Que quis dizer o autor?". Na conversa comum, quando perguntamos: "Que quis *x* dizer com isso?", provavelmente tencionamos saber "que pretendeu ele ao dizer *x*?". Ou seja, abordamos o problema da força elocucionária do que foi dito. Todavia, a pergunta pode implicar também "que quis [*mean*] ele comunicar?" ."Querer" [*meaning*, significar], nesse sentido, implica segundo Grice que o falante "pretenda, ao proferir *x*, produzir um efeito sobre outra ou outras pessoas fazendo-as reconhecer que essa era sua intenção" (Grice, 1957; ver também Grice, 1982). Aqui, significado [*meaning*] equivale à intenção comunicativa, e pode-se mostrar que essa intenção só pode ser percebida quando os participantes de um dado contexto de interação compartilham formas de conhecimento mútuo. Na conversa comum, a intenção comunicativa é detectada pela interrogação direta e pela reformulação por parte do falante original. Não parece haver razão para negar que podemos interrogar da mesma maneira um texto. Isto é, podemos perguntar qual foi a intenção comunicativa de uma dada seção do texto. Estando o autor ausente, procuraremos responder à pergunta investigando as formas de conhecimento mútuo implícitas no que ele escreveu. Há, portanto, critérios para a exatidão das interpretações.

Tais critérios, no entanto, bem como os tipos de material que devem ser conhecidos para que se possa confirmá-los, são complexos. Fundamentalmente, requerem o exame dos cenários de produção do texto como trabalho. Cumpre saber muita coisa sobre os motivos que levaram o autor a produzir o texto e sobre os recursos utilizados em sua produção. Mas cumpre saber também algo a respeito do público a que o texto foi originalmente endereçado. Skinner e outros ressaltaram muito bem a importância dessa ênfase, que de modo algum nega a autonomia intrínseca dos textos (Skinner, 1969). Os textos são escritos segundo diversas convenções de forma, estilo e legibilidade. Na produção do texto, o autor "trabalha" o modo "como" o leitor o tratará.

As discussões estruturalista e pós-estruturalista a respeito do "desaparecimento do autor" são valiosas sob certos aspectos. Somos levados a reconhecer que inúmeros textos não têm "autores" no sentido em que várias das obras discutidas pela moderna crítica literária os têm. Isso não se aplica apenas a textos do período pré-moderno – textos bíblicos, sagas, inventários etc. –, aplica-se também à vasta maioria das obras que circulam nas modernas sociedades. Registros, arquivos, relatórios e cartazes não têm autores porque não são atribuídos a um indivíduo, podendo mesmo ser fruto de várias mãos, e ninguém se interessa por saber quem os escreveu. É suficientemente óbvio que as condições de sua produção como textos têm de ser determinadas tanto em relação às características compartilhadas com artefatos em geral quanto nos termos dos aspectos da escrita já discutidos. Todos os artefatos de caráter durável podem ser mais ou menos isolados dos contextos de sua produção inicial e dos projetos de quem os criou. Igualmente, podem ser usados ou "interpretados" como jamais sonharam seus produtores. Todos os textos afastam a abertura de língua dos modos pelos quais se realizam, na conversa, o fechamento e a fixidez. Quão aberto a interpretações múltiplas é um texto, eis o que provavelmente pouco tem a ver com a natureza intrínseca do próprio texto. Aqui, temos de operar a transição para um exame das leituras que os textos ajudam a gerar. Muitas das observações a propósito da compreensão da produção de textos vinculada à monitoração reflexiva da ação aplicam-se também à leitura. Nenhum texto é lido isoladamente; toda leitura ocorre no âmbito de uma "intertextualidade" e em cenários que pressupõem recurso ao mútuo conhecimento. Diversas abordagens recentes, que apenas em parte, se tanto, provêm do estruturalismo e do pós-estruturalismo, são promissoras no que tange ao desenvolvimento de estudos sobre leitura. Um exemplo é a "estética da recepção" de Jauss (1974). Segundo essa tese, o leitor aborda o texto com um "horizonte de expectativas" sem o qual esse texto careceria de sentido. No dizer de Jauss, compreender a relação entre obras e leitores exige resposta a várias perguntas. Devemos saber o que os leitores conhecem a respeito do gênero específico no qual a obra foi escrita. Devemos ter informações sobre seu conhecimento de outros textos similares ao que ora tem em mãos. E devemos saber a diferença entre conversa prática e linguagem poética, algo que se situe entre diferentes lugares e diferentes cenários culturais.

Uma vez que, presumivelmente, todos os autores são leitores também, essa discussão tem de integrar-se plenamente à explicação da produção de textos.

Conclusão

Com esta análise, não tive a pretensão de estudar todos os assuntos suscitados pelas tradições do estruturalismo e do pós-estruturalismo. Simplesmente ignorei ou apenas aflorei as inúmeras divergências entre as ideias dos autores citados. Tentei retratar, em largas pinceladas, as contribuições do estruturalismo e do pós-estruturalismo a fim de indicar algumas questões gerais que elas levantam para a teoria social contemporânea. Sem dúvida, é discutível a afirmação de que essas tradições não conseguiram resolver os problemas que elas próprias aventaram. Espero, entretanto, ter justificado tal alegação e mostrado como algumas dessas questões podem ser mais bem analisadas.

Referências bibliográficas

BARTHES, R. The Death of the Author. In: *Image-Music-Text*. Glasgow: Fontana, 1977.

BENVENISTE, E. The Nature of the Linguistic Sign. In: *Problems in General Linguistics*. Florida: University of Miami Press, 1971.

BLOOMFIELD, M. *Language*. London: George Allen and Unwin, 1957.

CHOMSKY, N. *Current Issues in Linguistic Theory*. The Hague: Mouton, 1964.

______. *Language and Mind*. New York: Harcourt, Brace, 1968.

CLARKE, S. *The Foundations of Structuralism*. Sussex: Harvester, 1981.

CULLER, J. *Structuralist Poetics*. London: Routledge and Kegan Paul, 1975.

______. Jacques Derrida. In: STURROCK, J. (Org.) *Structuralism and Since*. Oxford: Oxford University Press, 1979.

DERRIDA, J. *Of Grammatology*. Baltimore: Johns Hopkins University Press, 1976.

______. *Writing and Difference*. London: Routledge and Kegan Paul, 1978.

______. *Positions*. London: Athlone, 1981.

FOUCAULT, M. *The Archaeology of Knowledge*. New York: Pantheon, 1972.

FOUCAULT, M. *I, Pierre Rivière*: A Case of Patricide in the 19th Century. Harmondsworth, Middlesex: Penguin, 1978.
GADAMER, H. *Truth and Method*. London: Sheel and Ward, 1975.
GARFINKEL, H. *Studies in Ethnomethodology*. Cambridge, England: Polity Press, 1984.
GIDDENS, A. *Central Problems in Social Theory*. London: Macmillan, 1979.
______. *A Contemporary Critique of Historical Materialism*. London: Macmillan, 1981. v.1.
______. *The Constitution of Society*. Cambridge, England: Polity Press, 1984.
GRICE, H. P. Meaning. *Philosophical Review*, v.66.
______. Meaning Revised. In. SMITH, N. V. (Org.) *Mutual Knowledge*. London: Academic Press, 1982.
HARRIS, Z. *Methods in Structural Linguistics*. Chicago: University of Chicago Press, 1951.
HEIDEGGER, M. *Being and Time*. Oxford: Basil Blackwell, 1978.
HYMES, D. H. On Communicative Competence. In: PRIDE, J. B., HOLMES, J. (Org.) *Sociolinguistics*. Harmondsworth, Middlesex: Penguin, 1972.
JAKOBSON, R. *Word and Language*. The Hague: Mouton, 1971.
JAUSS, H. R. Literary History as a Challenge to Literary Theory. In: COHEN, R. (Org.) *New Directions in Literary Theory*. Baltimore: Johns Hopkins University Press, 1974.
LACAN, J. *Écrits*. London: Tavistock, 1977.
LÉVI-STRAUSS, C. *The Savage Mind*. Chicago: University of Chicago Press, 1966.
______. *Structural Anthropology*. London: Allen Lane, 1968.
______. *The Elementary Structures of Kinship*. London: Eyre and Spottiswoode, 1969a.
______. *The Raw and the Cooked*. London: Cape, 1969b.
______. *L'homme nu*. Paris: Plon, 1971.
RUNCIMAN, W. G. What is Structuralism. In: *Sociology in its Place*. Cambridge, England: Cambridge University Press, 1970.
SAUSSURE, F. de. *Course in General Linguistics*. London: Fontana, 1974.
SCHÜTZ, A. *The Phenomenology of the Social World*. London: Heinemann, 1972.
SKINNER, Q. Meaning and Understanding in the History of Ideas. *History and Theory*, v.8, p.3-53, 1969.
TRUBETZKOY, N. *Principles of Phonology*. Berkeley e Los Angeles: University of California Press, 1969.
WITTGENSTEIN, L. *Philosophical Investigations*. Oxford: Basil Blackwell, 1953.

ETNOMETODOLOGIA[1]

John C. Heritage

Com a primeira publicação, em 1967, dos *Studies in Ethnomethodology* [*Estudos sobre etnometodologia*] de Harold Garfinkel (1984), uma nova e característica abordagem da análise sociológica surgiu no domínio público. A nova perspectiva conquistou rapidamente vários adeptos e estimulou um âmbito cada vez mais diverso de trabalhos empíricos. Mas, embora os escritos de Garfinkel tenham sido reconhecidos imediatamente como significativos,[2] a etnometodologia não encontrou uma aceitação pronta e entusiástica dentro da comunidade sociológica. De fato, pode-se dizer de Garfinkel que, como Durkheim antes dele, suas ideias tiveram de pagar o "tributo da crítica implacável".[3] As respostas

1 Gostaria de agradecer a Tom Wilson por seus valiosos comentários sobre um esboço anterior deste ensaio.

2 A significação de *Studies on Ethnomethodology* foi claramente reconhecida pela realização de um simpósio de revisão em três partes pela *American Sociological Review* (ver Swanson, Wallace & Coleman, 1968).

3 A expressão é de Steven Lukes (Lukes, 1973, p.2). Os paralelos com a recepção da obra de Durkheim são surpreendentemente extensivos. A exemplo da sociologia durkheimiana, a etnometodologia foi criticamente representada como incorporação de quase toda persuasão política concebível, como expressão

iniciais à etnometodologia continham uma variedade de objeções, muitas das quais eram fortemente incompatíveis uma com a outra, e o resultado foi um período no qual as discussões da nova perspectiva estavam aptas a gerar mais calor do que luz.

Vários fatores contribuíram para esse resultado. Os escritos de Garfinkel são altamente condensados e, por vezes, opacos e crípticos. Embora contenham fortes continuidades teóricas subjacentes, estas não estão sistematicamente articuladas em termos de pontos de referência sociológica clássica. Por isso deram motivo a muita confusão e equívoco tanto entre os adeptos quanto entre os detratores da empresa. Além disso os *Estudos sobre etnometodologia* apareceram durante um período de caótica convulsão nas ciências sociais no qual o paradigma funcional-estrutural parsoniano dominante foi uma das primeiras baixas sociológicas. Como os complexos escritos de Garfinkel se tornaram propriedade pública nesse momento de rápida e confusa mudança teórica, suas teorizações seminais e suas extraordinárias investigações empíricas foram muitas vezes deturpadas e trivializadas.[4] A malsinada consequência

de uma variedade imensa de (não raro diametralmente opostos) pontos de vistas conceituais e como defesa de concepções exatamente tão absurdas como a do "espírito de grupo" da qual Durkheim foi acusado no começo deste século (cf. Lukes, 1973, p.2-3, 497ss).

4 Os escritos de Anthony Giddens (Giddens, 1976, 1979, 1984) foram uma exceção coerente ao tom de resposta, geralmente negativo, à etnometodologia. Um modelo muito difundido de má interpretação desse campo foi consubstanciado por um ensaio aparentemente abalizado, mas altamente equivocado, de Attevell (1972) (ver Peyrot, 1982; Zimmerman, 1976, para discussões críticas esclarecidas dessa fonte). O trabalho de Attevell incorporava muitos dos equívocos que reapareceram posteriormente nos artigos de, entre outros, Coser (1975), Mayrl (1973), McSweeney (1973), Mennel (1976) e Phillips (1978). No final da década de 1970 o clima de equívoco havia-se desenvolvido de forma tão densa que intervenções elaboradas como a de O'Keefe (1979) não conseguiram arejar o ambiente. Os úteis esforços de esclarecimento por parte de etnometodologistas praticantes incluem Coulter (1971, 1973, 1974), Maynard & Wilson (1980), Peyrot (1982), Wieder (1977), Wilson & Zimmerman (1979) e Zimmerman (1976, 1978). As abordagens monográficas secundárias da etnometodologia incluem agora Benson & Hughes (1983), Handel (1982), Heritage (1984a), Leiter (1980), Mehan & Wood (1975) e Sharrock & Anderson (1986).

foi que a etnometodologia veio a ser construída como "um método sem uma substância" (Coser, 1975) ou, pior ainda, como um veículo para a negação da própria organização social – uma espécie de sociologia "vale-tudo". A consequência inevitável foi que as investigações de Garfinkel, cujo ímpeto inicial derivou de uma crítica extremamente penetrante do *corpus* parsoniano que tinha sido empreendida muito tempo antes que a maré se voltasse contra o estrutural-funcionalismo, se perderam no tumulto da carga e contracarga. Não admira, pois, que Garfinkel, que desdenhava intervir na contenda, declarasse desde logo que o termo *etnometodologia* tinha se tornado uma pedra de toque que adquirira vida própria (Garfinkel, 1974, p.18).

Os esforços que Garfinkel desenvolveu ao longo de sua vida dirigiram-se para um âmbito de questões conceituais que sempre foram tópicos fundamentais da sociologia. Essas questões – a teoria da ação social, a natureza da intersubjetividade e a constituição social do conhecimento – são complexas e estreitamente inter-relacionadas. Como a formulação conceitual dessas questões tem amplas ramificações teóricas e metodológicas na conceitualização da organização social, elas representam um ponto central da inovação teórica no interior da disciplina. Garfinkel abordou esse domínio por meio de uma persistente série de explorações das propriedades elementares do raciocínio prático e das ações práticas. No curso desses estudos ele procurou separar a teoria da ação de sua preocupação tradicional com as questões motivacionais e recentrá-la nas maneiras cognoscíveis pelas quais, quer conscientemente, quer não,[5] os agentes sociais reconhecem, produzem e reproduzem ações sociais e estruturas sociais. Essa ênfase na cognoscibilidade dos agentes, entretanto, privilegia a descoberta dos modos com que os agentes sociais analisam as suas circunstâncias e podem partilhar uma compreensão subjetiva dessas

---

5 Existem, naturalmente, muitos níveis de "consciência" com respeito à organização da vida cotidiana. Além disso, um ator pode estar conscientemente orientado para um fenômeno sem ser capaz de formular o objeto de orientação em tantas palavras. Garfinkel usa a expressão "visto mas não notado" para referir-se à orientação sem percepção consciente voltada para aspectos da organização social.

mesmas circunstâncias. Aqui as pesquisas de Garfinkel vieram a concentrar-se no caráter inevitavelmente contextual das compreensões corriqueiras, e desse enfoque adveio uma avaliação das maneiras extraordinariamente complexas e pormenorizadas pelas quais os contextos dos eventos fornecem recursos para a sua interpretação.

O novo enfoque requeria ainda que as análises da ação e do conhecimento fossem plenamente integradas umas às outras. Essa integração foi realizada pela substituição de Garfinkel da abordagem motivacional predominante da análise das ações sociais por um enfoque *procedimental* do tópico e foi programaticamente resumida em sua recomendação básica a fim de que "as atividades pelas quais os membros produzem e dirigem conjuntos de ocupações cotidianas são idênticas aos procedimentos dos membros para tornar esses conjuntos 'explicáveis'" (Garfinkel, 1984a, p.1). A partir dessa base, tornou-se possível abordar as práticas e os processos de uma nova maneira e criar novas atitudes para com os processos de comunicação linguística. E, de um modo mais amplo, tornou-se possível chegar a uma nova compreensão e tratamento da contribuição das pessoas às realidades socialmente explicáveis nas quais elas estão enredadas, bem como sua apreensão dessas realidades.

Foram esses tópicos que propiciaram uma medida concreta da substância do trabalho feito por Garfinkel e seus colaboradores. Os resultados desse trabalho constituem uma reorientação extremamente profunda e instigadora dos aspectos fundamentais da teoria social e que, além disso, produziu um sólido programa de investigação empírica. O objetivo deste capítulo é situar as pesquisas teóricas de Garfinkel mediante referências ao contexto da teoria social da qual elas emergiram, dar uma descrição das principais maneiras pelas quais o seu pensamento conduziu a uma reconceitualização da natureza da ação social e da organização social, e esboçar alguns dos principais tipos de pesquisa empírica que surgiram como resultado das suas iniciativas.

Repensando a teoria da ação

Entre 1946 e 1952 Garfinkel adestrou-se como sociólogo sob a orientação de Talcott Parsons. Em 1946, assumiu a cátedra do recém-fundado Departamento de Relações Sociais da Universidade de Harvard, e sua liderança estimulou um esforço concentrado a fim de promover o desenvolvimento da teoria sociológica sistemática. O objetivo era vincular as disciplinas da psicologia, sociologia e antropologia dentro de uma estrutura teórica única e abrangente que havia sido esboçada em *The Structure of Social Action* [*A estrutura da ação social*] (Parsons, 1937) como a "teoria voluntarista da ação". Os resultados desse esforço viriam a ser altamente influentes. Apesar das críticas fragmentadas do edifício teórico parsoniano, ele veio a dominar a teoria sociológica em língua inglesa nas duas décadas que se seguiram à Segunda Guerra Mundial. Foi nessa atmosfera teórica extremamente rica que Garfinkel desenvolveu uma crítica da nova estrutura teórica, no exato momento em que ela estava emergindo do departamento de Harvard. A crítica atingiu os pressupostos mais profundos do *corpus* parsoniano e acabou levando quase trinta anos para aflorar nas discussões contemporâneas da teoria social.

A teoria parsoniana da ação com a qual Garfinkel se defrontou durante os seus anos em Harvard era essencialmente uma teoria da motivação da ação e era dominada por duas preocupações fundamentais. A primeira é que a vida humana não deve ser entendida meramente como uma questão de adaptação passiva às pressões do ambiente. Pelo contrário, é uma característica central da sociedade e da história humana que os homens e as mulheres comuns se empenhem arduamente em alcançar metas – não raro de um tipo não material – diante de poderosos obstáculos. Essa primeira preocupação – a "metafísica voluntarista" de Parsons (Proctor, 1978; Scott, 1963) – enfatiza a direção subjetiva do esforço na busca de fins normativamente avaliados. A segunda preocupação de Parsons foi derivada da célebre discussão hobbesiana do caos no "estado de natureza". O "problema da ordem" de Hobbes, como Parsons o formulou, suscita a questão de saber como os esforços ativos dos agentes sociais podem reconciliar-se uns com os outros de tal sorte que as relações sociais não venham a ser dominadas pelo exercício externo da força e da fraude (Parsons, 1937, p.92). Em termos teóricos, portanto, a questão motivacional que domina a teoria parsoniana da ação é a de como levar em conta os agentes sociais que buscam ativamente um conjunto de fins e ao mesmo tempo fornecer um mecanismo que evite o problema da ordem levantado por Hobbes.

Como se sabe, a solução de Parsons, embora expressa como o produto da famosa "convergência" entre os teóricos sociais europeus, derivava essencialmente de Durkheim. Incorporava a tese de que os valores morais interiorizados no curso da socialização podem exercer uma forte influência tanto sobre os fins como sobre os meios pelos quais esses fins são procurados. Na medida em que esses valores são institucionalizados no seio de uma sociedade – em última análise, na forma de um sistema central de valores –, a coesão social emergirá na partilha de objetivos e expectativas da qual decorrem os modelos de atividade coordenada.[6]

Essas propostas foram alimentadas, nas publicações subsequentes do departamento de Harvard, pela agora familiar divisão analítica tripartite da organização social em sistemas culturais, sociais e de personalidade; a concepção dos requisitos do papel institucional especificada em termos das "variáveis-padrão"; a interiorização de valores como as "disposições de necessidade" motivadoras do sistema da personalidade; e as célebres discussões da "dupla contingência" da interação social com os seus duplos "processos aglutinadores".[7]

É surpreendente que, embora os críticos tenham dito que Parsons tendia a superestimar a extensão em que o consenso normativo é uma característica empírica das sociedades (Dahrendorf, 1958; Gouldner, 1970), que a integração social não deve ser

---

6 Como diziam Parsons & Shils em 1951, "a própria institucionalização deve ser vista como o mecanismo integrativo fundamental dos sistemas sociais. É pela interiorização da orientação de padrões de valor comuns que um sistema de interação social pode ser estabilizado (Parsons & Shils, 1951, p.150).

7 Como disse Parsons, resumindo a asserção global, a integração de um conjunto de padrões de valor comuns com a estrutura de disposição-necessidade interiorizada das personalidades constituintes é o fenômeno nuclear da dinâmica dos sistemas sociais. Que a estabilidade de qualquer sistema social, salvo o processo de interação extremamente evanescente, é dependente, em certo grau, dessa integração podendo ser considerado o teorema dinâmico fundamental da sociologia (Parsons, 1951, p.42).

confundida com a integração de sistemas (Lockwood, 1964) e que outros fatores motivacionais devem receber mais peso na análise da ação social (Wrong, 1961), a ênfase básica da teoria parsoniana nos aspectos motivacionais da ação tenha permanecido virtualmente incontestada.[8] No entanto, Parsons enfatizou as questões motivacionais com a virtual exclusão de qualquer outra preocupação com as compreensões à luz das quais os agentes sociais coordenam suas ações e as orientam ao longo do seu curso. Nesse sentido crítico, Parsons não logrou em absoluto construir uma teoria da *ação*, mas formulou, em vez disso, apenas uma teoria de disposições para agir. Fundamental para qualquer análise genuína da ação social é uma conceitualização do conhecimento que os agentes vêm a ter a respeito de suas circunstâncias.[9] Isso requer soluções para questões relativas à natureza e às propriedades do conhecimento que cabe atribuir aos agentes sociais e ao modo como esse conhecimento é empregado por eles e deve ser tratado analiticamente no bojo da teoria da ação. E foi no tocante a essas questões cruciais que Garfinkel veio, durante o período do pós-guerra imediato, a divergir do ponto de vista parsoniano de um modo mais fundamental.

Nos escritos de Parsons, de um modo geral a questão do conhecimento do agente recebe uma ênfase relativamente pequena, mas ainda assim exerce uma profunda influência subjacente sobre a sua teorização por via de sua discussão da racionalidade.[10] Para Parsons, a racionalidade do agente é determinada ao se estimar até que ponto as ações desse agente se fundam na aplicação de uma base de conhecimento que seja compatível com o conhecimento científico (Parsons, 1937, p.58). Onde quer que essa

---

8 Em parte isso ocorre porque a teoria unia os principais elementos dos estilos de teorização sociológica e psicológica que prevaleceram bem depois do período pós-guerra. De fato, Parsons ressaltou reiteradamente a convergência de Durkheim e Freud quanto ao fenômeno da interiorização como suporte para suas asserções.

9 Há pouco tempo essa posição foi fortemente preconizada por Giddens (ver, por exemplo, Giddens, 1979, p.253-4).

10 Cf. Garfinkel (1952, p.91ss; 1984h) e Heritage (1984a, p.22-33) para discussões dessa questão.

compatibilidade esteja presente, a ação será julgada como "intrinsecamente racional" e a explicação da ação pelo agente – ao mostrar-se compatível com uma explicação científica dessa mesma ação – deverá necessariamente ser considerada cientificamente adequada.

Na maioria dos casos, entretanto, as explicações que os agentes dão de suas ações não irão coincidir com as dos cientistas, e nesses casos Parsons propõe que as explicações dos agentes sejam omitidas. Nesses casos uma explicação científica das ações será formulada em termos do papel motivador das normas e valores interiorizados. Uma lacuna radical se cria assim entre as ações racionais com as suas razões autossubsistentes e as ações não racionais, nas quais o raciocínio dos agentes é descartado em favor de explicações normativas causais da conduta. Esse lacuna é preenchida pela ideia de Parsons, reiteradamente expressa (por exemplo, Parsons, 1937, p.403-5; 1951, p.37), segundo a qual, se os valores morais devem ser um profilático eficaz contra o caos hobbesiano, os membros de uma ordem social não serão capazes de uma orientação instrumental em relação aos elementos normativos que eles interiorizaram. Para isso deveria haver uma orientação dos cálculos maquiavélicos que, se fosse generalizada, iria solapar a constituição moral da sociedade e tornar a ordem dependente de uma instável coalizão de interesses. O efeito cumulativo dessas provisões foi marginalizar num grau acentuado a cognoscibilidade dos agentes sociais e tratar esses agentes, na memorável expressão de Garfinkel, como "de juízo dopado" ["*judgemental daps*"] em termos de discernimento (Garfinkel, 1984, p.68), cuja compreensão e raciocínio em situações de ação concretas são irrelevantes para um enfoque analítico da ação social.[11]

---

11 A crítica de Garfinkel à estrutura parsoniana começou a partir da teoria do conhecimento em que esta se baseava. Parsons, dizia ele, fundamentou sua análise numa estrutura epistemológica neokantiana ("realismo analítico" – Parsons, 1937, p.730ss) baseado na suposição de que um conhecimento exato do mundo exterior é obtido pela aplicação dos cânones lógico-empíricos da investigação científica mediante um processo de aproximação sucessiva. A teoria implica que a ação social bem-sucedida está baseada no conhecimento exato e portanto obriga seus proponentes a explicar a persistência do conhecimento inadequado e da ação não racional num mundo social em que,

Ao desenvolver uma alternativa para o enfoque parsoniano da análise da ação social, Garfinkel serviu-se extensivamente dos trabalhos de Alfred Schütz, que, numa longa série de escritos teóricos, levantou uma questão irrespondível quanto à inclusão de um tratamento do conhecimento dos agentes no âmbito da teoria da ação. Desde os seus escritos mais antigos, Schütz ressaltava que o mundo é interpretado à luz de categorias e construtos do senso comum que são largamente sociais em sua origem. Esses construtos são os recursos com os quais os agentes interpretam suas situações de ação, captam as intenções e motivações dos outros, realizam compreensões intersubjetivas e ações ordenadas e, de maneira mais geral, navegam no mundo social. Seus conteúdos e propriedades requerem claramente investigações sistemáticas tanto no nível teórico quanto empírico. De fato, afirmava Schütz, os conteúdos e as propriedades desses construtos não podem ser ignorados sem a perda dos princípios basilares da teoria social – sua referência ao mundo social da vida e da experiência cotidianas que constitui, em última análise, a única garantia de que "o mundo da realidade social não será substituído por um mundo fictício, não existente, criado pelo observador científico" (Schütz, 1964a, p.8).

No nível teórico, Schütz descrevera várias propriedades importantes do conhecimento e da cognição do senso comum. Primeiro, o mundo da vida cotidiana é um mundo permeado pelo que Schütz denomina a "*epoché* da atitude natural" (Schütz, 1962c, p.229). Na vida comum, há uma *suspensão geral da dúvida* de que

ex hypothesis, os atores seriam mais bem-sucedidos se adotassem um ponto de vista mais científico. A teoria voluntarista, obviamente, atendera a esse requisito com uma explicação causal das ações "não racionais" expressa, *inter alia*, em termos de disposições normativas. Duas consequências decorreram dessa conceitualização neokantiana do conhecimento. Primeiro, a racionalidade científica é tratada como o padrão fundamental à luz do qual o conhecimento e o julgamento dos atores devem ser avaliados e, segundo, as propriedades intrínsecas dos julgamentos "não racionais" dos atores podem ser ignoradas em favor de tentativas de dar explicações causais a respeito da maneira como essas ações "não racionais" são persistentemente empreendidas apesar de suas deficiências.

as coisas poderiam não ser como parecem ou de que a experiência do passado possa não ser um guia confiável para o presente. A objetividade e a tipicalidade dos objetos e eventos comuns são captadas como ponto pacífico. Segundo, Schütz propôs que os objetos para os quais o agente se orienta são ativamente constituídos no fluxo da experiência por intermédio de uma série de operações subjetivas. De particular significação nesse contexto é o conceito de que a construção (ou constituição) tanto dos objetos naturais quanto sociais é necessária e continuamente atualizada por meio de "sínteses de identificação" interminavelmente renovadas. É dessa maneira que os objetos são estabilizados como objetos "automesmos" apesar das mudanças nas perspectivas físicas a partir das quais eles são vistos e, no caso dos objetos animados, a despeito de suas formas mutáveis e de suas variadas manifestações comportamentais.

Terceiro, Schütz dizia que todos os objetos do mundo social são constituídos no interior de uma estrutura de "familiaridade e pré-convivência" (Schütz, 1962a, p.7) fornecida por um "estoque de conhecimentos à mão" que é esmagadoramente social em sua origem. Quarto, esse estoque de construtos sociais é mantido numa forma tipificada (1962a, p.7). O conhecimento tipificado à luz do qual os agentes analisam o mundo social é aproximado e revisável, mas, no âmbito da atitude da vida cotidiana na qual os construtos servem como recursos paradigmáticos para a organização da ação, qualquer dúvida geral quanto à sua validade e utilidade permanece em suspenso. Finalmente, Schütz propôs que a compreensão intersubjetiva dos atores se realiza por meio de um processo ativo no qual os participantes admitem a "tese geral da reciprocidade das perspectivas" (1962a, p.11-3), isto é, que apesar das diferentes perspectivas, biografias e motivações que levam os agentes a ter experiências do mundo não idênticas, eles podem, ainda assim, tratar as suas experiências como "idênticas para todos os fins práticos".

A essa descrição das propriedades do conhecimento de senso comum Schütz acrescentou a importante cláusula adicional de que o conhecimento de senso comum é organizado como uma colcha de retalhos altamente desigual na qual "as experiências claras e nítidas estão entremescladas com vagas conjunturas; suposições e preconceitos cruzam com evidências bem-comprovadas; motivos, meios e fins, assim como causas e efeitos, são enfileirados sem clara compreensão de suas reais conexões" e "em parte alguma temos uma garantia da confiabilidade de todas essas suposições pelas quais somos governados" (Schütz, 1964b, p.72-3). Há pouca comparação entre os aspectos característicos do conhecimento científico e do conhecimento de senso comum. Schütz afirma que as ações idealmente racionais não devem ser buscadas no mundo do senso comum, no qual, com efeito, "as ações são, quando muito, parcialmente racionais e essa racionalidade tem muitos graus" (1962a, p.3).

Ao desenvolver explicitamente essa análise, Garfinkel propôs que, se as ações sociais mundanas tivessem como premissas os aspectos característicos da racionalidade científica, o resultado não seria uma atividade bem-sucedida mas, antes, inatividade, desorganização e anomia (Garfinkel, 1952; 1984, p.270-1). Uma orientação cientificamente adequada aos eventos do mundo social está, portanto, longe de ser uma estratégia ideal para enfrentar o fluxo dos acontecimentos ordinários. Sua imposição como um padrão pelo qual se possam avaliar os juízos dos agentes é, por conseguinte, totalmente incerta e, insistia Garfinkel, algo tão desnecessário quanto inibidor para a análise das propriedades da ação prática (Garfinkel, 1984, p.280-1). Além disso, se as concepções ideais da ação racional são eliminadas do quadro, está aberto o caminho para encetar investigações baseadas nas propriedades do real conhecimento do agente na criação de escolhas razoáveis entre cursos de ação, isto é, "as operações de juízo, escolha, avaliação de resultados etc. que ele de fato emprega" (Garfinkel, 1952, p.117).

Com esta última proposta, Garfinkel estabeleceu um novo território para a análise sociológica: o estudo das propriedades do raciocínio prático de senso comum nas situações mundanas de ação. Além disso, a proposta incorporava uma rejeição do uso da racionalidade científica como um ponto de comparação central na análise do raciocínio mundano. No entanto, o programa de estudo que decorreria dessa proposta não era de modo algum evidente por si mesmo. Modelos anteriores de ação social, dos utilitaristas em diante, utilizaram rotineiramente as propriedades do conhecimento e da atividade científica como a base a partir da qual se podia estabelecer até que ponto a vida cotidiana divergia dessas características. Privados desse padrão de comparação, como deveriam ser descritas as propriedades do conhecimento e da ação de senso comum?

Garfinkel abordou o problema com uma variação sobre o procedimento fenomenológico que consiste em "pôr entre parênteses" (cf. Psathas, 1980; Schütz, 1962b). Em vez de começar com uma versão privilegiada da estrutura social segundo a qual os participantes são tratados como se se orientassem com vários graus de erro, esse procedimento implica que o analista deve suspender todos e quaisquer compromissos com versões privilegiadas da estrutura social – incluindo as versões adotadas tanto pelo analista quanto pelos participantes – em favor do estudo de *como* os participantes criam, reúnem, produzem e reproduzem as estruturas sociais para as quais se orientam. Esta é a famosa política da "indiferença etnometodológica" (Garfinkel & Sacks, 1970) que gerou tantos mal-entendidos e tantas discussões. Na base, ela implica simplesmente o estudo das propriedades sistemáticas do raciocínio prático e da ação prática ao mesmo tempo que a abstenção de juízos que têm o efeito de sancioná-las e solapá-las. Dentro dos "parênteses" as atividades práticas e suas propriedades são examinadas com o menor número possível de pressuposições e da forma mais imparcial possível.[12]

Projetadas no interior desses parênteses, as investigações concretas relatadas nos *Estudos sobre etnometodologia* (1984) contêm duas vias principais de abordagem do estudo do raciocínio prático e da ação. Primeiro, com seus experimentos, Garfinkel desenvolveu

12 Embora a política tal como ela é expressa signifique uma clara declaração de bom procedimento científico, ela pode não ser fácil de se realizar. Pode ser difícil permanecer desligado das crenças e pressuposições de senso comum que os analistas partilham necessariamente com outros participantes sociais e evitar fazer julgamentos sobre a racionalidade de outros atores sociais. Além disso as ciências sociais estão repletas de sistemas teóricos cujos termos incorporam intrinsecamente tais crenças e julgamentos, e é neste último contexto que o radicalismo do procedimento de Garfinkel se manifesta.

a proposta de Schütz segundo a qual os atores sociais devem admitir a "tese geral da reciprocidade de perspectivas" numa série de investigações sobre o modo como a inteligibilidade mútua da atividade ordinária é concretizada e mantida. Segundo, ele elaborou uma série de demonstrações do papel do conhecimento do senso comum na realização das compreensões ordinárias das ações, dos eventos e dos artefatos. Mostrou que esse conhecimento é altamente complexo, servindo-se de recursos contextuais que guardam relações imensamente variadas nos temas focais que eles iluminam, sendo inevitavelmente confiável como recurso e fortemente "acreditado" como tal.

Assim, a questão que Garfinkel tornou empiricamente problemática é o fato de os atores saberem *de certo modo* o que estão fazendo e sabem-no em comum uns com os outros. As pesquisas empíricas de Garfinkel acerca das propriedades das ações ordinárias e das compreensões ordinárias foram, pois, iniciadas em meio aos eventos da ação. Admitindo-se que existe uma ordem de eventos a ser encontrada, a questão vem a ser a de "como os homens, isolados mas simultaneamente em estranha comunhão, empreendem a tarefa de construir, testar, manter, alterar, validar, questionar e definir uma ordem *juntos*" (Garfinkel, 1952, p.114). Foi esse novo "*problema cognitivo da ordem*", encarado como um aspecto constituinte da análise da ação social, que Garfinkel levantou acerca da pesquisa e que é fundamental para o início da etnometodologia.

Investigações das propriedades das ações práticas: os experimentos de ruptura

Ao iniciar as suas investigações das propriedades do conhecimento e da ação de senso comum, Garfinkel afirmou que o agente social responde "não só ao comportamento, aos sentimentos, motivos, relações e outras cararacterísticas socialmente organizadas da vida ao seu redor por ele percebidos", mas também à "normalidade percebida desses eventos" (Garfinkel, 1963, p.188).[13]

13 Garfinkel definiu a "normalidade percebida" dos eventos por referência aos seguintes aspectos: "os aspectos *formais percebidos* que os acontecimentos circundantes têm para aquele que percebe como instâncias de uma classe de

No entanto, sua abordagem desta última não começou com uma tentativa de caracterizar as perspectivas subjetivas dos agentes sociais.[14] Em vez disso, ele partiu do pressuposto de que a "normalidade percebida" dos eventos sociais pode ser investigada "de fora" por meio de manipulações experimentais de sequências de ações. Tais manipulações poderiam ser usadas para determinar as condições sob as quais os eventos podem ser percebidos como normais e localizar os procedimentos pelos quais os agentes sociais procurariam "normalizar" as discrepâncias entre os eventos esperados e os eventos reais. Em termos práticos, isso significava começar com um contexto estabelecido de interação e ver o que se poderia fazer para rompê-lo. Como disse Garfinkel ao resumir, mais tarde, os fundamentos lógicos desse procedimento,

> as operações que se poderia ter de executar a fim de multiplicar os aspectos disparatados dos ambientes percebidos; de produzir e sustentar o espanto, a consternação e a confusão; de produzir os afetos socialmente estruturados da ansiedade, da vergonha, da culpa e da indignação deveriam dizer-nos algo sobre o modo como as estruturas das atividades cotidianas são ordinária e rotineiramente produzidas e mantidas. (Garfinkel, 1984b, p.37-8)

O resultado dessa abordagem assumiu a forma de uma longa série de engenhosos e variegados experimentos de ruptura (Garfinkel, 1952, 1963, 1984b).

Nos estudos publicados, Garfinkel começou por considerar o caso dos jogos. Os jogos, observou ele, têm um conjunto de regras

---

eventos, isto é, *tipicalidade*; suas "chances" de ocorrência, isto é, *probabilidade*; sua *comparabilidade* com eventos passados ou futuros; as condições de suas ocorrências, isto é, *textura causal*; o lugar num conjunto de relações meios–fins, isto é, *eficácia instrumental*; sua necessidade segundo uma ordem natural ou moral, isto é, *obrigatoriedade moral*" (Garfinkel, 1963, p.188).

14 Como diz Garfinkel: "Vou exercitar uma preferência de teórico e afirmar que os eventos significativos são inteira e exclusivamente eventos no ambiente comportamental de uma pessoa ... Daí não haver razão alguma para se olhar debaixo do crânio, já que nada de interessante pode ser encontrado ali exceto o cérebro. A 'pele' da pessoa será deixada intacta. Ao contrário, as questões serão confinadas às operações que podem ser executadas sobre eventos que são 'cênicos' para a pessoa" (Garfinkel, 1963, p.190).

básicas que definem o âmbito dos eventos legalmente possíveis. Um jogo é constituído de um conjunto básico de regras que, quando modificadas, alteram a própria identidade do jogo. O conhecimento das regras e o pressuposto de seu caráter reciprocamente vinculador permite a cada jogador usar as regras "como um esquema para reconhecer e interpretar as dos demais jogadores, assim como suas próprias exibições comportamentais como eventos de conduta no jogo" (Garfinkel, 1963, p.190). Assim, num contexto de "verdade" no qual os jogadores dão por certas as regras básicas do jogo como uma definição da situação e de sua relação com os outros jogadores (p.193-4),

> as regras básicas propiciam um *senso* de comportamento como uma ação. São os termos nos quais um jogador decide se identificou corretamente ou não "o que aconteceu". O "significado subjetivo" é vinculado a um comportamento à luz dessas regras. (Garfinkel, 1963, p.195)

Dadas essas características, os jogos são relativamente fáceis de romper e Garfinkel descreve um exercício no qual o "jogo da velha" foi rompido por experimentadores que, tendo pedido ao paciente que executasse o primeiro movimento, apagaram a marca, passaram-na para outra casa e depois fizeram seu próprio movimento enquanto evitavam qualquer indicação de que algo de inusitado estava sendo feito. Em mais de 250 tentativas, 95% dos pacientes experimentais manifestaram alguma reação a esse comportamento e mais de 75% objetaram ativamente a ele ou exigiram explicações. O experimento mostrou de maneira decisiva que os comportamentos discrepantes motivaram tentativas imediatas de normalização. Mais significativo ainda, mostrou também que os que tentavam normalizar a discrepância alterando a estrutura em cujos termos os eventos eram entendidos – por exemplo, supondo que o experimento pretendia ser uma brincadeira ou a iniciação de um novo jogo – manifestavam um mínimo de perturbação. Já os que procuravam normalizar o evento mantendo-se fiéis às regras originais do jogo como uma ordem constitutiva dos eventos mostraram maior perturbação. Desse modo as estruturas interpretativas que eram usadas com a finalidade de determinar "o que tinha acontecido" tiveram um impacto drástico sobre as ações e os sentimentos dos participantes.

Todavia, embora seja relativamente fácil descrever e romper as compreensões que são constitutivas dos jogos, é menos fácil traduzir o exercício no reino da ação social ordinária.[15] Com vista a este último objetivo, Garfinkel serviu-se extensamente da análise de Schütz das expectativas constitutivas da vida cotidiana (cf. esp. Garfinkel, 1963, p.209-17; 1984b, p.53-65). Em particular, ele procurou mostrar que as ações que rompiam o pressuposto fundamental da reciprocidade de perspectivas resultaria no tipo de perplexidade, irritação e vigorosas tentativas de restaurar a situação que eram encontradas nos experimentos com os jogos. O procedimento por ele adotado foi o de levar os experimentadores a insistirem em que seus cointeragentes esclarecessem o sentido de suas observações de senso comum sem dar nenhuma indicação de que algo de incomum estava ocorrendo. Os resultados desse procedimento foram espetaculares e se tornaram tão amplamente conhecidos que um simples protocolo servirá para ilustrar o tipo de resultado que daí emergiu:

> A paciente estava dizendo ao experimentador, membro de um consórcio de carros de propriedade da paciente, que um pneu do seu carro havia furado quando ela se dirigia para o trabalho no dia anterior.
> P: "Um pneu furou."
> E: "Um pneu furou? Como assim?"
> Ela pareceu momentaneamente atônita. Depois respondeu de maneira hostil: "Como assim 'Como assim'? Um pneu furado é um pneu furado. Foi o que eu quis dizer. Nada de especial. Que pergunta cretina!". (Garfinkel, 1984b, p.42)

Em muitos outros casos, os pacientes responderam aos movimentos de ruptura com esse tipo de irritação ou, alternadamente, com pedidos de explicações do comportamento do experimentador,

15 Garfinkel descreve várias diferenças importantes entre jogo e situações da "vida real" (Garfinkel, 1963, p.206-9).

com tentativas de interpretar os movimentos de ruptura como brincadeiras e, em um dos protocolos reproduzidos, com inatividade.

Em ambos os experimentos com jogos e com conjuntos reais, a "normalidade percebida" dos eventos tornou-se seriamente problemática, e em ambos os casos isso foi feito solapando-se "um conjunto de pressupostos 'mais fundamentais' em cujos termos as instâncias comportamentais são tratadas pelos agentes como instâncias de ações *intencionais* que um membro do grupo supõe que 'ninguém pode ver'" (Garfinkel, 1963, p.198). Assim, as observações sobre os jogos poderiam ser generalizadas em um grau considerável:

> Quando o trabalho com os jogos começou, demos como certo que a onirrelevância da regulação normativa era peculiar aos jogos ... Quando, porém, procedimentos indutores de incongruência foram aplicados a situações da "vida como ela é", era desanimador verificar a interminável variedade de eventos que se prestavam a produzir surpresas bem desagradáveis. Esses eventos iam desde os que, de acordo com o critério sociológico, eram "críticos", como ficar bem perto de uma pessoa enquanto se mantinha, em contrapartida, uma conversa inócua, até outros que, de acordo com o critério sociológico, eram "triviais", como dizer "olá" ao término de uma conversa ... Conjeturou-se, pois, que *todas* as ações, na medida em que são percebidas como eventos, podem ter uma estrutura constitutiva e que, talvez, a variável decisiva para causar indignação é a ameaça à ordem normativa dos acontecimentos enquanto tal. (Garfinkel, 1963, p.198)

As implicações dessas observações são muito significativas. Se todas as ações podem ser analisadas à luz de suas estruturas constitutivas e estas últimas são visíveis – ainda que de um modo "visto mas não notado" – na organização da própria ação, então fica aberto o caminho para uma análise estrutural pormenorizada dessa organização. E esse caminho não se centrará nas motivações das ações sociais, mas sim nas bases processuais por meio das quais elas são produzidas e compreendidas – as maneiras pelas quais as próprias ações traem sua própria analisabilidade. E, nesse contexto, as motivações e outros fatores "subjetivos" que costumam ser entendidos como subjacentes às ações podem, quando analisados de uma perspecitiva científica social, ser entendidos como disponíveis para os atores em virtude de uma combinação de conhecimento contextual e sua apreensão tácita da estrutura processual de suas próprias atividades.[16]

Investigações da analisabilidade da ação

A despeito do âmbito das discussões de "contexto" que ocupam as páginas de *Estudos sobre etnometodologia*, ainda assim é fácil perder de vista a extensão na qual se demonstra que a contextualidade das ações comuns é um recurso crucial mediante o qual elas são entendidas. Por exemplo, numa discussão introdutória acerca do modo como um casal, marido e mulher, percebia uma conversa, Garfinkel notou até que ponto cada um interpretava as expressões do outro tendo por referência o lugar que eles ocupavam numa ordem serial, baseando-se em antecedentes cujo conhecimento se supunha comum (Garfinkel, 1984b, p.38-42). Num experimento em que se pedia aos estudantes para dedicar algum tempo em suas casas observando eventos da perspectiva de pensionistas, Garfinkel relatou que, sob essa instrução, os estudantes suprimiram os pressupostos familiares e biográficos, à luz dos quais normalmente se costuma descrever os membros da família e suas atividades. Em consequência disso, quase todos os estudantes "behaviorizaram" os seus relatos sobre as cenas de família.[17] No decorrer dessa nova prática perceberam, constrangidos, detalhes precisos de comportamento e também das motivações "contenciosas, rixentas e hostis" que, todos afirmavam, não representavam o "verdadeiro" retrato de uma família. Muitos dos estudantes disseram ter ficado aliviados ao resgatar a textura usual para sua interpretação dos eventos (Garfinkel, 1984b, p.44-9).

---

16 Desse ponto de vista, a "intuição" do agente pode ser tratada como a capacidade para a inferência coordenada com base numa apreensão dos pormenores comportamentais e do fundo contextual.

17 Os estudantes tendiam assim a exceder a sua atribuição suprimindo aspectos de seu conhecimento de senso comum das estruturas sociais além das particularidades biográficas familiares.

Aqui a supressão de um conjunto de pressupostos contextuais alterou radicalmente o modo pelo qual os eventos eram percebidos e relatados.

Em outros contextos, a relevância do "conhecimento de fundo" foi igualmente crítica ao se interpretar a natureza dos eventos e ações. Num estudo baseado em registros clínicos especiais destinados a desenvolver um modelo de procedimentos de uma clínica psiquiátrica para o tratamento de pacientes de ambulatório, Garfinkel constatou que nesse estudo os codificadores dos dados já pressupunham conhecimentos contextuais dos procedimentos da clínica a fim de facilitar o processo de registro. O "conhecimento contextual" invocado incluía pressupostos sobre os procedimentos clínicos – os próprios fenômenos que o estudo visava determinar. Esses pressupostos, ressalta Garfinkel, não eram invocados para resolver as ambiguidades nos registros. Pelo contrário,

> esse conhecimento pressuposto parecia necessário e era deliberadamente consultado sempre que, por quaisquer razões, os codificadores precisavam ter certeza de que haviam registrado "o que de fato acontecia". *Isso ocorria independentemente de eles terem ou não encontrado conteúdos "ambíguos"*. (Garfinkel, 1984a, p.20)

Nessas e em outras investigações relatadas por Garfinkel, a contextualidade das ações e eventos é sempre uma contextualidade imputada, e sua imputação é, por sua vez, um elemento-chave para a compreensão das ações, isto é, de sua explicabilidade. Mas, se a evocação das matérias contextuais é inevitavelmente parte e parcela da percepção que se tem dos eventos, como são invocadas as matérias contextuais?

Em seu ensaio "Commonsense Knowledge of Social Structures" ["Conhecimento de senso comum das estruturas sociais"] (Garfinkel, 1984c), Garfinkel elaborou um importante processo que, propunha ele, está implícito em muitos aspectos das interpretações da ação. Seguindo Mannheim (1952), ele qualificou esse processo de "o método de interpretação documental" e observou que

> o método consiste em tratar uma aparência real como "o documento de", como "apontando para", como "favorecendo um" pressuposto-padrão subjacente. Não somente o padrão subjacente é derivado de

> suas evidências documentais individuais, como também as evidências documentais individuais são, por sua vez, interpretadas na base de "o que se sabe" sobre o padrão subjacente. Cada um é usado para elaborar o outro. (Garfinkel, 1984c, p.78)

Esse processo, cujas operações são prontamente manifestas – por exemplo, na interpretação das figuras de *gestalt* – também está envolvido, observa Garfinkel, no "reconhecimento de ocorrências e objetos comuns como carteiros, gestos amigáveis e promessas" (1984c, p.78).

Garfinkel desenvolveu a sua discussão do método documental no contexto de um estudo que visava exagerar as suas características. Estudantes foram instados a participar de uma nova forma de supervisão. O procedimento implicava a separação de estudante e conselheiro em salas contíguas ligadas por sistemas de intercomunicação. O estudante era solicitado a esboçar o quadro do problema para o qual estava buscando aconselhamento e depois a fazer uma série de perguntas que poderiam ser respondidas segundo o modelo "sim/não". Entre cada pergunta e sua resposta, pedia-se ao estudante que desligasse o sistema de intercomunicação e gravasse as suas reflexões acerca do que havia sido dito. Ao final das trocas, os protagonistas eram solicitados a dar suas impressões sobre essas trocas, e posteriormente eram entrevistados. Desconhecidas dos estudantes, as respostas dos "conselheiros" às suas perguntas eram determinadas por meio de uma tabela de números aleatórios e o experimento destinava-se a ver como eles percebiam que as respostas tinham, em relação a ela, uma coerência meramente aleatória.[18]

Em sua discussão sobre os eventos desse estudo, Garfinkel ressalta até que ponto os estudantes eram capazes de completar a troca e de resumir e avaliar o "conselho que haviam recebido" (Garfinkel, 1984c, p.89-94). Não obstante o caráter aleatório das respostas dos conselheiros, os estudantes não as consideravam como tal. Em vez disso, encaravam as respostas dos conselheiros

18 Para protocolos pormenorizados dos eventos decorrentes desse procedimento, ver Garfinkel, 1984c, p.80-8; McHugh, 1968.

como motivadas pelas perguntas e achavam que podiam ver "o que o conselheiro tinha em mente". Os estudantes localizavam os conteúdos do "conselho" que recebiam examinando conteúdos particulares de suas próprias questões e elaborando esses conteúdos ao longo de uma série de trocas de modo a assegurar e manter, tanto quanto possível, um padrão coerente de "conselho". Eles interpretavam o significado do "conselho" por referência ao seu próprio senso comum sobre vários aspectos de membros da coletividade normativamente avaliados – conhecimento que eles supunham manter em comum com o conselheiro. Além disso, avaliavam o conselho como "razoável" ou "não razoável" mediante um procedimento que consistia em atribuir "valores perceptivelmente normais" (cf. nota 13) àquilo que os conselheiros propunham.

Acima de tudo, os estudantes dedicaram esforços consideráveis para manter a interação de maneira a torná-la um padrão de aconselhamento. Dessa forma, tanto o "padrão de conselho" quanto o "problema subjacente para o qual ele estava dirigido" foram repetidamente ajustados a cada resposta apresentada, de modo a manter o "fluxo do conselho", a elaborar anteriormente aquilo que tinha "sido realmente aconselhado" e a motivar as novas possibilidades como fatores emergentes do problema (1984c, p.89-94). Ao deparar com respostas incompletas, impróprias ou contraditórias, os pacientes não raro decidiam esperar e ver se respostas posteriores podiam esclarecer a situação, ou "encontravam uma razão" que "dava sentido" à resposta, ou concluíam que o conselheiro tinha "mudado de ideia" ou "aprendido algo novo" entre as respostas, ou que estava insuficientemente familiarizado com os pormenores do problema, ou que a pergunta tinha sido malformulada etc. Em suma, os estudantes usavam todos os meios *ad hoc* que tinham à sua disposição, para manter um compromisso com as trocas enquanto um fluxo de conselhos que envolvia a participação de conselheiros confiáveis e adequadamente motivados.

Várias conclusões podem ser prontamente extraídas desse estudo. A primeira consiste simplesmente em reconhecer o enorme âmbito de pressuposições, elementos do conhecimento, inferências e aspectos contextuais que foram usados como recursos para manter um senso coerente dos eventos centrais das trocas.

Embora a expressão "o método documental de interpretação" identifique um processo geral de compreensão, é conveniente reconhecer que existe um número indefinidamente elevado de elementos que movem este processo. De modo correlato, fica claro que, em qualquer etapa dos procedimentos, as compreensões que os estudantes tinham do que estava acontecendo eram provisórias, "vagas" e sujeitas a revisão. Embora estivessem baseadas na aplicação de conhecimentos detalhados e no uso de inferências que operavam "em detalhe" ao longo das particularidades das trocas, as inferências dos estudantes não podiam ser interpretadas como produtos de regras bem definidas ou algoritmos aplicados de maneira não ambígua. Garfinkel tem mostrado reiteradas vezes que a aplicação de regras envolve invariavelmente o uso de instrumentos *ad hoc*, tais como "a menos que", "*et cetera*" e "seja",[19] e indubitavelmente esses instrumentos eram implementados, pelos estudantes, nas interpretações de suas sessões de "supervisão". Por fim, vale a pena notar ainda uma vez a extensão na qual os "padrões subjacentes" pressupostos (isto é, que as trocas envolviam "supervisão" e eram inteligíveis como tais) eram dados repetida e extensamente em benefício da dúvida apesar da existência de aparências que indicavam o contrário. Em conformidade com a explicação de Schütz da "atitude natural", os participantes de fato suspenderam durante o maior tempo possível quaisquer dúvidas emergentes que pudessem ter nutrido a respeito do caráter das trocas.

Feitas essas observações, contudo, há ainda um importante sentido no qual os resultados da experiência da "supervisão dos estudantes" guardam uma relação surpreendentemente paradoxal com os resultados dos experimentos de "ruptura" discutidos mais acima. Os sujeitos da experiência de supervisão persistiram na convicção de que estavam recebendo "aconselhamento" realista e eram excepcionalmente ingênuos ao invocar considerações *ad hoc* para conservar essa consciência do que estava acontecendo. Já os

19 Ver, *inter alia*, Garfinkel (1984a, p.2-4, 18-24), assim como o conjunto da obra de Garfinkel (1984c).

sujeitos dos experimentos de ruptura abandonaram muito rapidamente qualquer tentativa de entender o que estava ocorrendo e em vez disso responderam de maneira quase imediata, com indignação e hostilidade, às ações dos experimentadores.

A chave para essas duas respostas alternativas parece residir na extensão em que os sujeitos eram capazes de interpretar o comportamento dos experimentadores como inteligível e razoável. Enquanto os experimentadores produziam um comportamento que podia adequar-se[20] processualmente ao contexto em que ele ocorria, os estudantes estavam preparados para responder com base na "verdade" e deixar passar uma leitura que "faria sentido". Desde, porém, que os experimentadores produzissem um comportamento que não fosse tão adequado, o comportamento era imediatamente condenado.

Todavia, embora os pacientes ficassem frequentemente desconcertados e atônitos durante esses experimentos, é significativo que *não* analisassem o comportamento dos experimentadores que operavam a "ruptura" como sem sentido, aleatório e não motivado. As experiências de ruptura de Garfinkel destinavam-se originariamente, com efeito, a imobilizar o *método de interpretação documental* e criar cenas de total inatividade e anomia. Na verdade, entretanto, elas raramente o faziam. O "método documental" continuou sendo aplicado e os sujeitos eram capazes de responder ao que lhes acontecia. O fato é que suas reações predominantemente hostis traíam as análises que faziam do comportamento dos

---

20 Garfinkel ressalta que toda compreensão é processual ou metodicamente fundada. Diz ele: "Para a conduta de seus negócios diários, as pessoas dão como certo que o que se diz será entendido de acordo com métodos que as partes usam para entender o que estão dizendo pelo seu caráter claro, coerente, compreensível ou planejado, isto é, sujeito a uma certa jurisdição de regras – numa palavra, como racional. Ver o "sentido" do que é dito é atribuir ao que é dito o seu caráter "por via de regra". A *"concordância partilhada" refere-se aos vários métodos sociais para a concretização do reconhecimento, pelo membro, de que alguma coisa foi dita-segundo-uma-regra e não para a adaptação demonstrável de assuntos substantivos. A imagem apropriada de uma compreensão comum é portanto mais uma operação do que uma intersecção comum de conjuntos que se sobrepõem*" (Garfinkel, 1984a, p.30).

experimentadores, motivadas por intenções – embora provavelmente desagradáveis – naquele momento camufladas.[21]

Fundamental, pois, para a analisabilidade da ação é o fenômeno do *procedimento confiável*. Os participantes entram em qualquer situação com um conjunto de métodos interpretativos que irão usar, de forma amplamente inconsciente, com a finalidade de determinar um sentido específico para ações sociais particulares, localizadas. Mas quando esse sentido não pode ser determinado os participantes podem não abandonar necessariamente as bases da conduta de suas compreensões. Em vez disso, podem usar essas mesmas condutas como fundamentos sobre os quais julgarão as ações sociais como *desvios* do comportamento "normal e sensato", como negativamente motivadas e como moralmente condenáveis. Os procedimentos por meio dos quais a ação é interpretada

21 Significativamente, a conduta inusitada do experimentador evocava rotineiramente tentativas de explicação em termos de motivos ou intenções que Garfinkel documenta reiteradamente. Por exemplo, (1) num jogo de xadrez no qual, antes de executar um movimento, Garfinkel mudava as posições físicas de peças idênticas – por exemplo, dois peões –, deixando assim de criar qualquer mudança material no estado do jogo; os sujeitos, não obstante, "falavam da obscuridade dos meus motivos" (Garfinkel, 1963, p.199). (2) De modo similar, depois de vários procedimentos de ruptura, tanto os estudantes como os experimentadores acharam difícil renormalizar as suas expectativas habituais mesmo depois de o caráter experimental do procedimento ter sido revelado (ver Garfinkel, 1984b, p.48-9, 52-3). Eles continuavam a questionar os motivos do experimentador, queixando-se com frequência: "Tudo bem, era um experimento, mas por que o senhor tinha de escolher *a mim*". Caracteristicamente, estudantes e experimentador queriam alguma solução outra que não a explicação fornecida, mas mostravam-se incertos quanto àquilo em que ela poderia ou deveria consistir (1984b, p.72-3). (3) Mais uma vez, na experiência de supervisão de estudantes, Garfinkel verificou que estes não conseguiam fugir da busca de motivação para explicar os padrões de comportamento do experimentador: "Os estudantes achavam muito difícil captar as implicações de aleatoriedade nas declarações. Uma declaração predeterminada era tratada como fraude nas respostas, em vez de ser vista como uma declaração que era decidida de antemão e que ocorria independentemente das perguntas e interesses do estudante" (1984c, p.91). O tratamento (secundariamente elaborativo) do comportamento desviante como comportamento especialmente motivado é um fator central na manutenção das expectativas normativas como recursos interpretativos nos contextos de ação comuns.

são portanto *duplamente constitutivos* das atividades que eles organizam. Eles possibilitam tanto a inteligibilidade da conduta perceptivelmente normal quanto a visibilidade da conduta que dela se desvia. Os procedimentos interpretativos têm, pois, algumas propriedades surpreendentes. Não apenas são capazes de uma implementação flexível, de modo que permitam que diferentes condutas possam assimilar-se a um dado padrão subjacente, como também podem utilizar-se para evidenciar a motivação ou "deliberação" (e, portanto, o significado) das ações que se desviam dos ditames desse modelo.

Por outro lado, isso significa que o conjunto de procedimentos interpretativos por meio dos quais a ação torna-se inteligível tem a notável propriedade de "revestir" por inteiro o campo da ação. Não existe, portanto, ação não categorizável – mesmo que, nos limites da discussão, alguns dos mais drásticos desvios do comportamento "perceptivelmente normal" sejam colocados na categoria residual de "insanos". Essa propriedade de "dupla constituição" dos procedimentos interpretativos tem uma significação imensa para a análise da ação social comum, que examinaremos em seguida.

Normas e ação: determinação normativa *versus* responsabilidade moral

Dentro das principais perspectivas sociológicas preocupadas com a análise da ação social, é costume tratar a ocorrência das ações ordinárias como governadas por regras (Wilson, 1971) ou como determinada por normas morais e, nesse sentido, para especificar o mecanismo fundamental pelo qual as coletividades moldam e coagem as atividades de seus membros.[22] Na influente explicação que Parsons oferece desse processo, as normas morais são interiorizadas para constituir as disposições-de-necessidade dos

22 Como observou Wilson (1971, p.66), tanto as teorias de conflito como as de consenso têm compartilhado esse pressuposto e divergido basicamente na medida em que um consenso normativo existe e a integração social é engendrada pelo consenso.

indivíduos num processo de socialização que envolve essencialmente o condicionamento por meio da administração de recompensas e castigos. O que se perde nessa análise é qualquer abordagem íntegra do raciocínio dos atores comuns nas situações de ação. O ator social é tratado como "de juízo dopado" ["*judgemental dope*"] isto é,

> o "homem-na-sociedade-do-sociólogo", que produz os aspectos estáveis da sociedade ao atuar conforme as alternativas de ação preestabelecidas e legítimas, fornecidas pela cultura comum.

Por isso,

> o uso que a pessoa faz do conhecimento de senso comum das estruturas sociais ao longo da "sucessão" temporal de situações aqui-e-agora que são tratadas como epifenomênicas. (Garfinkel, 1984b, p.68)

O que se perde na formulação da pessoa "de juízo dopado" é uma concepção dos atores sociais que usam os seus recursos interpretativos para entender o caráter das circunstâncias nas quais se encontram e, como parte desse processo, determinar como os cursos de ação possíveis serão avaliados em relação à ordem normativa dos eventos nos quais estão enredados. O que se perde, em suma, é uma análise da ação social construída em termos daquilo que é fundamental para os participantes – a mútua inteligibilidade e a responsabilidade moral da ação. O tratamento dado por Garfinkel ao papel das normas na ação social faz que elas sejam fundamentais tanto para a reconhecibilidade quanto para a responsabilidade moral da ação. Semelhante tratamento envolve uma importante reconceitualização das concepções tradicionais do papel das normas na atividade social. No entanto, quando se colocam esses elementos no centro da análise surge uma abordagem radicalmente diferente, mas teoricamente coerente e empiricamente fecunda, da análise da ação.

1 A situação da ação

Uma reconceitualização inicial no bojo da teoria da ação que é requerida pelos resultados de Garfinkel diz respeito à própria situação da ação. Na análise parsoniana e, de maneira mais geral, no "paradigma normativo" (Wilson, 1971), as normas partilhadas funcionam como liames entre as situações e as ações que são requeridas sob determinadas condições situacionais. Essencialmente, as "situações determinadas" – de início reconhecidas pelos participantes independentemente de considerações normativas – evocariam disposições normativas específicas e expectativas que surgem num comportamento de um tipo particular. O modelo normativo de ação combinada requer assim não só que os atores tenham tido um treinamento normativo similar mas também que compartilhem percepções comuns das situações empíricas nas quais estão colocados. Se esta última condição for atendida, os agentes poderão ser situados em contextos que, por intermédio das normas apropriadas, são determinativos de suas ações conjuntas. Nessa análise, cada situação é considerada distinta e anterior à ação, determinando a ação numa espécie de "continente-conteúdo".[23] Dentro dessa estrutura, é ignorado o papel constitutivo do tempo na organização da atividade como uma sequência temporal. Não existe a possibilidade, aqui, do papel interpretativo das perspectivas temporais retrospectivas-prospectivas que, como mostra Garfinkel, são fundamentais para se compreender até mesmo uma conversa elementar (Garfinkel, 1984b, p.38-42). E, de maneira mais geral, a teoria tende a tratar a relação temporal entre uma situação e as ações por ela geradas como se ocorressem dentro dos confins de um único "momento de abundância" (Garfinkel, 1952, p.147).

Mas esse modo de ver a relação entre uma ação e o seu contexto é totalmente incompatível com as constatações de Garfinkel acerca das operações do método documentário de interpretação em situações de ação comuns. Pois convém lembrar que as suas constatações foram que não apenas o contexto da ação influencia o que se pensa que a ação seja, como as ações componentes também contribuem para uma percepção em desenvolvimento da própria situação da ação.[24] "Ação" e "contexto" são elementos mutua-

---

23 Esse uso é extraído de Burke (1945).

24 Ver, em particular, as análises garfinkelianas do processo pelo qual uma simples conversa é entendida (Garfinkel, 1984b, p.38-42) e das características dos entendimentos na experiência de supervisão de estudantes (1984c, p.89-94).

mente elaborativos e mutuamente determinativos numa equação simultânea que os agentes estão continuamente solvendo e resolvendo para determinar a natureza dos eventos nos quais estão colocados. Assim, as "circunstâncias" de uma ação não podem ser adequadamente analisáveis como demasiado anteriores a um subsequente conjunto de ações que elas "desdobram". Como base presumível, mas não incorrigível, sobre a qual as ações são tanto fundamentadas quanto interpretadas, as "circunstâncias" devem, ao contrário, ser construídas como os produtos em desenvolvimento e transformação das suas ações constituintes.

2 O vínculo norma-situação

Um problema correlato para a análise da ação decorre de uma consideração da relação entre as normas pelas quais as ações são "determinadas" e as situações às quais essas normas se aplicam. O problema central, aqui, é que cada situação de ação difere – em maior ou menor grau – de todas as outras e que, em princípio, portanto, o mundo social consiste em um número indefinidamente grande de situações de ação diferenciáveis.[25] Mas, embora o paradigma normativo opere a partir da suposição de um domínio de situações distintas a partir do qual as ações serão geradas por meio da operação das normas, o modelo é ameaçado pela perspectiva de uma série indefinidamente grande de contextos de ação únicos.[26] É evidente que não existem prescrições normativas para cada situação porque, se elas existissem, cada prescrição caducaria depois de uma única aplicação. Semelhante resultado, se fosse concebível, iria solapar o próprio conceito de uma regra de conduta e tornaria inimaginável a partilha de tal regra.

Mas, para que as normas ou regras interiorizadas sejam determinativas da ação por meio dos diversos estados de coisas, o

25 Assim, toda situação de ação é unicamente e, como observou Sacks (1963), indefinidamente descritível.

26 Para o paradigma normativo, a relação problemática entre normas morais gerais e um conjunto diverso de situações de ação única manifesta-se como uma variação sobre o problema dos universais.

teórico normativo deve ser capaz de identificar, como um componente essencial na especificação da teoria, o domínio das situações às quais elas se aplicarão. No entanto, é um lugar-comum da filosofia da ação pós-wittgensteiniana que as fronteiras de tais categorias são negociáveis e revisáveis por meio dos usos dos agentes, que são negociáveis, e não deterministas, no seu caráter.[27] Em resumo, como observou o jurista teórico H. L. A. Hart, "as situações de fato particulares não esperam que já estejamos separados uns dos outros e rotulados como instâncias da regra geral, cuja aplicação está em questão; tampouco pode a regra avançar para reivindicar suas próprias instâncias" (Hart, 1961, p.123). As instâncias da aplicação das regras são decididas pelos participantes à luz das particularidades da situação na qual se encontram. Além disso, dado que as situações nas quais uma regra pode ser aplicada irão variar em pormenores específicos, o *sentido* característico da aplicação da regra também irá diferir em cada conjunto de circunstâncias. É essa questão, *inter alia*, que Garfinkel trata na sua política de se recusar

> a uma séria consideração da proposta predominante segundo a qual ... as propriedades racionais das atividades práticas devem ser avaliadas, reconhecidas, categorizadas, descritas pelo uso de uma regra ou de um padrão obtido fora dos verdadeiros cenários exteriores nos quais essas propriedades são reconhecidas, usadas, produzidas e referidas pelos membros dos cenários. (Garfinkel, 1984a, p.33)

Assim, nessas duas áreas de problemas – o domínio das ações às quais determinadas normas se aplicam e a aplicação concreta das normas a contextos situacionais específicos – há um resvalamento suficiente para solapar fatalmente a credibilidade do determinismo normativo como modelo de ação. Isso não significa que as expectativas normativas sejam insignificantes na organização da ação. Ao contrário, sugere que o papel dessas expectativas terá de ser levado em conta.

---

27 Ver Barnes (1984a, 1984b) para uma discussão lúcida de algumas das questões envolvidas.

Em contraste com o modelo normativamente determinista da ação, descrito acima, as pesquisas de Garfinkel propõem uma análise alternativa que se funda numa noção da responsabilidade normativa da ação. Segundo esse ponto de vista, as expectativas dos agentes normativos são tratadas não tanto como reguladoras ou determinantes de ações, cuja reconhecibilidade seja tida como independente da norma, mas antes como dotadas de um papel constitutivo no reconhecimento, pelos agentes, daquilo em que as ações consistem. Essas sucessões temporais de ações são captadas e descritas em relação umas com as outras por referência basicamente a conjuntos de expectativas normativas. É por esse modo que uma sequência de ações – como, por exemplo, uma série de perguntas e respostas – pode ser tornada "observável-relatável" ou "explicável": digamos, como uma sala de aula. No entanto, para que ocorra uma lição que seja observável e relatável, um conjunto de ações que são reconhecivelmente as suas "atividades componentes" deve ser produzido em arranjos ou sequências particulares e padronizados. Somente se essa condição for atendida é que o evento poderá ser continuamente construído como uma "lição" reconhecível ao longo do curso temporariamente prolongado da sua produção.

No interior do próprio evento, as ações componentes serão produzidas por participantes que irão ter inevitavelmente uma compreensão, ainda que apenas tácita, dos momentos contextuais específicos nos quais devem atuar e do modo como os vários cursos possíveis de ação irão concretizar ou desapontar as expectativas constitutivas ligadas a esses momentos. Cada ação sucessiva é portanto visível – por meio das normas que são coletivamente constitutivas daquilo "em que uma lição de escola consiste" – como uma manutenção, ou como um desvio, das expectativas constitutivas das lições de escola. Assim, a "situação de ação" – a lição – é efetivamente vista como a pressuposição, o projeto e o produto de suas próprias ações constituintes. Como diz Garfinkel, "recomenda-se a política de que qualquer cenário social seja visto como auto-organizador com respeito ao caráter inteligível de suas próprias aparências" (1984a, p.33). Ademais, cada ação constituinte será analisada como um estabelecimento, um ajustamento, uma restauração, uma alteração ou um rompimento do "contexto da sala de aula" e se verificará que foi analisado em sua própria produção ou, como diz Garfinkel, "reflexivamente" ou "encarnadamente".[28] Segue-se que, mesmo num cenário como uma sala de aula, na qual o papel regulador das normas ou regras de conduta pode parecer evidente, há muito mais papel *constitutivo* fundamental para as normas da atividade da sala de aula. Esse papel constitutivo torna-se particularmente evidente quando as normas são rompidas, e isso de duas maneiras.

1 Evidentemente, são as normas de conduta na sala de aula que são – graças à propriedade de dupla constituição – constitutivas na percepção que o ator tem das atividades que delas se desviam. As normas de conduta na sala de aula são pois, inevitavelmente, os veículos pelos quais a conduta que, por exemplo, desafia, solapa ou ridiculariza o papel do professor pode concebivelmente ocorrer. A visibilidade de tal conduta é disponível para todos os participantes que têm uma consciência das normas – e ali onde se pode considerar que os seus autores têm essa consciência eles podem, por isso mesmo, ser considerados responsáveis como atores para as suas ações.[29]

2 O caráter preciso desses desvios da norma fica claro em detalhes a partir de uma análise dos seus contextos – que irão necessariamente elaborar o seu sentido como ações. E é por meio dessa análise detalhada que os desvios podem ser justificavelmente tratados como voluntários ou involuntários, como construtivos ou condenáveis etc.

---

28 Por exemplo, uma resposta "insolente" a uma pergunta do professor não deve receber esse nome antes que o seu caráter possa ser reconhecido; pelo contrário, seu caráter deve ser reconhecido antes que possa ser denominado.

29 Esse ponto está magnificamente ilustrado na seguinte observação de Peter French acerca de uma classe de crianças. O professor perguntou a uma criança que estava entregue à tarefa de olhar num microscópio simples: "O que você está conseguindo ver?". Tirando os olhos do microscópio, a criança respondeu: "Dê uma olhada". French relatou que todas as crianças da classe que ele observou tinham aprendido a evitar tais respostas por volta da terceira semana do seu primeiro ano na escola.

3 O caráter vinculador das normas

Um princípio central da análise parsoniana da coação normativa é que os agentes sociais acharão difícil ou impossível manter uma orientação calculada para as normas que eles interiorizaram. Uma vez interiorizadas, as normas tornam-se necessidades-disposições da personalidade que conduzem a ação de maneiras largamente não racionalizadas e prescritas, e é isso que estabelece o seu caráter vinculador.

Já para Garfinkel as convenções normativas devem ser entendidas antes de mais nada como recursos para se estabelecer e manter a inteligibilidade de um campo de ação. Como mostraram os experimentos de ruptura, não importa quais ações ocorram, os agentes irão tentar explicá-las por referência às normas, e nos casos em que não se pode afirmar que a ação concorda com a convenção normativa ela pode, não obstante, ser tratada como um *desvio* dessa mesma convenção. Tais desvios podem, por sua vez, receber tratamentos "secundariamente elaborativos", nos quais os motivos e intenções particulares (mesmo negativos) podem ser invocados para interpretá-los.[30] Além disso as convenções normativas podem, na ruptura, constituir recursos para transformar situações de ação, redefinir as identidades sociais que estão em jogo dentro delas etc.

Essas interpretações, contudo, presumem geralmente que (*contra* Parsons) as convenções normativas aplicáveis a uma situação de ação estão cognitivamente disponíveis para todos e portanto que o "desviante" é em geral alguém que "deve ter sabido melhor" e "poderia ter feito de outro modo". As noções convencionais de responsabilidade pela ação (e a condenabilidade da ação) repousam nessa suposição. Todas essas interpretações dependem da capacidade do agente em adotar uma orientação reflexiva e, ocasionalmente, calculista em relação às convenções normativas. Assim, na explicação garfinkeliana, que não atribui nenhum significado particular a uma história de recompensas e castigos como garantia de que os participantes sociais irão ser conduzidos por convenções

30 Ver nota 21 e Heritage, 1984a, p.115-30, 209-12.

normativas, pode-se afirmar, no entanto, que é a antecipação reflexiva da analisabilidade e da responsabilidade moral dos desvios das normas que inibe a sua produção (Garfinkel, 1984c, p.66-70). Na análise cognitiva das normas desenvolvida por Garfinkel, na qual as convenções normativas constituem estruturas publicamente disponíveis para a análise da conduta, a antecipação reflexiva do modo como a conduta desviante será analisável pode, em vez de solapar disposições de acordo com as normas, como sustentava Parsons, fornecer ao ator "boas razões" para um comportamento normativamente apropriado.[31]

4 A manutenção das estruturas normativas

Uma última área importante na qual a perspectiva garfinkeliana impõe uma revisão da abordagem normativamente determinista da teoria da ação decorre de uma consideração da reprodução ou persistência das especulações normativas. Não obstante a força da discussão parsoniana da "dupla contingência" da interação e da "dupla vinculação" das expectativas normativas, existem lacunas surpreendentes na sua explicação do modo com que as normas persistem como fontes de conduta. Porque as normas representam padrões de conduta ideais que podem estar, na natureza das coisas, fora do alcance dos agentes e das quais eles costumam desviar-se. A explicação de Parsons pressupõe tanto a interiorização como um ininterrupto processo de sanções como a base sobre a qual as normas se sustentam, mas sua explicação não oferece outros processos elementares por meio dos quais se poderia

---

31 A noção segundo a qual a antecipação, pelo ator, do modo como a conduta será explicada é uma importante consideração que influi na escolha entre cursos de ação remonta ao clássico ensaio "Situated Actions and Vocabularies of Motive" ["Situações explicadas e vocabulários de motivo"] de C. Wright Mills (1940). Como diz Garfinkel ao formular a questão subjacente em sua tese de doutorado: "A grande questão não é saber se os atores se compreendem ou não uns aos outros. O fato é que eles se compreendem efetivamente uns aos outros, que eles se *compreenderão* uns aos outros, mas a realidade é que eles se compreenderão uns aos outros independentemente do modo como *seriam* compreendidos" (Garfinkel, 1952, p.367).

assegurar a persistência das normas. Isso constitui uma séria fraqueza, porque muitas vezes, dado o caráter ideal das normas e das capacidades de racionalização dos agentes sociais, os desvios e as omissões podem deixar de ser sancionados seja pela consciência ou pelas reações dos outros. E, dado que este é frequentemente o caso, pode-se esperar um processo no qual as expectativas normativas passam por uma degeneração entrópica. Em suma, surge a questão de como os padrões normativos são mantidos como padrões sob circunstâncias nas quais eles podem ser rompidos de um modo relativamente frequente e sem sanção.

A abordagem da responsabilidade normativa da análise da ação oferece uma solução econômica para essa questão. Propôs-se anteriormente que, graças à sua propriedade de dupla constituição, as normas são invocadas no reconhecimento das ações tanto de conformidade como de desvio. Observou-se ainda que, para os agentes sociais, enquanto as ações de conformidade raramente são objetos de explicação adicional, as ações de desvio são geralmente explicadas por meio de uma variedade de razões "secundariamente elaborativas" que fazem referência às circunstâncias da ação ou ao caráter e aos motivos ou intenções do agente. Assim, no caso das expectativas normativas, existem apenas dois conjuntos de possibilidades. Ou se concorda com a norma ou o desviar-se dela proporciona e ao mesmo tempo requer uma explicação em termos de algum motivo ou contexto "especial". No primeiro caso, a norma fornece efetivamente uma explicação auto-subsistente para a ação. No segundo, a norma motiva a busca das condições especiais que podem explicar por que ela não foi obedecida. *Em ambos os casos, a norma é cognitivamente preservada como a base interpretativa primária em termos da qual a ação, quer seja de conformidade ou de desvio, é compreendida.*[32] Por isso as normas podem permanecer fora do fluxo dos eventos e portanto ser à prova de erosão por ações que não cumprem os seus ditames ou deles se desviam.

---

32 Essa questão é central para a análise que Pollner (1974a) faz do raciocínio mundano e para a análise que Mulkay e Gilbert fazem dos relatos de erros no discurso científico (ver Gilbert & Mulkay, 1984, Cap. 4; Mulkay & Gilbert, 1982). Ver também Heritage (1984a, p.209ss) para uma discussão mais elaborada.

Compreender esse papel pressuposicional e constitutivo das normas na produção e no reconhecimento da ação é identificar uma fonte central de estabilidade na manutenção reprodutiva das instituições sociais. É também reconhecer a crônica interpenetração entre as ordens fatual e moral que existe no ponto de vista dos agentes comuns. Estes últimos estão rotineiramente envolvidos na constituição moral dos eventos sociais por meio de uma estrutura de expectativas normativas que, de maneiras vistas mas não notadas, eles mantêm incessantemente como incorrigíveis.

Em suma, a visão garfinkeliana da ação, que ressalta a sua responsabilidade moral por via das convenções normativas, é uma visão que se afasta do ponto de vista normativamente determinista em cada um dos pontos-chave acima mencionados.

1 Ela evita reificar a situação da ação num contexto de atividade padronizado e determinante. Como Garfinkel observa,

> Os teóricos sociais ... têm usado o fato da padronização para conceber o caráter e as consequências das ações que concordam com as expectativas padronizadas. Em geral eles têm reconhecido mas também negligenciado o fato de que, por essas mesmas ações, as pessoas descobrem, criam e sustentam essa padronização. (Garfinkel, 1984b, p.67)

Ao contrário, a situação da ação é tratada como um contexto de atividade essencialmente transformável que é inevitavelmente mantido, alterado ou restaurado nos e por meio dos cursos de ação que convencionalmente se diz ocorrerem "dentro dela" mas que, de modo mais realista, se pode dizer que o constituem e o reconstituem num processo contínuo de renovação.

2 As normas pelas quais as situações e suas ações componentes são reconhecidas devem ser entendidas não como padrões rígidos, mas como recursos elásticos e revisáveis que são ajustados e alterados no curso de sua aplicação a contextos concretos. Nesse sentido, o caráter específico das ações ordinárias é entendido graças ao "trabalho acomodativo" (Garfinkel, 1963, p.187) e é sempre reconhecido, como Garfinkel afirma em outro lugar, por "uma outra primeira vez" (1984a, p.9).

3 Em vez de tratar as normas como condutoras do comportamento, as convenções normativas são explicadas, dentro da visão garfinkeliana, como uma importante fonte dos recursos cognitivos por meio dos quais os conjuntos de ação são tornados tanto inteligíveis como moralmente responsáveis. Em particular, elas garantem a visibilidade tanto do comportamento apropriado quanto do comportamento desviante: garantem a analisabilidade secundária do comportamento desviante em termos de significado e motivo; e a consciência reflexiva do modo como o comportamento desviante será analisado pode motivar normativamente um comportamento apropriado. A consciência cognitiva das estruturas normativas é presumida quando os participantes sociais tratam a conduta como inteligível e moralmente responsável, quer essa conduta esteja de acordo com as normas ou delas se desvie. A adaptabilidade secundária dos desvios das convenções normativas, entretanto, pode tender em geral a motivar uma conduta que esteja de acordo com elas.

4 As convenções normativas são tratadas como pressuposicionais para os campos de ação que elas tornam inteligíveis e explicáveis. Sua manutenção é, ao mesmo tempo, a pressuposição, o processo e o produto de seu uso para interpretar as cenas corriqueiras da atividade social (cf. Pollner, 1974a). É esse *status* que lhes dá imensa estabilidade como bases institucionais de ação que são de caráter simultaneamente cognitivo e moral.

Tomadas em conjunto, essas considerações representam uma importante reorientação da concepção parsoniana da ação que prevaleceu durante a era do pós-guerra. A nova importância dada às bases processuais da ação, a natureza das compreensões que os agentes têm das circunstâncias nas quais estão localizados e as propriedades reflexivas da ação estimularam uma grande quantidade de trabalhos empíricos que foi explorada para se lançar nova luz sobre velhos problemas. Talvez mais importante, a visão da responsabilidade normativa da ação humana revelou-se uma fonte aberta e rica de concepções cumulativas na natureza da organização social. Foi fundamental, nessas interpretações do papel da linguagem na ação social, a natureza de intersubjetividade na conduta humana, as bases institucionais da geração e implementação de conhecimento e uma explicação cada vez mais detalhada da natureza da interação social. É para esses temas que nos voltaremos agora.

Linguagem e explicabilidade

A proposta de Garfinkel segundo a qual "as atividades pelas quais os membros produzem e dirigem cenários de negócios cotidianos organizados são idênticas aos procedimentos dos membros para tornar esses cenários explicáveis" (1984a, p.1) não deve, é claro, ser entendida como afirmação de que as explicações descritivas comuns fornecem um acesso não problemático à natureza das atividades que elas descrevem. Tampouco se deve entendê-la como afirmação de que a análise das explicações verbais da ação pode de qualquer modo substituir a própria análise da ação. Pelo contrário, seu uso do termo *explicável* como sinônimo de "observável-relatável" (1984a, p.1; 1974, p.17) significa que a sua observação é dirigida para o modo com que qualquer cenário de atividade pode ser apreendido como padronizado no e por meio do caráter desdobrativo de suas ações constituintes, independente de essa padronização receber (ou mesmo poder receber) uma formulação linguística. As ações sociais não devem ser batizadas com linguagem para que sua inteligibilidade e implicatividade se tornem disponíveis para os participantes. Garfinkel usa frequentemente o exemplo da fila para ilustrar as maneiras pelas quais um grupo de pessoas, pelo simples fato de estar numa relação espacial particular umas com as outras, constituem tacitamente uma instituição social em pequena escala e estabelecem conjuntos de expectativas e obrigações morais umas em relação a outras.

Admitindo-se essa inteligibilidade inerente ou "encarnada" da atividade social, qual é então a relação entre os eventos e as explicações verbais que os trazem para o âmbito de uma formulação descritiva? No seu tratamento das *explicações*, Garfinkel estava preocupado em afastar-se da ideia segundo a qual as explicações descritivas são *transparentes* e por isso deixam inalteradas as apreensões ordinárias dos objetos e eventos que elas descrevem pelo fato de terem sido descritos. E procura também solapar a ideia segundo a qual a descrição e outras formas de falar são, por assim dizer, inertes com respeito aos cenários nos quais elas ocorrem. Esse conceito de descrição está explícito nas teorias que ressaltam a função representativa da linguagem e as correspondências entre palavras e coisas, e está implícita nas formas de pesquisa científica social prática que tratam os relatos dos atores sociais como dados que indicam de maneira não problemática as realidades sociais subjacentes.

Contra essas duas posições, Garfinkel enfatiza a extensão na qual as explicações ordinárias se ajustam de maneira "frouxa" às circunstâncias que elas descrevem. A natureza do ajustamento entre as *explicações* e suas circunstâncias é estabelecida por meio de um curso ativo de trabalho interpretativo. Os aspectos racionais das explicações, diz ele, "*consistem* naquilo que os membros 'fazem com', no que eles 'fazem das' *explicações* nas ocasiões reais socialmente organizadas de seu uso" (1984a, p.3-4). As *explicações* são assim *expressões indicativas*. Não devem ser tratadas como exteriores aos contextos nos quais são empregadas ou como independentes deles. O termo "expressão indicativa" tem sido objeto de equívocos significativos nas discussões acerca da etnometodologia. O próprio termo deriva da literatura da lógica e da linguística, onde é usado para descrever expressões (como "ele", "isso", "hoje" etc.) que requerem conhecimento contextual para recobrir os seus referentes (ver Levinson, 1983, p.45-96). Essa origem tem sido uma poderosa fonte de confusão nas respostas sociológicas às propostas de Garfinkel, e isso de duas maneiras principais. Primeiro, ficará evidente que no seu uso lógico-linguístico o termo tem um sentido relativamente estreito, técnico. Sua proposta é que qualquer uso da linguagem, *sem exceção*, é motivado por vinculações contextuais. Assim, mesmo ali onde a frase está sendo produzida como puramente descritiva de um estado de coisas, os aspectos contextuais da frase terão de ser invocados para se ver que, afinal, ele pretende ser uma descrição e não, por exemplo, uma ironia, um gracejo ou uma metáfora.

A segunda fonte de confusão está intimamente relacionada com a primeira. Na literatura lógico-linguística, as expressões indicativas têm atraído o interesse porque, como observa Garfinkel (1984a, p.4-7), constituem obstáculos ao uso de técnicas analíticas plenamente formalizadas numa variedade de disciplinas. Esse quadro tem sido incorporado à visão inadequada segundo a qual as ações ordinárias estão preocupadas com o problema de "remediar" as expressões indicativas (Attewell, 1972; Phillips, 1978). Isso tem levado à criação de uma apreensão incorreta do papel da linguagem nas relações sociais. Porque nos contextos de linguagem-uso ordinários os participantes sociais *exploram* claramente as características indicativas da conversa numa ampla variedade de modos (ver, entre outros, Heritage, 1984a, p.142-57; Schegloff, 1984). As propriedades indicativas das explicações são assim mais um recurso do que um obstáculo à criação de sentido nos contextos sociais ordinários.

As propriedades indicativas das explicações decorrem, em última análise, de seu caráter como ações. As explicações estão inextricavelmente ligadas às ocasiões de seu uso, diz Garfinkel, porque as explicações são "*aspectos* das ocasiões socialmente organizadas de seu uso" (Garfinkel, 1984a, p.4-7). As explicações ordinárias não são portanto uma "folga" depois das ações. Não são os momentos nos quais a ação cessa e o comentário sobre a ação toma o seu lugar. Não são tampouco eventos desencarnados que ficam fora das atividades nas quais estão temporariamente enredados. São, ao contrário, ações por seu próprio direito e, como outras ações, contribuem inevitavelmente para o cenário do qual são parte e, ainda como as outras ações, são interpretadas e compreendidas processualmente. Ademais, as explicações são interpretadas contextualmente por meio dos procedimentos reflexivamente elaborativos do método de interpretação documentário. Como dizem Garfinkel e Sacks resumindo essa posição, "uma descrição, por exemplo, nos modos como ela pode ser uma parte constituinte das circunstâncias que descreve, de maneiras infinitas e inevitavelmente, elabora essas circunstâncias e é elaborada por elas" (Garfinkel & Sacks, 1970, p.338). As explicações estão, pois, sujeitas às mesmas contingências circunstanciais e interpretativas que regem as ações para as quais elas são orientadas. Porque, repetindo, as explicações são ações e o que há nelas de importante é que são usadas num âmbito de maneiras imensamente variado para dirigir os cenários comuns de atividade. As explicações, por conseguinte, não são uma estação terminal para a investigação científica; são, isto sim, um ponto de partida para ela.

A concepção garfinkeliana da linguagem e das relações sociais é, pois, uma concepção que abre completamente novos campos de investigação, ao mesmo tempo que levanta profundas e complexas questões acerca da natureza da linguagem, da fala e de outras formas de ação comunicativa. Como não poderia deixar de ser, esse tratamento é mais apto a gerar do que a resolver problemas. Isso é inteiramente para o bem. As velhas concepções da linguagem faziam dela uma entidade transparente, não investigável. As observações de Garfinkel "naturalizam" a linguagem e colocam a análise das explicações e das práticas explicativas no mesmo plano que a análise de outras formas de ação prática. Nessa concepção, a linguagem é entendida como um recurso mediante o qual os participantes sociais intervêm nas situações que envolvem ação, mas as "estruturas" e os "mecanismos" pelos quais as palavras se reúnem para formar explicações e essas explicações estão "ligadas" às situações do mundo real permanecem abertos para o estudo empírico. Como análises valiosas da variedade de maneiras de invocar as explicações ordinárias na manutenção dos mundos sociais, recomenda-se ao leitor o exame do clássico estudo de Wieder (1974) acerca do uso do "código convicto" como esquema explicativo numa "casa equidistante" para viciados em narcóticos verbais e o estudo de Gilbert & Mulkay (1984) sobre as maneiras pelas quais os cientistas descrevem um campo contemporâneo da pesquisa bioquímica. Cada um desses estudos, que não se prestam a um resumo num ensaio curto como este, revela prontamente os ganhos que se pode ter em termos de percepção sociológica quando se abandona a tradicional concepção representativa da linguagem na investigação das formas de organização social.

Dimensões da pesquisa empírica na etnometodologia

1 As estruturas sociais como "ambientes normais"

Uma das primeiras, e mais proeminentes, linhas de desenvolvimento derivadas das iniciativas de Garfinkel tem como foco a tipificação ou normalização como uma característica do raciocínio e do juízo de senso comum. Esse foco foi, em parte, um legado dos escritos fenomenológicos de Schütz, que ressaltou o papel da consciência como instrumento tipificador e caracterizou a linguagem cotidiana como "o meio tipificador *par excellence*" e como um tesouro de tipos já prontos e pré-constituídos" (Schütz, 1962a, p.14). Esse tema foi retomado e enfatizado por Cicourel na sua discussão da "tipificação de formas normais" como uma questão metodológica (Cicourel, 1972, p.254-6) e está, obviamente, tematicamente embutido nas discussões de Garfinkel sobre a "normalidade percebida" como uma propriedade dos objetos e eventos culturais e nas suas discussões sobre a responsabilidade mundana e o método documentário.

Nas análises empíricas que se originaram do tema da tipificação, a principal ênfase de pesquisa recaiu sobre as suposições e pressuposições subjacentes de estruturas de tipificação particulares, os procedimentos concretos e as considerações que determinam a assimilação dos objetos e eventos em categorias e os papéis dessas categorias em ambientes sociais particulares. Grande parte desse trabalho empírico emergiu no campo do desvio ou lidou com procedimentos de tomadas de decisão burocrática correlatos que são implementados no "processamento das pessoas". A afinidade superficial com a perspectiva rotuladora (Becker, 1963) foi considerável, quanto mais não fosse por causa da grande sobreposição substantiva entre as duas abordagens. No entanto, as duas perspectivas diferiam em dois pontos correlatos e cruciais. Primeiro, os estudos etnometodológicos evitavam a premissa rotuladora nominalista de que o desvio era constituído por reações sociais *tout court* (cf. Pollner, 1974b); e, segundo, eles descartavam como demasiado simplista a concentração dos teóricos da rotulação na distinção entre o corretamente e o incorretamente rotulado. Em vez disso os estudos etnometodológicos focalizavam diretamente as práticas e contingências organizacionais do processo definidor e admitiam que as expectativas normalizadoras eram um aspecto irremediável da sua operação.[33]

33 Ver Pollner (1974b) para uma crítica da perspectiva rotuladora de um ponto de vista etnometodológico. A conclusão etnometodológica de que todos os procedimentos para localizar o desvio são, em última análise, aspectos

Um dos primeiros exemplos dessa abordagem foi o conhecido estudo de David Sudnow "Normal Crimes" ["Crimes normais"] (1965). Nele Sudnow mostrava em detalhe que os construtos de senso comum dos advogados públicos californianos relativos aos infratores típicos e aos padrões de cometimento da infração moldavam as suas abordagens dos acordos em justiça e, portanto, de aspectos substanciais da administração da justiça.[34] Em particular, ele mostrou que os construtos eram usados para determinar a adequabilidade de se entrar em acordo. Em entrevistas com réus eles foram usados para classificá-los como "casos" de maneiras que pressupunham a culpa destes. E esses mesmos construtos influenciaram fortemente o tipo de acusação a que finalmente se chegou em troca da confissão de "culpa", sujeita apenas, como mostrou Sudnow, a uma nova consideração: a questão de saber qual sentença esse tipo de delito "normal" merecia. As categorias de crime utilizadas pelos representantes legais foram, por assim dizer, indeterminadas pelo código legal. Como observa Sudnow,

> em seu verdadeiro uso, as categorias de crime ... são ... os termos de referência taquigráficos para esse conhecimento da estrutura social e de seus eventos criminais em que se baseia a tarefa de organizar praticamente o trabalho de "representação". Esse conhecimento inclui, incorporado naquilo que o roubo, o furto comum, as infrações ligadas aos narcóticos, a molestação de crianças e o resto *na verdade defendem*, o conhecimento dos modos de atividade criminal, características ecológicas da comunidade, padrões da vida cotidiana nas favelas, biografias psicológicas e sociais de infratores, histórias e futuros criminais. (Sudnow, 1965, p.275)

Pelo uso desse conhecimento com a sua rotinização e tipificação dos "crimes normais", diz Sudnow, a administração de justiça

---

constitutivos do desvio que desse modo eles tornam explicáveis foi um ponto de partida aproximado para uma manifestação radical a partir da etnometodologia por Alan Blum e Peter McHugh e seus associados numa crítica moral totalizadora das relações sociais. Ver McHugh et al. (1974) para uma coletânea de ensaios e Heritage (1975) para uma tentativa de avaliação.

34 Para um valioso estudo das particularidades do processo de barganha de demandas propriamente dito, ver Maynard, 1984.

ficou sujeita a um processo de burocratização informal que não estava consignada no código criminal californiano.

Paralelamente ao estudo de Sudnow, um número substancial de investigações etnometodológicas realizadas durante a década de 1960 mostrou que um amplo e anteriormente insuspeito âmbito de considerações contextuais podia ser invocado na constituição ou modificação de decisões ou cursos de ação burocráticos normais. Estreitamente associado com isso era o reconhecimento de que os membros das burocracias não apenas são capazes mas estão positivamente obrigados a invocar e interpretar as regras e procedimentos burocráticos de maneiras *ad hoc* e que isso, por sua vez, é uma importante fonte de poder discricionário. A necessidade de produzir interpretações *ad hoc* mesmo de regras de procedimento muito bem definidas foi elegantemente demonstrada por Zimmerman (1969a) num estudo das atividades das recepcionistas numa agência de bem estar social. As recepcionistas, que usavam um procedimento altamente específico para encaminhar os interessados aos funcionácios responsáveis, eram obrigadas a se desviar do procedimento sob um certo número de contingências. Nesses casos, as ações das recepcionistas eram defensáveis e defendidas pela alegação de que os objetivos do procedimento eram mais eficazmente satisfeitos pelo desvio desse mesmo procedimento do que pela adesão a ele. Como diz Zimmerman, "o conceito de ação-de-acordo-com-uma-regra não é uma questão de concordância ou não concordância *per se*, mas das várias maneiras pelas quais as pessoas *satisfazem* a si mesmas e aos outros com relação àquilo que é ou não uma concordância 'razoável' em situações particulares" (1970, p.23).

Em trabalhos relacionados com o mesmo projeto de pesquisa, Zimmerman revelou uma série de maneiras pelas quais asserções documentadas e relatos verbais eram interpretados por meio de procedimentos que se assemelhavam estreitamente aos dos codificadores de Garfinkel (ver p.339). Como os codificadores, muitas vezes os funcionários eram capazes de, num relance, "ver o sistema" nas evidências documentárias que formavam a base das asserções. Quando os documentos pareciam problemáticos, as concepções das "maneiras pelas quais os documentos podiam ter sido produzidos" (Zimmerman, 1969a) forneciam um conjunto aberto de recursos mediante os quais os funcionários podiam chegar a decisões determinadas e justificáveis. Outros estudos também demonstraram a extensão na qual o processamento das pessoas está sujeito a práticas interpretativas nas quais a invocação discricionária de matérias contextuais pode desempenhar um papel crucial. No campo da educação, estudos de supervisão de alunos (Cicourel & Kitsuse, 1963) e da aplicação de testes e outros cursos de tratamento (Cicourel et al., 1974; Leiter, 1976) documentaram esses processos em medida substancial, e os trabalhos de Bittner (ver especialmente Bittner, 1967a) ilustram processos paralelos no trabalho de policiamento prático.[35]

Enquanto os estudos citados mostram a extensão e o âmbito das maneiras pelas quais as informações básicas entram caracteristicamente na tomada de decisões burocráticas ordinárias, o famoso estudo de Garfinkel "'Good? Organizational Reasons for 'Bad' Clinic Records" ["'Boas'" razões organizacionais para 'maus' registros clínicos"] faz o argumento avançar um passo adiante. O ponto de partida para esse estudo foi o fato de uma investigação preliminar dos registros das clínicas psiquiátricas ter mostrado que, embora os verbetes fossem feitos regularmente, eram insuficientemente pormenorizados mesmo para usos científicos sociais totalmente elementares. Isso suscitou a questão de saber por que esses registros incompletos, vagos e elípticos deviam, não obstante, ser mantidos. A conclusão de Garfinkel foi que os registros eram mantidos como um recurso com o qual se podiam descrever as relações entre os pacientes e o pessoal clínico como cumprimentos adequados de um "contrato terapêutico". A ausência de detalhes, propunha ele, servia como recurso defensivo ao assegurar que os registros só podiam ser lidos de forma competente

35 A demonstração de processos correlatos no âmbito dos procedimentos das ciências sociais foi, naturalmente, um projeto a longo prazo dos escritos de Cicourel (1964) em diante. Como observou Handel (ver 1982, p.112ss), esse projeto se expressa no caráter bifurcado de grande parte do trabalho empírico de Cicourel, que ao mesmo tempo é substantivo e está preocupado com o raciocínio prático das ciências sociais subjacente às conclusões substantivas.

por pessoas autorizadas que os interpretariam à luz de seus conhecimentos dos procedimentos clínicos típicos. Os registros consistiam em "um único campo livre de elementos" cuja contextualização inevitável por referência a aspectos típicos da prática clínica serviriam inevitavelmente para justificar as práticas e os procedimentos que haviam utilizado (Garfinkel, 1984f, p.201). Assim, não apenas a informação com base "normalizada" é um aspecto constituinte da tomada de decisão burocrática, como as burocracias podem defender-se contra um espectro desconhecido de dificuldades futuras pela produção de registros que, de forma quase inevitável, serão defensavelmente explorados em virtude desse mesmo fato.

Talvez os mais conhecidos dentre os estudos etnometodológicos que tratam dos processos organizacionais tenham sido aqueles que lançaram dúvidas sobre o valor das estatísticas oficiais para a conduta da pesquisa sociológica. O mais importante desses estudos foi o de Cicourel (1968) acerca da autuação de infratores juvenis e a obra de Douglas (1967) e Atkinson (1978) sobre a investigação do suicídio. Esses autores enfatizaram a extensão na qual o conhecimento de fundo entra na constituição dos julgamentos que constituem as estatísticas oficiais e afirmaram que os estudos baseados nas estatísticas oficiais iriam provavelmente recobrir os pressupostos que haviam sido estabelecidos na definição dos processos pelos instrumentos legais, mas era improvável que recobrissem os fatores causais que ainda não haviam sido ativa ou passivamente influenciados pelos próprios instrumentos.

Assim, no seu conhecido estudo sobre a legislação juvenil, Cicourel mostrou que as autoridades competentes associavam a delinquência juvenil com a desintegração do casamento nos lares dos infratores. Supunha-se que os infratores vindos de lares desfeitos, desprovidos de orientação e repreensão parental, provavelmente iriam cometer delitos mais sérios no futuro. De acordo com essa suposição, os delitos juvenis cometidos por jovens oriundos de lares desfeitos eram tratados mais seriamente do que os delitos similares praticados por jovens oriundos de "famílias com os dois pais". Esse tratamento diferenciado era evidente numa variedade de dados estatísticos que lidavam com cada etapa do processo de aplicação das leis. Os delitos praticados por jovens oriundos de lares desfeitos apareceram com mais frequência nos relatórios oficiais, eram mais comumente examinados pelos tribunais e em geral recebiam mais sentenças custodiais. Claro está que, se a disposição dos casos juvenis é fortemente influenciada por tais suposições, que desse modo se incorporam às estatísticas do crime, as estatísticas de "crime juvenil" não podem ser um recurso válido que permita alcançar objetivos científicos sociais. Porque a estatística não dará uma descrição representativa da incidência de crimes juvenis e não pode ser usada para avaliar o papel das características sociais (por exemplo, lares desfeitos) como fatores causais na geração de crimes.

Cicourel propôs que os registros policiais internos são também de dúbio valor científico social. Tendo estudado os processos por meio dos quais as autoridades competentes criaram dossiês de seus pacientes juvenis, Cicourel afirmou, baseado nos estudos de Shibutani (1966) sobre o boato, que tais dossiês incorporavam um processo de tipificação progressiva no qual os detalhes de caso se tornavam mais concisos, seletivos e compatíveis com as suposições e objetivos dos instrumentos de aplicação da lei.

No caso de ambos os conjuntos de informação – a estatística e os dossiês –, Cicourel conclui que estava ocorrendo um processo circular no qual as suposições fundamentais sobre os jovens eram incorporadas aos registros, que por sua vez estavam sendo usados para afirmar a validade das suposições. Douglas (1967) e Atkinson (1978) chegaram a uma conclusão muito similar no tocante à interpretação das estatísticas de suicídios. Assim, Douglas propôs que os tipos de fatores sociológicos normalmente usados para explicar as variações nas taxas de suicídios podem, eles próprios, influenciar os processos sociais mediante os quais as mortes vêm a ser registradas como suicídios (Douglas, 1967, p.163-231). Em particular, ele sustentou que a integração social estará positivamente associada a tentativas de ocultar o suicídio que, na medida em que são bem-sucedidas, irão influenciar o cálculo das taxas de suicídio.

O estudo de Atkinson concentrou-se no papel dos médicos-legistas ingleses e seus assistentes no processo investigativo. Ele constatou que os assistentes encarregados da certificação da morte tinham concepções relativamente bem definidas sobre os "suicídios típicos" e as "biografias suicidas típicas" e que fatores como o tipo de morte e as circunstâncias de vida imediatas da pessoa morta formavam o material a partir do qual se poderiam construir fórmulas de "conhecimento prescritivo" das formas de suicídio. Essas concepções, que abarcavam e, em alguns casos, eram estreitamente semelhantes às hipóteses científicas sociais acerca da causação do suicídio, são posteriormente incorporadas às estatísticas de suicídios por meio dos procedimentos investigativos dos médicos-legistas e seus assistentes. Assim, os estudos das estatísticas oficiais de suicídios, propõe Atkinson, estão inevitavelmente – mesmo que sem o saber – empenhados em decodificar as teorias de senso comum sobre o suicídio que eram constitutivas no reconhecimento de casos individuais e portanto, de forma cumulativa, nas estatísticas como um todo.

O trabalho descrito nesta seção concentrou-se nos processos normalizadores e tipificadores que são característicos da atividade organizacional em toda a sua variedade. Apesar da natureza controversa dos estudos mencionados por último, seria um erro concluir, como fizeram alguns, que o trabalho descrito nesta seção tem uma relevância apenas metodológica e, sob esse aspecto, negativa. O trabalho de normalização foi empreendido na esteira da proposta de Garfinkel segundo a qual a "normalidade percebida" dos eventos sociais é produto de um trabalho ativo. A aplicação desse conceito aos processos organizacionais não apenas confirmou a ideia original como motivou também novos níveis de compreensão que permearam um vasto âmbito de investigações sociológicas, incluindo muitas que não são elas próprias etnometodológicas. Além disso, os estudos dos processos organizacionais aqui descritos mostraram a vasta extensão na qual os procedimentos normalizadores estão incrustados no que se poderia chamar de "exigências organizacionais". De forma reiterada os estudos mostram conexões extremamente detalhadas entre as atividades normalizadoras de rotina que constituem o trabalho diário das organizações, por um lado, e os arranjos sociais das organizações, com suas obrigações e suas "considerações", por outro. Os estudos mostram até que ponto as atividades normalizadoras estavam ligadas

> aos termos de emprego, aos vários encadeamentos internos e externos de reportagem, à supervisão e à revisão e a "prioridades de relevâncias" similares fornecidas organizacionalmente para avaliações daquilo que, "estatisticamente", "praticamente" e "razoavelmente" devia ou podia ser feito, com que rapidez, com quais recursos, vendo a quem, falando sobre o quê, durante quanto tempo e assim por diante. (Garfinkel, 1984, p.13)

Nesse processo, tais estudos começaram a estabelecer uma nova sociologia do conhecimento que é livre da camisa de força da racionalidade prescritiva e na qual esses vínculos reflexivos entre a constituição social do conhecimento e os contextos institucionais nos quais esse conhecimento é gerado e mantido recebem todo o seu peso como fenômenos sociais.

2 Análise da conversação

A análise da conversação[36] desenvolveu-se ao longo dos últimos quinze anos como um aspecto vigoroso e distinto da etnometodologia. Durante esse tempo a perspectiva deu origem a uma literatura de pesquisa muito substancial que é notavelmente cumulativa e interligada. De todas as correntes de pesquisa da etnometodologia, a análise da conversação é talvez a que mais se ocupa com a análise direta da ação social. Desde o início a abordagem foi resolutamente empírica. Em vez de especular sobre características idealizadas da ação social, a análise da conversação dirigiu suas investigações empíricas para as "ações sociais verdadeiras

36 O termo "análise da conversação" é preferido ao termo, por vezes utilizado, "análise conversacional", porque nesse campo a conversação é o objeto de investigação. O campo em apreço começou a emergir no final dos anos 60 com a publicação de Schegloff (1968) e a ampla circulação das conferências inéditas de Sacks (1964-1972). Embora não haja nenhuma introdução de dimensão monográfica disponível, esboços sumários estão contidos em Atkinson & Drew (1979, p.34-81), Heritage (1984a, p.233-92), Levinson (1983, p.284-370) e West & Zimmerman (1982). As coletâneas de estudos publicados incluem Atkinson & Heritage, 1984; Psathas, 1979; Schenkein, 1978; *Sociology*, 1978; Zimmerman & West, 1980. Ver Heritage (1985) para uma extensa bibliografia.

e particulares e suas sequências organizacionais" (Schegloff, 1980, p.151). O resultado foi notável. Desenvolveu-se uma ampla literatura que contém resultados de longo alcance e poder cumulativo, e que tem tido um impacto significativo sobre as disciplinas vizinhas da psicologia social, da linguística e da ciência cognitiva.

A postura investigativa básica da análise da conversação foi colaborativamente desenvolvida numa série de trabalhos de Sacks, Schegloff e Jefferson. Suas análises, como outros estudos etnometodológicos, concentraram-se nos métodos ou procedimentos pelos quais os participantes sociais ordinários conduzem os seus negócios interacionais.[37] Todas as evidências da orientação dos participantes nesses procedimentos, ou do uso que fazem deles, devem ser extraídas unicamente do comportamento dos participantes nas circunstâncias ordinárias de sua vida. Eis como Schegloff & Sacks resumem essa orientação:

> Procedemos com base na suposição ... de que, na medida em que os materiais com os quais trabalhamos exibiam ordem, eles o faziam não só para nós, ou melhor, não em primeiro lugar para nós, mas também para os coparticipantes que os produziram. Se os materiais ... apresentavam-se ordenados, era porque tinham sido metodicamente produzidos pelos membros da sociedade uns para os outros. (1973, p.290)

Essa postura acarreta claramente o uso de métodos de estudo naturalistas, mas de início a escolha do assunto não era particularmente baseada em princípios. De fato, como lembrou Sacks, a motivação inicial para o estudo da conversação comum foi metodológica, refletindo um desejo de ver se os detalhes organizacionais da interação que ocorria naturalmente podiam

37 Tanto Sacks como Schegloff passaram por treinamento graduado com Goffman, e sua abordagem do estudo do raciocínio de senso comum subjacente às ações ordinárias pode refletir as influências convergentes tanto de Garfinkel como de Goffman. Pode-se dizer que ambos partiram do exemplo de Goffman na medida em que abandonaram estilos de análise e reportagem etnográficos em favor de esforços cada vez mais sistemáticos visando tornar explícitos tanto o raciocínio lógico quanto o raciocínio prático que compõem a interação conversacional.

sujeitar-se à descrição formal (Sacks, 1984a, p.26). Foi o sucesso dessa aposta que levou a um interesse mais intensamente substantivo pelos detalhes da interação.

Apesar do fato de Sacks e seus colaboradores terem começado estudando conversas comuns quase por acidente, os analistas da conversação mantiveram um foco de pesquisa básico voltado para a interação ordinária, mundana, em vez de concentrar-se, por exemplo, na interação "institucionalizada" da sala de tribunal ou na organização de negócios. Há boas razões para esse enfoque. A "conversa comum" não é apenas o meio de interação predominante no mundo social; é também a forma básica de interação à qual, seja com que simplificações forem,[38] a criança está exposta e por via da qual ocorre a socialização. Existem assim todas as razões para se supor que as formas básicas da conversação mundana constitui uma espécie de referência de nível contra a qual outros tipos de interação formais ou "institucionais" são reconhecidos e vivenciados. E, com efeito, estudos mais recentes de interação "institucional" mostram efetivamente variações e restrições sistemáticas sobre formas de ação relativas à conversa comum (ver, por exemplo, Atkinson, 1982; Atkinson & Drew, 1979; Drew, 1984; Heritage, 1984b; Maynard, 1984; Mehan, 1979). Assim, a conversação mundana representa um domínio amplo e flexível das práticas interacionais básicas. Ao abordá-la, os analistas da conversação concentraram-se, quando possível, na interação entre pares com uma estratégia de pesquisa subjacente de desvendar o que é sistemático na interação social no âmbito mais amplo de contextos de interação "não marcados". Além disso, essa pesquisa oferece a melhor esperança de determinar o que é característico nas interações que envolvem, por exemplo, as especialidades da escola ou do hospital ou as assimetrias de *status*, gênero, etnicidade etc.

Como já ficou dito, a análise da conversação foi desenvolvida como um programa de pesquisa naturalista. Na busca de suas metas, envida-se todo o esforço para manter um foco direto sobre

---

38 Ver, por exemplo, Bruner (1983), Ochs & Schieffelin (1979) e Snow & Ferguson (1977) para relatos de alguns aspectos dos significados que acompanham a fala da mãe aos filhos pequenos.

as especificidades da interação que está ocorrendo naturalmente e sem ser contaminada por intervenções do pesquisador.[39] Essa estratégia de pesquisa é mantida fortemente e está associada com a concepção de que as ações sociais e os cenários sociais com os quais elas mantêm uma relação reflexiva são estabelecidos nos e por meio dos detalhes de interação. Os procedimentos de pesquisa que resultam na perda de detalhes ou na sua contaminação devem portanto ser evitados, na medida do possível.

O objetivo central da análise da conversação é desvendar as competências sociais que subjazem à interação, ou seja, os procedimentos e as expectativas pelos quais a interação é produzida e compreendida.[40] Na busca dessa meta, faz-se um certo número de pressuposições. Primeiro, supõe-se que a interação é organizada por referência a procedimentos institucionais que, para efeitos analíticos, podem ser tratados como estruturas por si mesmos (cf. Schegloff, 1986). Segundo, supõe-se que as contribuições para a interação tanto são moldadas pelo contexto, que as ações não podem ser adequadamente compreendidas sem referência ao contexto das ações precedentes às quais geralmente se admite que elas respondem, quanto são renovadoras do contexto, no sentido de que cada ação corrente irá propor uma definição corrente aqui-e-agora da situação para a qual a conversação subsequente se orientará. Finalmente, como se observou anteriormente, supõe-se que as ações sociais funcionam *em detalhe* e portanto que os pormenores

39 Os seguintes procedimentos são portanto evitados pelos pesquisadores na análise da conversação como envolvendo desvios não desejados do uso dos dados que ocorrem naturalmente: procedimentos experimentais envolvendo o observador na direção ou manipulação de comportamento; o uso de programas pré-codificados para categorizar o comportamento diretamente no campo ou em teipe; o uso da entrevista como um substituto da observação natural; a criação de dados por meio de "vinhetas" inventadas ou imaginadas.

40 Como em outras áreas da etnometodologia, os analistas da conversação começaram a partir da proposta de Garfinkel de que tanto a produção quanto o reconhecimento dos cursos de ação são inspirados por um conjunto *comum* de métodos ou procedimentos. Como diz Garfinkel: "As atividades por intermédio das quais os membros produzem e dirigem cenários de negócios cotidianos organizados são idênticas aos procedimentos dos membros que visam tornar esses cenários explicáveis" (1984a, p.1).

específicos da interação não podem ser simplesmente ignorados como não significativos sem afetar as perspectivas de análises coerentes e eficazes.

No seu começo, a análise da conversação se desenvolveu em duas dimensões principais. Primeiro, em decorrência da preocupação, tanto de Garfinkel como de Sacks, com a explicação descritiva (Garfinkel, 1984; Garfinkel & Sacks, 1970; Sacks, 1963), publicaram-se alguns trabalhos sobre formulações léxicas particulares e expressões de referência (por exemplo, Sacks, 1973, 1975; Sacks & Schegloff, 1979; Schegloff, 1972) dos quais o mais influente derivou da pesquisa de Sacks sobre as comunicações para um centro de prevenção do suicídio e do seu estudo sobre os instrumentos de categorização do quadro de membros (Sacks, 1972a, 1972b). A segunda dimensão, que surgiu simultaneamente, da pesquisa analítica da conversação, concentrou-se na organização sequencial da interação e foi essa segunda dimensão que veio a assumir uma proeminência crescente nas publicações relativas à análise da conversação depois de 1972. A mais conhecida dessas publicações centrou-se na gestão do revezamento conversacional (Sacks, Schegloff & Jefferson, 1974) e nos problemas correlatos de assegurar de maneira coordenada a entrada (Schegloff, 1968), a saída (Schegloff & Sacks, 1973) e a suspensão dos (Sacks, 1974) procedimentos de revezamento para a conversação. Esses estudos foram os primeiros a mostrar um conjunto detalhado e sistemático de procedimentos para o revezamento que era coerente com uma larga variedade de fatos básicos sobre a interação. Assim fazendo, eles estabeleceram por completo novos padrões de rigor e abrangência no estudo da interação social e, como resultado, tornaram-se altamente influentes. Além disso os trabalhos introduziram novos conceitos analíticos para o estudo da interação que não se confinavam, no seu significado, ao estudo do revezamento *per se*.

O mais importante desses conceitos foi o do *par de adjacência*. Esse conceito incorpora a observação de que certos tipos de atividades (como saudações e despedidas, perguntas e respostas etc.) são convencionalmente organizados como pares tais que a produção de um primeiro membro do par tanto projeta quanto requer que uma segunda ação, complementar, seja produzida "em seguida" pelo receptor da primeira. O conceito desvendou vários aspectos dos procedimentos de raciocínios que motivam a interação e sugeriu maneiras pelas quais os participantes sociais podem descobrir que as ações "próximas" projetadas estão, de maneira notável ou não trivial, ausentes (Sacks, 1972b; Schegloff, 1972). Indicou também como as segundas ações que não se relacionavam com a primeira podiam ser entendidas como mal alinhadas ou equivocadas. E, o que é talvez mais importante, sugeriu como os segundos falantes podiam ser tratados como normativamente responsáveis por fracassos no responder, respostas errôneas e outros percalços interacionais – insinuando assim uma motivação incrustada para um desempenho conversacional competente (ver também Sacks et al., 1974, p.727-8). Embora o conceito de par-adjacência se desenvolvesse no contexto de ações dispostas em pares (como saudações e despedidas) que estavam claramente engrenadas com contingências de revezamentos, o conceito tinha obviamente uma aplicabilidade mais ampla.

Num outro nível, o conceito sugeria um mecanismo básico por meio do qual a compreensão intersubjetiva é mantida na interação. Porque, na medida em que se verifica que as ações "próximas" podem adequar-se à parte do primeiro par anterior, elas podem ser tratadas como se manifestassem compreensões das partes do primeiro par que são apropriadas para a adequação. Assim, as partes do segundo par não apenas executam (ou deixam de executar) a ação seguinte relevante; ao fazê-lo, elas também manifestam uma compreensão pública da declaração anterior à qual se dirigem, e essa compreensão é disponível para a confirmação, o comentário, a correção etc. da "primeira vez" pelo produtor da parte do primeiro par. Desse modo o posicionamento adjacente proporciona um recurso para a contínua atualização das compreensões intersubjetivas. Ademais, é por intermédio do posicionamento adjacente, como observavam Schegloff & Sacks (1973), que várias formas de fracassos podem ser reconhecidas e que as apreciações, correções etc. podem ser compreensivelmente tentadas.

Em suma, o desdobramento do conceito de par-adjacência desenvolveu e particularizou consideravelmente alguns elementos importantes daquilo a que Garfinkel se referia como a "explicabilidade encarnada" da ação. O padrão geral de raciocínio analítico esboçado nesses estudos foi aplicado posteriormente a um âmbito sempre crescente de atividades interacionais. Estas últimas têm incluído a conduta não verbal, inclusive a organização de um âmbito de características de movimentos do olhar e do corpo (Goodwin, 1981; Heath, 1986), a "organização preferencial de cursos alternativos de conduta" (Davidson, 1984; Pomerantz, 1978, 1984; Schegloff, Jefferson & Sacks, 1977) e uma ampla variedade de áreas tópicas particulares (para detalhes, ver Heritage, 1985).

Nos últimos cinco anos mais ou menos, a análise da conversação começou a ramificar-se, a partir de sua "linha de base", em atividade conversacional mundana voltada para estudos da interação num âmbito de cenários institucionais envolvendo papéis sociais fortemente definidos, como salas de aula, salas de tribunais, entrevistas jornalísticas, interação médicopaciente e outras formas de interação institucionalmente reguladas.[41] Esse trabalho apresenta certas diferenças em relação ao trabalho fundador original sobre a conversação. Enquanto a interação conversacional "pura" tem-se organizado em termos de princípios formais que permitem descobertas cumulativas de considerável força e abstração, os estudos sobre a interação em cenários institucionais exibem atualmente um aspecto mais "fragmentado". Como já se observou, a interação institucional parece envolver estreitamentos e reespecificações próprias ao âmbito de opções que são operativas na interação conversacional. E, mais importante, esses estreitamentos e reespecificações são de caráter *convencional*: são culturalmente

41 Ver McHoul (1978) e Mehan (1979) para a interação em sala de aula. Atkinson & Drew (1979), Drew (1984) e Pomerantz & Atkinson (1984) para abordagens dos dados de sala de tribunal, Maynard (1984) para estudos da interação envolvendo a barganha de demandas e Eglin & Wideman, Sharrock & Turner (1978), Watson e Whalen & Zimmerman e Zimmerman (s. d.) para uma série de estudos de interação envolvendo a polícia. Para a interação médico-paciente, em meio a uma ampla literatura, ver West (1984) e as contribuições de Fisher & Todd (1983). Os princípios analíticos da conversação estenderam-se também à análise de discursos políticos; ver, por exemplo, Atkinson (1984) e Heritage & Greatbatch (1986).

variáveis, estão às vezes sujeitos a coações legais e são discursivamente justificáveis e justificados por referência a considerações de, *inter alia*, tarefa, equidade e eficiência em maneiras que as práticas conversacionais mundanas não o são. Associadas com essas convenções estão as diferentes estruturas de participação (Goffman, 1981) com seus respectivos direitos e obrigações, seus diferentes fundamentos e padrões diferenciais de oportunidade e poder.

Um ponto de partida básico para alguns dos mais recentes estudos sobre a interação institucional foi a discussão comparativa de Sacks, Schegloff e Jefferson acerca dos diferentes sistemas de revezamento (1974, p.729-30). Desde então as análises de McHoul (1978), Mehan (1979), Atkinson & Drew (1979) e Greatbatch (1985) têm pormenorizado as formas de revezamento que são características na sala de aula, na sala de tribunal e nas interações das entrevistas jornalísticas. Esses estudos convergem com o objetivo de sugerir que os padrões de conduta relativamente restritos característicos desses cenários são produtos da pré-alocação tipo revezamento (Atkinson & Drew, 1979), e que essa forma de revezamento tem uma influência difusa tanto no âmbito e no desenho das atividades interacionais com as diferentes partes rotineiramente empreendidas, quanto na gestão detalhada de tais encontros (ver também Schegloff). Outros estudos de interação institucional estão preocupados com a investigação da gestão de atividades particulares num âmbito de cenários[42] e com a padronização dos desequilíbrios de poder na conduta interacional.[43]

Como a interação institucional é convencionalizada e culturalmente variável, os estudos que a investigam são menos interligados do que o trabalho analítico conversacional "puro" de que derivam. No entanto, há uma coerência subjacente de perspectiva que permeia o campo. Isso decorre tanto dos princípios fundamentais do ponto de vista etnometodológico quanto dos modos pelos quais esse ponto de vista é particularizado pelo uso das

42 Ver Heritage (1985) para detalhes.

43 Ver, em particular, os trabalhos de West e Zimmerman (West, 1979; West & Zimmerman, 1977, 1983; Zimmerman & West, 1980).

técnicas de análise da conversação. Baseado no reconhecimento de que os papéis institucionais são criados e mantidos mediante padrões de interação específicos, esse trabalho encerra um potencial crescente e significativo para os estudos aplicados e politicamente orientados, potencial que de modo algum se evidenciava no início da análise da conversação.

Tomada como um todo, a análise da conversação evoluiu para um poderoso e produtivo campo de estudos que se tem mostrado influente tanto dentro quanto fora da sociologia. Sua contribução para a ciência social já está sendo substancial não só na análise da ação e no desenvolvimento de novas técnicas metodológicas como também na elevação do nível geral de sensibilidade e consciência sociológica no que concerne à organização minuciosa da conduta social. Há todas as razões para se supor que o seu crescimento e desenvolvimento irão continuar nos próximos anos.

3 Estudos de trabalho

Na parte final deste ensaio vamos considerar brevemente uma fase de pesquisas que emergiu recentemente nos trabalhos de Garfinkel e seus colaboradores e que é genericamente chamada de "estudos de trabalho". Embora originalmente o termo tenha pretendido abranger o maior âmbito possível de atividades ordinárias naturalmente organizadas, os estudos que vêm sendo publicados têm abordado o "trabalho" no sentido mais estrito de atividade ocupacional. Esses estudos têm-se concentrado, em particular, nas atividades de cientistas físicos e de matemáticos (por exemplo, Garfinkel, Lynch & Livingston, 1981; Livingston, 1986; Lynch, 1982, 1985a, 1985b; Lynch, Livingston & Garfinkel, 1983), embora investigações de um âmbito mais largo de atividade de trabalho estejam programadas para ser publicadas dentro em breve (Garfinkel).

Precedidos por investigações etnometodológicas de atividades de trabalho numa série de contextos concretos (por exemplo, Garfinkel, 1967; Wieder, 1974; Zimmerman, 1969a, 1969b), os novos estudos sobre o trabalho divergem de seus predecessores pelo fato de se concentrarem nas competências específicas que compreendem as atividades ocupacionais ordinárias. Seu objetivo é examinar em que consiste uma atividade ocupacional, e eles respondem a essa questão numa complexa base analítica e empírica.

Garfinkel introduziu o programa "estudos de trabalho" observando que muitos estudos científicos sociais tenderam a ser antes "sobre" do que "de" ocupações (Garfinkel et al., 1981, p.132-3). Ele chamou a atenção para o fato de que, enquanto muitos estudos de ocupações têm muito a relatar sobre as características sociais sociologicamente formuladas dos participantes, como sua renda, etnicidade, posição de classe, relações de papéis etc., tais estudos não são informativos no tocante às atividades fundamentais que tornam as ocupações significativas antes de mais nada. As ocupações envolvem a criação de várias formas de produtos valorizados, não raro recorrendo-se a complexas habilidades e corpos de conhecimento, mas pouca coisa se sabe acerca do que nelas está envolvido. O programa "estudos de trabalho" incorpora assim o reconhecimento de que existe um vácuo descritivo no centro das análises sociológicas da ocupação.

Garfinkel evoca reiteradamente, como um modo de realçar o problema, uma troca entre Fred Strodtbeck e Edward Shils. Quando Strodtbeck quis usar a "Interaction Process Analysis" ["Análise do processo de interação"] de Bales para estudar as deliberações de júri, Shils objetou que, embora a análise expressasse os modos pelos quais o júri funcionava como um pequeno grupo, ela não daria acesso à maneira pela qual o júri funcionava como um júri (Garfinkel et al., 1981, p.133). A objeção de Shils levanta uma questão fundamental. Os cientistas sociais devem ser capazes de descrever as práticas que são características e importantes no que concerne a uma ocupação ou atividade. E isso, por sua vez, significa levantar a questão daquilo que Garfinkel chama de "quididade" das práticas sociais: em que consiste exatamente o trabalho competente nas ciências biológicas (cf. Lynch, 1985a), o que é demonstrar um teorema matemático (Livingston, 1986) ou tocar algo que é reconhecível como *jazz* (Sudnow, 1978)?

É importante saber que qualquer tentativa de tratar essa questão irá envolver um vasto âmbito de atividades de pesquisa. Algumas delas terão um pronunciado componente "desconstrutivo":

não há razão alguma para se esperar que ou as declarações dos profissionais ocupacionais ou as filosofias normativas das ocupações irão fornecer os recursos em virtude dos quais uma análise adequada ao seu objeto pode ser moldada, porque rotineiramente tais explicações atenuam ou ocultam o trabalho prático envolvido na consecução de metas ocupacionais ou científicas.[44] Ao mesmo tempo o "trabalho" das ocupações (e, em última análise, das outras atividades sociais) incorpora inerentemente conceitualizações de "considerações pertinentes" relativas ao trabalho em questão, intrínsecas às e incrustadas nas práticas concretas dos profissionais. Assim, esse tema – que abrange análises das práticas ocupacionais naturalmente teorizadas e naturalmente organizadas – só pode, em última instância, ser tratado mediante análises baseadas em materiais empíricos.

A tarefa da análise é abordada começando-se com o que os *profissionais ocupacionais* reconhecem como pertencente a um domínio de atividades ocupacionais e competências ocupacionais. Essas atividades são tratadas predominantemente examinando-se aspectos concretos das práticas ocupacionais, em geral na forma de registros gravados ou documentários. Dentro dessa estrutura, como ressaltam Lynch et al., as análises centram-se nos modos pelos quais o caráter lógico e racional das ações ocupacionais é tornado publicamente disponível por meio de

> ordens de detalhes intersubjetivamente explicáveis; a ordem das declarações faladas pelos interlocutores na conversa, a ordem composicional dos materiais manipulados na atividade de laboratório ou a ordem transitiva dos materiais escritos sobre uma página de texto. (1983, p.206)

O complexo entrelaçamento da organização temporal nas práticas substantivas de profissionais ocupacionais competentes formou um item particularmente valioso nos estudos de suas propriedades.

---

44 Ver a discussão dessa questão em Garfinkel et al. (1981) e na resposta de Holton (1981) a ela. Uma discussão adicional das maneiras pelas quais as formulações escritas dos achados científicos tanto obscurecem as competências subjacentes do local de trabalho como delas dependem pode ser encontrada em Garfinkel (1985) e Livingston (1986).

O que se está tentando aqui é uma divergência substancial em relação à prática sociológica existente e é muito mais complexo do que pode parecer à primeira vista. As questões metodológicas que envolvem o programa "estudos de trabalho" – tais como determinar o escopo e as dimensões das ações ocupacionais, encontrar maneiras de descrever suas "unidades" e "segmentos", estabelecer critérios de adequação na descrição de seus compromissos naturalmente teóricos etc. – são consideravelmente mais espinhosas e complicadas do que, por exemplo, as que estão envolvidas na análise da conversação. E os estudos de trabalho têm envolvido o uso de toda uma variedade de métodos de pesquisa, incluindo uma série de técnicas etnográficas, formas de análise textual, procedimentos de análise da conversação e outros. Esse pluralismo metodológico é uma resposta ao fato de que os domínios ocupacionais podem manifestar-se numa variedade de maneiras – por exemplo, na atividade corporal e conversacional para a qual o registro em vídeo poderia ser o modo mais apropriado de acesso analítico, mas também nos registros documentários de vários tipos que requerem diferentes métodos de enfoque.

Independentemente dos procedimentos particulares empregados, Garfinkel propõe que os estudos de trabalho devem ser disciplinados pelo que ele chama de "requisito único de adequação". Esse requisito decorre do fato de as habilidades ocupacionais e o conhecimento científico terem avançado graças ao desenvolvimento de práticas e técnicas que costumam ser altamente específicas de tarefas ou objetivos particulares. Essa especificidade impõe exigências consideráveis a qualquer pesquisador que deseje investigá-las. Por exemplo, qualquer análise da correspondência de uma empresa legal que não consegue reconhecer que elementos particulares da fraseologia legal têm um estatuto legal particular, testado nos tribunais, não conseguirá, inevitavelmente, apreender a natureza desse aspecto do trabalho legal. De maneira similar, é improvável que um estudo etnográfico de um laboratório científico realizado por alguém que não seja competente no campo científico pertinente produza grande parte daquilo que é instrutivo no tocante à organização de sua prática científica. Em suma, é provável que grande parte do que se realiza dentro de uma ocupação – que, do ponto de vista do profissional, pode ir desde o familiar e instantaneamente reconhecível até o esotérico – seja opaco para um observador de fora. Por isso Garfinkel advoga que todas as formas de investigações sejam feitas dentro do "requisito único de adequação" – o requisito de que o pesquisador seja um profissional competente no domínio das atividades que estejam sob investigação. Esse requisito, propõe ele, otimiza as chances de que o objetivo de pesquisa fundamental do programa "estudos de trabalho" seja realizado, isto é, de que os pormenores constituintes das atividades ocupacionalmente competentes sejam descritos com a maior precisão e especificidade possível.

Os novos estudos de trabalho representam uma extensão substancial das preocupações que têm ocupado o centro dos trabalhos de Garfinkel nos últimos vinte anos. Cada um desses estudos envolve a manutenção da indiferença etnometodológica: as atividades de cientistas do cérebro, matemáticos ou pianistas de *jazz* são apresentadas sem celebração, ironia ou relativização e sem transformar suas características técnicas ou depreciar suas realizações. Justamente por isso, os novos estudos também expressam uma importante continuidade no programa sociológico de Garfinkel. Já nos seus primeiros escritos Garfinkel rejeitava qualquer enfoque da análise sociológica que tivesse como premissa uma distinção entre ações racionais e irracionais e que desse diferentes tratamentos explanatórios a cada uma delas. Como vimos, esse enfoque era crucial na teorização parsoniana. O conceito de que as ações racionais constituem sua própria explicação, enquanto as ações não racionais podem ser explicadas por referência à influência determinista das normas morais, resultou numa perda de aquisição analítica no que concerne aos aspectos explicáveis, razoáveis das atividades ordinárias. Do mesmo modo, porém, levou à conclusão de que as atividades científicas altamente racionalizadas se encontram fora do encaminhamento da investigação sociológica.[45] A perspectiva teórica de Garfinkel defende a

45 Uma posição paralela foi adotada por Bloor (1976), que cunhou o termo *sociologia do erro* para caracterizar as perspectivas sociológicas que excluíam a ciência como objeto de investigação por razões epistemológicas. Para uma

restauração desses dois domínios para um estudo sociológico sério, e é particularmente no programa "estudos de trabalho" que ele e seus colaboradores passaram resolutamente ao segundo domínio.

O foco inflexível desses estudos – foco que desafia inevitavelmente a tarefa de uma visão global – está nas práticas específicas, averiguáveis e materiais que constituem essas atividades. Seu objetivo, portanto, consiste nas descrições pormenorizadas de práticas sociais naturalmente organizadas que, como as observações nas ciências naturais, podem ser reproduzidas, aferidas, avaliadas e formam a base para o estudo e a conjetura naturalistas. Seu caráter revolucionário reside simplesmente no fato de que, antes que Garfinkel a levantasse, a questão de descrever aquilo em que consiste a atividade ocupacional ordinária nunca foi apresentada como uma tarefa descritiva séria. Os estudos publicados até agora são de grande interesse intrínseco e, se o desenvolvimento de campos correlatos como a análise da conversação vier a oferecer uma orientação qualquer, eles asseguram uma relevância teórica e prática não menos substancial.

Conclusão

Qualquer avaliação da contribuição da etnometodologia para o estado contemporâneo da sociologia há de começar inevitavelmente pela transformação geral da teoria da ação que foi iniciada pelas pesquisas de Garfinkel. Os movimentos essenciais nesse processo foram, primeiro, a decisão de estudar as características do raciocínio e dos fundamentos lógicos que, em qualquer nível de orientação consciente, entram nas escolhas entre cursos de ação. Essa decisão foi, em segundo lugar, incondicional a fim de que o raciocínio fosse estudado independentemente da extensão na qual ele parecia racional quando visto de fora. Estudar o raciocínio prático dessa maneira significa, em terceiro lugar, examinar

série de posições correlatas na sociologia da ciência, ver as contribuições a Collins (1981) e a Knorr-Cetina & Mulkay (1983). O estudo de Latour & Woolgar da ciência de laboratório converge em atmosfera, embora não em orientações específicas, com o programa "estudo de trabalho".

os fundamentos lógicos da ação de dentro dos contextos nos quais eles são usados. E, como vimos, isso significa pôr entre parênteses as questões de sua validez ou eficácia últimas em favor do simples exame do modo como eles funcionam na prática. Significa também, em quarto lugar, estudar os processos sociais o mais naturalisticamente possível porque, se os fundamentos lógicos são empregados (e fazem tipos específicos de sentido) apenas em circunstâncias particulares, sua articulação com os contextos nos quais são usados só pode ser explorada naturalisticamente.

Essas propostas surpreenderam alguns comentadores menos como uma abordagem da análise da ação do que como explorações da consciência subjetiva ou, quando muito, como vias em direção ao estudo da cognição social. Essa não é uma visão adequada da iniciativa de Garfinkel. Toda a sua abordagem da análise da ação e seus fundamentos lógicos tem como premissa a responsabidade pública da ação. Cada ação social é um comentário reconhecível sobre o cenário de atividade no qual ela ocorre e uma intervenção nesse mesmo cenário. Seu caráter específico como comentário e intervenção (isto é, sua responsabilidade pública) tem uma base processual. Ela é produto de procedimentos ou métodos que são socialmente compartilhados e usados. Esses métodos são numerosos, reticulados e estão complexamente inter-relacionados. Não obstante, uma vez que formam a estrutura fundamental por meio da qual a ação será interpretada, eles irão determinar inevitavelmente o *desenho* e a *produção* da ação, assim como a sua interpretação. Portanto, é a base processual da ação que preenche a lacuna entre a cognição e a ação, tanto praticamente para os atores quanto teoricamente para o cientista social.

Vistos nesse contexto, os escritos teóricos de Garfinkel representam uma realização extraordinária, porque incorporam uma apreensão dos fundamentos da ação social, da compreensão intersubjetiva e da organização social num único fenômeno nuclear: o caráter metodicamente explicável da atividade social ordinária. Dos anos em Harvard em diante, Garfinkel ocupou uma posição analítica totalmente original em relação aos tópicos da ação social e da ordem social. Nos anos intermediários ele trabalhou para dar dessa ideia uma demonstração prática, uma forma coerente e profunda de penetração. A ideia revelou-se fecunda, inspirando, e nelas encontrando confirmação, as centenas de estudos analítico-conversacionais, e em estudos correlatos, que se publicaram na década passada.

Como um correlato dialético dessa análise da ação baseada no conhecimento metódico, Garfinkel ressaltou também que, não importa quão especializado ele seja, o conhecimento usado nos cenários cotidianos não pode ser analisado independentemente dos cursos de ação mediante os quais ele é influenciado, mantido e validado. Esse tema emerge de um modo particularmente forte nos estudos da atividade organizacional que ele tanto empreendeu quanto inspirou e que está aflorando de um modo ainda mais forte nos estudos de trabalho mais recentes. Os estudos de ação e as análises de práticas de conhecimento representam assim aspectos complementares do mesmo programa de investigação.

Antes de mais nada, esses estudos, em todas as suas facetas, procuraram desviar a atenção das concepções prematuramente teorizadas do mundo social e voltá-la para os fenômenos empíricos da atividade social em toda a sua riqueza e diversidade. Desse modo eles expressam a contínua postura de Garfinkel contra "todas as tentativas, por mais ponderadas que sejam, de especificar uma prática examinável mediante o detalhamento de uma generalidade".

Referências bibliográficas

ATKINSON, J. M. *Discovering Suicide*: Studies in the Social Organization of Sudden Death. London: Macmillan, 1978.

______. Understanding Formality: Notes on the Categorization and Production of 'Formal' Interaction. *British Journal of Sociology*, v.33, p.86-117, 1982.

______. *Our Masters' Voices*: Studies in the Language and Body Language of Politics. London: Methuen, 1984.

ATKINSON, J. M., DREW, P. *Order in Court*: The Organization of Verbal Interaction in Judicial Settings. London: Macmillan, 1979.

ATKINSON, J. M., HERITAGE, J. (Org.) *Structures of Social Action*: Studies in Conversation Analysis. Cambridge, England: Cambridge University Press, 1984.

ATTEWELL, P. Ethnomethodology since Garfinkel. *Theory and Society*, v.1, p.179-210, 1972.

BARNES, B. *T. S. Kuhn and Social Science*. London: Macmillan, 1984a.

______. On the Extension of Concepts and the Growth of Knowledge. *Sociological Review*, v.30, p.23-44, 1984b.

BECKER, H. *Outsiders*. New York: Free Press, 1963.

BENSON, D., HUGHES, J. *The Perspective of Ethnomethodology*. London: Longman, 1983.

BITTNER, E. The Police on Skid-row: A Study of Peace-keeping. *American Sociological Review*, v.32, p.699-715, 1967a.

______. Police Discretion in the Emergency Apprehension of Mentally-Ill Persons. *Social Problems*, v.14, p.278-92, 1967b.

BLOOR, D. *Knowledge and Social Imagery*. London: Routledge and Kegan Paul, 1976.

BROWN, P., LEVINSON, S. Universals in Language Usage: Politeness Phenomena. In: GOODY, E. (Org.) *Questions and Politeness*: Strategies in Social Interaction. Cambridge, England: Cambridge University Press, 1978. p.56-289.

BRUNER, J. *Child's Talk*: Learning to Use Language. Oxford: Oxford University Press, 1983.

BURKE, K. *A Grammar of Motives*. Englewood Cliffs, NJ: Prentice-Hall, 1945.

CICOUREL, A. V. *Method and Measurement in Sociology*. New York: Free Press, 1964.

______. *The Social Organization of Juvenile Justice*. New York: Wiley, 1968.

______. Basic and Normative Rules in the Negotiation of Status and Role. In: SUDNOW, D. (Org.) *Studies in Social Interaction*. New York: Free Press, 1972. p.229-58.

CICOUREL, A., KITSUSE, J. *The Educational Decision Makers*. New York: Bobbs-Merrill, 1963.

CICOUREL, A. et al. *Language Use and School Performance*. New York: Wiley, 1974.

COLLINS, H. M. (Ed.) Knowledge and Controversy: Studies of Modern Natural Science. *Social Studies of Science*, v.11, n. esp., n.1, 1981.

COSER, L. Presidential Address: Two Methods in Search of a Substance. *American Sociological Review*, v.40, p.691-700, 1975.

COULTER, J. Decontextualized Meanings: Current Approaches to *verstehende* Investigations. *Sociological Review*, v.19, p.301-33, 1971.

______. Language and the Conceptualization of Meaning. *Sociology*, v.7, p.173-89, 1973.

COULTER, J. The Ethnomethodological Programme in Contemporary Sociology. *The Human Context*, v.6, p.103-22, 1974.

DAHRENDORF, R. Out of Utopia. *American Journal of Sociology*, v.64, p.115-27. 1958.

DAVIDSON, J. Subsequent Versions of Invitations, Offers Requests and Proposals Dealing with Potential or Actual Rejection. In: ATKINSON & HERITAGE, 1984. p.102-28.

DOUGLAS, J. *The Social Meanings of Suicide*. Princeton: Princeton University Press, 1967.

______. (Ed.) *Understanding Everyday Life*. London: Routledge and Kegan Paul, 1971.

DREW, P. Analyzing the Use of Language in Courtroom Interaction. In: DIJK, T. van (Org.) *Discourse and Dialogue*, v.3 de *A Handbook of Discourse Analysis*. New York: Academic Press, 1984. p.133-47.

EGLIN, P., WIDEMAN, D. Inequality in Professional Service Encounters: Verbal Strategies of Control versus Task Performance in Calls to the Police. *Zeitschrift für Soziologie*.

GARFINKEL, H. The Perception of the Other: A Study in Social Order. Tese de doutorado inédita. Harvard University, 1952.

______. A Conception of, and Experiments with, "Trust" as a Condition of Stable Concerted Actions. In: HARVEY, O. J. (Org.) *Motivation and Social Interaction*. New York: Ronald Press, 1963. p.187-238.

______. Practical Sociological Reasoning: Some Features of the Work of the Los Angeles Suicide Prevention Center. In: SCHNEIDMAN, E. S. (Org.) *Essays in Self-Destruction*. New York: International Science Press, 1967. p.171-87.

______. On the Origins of the Term "Ethnomethodology". In: TURNER, R. (Org.) *Ethnomethodology*. Harmondsworth, Middlesex: Penguin, 1974. p.15-8.

______. *Studies in Ethnomethodology*. Cambridge, England: Polity Press, 1984.

______. What is Ethnomethodology? In: GARFINKEL. 1984, p.1-34.

GARFINKEL, Studies of the Routine Grounds of Everyday Activities. In: GARFINKEL, 1984, p.35-75. (Reimpresso com revisões de *Social Problems*, v.11, p.225-50.)

______. Commonsense Knowledge of Social Structures: The Documentary Method of Interpretation in Lay and Professional Fact-Finding. In: GARFINKEL, 1984, p.76-103. (Reimpresso de SHER, J. M. (Org.) *Theories of the Mind*. New York: Free Press.)

______. Some Rules of Correct Decision Making that Jurors Respect. In: GARFINKEL, 1984, p.104-15.

GARFINKEL, H. Passing and the Managed Achievement of Sexual Status in an Intersexed Person. Part 1. In: ______. 1984. p.116-85.

______. "Good" Organizational Reasons for "Bad" Clinic Records. In: GARFINKEL, 1984. p.186-207.

______. Methodological Adequacy in the Quantitative Study of Selection Criteria and Selection Practices in Psychiatric Outpatient Clinics. In: GARFINKEL, 1984. p.208-61.

______. The Rational Properties of Commonsense and Scientific Activities. In: GARFINKEL, 1984. p.262-84. (Reimpresso de *Behavioural Science*, v.5, p.72-83.)

______. Entrevista com B. Jules-Rosette. *Sociétés*, v.1, n.5, p.35-9. 1985.

______. *A Manual for the Study of Naturally-Organized Ordinary Activities*. 3v. London: Routledge and Kegan Paul.

GARFINKEL, H., LYNCH, M., LIVINGSTON, E. The Work of a Discovering Science Construed with Materials from the Optically Discovered Pulsar. *Philosophy of the Social Sciences*, v.11, p.131-58, 1981.

GARFINKEL, H., SACKS, H. On Formal Structures of Practical Actions. In: McKINNEY, J. C., TIRYAKIAN, E. A. (Org.) *Theoretical Sociology*. New York: Appleton-Century-Crofts, 1970. p.338-66.

GIDDENS, A. *New Rules of Sociological Method*. London: Hutchinson, 1976.

______. *Central Problems in Social Theory*. London: Macmillan, 1979.

______. *The Constitution of Society*. Cambridge, England: Polity Press, 1984.

GILBERT, N., MULKAY, M. *Opening Pandora's Box*: An Analysis of Scientists' Discourse. Cambridge, England: Cambridge University Press, 1984.

GOFFMAN, E. Footing. In: GOFFMAN, E. *Forms of Talk*. Oxford: Basil Blackwell, 1981.

GOODWIN, C. *Conversational Organization*: Interaction between Speakers and Hearers. New York: Academic Press, 1981.

GOULDNER, A. *The Coming of Western Sociology*. New York: Basic Books, 1970.

GREATBATCH, D. The Social Organization of News-Interview Interaction. Tese de doutorado inédita. University of Warwick, 1985.

HANDEL, W. *Ethnomethodology*: How People Make Sense. Englewood Cliffs, NJ: Prentice-Hall, 1982.

HART, H. L. A. *The Concept of Law*. Oxford: Oxford University Press, 1961.

HEATH, C. *The Partnership in the Social Organizationof Speech and Body Movement in the Medical Consultation*. Cambridge, England: Cambridge University Press, 1986.

HERITAGE, J. Community and Practicality in Sociology and Beyond. *Sociology*, v.9, p.329-39, 1975.

______. *Garfinkel and Ethnomethodology*. Cambridge, England: Polity Press, 1984a.

______. Analyzing News Interviews: Aspects of the Production of Talk for an Overhearing Audience. In: DIJK, T. van. (Org.) *Discourse and Dialogue*, v.3 de *A Handbook of Discourse Analysis*. New York: Academic Press, p.95-117, 1984b.

______. Recent Developments in Conversation Analysis. *Sociolinguistics*, v.15, p.1-19, 1985.

HERITAGE, J., GREATBATCH, D. Generating Applause: A Study of Rhetoric and Response at Party Political Conferences. *American Journal of Sociology*, v.92, p.110-57, 1986.

HOLTON, G. Comments on Professor Harold Garfinkel's Paper. *Philosophy of the Social Sciences*, v.11, p.159-61. 1981.

KNORR-CETINA, K., MULKAY, M. (Org.) *Science Observed*. London: Sage, 1983.

LATOUR, B., WOOLGAR, S. *Laboratory Life*: The Social Construction of Scientific Facts. London: Sage, 1979.

LEITER, K. Teachers' Use of Background Knowledge to Interpret Test Scores. *Sociology of Education*, v.49, p.59-65, 1976.

______. *A Primer on Ethnomethodology*. New York: Oxford University Press, 1980.

LEVINSON, S. *Pragmatics*. Cambridge, England: Cambridge University Press, 1983.

LIVINGSTON, E. *Ethnomethodological Foundations of Mathematics*. London: Routledge and Kegan Paul, 1986.

LOCKWOOD, D. Social Integration and System Integration. In: ZOLLSCHAN, G. K., HIRSCH, W. (Org.) *Explorations in Social Change*. London: Routledge and Kegan Paul, 1964.

LUKES, S. *Émile Durkheim*. Harmondsworth, Middlesex: Peregrine, 1973.

LYNCH, M. Technical Work and Critical Inquiry: Investigation in a Scientific Laboratory. *Social Studies of Science*, v.12, p.499-534, 1982.

______. *Art and Artifact in Laboratory Science*. London: Routledge and Kegan Paul, 1985a.

______. Discipline and the Material Form of Images: An Analysis of Scientific Visibility. *Social Studies of Science*, v.15, p.37-66, 1985b.

LYNCH, M., LIVINGSTON, E., GARFINKEL, H. Temporal Order in Laboratory Work. In: KNORR-CETINA, K., MULKAY, M. (Org.) *Science Observed*. London: Sage, 1983. p.205-38.

MANNHEIM, K. On the Interpretation of *Weltanshauung*. em seus *Essays on the Sociology of Knowledge*, trad. e org. por P. Kecskemeti. London: Routledge and Kegan Paul, 1952. p.33-83.

MAYNARD, D. *Inside Plea Bargaining*: The Language of Negotiation. New York: Plenum, 1984.

MAYNARD, D., WILSON, T. On the Reification of Social Structure. In: McNALL, S. G., HOWE, G. N. (Org.) *Current Perspectives in Social Theory*: A Research Annual. Greenwich, Conn.: JAI Press, 1980. p.287-322.

MAYRL, W. Ethnomethodology: Sociology without Society. *Catalyst*, v.7, p.15-28, 1973.

McHOUL, A. The Organization of Turns at Formal Talk in the Classroom. *Language in Society*, v.7, p.183-213, 1978.

McHUGH, P. *Defining the Situation*. New York: Bobbs-Merrill, 1968.

McHUGH, P., RAFFEL, S., FOSS, D. C., BLUM, A. *On the Beginning of Sociological Inquiry*. London: Routledge and Kegan Paul, 1974.

McSWEENEY, W. Meaning, Context and Situation. *European Journal Sociology*, v.14, p.137-53, 1973.

MEHAN, H. *Learning Lessons*: Social Organization in the Classroom. Cambridge, Mass.: Harvard University Press, 1979.

MEHAN, H., WOOD, H. *The Reality of Ethnomethodology*. New York: Wiley, 1975.

MENNELL, S. Ethnomethodology and the New *Methodenstreit*. In: THORNS, D. C. (Org.) *New Directions in Sociology*. Newton Abbott: David and Charles, 1976.

MILLS, C. W. Situated Actions and Vocabularies of Motives. *American Journal of Sociology*, v.5, p.904-13, 1940.

MULKAY, M., GILBERT, G. N. Accounting for Error. *Sociology*, v.16, p.165-83, 1982.

OCHS, E., SCHIEFFELIN, B. *Developmental Pragmatics*. New York: Academic Press, 1979.

O'KEEFE, D. J. Ethnomethodology. *Journal for the Theory of Social Behaviour*, v.9, p.187-219, 1979.

PARSONS, T. *The Structure of Social Actions*. New York: McGraw-Hill, 1937.

______. *The Social System*. New York: Free Press, 1951.

PARSONS, T. et al. *Toward a General Theory of Action*. Cambridge, Mass.: Harvard University Press, 1951.

PEYROT, M. Understanding Ethnomethodology: A Remedy for Some Common Misconceptions. *Human Studies*, v.5, p.261-83, 1982.

PHILLIPS, J. Some Problems in Locating Practices. *Sociology*, v.12, p.56-77, 1978.
POLLNER, M. Mundane Reasoning. *Philosophy of the Social Sciences*, v.4, p.35-54, 1974a.
______. Sociological and Commonsense Models of the Labelling Process. In: TURNER, R. p.27-40. 1974.
______. "The Very Coinage of Your Brain": The Anatomy of Reality Disjunctures. *Philosophy of the Social Sciences*, v.5, p.411-30. 1975.
______. *Mundane Reason*: Reality in Everyday and Sociological Discourse. Cambridge, England: Cambridge University Press.
POMERANTZ, A. Compliment Responses? Notes on the Cooperation of Multiple Constraints. In: SCHENKEIN, J. p.79-112. 1978.
______. Agreeing and Disagreeing with Assessments. In: ATKINSON, J. M., HERITAGE, p.57-101. 1984.
POMERANZ, A., ATKINSON, J. M. Ethnomethodology, Conversation Analysis and the Study of Courtroom Behaviour. In: MULLER, D. J., BLACKMAN, D. E., CHAPMAN, A. J. (Org.) *Topics in Psychology and Law*. Chichester: Wiley, 1984. p.283-97.
PROCTER, I. Parsons Early Volutarism. *Sociological Inquiry*, v.48, p.37-48, 1978.
PSATHAS, G. (Org.) *Everyday Language*: Studies in Ethnomethodology. New York: Irvington Press, 1979.
______. Approaches to the Study of the World of Everyday life. *Human Studies*, v.3, p.3-17, 1980.
SACKS, H. Sociological Description. *Berkeley Journal of Sociology*, v.8, p.1-16. 1963.
______. Conferências inéditas, University of California at Irvine (transcritas e anexadas por G. Jefferson), 1964-1972.
______. An Initial Investigation of the Usability of Conversational Data for Doing Sociology. In: SUDNOW, D. 1972. p.31-74.
______. On the Analyzability of Stories by Children. In: GUMPERZ, J. J., HYMES, D. (Org.) *Directions in Sociolinguistics*. New York: Holt, Rinehart and Winston, 1972b. p.325-45.
______. On Some Puns with Some Intimations. In: SHUY, R. W. (Org.) *Report of the Twenty-Third Annual Round Table Meeting on Linguistics and Language Studies*. Washington, DC: Georgetown University Press, 1973. p.135-44.
______. An Analisys of the Course of a Joke's Telling in Conversation. In: BAUMAN, R., SHERZER, J. (Org.) *Explorations in the Ethnography of Speaking*. Cambridge, England: Cambridge University Press, 1974. p.337-53.

SACKS, H. Everyone has to lie. In: SANCHES, M., BLOUNT, B. (Org.) *Sociocultural Dimensions of Language Use*. New York: Academic Press, 1975. p.57-80.

______. Some Technical Considerations of a Dirty Joke. In: SCHENKEIN, J. 1978. p.249-70.

______. Hotrodder: A Revolutionary Category. In: PSATHAS, 1979, p.7-14.

______. Methodological remarks. In: ATKINSON & HERITAGE, 1984, p.21-7.

______. On doing "being ordinary". In: ATKINSON & HERITAGE, 1984. p.413-29.

SACKS, H., SCHEGLOFF, F. Two Preferences in the organization of Reference to Persons in Conversation and Their Interactions. In: PSATHAS, 1979. p.15-21.

SACKS, H., SCHEGLOFF, E. A., JEFFERSON, G. A Simplest Systematics for the Organization of Turn-taking in Conversation. *Language*, v.50, p.696-735, 1974.

SCHEGLOFF, E. A. Sequencing in Conversational Openings. *American Anthropologist*, v.70, p.1075-95, 1968.

______. Notes on Conversational Practice: Formulating Place. In: SUDNOW, 1972, p.75-119.

______. Preliminaries to Preliminaries: "Can I Ask You a Question?". *Sociological Inquiry*, v.50, p.104-52, 1980.

______. On Some Questions and Ambiguities in Conversation. In: ATKINSON & HERITAGE, 1984, p.28-52.

______. Between Macro and Micro: Contexts and Other Connections. In: ALEXANDER, J., GIESEN, B., MUNCH, R., SMELSER, N. (Org.) *The Micro-Macro Link*. Berkeley e Los Angeles: University of California Press, 1986.

SCHEGLOFF, E. A., JEFFERSON, G., SACKS, H. The Preference for Self-correction in the Organization of Repair in Conversation. *Language*, v.53, p.361-82, 1977.

SCHEGLOFF, E. A., SACKS, H. Opening up Closings: *Semiotica*, v.7, p.289-327, 1973.

SCHENKEIN, J. (Org.) *Studies in the Organization of Conversational Interaction*. New York: Academic Press, 1978.

SCHÜTZ, A. Commonsense and Scientific Interpretation of Human Action. In: *Collected Papers*, v.1. The Hague: Martinus Nijhodff, 1962a. p.3-47.

______. Some Leading Concepts of Phenomenology. In: *Collected Papers*, v.1. The Hague: Martinus Nijhoff, 1962b. p.99-117.

SCHÜTZ, A. On Multiple Practices. In: *Collected Papers*, v.1. The Hague: Martinus Nijhoff, 1962c. p.207-59.

______. The Social World and the Theory of Social Action. In: *Collected Papers*, v.2. The Hague: Martinus Nijhoff, 1964a. p.3-19.

______. The Problem of Rationality in the Social World. In: *Collected Papers*, v.2. The Hague: Martinus Nijhoff, 1964b. p.64-90.

SCOTT, J. F. The Changing Foundations of the Parsonian Action Scheme. *American Sociological Review*, v.28, p.716-35, 1963.

SHARROCK, W., ANDERSON, R. *The Ethnomethodologists*. London: Tavistock. SHARROCK, W., TURNER, R. A Conversational Environment for Equivocality. In: SCHENKEIN, J. 1978, p.173-97.

SHIBUTANI, T. *Improvised News*: A sociological Study of Rumor. Indianapolis: Bobbs-Merrill, 1966.

SKINNER, Q. *The Foundations of Modern Political Thought*: The Renaissance. Cambridge, England: Cambridge University Press, 1978.

SNOW, C., FERGUSON, C. A. *Talking to Children*. Cambridge, England: Cambridge University Press, 1977.

SOCIOLOGY Language and Practical Reasoning, n. esp., v.12, n.1, 1978.

SUDNOW, D. Normal Crimes. *Social Problems*, v.12, p 255-76, 1965.

______. (Org.) *Studies in Social Interaction*. New York: Free Press, 1972.

______. *Ways of the Hand*. Cambridge, Mass.: Harvard University Press, 1978.

SWANSON, G., WALLACE, A., COLEMAN, J. Review Symposium of Harold Garfinkel. *Studies in Ethnomethodology*, *American Sociological Review*, v.33, p.122-30, 1968.

TURNER, R. (Org.) *Ethnomethodology*. Harmondsworth, Middlesex: Penguin, 1974.

WATSON, D. R. Some Features of the Elicitation of Confession in Murder Interrogations. In: PSATHAS, G. (Org.) *Interactional Competence*. New York: Erlbaum, s. d.

WEST, C. Against our Will: Male Interruptions of Females in Cross-sex Conversation. In: ORSANU, J., SLATER, M. K., ADLET, L. L. (Org.) *Language, Sex and Gender*. Annals of the New York Academy of Sciences, v.327, p.81-97, 1979.

______. *Routine Compliquations*: Troubles with Talk between Doctors and Patients. Indiana: Indiana University Press, 1984.

WEST, C., ZIMMERMAN, D. H. Women's Place in Everyday Talk: Reflections on Parent-Child Interaction. *Social Problems*, v.24, p.521-9, 1977.

WEST, C., ZIMMERMAN, D. H. Conversation Analisis. In: SCHERER, K. R., EKMAN, P. (Org.) *Handbook of Methods in Nonverbal Behaviour Research*. Cambridge, England: Cambridge University Press, 1982. p.506-41.

______. Small Insults: A Study of Interruptions in Cross-sex Conversations with Unacquainted Persons. In: THORNE, B., KRAMERAE, C., HENLEY, N. (Org.) *Language, Gender and Society*. Rowley, Mass.: Newbury Hourse, 1983. p.102-17.

WIEDER, L. *Language and Social Reality*. The Hague: Mouton, 1974.

______. Ethnomethodology and Ethnosociology. *Mid-Americann Review of Sociology*, v.2, p.1-18, 1977.

WILSON, T. P. Normative and Interpretative Paradigms in Sociology. In: DOUGLAS, 1971. p.57-79.

WILSON, T. P., ZIMMERMAN, D. H. Ethnomethodology, Sociology and Theory. *Humboldt Journal of Social Relations*, v.7, p.51-88, 1979.

WRONG, D. The Oversocialized Conception of Man in Modern Sociology. *American Sociological Review*, v.26, p.183-93, 1961.

ZIMMERMAN, D. H. Record-keeping and the Intake Process in a Public Welfare Agency. In: WHEELER, S. (Org.) *On Record*: Files and Dossiers in American Life. Beverly Hills: Sage, 1969a.

______. Tasks and Troubles: The Practical Bases of Work Activities in a Public Assistance Agency. In: HANSEY, D. H. (Org.) *Explorations in Sociology and Counselling*. New York: Houghton Mifflin, 1969b.

______. The Practicalities of Rule Use. In: DOUGLAS, 1971. p.221-38.

______. A Reply to Professor Coser. *American Sociologist*, v.11, 1976. p.4-13.

______. Ethnomethodology. *American Sociologist*, v.13, p.6-15, 1978.

______. "Talk and its Occasion: The Case of Calling the Police". (Mimeogr., University of California, Santa Barbara.) s. d.

ZIMMERMAN, D. H., WEST, C. (Org.) Language and Social Interaction, Sociological Inquiry, n. esp., v.50, p.3-4, 1980.

TEORIA DA ESTRUTURAÇÃO E PRÁXIS SOCIAL[1]

Ira J. Cohen

"Os homens fazem sua história, mas não em circunstâncias de sua própria escolha" (Marx, 1963, p.15)[2] é um aforismo que parece mais convincente no prefácio do que nas conclusões da maioria das obras sobre teoria social. Existe, evidentemente, um campo substancial de teoria e pesquisa que ilumina vários processos e procedimentos por meio dos quais a ação social é produzida, mas em geral esses trabalhos negligenciam a implicação das circunstâncias coletivas historicamente herdadas no curso e no resultado da conduta social e não fazem menção alguma à constituição das coletividades sociais. A teoria e a pesquisa que captam os contornos das coletividades têm sido objetivos fundamentais da ciência social desde o seu início, mas tipicamente as explicações da ação social incorporadas nesses trabalhos visam ressaltar a intrusão de circunstâncias estruturais ou sistêmicas na consciência dos atores ou nos domínios em que ocorre a atividade, enquanto

1 Quero agradecer a Susan Hekman e Reggie Feiner Cohen por seus valiosos comentários sobre esboços anteriores deste ensaio.

2 Para variações desse termo, ver Simmel (1950, p.12-3) e Vico (1968, p.382, § 1108).

as práticas por via das quais ocorre a produção da vida social permanecem inabordadas. Os numerosos argumentos analíticos e procedimentos metodológicos que têm sido apresentados para atribuir prioridade ou à ação social ou às propriedades das coletividades são difíceis de sustentar quando considerados à luz de dois truísmos didáticos: a existência de coletividades que exibem propriedades específicas e configurações particulares depende da transação de determinadas formas de conduta; inversamente, a conduta social se dá de diferentes maneiras em tipos de coletividades historicamente específicos. A única conclusão plausível, uma vez operada a combinação dessas máximas, é que as propriedades das coletividades e os procedimentos da ação pressupõem-se de certo modo um ao outro na realidade da vida social. Atribuir prioridade *ab initio* à estrutura ou à ação parece errôneo e enganoso quando se reconhece que as duas estão entrelaçadas sempre que os seres humanos fazem a sua própria história.

Se fosse uma questão simples reconciliar ação e coletividades numa teoria social única, então a discriminação entre esses temas jamais seria cogitada. Mas é especialmente difícil envolver-se nesse projeto numa época em que tantas teorias e tradições de pesquisa díspares têm atraído adeptos de ambos os lados da linha divisória. Deve-se creditar a Anthony Giddens ter aceitado as responsabilidades que esse projeto acarreta, como parte de um programa mais amplo criado para produzir uma reorientação abrangente da agenda teórica na ciência social.[3] A teoria da estruturação, fruto desse projeto, reconstrói a sabedoria de uma série de ideias que ultrapassam todas as fronteiras nacionais e disciplinares e ao mesmo tempo coloca uma alternativa instigadora. A extraordinária diversidade das escolas de pensamento que estão sujeitas a críticas produtivas nos seus escritos, assim como o escopo e os detalhes da própria teoria da estruturação, diferencia Giddens de outros estudiosos que estão empenhados em esforços similares.[4]

3 Para relatos anteriores do programa mais amplo de Giddens, ver Giddens (1976, p.7) e "Introduction: Some Issues in the Social Sciences Today", em Giddens (1977).

4 Os estudiosos empenhados em esforços similares incluem Roy Bhaskar, Pierre Bourdieu, Randall Collins, Rom Harré e Kenneth Gergen.

Alguma coisa mais do que um sumário conciso da reconciliação da ação e coletividades dada nos princípios firmemente tecidos da teoria da estruturação ultrapassaria o espaço previsto para este ensaio.[5] Em vez de seguir esse roteiro, vou concentrar-me numa série de temas e questões das quais apenas uma envolve a explicação giddeniana da práxis social: a produção e a reprodução de vida social. Uma das contribuições mais significativas da teoria da estruturação, para além da reconciliação entre ação e coletividades, é a de desembaraçar a teoria social dos dilemas que são inerentes tanto ao positivismo quanto às teorias da ação social que têm absorvido a atenção dos estudiosos, sem jamais serem resolvidos, ao longo de boa parte do século XX. Giddens permaneceu cônscio desses dilemas ao longo dos seus escritos sobre a teoria da estruturação. No entanto, apesar ou talvez por causa do extraordinário fôlego de seu trabalho, muita coisa ainda está por ser dita a fim de consolidar e elaborar a relação da teoria da estruturação com ambas as escolas de pensamento. A primeira parte deste ensaio começa por ampliar a nova preocupação da teoria da estruturação com a constituição ontológica da vida social, um desenvolvimento que é fundamental não só para o contraste entre a teoria da estruturação e o positivismo mas também para o estatuto geral do projeto de Giddens.[6] A teoria social positivista incorpora um princípio ontológico, o princípio da uniformidade, que presume a existência de regularidades trans-históricas. Posteriormente eu estabeleço por que o conceito giddeniano da mediação humana e das práticas sociais implica uma completa negação de que as uniformidades da práxis sequer existam. A questão das regularidades também avulta na segunda parte deste ensaio, onde meu objetivo é demonstrar como a teoria da estruturação supera a provisão inadequada para regularidades da práxis que ocorre na maior parte das teorias da ação em virtude de sua restrita concentração na conduta social *in situ*. A reconciliação que Giddens estabelece entre ação e estrutura será discutida desse ponto de vista,

5 Uma discussão abrangente da teoria da estruturação é apresentada em Cohen.
6 Ver também Cohen (1986).

e também se mostrará como os seus conceitos de regularidades de conduta consideram as principais preocupações que levaram os teóricos da ação a hesitar em empreender uma abordagem similar. A última parte volta-se para uma crítica praxiologicamente orientada da explicação giddeniana das relações sociais. Parece-me que essa explicação aniquila várias distinções importantes e omite por inteiro a categoria das relações sociais ancoradas, que é de significação básica numa ampla variedade de cenários sociais.

Teoria da estruturação e positivismo

Conquanto não exista atualmente nenhuma doutrina canônica conhecida como positivismo, o termo continua a fazer sentido na medida em que se refere a princípios que pressupõem ou afirmam que os métodos que emparelham proposições nômicas com observação empírica são adequados para a formação de conhecimento em todos os domínios da investigação científica. Dada a extensão em que o positivismo assim definido tem influenciado o curso de desenvolvimento da teoria social moderna – influência que se estende, para além da evolução das teorias positivistas, a teorias que pressupõem objeções à doutrina positivista –, pode parecer curioso que Giddens não tenha encaminhado a teoria da estruturação para um embate com os princípios positivistas. Seus escritos não deixam qualquer dúvida quanto a estar ele perfeitamente familiarizado com esses princípios e toda a série de críticas que lhes têm sido dirigidas tanto na filosofia da ciência quanto na teoria social *per se*.[7] Contudo, em vez de entrar numa confrontação com o positivismo e a teoria social positivista, Giddens preferiu desenvolver as ideias que são fundamentais para a *teoria da estruturação* em resposta às teorias e escolas de pensamento que já se encontram a certa distância dos pontos de vista positivistas. Assim fazendo, ele pôde evitar embrenhar-se pelo emaranhado de problemas nos quais continuam enredados aqueles que debatem os méritos e as deficiências da ciência social positivista.

---

7 Ver Giddens (1974; 1976, cap.4; 1979, p.242-4) e Giddens, "Positivism and its Critics" (1977, cap.1).

Mas uma razão mais fundamental em virtude da qual o positivismo não fornece um pano de fundo adequado para o trabalho de Giddens é que as questões da teoria da estruturação são de uma ordem diferente daquelas que absorvem a atenção dos teóricos sociais positivistas.

Da epistemologia à ontologia

A invocação dos princípios positivistas no desenvolvimento da teoria social é a expressão mais óbvia de uma preocupação duradoura, nesse campo, com formas preferidas de conhecimento e legitimidade epistemológica.[8] Embora tenha várias propostas importantes quanto à natureza e à intenção crítica do conhecimento científico social,[9] Giddens reluta em moldar suas investigações segundo um conjunto predeterminado de princípios epistemológicos. Em vez disso, ele se apoia nos problemas centrais relativos ao objeto do conhecimento científico social. Concentrar-se nas questões epistemológicas, diz ele,

> desvia a atenção das preocupações mais "ontológicas" da teoria social, e é basicamente nelas que a teoria da estruturação se concentra. Em vez de preocupar-se com as disputas epistemológicas e com a questão de saber se alguma coisa como a "epistemologia" em seu sentido tradicional pode ser formulada, os que trabalham na teoria social deveriam, a meu ver, estar preocupados em primeiro lugar e acima de tudo com as concepções remodeladoras do ser humano e do fazer humano, a reprodução social e a transformação social. (Giddens, 1984, p.xx)

Os teóricos sociais que se cansaram da aparentemente interminável rodada de debates sobre as formas de conhecimento apropriadas podem saudar a decisão de Giddens de iniciar a teoria da

8 Embora essa busca de legitimidade seja facilmente identificada nas obras dos cientistas sociais positistas clássicos e contemporâneos, uma completa investigação histórica das consequências agenda-cenário dessa busca ainda está por ser escrita. Um modelo para um estudo desse tipo é dado pelo trabalho de Jeffrey T. Bergner (1981) a respeito da influência da epistemologia neokantiana sobre o desenvolvimento da ciência social.

9 Ver Giddens, 1976, cap.4; 1979, cap.7; 1984, cap.6. Para uma ampliação das implicações metodológicas da teoria da estruturação, ver Cohen, 1984.

estruturação ao longo de linhas ontológicas. Embora objeto e princípios metodológicos se mantenham inevitavelmente numa relação recíproca, nenhum dos domínios pode ser reduzido ao outro sem resíduo, e cada qual deve receber certo grau de autonomia para que imaginação e discernimento possam prosperar. Mas, apesar dessa autonomia, os objetivos visados por Giddens na formação de uma teoria ontológica da constituição da vida social não se afastam das preocupações da ciência social em geral. Pelo contrário, o principal objetivo da teoria social, desse ponto de vista, é inspirar teorias de estruturas substantivas e processos sociais e servir à prossecução das pesquisas empíricas (Giddens, 1984, p.xvii).

Ao formular as suas concepções dos fenômenos sociais em termos ontológicos, Giddens obviamente infringe as injunções positivistas contra os postulados metafísicos. A revogação dessas injunções é uma das consequências libertadoras da revolução pós-positivista e pós-empirista na filosofia da ciência. Mas é necessária uma certa cautela. Em primeiro lugar, embora se encontre em declínio na filosofia da ciência, o positivismo continua sendo uma doutrina influente nos círculos científicos sociais, notadamente nos Estados Unidos.[10] Em segundo lugar, a revolução pós-empírica não invalida algumas das preocupações mais notáveis que levaram os positivistas a se cansar das ideias metafísicas.

Um dos principais objetivos buscados pelos progenitores do positivismo era eliminar do pensamento social todas as teorias e métodos que atribuem ação ou consequência eficaz, no curso ou no caráter da vida social, a forças ou qualidades abstratas concebidas exclusivamente em termos metafóricos. Esses modos hipostatizados de teorizar, exemplificados em numerosas teorias de contrato social e levados a um extremo nas obras de Hegel, encerram ideias edificantes que continuam a inspirar novos desenvolvimentos na filosofia ética e política. No entanto essas explicações dos fenômenos sociais envolvem geralmente deduções da necessidade

---

10 Qualquer lista dos principais cientistas sociais americanos deve incluir pelo menos alguns dos seguintes positivistas: Peter Blau, Hubert Blalock, Ronald Burt, James Coleman, George Homans, Jonathan Turner, Walter Wallace, Harrison White e Morris Zelditch.

ou inevitabilidade das circunstâncias e eventos históricos a partir dos mecanismos metafísicos que regulariam a vida social em geral. Em uma das primeiras condenações dessa estratégia, Augusto Comte – que não estava de modo algum isento dos defeitos que identificava nas obras dos outros – caracterizou o espírito especulativo das teorias metafísicas como "ao mesmo tempo ideal no seu curso, absoluto na sua concepção e arbitrário na sua aplicação" (Comte, 1893, v.2, Livro 6, cap.3, p.57). Mais de um século depois, o pronunciamento de Comte reverbera nas obras de seus sucessores. Assim é que Robert Merton procura refrear um entusiasmo por esquemas conceituais mestres ao sugerir que eles tendem para os grandes sistemas filosóficos do passado que, apesar de sua variada sugestividade, permanecem cientificamente estéreis.[11]

Há sabedoria nessas objeções, que não devem ser descartadas por mais que se possa discordar dos teóricos sociais positivistas em outros aspectos. Atribuir ação ou consequência a forças ou qualidades metafísicas hipostatizadas é distorcer a formação de teorias substantivas e de investigações empíricas dos processos sociais. A diversidade que se evidencia nas diferentes sociedades e civilizações deve ser podada e modelada para preservar as ideias metafísicas fundamentais. Pela mesma razão, as descontinuidades históricas que são imcompatíveis com essas ideias devem ser postas de lado ou suprimidas. Embora alguns teóricos sociais modernos recomendem tais procedimentos, eles continuam sendo evidentes em muitas teorias da evolução, assim como nas teorias que postulam "necessidades" fundamentais, ou a prioridade dos fatores materiais ou ideais como características ubíquas de todas as coletividades. Restrições desse tipo irritam não somente os teóricos sociais positivistas mas também todos os cientistas sociais que se recusam a subordinar suas investigações em deferência a doutrinas e sistemas de pensamento canônicos.

Os filósofos da ciência pós-empiristas certamente não sustentam modos hipostatizados de teorização metafísica. Todavia eles

---

11 Merton, "On Sociological Theories of the Middle Range", em Merton (1968), p.51. Essas observações generalizam a crítica de Merton às obras de Talcott Parsons.

declaram categoricamente que as concepções metafísicas ou ontológicas do objeto de investigação num domínio científico qualquer são requeridas para preencher o vazio criado pela subdeterminacão das teorias pelo fato. Sem entrar nos pormenores dos complexos argumentos que se teceram a esse respeito, é útil mencionar as concepções das figuras mais destacadas da filosofia pós-empirista.[12]

O recurso à metafísica é evidente mesmo nos primeiros trabalhos de Karl Popper. O desvinculamento da descoberta científica em relação à pesquisa empírica, que é fundamental para o pensamento de Popper, leva-o a reconhecer que o processo de descoberta é impossível sem uma fé em certas ideias metafísicas que não se justificam de um ponto de vista empírico (Popper, 1968, p.38). Muitas décadas depois, Thomas Kuhn expõe um ponto de vista similar numa passagem introdutória a *The Structure of Scientific Revolutions* [*A estrutura das revoluções científicas*]:

> A pesquisa efetiva mal começa antes que uma comunidade científica pense que adquiriu respostas firmes a perguntas como as seguintes: Quais são as entidades fundamentais das quais se compõe o universo? Como elas interagem umas com as outras e com os sentidos? Que perguntas se pode legitimamente fazer sobre tais entidades e que técnicas podem ser empregadas na busca de soluções? (Kuhn, 1970, p.4-5)

Embora Kuhn sintetize, inequivocamente, questões metafísicas referentes à constituição do objeto investigado por membros de uma comunidade científica,[13] suas principais preocupações giram em torno das dimensões sócio-históricas das práticas científicas. Entretanto, essas concepções são ratificadas por estudiosos pós-empiristas, que assumem uma postura mais metodológica. Segundo Imre Lakatos, no centro de um "programa de pesquisa"

---

12 Para sumários da filosofia pós-empirista, ver Alexander (1982, p.18-33) e Giddens, "Positivism and its Critics" (1977, cap.1); para um comentário sobre a metafísica na teoria social, ver Cohen, 1968, p.5-6, 11-3).

13 Para um comentário sobre a significação da metafísica no uso notoriamente ambíguo que Kuhn faz do termo *paradigma*, ver Masterman, 1970, p.65.

científico existem tanto um "núcleo rígido" quanto uma "heurística positiva", os quais podem ser formulados em termos metafísicos (Lakatos, 1978, v.1, p.47-52, 110-1, 115). O sucesso de um "programa de pesquisa" tal como Lakatos o avalia depende da capacidade de seus elementos metafísicos em inspirar explicações satisfatórias da pesquisa empírica (Lakatos, 1978, v.1, p.48-52). Embora discorde de Lakatos em várias questões centrais, Larry Laudan propõe uma visão similar do lugar das concepções metafísicas na investigação científica. O que ele chama de "tradições de pesquisa" incorpora compromissos metafísicos com uma ontologia que especifica de um modo geral os tipos de entidades fundamentais num dado domínio e os modos como essas entidades interagem. Teorias específicas explicam problemas empíricos em termos redutíveis a essa ontologia (Laudan, 1977, p.79). Roy Bhaskar oferece uma explicação do significado das entidades ontológicas numa teoria da ciência que é muito mais consistente do que as explicações propostas por Kuhn, Lakatos e Laudan. Adotando uma perspectiva transcendental, Bhaskar afirma que sob os padrões empiricamente demonstráveis dos eventos deve haver mecanismos concebíveis em termos ontológicos que interagem para constituir as situações e os acontecimentos reais do mundo. Nessa concepção, tais mecanismos são os "objetos intransitivos" da teoria científica (Bhaskar, 1978, p.45-56).

Explorar ainda mais o estatuto dos pressupostos ontológicos seria uma digressão epistemológica do tipo daquela que segundo Giddens os teóricos sociais se empenham em evitar. No entanto, é imediatamente evidente que, diferentemente dos modos de teorizar metafísicos, as explicações pós-empiristas desestimulam a hipostatização de forças ou qualidades abstratas ao distinguir entre concepções ontológicas de entidades ou mecanismos fundamentais, por um lado, e teoria substantiva e pesquisa empírica, por outro. O elemento ontológico da teoria científica pode ser entendido como uma série de percepções internamente coerentes nos *potenciais* trans-históricos dos fenômenos que constituem um domínio de investigação, isto é, os processos e propriedades fundamentais que podem ser ativados ou realizados de numerosas e diferentes maneiras e em diferentes ocasiões. Esses potenciais são irrefutáveis em bases empíricas porque formulados sem que se levem em conta suas manifestações no fluxo empírico dos eventos. Todavia, pela mesma razão, o desenvolvimento de teorias substantivas é requerido para se determinar o modo como tais processos e propriedades operam e aparecem num dado contexto, e essas teorias estão sujeitas a refutação empírica. Uma consideração básica na formulação de conceitos ontológicos desse tipo deve ser a de conceder a maior extensão possível à diversidade e às contingências que podem ocorrer em diferentes cenários. Assim, as explicações hipostatizadas da determinação trans-histórica das circunstâncias ou das trajetórias universais dos eventos não são nem necessárias nem desejáveis. Pelo contrário, uma ontologia aceitável de potenciais pode ser flexível o bastante para permitir o desenvolvimento de uma variedade de diferentes teorias substantivas dirigidas para o mesmo objeto.

A teoria da estruturação é plenamente compatível com essa visão pós-empirista da natureza e dos objetivos das percepções ontológicas. *A ontologia estruturacionista está voltada exclusivamente para os potenciais constitutivos da vida social: as capacidades humanas genéricas e as condições fundamentais mediante as quais o curso e os resultados dos processos e eventos sociais são gerados e moldados numa multiplicidade de maneiras empiricamente discerníveis.* A ausência de hipostatização na teoria da estruturação é evidente na extensão em que Giddens evita impor quaisquer restrições substantivas aos seus conceitos ontológicos. Esses conceitos não atribuem prioridade trans-histórica a práticas ou processos específicos de produção e reprodução social; não se postulam "necessidades" universais nem para as coletividades nem para os atores sociais; e Giddens insiste vigorosamente em que todos os modos de teoria que postulam ou implicam qualquer teleologia funcional ou trajetória funcional da evolução social são enganosos e incorretos.[14]

---

14 Para os argumentos de Giddens contra a teleologia funcionalista, ver o seu "Functionalism après la lutte" (1977, cap.2); para seus argumentos contra os aspectos evolucionistas da obra de Marx, ver Giddens, 1981a, cap.3; para seus argumentos contra outras formas de teoria evolucionista, ver Giddens, 1984, cap.5.

Embora uma documentação abrangente das asserções precedentes não seja apresentada neste ensaio, a flexibilidade ontológica das concepções giddenianas da práxis social será focalizada mais adiante. Existe, contudo, um ponto de vista geral que merece especial menção aqui. Os comentadores que criticam a ausência de proposições sistematicamente relacionadas nos escritos de Giddens sobre a teoria da estruturação[15] não percebem a hipostatização da vida social que resultaria caso ele procedesse dessa maneira. Como a teoria da estruturação se concentra na produção e na reprodução de sociedade pelos próprios agentes sociais, uma sistematização das proposições ontológicas acarretaria igualmente certo grau de sistematização trans-histórica nos processos e resultados da práxis social. Mas a ausência de proposições sistemáticas não é apenas uma questão de prudência metodológica. É evidente em todos os escritos de Giddens que ele tem um respeito profundo pelas capacidades proteicas dos agentes sociais de reproduzir e transformar suas próprias circunstâncias históricas.[16] Os agentes sociais, e não os teóricos sociais, produzem, mantêm e alteram qualquer grau de "sistemidade" que exista na sociedade (Giddens, 1981a, p.41-8; 1984, p.164-5). Assim, na medida em que conjuntos de proposições sistematicamente correlacionadas estão em ordem, esse é um tema para teorias substantivas voltadas para tipos específicos de circunstâncias sócio-históricas. Esse ponto de vista, por certo, é diretamente oposto à confiança que permeia os modos sistêmicos de análise na "teoria geral" de Talcott Parsons.

Do princípio de uniformidade à produção de vida social

Como as várias interpretações da doutrina positivista envolvem reconstruções filosóficas de métodos para o desenvolvimento

15 Ver Archer (1982) e McLennan (1984); uma réplica a McLennan é apresentada em Cohen (1986).

16 Ver esp. Giddens, 1981a.

e a aceitação da teoria e das evidências tiradas de diversas análises de caso nas ciências naturais, os cientistas sociais positivistas, de um modo geral, não têm adotado essas doutrinas em bases ontológicas. Se os procedimentos positivistas não tivessem implicações para a constituição do objeto de um domínio qualquer de investigação, então poderia ser possível formular a teoria da estruturação de acordo com esses métodos. Mas, segundo demonstraram teóricos da ação como Alfred Schütz e Aaron Cicourel, as doutrinas positivistas interferem efetivamente no modo como os cientistas sociais concebem a constituição da vida social (ver Cicourel, 1964; Schütz, 1962, p.3-47). Seus argumentos indicam que as estratégias positivistas de observação e medição desprezam e distorcem as complexas racionalidades e estratégias subjetivas que compreendem aspectos fundamentais da práxis social humana. Esse argumento é coerente com a explicação da práxis social incorporada na teoria da estruturação. Todavia, o motivo da divergência entre a teoria da estruturação e o positivismo vai um pouco mais fundo do que isso, chegando finalmente à discrepância com um dos pressupostos primordiais do positivismo.

Existem certos aspectos nos quais o meu desenvolvimento dessa questão cruza com uma crítica que Roy Bhaskar faz ao positivismo, mas procederei de forma independente, e isso por duas razões. Primeiro, a crítica de Bhaskar pressupõe a estratégia transcendental que ele incorpora à sua teoria realista da ciência. Embora outros elementos da filosofia da ciência de Bhaskar pudessem ser reconciliados com a teoria da estruturação, não fica claro se é necessário ou útil aceitar os encargos envolvidos na defesa do raciocínio transcendental de Bhaskar. Segundo, Bhaskar está empenhado em preservar analogias entre a constituição dos domínios naturais e os domínios da vida social, com o importante pressuposto de que as estruturas sociais – que ele toma como os mecanismos geradores de vida social – são produzidas por meio da práxis social e portanto podem ter uma resistência apenas relativa.[17] Já a minha discussão da discrepância entre o positivismo e

17 Ver Bhaskar, 1979, p.47-9; para comentários de Bhaskar sobre diferenças de ênfase entre seu trabalho e a teoria da estruturação, ver Bhaskar, 1983, p.85.

a teoria da estruturação acentua a descontinuidade fundamental entre natureza e sociedade, que depende diretamente das características da práxis social *per se*.

Robert Merton articula a sabedoria convencional da maior parte dos cientistas sociais positivistas quando afirma que um conhecimento da lógica ou metodologia do procedimento científico não contém nem implica o conteúdo particular da teoria sociológica.[18] A grande variedade de concepções dos fenômenos sociais que se desenvolveram em conformidade com os princípios positivistas pareceria indicar que Merton está certo. As teorias individualistas do comportamento e da troca social, assim como as teorias holísticas da estrutura social, incorporando variados graus de ênfase nos fatores idealistas ou materialistas, estão todas representadas na tradição positivista. No entanto o próprio Merton, num de seus primeiros ensaios sobre a sociologia da ciência, apresenta uma lúcida explicação de um pressuposto ontológico que contradiz essa asserção da neutralidade temática da lógica da ciência.

> O pressuposto *básico* da ciência moderna "é uma convicção muito difundida, instintiva, da existência de uma *Ordem das Coisas*, e em particular da Ordem da Natureza". Essa crença, essa fé, porque pelo menos desde Hume deve ser reconhecida como tal, é simplesmente impermeável à exigência de uma racionalidade coerente. Nos sistemas de pensamento científico de Galileu, Newton e seus sucessores, o testemunho do experimento é o critério último de verdade, mas a própria noção de experimento é excluída sem a suposição prévia de que a Natureza constitui uma ordem inteligível, de sorte que quando se fazem perguntas apropriadas ela responderá, por assim dizer. Daí que essa suposição seja final e absoluta.[19]

Ao propor essa ideia, Merton se refere a um comentário de A. N. Whitehead. Segundo Whitehead, a crença na ordem da natureza pressupõe que todos os fenômenos são o resultado de recorrências na natureza, exemplicações de princípios gerais que

18 Ver aqui: Merton, "The Bearing of Sociological Theory on Empirical Research", em Merton (1968), p.140-1.

19 Merton, "Puritanism, Pietism, and Science". In: Merton (1968), p.635-6.

reinam em toda a ordem natural. Essa crença não se origina do método científico, mas surgiu bem antes do advento da ciência moderna (Whitehead, 1925, p.3ss). Stephen Toulmin oferece uma declaração sumária do que essa crença implica. O cientista típico, diz ele, "começa com a convicção de que as coisas não estão exatamente acontecendo (nem mesmo apenas-acontecendo-regularmente), mas antes algum conjunto fixo de leis, ou padrões, ou mecanismos, explica por que a Natureza segue o curso que ela segue e por que a sua compreensão dessas leis, padrões ou mecanismos deve guiar as suas expectativas" (Toulmin, 1961, p.45). Karl Popper fixa o estatuto desse princípio da uniformidade da natureza quando observa que "ele expressa a fé metafísica na existência de regularidades no nosso mundo" (Popper, 1968, p.252; ver também p.278).

É importante reconhecer que o princípio de uniformidade não fornece um conjunto abrangente de ideias sobre o tema em questão numa dada teoria. Em primeiro lugar, esse princípio é claramente insuficiente em si mesmo para estabelecer o que quer que seja sobre tipos específicos de padrões ou mecanismos. Em segundo lugar, ele não implica nenhuma explicação específica de causação ou teleologia. Finalmente, o princípio de uniformidade não requer de modo algum que as circunstâncias e eventos empíricos devam ocorrer da mesma forma sob quaisquer condições: conjunções de uniformidades podem ocorrer em resultados raros ou sem precedente numa instância qualquer. O único ponto no qual o princípio insiste é a existência de uma ordem trans-histórica de forças ou relações entre entidades, e é para isso que a investigação científica deve ser dirigida.

O princípio de uniformidade costuma ser usado como uma garantia para métodos indutivos de construção de teorias, e Thomas Wilson mostrou que um "argumento extensionalista" uniformitário está inscrustado também nos fundamentos filosóficos dos métodos matemáticos.[20] Mas, uma vez que a crença na

20 Para uma discussão crítica dos princípios da uniformidade como empregados nas filosofias da ciência dedutivas, ver Hansen, 1969, caps.21, 25. Uma crítica dos argumentos "extensionistas" correlatos nos métodos matemáticos para a construção da teoria é apresentada em Wilson (1984).

ordem uniforme da natureza surgiu antes da ciência moderna, o princípio de uniformidade não pode ser tratado simplesmente como um artefato metodológico. Pelo contrário, a menos que a ciência positivista seja vista como uma empresa quixotesca, as diretrizes metodológicas para desenvolver e empregar proposições que tomam a forma de afirmações endereçadas às regularidades universais – quer sejam ou não rigorosamente nomológicas – devem presumir a existência de uniformidades no objeto em questão.

A maioria dos teóricos sociais positivistas parece ter adotado o princípio de uniformidade por via de sua aceitação de diretrizes metodológicas desse tipo, mas alguns deles indicavam ou propunham uma percepção dessas implicações ontológicas dos métodos positivistas. Assim é que Walter Wallace, cujos trabalhos mais recentes o distinguem como um dos mais importantes teóricos positivistas da época atual, invoca a afirmação de Popper de que o princípio de uniformidade é uma crença metafísica e depois declara: assim como "os astrofísicos supõem que os mesmos processos (sejam eles conhecidos ou não) que prevalecem aqui e agora na Terra pravelecem em todo o cosmos e através de todo o tempo passado e futuro ... assim também os sociólogos supõem que os mesmos processos (ainda aqui, quer sejam conhecidos ou não) prevalecem em todas as sociedades, passadas, presentes e futuras" (Wallace, 1983, p.46).

Os teóricos sociais que propõem ou aceitam uma estratégia positivista para a construção de teorias indicam um compromisso com o princípio de uniformidade sobre bases metodológicas. Mas um ponto de vista uniformizante caracteriza também muitas outras teorias. Essas teorias funcionalistas que podem ser reconstruídas à maneira nomotética proposta por Carl Hempel (1965) e Ernest Nagel (1957) podem certamente ser incluídas nesse grupo. Harold Bershady (1973) estabeleceu que uma propensão para estabelecer leis universais está incrustada nas obras de Talcott Parsons. A conhecida proposta de Merton para o desenvolvimento de teorias de médio alcance pode dar a impressão de fugir ao princípio de uniformidade, mas isso só seria verdade se a sua concepção dessas teorias limitasse o seu escopo às coletividades e aos processos historicamente vinculados. Nessas circunstâncias, Merton nega a especificade histórica das teorias de médio alcance e afirma apenas que elas se limitam a um determinado âmbito de questões conceituais. A meta final continua sendo a de consolidar essas teorias num esquema conceitual geral de um modo mais progressivo.[21]

Quer o princípio de uniformidade seja ou não contradito na natureza, a experiência comum indica que uma profusão de regularidades naturais opera de maneiras similares sob as mesmas condições sempre e onde quer que elas ocorram. Surge então uma questão que é muito mais velha do que a teoria social na era moderna: a vida social é contínua com a natureza ou pode ser distinguida da natureza em determinadas bases? Giddens estabelece a sua posição relativamente a essa questão nas páginas de abertura do seu primeiro livro sobre a teoria da estruturação:

> A diferença entre sociedade e natureza não é [...] produzida pelo homem ... Enquanto não é feita por nenhuma pessoa singular, a sociedade é criada e recriada, se não *ex nihilo*, pelos participantes em cada encontro social. A *produção de sociedade* é um desempenho qualificado, sustentado e "feito acontecer" pelos seres humanos. (Giddens, 1976, p.5)

Embora Giddens estabeleça uma distinção inequívoca entre natureza e sociedade, não fica imediatamente evidente a base em que ele assenta o princípio da uniformidade. Que ele resiste a uma perspectiva uniformitária fica amplamente claro nas suas objeções a todas as formas de generalizações universais (Giddens, 1976, p.153-4; 1979, p.242-4; 1984, p.xviii-xix, 343-7). O que resta a ser considerado é por que ele adota essa postura. Ao tratar dessa questão, concentrar-me-ei em elementos da explicação giddensiana da constituição da ação social e das práticas sociais e colocarei entre parênteses, por ora, questões relativas à reprodução social e à reconciliação entre estrutura e ação. Esses parênteses serão tirados na próxima seção deste ensaio. Não se fará referência alguma aos interesses que dispõem ou impelem os agentes

21 Merton, "On Sociological Theories of the Middle Range", em Merton (1968), p.45, 51.

ou atores sociais – os termos são intercambiáveis – que se envolvem em práticas sociais. Isso se segue da asserção de Giddens de que, enquanto a teoria social deve conservar um interesse no sujeito como um ser racional, atuante, o sujeito deve também ser "descentrado" em favor de uma preocupação mais central com a conduta social (Giddens, 1979, p.47; 1984, p.xxii).

Uma linha de pensamento promulgada por Max Weber e sustentada de forma substancialmente alterada por Talcott Parsons afirma que a ação humana envolve fundamentalmente os significados e os motivos que os atores associam ao seu comportamento. O problema da ação social assim concebida é que o desempenho das atividades sociais não é levado em conta. Os sociólogos que se concentram na produção de ação social representam uma melhora considerável nesse aspecto, mas em sua obra ainda há uma ênfase excessiva nos aspectos discursivos da conduta. Por exemplo, os etnometodólogos que ressaltam a explicabilidade racional das ações práticas se concentram nas práticas conversacionais a expensas dos aspectos não discursivos da produção de atividades sociais. Uma associação intrínseca entre ação e comunicação também é pressuposta no interacionismo simbólico.

Embora Giddens aceite que a conversação e a negociação de significado são características proeminentes das práticas sociais, sua concepção da ação humana transfere a atenção para um aspecto mais característico de toda conduta humana, o poder de intervir no curso dos acontecimentos ou no estado de coisas (ver Giddens, 1976, p.110-1; 1979, p.88; 1984, p.14-6). Essa conexão entre ação e poder precede logicamente e permeia a explicação giddensiana das práticas sociais. De fato, o poder nesse sentido genérico é logicamente anterior a todas as questões referentes à subjetividade ou ao monitoramento da conduta (Giddens, 1979, p.92; 1984, p.15). Isso porque a ação social depende unicamente da capacidade dos atores de "fazer uma diferença" na produção de resultados definidos, quer pretendam ou não que esses resultados ocorram, quer estejam ou não conscientes de que eles ocorrem. Visto que "fazer uma diferença" é transformar algum aspecto de um processo ou evento, a ação na teoria da estruturação é equiparada à capacidade transformativa.

Nessas circunstâncias, não há nada nessa explicação que negue a existência de uniformidades sociais. Se a ação social redunda em determinados resultados, então o mesmo se pode dizer das bolas de bilhar colidindo nas ilustrações da mecânica newtoniana, das células que se dividem durante a mitose etc. Mas de um ponto de vista uniformitário a produção de resultados naturais não está sob o controle das entidades envolvidas. Com uma limitada concessão às espécies superiores no nível animal, as operações e interações entre elementos e objetos na natureza são vistas como o resultado da ação recíproca entre suas propriedades nativas e as circunstâncias exógenas. Um aspecto distintivo do exercício da ação social, por outro lado, é que as intervenções empreendidas pelos agentes sociais sempre estão, em maior ou menor grau, sob seu próprio controle. Como insiste Giddens, em qualquer fase de qualquer sequência de conduta qualquer agente poderia ter atuado de maneira algo diferente daquela com que atuou (Giddens, 1979, p.92, 267, n.15; 1981a, p.53; 1984, p.9). Na medida em que esse ponto é dado como pacífico, torna-se difícil presumir que a atividade social será produzida sempre e em qualquer lugar de um modo que corresponde à ordem da natureza. Em princípio, qualquer padrão de conduta social pode ser alterado pelos atores que estão envolvidos na sua produção. Isso não significa negar que grande parte da vida social consiste em regularidades na conduta (ver adiante), mas não permite conceber essas regularidades como elementos de uma ordem de uniformidades trans-histórica.

Tem sido dito que as afirmações de Giddens de que os agentes "poderiam atuar de outra maneira" implica que todos os atores exploram um grau generoso de liberdade na sua conduta (Archer, 1982, p.459-60; Carlstein, 1981, p.52-3). Como Giddens vem indicando minuciosamente, a teoria da estruturação está dedicando grande atenção às coações sociais e materiais que qualquer agente individual pode ser incapaz de mudar. Por isso ela está levando amplamente em conta o conjunto limitado de opções disponíveis para o exercício da ação num conjunto de circunstâncias qualquer (ver Giddens, 1984, p.169-80). Está além das preocupações deste ensaio prefigurar essas coações. É apropriado, entretanto, extrair implicações da concepção estruturacionista da ação no que concerne ao determinismo e à liberdade (NB: e não livre-arbítrio, já que a ação precede a subjetividade).

Ao tratar dessa questão, é importante ter em mente o que ficou dito sobre a substancial margem de segurança que as teorias ontológicas devem conceder à diversidade de situações e eventos aos quais elas podem aplicar-se. Adotar uma posição fixa em relação ao grau de liberdade ou coação no exercício anterior ao desenvolvimento de teoria substantiva e pesquisa empírica seria restringir o escopo da teoria da estruturação. A altercação de Giddens de que as facilitações e as coações no exercício da ação irão variar consideravelmente em diferentes circunstâncias históricas (Giddens, 1984, p.179) significa uma relutância em estabelecer uma posição *a priori* no tocante a questões de liberdade ou determinismo. Considerada sob essa luz, a afirmação de que, em princípio, os agentes são sempre capazes de "agir de outra maneira" representa apenas uma negação de um determinismo total da ação por forças às quais o agente deve responder automaticamente. Mas se a teoria da estruturação nega um determinismo radical, ela se opõe igualmente à liberdade desqualificada. Existem duas maneiras pelas quais se pode estabelecer essa questão. Primeiro, Giddens afirma que em toda relação social existe uma dialética de controle envolvendo o acesso assimétrico aos meios (recursos) – e a manipulação desses meios – pelos quais os agentes influenciam o comportamento uns dos outros. É central para esse conceito que nenhum agente envolvido na interação seja sempre completamente autônomo (Giddens, 1981a, p.61-3; 1984, p.16). Segundo, para formular um argumento que antecipa a discussão subsequente sobre a produção e a reprodução de atividade social, a amplidão de liberdade da ação depende crucialmente do âmbito das práticas que um agente é capaz de executar. Por maior que esse âmbito possa ser, a liberdade não qualificada se define porque nenhum agente é suficientemente hábil para executar todo tipo de prática que ele e seus colegas atores (eles ou elas) tenham dominado. Assim, a concepção de ação na teoria da estruturação resiste às polaridades do determinismo total e da liberdade total, ao mesmo passo que preserva todas as possibilidades entre esses dois extremos.

A diversidade histórica das práticas sociais

Embora a concepção estruturacionista da ação social propicie bases fundamentais para se negar a transposição do princípio de uniformidade da natureza para a vida social, essa questão pode ser elaborada voltando-se à explicação de Giddens das práticas sociais. A capacidade de intervenção é ativada nessas práticas e elas "fazem uma diferença" para o curso e o resultado das atividades sociais, atividades que podem envolver a organização sequencial e interativa de numerosas práticas empreendidas por outros.

Um aspecto proeminente da distinção que Giddens estabelece entre natureza e sociedade é que a produção de vida social é um desempenho *qualificado*. As práticas sociais podem ser entendidas como procedimentos, métodos ou técnicas hábeis executados apropriadamente pelos agentes sociais (cf. Giddens, 1984, p.20-2). Essa definição sugere uma correspondência com as preocupações dos etnometodologistas. Todavia, como se viu anteriormente, embora Giddens considere as investigações garfinkelianas da responsabilidade racional da ação como altamente significativas para uma compreensão da conduta social, ele não limita sua explicação das práticas às práticas responsáveis discursivas *per se*.[22] Existe uma variedade de práticas que podem ser conduzidas na ausência dos outros, como cuidar do asseio e da aparência pessoal ou votar por meio de cédula secreta. Além disso, como demonstrou Erving Goffman com inúmeros detalhes, muitos modos de gesticulação física e postura corporal resistem à redução a práticas conversacionais.

Se a vida social se distingue da natureza pelo desempenho das práticas sociais, então a base dessa distinção consiste nas habilidades e recursos requeridos para se desempenhar uma dada prática. É lidando com a constituição de habilidades praxiológicas que a consciência humana desponta como um tema maior na teoria da estruturação. No entanto, o modo específico de consciência, isto é, a *consciência prática* das habilidades sociais, deve ser distinguida da *consciência discursiva*, isto é, o nível de percepção

22 Ver Giddens (1984, p.77-83) para observações pertinentes sobre essa questão.

determinado pela habilidade de pôr as coisas em palavras (Giddens, 1984, p.41-5).[23] A qualidade característica da consciência prática é que os agentes precisam estar apenas tacitamente cônscios das habilidades que eles vieram a dominar, embora seja geralmente possível concentrar a atenção discursiva quando surge uma ocasião para tal. Ao enfatizar a percepção tácita que o ator tem das habilidades e dos procedimentos, Giddens está à altura de propor que as práticas podem ser desempenhadas sem serem diretamente motivadas – de fato, ele diz que grande parte da conduta do dia a dia ocorre dessa maneira (1979, p.59, 218; 1984, p.6).

A percepção dos processos de ação pode ser concebida como uma forma de conhecimento, isto é, um conhecimento de "como fazer alguma coisa" ou "como continuar". Esclarecendo a concepção de Alfred Schütz dos "estoques de conhecimento", Giddens refere-se ao *conhecimento mútuo*: um conhecimento que é compartilhado por todos os que têm a competência de envolver-se no ou reconhecer o desempenho apropriado de uma prática social ou de uma série de práticas (1976, p.88-9, 107; 1979, p.73, 84, 251-3; 1984, p.4). Tanto as práticas sociais quanto o conhecimento mútuo são concebidos inicialmente em termos unitários. Todavia, para fins analíticos eles podem ser tratados como uma série de regras. Uma vez que se referem a procedimentos sociais entendidos tacitamente, essas regras podem ser distinguidas dos códigos legais, dos regulamentos burocráticos e de outras regras que são formuladas discursivamente. Pode-se identificar dois aspectos de regras, conquanto ambos estejam sempre intricadamente entrelaçados no conhecimento e na prática. O aspecto semântico das regras refere-se ao significado qualitativo e processual das práticas, as localidades associadas com o seu desempenho e alguns (não todos) dos seus resultados prováveis. O aspecto normativo das regras refere-se às mesmas práticas, localidades e resultados do ponto de vista dos direitos e obrigações que estabelecem a sua natureza legítima ou ilegítima e os modos apropriados ou inapropriados pelos quais as práticas podem ser executadas (Giddens, 1976, p.104-10; 1979, p.81-8; 1984, p.16-25).

23 Ver também Giddens, 1979, p.57, 73; como Giddens deixa claro nessas observações, a consciência prática deve também ser distinguida do inconsciente.

Como a ação social envolve intervenções que alteram ou transformam os eventos sociais, isto é, contribuem para a sua produção, deve haver um aspecto das práticas sociais que se refere ao modo como essa influência se exerce. Giddens introduz o conceito de recursos para servir a essa finalidade. Recursos são as facilidades ou bases de poder a que o agente tem acesso e que ele manipula para influenciar o curso da interação com os outros. É importante aqui ter em mente o que foi dito sobre a dialética do controle. Mas também se deve compreender que a manipulação de recursos não ocorre em práticas distintas; sua mobilização sempre envolve os aspectos semânticos e normativos do conhecimento mútuo. Inversamente, os recursos fornecem os meios pelos quais essas regras semânticas e normativas são aplicadas. Duas categorias de recursos, que ainda aqui estão sutilmente entrelaçadas nas práticas concretas, podem ser distinguidas em termos analíticos. Os recursos "autoritativos" [*authoritative resources*] são capacidades que geram o comando sobre as pessoas (oportunidades na vida, posicionamento espaçotemporal, organização e relação entre os seres humanos). Os recursos alocativos são capacidades que geram o comando sobre os objetos materiais (matérias-primas, meios de produção, bens produzidos) (Giddens, 1976, p.112; 1979, p.91-4; 1981a, p.40-63).

Diferentemente da ação social, nada existe na concepção estruturacionista das práticas sociais que determine logicamente uma rejeição dos princípios da uniformidade. No entanto, o ônus que uma teoria uniformista das práticas sociais deve assumir desanimaria o mais resoluto e engenhoso dos positivistas. Transpor o princípio da uniformidade, da natureza para as práticas sociais, exigiria postulados para o efeito de que: os atores sociais em todas as épocas históricas e em todas as civilizações sejam cognoscíveis no tocante aos procedimentos de ação similares; eles construam e apliquem da mesma forma os aspectos semânticos e normativos desses procedimentos; tenham acesso aos mesmos tipos de recursos. Essas proposições são difíceis de sustentar. Elas implicam muito mais coisas do que a afirmação de que em toda parte os seres humanos têm necessidades semelhantes. As necessidades (por exemplo, alimento, abrigo, sexo, educação dos jovens) podem ser atendidas mediante uma variedade de diferentes práticas, e pode haver considerável variação no grau e no tipo de satisfação que resulta quando essas práticas são realizadas. O que esses postulados uniformistas realmente implicam é nada menos que a redução da diversidade histórica a formas fundamentais de conduta social na produção de vida social.

Não conheço nenhum teórico positivista que tenha conseguido identificar as uniformidades trans-históricas na práxis social. Até mesmo George Homans, cujas credenciais positivistas estão acima de qualquer suspeita, afirma que a "historicidade" do comportamento e das instituições humanas suscita dificuldades para o tipo de explicação científica com o qual ele está comprometido (Homans, 1974, p.41). Homans, obviamente, confina as suas proposições teóricas ao reforço ou à supressão do comportamento social baseado nas recompensas e castigos recebidos pelos atores sociais. Essa teoria behaviorista é ela própria controversa e certamente vai de encontro aos princípios da teoria da estruturação. Mas para as presentes finalidades é suficiente notar que Homans, com efeito, reduz o problema da "historicidade" no início de seu trabalho ao colocar entre parênteses o conteúdo das normas comportamentais e, *ipso facto*, a diversidade histórica da conduta (Homans, 1974, p.2).

Giddens recusa-se a negar a diversidade histórica como uma característica fundamental das práticas sociais. Os seres humanos, observa ele, são diferentes dos animais porque não são biologicamente programados para produzir vida social, embora evidentemente alguma concessão deva ser feita quanto às qualidades universais do organismo humano (Giddens, 1976, p.160; 1979, p.244; 1984, p.216-7, 174). Na ausência de muitas formas instintivas de atividade, é difícil imaginar qualquer mecanismo alternativo que garantiria as regularidades trans-históricas de conduta. Ademais, ao contrário do que sucede com relação aos processos naturais, não é intuitivamente óbvio que muitas uniformidades da prática realmente existam. De fato, com base nas aparências imediatas, a variabilidade das práticas entre civilizações e sociedades geográfica e historicamente remotas parece muito mais pronunciada do que as suas similaridades gerais.

A diversidade polimórfica das práticas humanas é uma importante razão pela qual Giddens sustenta que o conceito de ação não pode ser plenamente elucidado sem a consideração dos diferentes modos de atividades historicamente específicos (1979, p.56). Na teoria da estruturação, os tipos de recursos aos quais os agentes têm acesso e as habilidades cognoscíveis envolvidas nas práticas que eles desempenham, assim como o seu conhecimento discursivo de condições sociais mais amplas, sempre existem no interior de limites históricos e espaciais determinados. Pode parecer paradoxal afirmar a variabilidade histórica da práxis social em termos ontológicos. A ontologia, em última análise, refere-se apenas aos aspectos de um objeto que existe onde quer que seja encontrado. Ainda aqui, porém, deve-se sublinhar que a teoria da estruturação fornece uma *ontologia dos potenciais*. Ela sustenta que um potencial possuído pelos agentes sociais é a capacidade de produzir variações históricas em suas próprias formas de conduta. Visto que essa capacidade é apresentada como um potencial, é igualmente coerente afirmar que nem sempre ela é exercida. A obrigação em que se incorre ao se adotar essa posição é que nenhum aspecto da práxis social concebida em termos ontológicos pode referir-se a processos e eventos historicamente determinados. É exatamente assim que Giddens desenvolve a sua explicação da práxis social na teoria da estruturação. Considere-se, por exemplo, a distinção analítica que ele estabelece entre regras e recursos como aspectos característicos de todas as práticas sociais. Nenhum desses conceitos acarreta logicamente um conteúdo histórico qualquer. Embora os recursos alocativos envolvam o controle dos itens materiais e as regras sejam de natureza inerentemente idealistas, Giddens não faz nenhuma afirmação de que algum fator deva figurar de forma mais proeminente do que outro na produção das atividades e eventos históricos. Por fim, diferentemente de Talcott Parsons, Giddens não propõe nenhuma configuração sistêmica necessária das regras e recursos que devem ser empregados na análise das instâncias históricas da conduta social. Abstendo-se de estipulações referentes ao conteúdo, à prioridade e às relações sistêmicas entre regras e recursos, Giddens preserva o máximo possível a extensão para a variação histórica. Os investigadores que se abeberam na ontologia estruturacionista estão portanto livres para abordar essas questões de diferentes maneiras, dependendo das formas específicas da prática realizada num domínio histórico qualquer e das questões teóricas que eles queiram examinar em seus trabalhos. O único postulado substantivo da teoria da estruturação que eles devem acatar é que todas as práticas e circunstâncias históricas estão sujeitas a mudança.

Regularidades da práxis

Em muitos setores da moderna ciência social uma negação dos métodos positivistas, assim como da perspectiva uniformitária que eles necessariamente acarretam, está associada com uma supressão do interesse pelas regularidades sociais. Esse é especificamente o caso das teorias e pesquisas dedicadas à produção de ação social. Embora a existência de regularidades da práxis seja reconhecida em praticamente todos os numerosos programas desse âmbito, há uma tendência pronunciada – começando com a definição weberiana, idiograficamente orientada, da ação social – de concentrar-se na geração e significado de instâncias ou formas de atividade dentro das fronteiras do cenário no qual elas ocorrem. Como indicarei mais adiante, mesmo estudiosos como Peter Winch e Randall Collins, que tentaram investigar as regularidades de conduta, acabam se apegando a uma visão da ação social *in situ* e por essa razão não conseguem fornecer explicações adequadas do modo como se reproduzem as regularidades.

Conquanto imponha uma rejeição do princípio de uniformidade, a teoria da estruturação opõe-se igualmente às insuficiências das teorias da ação mais recentes no que diz respeito à natureza e à reprodução de regularidades da práxis. Giddens, evidentemente, deve muitas de suas ideias a essas teorias. Mas ele ressalta que as generalizações que em última análise se baseiam na reprodução e nas consequências de formas de conduta historicamente demarcadas são de grande pertinência para a análise social (Giddens, 1979, p.242-4; 1984, p.343-7). No entanto, os comentários de Giddens sobre as teorias da ação não enfatizaram o problema das regularidades, embora uma crítica desse problema esteja implícita nas observações que ele fez acerca da questão estreitamente correlata do desprezo dos teóricos da ação pelas propriedades estruturais das coletividades.[24] A conexão entre esses argumentos pode ser resumida em termos da reconciliação entre estrutura e ação propiciada por um dos conceitos centrais de Giddens, o da dualidade da estrutura. Ou seja, desprezar a reprodução de regularidades na prática torna impossível determinar como as propriedades estruturais resistentes são geradas e mantidas; inversamente, desprezar as propriedades estruturais torna impossível determinar as circunstâncias que os agentes requerem para reproduzir tais regularidades.

Existem vantagens a serem obtidas ao se elaborar a explicação giddensiana da reprodução de regularidades na dualidade da estrutura contra o pano de fundo de uma crítica do problema das regularidades nas teorias da ação. Em primeiro lugar, isso proporciona a oportunidade de esclarecer a natureza e o significado dessas regularidades na teoria da estruturação. Em segundo lugar, é possível discutir o modo como Giddens explica algumas das legítimas preocupações que fizeram os teóricos da ação hesitar em lidar com a reprodução de regularidades. Começarei apresentando um exame breve e altamente seletivo do problema das regularidades nos trabalhos de quatro dos mais inovadores estudiosos da ação social: Herbert Blumer, Harold Garfinkel, Peter Winch e Randall Collins.[25]

O problema das regularidades nas teorias da ação

Embora George Herbert Mead haja inspirado o desenvolvimento do interacionismo simbólico, Herbert Blumer deve ser reconhecido como o fundador da Escola de Chicago, que condensa a tendência dominante no seio dessa tradição. O desprezo da

24 Ver Giddens, 1976, esp. p.126-9; ver também o seu "Hermeneutics, Ethnomethodology, and Problems of Interpretative Analysis", em Giddens (1977, cap.4) e Giddens, 1982.

25 A omissão, nesta discussão, dos teóricos individualistas (p. ex., Alfred Schütz) está de acordo com o "descentramento" do sujeito na teoria da estruturação.

Escola de Chicago pelas questões sociais foi examinado por esses dois intérpretes e críticos.[26] Resumirei aqui apenas os aspectos do pensamento de Blumer que se relacionam diretamente com o problema das regularidades.

O que costuma passar despercebido no trabalho de Blumer é que ele faz alguma concessão às sequências de interação estáveis e repetitivas. A maioria das situações com que as pessoas se defrontam, diz ele, são "estruturadas" mediante definições e interpretações que elas adquiriram anteriormente. Uma consideração séria do que essa asserção implica poderia ter levado Blumer a conceber as propriedades trans-situacionais da interação de um ponto de vista coletivo. No entanto, em seus bem conhecidos ensaios Blumer não segue tal caminho. Em vez disso, seus comentários sobre situações e encontros regularizados surgem como pontos de partida para discussões do significado das situações "indefinidas" e das novas formas de alinhamentos interativos (Blumer, 1969, p.17ss., 86).

É fundamental para a perspectiva de Blumer sobre a interação que os atos sociais sejam gerados mediante um comportamento simbolicamente mediado entre os atores. Ele afirma ser muito comum nas sociedades modernas a ocorrência de situações nas quais as ações dos participantes não são regularizadas e nas quais os símbolos de interpretação mudam e variam. Tais ações divergem das ou ultrapassam as dimensões estruturais das organizações sociais em que elas acontecem. Por vezes Blumer também mantém aberta a possibilidade de inovação situacional nos termos universais e, portanto, ontológicos (1969, p.18, 88-9). Mas, seja qual for o estatuto desse argumento, a persistente sensibilidade de Blumer à possibilidade de inovação na conduta situada está em correspondência com a sua proposta metodológica que exorta os investigadores a considerar as características distintivas, únicas e particulares de qualquer "objeto de investigação" antes de inferir o que ele partilha em comum com outros "objetos" em termos conceituais (1969, p.148-9). Sua ênfase nas situações "indefinidas", aliada a essa proposta metodológica, desautoriza efetivamente

---

26 Para sumários, ver Maines (1977, p.235-7) e Meltzer et al. (1975, cap.3).

uma redução da jurisdição do interacionismo simbólico a instâncias situadas de conduta social.

A atenção que Blumer dá à interação não deve ser descartada. Se os agentes fossem incapazes de gerar novas formas de atividade, seria impossível explicar a extraordinária variação que se observa na conduta social ao longo da história humana. Mas até mesmo os membros da Escola de Chicago ficaram insatisfeitos com os obstáculos levantados contra o estudo das regularidades e dos aspectos coletivos da vida social que resultam necessariamente do ponto de vista redutivo de Blumer. Atualmente existem propostas de fundir o interacionismo simbólico com as preocupações trans-situacionais da semiótica (ver MacCannel, 1976; Perinbanayagam, 1985). Até agora tem havido pouco diálogo entre o interacionismo simbólico e a *teoria da estruturação*. Mesmo considerando-se que um interacionismo simbólico semioticamente inspirado provavelmente continuaria a diferir da *teoria da estruturação* numa *série de pontos* evidentes, ele criaria aberturas para trocas fecundas no futuro.

Como nos trabalhos de Blumer, há uma margem de pensamento na formulação original de Harold Garfinkel do programa de pesquisa etnometodológico que poderia levar a um interesse pela reprodução de regularidades das práticas sociais. Isto se torna evidente quando Garfinkel afirma que os membros de uma sociedade mantêm expectativas padronizadas acerca do caráter e das consequências da ação social. Mas da mesma maneira os "membros" não podem ser vistos como "dopados em termos de discernimento" que meramente se conformam aos padrões existentes. Pelo contrário, Garfinkel insiste em que as ações padronizadas são descobertas, criadas e mantidas pelos atores sociais durante o curso dessas mesmas ações (Garfinkel, 1984, p.66-7). É compatível com este argumento a proposição de Garfinkel (com Harvey Sacks) segundo a qual as atividades cotidianas exibem uma estrutura formal independente de qualquer grupo de atores, mas produzida e reconhecida como uma realização prática, situada, dos membros de um grupo particular (Garfinkel & Sacks, 1970, p.346). Essa proposição sugere duas possíveis linhas de pesquisa: as práticas e os procedimentos pelos quais os aspectos padronizados das formas de atividade são produzidos podem ser tematizados ou a atenção deve confinar-se à produção e ao reconhecimento dessas formas em situações particulares (cf. Garfinkel, 1984, p.10). Muito embora os etnometodologistas empenhados na análise conversacional tenham avançado ao longo dessas linhas, Garfinkel e outros têm dado prosseguimento à segunda abordagem, mais situada e específica.

Essa reversão da situação decorre da concepção de Garfinkel da produção de explicações e contextos tais como eles estão sintetizados nas noções de indexicabilidade e reflexividade. Indexicabilidade significa que todos os itens levantados para discussão são inerentemente equívocos com exceção dos procedimentos explicativos pelos quais eles são reunidos como aspectos particulares de um contexto etnográfico. Esse contexto compõe-se de itens indexados durante o curso de discussão anterior. Por isso as explicações produzidas pelos "membros" estão reflexivamente ligadas à ocasião socialmente organizada na qual elas são geradas. O que é típico ou potencialmente repetitivo não depende de nenhum "contexto-em-geral", mas sim da indexicabilidade reflexiva das explicações geradas mediante o uso de métodos de instâncias de conduta situadas (Garfinkel, 1984, p.4-10).

Como John Heritage demonstrou recentemente, a ênfase de Garfinkel na produção de explicações indexicais em contextos situados é coextensiva com uma perspectiva finitista na qual todo uso de conceitos, regras, tipificações etc. deve finalmente ser referido a determinantes específicos, locais, contingentes (Heritage, 1984, p.120-9).[27] Uma vez que Garfinkel reconhece uma "enorme padronização" (Garfinkel, 1984, p.9-10) na maneira como a interação organizada é realizada e reconhecida, esse finitismo não implica a precaução de Blumer quanto à possibilidade contingente de inovação nas formas de conduta. Ele decorre, isto sim, de uma insistência na rigorosa atenção à nuança e ao detalhe que tão bem caracteriza a pesquisa etnometodológica.

27 Minhas observações sobre a etnometodologia foram esclarecidas pelo estudo de Heritage. No entanto, Heritage encontra mais mérito do que eu na abordagem garfinkeliana finitista da ação social.

A deferência finitista que Garfinkel dedica à complexidade da práxis social está expressa numa série de políticas metodológicas que excluem efetivamente um interesse pela reprodução social. Essas propostas estipulam que todo aspecto de qualquer caso de investigação deve ser abordado como uma organização particular, localizada, das práticas; que tais práticas devem ser vistas como realizações contingentes; e que todo cenário deve ser visto como auto-organizador no tocante à sua inteligibilidade e representação da ordem social (Garfinkel, 1984, p.32-4). O efeito dessas políticas é colocar parênteses metodológicos em torno das questões da reprodutibilidade das práticas sociais e da intrusão de propriedades resistentes das coletividades em métodos e procedimentos localmente organizados. (A conhecida política garfinkeliana de "indiferença etnometodológica" também coloca entre parênteses as consequências da conduta social [Garfinkel & Sacks, 1970, p.345].) Assim, embora Garfinkel possa reconhecer uma "enorme padronização" na maneira como as atividades se organizam, ao mesmo tempo ele também recomenda que as instâncias de atividades comuns sejam reconhecidas para fins de pesquisa como "uma outra primeira vez" (Garfinkel, 1984, p.10).[28]

Uma mudança de interesse, da geração de instâncias específicas de conduta situada para formas reproduzidas de conduta, é evidente no trabalho de Peter Winch. A concepção pós-wittgensteiniana de Winch acerca dos objetivos da ciência social sublinha o argumento segundo o qual, quando a participação num tipo geral de atividade ocorre, os participantes confiam nas regras que especificam o que deve contar como "fazendo o mesmo tipo de coisa" em relação a essa atividade. Todos os participantes aprenderam a exercer essas atividades de maneiras semelhantes, e assim pode-se dizer que as regras sobre as quais eles se apoiam repousam sobre um contexto de atividade comum no seio de um grupo social (Winch, 1958, p.83-7).

28 Recentemente alguns etnometodologistas começaram a tirar esses parênteses: ver Maynard & Wilson (1980) e Wilson & Zimmerman (1979-1980). Giddens expressou uma apreciação desse trabalho em Giddens (1984, p.332-3).

Isso poderia sugerir que Winch se concentra no modo como as regularidades de conduta estabelecidas são reproduzidas mediante uma confiança em regras partilhadas em comum. No entanto os objetivos que Winch preconiza para a ciência social movem-se, na verdade, numa direção inteiramente diferente. Em vez de abordar questões sobre a práxis social como um processo de reprodução social, Winch propõe aceitar as "formas de vida" como elas são. Os cientistas sociais, segundo Winch, deviam estudar os modos de conduta a fim de compreendê-los, isto é, a fim de fornecer explicações sobre a natureza dos fenômenos sociais. As regras de conduta compartilhadas tornam-se sociologicamente pertinentes como critérios para identificar e elucidar esses tipos gerais de atividade (Winch, 1958, p.40ss, 86-7). Esse ponto de vista, em aspectos muito gerais, impelem Winch para a posição de filósofos europeus da hermenêutica como Hans-Georg Gadamer.[29]

Que a indagação empírica nas ciências sociais deve confiar em relatos interpretativos justificados pelos critérios que os participantes usam para reconhecer suas próprias atividades é um ponto aceito como necessidade metodológica na teoria da estruturação.[30] Mas os cientistas sociais não podem ficar satisfeitos com a elucidação das formas recorrentes de conduta. Devem também estar preocupados com os procedimentos de reprodução e transformação social, assim como com as consequências que decorrem dos tipos gerais de atividade. Desse modo, embora a concepção winchiana das regras esteja à beira de tornar-se um conceito que pode ser examinado de um ponto de vista trans-situacional, já que ele descura esses tópicos, as regras estabelecidas que proporcionam a reprodução de regularidades formam apenas a fronteira de sua abordagem. (Giddens, 1976, p.51).

Os recém-publicados trabalhos de Randall Collins sobre as "microfundações" da "macrossociologia" oferecem um útil contraponto à abordagem de Winch (Collins, 1981a; 1981b).

---

29 As afinidades e antinomias entre a hermenêutica europeia e a abordagem wittgensteiniana da análise social exemplificada por Winch são discutidas em Apel (1967) e Thompson (1981, p.118-20).

30 Sobre essa questão, ver Cohen, 1984; seu estudo tece considerações detalhadas sobre a concepção metodológica giddensiana da "dupla hermenêutica".

Como Winch, Collins aceita a natureza interativa das atividades sociais. Mas, diversamente de Winch, Collins mantém um interesse central nos processos por meio dos quais as formas de conduta são reproduzidas, absorvendo posturas analíticas de Erving Goffman e também de vários importantes etnometodologistas. Porém o mais pronunciado ponto de contraste entre Collins e Winch é que Collins nega que as regras de conduta trans-situacionais contribuam para a constituição de modos persistentes de atividade social.

Uma das argumentações centrais de Collins é que todas as variedades de "macroestrutura" podem ser traduzidas e reduzidas a agregações, distribuições e configurações quantitativas de "microeventos". Collins é levado a essa postura pela estratégia etnometodológica que consiste na pesquisa empírica ultradetalhada. Transpondo essa estratégia para uma chave teórica, Collins diz que, embora os indivíduos em "microssituações" possam abrigar "macrovisões" e fazer "macrorreferências" nas suas conversações, tais visões e referências são meros agregados das suas experiências sensoriais e subjetivas momento-por-momento, glosadas ou reificadas no pensamento e no discurso. Como toda realidade social é "microexperiência", Collins nega que as regras, as normas e os valores sociais sejam apropriadamente concebidos sobre uma base "macroestrutural" (Collins, 1981a, p.105; 1981b, p.991, 995).

Um problema que Collins precisa resolver é o seguinte: na ausência de regras ou normas trans-situacionais, como pode uma explicação da reprodução de regularidades ser aduzida a partir de instâncias situadas de conduta repetitiva? Embora reconheça que os recursos culturais e as disposições emocionais entrem na reprodução dos padrões de relações interpessoais ou neles se transformem, Collins não propõe nenhum fenômeno como fundamento para uma explicação satisfatória da reprodução social. Os recursos sociais são tópicos de conversação que envolvem uma realidade cognitiva comum entre os participantes da interação. Mas isso deve ser confrontado com uma das afirmações cruciais de Collins, a de que os seres humanos operam dentro de um âmbito muito limitado de capacidades cognitivas (Collins, 1981a, p.103; 1981b, p.995). Extrapolando os argumentos de Collins, parece também que, embora as emoções forneçam propensões (por exemplo, confiança, cordialidade, entusiasmo) a agir de certas maneiras, tais propensões não podem explicar os tipos específicos de atividade reproduzidos numa dada situação. Finalmente, Collins proporciona uma base para a reprodução ao introduzir um surpreendente desvio para conceitos etnometodológicos convencionais da contextualidade das atividades sociais. "A microrrealidade de qualquer 'estrutura social'", diz ele, "compõe-se de alguns padrões de associações microrrepetitivas entre as pessoas com relação a algum objeto ou lugar físico ... porque as capacidades cognitivas humanas não permitem que as pessoas se organizem de nenhuma outra maneira" (Collins, 1981b, p.996). "Os comportamentos repetitivos ... estão primordialmente alicerçados no plano *físico*" (1981a, p.103).

Giddens fez várias objeções ao enfoque de Collins, mas não abordou essa explicação materialista da reprodução social (Giddens, 1984, p.140-2). Para antecipar qualquer discussão posterior, deve-se notar que os aspectos físicos das localidades sociais desempenham um papel de relevo na reprodução social do ponto de vista da teoria da estruturação. Mas a redução que Collins faz da reprodução da conduta para repetidas instâncias de atividade nas mesmas circunstâncias físicas deixa de considerar o seguinte: embora os objetos materiais e as capacidades e a aparência físicas do corpo humano possam impor certas formas de conduta e facilitar outras, essas circunstâncias materiais em si mesmas e por si mesmas não conferem ao ator social a competência para reproduzir indefinidamente a conduta social no mesmo tipo de cenário. De fato, em muitos cenários físicos os mesmos atores podem empreender diferentes atividades em diferentes ocasiões (por exemplo, na cozinha doméstica, nas ruas da cidade). Ademais, alguns modos de conduta são menos circunscritos pelos requisitos materiais do que outros. Dada a proximidade face a face, os atores podem conversar, fazer reuniões e assim por diante, numa ampla (mas não ilimitada) variedade de cenários. Dados os modernos meios de comunicação e transporte, mesmo a copresença física é desnecessária para que muitas formas significativas de interação se realizem (ver adiante). Mas em todos os casos, a menos que sustentem um conhecimento do modo como as formas gerais de conduta são apropriadamente executadas em locais adequados numa base de continuidade, os atores serão incapazes de reproduzir essas atividades de maneira natural nas suas vidas cotidianas. O reconhecimento de que os agentes sociais mantêm uma consciência contínua das habilidades e dos procedimentos sociais requer um respeito pelas capacidades cognitivas humanas maior do que aquele que Collins se permite. Esse reconhecimento sugere também que um enfoque adequado da reprodução social pode evitar alguma referência às regras trans-situacionais para essas habilidades e procedimentos.

Instituições sociais: prática e contexto

Um resumo dos itens já esboçados põe em relevo uma série de questões que estão contidas na explicação giddensiana da reprodução de regularidades da práxis. Em oposição a Blumer e Garfinkel, Giddens dá grande ênfase às formas de conduta persistentemente repetidas; em oposição a Winch, Giddens se concentra diretamente no modo como as formas de conduta se reproduzem; e em oposição a Collins ele atribui grande importância às regras trans-situacionais e às capacidades cognitivas humanas. Porém esses estudiosos também levantam questões com as quais Giddens deve defrontar-se. A explicação das formas reproduzidas de conduta que Giddens apresenta na teoria da estruturação sustenta a preocupação de Garfinkel com a elaboração reflexiva do contexto e da ação na medida em que incorpora a atenção dada por Collins aos cenários físicos de conduta. Na dualidade de estrutura Giddens estabelece o modo como as práticas sociais se reproduzem mas também preserva a insistência de Blumer nas oportunidades para a inovação.

A ausência de uma concepção adequada de formas de conduta reproduzidas em muitas teorias da ação social está por trás da exigência de Giddens no sentido de uma *teoria institucional da vida cotidiana* (Giddens, 1979, p.81; 1981b, p.164-5). O termo *institucional* não é usado aqui de modo casual, mas tem uma intenção programática. O conceito de instituições sociais na teoria da estruturação refere-se especificamente às práticas rotinizadas que são executadas ou reconhecidas pela maioria dos membros de uma coletividade (cf. Giddens, 1979, p.80; 1981b, p.164; 1984, p.17).

A maioria dos cientistas sociais reconhece a repetição difusa e resistente das práticas habituais nas sociedades tribais e em outros grupos de pequena escala. Mas a extraordinária diversidade das práticas sociais na moderna civilização ocidental obscurece a extensão em que as rotinas institucionalizadas são constitutivas das transações de eventos cotidianos. Algumas formas de conduta mundanas mas impregnadas de consequências são reproduzidas em toda a civilização ocidental e para além dela – por exemplo, a coordenação por meio do tempo medido pelo relógio e do calendário gregoriano, o uso do dinheiro e de outros instrumentos de crédito. Outras rotinas envolvendo o uso da linguagem, dos procedimentos políticos formais, das convenções culinárias etc. são essenciais para o curso e o ciclo dos eventos sociais em sociedades específicas ou num pequeno grupo de sociedades. Os domínios menos extensos em que as formas de conduta institucionalizadas se reproduzem incluem classes sociais particulares e grupos específicos de idade, de gênero, étnicos e regionais.

Uma ênfase na contextualidade reflexiva como elemento integral dos encontros sociais é sustentada na explicação giddensiana das instituições sociais, embora Giddens divirja de Garfinkel por absorver as ideias de Goffman sobre os muitos aspectos da contextualidade que são estabelecidos nos gestos não verbais. No entanto, diferentemente desses dois estudiosos, Giddens enfatiza o conceito de que os agentes podem constituir o contexto significativo e o conteúdo da conduta social de um modo institucionalizado (1979, p.83-4; 1984, p.119). Aceitar que o contexto e a conduta podem ser reproduzidos acarreta necessariamente uma rejeição da política metodológica finitista recomendada por Garfinkel, mas não implica negar a utilidade da adoção de uma perspectiva finitista para determinados fins. Em primeiro lugar, embora as práticas reproduzidas apresentem um certo grau de coerência que permite concebê-las como regularidades institucionalizadas, muitos dos aspectos mais sutis da sua reprodução podem permanecer desconhecidos – por exemplo, a sequencialidade e a cronometragem dos procedimentos de interação. A concentração finitista na investigação empírica das situações individuais de reprodução dessas práticas continua sendo a maneira mais apropriada pela qual esses aspectos sutis, embora muitas vezes altamente significativos, da práxis podem ser descobertos e analisados. Os resultados de tais estudos acabam por aprofundar a nossa compreensão do modo como as regularidades da práxis se reproduzem. Em segundo lugar, qualquer instância na qual a reprodução das práticas e dos contextos ocorra manifesta certas idiossincrasias, como as diferenças nos maneirismos pessoais e as referências locais a determinadas circunstâncias e atividades. Sempre que essas e outras particularidades de situações específicas se encontram em pauta, as investigações finitistas estão obviamente em ordem.

Os aspectos físicos dos cenários sociais desempenham um papel proeminente na reprodução das atividades institucionais. Giddens admite que a natureza e os contornos dos objetos físicos, das fronteiras materiais e das características corpóreas do corpo humano modelam e facilitam a reprodução tanto do contexto como da conduta. Diversamente de Collins, Giddens propõe que as circunstâncias físicas sempre se entrelaçam com as rotinas sociais nas práticas reproduzidas. Os aspectos físicos dos cenários não influenciam simplesmente a conduta social; são mobilizados e categorizados durante o curso da ação e da interação social (Giddens, 1976, p.106-7; 1979, p.206-7).

O que está implícito aqui é uma síntese dos fatores idealistas e materialistas na reprodução social. A atenção reflexiva ao contexto dos encontros sociais – que Giddens (1984, p.46-7) considera um processo ativo de organização perceptual –, aliada aos procedimentos conversacionais, pode ser concebida em termos idealistas. Os modernos meios de comunicação permitem que um grau limitado de contextualidade seja gerado por agentes que não estão fisicamente copresentes. Porém, os modos de contextualidade bem desenvolvidos são gerados por agentes que estão em estreita proximidade uns dos outros. Aqui os agentes estão numa posição que lhes faculta perceber os feitos dos outros e perceber que os outros os estão igualmente percebendo. As formas difusas de contextualidade que se pode sustentar nessa base podem distinguir-se das formas mais intensivas de contexto geradas reciprocamente por procedimentos conversacionais e não verbais nos encontros face a face (Giddens, 1984, p.67-73).

O conceito de *localidade* na teoria da estruturação junta os procedimentos perceptuais e conversacionais às circunstâncias materiais da conduta social. As localidades podem ser designadas pelas circunstâncias físicas e pelos artefatos humanos associados com as atividades institucionalizadas, mas o conceito de localidade refere-se especificamente à maneira com que esses aspectos materiais dos cenários sociais são usados no curso das rotinas sociais (Giddens, 1976, p.106-7; 1979, p.206-7; 1981a, p.39, 161; 1984, p.118-9). Esse conceito diverge do pensamento de Collins ao afirmar que as circunstâncias materiais podem ter uma influência variável sobre a transação da conduta. Embora muitas práticas envolvam inerentemente o uso de itens em cenários específicos (por exemplo, produção agrícola e industrial), outras podem envolver o uso de itens que não estão fixados numa localização espacial. No entanto, mesmo neste último caso as fronteiras materiais determinadas são geralmente requeridas para que os agentes possam estabelecer uma consciência reflexiva e envolver-se no discurso. Por exemplo, as academias acham difícil criar o contexto para as suas palestras ao ar livre.

A reprodução de ação e estrutura na dualidade da estrutura

A explicação giddensiana da reprodução de práticas institucionais na dualidade da estrutura fornece uma base para a sua reconciliação da ação com a estrutura. Representa portanto uma divergência total não só das teorias predominantes da ação como também das teorias que se concentram nas propriedades das coletividades sociais. Embora os contrastes entre essa explicação e as teorias da ação sejam discutidos aqui, é importante mencionar um item no conceito giddensiano das coletividades que será posto entre parênteses para os presentes fins. Na teoria da estruturação, a padronização das relações nas coletividades é constituída por práticas inter-relacionadas (mas politicamente assimétricas) reproduzidas através do tempo e do espaço em variados locais. (O termo *estruturação* refere-se à reprodução de relações sociais através do tempo e do espaço como transacionadas na dualidade da estrutura.) Coerentemente com a flexibilidade ontológica da teoria estruturacional tomada em seu conjunto, Giddens permanece aberto para uma investigação substantiva de todas as questões concernentes aos padrões sistêmicos específicos, assim como ao grau em que os sistemas são estáveis, organizados e permeáveis. No entanto ele estabelece uma distinção básica entre dois modos de integração. A integração social refere-se às reciprocidades das práticas no nível da interação face a face. A integração de sistemas refere-se às relações recíprocas entre os que estão fisicamente ausentes. Neste ensaio tratarei da reprodução das práticas na dualidade da estrutura sem levar em conta essa distinção e me concentrarei na reprodução das práticas individuais num sistema de dimensões indeterminadas. Direi mais alguma coisa sobre a concepção giddensiana das relações nas observações subsequentes.

Segundo Giddens, a dualidade da estrutura refere-se à:

> retroatividade essencial da vida social como constituída em práticas sociais. A estrutura é tanto o meio como o resultado da reprodução das práticas. A estrutura entra simultaneamente na constituição das práticas sociais e "existe" nos momentos geradores dessa constituição. (Giddens, 1979, p.4)

Deve ficar evidente que nenhum dos teóricos da ação discutidos neste ensaio é capaz de propor um ponto de vista similar. O que é mais digno de nota, entretanto, é que, nos seus comentários sobre as condições associadas com as regularidades da conduta, cada um desses teóricos, com a exceção de Collins, menciona um conceito que figura proeminentemente na concepção giddensiana da dualidade da estrutura. Tanto Blumer como Garfinkel reconhecem de passagem que as compreensões ou expectativas comuns são tiradas dos e tornadas manifestas nos e através dos procedimentos pelos quais os modos "estruturados" de conduta são repetidamente empreendidos durante o curso de rotina da vida cotidiana. Winch faz uma observação semelhante, em termos que estão mais em conformidade com a teoria da estruturação, quando afirma que as formas estabelecidas de atividade são empreendidas por agentes com base nas regras que eles aprenderam no passado. Na dualidade da estrutura Giddens desenvolve sua própria concepção de como as regras estão implicadas nos desempenhos das práticas sociais (ver anteriormente). As regras surgem agora como procedimentos generalizados que são utilizados na reprodução de regularidades da práxis, um processo de reprodução que serve para regenerar essas regras como aspectos estabelecidos dos domínios sociais historicamente demarcados.

Considerada contra o pano de fundo do preeminente conceito dos teóricos da ação com instâncias e formas situadas de conduta social, a contribuição mais significativa de Giddens na dualidade da estrutura é a de tratar as regras referentes às regularidades de conduta como propriedades estruturais das coletividades sociais. Graças ao papel central que esse conceito desempenha no desenvolvimento global da teoria da estruturação, ele merece ser esclarecido com a maior precisão possível. Como as regras só se tornam manifestas quando as práticas institucionalizadas são reproduzidas (ver adiante), não se pode concebê-las em termos exclusivamente holísticos. No entanto, para que sejam identificadas em termos coletivos, as regras devem ser irredutíveis, sem resíduos, a situações individuais onde se realizam instâncias de conduta específicas.[31] Irredutibilidade implica aqui que as regras de conduta (procedimentos de ações) são trans-situacionais no sentido de que estão envolvidas em formas de conduta que são: (1) reproduzidas e reconhecidas muitas vezes durante as atividades de rotina empreendidas pelos membros de uma coletividade; (2) reproduzidas e reconhecidas durante um considerável período na história desse grupo. Onde quer que esses critérios se apliquem, as regras de conduta podem ser concebidas como propriedades trans-situacionais de uma coletividade que entram na reprodução da conduta institucionalizada.

---

31 Isso é uma modificação do critério de irredutibilidade desenvolvido por Mandelbaum (1955).

Pode-se demonstrar que a concepção giddensiana das regras de conduta se conforma a esses dois critérios. Para elaborar esse argumento, é útil voltar à noção de conhecimento mútuo que, como ficou indicado na discussão anterior, subordina os aspectos semânticos e normativos das regras no tocante ao desempenho apropriado das práticas sociais. Considerem-se agora as características do conhecimento mútuo pertencente às práticas institucionalizadas reproduzidas em numerosas ocasiões por numerosos agentes na vida diária. Deve ficar evidente que esse conhecimento não pode ser totalmente reduzido a quaisquer situações de conduta específicas. De fato, num mesmo momento agentes em diferentes cenários podem empregar a mesma forma de conhecimento mútuo para reproduzir o mesmo tipo geral de atividade.

As análises de caso de práticas desviantes que foram instrumentais no primeiro desenvolvimento do interacionismo e da etnometodologia simbólicos são de certo modo enganosas a esse respeito. De um ponto de vista estrutural, as regras de conduta mais proeminentes são as que são mais comumente instituídas nas práticas cotidianas. Uma experiência mental útil para determinar o significado estrutural das regras é imaginar que diferença faria para a transação de rotina dos eventos sociais se os agentes parassem de desempenhar as práticas associadas com uma determinada categoria de conhecimento mútuo. Assim, para tomar um exemplo durkheimiano, se é correto atribuir um grande significado estrutural na civilização ocidental às regras concernentes aos direitos e deveres dos indivíduos, então a remoção das práticas nas quais essas regras estão em vigor tornariam difícil sustentar o curso de rotina dos eventos sociais. Tais práticas poderiam ir desde os procedimentos sutis de autoafirmação e profundo respeito pelas façanhas de indivíduos anônimos até maneiras mais óbvias pelas quais os direitos e obrigações cívicos dos indivíduos são exercidos e cumpridos.

O conhecimento mútuo das regras da práxis social também se conforma ao critério da persistência histórica. Um pré-requisito aqui é que essa cognoscibilidade deve estar associada com práticas realizadas numa coletividade para além da duração da vida de qualquer agente ou qualquer grupo de agentes (Giddens, 1984, p.170).

Um segundo pré-requisito é a designação dos meios pelos quais o conhecimento mútuo é preservado e transportado através do tempo e do espaço entre situações nas quais essas práticas são reproduzidas. O conceito de Giddens estende consideravelmente as referências incidentais de Blumer e Garfinkel às compreensões comuns que os agentes trazem para as formas "estruturadas" de conduta. Os "traços de lembranças" do modo como as coisas são feitas, diz ele, fornecem um instrumento básico pelo qual o conhecimento mútuo é "armazenado" pelos agentes sociais (1979, p.64; 1981a, p.35). O tipo de lembrança em questão não deve ser confundido com a recordação autorreflexiva das experiências e acontecimentos passados. A lembrança neste último sentido pode ser expressa verbalmente e portanto corresponde ao que Giddens chama de consciência discursiva. O conhecimento mútuo é fundamentalmente mantido e recordado de um modo tácito no nível da consciência prática.

Os teóricos da ação forneceram alguns conceitos sobre o exercício do poder. No entanto, é importante notar que tanto os recursos quanto as regras são considerados por Giddens como propriedades estruturais das coletividades. Numa discussão mais ampla da estruturação do poder, seria necessário considerar o significado que Giddens atribui ao armazenamento de recursos autoritativos e alocativos, bem como à dialética do controle. Para as presentes finalidades, entretanto, basta mencionar que os recursos concebidos como propriedades das coletividades não exercem uma influência independente sobre a reprodução das práticas na dualidade da estrutura. Em vez disso, o entrelaçamento de regras e recursos na conduta institucionalizada resulta no que Giddens chama de *estratégias de controle*: os modos pelos quais os agentes aplicam seu conhecimento a respeito da manipulação dos recursos a que têm acesso para reproduzir a sua autonomia estratégica relativamente às ações dos outros (Giddens, 1981a, p.61-4; 1985, Cap. 1). Embora os recursos possam ser conceitualizados como propriedades estruturais das coletividades para fins analíticos, as estratégias de controle representam aspectos da práxis que são reproduzidos na estrutura da dualidade.

Dizer que as rotinas sociais são reproduzidas na dualidade da estrutura não é afirmar que a rotinização da vida social é inevitável. As práticas sociais não se reproduzem, os agentes sociais sim, e do ponto de vista da teoria da estruturação sempre se considera que os agentes sociais detêm a capacidade de agir de um modo diferente do que o fazem. Giddens preserva essa qualificação crucial quando observa: "Toda ação existe na continuidade com o passado, que fornece *os meios da sua iniciação*" (1979, p.70, itálico nosso). O conhecimento mútuo e os recursos concebidos em termos estruturais estabelecem a continuidade com o passado a que Giddens se refere, mas servem apenas como meios para a reprodução de práticas e contextos institucionalizados. *Não há nenhuma garantia de que os agentes irão reproduzir regularidades de conduta do modo como o fizeram anteriormente*. Por essa razão Giddens estabelece como uma questão de princípio que "o conceito da reprodução social ... não é explicativo: toda reprodução é contingente e histórica" (1981a, p.27).

As contingências da reprodução a que Giddens se refere incorporam a preocupação de Blumer com a possibilidade de inovação na conduta social. Mas essa é apenas uma das muitas maneiras pelas quais os agentes podem desviar-se das rotinas estabelecidas. Primeiro, os agentes podem cometer erros que constituem impropriedades situacionais ou lapsos culturais. Todavia a frequência desses erros é necessariamente limitada. Como observa Giddens, se há qualquer continuidade com a vida social, os atores devem estar certos a maior parte do tempo (Giddens, 1984, p.90). Em segundo lugar, os atores que detêm a competência e a capacidade de reproduzir as práticas de rotina abstêm-se de fazê-lo. Sob certos aspectos, essa própria abstenção pode compreender um curso de conduta hábil (por exemplo, greves, profundo desprezo pelas impropriedades situacionais). Mas a alteração dos modos de conduta estabelecidos, a possibilidade de inovação do ponto de vista de Blumer, representa indubitavelmente a contingência mais significativa da reprodução social. A produção de formas de conduta sem precedentes fornece a base praxiológica para a transformação social. Por isso é extremamente importante frisar que Giddens concebe a possibilidade de mudança como inerente em qualquer ato de reprodução social (1976, p.102). Mas é igualmente significativo que as continuidades da conduta sempre acompanham e facilitam a geração de descontinuidades na práxis social. De fato, muitas rotinas institucionalizadas continuam a ser reproduzidas mesmo durante os mais radicais episódios de mudança social (1979, p.216-7; 1984, p.26, 87).

É fundamental para a dualidade da estrutura que as propriedades estruturais das coletividades (regras e recursos) não apenas sirvam como meios de reprodução social mas também sejam reproduzidas como um *resultado* desse processo. Nenhuma das teorias da ação discutidas neste ensaio apresenta uma preocupação com os resultados da atividade social. (Por outro lado, teóricos coletivistas como Durkheim, que enfatizam as propriedades estruturais que "decorrem" da conduta social, não logram fornecer uma explicação adequada da práxis social.) Mas a asserção de que as propriedades estruturais são reproduzidas nas práticas de rotina requer um esclarecimento preciso.

Como indica a sumária definição giddensiana da dualidade da estrutura já citada, ela só "existe" numa forma manifesta quando é instanciada nas práticas sociais. Do contrário, ela persiste entre as instâncias de reprodução social apenas como "vestígios de lembranças" mantidos por agentes sociais cognoscíveis. Dizer que a estrutura está reproduzida na dualidade da estrutura significa que a estrutura é *reconstituída* em cada instância na qual se reproduz uma prática difusa e resistente. Essa reconstituição da estrutura reforça a familiaridade dos agentes com as perspectivas cognitivas estabelecidas (Giddens, 1979, p.128; 1984, p.104). Ou seja, ela reforça o conhecimento mútuo das regras e das estratégias de controle dos recursos associadas com tais práticas, tanto para os que efetivamente participam delas como para os que reconhecem que tais práticas estão sendo desempenhadas. Esse ponto aplica-se igualmente à reprodução do contexto. Em cada instância na qual os agentes monitoram reflexivamente os elementos físicos, sociais e temporais das suas circunstâncias de um modo rotineiro, eles regeneram reflexivamente a pertinência contextual desses elementos (Giddens, 1979, p.83-4). Naturalmente nenhum ato isolado de reprodução social é suficiente em si mesmo para reconstituir as propriedades estruturais. Mas a contínua repetição e reconhecimento dos modos de conduta familiares pelos numerosos membros de um grupo ou coletividade social encerra uma consciência dessas práticas nas profundezas de sua lembrança tácita dos aspectos familiares da práxis social nas circunstâncias de suas vidas diárias. Inversamente, quando certas formas de conduta cessam ou se transformam, o conhecimento mútuo da configuração específica das regras e recursos associados com essas práticas começa a declinar e se desvanece gradualmente. Aos poucos, com o passar das gerações, a única maneira de recuperar o conhecimento da estruturação dessas práticas é mediante uma documentação histórica qualquer que tenha sido preservada.

Embora não seja meu propósito aqui discutir a conexão entre a reprodução de vida social na dualidade da estrutura e as disposições subjetivas dos agentes sociais, dois pontos de esclarecimento devem ser mencionados. Primeiro, uma vez que a teoria da estruturação coloca tanta ênfase na reprodução de rotinas institucionalizadas, é obrigação de Giddens especificar num sentido genérico por que os agentes sociais estão dispostos a empreender tipos similares de prática em numerosas ocasiões. Embora afirme que muitas práticas são empreendidas pelos agentes sociais numa base tácita, sem nenhuma motivação direta, Giddens reconhece também que interesses específicos e projetos a longo prazo podem impelir os agentes a atuar da forma como o fazem. Também se deve reconhecer que os ambientes materiais da ação, o exercício de sanções como estratégias de controle e a constituição e a configuração das práticas que prevalecem no seio de um dado sistema social podem compelir as possibilidades para modos de conduta alternativos (Giddens, 1984, p.174-9). Mas Giddens afirma também que, subjacente a todas as práticas de rotina, os agentes desenvolvem um senso inconsciente da verdade no tecido das atividades sociais e do mundo de objetos que abrange o curso e as circunstâncias de suas vidas diárias. Esse senso de *segurança ontológica* serve para vincular o "sistema de segurança básica" inconsciente dos agentes a procedimentos de rotina da reprodução social.[32] No entanto, dada a tolerância de Giddens para as contingências da práxis, deve-se ressaltar que os agentes podem resistir às suas predisposições a se envolver na conduta social por uma variedade de razões.

O segundo ponto consiste em saber se os agentes devem pretender (isto é, estar conscientes de) que suas práticas sociais mundanas sirvam para reconstituir a estrutura social.[33] Giddens objeta que tal necessidade pode não ser, e frequentemente não é, o caso. A base dessa objeção é estabelecida na atribuição de prioridade à ação sobre a consciência no desempenho da atividade social (ver acima). Os agentes podem "fazer uma diferença" ao contribuir para a reprodução da estrutura sem ter sequer uma consciência tácita de que isso acontece. Mas essa reprodução não intencional de estrutura não é uma necessidade lógica. Sempre é possível para os agentes tematizar as contribuições que eles fazem para as circunstâncias continuadas e para alterar suas práticas com base nessas percepções. O papel inerentemente crítico desempenhado pelo conhecimento científico social do ponto de vista da teoria da estruturação decorre logicamente desse argumento.

O conceito de relações sociais: uma avaliação crítica

Como este ensaio se confinou às dimensões praxiológicas da teoria da estruturação, está fora de questão avaliar até que ponto essa teoria consegue fornecer uma ontologia abrangente da vida social; o que eu proponho é uma crítica da concepção giddensiana das relações sociais. Essas questões não apenas são significativas para uma explicação adequada da práxis social como ainda são importantes para tópicos da teoria da estruturação que ultrapassam os que atualmente se encontram sob discussão.

Do ponto de vista da dualidade da estrutura, as práticas que são institucionalizadas através de um grupo reproduzem proprie-

32 Para uma discussão mais ampla da relação do inconsciente com a rotina social, ver Giddens, 1984, cap.2.

33 Para uma discussão mais ampla da intencionalidade, ver Giddens, 1984, p.8, 13.

dades estruturais específicas que têm uma extensão muito ampla ao longo dessa coletividade. Acontece porém que as relações sociais não podem ser compreendidas nessa base. As relações sociais devem sempre envolver diferenciações de identidade e prática entre os agentes individuais, assim como entre vários grupos. Para complicar ainda mais as coisas, as relações sociais não precisam envolver agentes que estejam fisicamente presentes. De fato, como foi dito anteriormente, as relações sociais entre os que estão fisicamente ausentes são pressupostas na concepção giddensiana dos sistemas sociais. No entanto, coerente com a ênfase na dualidade da estrutura na teoria da estruturação, as relações sociais devem ser concebidas em termos da reprodução recursiva das propriedades e formas estruturais da práxis social, vale dizer, as relações sociais são "estruturadas" por meio de regras incrustadas nas práticas da interação.

A concepção giddensiana das relações sociais remete à estruturação das práticas nos sistemas sociais. O "posicionamento" das práticas é crucial para essa concepção sob vários aspectos, dois dos quais são particularmente relevantes. O primeiro é o posicionamento dos agentes nas regiões das coletividades e totalidades de larga escala. Nesse sentido o posicionamento envolve a diferenciação e a inter-relação das práticas associadas com as localidades sociais. Servindo-se do importante, embora até aqui pouco conhecido trabalho sobre o tempo-geografia de Thorsten Hagerstrand, Alan Pred e outros teóricos, Giddens desenvolve um novo enfoque do posicionamento no tempo-espaço. Embora não caiba examinar essa obra aqui, sua significação para o pensamento de Giddens não deve ser subestimada.[34]

Ainda que as localidades sociais sejam reproduzidas como cenários contextuais nas relações sociais, pode-se dizer alguma coisa mais acerca da estruturação social das relações *per se*. Aqui Giddens fornece um segundo modo de posicionamento, um posicionamento que é limitado por sua explicação conceitual da constituição das relações sociais.

34 Para uma exposição desse trabalho, ver Giddens, 1984, p.84-5, cap.3.

> As relações sociais ... estão envolvidas na estruturação da interação, mas são também os principais "blocos de construção" em torno dos quais as instituições se articulam na integração dos sistemas ... As relações sociais dizem respeito ao "posicionamento" dos indivíduos no bojo de um "espaço social" de categorias e vínculos simbólicos. As regras envolvidas nas posições sociais têm normalmente algo a ver com a especificação dos direitos e obrigações pertinentes a pessoas que têm uma identidade social específica. Os aspectos normativos dessas regras, em outras palavras, são particularmente pronunciados, mas também a eles se aplicam todas as características anteriormente declaradas das regras [ver acima]. (Giddens, 1984, p.89)

É evidente que as relações sociais constituem identidades, direitos e obrigações que estão incrustados nas práticas institucionalizadas e são mantidos na consciência prática dos agentes sociais. A noção de posição tal como ela é usada aqui destina-se a substituir as concepções-padrão do papel social. Giddens reserva o termo *papel* para os encontros nos quais os agentes estão copresentes numa determinada localidade e nos quais as definições normativas de modos de conduta "esperados" são fortemente pronunciadas. As relações aqui tendem para uma clausura mais bem definida do que nos sistemas sociais em geral. O conceito de posição social está então livre para fazer referência a identidades bem definidas (por exemplo, idade, gênero, cor da pele) associadas com um âmbito maior de modos de conduta (Giddens, 1984, p.83-4; ver também Giddens, 1979, p.117). Para ressaltar as propriedades estruturais do posicionamento nas relações sociais, Giddens adota a expressão de Roy Bhaskar "relações posição-práticas" (Giddens, 1984, p.83; ver também Bhaskar, 1979, p.51-2).

A ênfase de Giddens nas práticas posicionais [*position-practices*] nas relações sociais é um avanço substancial em relação à concepção sobressocializada do papel social manifesto em muitos trabalhos sobre teoria social. Porém a distinção que ele estabelece entre papéis sociais e práticas posicionais é mais problemática. As relações sociais nos sistemas sociais modernos são altamente diferenciadas numa infinidade de aspectos. A meu ver, a distinção entre papéis sociais e práticas posicionais condensa um número demasiado grande de dimensões da interação social para fornecer uma base categórica para essa diversidade. Considerem-se, por exemplo, as relações sociais nas burocracias, muitas das quais se caracterizam por expectativas normativas fortemente pronunciadas. Nessa base, pode-se classificá-las como papéis. No entanto sucede muitas vezes que os funcionários burocráticos exercem os seus direitos e cumprem as suas obrigações uns para com os outros enquanto se acham em departamentos separados ou, mais remotamente, em ramos separados da organização. Suas relações aqui não correspondem ao conceito giddensiano dos papéis, mas antes a práticas posicionais. Outra ambiguidade surge com respeito às relações sociais tais como são exemplificadas pela interação entre negros e brancos nos Estados Unidos durante a primeira parte do século XX. Também aqui as expectativas normativas envolvidas na interação social são suficientemente pronunciadas para permitir a aplicação do conceito de papéis, mas as identidades bem definidas e a "clausura" das relações que Giddens associa com os papéis não precisam existir, e com frequencia não existem.

Esses exemplos sugerem que os conceitos de papel e relações de práticas posicionais em geral são mais bem concebidos não como alternativas, mas como extremos polares. Surgem aqui três dimensões das relações sociais que foram condensadas na distinção entre papel e relações práticas posicionais: o grau de determinação dos modos de conduta "esperados"; o grau em que a conduta ocorre nas circunstâncias de copresença; e o grau de "clausura" das relações. Cada uma dessas dimensões é útil para o estudo das relações sociais de um ponto de vista praxiológico, e o conceito de papel que envolve as posições extremas em cada uma dessas dimensões é útil no ponto em que se encontra. Mas é perfeitamente possível construir uma série de novos conceitos a partir dessas dimensões das relações de práticas posicionais. Aliado a conceitos já formulados a respeito da regionalização tempo-espaço dos sistemas sociais, esses conceitos confeririam mais flexibilidade e precisão ao estudo das relações sociais e portanto também dos sistemas sociais.

A omissão das relações ancoradas

Há uma categoria das relações sociais que é de grande significação mas que não é captada pela distinção entre posições sociais gerais e papéis sociais determinados. Refiro-me ao que Erving Goffman chama de *relações ancoradas*. Goffman afirma que essas relações envolvem uma vinculação pela qual os agentes identificam-se uns aos outros numa base pessoal. Essas relações são particularmente características pelo fato de envolverem reconhecimentos recíprocos entre agentes que uma estrutura irrevogável de conhecimento mútuo estabeleceu entre eles, e essa estrutura lhes organiza as experiências que eles têm uns dos outros. Goffman portanto contrasta as relações que estão ancoradas dessa maneira com as formas anônimas de relações sociais (Goffman, 1971, p.189; ver também Goffman, 1983, p.13). As relações familiares são o exemplo óbvio, mas Goffman inclui um âmbito muito mais amplo de relações ancoradas ao tornar o "conhecimento pessoal" o caso-limite (1971, p.205; 1983, p.13), e pode-se também incluir aqui um espectro de relações cada vez mais íntimas. Mas não se deve confundir intimidade com harmonia. Rivalidades e rixas podem estar ancoradas no conhecimento mútuo da mesma sorte que as formas mais amigáveis de relações sociais.

Goffman não apresenta nenhum equivalente para a dualidade da estrutura; de fato, seu argumento contra um "forte acoplamento" entre estrutura e ação está baseado no finitismo que se assemelha à posição de Harold Garfinkel (ver Goffman, 1983, p.11-2). Não obstante ele admite que as relações ancoradas são entidades "criadoras de estrutura" que não raro podem ter sua própria história "natural" (Goffman, 1971, p.190; 1983, p.13). Além disso, Goffman dedica a maior parte de sua atenção, com seu inimitável olho para a sutileza e o detalhe, às formas de práticas mediante as quais o conhecimento mútuo nas relações ancoradas é estabelecido e mantido. Assim, com respeito aos princípios da teoria da estruturação, parece perfeitamente apropriado considerar as relações ancoradas como envolvendo uma reprodução recursiva de estrutura e ação na dualidade da estrutura.

Até aqui Giddens esteve mais perto de apresentar um conceito das "relações ancoradas" ao formular o seu conceito dos papéis sociais. Mas, embora os papéis sociais envolvam uma clausura baseada na proximidade e na identidade dos agentes, Giddens não alude à estrutura do conhecimento pessoal que os agentes estabelecem e reproduzem nas relações ancoradas. Por isso é viável propor relações de papéis não ancoradas entre agentes que mantêm identidades impessoais, como, por exemplo, as identidades entre guarda de trânsito e motorista quando uma multa por estacionamento proibido é aplicada, ou entre professores e pais que se reúnem para discutir a educação de uma criança.

As relações sociais ancoradas são por demais importantes para o curso da vida social para serem omitidas na teoria da estruturação. A necessidade de levá-las em conta é particularmente aguda no estudo da vida familiar. Com efeito, é impossível explicar as relações familiares sobre qualquer outra base. As relações familiares ancoradas são crisóis dentro dos quais muitas emoções poderosas são forjadas e fundidas ao longo do ciclo de vida dos membros da família. As ramificações dessas relações estendem-se portanto ao próprio âmago da experiência humana em muitos aspectos básicos. A significação das relações ancoradas é também evidente na constituição das coletividades, como ficou ilustrado no recente interesse pelas relações interpessoais entre membros da classe capitalista dos Estados Unidos e da Grã-Bretanha. As relações ancoradas figuram de maneira proeminente também na investigação das comunidades de pequena escala, grupos de pesquisa científica etc.

A teoria da estruturação é muito nova, e sem dúvida haverá muitas questões críticas, além das que levantei aqui, que serão discutidas no futuro. O que está fora de questão é que Giddens conseguiu trazer a produção e a reprodução da vida social para o centro dos interesses no campo da teoria social. Neste ensaio procurei demonstrar alguns aspectos nos quais a ênfase na práxis social na teoria da estruturação representa uma divergência em relação às teorias e tradições teóricas reinantes. Os tópicos que levantei certamente não esgotam o assunto. A discussão crítica da teoria da estruturação pode continuar durante mais algum tempo, mas o mesmo sucederá também com as descobertas das muitas maneiras pelas quais ela ilumina a constituição da vida social.

Referências bibliográficas

ALEXANDER, J. C. *Positivism, Presuppositions, and Current Controversies*. v.1. In: *Theoretical Logic in Sociology*. Berkeley, Los Angeles: University of California Press, 1982. 4v.

APPEL, K. O. *Analytic Philosophy of Language and the Geisteswissenschaften*. Dordrecht: D. Reidel, 1967.

ARCHER, M. S. Struturation versus Morphogenesis: On Combining Structure and Action. *Brittish Journal of Sociology*, v.3, p.445-83, 1982.

BERGNER, J. T. *The Origin of Formalism in Social Science*. Chicago: University of Chicago Press, 1981.

BERSHADY, H. *Ideology and Social Knowledge*. Oxford: Basil Blackwell, 1973.

BHASKAR, R. *A Realistic Theory of Science*. Sussex: Harvester, 1978.

______. *The Possibility of Naturalism*: A Philosophical Critique of the Contemporary Human Sciences. Atlantic Highlands, NJ: Humanities, 1979.

______. Beef, Structure, and Place: Notes from a Critical Naturalist Perspective. *Journal for the Theory of Social Behavior*, v.13, 1979.

BLUMER, H. *Symbolic Interactionism*: Perspective and Method. Englewood Cliffs, NJ: Prentice-Hall, 1969.

CARLSTEIN, T. The Sociology of Structuration in Time and Space: A Time-Geographic Assessment of Giddens's Theory. *Svensk Geografisk Arsbok*, v.57, p.41-57, 1981.

CICOUREL, A. *Method and Measurement in Sociology*. New York: Free Press, 1964.

COHEN, I. J. Participant Observation and Professional Sociology: Transposing and Transforming Descriptions of Everyday Life. *Current Perspectives in Social Theory*, v.5, p.71-100, 1984.

______. The Status of Structuration Theory: A Reply to McLennan. *Theory, Culture, and Society*, v.3, p.123-34, 1986.

______. *Structuration Theory*. London: Macmillan; New York: St Martin's.

COHEN, P. S. *Modern Social Theory*. London: Heinemann, 1968.

COLLINS, R. Micro-translation as a Theory-building Structure. In: KNORR-CETINA, K., CICOUREL, A. V. (Org.) *Advances in Social Theory and Methodology*: Towards an Integration of Micro- and Macro-Sociologes. London: Routledge and Kegan Paul, 1981a. p.81-108.

______. On the Microfoundations of Macrosociology. *American Journal of Sociology*, v.86, p.984-1014, 1981b.

COMTE, A. *The Positivist Philosophy*, trad. ingl. Harriet Martineau. London: Routledge and Kegan Paul, 1983. 2v.

GARFINKEL, H. *Studies in Ethnomethodology*. Cambridge, England: Polity Press, 1984.

GARFINKEL, H., SACKS, H. On Formal Structures of Practical Actions. In: McKINNEY, J. C., TIRYAKIAN, E. A. (Org.) *Theoretical Sociology*. New York: Appleton-Century-Croft., 1970. p.326-38.

GIDDENS, A. Introduction. In: ______. (Org.) *Positivism and Sociology*. London: Heinemann, 1974. p.1-22.

______. *New Rules of Sociological Method*: A Positive Critique of Interpretative Sociologies. London: Hutchinson, New York: Basic Books, 1976.

______. *Studies in Social and Political Theory*. London: Hutchinson; New York: Basic Books, 1977.

______. *Central Problems in Social Theory*: Action, Structure, and Contradiction in Social Analysis. London: Macmillan, Berkeley, Los Angeles: University of California Press, 1979.

______. *Power, Property and the State*. v.1. In: *A Contemporary Critique of Historical Materialism*. London: Macmillan, Berkeley, Los Angeles: University of California Press, 1981a.

______. Agency, Institution, and Time-Space Analysis. In: KNORR--CETINA, K., CICOUREL, A. V. *Advances in Social Theory and Methodology*: Towards an Integration of Micro- and Macro-Sociologies. London: Routledge and Kegan Paul, 1981b.

______. Hermeneutics and Social Theory. In: ______. *Profiles and Critiques in Social Theory*. London: Macmillan, Berkeley, Los Angeles: University of California Press, 1982. p.1-17.

______. *The Constitution of Society*: Outline of the Theory of Structuration. Cambridge, England: Polity Press, 1984.

______. *The Nation-State and Violence*. v.2. In: *Critique of Historical Materialism*. Cambridge, England: Polity Press, 1985.

GOFFMAN, E. *Relations in Public: Microstudies of the Public Order*. New York: Basic Books, 1971.

______: The Interaction Order. *American Sociological Review*, v.48, p.1-17, 1983.

HANSEN, N. *Perception and Discovery*: An Introduction to Scientific Inquiry. San Francisco: Freeman, Cooper and Co., 1969.

HEMPEL, C. The Logic of Functional Analysis. In: ______. *Aspects of Scientific Explanation and Other Essays in the Philosophy of Science*. New York: Free Press, 1965. p.297-330.

HERITAGE, J. *Garfinkel and Ethnomethodology*. Cambridge, England: Polity Press, 1984.

HOMANS, G. C. *Social Behavior*: Its Elementary Forms. New York: Harcourt, Brace, 1974.

KUHN, T. S. *The Structure of Scientific Revolutions*. 2.ed. Chicago: University of Chicago Press, 1970.

LAKATOS, I. *The Methodology of Scientific Research Programmes*. Cambridge, England: Cambridge University Press, 1973. 2v.

LAUDAN, L. *Progress and its Problems*: Towards a Theory of Scientific Growth. Berkeley, Los Angeles: University of California Press, 1977.

MacCANNEL, D. The Past and Future of Symbolic Interactionism. *Semiotica*, v.16, p.99-114, 1976.

MAINES, D. R. Social Organization and Social Structure in Symbolic Interactionist Thought. *Annual Review of Sociology*, v.3, p.235-59, 1977.

MANDELBAUM, M. Societal Facts. *British Journal of Sociology*, v.5, p.305-17, 1955.

MARX, K. *The Eighteenth Brumaire of Louis Bonaparte*. New York: International Publishers, 1963.

MASTERMAN, M. The Nature of a Paradigm. In: LAKATOS, I., MUSGRAVE, A. (Org.) *Criticism and the Growth of Knowledge*. Cambridge, England: Cambridge University Press, 1970. p.59-89.

MAYNARD, D. W., WILSON, T. P. On the Reification of Social Structure. *Current Perspectives in Social Theory*, v.1, p.287-322, 1980.

McLENNAN, G. Critical of Positive Theory? A Comment on the Status of Anthony Giddens's Social Theory. *Theory, Culture, and Society*, v.2, p.23-9, 1984.

MELTZER, B. N., PETRAS, J. W., REYNOLDS, L. T. *Symbolic Interactionism*: Genesis, Varieties and Criticism. London: Routledge and Kegan Paul, 1975.

MERTON, R. K. *Social Theory and Social Structure*. Edição ampliada. New York: Free Press, 1968.

NAGEL, E. A Formalization of Functionalism. In: ______. *Logic Without Metaphysics*. New York: Free Press, s.d. p.247-83.

PERINBANAYAGAM, R. S. *Signifying Acts*: Structure and Meaning in Everyday Life. Carbondale, Ill.: Southern Illinois University Press, 1985.

POPPER, A. Common-sense and Scientific Interpretation of Human Action. In: ______. *The Problem of Social Reality*. In: NATHANSON, M. (Org.) *Collected Papers*. The Hague: Martinus Nijhoff, 1962. p.3-47.

SIMMEL, G. The Field of Sociology. In: WOLFF, K. H. (Org.) *The Sociology of Georg Simmel*. New York: Macmillan, 1950. p.3-25.

THOMPSON, J. B. *Critical Hermeneutics*: A Study in the Thought of Paul Ricoeur and Jürgen Habermas. Cambridge, England: Cambridge University Press, 1982.

TOULMIN, S. *Foresight and Understanding*: An Inquiry into the Aims of Science. New York: Harper & Row, 1961.

VICO, G. *The New Science*. Ithaca: Cornell University Press, 1968.

WALLACE, W. *Principles of Scientific Sociology*. New York: Aldine, 1983.

WHITEHEAD, A. N. *Science and the Modern World*. New York: Free Press, 1925.

WILSON, T. P. On the Role of Mathematics in the Social Sciences. *Journal for Mathematical Sociology*, v.10, p.221-39, 1984.

WILSON, T. P., ZIMMERMAN, D. H. Ethnomethodology and Social Theory. *Humboldt Journal of Social Relations*, v.7, p.52-83, 1979-1980.

WINCH, P. *The Idea of Social Science and its Relation to Philosophy. New York: Humanities, 1958.*

ANÁLISE DOS SISTEMAS MUNDIAIS

Immanuel Wallerstein

A "análise dos sistemas mundiais" não é uma teoria sobre o mundo social, nem sobre uma parte dele. É um protesto contra os modos pelos quais a investigação científica social foi estruturada para todos nós desde o seu início em meados do século XIX. Esse modo de investigação tornou-se um conjunto de pressupostos *a priori* quase sempre não questionados. A análise dos sistemas mundiais sustenta que esse modo de investigação científica social, praticada em todo o mundo, teve o efeito antes de fechar do que de abrir muitas das mais importantes ou mais interessantes questões. Ao usar os antolhos que o século XIX construiu, somos incapazes de cumprir a tarefa social que desejamos cumprir e que o resto do mundo deseja que cumpramos, que consiste em apresentar racionalmente as reais alternativas históricas que estão diante de nós. A análise dos sistemas mundiais nasceu como protesto moral e, em seu sentido mais amplo, político. No entanto, é com base nas asserções científicas, vale dizer, com base nas asserções relacionadas com as possibilidades de conhecimento sistemático acerca da realidade social, que a análise dos sistemas mundiais desafia os modos de investigação predominantes.

Esse é um debate, portanto, sobre fundamentos, e tais debates são sempre difíceis. Em primeiro lugar, a maioria dos que neles participam tem compromissos profundos com os princípios. Em segundo lugar, raramente sucede que algum teste empírico claro, ou pelo menos simples, possa resolver ou mesmo esclarecer os problemas. O debate empírico deve ser conduzido num nível muito complexo e holístico. Será que a soma das teorizações, derivadas de um ou outro conjunto de premissas, abrange de um modo "satisfatório" as conhecidas descrições da realidade? Isso nos enreda em todos os tipos de dilemas secundários. Nossas conhecidas "descrições" da realidade são até certo ponto função das nossas premissas; as futuras "descrições" podem, naturalmente, transformar a nossa percepção da realidade. Será que a "teorização" que abrange a realidade segundo se diz atualmente realmente a abrange? E, não menos importante, que significa abranger a realidade "de um modo satisfatório"? Será este último critério algo mais que um adjunto estético?

Por todas essas razões, não apenas os debates sobre tais fundamentos são frustrantes como cada lado tem uma desvantagem incrustada. Os defensores das concepções existentes devem "explicar" as anomalias, daí o nosso atual desafio. Mas os desafiantes devem oferecer "dados" convincentes numa situação em que, comparados com os 150 anos mais ou menos de investigação científica social, eles tiveram muito menos tempo para acumular "dados" relevantes. Em um campo de estudo inerentemente refratário à manipulação experimental, os "dados" não podem ser acumulados rapidamente. Assim, uma disputa sobre os fundamentos deve ser pensada como análoga a uma luta entre pesos pesados tendo cada um dos quais a mão esquerda amarrada às costas. Isso pode ser interessante de assistir, mas será que é boxe? Será que é ciência?

Quem irá decidir? Em certo sentido, os espectadores – e provavelmente não assistindo aos boxeadores, mas lutando uns com os outros. Sendo assim, por que se preocupar? Porque os boxeadores são parte dos espectadores, que são, naturalmente, todos eles boxeadores.

Para não nos perdermos em analogias, voltemos à discussão dos fundamentos. Proponho examinar sete pressupostos comuns da investigação científica social e indicar o que é que me faz sentir pouco à vontade com eles. Vou, pois, verificar se os pressupostos alternativos (ou mesmo opostos) não são tão ou mais plausíveis, e indicar a direção em que esses pressupostos alternativos nos conduzirá.

I

> As ciências sociais são constituídas por várias "disciplinas" que constituem agrupamentos intelectualmente coerentes de objetos de estudo distintos uns dos outros.

Essas disciplinas são quase sempre enumeradas como antropologia, economia, ciência política e sociologia. Existem, com certeza, potenciais ampliações dessa lista, como, por exemplo, a geografia. Se história é ou não uma ciência social é uma questão um tanto controversa, e a ela voltaremos (ver seção II). Há um debate semelhante sobre a psicologia, ou pelo menos sobre a psicologia social.

Está na moda, pelo menos desde 1945, deplorar as desnecessárias barreiras entre as "disciplinas" e endossar os méritos da pesquisa e/ou do ensino "interdisciplinar". Isso tem sido argumentado sobre duas bases. Uma é a asserção de que a análise de algumas "áreas problemáticas" pode beneficiar-se de um enfoque que combine as perspectivas de várias disciplinas. Diz-se, por exemplo, que se quisermos estudar o "trabalho", pode ser muito útil reunir os conhecimentos oferecidos pelas disciplinas da economia, da ciência política e da sociologia. A lógica de tal enfoque leva a equipes multidisciplinares, ou a um único estudioso "aprendendo várias disciplinas", pelo menos na medida em que elas se relacionam com o "trabalho".

A segunda suposta base para a pesquisa "interdisciplinar" é ligeiramente diversa. À medida que realizamos a nossa investigação coletiva, torna-se claro, afirma-se, que alguma parte do nosso objeto de estudo está "na fronteira" de duas ou mais disciplinas. A "linguística", por exemplo, pode estar localizada nessa "fronteira". A lógica desse enfoque pode acabar levando ao desenvolvimento de uma nova "disciplina autônoma", e isso, sob vários aspectos, é o que está acontecendo com o estudo da linguística nos últimos trinta anos.

Sabemos que existem múltiplas disciplinas, já que existem múltiplos departamentos acadêmicos nas universidades de todo o mundo, graduações nessas disciplinas e associações nacionais e internacionais de estudiosos dessas disciplinas. Ou seja, sabemos *politicamente* que existem diferentes disciplinas. Elas têm organizações com fronteiras, estruturas e corpos de funcionários para defender seus interesses coletivos e assegurar a sua reprodução coletiva. Mas isso nada nos diz acerca da validade das reivindicações intelectuais à separação, reivindicações que presumivelmente justificam as redes organizacionais.

O louvor aos méritos do trabalho interdisciplinar nas ciências sociais ainda não solapou de forma significativa as forças dos aparatos organizacionais que defendem as disciplinas separadas. Na verdade, o contrário pode ser verdade: o que acentuou a reivindicação de cada disciplina de representar separadamente um nível coerente de análise ligado às metodologias apropriadas é a constante asserção pelos profissionais de várias disciplinas de que cada uma delas tem a aprender com a outra algo que poderia não vir a saber se permanecesse em seu próprio nível de análise, com suas metodologias específicas, e de que esse "outro" conhecimento é pertinente e significativo para a resolução dos problemas intelectuais sobre os quais cada qual está trabalhando. O trabalho interdisciplinar não é em sentido algum uma crítica intelectual *per se* da atual compartimentalização da ciência social, e falta-lhe, em todo caso, a influência política para afetar as estruturas institucionais existentes.

Mas são realmente "disciplinas" as várias disciplinas das ciências sociais? Para uma palavra tão amplamente usada, o que constitui uma "disciplina" raramente é discutido. Não há nenhum verbete para esse termo na *International Encyclopaedia of the Social Sciences*, nem na *Encyclopaedia of Philosophy*, nem na *Encyclopaedia Britannica*. O melhor a fazer é irmos ao *Oxford English Dictionary*, que nos diz o seguinte:

> Etimologicamente, *disciplina*, como pertencente ao discípulo ou estudante, é antitético em relação a *doutrina*, a propriedade do doutor ou professor; por isso, na história das palavras, *doutrina* está mais ligada à teoria abstrata e *disciplina* à prática ou ao ensino.

Mas, tendo-nos lembrado as origens do termo, o *OED* não faz outra coisa, na definição de disciplina, do que descrevê-la como "um ramo da instrução ou da educação; um departamento do saber ou do conhecimento; uma ciência ou arte no seu aspecto educacional". A ênfase aqui parece recair na reprodução de conhecimento (ou pelo menos na sua divulgação), e não na sua produção. Mas será que o conceito "disciplina" não pode deixar de estar relacionado ao processo de produção de conhecimento?

A história das ciências sociais é muito clara, pelo menos se traçada em linhas gerais. Antigamente não havia ciências sociais, ou apenas "predecessoras". Então, lenta mas firmemente, foi surgindo ao longo do século XIX um conjunto de nomes, e depois de departamentos, graus e associações, que por volta de 1945 (se bem que às vezes antes) se haviam cristalizado nas categorias que usamos hoje. Havia outros "nomes" que eram descartados e que presumivelmente envolviam diferentes "agrupamentos" de "objetos de estudo". O que é, ou era, abrangido por termos como "economia moral" ou *Staatswissenschaft* não está inteiramente claro. Não porque seus defensores não pensassem suficientemente claro, mas porque uma "disciplina", num certo sentido real, se define, em última análise, na sua prática. Uma prática interrompida significa uma disciplina não realizada. Por exemplo, a famosa subdivisão quadripartida da antropologia (antropologia física, antropologia social ou cultural, arqueologia e linguística) foi (e até certo ponto ainda é) antes uma "prática" que uma "doutrina". Em seguida tornou-se uma doutrina, ensinada e justificada por doutores ou professores. Mas será que o todo se somou a um nível de análise ou modo de análise coerente, defensável, ou apenas a objetos de estudo segregados?

Sabemos de onde vieram todas essas divisões de objetos de estudo. Elas derivam intelectualmente da ideologia liberal dominante no século XIX, que afirmava que Estado e mercado, política e economia eram domínios analiticamente separáveis (e amplamente autônomos), cada qual com suas regras particulares ("lógica"). A sociedade era adjurada a mantê-las separadas, e os estudiosos as estudavam separadamente. Uma vez que parecia haver muitas realidades que aparentemente não estavam nem no domínio do mercado nem no do Estado, essas realidades eram colocadas num saco de surpresas residual que recebeu como compensação o pomposo nome de sociologia. Em certo sentido se pensava que a sociologia explicava os fenômenos aparentemente "irracionais" que a economia e a ciência política eram incapazes de elucidar. Finalmente, como havia povos para além do reino do mundo civilizado – remotos, e com os quais era difícil comunicar-se –, o estudo desses povos abrangia regras especiais e treinamento específico que receberam o nome um tanto polêmico de antropologia.

Conhecemos as origens históricas dos campos de estudo. Conhecemos seus itinerários intelectuais, que foram complexos e variados, especialmente a partir de 1945. E sabemos por que eles entraram em dificuldades "de demarcação". À medida que o mundo real evoluía, esmaeceu-se a linha de contato entre "primitivo" e "civilizado", "político" e "econômico". A invasão do campo de estudos alheio tornou-se lugar-comum. Os invasores continuaram movendo as cercas, sem contudo derrubá-las.

A questão com que nos defrontamos hoje é se existem critérios que podem ser usados para estabelecer, de um modo relativamente claro e defensável, fronteiras entre as quatro pretensas disciplinas que são a antropologia, a economia, a ciência política e a sociologia. A análise dos sistemas mundiais responde com um inequívoco "não" a essa pergunta. Todos os pretensos critérios – nível de análise, objeto, métodos, pressupostos teóricos – ou deixaram de ser verdadeiros na prática ou, se sustentados, constituem antes barreiras para novos conhecimentos do que estímulos para a sua criação.

Dito de outro modo, as diferenças entre tópicos, métodos, teorias ou teorizações permissíveis *dentro* das chamadas "disciplinas" são muito maiores do que as diferenças *entre* elas. Isto significa, na prática, que a sobreposição é substancial e que, em termos da evolução histórica desses campos, ela está sempre aumentando. Chegou a hora de atravessar esse labirinto intelectual dizendo que essas quatro disciplinas são uma só. Isso não quer dizer que todos os cientistas sociais devam estar fazendo um trabalho idêntico. Há necessidade e probabilidade de especialização em "campos de pesquisa". Mas seja-nos permitido lembrar o único exemplo organizacional significativo que temos. Nalgum ponto durante o período 1945-1955, duas "disciplinas" até então organizacionalmente separadas, botânica e zoologia, fundiram-se numa disciplina única chamada biologia. Desde essa época, a biologia tem sido uma disciplina florescente e gerou muitos subcampos, mas nenhum deles, até onde sei, tem o nome ou os contornos da botânica ou da zoologia.

A tese da análise dos sistemas mundiais é direta. As três supostas áreas da ação humana coletiva – a econômica, a política e a social ou sociocultural – não são arenas autônomas da ação social. Não têm "lógicas" separadas. Mais importante: o entrelaçamento de imposições, opções, decisões, normas e "racionalidades" é tal que nenhum modelo útil de pesquisa pode isolar "fatores" de acordo com as categorias do econômico, do político e do social e tratar apenas um tipo de variável mantendo implicitamente as outras constantes. Estamos dizendo que existe um único "conjunto de regras" ou um único "conjunto de imposições" dentro do qual essas várias estruturas operam.

O caso da sobreposição virtualmente total dos pretensos domínios da sociologia e da antropologia é ainda mais nítido. Por qual extensão da imaginação se pode dizer que o *Tally Corner* de Elliot Liebow e o *Street-Corner Society* de William F. Whyte – ambos trabalhos "clássicos", um escrito por um "antropólogo" e o outro por um "sociólogo" – são obras que tratam de duas "disciplinas" diferentes? Não seria difícil, como todo leitor sabe, reunir uma longa lista de exemplos como estes.

II

> A história é o estudo, a explicação do particular tal como ele realmente aconteceu no passado. A ciência social é a declaração do conjunto universal de regras pelo qual o comportamento humano/social é explicado.

Tal é a famosa distinção entre modos de análise idiográfico e nomotético, que são considerados como antitéticos. A versão radical dessa antítese consiste em afirmar que somente um dos modos (cada qual varia segundo o ponto de vista da pessoa) é legítimo, interessante ou mesmo "possível". É dessa versão radical que se ocupa o *Methodenstreit*. A versão moderada vê esses dois modos como duas maneiras de abordar a realidade social. Embora empreendidas separadamente, de maneira diferente e para fins não similares (ou mesmo opostos), seria útil para o mundo da cultura combinar esses dois modos. Essa visão "*soft*" é comparável à afirmação dos méritos do trabalho "interdisciplinar" nas ciências sociais. Ao afirmar os méritos da combinação dessas duas abordagens, a legitimidade intelectual de vê-las como dois modos separados é fortalecida.

Os argumentos mais fortes de ambas escolas – idiográfica e nomotética – parecem plausíveis. A tese da escola idiográfica é a velha doutrina segundo a qual "tudo é fluxo". Se tudo está sempre mudando, qualquer generalização que se proponha aplicar, então, a dois ou mais fenômenos supostamente comparáveis nunca é verdadeira. Tudo o que se pode fazer é compreender empaticamente uma sequência de acontecimentos. Inversamente, a tese da escola nomotética diz ser evidente que o mundo real (incluindo o mundo social) não é um conjunto de acontecimentos aleatórios. Se assim for, deve haver regras que descrevam "regularidades", e nesse caso existe um domínio para a atividade científica.

As mais fortes críticas que cada escola dirige uma à outra são também plausíveis. A crítica nomotética da concepção idiográfica é que qualquer relato dos "acontecimentos passados" é por definição uma seleção tirada da realidade (como ela realmente aconteceu) e, portanto, implica critérios de seleção e categorias de descrição. Esses critérios e categorias baseiam-se em generalizações tácitas, mas nem por isso menos reais, que se aparentam às leis científicas. A crítica da concepção nomotética diz que ela omite os fenômenos transformacionais (em parte graças à reflexividade da realidade social) que impossibilitam a repetição de arranjos estruturais.

Existem várias maneiras de lidar com essas críticas mútuas. Uma delas consiste em "combinar" história e ciências sociais. Diz-se do historiador que ele serve ao cientista social por fornecer conjuntos de dados mais amplos e mais profundos a partir dos quais ele pode induzir as suas generalizações que se assemelham a leis. Diz-se que o cientista social serve ao historiador por lhe oferecer os resultados de pesquisas, generalizações racionalmente demonstradas que permitem a explicação de uma determinada sequência de acontecimentos.

O problema dessa nítida divisão de trabalho intelectual é que ela presume a possibilidade de isolar "sequências" sujeitas à análise "histórica" e pequenos "universos" sujeitos à análise "social científica". Na prática, porém, a sequência de uma pessoa é o universo de outra, e o observador neutro fica um pouco indeciso quanto à maneira de distinguir entre as duas em bases puramente lógicas como opostas a, digamos, campos estilísticos ou de forma.

O problema, contudo, é mais profundo do que isso. Será que existe uma diferença significativa entre sequência e universo, entre história e ciência social? Trata-se de duas atividades ou de uma só? A sincronia é semelhante a uma dimensão geométrica. Pode-se descrevê-la logicamente, mas só se pode desenhá-la falsamente no papel. Na geometria, um ponto, uma linha ou um plano podem ser desenhados em três (ou quatro) dimensões. O mesmo sucede na "ciência social". A sincronia é um limite conceitual, e não uma categoria socialmente utilizável. Toda descrição implica o tempo, e o único problema imediatamente relevante é sua extensão. Da mesma forma, uma sequência única só pode ser descrita com categorias não únicas. Toda linguagem conceitual presume comparações entre universos. Assim como não podemos literalmente "desenhar" um ponto, também não podemos literalmente "descrever" um "acontecimento". O desenho tem profundidade; a descrição requer uma complexa generalização.

Como isso é um dilema lógico inextricável, a solução deve ser buscada em bases heurísticas. A análise dos sistemas mundiais oferece um valor heurístico da *via media* entre generalizações trans-históricas e narrações particularistas. Ela afirma que, como o nosso formato tende a um extremo qualquer, ele tende a uma exposição de mínimo interesse e de mínima utilidade. Ela afirma que o método ótimo consiste em prosseguir a análise dentro de estruturas sistêmicas, por um tempo e espaço suficientemente amplos para conter "lógicas" diretivas que "determinem" a maior parte da realidade sequencial, ao mesmo tempo que reconhece e leva em conta que essas estruturas sistêmicas têm começos e fins e por isso não devem ser concebidas como fenômenos "eternos". Isso implica, por conseguinte, que a cada instante nós procuramos tanto a estrutura (os "ritmos cíclicos" do sistema), que descrevemos conceitualmente, como os padrões de transformação interna (as "tendências seculares" do sistema) que finalmente irão provocar a morte do sistema, que descrevemos sequencialmente. Isso implica que a tarefa é única. Não existem nem historiador nem cientista social, mas apenas um cientista histórico que analisa as leis gerais de sistemas particulares e as sequências particulares pelas quais esses eventos passaram (deliberadamente não empregamos o tempo gramatical, o chamado presente etnográfico). Estamos, portanto, diante da questão que consiste em determinar as "unidades de análise" dentro das quais devemos trabalhar, que nos leva à nossa terceira premissa.

III

> Os seres humanos estão organizados em entidades que podemos chamar de sociedades, que constituem as estruturas sociais fundamentais no seio das quais a vida humana é vivida.

Nenhum conceito é mais difuso na ciência social moderna, e nenhum conceito é usado de maneira mais automática e irrefletida do que o de sociedade, apesar das incontáveis páginas consagradas à sua definição. As definições didáticas giram em torno da pergunta: "Que é sociedade?", enquanto os argumentos que acabamos de desenvolver sobre a unidade da ciência social histórica nos levam a fazer uma pergunta diferente: "Quando e onde existe uma sociedade?".

As "sociedades" são concretas. Além disso, *sociedade* é um termo que talvez fosse bom descartar por causa de sua história conceitual e portanto de suas conotações praticamente inerradicáveis e profundamente falaciosas. *Sociedade* é um termo cujo uso corrente na história e nas ciências sociais é contemporâneo do advento institucional da moderna ciência social no século XIX. A sociedade constitui uma das metades do tandem antitético do qual a outra é o Estado. A Revolução Francesa foi uma linha divisória na história ideológica do sistema mundial moderno na medida em que levou à ampla aceitação da ideia de que o que é normal é a mudança social, e não a estase social, tanto no sentido normativo quanto no sentido estatístico. Por isso ela suscitou o problema intelectual de como regular, acelerar, desacelerar ou afetar esse processo normal de mudança e evolução.

O aparecimento de uma ciência social como atividade social institucionalizada foi uma das principais respostas sistêmicas a esse problema intelectual. A ciência social veio a representar a ideologia racionalista segundo a qual, se compreendermos o processo (seja idiograficamente, seja, o que é mais comum, nomoteticamente), poderemos nele influir de um modo moralmente positivo. (Mesmo os "conservadores", dedicados a conter a mudança, poderiam concordar amplamente com essa visão.)

As implicações políticas de tal empresa não escaparam (e não escapam) a ninguém. É por isso, naturalmente, que a ciência social permaneceu "controvertida" até os dias de hoje. Mas é por isso também que no século XIX o conceito de "sociedade" se opunha ao de "Estado". Os múltiplos Estados soberanos que haviam sido e estavam sendo constituídos eram os focos óbvios da atividade política. Eles pareciam constituir o lugar do controle social efetivo, e portanto a arena na qual a mudança social podia ser afetada e efetivada. A abordagem oitocentista da questão político-intelectual estava preocupada com o problema relativo à maneira de "reconciliar" sociedade e Estado. Nessa formulação, o Estado podia ser observado e analisado diretamente. Ele operava por intermédio de instituições formais mediante regras (constitucionais) conhecidas. A "sociedade" era tomada para significar aquele tecido de maneiras e costumes que mantinha um grupo de pessoas unidas sem as, apesar das ou contra as regras formais. Em certo sentido, a "sociedade" representava algo mais resistente e "profundo", menos manipulável e certamente mais impalpável do que o Estado.

Desde então, tem havido um enorme debate acerca do modo como a sociedade e o Estado se relacionam entre si, do modo como um estava ou devia estar subordinado ao outro e do modo como ambos encarnavam os valores morais mais elevados. Nesse processo nós nos acostumamos a pensar que as fronteiras de uma sociedade e de um Estado são sinônimas ou, se não o forem, deveriam (e eventualmente iriam) coincidir. Assim, sem asseverar isso teoricamente de maneira explícita, os historiadores e os cientistas sociais acabaram por ver os Estados soberanos atuais (projetados hipoteticamente no passado) como as entidades sociais básicas no seio das quais a vida social é conduzida. Havia uma certa resistência esporádica a essa visão da parte dos antropólogos, mas eles resistiram em nome de uma suposta entidade político-cultural anterior cuja importância, muitos deles afirmavam, permaneceu primordial para amplos segmentos da população mundial.

Destarte, pela porta dos fundos e sem ser analisada, toda uma historiografia e toda uma teoria do mundo moderno insinuavam-se como o substrato tanto da história como da ciência social. Vivemos em Estados. Há uma sociedade subjacente a cada Estado. Os Estados têm histórias e, portanto, tradições. Acima de tudo, uma vez que a mudança é normal, são os Estados que normalmente mudam ou se desenvolvem. Eles mudam o seu modo de produção; urbanizam-se; têm problemas sociais; prosperam ou declinam. Eles delimitam as fronteiras que estabelecem quando os fatores são "internos" ou quando são "externos". São entidades logicamente independentes que, para fins estatísticos, podem ser "comparadas".

Essa imagem da realidade social não era uma fantasia, e assim era possível tanto para os teóricos idiográficos quanto para os nomotéticos procederem com razoável segurança ao usar esses pressupostos sobre a sociedade e o Estado e apresentarem algumas descobertas plausíveis. O único problema era que, com o tempo, um número cada vez maior de "anomalias" parecia ficar inexplicado dentro dessa estrutura e um número cada vez maior de lacunas (de zonas não investidas de atividade humana) pareciam surgir.

A análise dos sistemas mundiais torna a unidade de análise um objeto de debate. Onde e quando existem as entidades dentro das quais a vida social ocorre? Essa análise substitui o termo *sociedade* pelo termo *sistema histórico*. Naturalmente, é uma simples substituição semântica. Mas ela nos livra da conotação central que a "sociedade" adquiriu, seu vínculo com o "Estado" e, portanto, da pressuposição sobre o "onde" e o "quando". Ademais, o "sistema histórico" como termo sublinha a unidade da ciência social histórica. A entidade é simultaneamente sistêmica e histórica.

Uma vez levantada a questão da unidade de análise, não existe uma resposta simples para ela. Eu próprio aventei a hipótese experimental segundo a qual teria havido três formas ou variedades conhecidas de sistemas históricos, que denominei minissistemas, impérios mundiais e economias mundiais. Sugeri também que não se deve descartar a possibilidade de identificar outras formas ou variedades.

Afirmei duas coisas a respeito das variedades de sistemas históricos: uma delas refere-se ao vínculo entre "lógica" e forma; a outra diz respeito à história da coexistência das formas. Em termos de forma, tomei como as fronteiras definidoras de um sistema histórico aquelas dentro das quais o sistema e as pessoas são regularmente reproduzidos por meio de algum tipo de divisão contínua de trabalho. Sustento que, empiricamente, houve três desses modos. Os "minissistemas", assim chamados porque são espacialmente pequenos e, com toda a probabilidade, relativamente breves no tempo (uma duração de cerca de seis gerações), são altamente homogêneos em termos de estruturas culturais e de governo. A lógica básica é a da "reciprocidade" nas trocas. Os "impérios mundiais" são vastas estruturas políticas (pelo menos no ápice do processo de expansão e contração que parece ser o destino de todos eles) e abarcam uma ampla variedade de padrões "culturais". A lógica básica do sistema é a extração de tributo daqueles que de outra forma são produtores diretos localmente autoadministrados (sobretudo rurais), que é passado para o centro e redistribuído entre uma fina mas crucial rede de funcionários. As "economias mundiais" são vastas e desiguais cadeias de estruturas de produção, dissecadas por múltiplas estruturas políticas.

A lógica básica é que o excedente acumulado é distribuído desigualmente em favor daqueles que são capazes de realizar vários tipos de monopólios temporários nas redes de mercado. É uma lógica "capitalista".

A história da coexistência das formas pode ser explicada como segue. Na época pré-agrícola, havia uma multiplicidade de minissistemas cujo constante colapso pode ter sido em grande parte devido a desastres ecológicos somados à fragmentação de grupos que cresceram em demasia. Nosso conhecimento é muito limitado. Não existe nenhum escrito dessa época e estamos limitados a reconstruções arqueológicas. No período entre, digamos, 8000 a. C. e 1500 d. C., coexistiram na Terra, em alguma época, sistemas históricos múltiplos de todas as três variedades. O império mundial foi a forma "forte" dessa época porque, sempre que alguém o expandia, destruía e/ou absorvia tanto os minissistemas como as economias mundiais e, sempre que alguém o contraía, ele abria espaço para a recriação de minissistemas e economias mundiais. A maior parte do que chamamos de "história" desse período é a história desses impérios mundiais, que é incompreensível porque eles adestravam os escribas culturais para relatar o que estava acontecendo. As economias mundiais eram uma forma "fraca"; as formas individuais nunca sobreviveram por muito tempo, isso porque elas ou se desintegravam ou eram absorvidas pelo império mundial ou neles transformadas (pela expansão interna de uma unidade política única).

Por volta de 1500 essa economia mundial conseguiu escapar a semelhante destino. Por razões que precisam ser explicitadas, o "sistema mundial moderno" nasceu da consolidação de uma economia mundial. Por isso ele teve tempo para realizar seu pleno desenvolvimento como um sistema capitalista. Por *sua* lógica interna, essa economia capitalista mundial expandiu-se então para cobrir o globo inteiro, absorvendo nesse processo todos os minissistemas e impérios mundiais existentes. Por isso, no final do século XIX, existia pela primeira vez apenas um sistema histórico sobre o globo. E ainda hoje nos encontramos em tal situação.

Esbocei as minhas hipóteses sobre as formas e a história da coexistência dos sistemas históricos. Elas não constituem uma análise dos sistemas mundiais. São um conjunto de hipóteses dentro da análise dos sistemas mundiais, aberto ao debate, ao aprimoramento, à rejeição. A questão crucial é que a tentativa de definir e elucidar as unidades de análise – os sistemas históricos – torna-se um objetivo central da empresa científica.

Nessa discussão que acabo de resumir há um outro debate oculto sobre o mundo moderno e suas características definidoras. É um debate no qual as duas principais versões do pensamento oitocentista – liberalismo clássico e marxismo clássico – partilham algumas premissas cruciais acerca da natureza do capitalismo.

IV

> O capitalismo é um sistema baseado na competição entre produtores livres que usam o trabalho livre com mercadorias livres, "livre" significando aqui sua disponibilidade para compra e venda num mercado.

As coações sobre tais liberdades, onde quer que existam, são remanescências de um processo evolutivo incompleto e significam, na medida em que existem, que uma zona ou uma empresa é "menos capitalista" do que o seria se não existissem tais coações. Esta é, em essência, a visão de Adam Smith. Smith pensava o sistema capitalista como o único em consonância com a "natureza humana" e via os sistemas alternativos como a imposição de limitações não naturais e indesejáveis à existência social. Mas essa era também, em essência, a visão de Karl Marx. Ao caracterizar o sistema, Marx punha uma ênfase especial na importância do trabalho livre. Ele não via o sistema capitalista como eternamente natural, e não o considerava desejável. Mas via-o como uma etapa normal do desenvolvimento histórico da humanidade.

A maioria dos liberais e marxistas dos últimos cento e cinquenta anos viam essa concepção do "capitalismo competitivo" como uma descrição da norma capitalista; por isso discutiram todas as situações históricas que envolviam trabalho/produtores/mercadorias como desvios dessa norma e, portanto, como fenômenos a serem explicados. A norma refletiu amplamente um retrato idealizado do que se pensava ser o exemplo quintessencial da norma – a Inglaterra depois da "Revolução Industrial", onde os proletários (essencialmente trabalhadores urbanos desprovidos de terra e de ferramentas) trabalhavam em fábricas de propriedade dos empresários burgueses (essencialmente proprietários privados do capital em ações dessas fábricas). O proprietário comprava a força de trabalho dos (pagava salários aos) trabalhadores – basicamente homens adultos – que não tinham qualquer alternativa, se quisessem sobreviver, a não ser procurar trabalho assalariado. Ninguém jamais pretendeu que todas as situações de trabalho correspondiam a esse modelo. Mas tanto os liberais como os marxistas tendiam a considerar que, na medida em que variava, qualquer situação que desviasse em relação a esse modelo era menos capitalista.

Se, por assim dizer, cada situação de trabalho pudesse ser classificada numa escala de grau de capitalismo, então cada Estado, como o lugar dessas situações de trabalho, poderia ser designado como recaindo em algum ponto dessa escala. A estrutura econômica de um Estado, portanto, pode ser vista como "mais" ou "menos" capitalista, e a própria estrutura do Estado pode ser vista como razoavelmente congruente com esse grau de capitalismo na economia, ou como incompatível com ele – caso em que poderíamos esperar que ele mudasse de algum modo, com o passar do tempo, na direção de uma maior congruência.

Que fazer com as situações de trabalho que, sob essa definição, não são plenamente capitalistas? Pode-se considerá-las como refletindo uma situação "ainda não capitalista" num Estado que acabará vendo as estruturas capitalistas tornarem-se dominantes. Ou, elas podem ser vistas como continuações anômalas do passado num Estado em que as estruturas capitalistas são predominantes.

Nunca ficou inteiramente claro como se determina a "predominância" de um modo específico de estruturação das unidades de trabalho no seio de uma entidade espacial (o Estado). Numa famosa decisão da Corte Suprema dos Estados Unidos, o juiz William Brenan escreveu a respeito da definição de pornografia: "Eu sei o que é quando a vejo". Em certo sentido, tanto os liberais como os marxistas definiram de modo similar a predominância do capitalismo: eles sabiam que se dava quando o viam. Obviamente, há nesse enfoque um critério quantitativo implícito. Todavia, na medida em que se passa a calcular, é crucial saber o que se está calculando. E há muito o que se contar sobre isto.

Foi feita uma distinção entre trabalho produtivo e trabalho improdutivo. Embora as definições exatas dos fisiocratas, de Saint-Simon e de Marx fossem muito diferentes, todos eles desejavam definir certos tipos de "atividade econômica" como não trabalho, ou seja, não produtivos. Isso criou uma brecha enorme e muito útil na definição de capitalismo. Se entre os vários tipos de atividade eliminados como não produtivos há um número significativo que não corresponde ao modelo de uma situação de trabalho capitalista – o exemplo mais óbvio, mas certamente não o único, é o serviço doméstico –, então torna-se muito mais fácil afirmar que "a maior parte" das situações de trabalho em certos países enquadra-se nos tipos descritos no modelo, e assim temos efetivamente alguns países "capitalistas" nos termos dessa definição. Toda essa manipulação não seria necessária se a "norma" deduzida fosse de fato a norma estatística. Mas não o era, e não é. A situação dos trabalhadores livres que trabalham por salários nas empresas de produtores livres é uma situação minoritária no mundo moderno. Isso certamente é verdadeiro para a nossa unidade de análise da economia mundial. É provavelmente verdadeiro, ou largamente verdadeiro, mesmo se empreendermos a análise dentro da estrutura de Estados singulares altamente industrializados do século XX.

Quando uma "norma" deduzida não vem a ser a norma estatística, ou seja, quando a situação abunda em exceções (anomalias, resíduos), então devemos indagar se a definição da norma serve a alguma função útil. A análise dos sistemas mundiais afirma que a economia mundial capitalista é um sistema histórico particular. Portanto, se quisermos verificar as normas, isto é, o modo de funcionamento desse sistema concreto, o melhor caminho é examinar a evolução histórica desse sistema. Se descobrirmos, como de fato ocorreu, que o sistema parece conter amplas áreas de trabalho assalariado e não assalariado, amplas áreas de bens mercadorificados e não mercadorificados e amplas áreas de formas de propriedade e de capital alienáveis e não alienáveis, então devemos pelo menos perguntar se essa "combinação" ou mistura do chamado livre e do chamado não livre não é ela própria a característica definidora do capitalismo como sistema histórico.

Uma vez formulada a questão, não existem respostas simples. Descobrimos que as proporções das misturas são desiguais, espacial e temporalmente. Podemos então procurar estruturas que mantenham a estabilidade de alguma combinação particular de misturas (novamente a tendência cíclica), assim como pressões subjacentes que podem estar transformando, com o passar do tempo, a mistura de misturas (as tendências seculares). As anomalias tornam-se agora, não exceções a serem explicadas, mas padrões a serem analisados, invertendo-se assim a psicologia do trabalho científico. Devemos concluir que a definição de capitalismo que dominou o pensamento liberal e marxista do século XIX explica o conceito historiográfico central que nos foi legado.

V

> O fim do século XVIII e o começo do XIX representam uma reviravolta crucial na história do mundo na medida em que o capitalismo alcançou finalmente o poder estatal e social nos Estados-chaves.

Os dois grandes "acontecimentos" que ocorreram nesse período, a Revolução Industrial na Inglaterra e a Revolução Francesa, foram, afirma-se, cruciais no desenvolvimento da teoria científica social. Um simples exame bibliográfico permitirá verificar que uma proporção notavelmente grande da história mundial dedicou-se a esses dois "acontecimentos". Além disso, uma proporção ainda maior dedicou-se a analisar outras "situações" em termos da maneira pela qual elas estão à altura desses dois "acontecimentos".

A relação entre a centralidade histórica atribuída a esses "acontecimentos" e a definição corrente de capitalismo não é difícil de elucidar. Já ressaltamos que o conceito de graus de capitalismo leva necessariamente a um exercício implícito na quantificação, de sorte que podemos verificar quando o capitalismo se torna "dominante". Essa teoria pressupunha que é possível e deve ser superada uma incompatibilidade entre dominação "econômica" e poder estatal e social.

A Revolução Industrial e a Revolução Francesa são de interesse porque representam presumivelmente a superação de uma incompatibilidade. A Revolução Francesa destaca a arena política. De acordo com a fortemente contestada mas longamente acatada "interpretação social" atual, a Revolução Francesa foi o momento em que a burguesia expulsou a aristocracia feudal do poder estatal e com isso transformou o *ancien régime* pré-capitalista num Estado capitalista. A Revolução Industrial realça os frutos dessa transformação. Tão logo os capitalistas assumem o poder estatal (ou, em termos smithianos, reduzem a interferência do Estado), torna-se possível expandir significativamente as possibilidades de triunfo de um sistema capitalista.

Dados esses pressupostos, é possível tratar ambos os fenômenos como "acontecimentos" e concentrar-nos nos pormenores relativos ao que aconteceu e por que aconteceu dessa maneira particular. Os livros sobre a Revolução Industrial costumam debater qual fator (ou quais fatores) foi mais importante para a sua ocorrência, qual foi a sua datação exata e qual dos vários aspectos abrangidos pelo termo teve mais consequências para as transformações futuras. Os livros sobre a Revolução Francesa costumam debater quando ela começou e terminou, que fator ou que fatores a desencadearam, que grupos estiveram envolvidos nos processos-chaves e como e quando houve alteração no elenco de personagens e qual foi o legado da Revolução.

Naturalmente, um escrutínio tão rigoroso e, em última análise, tão idiográfico desses "acontecimentos" suscita inevitavelmente o ceticismo. Existe um número cada vez maior de vozes que questionam quão revolucionárias foram as revoluções. No entanto, praticamente todas essas análises (tanto dos crentes quanto dos céticos) presumem o quadro de referência analítico que fez com que esses dois "acontecimentos" fossem primeiramente assinalados: o pressuposto de que o capitalismo (ou a sua liberdade substituta, individual) tinha em certo sentido de "triunfar" em algum ponto dentro dos Estados particulares.

Além disso, para que não se pense que a história é central apenas para os historiadores, devemos notar como ela se tornou imediatamente central para os exercícios analíticos dos cientistas sociais. A ideia *da* "Revolução Industrial" foi transformada no processo de *uma* "revolução industrial" ou de "industrialização" e criou toda uma família de subcategorias e portanto de subquestões: a ideia de uma "decolagem", as noções de sociedades "pré-industriais" e "pós-industriais" etc. A ideia da "revolução burguesa" tornou-se a análise de quando e como a "revolução burguesa" (ou as classes médias no poder) poderia ou iria acontecer. Não estou sugerindo que esses debates não se referem ao mundo real. Evidentemente, o Brasil do século XX pode ser discutido em termos da industrialização, ou do papel da burguesia nacional, ou da relação entre as classes médias e os militares. Mas ainda aqui estão sendo formulados pressupostos-chaves que devem ser examinados.

O que a análise dos sistemas mundiais requer é uma avaliação da centralidade desses pretensos "acontecimentos-chaves" em termos da longa *durée* do sistema histórico no qual eles ocorreram. Se a unidade de análise do mundo moderno é a economia mundial capitalista (e isso ainda continua sendo um "se"), então precisaremos perguntar se as distinções de categorias recebidas – agricultura e indústria, proprietário de terras e industrial – representam ou não um *leitmotiv* em torno do qual o desenvolvimento histórico girou. Só podemos estar numa fase pós-industrial se houver uma fase industrial. Só pode haver disjunção dos detentores do poder estatal e do poder econômico se estivermos tratando com grupos analiticamente separáveis. Todas essas categorias estão hoje tão arraigadas no nosso subconsciente que quase não podemos falar sobre o mundo sem utilizá-las. A análise dos sistemas mundiais afirma que as categorias que perfazem a nossa história formaram-se historicamente (e em sua maioria apenas há um século pouco mais ou menos). Está na hora de reabri-las para exame.

Naturalmente, essa história predominante é ela própria inspirada pela metafísica dominante do mundo moderno. O triunfo dessa metafísica moderna requereu uma longa luta. Mas o fato é que ela triunfou – no Iluminismo, que nos conduz à sexta premissa.

VI

A história humana é inevitavelmente progressiva.

Com toda a certeza, a ideia de progresso tem tido os seus detratores, mas durante dois séculos eles formaram uma minoria. *Não* incluo nessa minoria todos os que criticaram a ideia ingênua de progresso e concentraram os seus esforços na dilucidação do assim chamado irracional. O que essas pessoas estiveram fazendo foi tornar racional o irracional. Nem incluo aí o crescente número de fiéis desiludidos que abraçam uma espécie de desesperança ou desespero em relação ao progresso. Eles são como os católicos decaídos de um romance de Graham Greene, sempre em busca da fé que tiveram outrora.

Os verdadeiros conservadores, aqueles que não acreditam que a mudança ou a melhoria sistemática no mundo é uma atividade coletiva desejável ou fecunda, são na verdade muito raros no mundo moderno. Mas note-se, mais uma vez, como os pressupostos dominantes circunscreveram os céticos e seus oponentes. A única resposta à noção de que o progresso é inevitável parece ter sido o desespero: desespero porque a tese é incorreta, ou desespero porque ela é correta.

A análise dos sistemas mundiais quer retirar da ideia de progresso o estatuto de uma trajetória e estabelecê-la como uma variável analítica. Pode haver sistemas históricos melhores e sistemas históricos piores (e podemos debater os critérios pelos quais julgá-los). Não é certo, em absoluto, que tenha havido uma tendência linear – para cima, para baixo ou em linha horizontal. Pode ser que esta tendência seja desigual, ou talvez indeterminada. Supondo-se que isso seja possível, abre-se imediatamente toda uma nova arena de análise intelectual. Se o mundo teve múltiplas instâncias e tipos de sistemas históricos, e se todos os sistemas históricos têm um princípio e um fim, então nós desejaremos saber alguma coisa sobre o processo pelo qual ocorre uma sucessão (no tempo-espaço) de sistemas históricos.

Isso costuma ser discutido como o problema das "transições", mas as transições têm sido analisadas dentro do paradigma das transformações lineares. Nós detalhamos o processo da transformação no sentido de um inevitável ponto final que presumimos ser, ter sido, a única alternativa histórica real. Mas suponhamos que a construção de novos sistemas históricos seja um processo estocástico. Teríamos então, diante de nós, uma arena totalmente nova de atividade intelectual.

O debate entre "livre-arbítrio" e "determinismo" é um debate antigo. Mas ele foi ocasionalmente travado segundo uma proposição disjuntiva. O que a reabertura da questão das transições faz – transições tal como elas realmente ocorrem, transições na medida em que se movem na direção de resultados incertos – é sugerir uma formulação diferente desse debate. Talvez seja por isso que aquilo que chamamos de "determinismo" seja em grande parte o processo interno aos sistemas históricos nos quais a "lógica" do sistema é traduzida num conjunto de estruturas institucionais que se movem e se reforçam por si mesmas. Mas pode ser também que aquilo que chamamos de "livre-arbítrio" ocorra em grande parte no processo de "transição" em que, precisamente por causa do rompimento entre essas mesmas estruturas, as verdadeiras alternativas históricas são amplas e difíceis de predizer.

Isso então encaminharia a nossa atenção para o estudo do modo preciso pelo qual esses processos estocásticos funcionam. Pode ser que eles não sejam em absoluto estocásticos, mas tenham uma chave oculta interna, ou pode ser que a chave oculta seja algum processo que mantém estocásticos esses processos (ou seja, não realmente sujeitos à manipulação humana). Ou pode ser, o que sem dúvida é menos aceitável para os atuais habitantes do globo, que Deus esteja jogando dados. Não sabemos senão quando observamos. Podemos, naturalmente, não saber mesmo quando observamos. Mas como é que observamos? Isso nos leva aos últimos e mais profundos dos pressupostos, os pressupostos concernentes à natureza da ciência.

VII

A ciência é a busca das regras que sintetizam o mais sucintamente possível por que as coisas são como são e como acontecem.

A ciência moderna não é uma filha do século XIX. Ela remonta pelo menos ao século XVI, ou talvez ao século XIII. Ela investiu fortemente contra o lado determinista da equação, contra o lado da linearidade e da concisão. Os cientistas trouxeram para sob sua égide um número cada vez maior de domínios do universo, sendo o mundo humano, sem dúvida alguma, o último desses domínios. Foi em nome dessa tradição que a ciência social nomotética se afirmou.

A metodologia adotada pela ciência social nomotética emulou os princípios básicos de suas socialmente bem-sucedidas predecessoras, as ciências naturais: investigação precisa, sistemática e empírica, e depois a indução que conduz às teorias. Quanto mais elegante é a teoria, mais avançada é a ciência. As aplicações práticas se seguiriam naturalmente. A ciência social nomotética tem sido obcecada por suas inadequações – numa comparação com a física –, mas sustentada por sua certeza de que a ciência é cumulativa e linear.

Em nossas dúvidas referentes aos pressupostos prévios tem havido, implícita – isso agora deve ficar claro –, uma outra visão da ciência. Se rejeitarmos a utilidade da distinção nomotética--idiográfica, estaremos então lançando dúvidas sobre a utilidade da visão newtoniana da ciência. Não fazemos isso, como os idiográficos o fizeram, com base na peculiaridade da investigação social (os seres humanos como atores reflexivos). Duvidamos também da sua utilidade para as ciências naturais (e de fato surgiu nas duas últimas décadas um impulso em direção a uma ciência natural não linear, na qual os processos estocásticos são cruciais).

Especificamente, em termos daquilo que temos chamado de ciência social histórica, nós levantamos a questão de saber se o método que consiste em ir do concreto para o abstrato, do particular para o universal, deve ser invertido. Talvez a ciência social histórica deva *começar* com o abstrato e caminhar na direção do concreto, terminando com uma interpretação coerente dos processos de sistemas históricos particulares que explicam de maneira plausível o modo como eles seguiram uma via histórica particular. O determinado não é o simples, mas o complexo ou, na verdade, o hipercomplexo. E, naturalmente, nenhuma situação concreta é mais complexa do que os longos momentos de transição em que as mais simples coações se aniquilam.

A história e a ciência social assumem as suas atuais formas dominantes no momento do mais completo e inequívoco triunfo da lógica do nosso sistema atual histórico. Elas são filhas da lógica. No entanto, estamos vivendo atualmente no longo momento de transição em que as contradições desse sistema tornaram impossível continuar a ajustar a sua maquinaria. Estamos vivendo num período de verdadeira opção histórica. E esse período é incompreensível na base dos pressupostos desse sistema.

A análise dos sistemas mundiais é uma exortação à construção de uma ciência social histórica que se sinta à vontade com as incertezas da transição, que contribua para a transformação do mundo ao esclarecer as opções sem apelar para a muleta de uma crença no triunfo inevitável do bem. A análise dos sistemas mundiais é uma exortação à abertura das janelas que nos impedem de explorar muitas arenas do mundo real. A análise dos sistemas mundiais não é um paradigma da ciência social histórica. É uma exortação a um debate acerca do paradigma.

ANÁLISE DE CLASSES[1]

Ralph Miliband

I

A noção de análise de classes, em sua forma marxista clássica, contém uma ampla pretensão: a de que ela constitui um poderoso princípio organizador da análise social e política e proporciona o melhor método disponível capaz de dar sentido e coerência teóricos e empíricos à vasta acumulação de dados de todos os tipos que compõem o registro histórico e a vida atual da sociedade. Minha intenção neste ensaio é demonstrar que, contrariamente à opinião corrente, e não menos em muitos setores da esquerda, a pretensão é justificada; mas proponho fazê-lo com base numa versão um tanto modificada do "modelo" marxista da análise de classes.

O próprio Marx, cumpre lembrar, advertiu sarcasticamente, numa carta de 1877, contra qualquer tentativa de usar "como uma chave-mestra uma teoria histórico-filosófica geral cuja suprema virtude consiste em ser supra-histórica".[2] A advertência foi

1 Sou grato a Anthony Giddens por alguns comentários muito pertinentes sobre este ensaio.

2 K. Marx a *Otechestvenniye Zapiski*, novembro de 1877, em Marx e Engels, 1956, p.379.

bem recebida, mas não creio que o tipo de análise de classes aqui proposto caia sob o rótulo "supra-histórico" ou "histórico-filosófico": pelo contrário, ela está firmemente assentada na realidade histórica e contemporânea.

Engels, por sua vez, escrevendo dois anos após a morte de Marx, proclamava que:

> foi precisamente Marx quem primeiro descobriu a grande lei do movimento da história, a lei segundo a qual todas as lutas históricas, quer elas se deem no domínio político, religioso, filosófico ou num outro domínio ideológico qualquer, são de fato a expressão mais ou menos clara das lutas entre classes sociais. (Engels, 1950, p.223)

Essa lei, acrescentava Engels, à típica maneira engeliana, teve "para a história o mesmo significado que a lei da transformação da energia teve para a ciência natural".

A referência a "leis" em relação às coisas humanas (ou, nesse caso, a referência à autoridade de Engels) está atualmente meio fora de moda. A direita alega que qualquer menção a essas "leis" na história ou nas ciências sociais é vista como uma intolerável arrogância doutrinária que aponta diretamente na direção do Arquipélago Gulag; e grande parte da própria esquerda marxista foi acometida por uma grande dúvida acerca de até que ponto o materialismo histórico poderia ser apropriadamente reivindicado como instrumento de análise. Ademais, a análise de classes veio a ser cada vez mais denunciada de dentro da esquerda como um "reducionismo de classes" simplista, totalmente incapaz de explicar aspectos cruciais da realidade social, como o patriarcado, o racismo, o nacionalismo, a construção do Estado, os sistemas comunistas etc. Por razões que serão discutidas mais adiante, creio que essas críticas são equivocadas, e quero reiterar desde já a convicção que inspira este ensaio, ou seja, que a análise de classes, adequadamente entendida, constitui efetivamente um construto teórico de valor incomparável.

II

O ponto de partida da análise de classes no marxismo foi a famosa passagem do *Manifesto Comunista* na qual Marx e Engels declararam que "a história de toda a sociedade que existiu até agora é a história da luta de classes".

> Homem livre e escravo, patrício e plebeu, senhor e servo, mestre de guilda e artífice – numa palavra, opressor e oprimido – estiveram numa constante oposição um ao outro, travaram uma luta ininterrupta, ora aberta, ora oculta, uma luta que a cada vez terminou ou numa reconstrução revolucionária da sociedade em geral ou na ruína comum das classes em conflito. (Marx & Engels, 1976, p.482)

Nessa concepção, a análise de classes é com efeito uma *análise da luta de classes*: é um modo de análise que procede da crença segundo a qual a luta de classes constituiu o fato crucial da vida social desde o passado remoto até o presente. Ele está primordialmente preocupado com a base e os mecanismos dessa luta, com o caráter dos protagonistas, as formas que a luta assume, as razões das diferenças nessas formas de um período para outro em qualquer sociedade e entre sociedades, os construtos ideológicos sob os quais a luta é travada e outras questões análogas que podem servir para lançar luz sobre diversas facetas da vida e dos processos sociais.

Na visão marxista clássica, os protagonistas da luta de classes são, de um lado, os proprietários dos meios de produção e, do outro, os produtores; esses protagonistas estão engalfinhados num conflito que é inerente, "estruturalmente" determinado e implícito em sua respectiva localização no processo de produção. Os proprietários são inelutavelmente levados a tentar extrair a quantidade máxima de mais-valia que é possível extrair dos produtores nas condições históricas dadas, enquanto os produtores são similarmente levados a tentar minimizar essa quantidade e a produzir sob as condições menos onerosas possíveis. A importância decisiva que Marx atribuía a essa relação entre proprietários e produtores para o conjunto da organização e da vida da sociedade está claramente expressa em outra conhecida passagem de *O Capital*:

> Em cada caso, é na relação direta dos proprietários dos meios de produção com os produtores imediatos ... que encontramos o segredo mais profundo, a base oculta de todo o edifício social e, portanto, também a forma política da relação entre soberania e dependência. (Marx, 1981, p.927)

Essencialmente, a relação entre proprietários e produtores é uma relação de *exploração*, termo que tem fortíssimas conotações normativas mas que também pode ser usado num sentido técnico para denotar a apropriação da mais-valia e a alocação do produto excedente por pessoas sobre as quais os produtores têm pouco ou nenhum controle, num processo de produção sobre o qual os produtores têm igualmente pouco ou nenhum controle. A exploração não é um desenvolvimento peculiar do capitalismo. Como observou Marx,[3]

> o capital não inventou a mais-valia. Onde quer que uma parte da sociedade possua o monopólio dos meios de produção, o trabalhador, livre ou não livre, deve acrescentar ao tempo de trabalho necessário à sua própria manutenção uma quantidade extra de tempo de trabalho a fim de produzir os meios de subsistência para o proprietário dos meios de produção. (Marx, 1976, p.344)

No entanto, e como o próprio Marx reconhecia, a questão da apropriação e da alocação da mais-valia é muito mais complicada do que essa formulação sugere. Todas as sociedades precisam de se apropriar de uma parte do produto dos produtores para propósitos como a manutenção dos jovens, dos doentes e dos velhos, investimento para nova produção e posterior distribuição, o fornecimento de serviços coletivos etc. Numa sociedade sem classes, todavia, a apropriação ocorreria *apenas* para esses propósitos. Em outras palavras, nenhuma parte do produto seria apropriada em virtude de direitos de propriedade, ou de posição privilegiada, ou sem a livre concordância dos produtores. Em tais circunstâncias, a apropriação da mais-valia e a alocação de parte do produto a beneficiários outros que não os produtores não seria exploração.

---

3 Marx também observou que "o que distingue as várias formações econômicas da sociedade – a distinção entre, por exemplo, uma sociedade baseada no trabalho escravo e uma sociedade baseada no trabalho assalariado – é a forma pela qual essa mais-valia é em cada caso extorquida do produtor imediato, o trabalhador" (Marx, 1976, p. 325).

III

A ênfase marxista na extração da mais-valia como o aspecto crucial da vida social parece-me inteiramente justificada. O problema, contudo, é que esse foco de análise é por demais estreito e tende a obstruir, ou pelo menos a lançar na sombra, um aspecto correlato do processo de exploração, a saber, a *dominação*. O que pretendo sustentar aqui é que a análise de classes está preocupada basicamente com um processo de dominação e de subordinação de classes, o que constitui uma condição essencial do processo de exploração; ou, para formular a questão em outros termos, a exploração, no sentido em que foi definida aqui, sempre foi o principal objetivo da dominação. Por outro lado, a exploração nesse sentido não é de maneira alguma o *único* objetivo da dominação; o patriarcado, por exemplo, como forma de dominação, propicia aos seus beneficiários vantagens outras que não a extração de mais-valia.

O exemplo do patriarcado sugere a razão para se usar o foco da dominação na análise de classes, já que amplia o marco em que se consideram as relações de classes ou as lutas de classes e, por isso, abarca vários aspectos que o foco exclusivo na exploração tende a obscurecer ou a não levar em conta. Ademais, esse foco ampliado relaciona os fenômenos de exploração com o seu contexto social e político mais amplo e remove dele uma certa estreiteza "econômica" que a ênfase exclusiva na exploração encoraja.

Isso não deve de modo algum ser tomado como uma subestimação da importância da exploração. A exploração *é* de crucial importância, mas é a dominação que a torna possível. A ênfase na dominação não implica tampouco uma divergência em relação à perspectiva do próprio Marx. Pelo contrário, ela serve para lançar luz sobre o tema que está no cerne do pensamento e empenho de Marx, a necessidade de criar uma "sociedade verdadeiramente humana", onde são abolidas as relações de dominação e de coerção. É essa preocupação com a dominação e com a exploração que torna possível, que inspira cada página de O *Capital*, obra que poderia muito bem ser chamada de um tratado acerca da dominação sob o modo de produção capitalista.

Num trabalho recente, Erik Olin Wright sugere que a ênfase na dominação é de certo modo incompatível com a ênfase na exploração. Refere-se à tendência, nas "conceitualizações neomarxistas de estrutura de classe", de "substituir a dominação pela exploração" e fala de uma "passagem para um conceito de classes centrado na dominação"; e expressa o temor de que "os conceitos de classes centrados na dominação tendem a resvalar para a abordagem das 'múltiplas opressões' para se entender a sociedade ... A classe, portanto, torna-se apenas uma dentre as muitas opressões, sem nenhuma centralidade particular para a análise social e histórica" (Wright, 1985, p.56, 57).

Mas tais consequências não se seguem necessariamente da ênfase na dominação, e decerto não se pretende aqui que isso ocorra. A exploração continua sendo o objetivo essencial da dominação. Mas o foco na dominação tem as vantagens acima mencionadas e também permite um exame e uma identificação mais abrangentes e realistas dos protagonistas da luta de classes. Com esse foco, a classe dominante na sociedade de classes deixa de ser definida unicamente em termos da propriedade dos meios de produção. Falando de forma mais apropriada, uma classe dominante em qualquer sociedade de classes é constituída em virtude de seu controle efetivo sobre três fontes principais de dominação: os meios de produção, onde o controle pode envolver (e em geral envolveu) a propriedade desses meios, mas não precisa necessariamente fazê-lo; os meios da administração e coerção do Estado; e os principais meios para estabelecer a comunicação e o consenso.

Cada uma dessas três formas é parte de uma estrutura de dominação. Uma classe que possua ou controle os meios de produção deve também ter uma adequada segurança, pelo menos, com relação à boa vontade e à proteção daqueles que controlam os meios de administração e coerção; e os que controlam o Estado devem ser capazes de confiar na cooperação daqueles que possuem ou controlam os meios de produção. É provável que os principais meios para estabelecer a comunicação e a aprovação decorram do controle dos outros dois meios.

Também nessa instância a ênfase na noção de controle não pretende de modo algum subestimar a importância da propriedade:

obviamente ela continua sendo de fundamental importância na vida da sociedade capitalista, permeia qualquer de seus aspectos e continua sendo a principal fonte de poder administrativo nas empresas capitalistas de médio e pequeno porte. Mas ela não é um pré-requisito essencial para o controle das principais fontes de poder na sociedade capitalista – o poder corporativo e o poder do Estado.

O controle efetivo para fins de exploração é perfeitamente possível sem a propriedade pessoal: embora o clero, na Idade Média, não possuísse as terras que controlava, essa falta de propriedade pessoal não o impediu de extrair a mais-valia dos produtores que estavam sob seu controle. A mesma coisa, no cenário contemporâneo, se aplica aos altos executivos e administradores das grandes corporações, que podem possuir apenas uma pequena parte, ou nenhuma, das firmas por eles dirigidas. O que estava errado na tese da "revolução empresarial" não era o fato de apontar para um processo de "empresarialização" nas empresas capitalistas de grande porte (embora ela exagerasse a rapidez do processo), mas o de atribuir aos altos executivos e administradores objetivos muito diferentes daqueles dos empresários-proprietários e administradores; além disso, os administradores das empresas estatais são perfeitamente capazes de atuar como extratores de mais-valia, mesmo que não detenham nenhuma parte das empresas por eles dirigidas.

O próprio Estado é um extrator maior de mais-valia, tanto como empregador quanto como coletor de impostos; é capaz de envolver-se no processo de extração em virtude de seu controle do poder estatal, sem ter nada a ver com a propriedade pessoal que intervém nesse processo. A tributação sempre foi e continua sendo um aspecto crucial do processo de extração de mais-valia e requer não a propriedade, mas o controle efetivo dos meios de administração e coerção.

IV

Nas condições do capitalismo contemporâneo, o poder econômico – significando, com efeito, o controle do poder corporativo –

e o poder estatal – significando o controle dos meios de administração e coerção do Estado – são institucionalmente separados, conquanto os vínculos entre as duas formas de poder sejam numerosos e estreitos. Em decorrência dessa separação institucional, aquilo que aqui (tomado de empréstimo a C. Wright Mills) será chamado de "elite do poder" das sociedades capitalistas avançadas se compõe de dois elementos. Por um lado, há as pessoas que controlam as poucas centenas de grandes empresas industriais, financeiras e comerciais no setor privado da economia, às quais se pode acrescentar as que controlam as indústrias dos meios de comunicação do setor privado (e que podem, naturalmente, incluir algumas das pessoas que controlam outros setores capitalistas). Por outro lado, há as pessoas que controlam as posições de comando do sistema estatal – presidentes, primeiros-ministros e seus colaboradores imediatos, as pessoas que ocupam altas posições no serviços civil, militar e de polícia, no judiciário e (pelo menos em alguns sistemas, como no norte-americano) no legislativo – e esse elemento inclui também as pessoas que controlam as empresas públicas ou estatais e a mídia no setor público.[4]

Essa elite do poder constitui a camada superior da classe dominante nessas sociedades. A outra, e muito maior, parte dessa classe também apresenta dois elementos distintos: de um lado, as pessoas que possuem e controlam um grande número de firmas de porte médio, formando uma vasta rede de empresas muito diversas cujo porte foi reduzido pelos gigantes corporativos e que não obstante constituem uma parte substancial da atividade capitalista total; do outro, uma ampla classe profissional de homens e mulheres (principalmente homens), composta de advogados, contadores, cientistas, arquitetos, médicos, funcionários civis e militares

---

4 Em *The Power Elite* [*A elite do poder*] (1956), Mills descreveu a elite do poder nos Estados Unidos como composta de três diferentes elementos: os "presidentes" das "cento e tantas corporações que, medidas pelas vendas e pelo capital, são as maiores" (p. 126); os "dirigentes políticos" – os detentores dos principais postos de comando" do Estado; e os militares de alta patente. De minha parte, não vejo razão alguma para converter os militares num elemento separado e quase autônomo na elite do poder: seria mais exato vê-los como parte de um sistema de Estado.

de média categoria, professores e administradores veteranos na educação superior, peritos em relações públicas e muitos outros. Eles formam os níveis superiores da parte "credencializada" da estrutura social e muitos são empregados, em tempo integral ou parcial, pelas empresas ou pelo Estado capitalistas ou trabalham sem depender de qualquer um deles.

Juntos, os elementos comerciais ou profissionais dessa parte da classe dominante compõem a burguesia das sociedades capitalistas avançadas da atualidade – que costuma ser equivocadamente chamada de "classe média" ou "classe média alta". Essa burguesia se distingue da elite do poder em virtude de não ter nada que possa ser chamado de seu poder. No entanto, ela faz parte da classe dominante porque os seus membros exercem um grande poder em termos econômicos, sociais, políticos e culturais, não apenas na sociedade em geral mas também em várias parte do Estado. É entre elas, e na elite do poder, que devem ser encontradas as pessoas que detêm uma parte muito desproporcional de riqueza pessoal, e é a classe dominante como um todo que está nos níveis altos e superiores da escala de renda. É também principalmente nas fileiras da burguesia que se recrutam os membros da elite do poder, e é às suas fileiras que retornam os membros da elite do poder que deixaram, por razões de idade ou de rebaixamento, de fazer parte dela.

Obviamente, a classe dominante está longe de ser homogênea: mas nenhuma classe o é. Existem importantes diferenças e conflitos a serem encontrados não somente entre interesses capitalistas e o Estado, mas também dentro deles. A classe capitalista compreende diferentes, e por vezes conflituosos, agrupamentos e "frações". Divergências e choques muito pronunciados ocorrem constantemente entre diferentes segmentos do sistema estatal: funcionários civis de alto nível e seus "patrões" políticos, os militares e o governo, o judiciário ou o legislativo e o executivo, o governo central e o governo subcentral. Pelo menos esse é o caso nos regimes democrático-capitalistas que neste século têm sido característicos das sociedades capitalistas mais adiantadas. Tais conflitos são escondidos da luz do dia nos regimes autoritários, mas não obstante eles perduram nesses regimes.

Além disso, apesar das diferenças e dos conflitos que permeiam a classe dominante, em geral elas permanecem suficientemente coesas para assegurar que seus objetivos comuns sejam eficazmente defendidos e propostos. Isso vale particularmente para a elite do poder; existem mais "traidores da classe" na burguesia, embora continuem sendo uma minoria relativamente pequena. Muitas das diferenças na elite do poder são pouco mais do que espuma da política: novas hoje, ultrapassadas amanhã, e devem grande parte de sua breve notoriedade aos "comentaristas" em busca de sensacionalismo. Outras diferenças podem ser mais sérias e envolvem importantes opções políticas. Mas todas essas diferenças e todos esses conflitos tornam-se relativamente insignificantes quando comparados com as vastas e cruciais áreas de concordância entre a maioria dos membros das classes dominantes. Porque, embora possam divergir muito em relação àquilo que desejam precisamente, tais pessoas concordam firmemente quanto àquilo que não desejam e isso abrange algo que lhes poderia parecer uma ameaça à estrutura de poder, privilégio e propriedade de que são os principais beneficiários. A elite do poder e a vasta maioria da burguesia dos países capitalistas avançados (assim como, na verdade, de todos os outros países capitalistas, seja qual for o seu estágio de desenvolvimento) são unânimes a esse respeito, para não dizer nada de sua oposição ao "comunismo", termo que recebeu um grau de elasticidade suficiente para cobrir qualquer desafio odioso.

Tampouco, pode-se acrescentar, o alto grau de congruência ideológica e política que caracteriza as classes dominantes nos países capitalistas adiantados foi muito afetado pela chegada ao sistema dos governos social-democráticos. Tais intrusões podem causar tensão e dificuldades, mas nunca enfraqueceram a parceria (com a exceção do Chile) entre poder corporativo e poder estatal.[5] A razão disso é muito simples, a saber, que os governos social-democráticos sempre têm estado preparados para desistir de seus objetivos e políticas e acomodar-se ao poder corporativo. Se um

5 Para uma discussão da noção de "parceria" nesse contexto, ver Miliband, 1983, 1985.

governo socialista for eleito e insistir em realizar as transformações fundamentais na estrutura da riqueza e do poder nas quais está empenhado, ele verá a parceria dissolvida e substituída por uma hostilidade e uma oposição implacáveis, e terá de forjar uma nova parceria, dessa vez com a classe subordinada. O texto desse "roteiro" até agora não foi escrito: o próprio "roteiro" pertence aos anos 90 e possivelmente para além deles.

Seja como for, a classe dominante constitui uma das duas classes principais, "fundamentais", que a análise de classes precisa levar em conta. A outra é a classe subordinada da sociedade capitalista, que compreende uma vasta maioria de sua população e cuja maior parte se compõe, pelo menos nas condições do capitalismo adiantado, dos trabalhadores e seus dependentes – a "classe trabalhadora", propriamente falando, uma classe extremamente variada, diversa, dividida com base na ocupação, habilidade, gênero, raça, etnicidade, religião, ideologia etc.

Tais divisões são evidentemente de grande importância política e têm um peso muito grande na história das sociedades capitalistas, sem falar nos movimentos trabalhistas; tornaremos a falar disso neste mesmo capítulo. Mas o que precisa ser entendido é que a noção atualmente em voga de que a "classe trabalhadora" está diminuindo repousa sobre um equívoco quanto ao significado do termo. O componente industrial, manufatureiro, da classe operária está de fato diminuindo, mas a classe operária como um todo, as pessoas cuja *fonte de renda* exclusiva é a venda da sua força de trabalho (ou que dependem sobretudo da folha de pagamentos do Estado), cujo *nível de renda* situa-os nos "grupos de renda" baixa ou inferiores, cujo *poder e responsabilidade individual no trabalho e fora dele* é baixo ou virtualmente inexistente – essa classe de pessoas tem aumentado, e não diminuído, com o passar dos anos. A classe trabalhadora, nesse sentido, compõe-se de operários e de funcionários de escritório e seus dependentes e de uma variedade de homens e mulheres dedicados a ocupações voltadas para os serviços e distribuição. Qualquer que seja a consciência que possam ter ou não ter de seu *status* de "proletário", eles constituem uma ampla maioria da população.

A classe dominante e a classe trabalhadora representam respectivamente o vértice e a base da pirâmide característicos da estrutura social das sociedades capitalistas avançadas. Entre ambos deve-se encontrar também uma pequena burguesia substancial, e essa classe compõe-se igualmente de dois diferentes elementos ou subclasses; primeiro, um conjunto desigual de pequenos negociantes, lojistas, comerciantes e artesãos autônomos que são os peixes miúdos da empresa capitalista; e, segundo, uma grande e sempre crescente subclasse de homens e mulheres semiprofissionais, supervisores contratados como funcionários assalariados nas empresas capitalistas ou nas agências administrativas, de previdência social, de controle, de coerção e de serviço do Estado – assistentes sociais, funcionários governamentais locais etc. Embora num nível da pirâmide social diferente do da classe trabalhadora, tais pessoas são também, na verdade, parte da população subordinada das sociedades capitalistas adiantadas. Isso não significa que eles, tanto quanto a classe trabalhadora, sejam politicamente sem importância; significa apenas que o montante de poder e responsabilidade *individuais* de que dispõem é muito limitado. E o fato de serem parte da população subordinada tampouco significa que eles sejam necessariamente *conscientes* de sua posição subordinada. A noção de consciência suscita questões totalmente diversas em relação ao problema de sua posição "objetiva" na sociedade. Tudo o que se deve dizer sobre isso aqui é que a pequena burguesia envolvida nas empresas de pequeno porte tem sido, falando de um modo geral, de uma tendência direitista muito pronunciada, enquanto a pequena burguesia subprofissional e supervisora tem constituído uma nova "aristocracia do trabalho", cuja parte substancial de seus membros exibe tendência esquerdista.

Para completar o quadro, deve-se mencionar uma "subclasse" que está bem na base da pirâmide, oriunda da classe trabalhadora e que sob certos aspectos ainda faz parte dessa classe, embora também se distinga dela: os desempregados mais ou menos permanentes, os membros da classe trabalhadora idosos, cronicamente enfermos ou inválidos e os que são incapazes, por outras razões, de encontrar o seu espaço no "mercado de trabalho".

Evidentemente, as pessoas localizadas em diferentes pontos da pirâmide não são totalmente imóveis: há um certo movimento, muito limitado, para cima, e um certo movimento para baixo, e os diferentes níveis da pirâmide não são separados por linhas divisórias rígidas. Mas nem a mobilidade social nem as fronteiras indistintas mudam o fato de que a pirâmide é uma dura, sólida realidade e de que as diferenças entre a classe situada nos níveis superiores da pirâmide e as classes situadas nos níveis inferiores são de fato muito grandes em termos de riqueza, renda, poder, responsabilidade, estilo e qualidade de vida e tudo o mais que compõe a textura da existência. Isso pode ser deplorado, ou louvado, ou declarado lamentável mas inevitável, ou visto de outro modo qualquer. O que não se pode ou não se deve fazer é ignorar a existência de tais divisões e a importância crucial que elas têm para a vida da sociedade onde ocorrem.

V

Em face da estrutura e do modo de produção sociais das sociedades capitalistas adiantadas, as tarefas da análise de classes são bastante simples. Primeiro, a análise de classes envolve a identificação minuciosa das classes e subclasses que compõem essas sociedades – em outras palavras, o desenho de um "mapa social" que seja o mais pormenorizado e preciso possível e inclua as numerosas complexidades que envolvem a natureza da classe. Segundo, a análise de classes deve demonstrar as estruturas e os mecanismos exatos de dominação e exploração nessas sociedades e as diferentes maneiras pelas quais a mais-valia se extrai, apropria-se e aloca-se. Terceiro, e de maneira correlata, a análise de classes deve estar preocupada com o conflito entre classes, sobretudo entre o capital e o Estado, de um lado, e o trabalho, do outro, embora se deva também prestar atenção às pressões exercidas sobre outras classes e agrupamentos, como, por exemplo, os diferentes setores da pequena burguesia ou os movimentos sociais com suas queixas e reivindicações específicas.

As lutas com as quais a análise de classes está preocupada assumem uma multiplicidade de formas e expressões, mas pode-se situá-las em duas categorias gerais. De um lado, a classe dominante procura naturalmente, acima de qualquer outra coisa, defender, manter e fortalecer a ordem social, e o faz (com a maior convicção e sinceridade) em nome do interesse nacional, da liberdade, da democracia ou do que quer que seja. Essa classe dominante é o que se pode adequadamente (e de fato literalmente) chamar de a principal classe conservadora da sociedade, o que obviamente não significa que outras classes não podem ser conservadoras ou não podem incluir muitas pessoas devotadas à causa conservadora. Do outro lado, a classe subordinada, ou pelo menos a minoria ativista dentro dela (importante distinção), está envolvida num processo permanente de pressão de baixo para cima que toma sempre uma dentre duas formas. É exercida *ou* para modificar ou melhorar as condições nas quais a subordinação é vivenciada *ou* para erradicar por completo a subordinação. A primeira está preocupada sobretudo com melhorias e reformas, locais e nacionais, grandes ou pequenas, dentro da estrutura do capitalismo, e não procura ir além dessa estrutura. Já a segunda procura ultrapassar essa mesma estrutura e é, nesse sentido, uma empresa revolucionária. Os movimentos operários dos países capitalistas avançados têm procurado em sua maioria exercer a primeira dessas duas formas de pressão. É igualmente possível considerar formas de pressão que, embora de caráter "reformista", têm objetivos revolucionários na medida em que as reformas são buscadas para realizar no devido tempo a transformação fundamental – "revolucionária" – da ordem social. Esse tipo de "reformismo revolucionário" foi teoricamente o caminho traçado pela social-democracia europeia antes de 1914, mas não é o caminho que posteriormente veio a ser seguido.[6]

É evidente que a classe dominante e seus aliados não sejam conservadores no sentido de sempre rejeitarem toda e qualquer reforma. Seu objetivo é defender e fortalecer a ordem social existente, e isso pode muito bem envolver a aceitação da reforma como o preço a ser pago para a contenção e a sujeição da pressão de baixo para cima, onde outras classes e subclasses podem, em

6 Sobre isso, ver, por exemplo, Liebman, 1986.

todo caso, ter fortes disposições conservadoras. No entanto, a luta de classes e a pressão de baixo para cima têm sido – e, razoavelmente, se deve esperar que sejam – destinadas a alcançar objetivos conservadores e a derrotar os objetivos autoconservadores; e enquanto isso se deve esperar razoavelmente que a pressão vinda de baixo tenha como objetivo a consecução de mudança nas maneiras anteriormente sugeridas. É a oposição e a luta geradas por esses objetivos contraditórios que constitui o fato crucial da vida social.

Esse é o marco de referência básico da análise de classes, e nesse ponto ela pode ser útil para indicar aquilo que, na análise de classes, é necessariamente acarretado pela "pressão de cima para baixo" e pela "pressão de baixo para cima". Obviamente, ambas estão entrelaçadas e reagem constantemente uma à outra, mas apesar disso cada qual tem seus próprios e diferentes campos de interesse e ação.

Para começar com a pressão vinda de cima, a análise de classes está preocupada com os modos pelos quais é empreendida a luta pela "hegemonia", pelos "corações e mentes" das populações subordinadas; ou, para dizê-lo de maneira um pouco diferente, com os modos pelos quais ocorre a "socialização" ideológica e política das populações subordinadas no sistema social existente. Um amplo espectro de pessoas e instituições desempenha um papel nesse processo: os jornais e outras publicações, o rádio, a televisão, o cinema e o teatro, igrejas, partidos, associações e *lobbies*, escolas, intelectuais e outros "administradores da aprovação" e, não menos importante, o Estado – em suma, tudo o que no sistema social dá uma contribuição, grande ou pequena, para o fortalecimento da ordem social e a contenção ou a derrota das forças "contra-hegemônicas" que um sistema de dominação e exploração necessariamente engendra.

Outra área de investigação óbvia para a análise de classes são as maneiras pelas quais as classes dominantes procuram usar o sistema político para seus próprios fins. A mais importante dessas instituições é o Estado, visto que ele desempenha um papel único e indispensável na defesa e no fortalecimento da ordem social; nenhuma outra instituição é capaz de intervir com a mesma eficácia na vida social. Por mais "não intervencionista" que o Estado possa querer ser na vida econômica, ainda assim ele desempenha um papel crucial nesse âmbito, quando mais não seja para atenuar os custos sociais da empresa capitalista, que está na natureza de tal empresa ignorar. O Estado é, também, em última análise, responsável pela previdência social e pelos serviços coletivos que, não importa o que se pretenda alcançar por meio deles, servem também para assegurar a manutenção e a reprodução de uma força de trabalho eficiente, por um lado, e a atenuação das queixas e das pressões vindas de cima, por outro. O Estado está agora profundamente envolvido na propaganda, na doutrinação e na "engenharia de consenso" e, isto é decisivo, também está encarregado do imenso aparato de coerção e repressão que está inevitavelmente operando na sociedade de classes.

A análise de classes fornece uma explicação da ação do Estado nesses âmbitos em termos do papel que o Estado procura desempenhar na manutenção da ordem social, que, obviamente, significa a manutenção de uma ordem social baseada na dominação e na exploração de classe. É também nesses termos que a análise de classes explica um fenômeno que constitui um dos aspectos mais notáveis no desenvolvimento do capitalismo no século XX, o crescimento do "estatismo", isto é, a constante expansão do poder do Estado, a "estatização" da sociedade. Isso costuma ser atribuído, segundo Weber, a alguma tendência de base tecnológica para a "burocratização" na sociedade "moderna", mas a "estatização" que vem ocorrendo nas sociedades capitalistas avançadas é mais bem explicada à luz das relações de classes e do envolvimento do Estado na manutenção e na defesa dos sistemas de classes dados.

Também vale a pena sublinhar que as tentativas conservadoras nos anos mais recentes, tais como o "thatcherismo" ou o "reaganismo", de "fazer retroceder o Estado", estão voltadas apenas para um tipo particular de "estatismo", a saber, a empresa pública, a regulamentação da empresa privada e os serviços de previdência social. "Fazer retroceder o Estado" nessas áreas é mais bem visto como uma forma de luta de classes de cima para baixo, com a finalidade de ajudar a empresa capitalista e, por meio da erosão dos serviços de previdência social, de diminuir a independência e a flexibilidade da classe trabalhadora. Tampouco, em nenhum caso, essas políticas conseguem reduzir o papel vital que o Estado desempenha na vida econômica por intermédio de suas políticas fiscais e das várias ações que ele empreende em favor da empresa capitalista. O "thatcherismo"e o "reaganismo", longe de debilitar, fortalecem numerosas facetas do "estatismo", sobretudo as funções repressivas de fiscalização e controle do Estado e a inflação do poder estatal em detrimento dos direitos civis. A análise de classes também aqui é um instrumento indispensável para a adequada compreensão dessa versão de conservadorismo numa época de crise capitalista mais ou menos permanente.

A análise de classes está também fortemente preocupada com a crucial e incessante luta empreendida de cima para baixo com o objetivo de impor aos produtores as disciplinas que tornam possível a extração da mais-valia, processo que ocorre no ponto de produção e no local de trabalho, mas que depende também de toda uma série de condições sociais e políticas. Esta inclui um certo grau de controle "hegemônico", uma imposição adequada de autoridade administrativa, ela própria respaldada pelo poder repressivo do Estado, a divisão e a fragmentação nas fileiras dos produtores e, não menos importante, os arranjos domésticos por meio da força de trabalho doméstica não assalariada que atende às necessidades essenciais fora do trabalho e que possibilita aos produtores cumprir suas tarefas no trabalho.

Em relação à luta de classes e à pressão de baixo para cima, devemos retornar antes de mais nada à distinção que se fez mais acima entre lutas pela modificação e melhoria das condições em que a subordinação e a exploração são vivenciadas e a luta pela abolição total da subordinação. Marx acreditava que a classe trabalhadora deve inevitavelmente (e num futuro não muito distante) ser levada a adotar a segunda dessas alternativas. Ele estava evidentemente errado, mas continua sendo um ponto controverso se ele estava absolutamente errado ou só o estava no cálculo da duração do processo. Em todo caso, nos últimos cem anos, período que abrange aproximadamente a existência do movimento trabalhista moderno, essa pressão tem sido de caráter preeminentemente "reformista".

Isso não significa que se esteja subestimando a intensidade das lutas, mesmo que para fins "sindicalistas" e objetivos muito limitados, ou negligenciar o fato de grandes partes da classe trabalhadora dos países capitalistas adiantados terem frequentemente votado, em particular a partir da Segunda Guerra Mundial, por partidos empenhados em provocar uma transformação total dessas sociedades, ainda que dentro da estrutura constitucional e legal vigente. Tampouco significa ignorar as não raras ocasiões nas quais, em períodos de grande tensão e crise, os movimentos da classe trabalhadora ou de setores da classe trabalhadora assumiram um caráter quase revolucionário ou revolucionário, como logo depois da Primeira Guerra Mundial ou na Resistência europeia durante a Segunda Guerra Mundial. No entanto, depois de devidamente feitas todas essas ressalvas, o fato é que as formações revolucionárias têm sido, em sua maioria, empurradas para a periferia das políticas da classe trabalhadora.

Nesses países, as organizações do movimento trabalhista, os sindicatos e os partidos políticos têm dominado o cenário, e têm sido explícita e intensamente "reformistas" – e mesmo isso pode ser um tanto exagerado, em virtude do forte aspecto transformativo que existe no "reformismo". O que a pressão de baixo para cima, a intensa luta de classes e a ameaça de luta de classes realizaram por intermédio da reforma serviu indubitavelmente para atenuar a rudeza da dominação e da exploração de classe para muitas partes da população subordinada, em especial para a força de trabalho organizada; e isso tem servido à população subordinada como um todo, por via da extensão dos serviços coletivos e de bem-estar social, dos direitos cívicos e políticos (na forma de exercício do poder no trabalho e em outros lugares). Mas acontece também que a estrutura da propriedade, do privilégio e do poder nessas sociedades permaneceu relativamente livre de ser assaltada pela força de trabalho e, também, que as pressões exercidas de baixo para cima contra essas estruturas não têm sido tão fortes quanto Marx e os marxistas subsequentes confiaram que ocorresse.

As razões disso são de crucial interesse para a análise de classes. Até aqui, os marxistas tenderam a explicar o fenômeno invocando toda uma série de fatores: crescimento econômico, a própria reforma, as migalhas do imperialismo, o impacto da "aristocracia do trabalho" sobre o movimento operário, divisões na classe operária exacerbadas pelo capital e pelo Estado, o peso da tradição, a manipulação ideológica, a falsa consciência, as ações dos líderes trabalhistas e assim por diante. Mas por mais importante que qualquer um desses fatores possa ser eles precisariam ser suplementados por outro, de muita importância; a saber, a influência da democracia capitalista sobre os movimentos trabalhistas. Porque a democracia capitalista, nos últimos cem anos ou aproximadamente, nos quais ela se desenvolveu nos países capitalistas avançados, revelou-se um sistema extraordinariamente flexível, resistente e com poder de absorção, e desempenhou um papel fundamental na contenção e neutralização da pressão de baixo para cima. Por si só, a existência da democracia capitalista assegurou que a maioria daqueles que tentavam exercer a pressão de baixo para cima não acreditavam que para alcançar os seus objetivos tinham de visar mais longe do que o sistema constitucional e político. A questão aqui não é se eles estavam certos ou errados: os limites da democracia capitalista em termos de reforma radical são muito mais severos do que se esteve disposto a admitir. Mas, seja como for, as disposições "reformistas" na classe trabalhadora e no movimento trabalhista dos países capitalistas avançados, não obstante todas as derrelições, insuficiências e crises que marcaram a história do capitalismo avançado, devem, com toda a certeza, ser atribuídas a um sistema político considerado capaz de propiciar remédio e reforma. Nada poderia ter sido mais importante no sentido de ajudar a confinar a pressão de baixo para cima em canais controláveis e assegurar "a rotinização" e a redução do conflito.[7]

A democracia capitalista, nesse contexto, tem dado todo o seu peso à influência exercida pelos líderes trabalhistas "reformistas". Porque a estrutura da democracia capitalista acentua ao extremo o papel desses líderes como advogados da "moderação", do gradualismo, da conciliação e do compromisso; aos olhos de seus membros e adeptos, isto outorga maior plausibilidade à sua abor-

7 Tentei mostrar isso com relação à Grã-Bretanha em *Capitalist Democracy in Britain* [*Democracia capitalista na Grã-Bretanha*] (Miliband, 1982).

dagem. As organizações que esses líderes controlam tornam-se impregnadas de considerável ambiguidade: por um lado, são instrumentos de mobilização, "agregando" e "articulando" queixas e demandas; por outro lado, entretanto, elas também se convertem em instrumentos desmobilizadores, preocupados em conter e mesmo em reduzir a pressão de baixo para cima e em combater a influência de seus membros militantes e radicais. Dessa perspectiva, e não importa como ele seja julgado, não pode ser superestimado o papel que aqueles que estão efetivamente encarregados dessas organizações têm tido ao promover e encorajar as propensões "reformistas" dos movimentos trabalhistas, e em conter a influência da esquerda revolucionária.

Já afirmei que a análise de classes torna possível uma explicação racional e coerente da luta de classes tal como ela é conduzida tanto de cima como de baixo. Dado o papel crucial que a luta de classes desempenha na vida da sociedade de classes, isto significa que a análise de classes pode fornecer uma explicação racional e coerente da dinâmica geral da vida social. Fornece também um critério fundamental e essencial para avaliar a função que os indivíduos, as instituições e os construtos ideológicos dos mais variados tipos desempenham nas relações de classes e na luta de classes. Os indivíduos, as instituições e os construtos ideológicos são afetados pelo seu contexto social em maior ou menor grau, e o "contexto social" deve ser visto como tendo por principal ingrediente o estado das relações de classes. Mas os indivíduos, as instituições e os construtos ideológicos não são apenas afetados pelo seu contexto social: eles também o afetam em graus diferentes. A pergunta formulada pela análise de classes é: Que papel ou lugar têm as pessoas, as instituições e as ideias nas relações de classes e na luta de classes? Essa não é a *única* pergunta que se pode formular sobre eles, mas é, não obstante, uma pergunta importante, cuja resposta permite esclarecer sua natureza e função nas sociedades de classes. A resposta, como no caso das organizações de trabalho, pode ser mais ambígua do que direta, mas isso também é revelador. Pode também acontecer que a pergunta seja irrelevante e não admita nenhuma resposta: *existem* manifestações de vida em sociedade, quer se expressem nas instituições ou nas produções intelectuais, as quais não faz sentido dizer que tenham influência sobre as relações de classes, muito embora sejam elas próprias afetadas pelo seu contexto social. A experiência dos regimes comunistas, com os sistemas partidários monopolistas que procuram abarcar e controlar todas as manifestações da vida social e suprimir aqueles que se supõe estarem do lado errado na luta de classes, mostra muito bem quão impregnada de implicações a pergunta pode ser. Mas isso não é uma razão suficiente para não formulá-la, porque não perguntar é refugir a um aspecto essencial da análise social. Aquilo que se faz da resposta não é determinado pela natureza da pergunta.

VI

Até aqui me referi à análise de classes num contexto estritamente nacional. Mas ela é um modo de análise tão relevante para o contexto internacional das sociedades como para o contexto nacional.

Em primeiro lugar, deve-se observar que a "internacionalização" cada vez maior das economias do mundo capitalista não altera o fato de que em cada país capitalista as classes dominantes permanecem existindo. Esse fato tampouco é alterado pela emergência de vastos e poderosos conglomerados "multinacionais". Essas gigantescas corporações são "multinacionais" no sentido de que suas operações se estendem a muito países, mas elas constituem, em essência, firmas *nacionais* (principalmente norte-americanas, seguidas pelas inglesas, canadenses, francesas, alemãs, japonesas, holandesas e uma ou duas que ficam bem mais atrás) controladas por pessoas que fazem parte da classe dominante de sua própria sociedade. A "internacionalização" do capital deve, obviamente, afetar os modos pelos quais o capital e o Estado operam em cada país separado, mas o que eles fazem no âmbito internacional é precisamente ditado pelos mesmos objetivos que os movem em relação aos assuntos internos: a defesa de um "interesse nacional", naturalmente concebido em termos que a tornam sinônimo dos interesses da classe dominante. No entanto, esses interesses têm, no século XX, adquirido um alcance global mais pronunciado, não só pela internacionalização do capital mas também em bases políticas mais profundas, ligadas à emergência do "comunismo" na cena mundial desde a época da Revolução Bolchevique.

Nessa perspectiva, a análise de classes envolve o mapeamento das relações internacionais a partir de 1917 em termos da dupla preocupação das classes dominantes nos países capitalistas avançados: primeiro, defender o "interesse nacional" contra todos os demais Estados capitalistas e, segundo, impedir a difusão do "comunismo" em qualquer lugar no mundo. Foram essas preocupações, e principalmente a última, que moldaram decisivamente o caráter e a substância das relações internacionais nos anos situados entre as duas guerras mundiais, e a luta contra o "comunismo" foi até mais decisiva na configuração das relações internacionais a partir de 1945.

Nessa luta, as potências ocidentais defrontaram-se com a União Soviética na medida em que que esta, para seus próprios fins, forneceu ajuda a movimentos ou regimes revolucionários; desse modo se fez com que a luta parecesse desenrolar-se basicamente entre Estados, cada qual buscando o seu próprio "interesse nacional". Mas isso não passa de mera aparência: a origem da luta e sua dinâmica interna são derivadas da determinação dos países capitalistas avançados, sob a liderança dos Estados Unidos, de travar uma luta global, por meios econômicos, políticos, ideológicos e militares, contra todos os movimentos que tendem à mudança revolucionária ou à reforma radical. Nessa visão, as relações internacionais a partir de 1917, e particularmente a partir de 1945, foram moldadas pela luta de classes numa escala mundial. É uma perspectiva que fornece uma explicação mais razoável e coerente das relações internacionais no século XX do que as explicações alternativas baseadas nas concepções tradicionais do conflito entre Estados ou na "loucura" ou irracionalidade dos detentores do poder.

VII

Até que ponto a análise de classes é pertinente – se é que o é – para os regimes comunistas? A pergunta surge porque todas as sociedades orientadas por esses regimes passaram por uma transformação revolucionária no seu sistema de poder, propriedade e privilégios, e, em consequência disso, toda a sua estrutura de classes mudou radicalmente. O que está em questão é que tipo de estrutura social foi construído sobre as ruínas da anterior e se essa estrutura é suscetível a uma análise de classes.

Uma resposta a essa questão deve começar com o fato de que existe efetivamente uma classe ou estrato dominante em todas essas sociedades. Não me parece ser muito importante se o termo "classe" ou "estrato" é usado para denotar as pessoas em questão, apesar da truculência das controvérsias que grassaram em torno desses termos.[8] O ponto importante é o fato da dominação, exercida em virtude do controle dos meios de produção, dos meios de administração e coerção e dos meios de comunicação investidos num número relativamente pequeno de pessoas no partido (monopolistas) e no Estado. Aqui também é necessário distinguir entre uma elite do poder, formada pelos detentores das principais posições no partido e no Estado (ou, mais precisamente, no partido-Estado) e o resto da classe dominante que exercida, em última análise, pela liderança do partido-Estado, ocupa posições de alta responsabilidade no partido, no Estado e na sociedade em geral.

Uma diferença fundamental entre os regimes comunistas e os regimes capitalistas é que o pertencimento à elite do poder está unicamente determinado pela posição nas esferas mais altas do partido e do Estado – sem que influa nisto nenhum elemento de

8 A insistência, especialmente da parte de Trotsky e dos trotskistas subsequentes, em que os detentores das posições de controle na União Soviética não eram uma classe dominante mas um estrato dominante, deriva largamente do fato de seu poder e posição não serem baseados em sua posse da propriedade e do capital e eles não poderem perpetuar-se como uma classe ao legar essa propriedade e esse capital aos seus descendentes. Isso pareceria conceber o que constitui uma classe dominante em termos "economistas" demasiado estreitamente. Embora seja verdade que não poder legar a propriedade e o capital aos descendentes constitua um fator importante, existem outras vantagens que podem ser conferidas sobre elas de modo a lhes dar uma oportunidade muito boa de permanecer nos níveis superiores da pirâmide social. A diferença ainda é real, mas não de tal magnitude que desautorize o uso do termo *classe*.

propriedade ou de controle capitalista. Quanto ao resto da classe dominante, sua composição é determinada sobretudo pelas funções exercidas por seus membros. Aqui a classe média capitalista das sociedades capitalistas não existe. Ela pode vir a ser reconstituída num ou noutro país comunista – por exemplo, a China –, mas em nenhum país comunista ela existe efetivamente como uma classe. O pequeno comércio ou a agricultura privada em pequena escala existem, mas a "pequena burguesia" dessas sociedades é esmagadoramente composta pelo mesmo tipo de pessoas que se pode encontrar também na parte não empresarial da pequena burguesia das sociedades capitalistas avançadas, as pessoas que exercem funções subadministrativas, de supervisão ou de controle nas esferas inferiores da sociedade e do Estado. Finalmente, há a vasta maioria da população, formando a classe subordinada dos operários e dos camponeses, cujo poder, responsabilidade e influência individuais em todos os níveis são extremamente limitados e cujo "input" ["participação"] no processo de tomada de decisões, conquanto muito maior do que afirma a propaganda inimiga, é também limitado e cuidadosamente controlado.

A análise de classes é tão pertinente para esse tipo de estrutura social e política quanto o é para qualquer outro. Ela está preocupada com a natureza e a composição das diferentes classes na sociedade (não importa como essas classes possam ser chamadas); com os mecanismos pelos quais a mais-valia é extraída e alocada; e com as lutas geradas pelo sistema. Isso não quer dizer que as perguntas, e muito menos as respostas, devam ser formuladas nos mesmos termos que no caso das sociedades capitalistas, mas sim que tais perguntas são eminentemente aplicáveis às sociedades comunistas e que formulá-las e responder a elas é indispensável para a compreensão dessas sociedades.

Os objetivos a que a extração de mais-valia pretende servir nos regimes comunistas são decisivamente influenciados pela ausência de uma classe capitalista (e proprietária) em suas estruturas sociais e políticas. Pois isso significa que os que detêm o controle do partido e do Estado têm uma liberdade de ação na tomada de decisões econômicas que é totalmente negada às suas contrapartes nos países capitalistas; liberdade que, pela natureza do próprio sistema político, é muito mais acentuada em todos os outros domínios (incluindo o processo de produção).

Quanto aos objetivos da extração da mais-valia, não há dúvida que as pessoas que estão situadas nos níveis superiores da pirâmide social procuram apropriar-se de uma parte da mais-valia de maneira compatível com as suas expectativas no contexto histórico e social dado. Mas aquilo de que elas se apropriam, por mais notável que seja em comparação com o que é disponível para a massa da população, constitui uma parte muito pequena, ou mesmo insignificante, do produto total. O importante é que os detentores do poder podem decidir os objetivos gerais aos quais deve ser destinado o total da mais-valia; e que podem fazê-lo sem referendar-se os objetivos, necessidades e desejos de uma classe proprietária capitalista ou, no caso, com quem quer que seja. Sem dúvida, os detentores do poder tomam efetivamente nota das queixas, desejos e demandas de diferentes partes da população, tal como refletido em diferentes instrumentos, como a imprensa, os sindicatos e acima de tudo o partido. Mas, em grande medida eles fazem o que querem em relação às queixas, desejos e demandas que chegam até eles: nestes regimes, o Estado ou, talvez mais precisamente, os líderes do partido têm um grau muito elevado de autonomia.

Essa autonomia é usada, acima de tudo, com o objetivo naturalmente supremo de todas as classes dominantes em qualquer lugar: a defesa e o fortalecimento da ordem social sobre a qual eles detêm o controle. E, em condições de subdesenvolvimento exacerbado pela devastação devida à intervenção estrangeira e à guerra civil, os detentores do poder aplicam sobre a população subordinada uma "pressão de cima para baixo" ainda maior para a consecução de suas metas. Em alguns exemplos notáveis, como o governo de Stalin na União Soviética nas décadas de 1920 e 1930, isso equivaleu à "revolução de cima para baixo", com extrema violência exercida pelo Estado contra os camponeses, os trabalhadores e a sociedade em geral. Essa é uma versão diferente da luta de classes em relação à que se encontra nas sociedades capitalistas, e se ela deve ser rotulada assim é uma questão que permanece em aberto. Mas o processo envolve, não obstante, uma pressão substancial sobre a população subordinada, usualmente acompanhada por um considerável grau de coerção do Estado. Como objetivo dessa pressão, é sempre alegado o benefício último da própria população, o que em muitos casos é indubitavelmente verdadeiro. Mas isso obviamente não oblitera o fato de que *é* uma pressão exercida e imposta sobre uma população que não tem grande participação nas decisões que se tomam em seu nome.

Quanto às pressões de baixo para cima nesses regimes, seus alvos não são difíceis de identificar: eles se referem a questões de salários, horas e condições de trabalho e às "relações de produção" que governam o processo produtivo; à disponibilidade, custo e qualidade dos bens de consumo e aos serviços coletivos e de previdência social; à burocracia, à corrupção e ao nepotismo, e à maneira pela qual o poder é exercido em todos os níveis; às queixas e demandas das minorias étnicas, religiosas, políticas e outras; e à infinidade de outras questões de política interna e internacional que podem tornar-se temas de controvérsia, dissenção e desafio.

A pergunta que a análise de classes formula a esse respeito relaciona-se tanto à natureza das questões na contenção quanto à maneira pela qual os conflitos são resolvidos ou atenuados nesses sistemas. Uma outra questão aqui levantada pela análise de classes assemelha-se à levantada com relação aos países capitalistas, muito embora a resposta a ela seja provavelmente diferente: Em tais sistemas, quais são os limites da reforma, se alguma houver, e quem tem mais probabilidade de ser o principal protagonista da reforma? Uma das características mais promissoras desses regimes, pelo menos numa perspectiva socialista, é que a pressão em prol da reforma não vem apenas de baixo, mas é também engendrada de cima para baixo. Até onde e em que direções vão ambos os conjuntos de pressão é uma questão que está fadada a ter um impacto maior sobre o futuro do socialismo, não somente nos países envolvidos mas muito além deles.

VIII

Alguma coisa também deve ser dita aqui sobre o desafio que foi colocado para a análise de classes pelas feministas, pelos membros de minorias raciais ou étnicas e outras, segundo os quais a análise de classes é incapaz de explicar o machismo, o racismo, o nacionalismo e outros fenômenos semelhantes, e de que ela é irrelevante – na verdade, um obstáculo – para a compreensão de temas correlatos de importância crucial para esses grupos.

Essas críticas parecem-me equivocadas sob vários aspectos. Existe, para começar, o fato muito óbvio mas frequentemente subestimado de que as mulheres, os negros e os membros de outras minorias são também membros de uma classe e estão inevitavelmente situados em algum ponto da estrutura social de suas sociedades. As mulheres, nessa visão, são parte da classe proletária, como trabalhadoras ou como esposas de trabalhadores, ou naturalmente como ambas as coisas; ou são membros da classe dominante, também em virtude de suas profissões ou posição no mundo dos negócios, ou pelo casamento. De um modo ou de outro, o mesmo vale também para os negros e quaisquer outros grupos relevantes na sociedade.

É perfeitamente legítimo para as mulheres, os negros e outros dizer e sentir com grande intensidade que eles são, *acima de tudo*, mulheres, negros ou o que quer que seja, e que *isso*, mais do que qualquer coisa, é o que lhes dá sua identidade e define o seu "ser social". Mas a sua consciência de uma identidade particular, por importante que seja sob vários aspectos, e não menos politicamente, não reduz a importância da classe como uma parte intrínseca do seu "ser social" – e, diria eu, como uma parte *decisiva* do seu "ser social". É razoável e necessário ver o "ser social" como uma entidade complexa e contraditória na qual muitas identidades diferentes coexistem e por vezes colidem, e quanto mais rigorosamente a análise conseguir separar os indivíduos, mais complexo e variado o "ser social" está fadado a revelar-se. Toda análise social, nesse sentido, e não apenas a análise de classes, tem um caráter inevitavelmente "reducionista". Ainda assim, permanece o fato de que a localização na estrutura social é crucial para se determinar as maneiras pelas quais as pessoas vivenciam a discriminação, a exploração e a opressão. O fato de que as vivenciam como mulheres, negros etc. em nada altera a validez do argumento. As mulheres burguesas, e os negros burgueses, vivenciam efetivamente a discriminação e podem ser oprimidos e explorados de maneiras variadas. Mas eles vivenciam a discriminação, a opressão e a exploração diferentemente das mulheres proletárias ou dos negros proletários; e uma negra proletária vivencia-as como negra, como mulher e como proletária. Isso testemunha o fato de que o "ser social" é na verdade um conjunto múltiplo e complexo de elementos, uma espécie de DNA social. No entanto é a classe que influi e afeta mais profundamente todos os outros elementos.

Já foi dito, entretanto, sobretudo por feministas, mas também por membros de minorias raciais ou étnicas, que falar de dominação de classe e de subordinação de classe, e portanto dividir a sociedade "horizontalmente", é obscurecer ou ocultar por inteiro o fato de que as mulheres, os negros e outros estão sujeitos à discriminação e à opressão, não apenas pelos membros da classe dominante e da burguesia, mas também nas várias formas que o machismo e o racismo assumem na classe trabalhadora e no movimento trabalhista, pelos membros da classe subordinada. Há muita verdade nisso, se bem que existam numerosas formas de opressão, discriminação e exploração disponíveis para os empregadores que não são disponíveis para os trabalhadores. Mas, muito embora não haja dúvida de que o machismo e o racismo devem ser encontrados nas classes subordinadas, eles estão estreitamente relacionados com a natureza da sociedade de classes, e são, nesse sentido, perfeitamente suscetíveis à análise de classes.

A relação do machismo e do racismo com a sociedade de classes pode ser entendida de duas maneiras diferentes: primeiro, grande parte da discriminação que os trabalhadores brancos exercem contra as mulheres e os negros pode ser atribuída ao que se chamaria de motivos econômicos, e deve ser vista como expressão de sua posição na sociedade de classes e de seu desejo de acentuar ou manter a sua posição de barganha em face dos empregadores com relação àquilo que eles veem como uma ameaça a essa posição. Isso não pretende ser uma justificativa, mas uma explicação. A "clausura social", nessa perspectiva, tem sólidas fontes econômicas e está intimamente relacionada com a competição entre trabalhadores que o capitalismo lhes impõe. Um exemplo do fenômeno que não envolve mulheres ou negros, mas um diferente elenco de protagonistas, é fornecido pela hostilidade que opõe trabalhadores católicos e protestantes na Irlanda do Norte. É tentador ver essa luta como uma luta "sectária", baseada em motivos puramente religiosos e étnicos. Mas não é "reducionismo" ou uma forma exagerada de "determinismo econômico" afirmar que uma causa básica do antagonismo é a tentativa, por parte dos trabalhadores protestantes, de salvaguardar a sua já precária e até calamitosa situação material contra o que eles tomam por uma ameaça maior de uma minoria ainda mais despojada, ambos os lados distinguindo-se pela religião, tradição, cultura, memórias históricas e queixas mútuas.

Sem dúvida, esse antagonismo economicamente gerado é racionalizado e expresso em termos que estão muito longe de suas raízes econômicas. Esses termos logo adquirem solidez e substância e, portanto, autonomia, tornando-se assim, por si sós, poderosos construtos ideológicos. As pessoas subscrevem apaixonadamente esses construtos e acabam por definir grande parte do seu "ser social" nos termos dos construtos. Assim, os trabalhadores protestantes acabam por ver as suas contrapartes católicas não só como competidores mas como portadores de um tipo especial de veneno religioso e como uma ameaça a uma acalentada identidade religiosa e nacional. Eles racionalizam ainda mais os seus preconceitos e temores ao denunciar os trabalhadores católicos como indolentes, ineptos e lerdos. Esse processo é familiar em muitas situações. O fio que liga a posição econômica ao construto ideológico é muito longo e atravessa um terreno muito irregular. Com frequência ele é enterrado profundamente e pode romper-se por inteiro. Mas em relação às manifestações de machismo, racismo etc. da classe trabalhadora a situação de classe não pode razoavelmente deixar de ser levada em conta.

O segundo argumento está estreitamente relacionado com o primeiro, mas difere dele. Pode-se muito bem dizer que existe preconceito, ódio e exclusão mesmo ali onde não haja nenhuma fonte "econômica" plausível que os engendre – por exemplo, no caso da violência dos homens contra as mulheres, exercida tanto pelos homens da classe trabalhadora como pelos burgueses e tanto contra as mulheres burguesas como contra as da classe trabalhadora. Isso é verdadeiro e importante. Mas também aqui não parece indevidamente "reducionista" afirmar que se trata de expressões patológicas dos profundos "ressentimentos de classe", das alienações múltiplas e das deformações psicológicas que são produzidas pelas sociedades de classes, com todas as crueldades, brutalidades, repressões e traumas por elas gerados. Os homens (e as mulheres) procuram meios que lhes permitam sair de suas atribulações e problemas pessoais e o fazem de maneiras não raro irracionais, doentias ou perversas. A adesão às ideias e aos movimentos fascistas é a manifestação extrema disso no século XX, mas pode-se encontrar muitas outras manifestações individuais e coletivas. A explicação desses fenômenos requer uma cuidadosa exploração do contexto social onde eles ocorrem, dos bloqueios que os produzem e das pressões sociais que segundo equivocadamente se espera, eles resolverão. Em outras palavras, ela requer a análise de classes.

Pensar de outro modo requer que se recorra a explicações que procedem de noções como a de uma "natureza humana" dada, inelutável, que torna os seres humanos as criaturas que eles são e, em última análise, não podem deixar de ser. Requer confiança em alguma maldição primeva que tenha ordenado que a agressão, a dominação e a violência devem ser inscritas na condição humana, ou na condição masculina. Afirmar isso é sucumbir a um irracionalismo perigoso e derrotista que é o inimigo tanto da análise séria como das soluções racionais e humanitárias para os verdadeiros problemas com que se defrontam as populações das sociedades de classes.

Nada disso pretende insinuar que uma proclamação formal da abolição da sociedade de classes, ou mesmo o verdadeiro começo de sua abolição, pode acabar de vez com os processos de discriminação, exploração e opressão que sempre fizeram parte da vida social da sociedade de classes e que adquiriram, portanto, uma força colossal. A erradicação desses males está fadada a ser uma empresa prolongada, mas há todas as razões para se pensar que a criação de uma sociedade sem classes, democrática, igualitária e cooperativa iria atenuar grandemente esses males, num processo cumulativo que levaria finalmente à sua completa erradicação.

Em tal sociedade, nenhum grupo de pessoas teria tamanho controle sobre os meios de produção a ponto de tornar-se uma classe dominante. Esse controle seria investido na própria sociedade por intermédio de mecanismos e instituições capazes de assegurar a administração democrática do poder e de prevenir, justamente por isso, a ressurreição das estruturas de dominação. O que é cultuado na visão marxista da sociedade sem classes, livre de dominação, é a convicção, não de que a realização de tal sociedade é fácil, mas de que ela é possível.

Tampouco a história dos últimos cem anos nos diz que tal visão é ilusória. Pelo contrário, e sem se comprazer em qualquer vã escatologia, ela nos diz, afirmaria eu, que a pressão de baixo para cima, apesar de todos os obstáculos e reveses, desgasta implacavelmente, a partir das condições que a produzem, as estruturas de dominação prevalecentes. É a força imensa e global desse processo que faz que a realização de um mundo livre da dominação e da exploração deixe de ser uma visão e se converta em um projeto.

A análise de classes só poderia tornar-se irrelevante com o advento de uma sociedade sem classes. Há um longo caminho a percorrer antes que isso se torne realidade. Mas é provável que ela se concretize menos lentamente se um número maior de pessoas, em especial na população subordinada, vier a ter uma visão acurada da realidade social e dos conflitos que estão no centro dessa realidade. A análise de classes, melhor do que qualquer outro modo de análise, torna essa compreensão possível.

Referências bibliográficas

ENGELS, F. Preface. *The Eighteenth Brumaire of Louis Bonaparte*. In: MARX, K., ENGELS, F. *Selected Works*. 3.ed. alemã. Moscou: Foreign Languages Publishing House, 1950.

LIEBMAN, M. Reformism Yesterday and Social Democracy Today. In: MILIBAND, R., SAVILLE, J., LIEBMAN, M., PANITCH, L. (Org.) *The Socialist Register 1985/6*. London: Merlin Press, 1986.

MARX, K. *Capital*. London: Penguin Books, New Left Review, 1976. v.1.

MARX, K. *Capital*. London: Penguin Books, New Left Review, 1981, v.3.
MARX, K., ENGELS, F. *Selected Correspondence*. London: Lawrence and Wishart, 1956.
______. *Manifesto of the Communist Party*. In: *Collected Works*. London: Lawrence and Wishart, 1976. v.6.
MILIBAND, R. *Capitalist Democracy in Britain*. London: Oxford University Press, 1982.
______. State Power and Class Interests. *New Left Review*, v.138, 1983.
______. State Power and Capitalist Democracy. In: RESNICK, S., WOLFF, R. (Org.) *Rethinking Marxism*. New York: Autonomedia, 1985.
MILLS, C. W. *The Power Elite*. Oxford: Oxford University Press, 1956.
WRIGHT, E. O. *Classes. London: Verso, 1985.*

TEORIA CRÍTICA[1]

Axel Honneth

Está fazendo meio século que a teoria crítica surgiu sob a direção de um único homem e como a obra de um círculo de intelectuais; mas só quando o movimento estudantil se voltou para os escritos do Instituto para a Pesquisa Social (*Institut für Sozialforschung*) é que a teoria crítica foi reconhecida como um projeto teórico unificado. Desde então ela tem ocupado a imaginação intelectual: a pesquisa histórica retraçou a história desse círculo intelectual em torno de Horkheimer desde as suas origens em Frankfurt até a sua divulgação, via França, nos Estados Unidos;[2] incentivadas pelos desencantados relatos de seus primeiros membros, as análises psicológicas trouxeram à luz as incoerências internas e, na verdade, toda a disparidade do círculo;[3] antes de

1 Agradeço a Rolf Wiggerhaus pelos valiosos comentários.

2 Ver, entre outros, Dubiel, 1984; Jay, 1973; Wiggerhaus, 1986. Os seguintes estudos também oferecem análises abrangentes: Bottomore, 1984; Brandt, 1981; Gmünder, 1985; Held, 1980; Jeyer, 1982; Kilminster, 1979; Slater, 1977; Tar, 1977.

3 Os relatos das experiências dos membros do instituto existem sobretudo em forma de entrevistas: ver Habermas (1978) e Löwenthal (1980); um resumo

tudo, os autores mais jovens, motivados pelas mudanças no *Zeitgeist*, continuaram a descobrir novos temas que até então haviam passado despercebidos nos velhos escritos;[4] finalmente, porém, a discussão crítica que a Escola de Frankfurt estimulou durante mais de vinte anos revelou também deficiências materialmente relevantes e aporias teóricas no projeto original.[5] Esse processo levou em alguns casos à admissão de uma fraqueza fundamental na teoria crítica (ver, por exemplo, Brandt, 1986).

Assim, pelo incessante e, na verdade crescente, interesse que a teoria crítica atraiu internacionalmente,[6] uma comedida consciência de suas realizações teóricas é o que prevalece hoje em dia. Cada nova onda de interesse, com seus esforços de pesquisa, retirou do velho projeto uma parte de seu fascínio inicial e moldou-o numa abordagem realista aberta à verificação. Cada tentativa atual de uma reconstrução sistemática da teoria crítica deve proceder a partir dos achados críticos que esse processo revelou. Só com a consciência de todas as suas deficiências é que se pode, hoje em dia, dar uma continuidade produtiva à tradição teórica fundada por Horkheimer. A seguir tentarei empreender essa reconstrução sistemática da teoria crítica complementando os resultados existentes com uma nova tese, que é a de que os meios socioteóricos pelos quais os objetivos de Horkheimer poderiam ter sido alcançados estavam presentes unicamente nos trabalhos dos autores que adotavam uma posição mais periférica no Instituto para a Pesquisa Social. Embora Horkheimer, e mais tarde Adorno e Marcuse, tenham estabelecido firmemente a ideia de uma teoria da sociedade filosoficamente orientada e ao mesmo tempo empiricamente fundada no contexto das ciências contemporâneas, não conseguiam realizar essa reivindicação, por exemplar que ela fosse,

---

sobre Löwenthal foi traduzido em Dubiel (1981). As primeiras pesquisas sistemáticas sobre as diferenças internas do círculo do instituto aparecem em Brandt (1981), Breuer (1985), Habermas (1986b) e Jay (1982).

4 Ver, por exemplo, Hörisch, 1980; e também Dews, 1984.

5 Penso sobretudo em Benhabib (1981), Habermas (1984, cap. 4, seção 2), Held (1980, parte 3), Honneth (1985, parte 1) e Wellmer (1971).

6 Ver as contribuições das seguintes coletâneas: Bonss & Honneth, 1982; Honneth & Wellmer.

porque lhes faltava um conceito apropriado para a análise dos processos societários. Por outro lado, as investigações materiais de Benjamin, Neumann, Kirchheimer – e, mais tarde, Fromm – continham percepções e sugestões sociológicas que, tomadas em conjunto, poderiam ter fornecido indicadores para esse conceito societário. Se os trabalhos desses autores tivessem sido levados mais a sério no que concerne à sua substância teórico-social, os objetivos filosoficamente formulados da teoria crítica poderiam ter sido sociologicamente alcançados de um modo mais fecundo.

Neste ensaio, seguindo o breve esboço dos objetivos programáticos nos quais a teoria crítica foi estabelecida por Max Horkheimer, procurarei identificar os pressupostos teoricamente fundamentados que impediram o "círculo interno" do Instituto para a Pesquisa Social de realizar com êxito o conceito original. Em seguida examinarei a alternativa teórico-social oferecida nos trabalhos do "círculo externo" e, finalmente, depois de um breve exame do desenvolvimento do instituto no pós-guerra, considerarei as implicações da minha tese para a revisão habermasiana da teoria crítica.

I Max Horkheimer e as origens da teoria crítica

Entre as numerosas tentativas empreendidas no período entre as duas guerras mundiais para desenvolver o marxismo de um modo produtivo, a teoria crítica assume uma posição de realce. Não foram tanto os seus princípios teóricos quanto, acima de tudo, seus objetivos metodológicos que distinguiram essa teoria de abordagens comparáveis; esses objetivos resultaram de um reconhecimento franco e programático das ciências especializadas. A utilização sistemática de todas as disciplinas de pesquisa da ciência social no desenvolvimento de uma teoria materialista da sociedade foi o principal objetivo da teoria crítica; com isso ela esperava superar o velho purismo teórico do materialismo histórico e reservar um lugar para a possibilidade de uma proveitosa fusão fecunda entre a ciência social acadêmica e a teoria marxista. Essa concepção do objetivo metodológico encontrou seu representante mais capaz em Max Horkheimer, que era suficientemente "positivista" para poder reconhecer o valor das ciências especializadas; nele o plano de um marxismo interdisciplinarmente expandido chegou à maturidade.[7]

Para atingir esse objetivo de longo alcance, requeriam-se um clima intelectual e uma localização geográfica capazes de atrair cientistas de diferentes disciplinas, mas de orientação similar; além disso, facilidades institucionais eram necessárias para permitir que esses cientistas trabalhassem juntos sob um mesmo teto. Na Frankfurt dos anos 20 existia esse clima intelectual; promovidos por uma burguesia rica e receptiva, vários fóruns de vida cultural tinham surgido aqui: a recém-fundada universidade, um jornal liberal, uma emissora de rádio propícia à experimentação e, finalmente, *Das Freie Jüdische Lehrhaus* (Casa de Instrução dos Judeus Livres) – no conjunto uma vida cultural que levou a uma excepcional concentração de energia intelectual.[8] Com o Instituto para a Pesquisa Social a mesma cidade ganhou um centro de pesquisa que dispunha dos meios financeiros e organizacionais capazes de respaldar projetos científicos. Nesse instituto, fundado sob o incentivo de Felix Weil em 1924 e filiado à universidade, pesquisas sobre a história do socialismo foram realizadas nos primeiros anos.[9] Assim, em 1930, quando Max Horkheimer foi indicado para suceder a Grünberg como diretor do instituto, este mostrou-se receptivo à proposta de que deveria fornecer os meios e as facilidades para a realização organizacional do programa visando a uma teoria interdisciplinar da sociedade. Horkheimer usou o seu discurso inaugural para apresentar pela primeira vez em público o programa de uma teoria crítica da sociedade (Horkheimer, 1972d). Na revista *Zeitschrift für Sozialforschung* (ou *Estudos sobre Filosofia e Ciência Social*, como era chamada nos Estados Unidos), que foi fundada em 1932 e desde então constituiu o centro intelectual

---

7 Sobre a evolução teórica de Horkheimer, ver Korthals, 1985; Küsters, 1980. Sobre Horkheimer em geral, ver Schmidt, 1976.

8 A esse respeito, ver Schivelbusch, 1982.

9 Para a história dos primeiros anos do instituto, ver, entre outros, Kluke (1972, esp. Livro 4, cap. 2) e Migdal (1981).

dos trabalhos do instituto,[10] Horkheimer, juntamente com Herbert Marcuse, tentou elaborar essa abordagem nos anos subsequentes.

A situação contemporânea das ciências humanas formava o pano de fundo dos artigos um tanto programáticos nos quais o projeto da teoria crítica assumiu gradualmente a sua configuração metodológica.[11] No plano da história das ideias, Horkheimer via a situação na qual o esforço para desenvolver a teoria da sociedade é vista como caracterizada por uma divergência entre pesquisa empírica e pensamento filosófico. Para ele, a filosofia da história hegeliana representava a última tradição teórica na qual ambas as vertentes do conhecimento estavam fundidas num único modo de pensamento de tal maneira que a análise empírica da realidade coincidia com a concepção filosófico-histórica da razão. No decorrer do século XIX, porém, as premissas idealistas nas quais essa filosofia da história se baseou, assim como o vínculo unificador que havia mantido unidas até então a pesquisa empírica e a reflexão filosófica, foram dissolvidas. Por isso as duas vertentes da filosofia da história ficaram sem mediação e opostas uma à outra e foram incorporadas no novo positivismo e na metafísica contemporânea. No positivismo, o conhecimento empírico da realidade se reduz a uma simples busca de fatos, já que tal conhecimento é separado de qualquer autoconfirmação filosófica; na metafísica contemporânea dos projetos filosóficos de Max Scheler e Nicolai Hartmann, a reflexão da razão atrofia-se em mera especulação sobre a essência, visto que tal reflexão é independente de qualquer referência teórica à realidade históricoempírica.[12]

Para Horkheimer, o verdadeiro problema dessa situação histórico-intelectual era o seu deslocamento da própria possibilidade de pensar em termos de uma filosofia da história, porque, na

10 A edição completa de *Zeitschrift für Sozialforschung* (1970) está agora disponível em brochura (1980). Sobre a história desse jornal, ver o Prefácio muito ilustrativo de Schmidt à nova edição (Schmidt, 1980); ver também Habermas, 1980. Penso sobretudo nos artigos de Horkheimer (1972c, 1972d) e Marcuse (1968).

11 Penso sobretudo nos artigos de Horkheimer (1972c, 1972d) e Marcuse (1968).

12 Para essas duas frentes abertas contra a metafísica e o cientismo, ver principalmente Horkheimer (1972d) e também Horkheimer (1972a).

divisão abstrata entre cientificismo e metafísica – à qual o desenvolvimento de pensamento pós-hegeliano tinha levado –, não existe lugar para a ideia de uma razão historicamente incorporada na qual a filosofia clássica da história sempre se baseara. Juntamente com uma filosofia da história, entretanto, a possibilidade de uma crítica transcendente é também retirada de toda teoria da sociedade: já não existem meios cognitivos disponíveis para que essa teoria possa medir as relações dadas em uma sociedade com uma ideia transcendental da razão. Portanto a base de uma teoria crítica da sociedade pressupunha antes de mais nada a superação dessa fissura entre pesquisa empírica e filosofia. Epistemologicamente, os artigos de Horkheimer e Marcuse estavam voltados para uma crítica sistemática do positivismo; metodologicamente, eles visavam um conceito de pesquisa interdisciplinar.

A epistemologia materialista do primeiro Marx foi a chave para a crítica do positivismo pelo instituto. Horkheimer foi buscar essa abordagem, que inicialmente estava apenas esboçada nos escritos de Marx, em Lukács (ver Jay, 1984, cap.6); Marcuse, por outro lado, tirou-a de Heidegger.[13] Mas ambos partiram do pressuposto de que as ciências empíricas – por intermédio de sua metodologia – são determinadas pelas demandas do trabalho societário; aqui, a verificação das proposições teóricas se subordina ao mesmo interesse de dominação da natureza física pelo qual a atividade do trabalho é guiada num nível pré-científico. Tão logo esse contexto prático constitutivo das ciências foi tornado epistemologicamente transparente, surge o equívoco a que o positivismo acaba levando inevitavelmente: ao justificar as ciências apenas num nível metodológico, o positivismo desvincula-as tanto da consciência de suas próprias raízes societárias quanto do conhecimento de seus objetivos práticos. Na negação da estrutura prática das teorias científicas, Horkheimer e Marcuse viam, naturalmente, não só o erro do positivismo contemporâneo mas também a deficiência da moderna compreensão da teoria em geral; Horkheimer remonta a Descartes as raízes dessa consciência positivista que permite às

---

13 Sobre o aspecto existencial-ontológico da interpretação marxista de Marcuse, ver Breuer (1977, cap. 2, seção 2) e Schmidt (1968).

ciências aparecerem como uma empresa pura, totalmente desvinculada dos interesses práticos. "Teoria tradicional" é o nome que ele dá a essa tradição de cientificismo que atravessa todo o período da modernidade; a esta tanto ele como Marcuse opunham a "teoria crítica", entendida como teoria sempre ciente de seu contexto social de origem, assim como do seu contexto de aplicação prática.

A teoria crítica só pode cumprir essa tarefa que dela se espera se tiver à sua disposição, ao mesmo tempo, uma teoria da história capaz de esclarecê-la sobre a sua própria posição e papel no processo histórico. Desse modo, ainda que apenas por razões epistemológicas, o estabelecimento de uma teoria crítica da sociedade exigia uma reflexão sobre o nível histórico-filosófico para a qual nenhum lugar legítimo era reservado na divisão contemporânea entre a filosofia e as ciências. Os rudimentos dessa teoria da história já estavam explicitamente estabelecidos na epistemologia materialista em que Horkheimer e Marcuse se baseavam na sua crítica do positivismo; eles elaboraram esses rudimentos numa estrutura geral de interpretação ao estendê-los em torno dos pressupostos básicos do materialismo histórico. Nos anos 30, Horkheimer e Marcuse ainda advogavam firmemente a versão clássica da teoria marxista da história, segundo a qual, um processo de desenvolvimento das forças de produção é considerado como o mecanismo central do progresso societário; juntamente com cada estágio expandido no sistema técnico do domínio sobre a natureza, esse processo também força um novo estágio nas relações sociais de produção (ver, por exemplo, Horkheimer, 1932). A teoria crítica deve ser incluída nesse evento histórico não simplesmente – a exemplo das ciências empíricas – como uma autoridade cognitiva no processo de trabalho, mas antes como uma autoridade crítica no autoconhecimento social; seguindo Horkheimer, Marcuse afirmou que na teoria crítica "as possibilidades para as quais a própria situação societária amadureceu" alcançam a consciência (Marcuse, 1968). A posição societária e a função prática da teoria crítica foram avaliadas à luz da extensão em que o potencial para a razão presente nas forças produtivas já tinha sido liberado nas novas formas de organização societária; assim como, outrora, à filosofia da história de Hegel foi atribuída a pesquisa crítica, com pressuposições idealistas, tendo nela incorporado o curso empírico da história com referência às possibilidades da razão, também a teoria crítica assumia agora essa mesma tarefa com base em premissas materialistas.

Se for verdade que essas considerações epistemológicas preliminares têm uma orientação similar daquela da filosofia produtivista da história defendida por Lukács e Korsch nessa época,[14] então foi só no passo metodológico seguinte da teoria crítica que Horkheimer e Marcuse encetaram uma nova empresa; com esse passo descobriram o que se chama hoje de "materialismo interdisciplinar" (ver, por exemplo, Bonss & Schindler, 1982). Ambos partiam do pressuposto de que ao diagnóstico no nível histórico-filosófico, com o qual a teoria crítica começa, deve ser acrescentada a pesquisa social empírica como uma segunda corrente de reflexão – donde a necessidade da cooperação de diferentes disciplinas. Nem Horkheimer nem Marcuse pensavam que era tarefa exclusiva da economia política examinar empiricamente a condição da sociedade à luz de uma filosofia da história: uma teoria crítica da sociedade deve fazer uso de todo o espectro das disciplinas científicas sociais a fim de poder investigar apropriadamente o atual conflito entre as forças produtivas e as relações de produção. Horkheimer esboçou o modelo geral para a relação metodológica entre filosofia da história e pesquisa interdisciplinar. Esse modelo especifica uma articulação "dialética" entre ambas, constituída de tal modo que a "filosofia, como intenção teórica voltada para o universal, para o 'essencial', está à altura de propiciar impulsos inspiradores às disciplinas especializadas e, ao mesmo tempo, está suficientemente aberta ao mundo para ser influenciada e modificada pelo avanço dos estudos concretos" (Horkheimer, 1972d, p.41).

Foi também Horkheimer quem deu forma substantiva a esse esboço metodológico da teoria crítica da sociedade e quem, com isso, determinou o programa de pesquisa do instituto durante os anos 30. O problema empírico, que ele via como o foco da

---

14 O melhor resumo dos pressupostos de "filosofia da história" do marxismo crítico continua sendo o de Cerutti (1970).

cooperação entre as disciplinas especializadas, decorria para ele de uma aplicação da filosofia da história materialista à situação contemporânea: se o processo histórico em geral progride de tal modo que o potencial para a razão incorporado nas forças produtivas é liberado continuamente em conflitos sociais, então, sob as condições especiais do presente, surge a questão de saber quais são exatamente os mecanismos que impedem a eclosão de tais conflitos. Como tantos outros marxistas de sua geração, o jovem Horkheimer via o processo de crescente integração da classe trabalhadora no sistema societário capitalista avançado como a mais notável tendência de desenvolvimento da sua época.[15] A perspectiva de Horkheimer estava tão unilateralmente concentrada nessa realização integrativa do capitalismo avançado que fez dela o ponto de referência de todo o trabalho de pesquisas do instituto; durante os anos 30, suas investigações interdisciplinares estiveram inteiramente voltadas para a questão: "Como ocorrem os mecanismos mentais em virtude dos quais é possível que as tensões entre as classes sociais, que se sentem impelidas para o conflito por causa da situação econômica, possam permanecer latentes?" (Horkheimer, 1932, p.136).

A formulação dessa questão demonstra como Horkheimer já tinha concebido, em detalhe, a construção da análise social interdisciplinar: a disciplina central, desde então, devia ser a economia política; só ela está em condições de mediar entre a filosofia da história e as ciências especializadas porque investiga, de um ponto de vista empírico, o mesmo processo de produção capitalista que aparece, numa perspectiva filosófico-histórica, como uma etapa na realização da razão. Se for verdade que a economia política representa a espinha dorsal teórica de uma ciência social materialista, então, sob as novas condições, uma segunda disciplina deve caminhar junto com ela. Como as potencialidades racionais acumuladas nas forças produtivas capitalistas já não se refletem na ação do proletariado enquanto classe, como ainda a teoria marxista da revolução supunha, requer-se uma investigação adicional das forças aglutinadoras "irracionais" que impedem que as

15 Para as bases históricas dessa tese, ver Mahnkopf, 1985, esp. cap.6.

classes percebam seus reais interesses. Para Horkheimer, era inquestionável que essa tarefa podia ser realizada por meio de uma psicologia inspirada em Freud. Finalmente, uma terceira disciplina deve caminhar passo a passo com a economia política e a psicologia, porque as exigências sociais no sentido de conformar-se não atingem a psique individual de forma imediata, mas apenas de uma maneira culturalmente refratada. Como elemento concludente do projeto de pesquisa por ele esboçado, Horkheimer considerou uma teoria da cultura que deve investigar as condições culturais sob as quais ocorre a socialização individual no capitalismo adiantado. Da imbricação dessas três disciplinas segue-se a tarefa que Horkheimer atribuía à teoria crítica em sua primeira fase; elas compreendiam a análise econômica da fase pós-liberal do capitalismo, a investigação sociopsicológica da integração societária dos indivíduos e a análise teórico-cultural do modo de operação da cultura de massa. Todavia, Horkheimer e seus colaboradores só poderiam realizar uma unidade teórica em seu programa usando o funcionalismo marxista para estabelecer uma dependência direta entre os diversos elementos da investigação.

1 A análise econômica do capitalismo pós-liberal

Horkheimer via a economia política como empreendendo a tarefa central de investigar o processo de longo alcance da mudança que imperava no capitalismo desde o final de sua fase liberal. Foi antes de tudo o advento do nacional-socialismo que suscitou a questão de saber se um princípio organizacional modificado do capitalismo não deveria emergir no quadro da economia planejada do novo sistema econômico. Friedrich Pollock, um economista "burguês de esquerda" que cresceu com Horkheimer, foi encarregado de pesquisar essa área no instituto.[16] Durante a década de 1930 ele estudou a economia planejada recém-emergente, e suas descobertas foram aceitas em seu conjunto pelo "círculo interno" dos membros do instituto. As ideias de Pollock estão expressas essencialmente no conceito de "capitalismo de Estado" (Pollock,

16 Sobre Pollock, ver Dubiel, 1975.

1941, 1975). Ele acreditava que, com o nacional-socialismo e com o comunismo soviético, tinha tomado forma um tipo de capitalismo baseado na economia planejada no qual o veículo orientador do mercado havia sido suplantado pelas autoridades do planejamento burocrático. A gestão dos conglomerados capitalistas tinha-se fundido de maneira tão completa com as elites do poder político que desde então a plena integração social poderia ocorrer na forma da dominação administrativa centralizada. Empreendida originalmente como um estudo especializado, essa análise logo se tornou o ponto de partida para uma teoria global do capitalismo pós-liberal (ver, por exemplo, Horkheimer, 1972c); ela forneceu a estrutura geral no interior da qual as investigações psicológicas e teórico-culturais podiam encontrar o seu lugar.

2 A investigação sociopsicológica da integração societária

Embora a nova forma organizacional da produção capitalista pudesse ser explicada pela teoria do capitalismo de Estado, a pergunta que não podia ser respondida era: Por que os indivíduos se submetem, aparentemente sem resistência, a um sistema de dominação centralmente administrado? Horkheimer delegou essa tarefa de investigação sociopsicológica ao seu amigo Erich Fromm. Com a chegada de Fromm, o instituto ganhou um advogado crucial desse movimento intelectual da República de Weimar que lutava por uma integração entre materialismo histórico e psicanálise.[17] Fromm, que trabalhava como analista desde 1926 e estava estreitamente associado à *Das Freie Jüdische Lehrhaus*, achava-se inteiramente vinculado à "esquerda freudiana" em seus primeiros estudos.[18] Como Siegfried Bernfeld ou Wilhelm Reich, partia do pressuposto de que a integração dos indivíduos no sistema capitalista de dominação ocorre por meio da formação social do caráter psicossexual desses indivíduos. Esse modelo explicativo geral,

17 Sobre a "esquerda freudiana", ver Dahmer, 1973; sobre a aceitação de Freud na Escola de Frankfurt, ver Bonss, 1982.

18 Um estudo completo sobre a evolução teórica de Fromm é fornecido por Funk (1980).

no qual os conceitos da psicanálise estão ligados aos de uma sociologia marxista, foi aplicado por Fromm em suas investigações no instituto.[19] Seu ponto de partida é a observação de que o desenvolvimento da ordem capitalista de Estado acarreta uma mudança estrutural na família nuclear burguesa; juntamente com a base econômica de sua autoridade, que ainda lhe era conferida sob as condições capitalistas liberais, o homem perde a inquestionada autoridade patriarcal que antes possuía. Com isso se perde o ponto de referência autoritário a partir do qual a criança podia desenvolver e fortalecer o seu ego, e assim a mudança estrutural da família caminha de par com um enfraquecimento do ego adolescente, em consequência do que emerge um tipo de personalidade ligado à autoridade e facilmente manipulável. Mais uma vez foi Horkheimer que deu uma forma geral às dispersas e frequentemente especulativas reflexões de Fromm; a teoria da "personalidade autoritária", que combinava as investigações sociopsicológicas do instituto (Horkheimer, 1972b), não tardou a ser adotada por todos os membros do "círculo interno".

3 A análise teórico-cultural da cultura de massa

As abordagens econômicas e sociopsicológicas do instituto estavam relacionadas entre si por intermédio de premissas funcionalistas de forma que, tomadas em conjunto, produziam a imagem de uma integração fechada da sociedade. A análise econômico-estrutural desvendou as tendências desenvolvimentais que permitem ao capitalismo estabelecer um curso para um sistema de dominação baseado na economia planejada; a partir das alterações que esse processo de mudança acarreta na socialização "familial", a análise sociopsicológica deslindou então os mecanismos

19 Ver principalmente Fromm, 1932, 1978. Fromm escreveu a parte sócio-psicológica da extensa pesquisa, "Authority and Family" ["Autoridade e família"] (ver Fromm, 1936). Os estudos-piloto para esse projeto, que Fromm empreendeu no quadro de uma pesquisa empírica, "German Works 1929" ["Obras alemãs 1929"], foram editados há pouco (Fromm, 1980). Para uma informação geral, ver a Introdução de Bonss à obra mencionada (Bonss, 1980).

pelos quais os indivíduos são uniformemente ajustados às novas demandas comportamentais. A teoria da cultura, terceiro componente do projeto de pesquisa considerado por Horkheimer, teria sido o lugar para se forçar a abertura do funcionalismo fechado dessa análise da sociedade. Aqui, poderia ter sido demonstrado que os sujeitos socializados não estão apenas passivamente sujeitos a um processo anônimo de direcionamento mas, antes, participam ativamente com seus próprios desempenhos interpretativos no complexo processo de integração social. De fato, a princípio Horkheimer atribuíra uma tarefa à análise da cultura que atendia teoricamente a esse conceito: como a pesquisa subcultural em nossos dias, tinha de investigar empiricamente aqueles "costumes morais" e "estilos de vida" nos quais a prática comunicativa diária dos grupos sociais encontra expressão.[20] Se Horkheimer tivesse seguido consequentemente essa linha de pesquisa, então – como se poderia demonstrar exemplarmente com o fenômeno da cultura – essa dimensão logicamente independente das orientações de ação e dos padrões de valores sociais, que não podem ser vistos como um elemento meramente funcional na reprodução da dominação, ter-se-ia tornado visível para ele. Em vez disso, porém, e mesmo antes que ele próprio percebesse a lógica de ação teórica de suas determinações conceituais iniciais, ele reconduzira a análise da cultura ao sistema de referência funcionalista no qual já havia anteriormente integrado a economia política e a psicologia social.[21] Nesse contexto, Horkheimer entendia como "cultura" (sempre que não se trate de obras de arte) apenas a totalidade dos recursos e "aparatos" culturais que servem de mediadores entre as demandas comportamentais societárias do exterior e a psique do indivíduo, que se tornou manipulável. Acima de tudo, as investigações que Theodor W. Adorno empreendeu sobre o advento e os efeitos da indústria cultural desenvolveram-se nos horizontes

---

20 Principalmente em Horkheimer (1972d, esp. p.43); o conceito de cultura que Horkheimer utiliza aqui lembra muito o de E. P. Thompson em sua história da classe trabalhadora inglesa.

21 Programaticamente, por exemplo, em Horkheimer (1972b). Segui a retificação do conceito de cultura de Horkheimer, da esfera da teoria da ação para a da teoria da instituição, em Honneth (1985, cap.1).

desse conceito de cultura, que se limita a uma teoria das instituições.[22] No instituto, adotou-se assim um tipo de pesquisa cultural em cuja estrutura a cultura – como na doutrina marxista de base superestrutural – aparece unicamente como componente funcional da garantia de dominação. Mais uma vez, o recurso de Horkheimer a um sistema de referência funcionalista pode ser remontado aos pressupostos fundamentais da sua filosofia da história, que constituíam a base de todo o seu projeto de pesquisa interdisciplinar; estes permitem entender que premissas teóricas levariam necessariamente à ruína da teoria crítica em sua primeira fase.

II A fraqueza teórica da teoria crítica

Se as diferentes investigações que os membros do círculo interno do instituto fizeram no curso dos anos 30 forem reunidas num conjunto teórico, o que aparece é a imagem de uma sociedade totalmente integrada; nela, a vida social se esgota – como nas visões das teorias do totalitarismo – num circuito fechado do exercício centralizado da dominação, do controle cultural e do conformismo individual. Se essa imagem, dadas as circunstâncias societárias com as quais os membros do instituto se defrontavam em face do fascismo e do stalinismo, pode encontrar uma certa justificação histórica, em contraste, de um ponto de vista sistêmico ela se revela como o resultado de uma construção teoricamente falha. No sistema de referência socioteórica no qual Horkheimer baseou o seu programa, essa dimensão da ação social, na qual as convicções morais e as orientações normativas se constituem independentemente, é sistematicamente excluída: esse programa era concebido de tal forma que apenas os processos sociais suscetíveis de assumir funções na reprodução e na expansão do trabalho social podem encontrar um lugar nele. Esse reducionismo funcionalista tinha suas origens nas premissas histórico-filosóficas nas

22 Ver, por exemplo, Adorno, 1978; pelo que vejo, as obras de Leo Löwenthal, responsável pela teoria da literatura e da cultura no instituto, também se inserem nesse quadro; ver principalmente Löwenthal, 1932.

quais as ponderações de Horkheimer, mas também as de Marcuse e Adorno, geralmente se baseavam.

Na época, uma coisa era comum aos trabalhos filosóficos de todos esses autores: muito embora o seu pensamento como um todo estivesse radicalmente orientado à renovação da filosofia social, os pressupostos básicos da filosofia da história que aplicavam nesse projeto estavam, no entanto, profundamente enraizados na tradição marxista. Mesmo nos momentos em que tentam livrar-se desse resíduo dogmágico, o fazem sempre de uma perspectiva da filosofia marxista da história. Nem os trabalhos pioneiros de Durkheim e sua escola, nem as inovações teóricas do pragmatismo caíram aqui em solo fértil; o estreito círculo do instituto permaneceu sempre fechado diante de todas as tentativas de considerar o processo histórico de um ponto de vista outro que não o do desenvolvimento do trabalho social. Existem duas premissas teóricas que determinam a estrutura conceitual da filosofia da história no seio da qual os trabalhos de Horkheimer, Marcuse e Adorno, não obstante as diferenças de detalhe, se desenvolvem em conjunto. Primeiro, todos os três supõem que a razão ou racionalidade humana deve ser entendida como a faculdade intelectual para o domínio instrumental sobre os objetos naturais; nessa medida, os três permanecem ligados à tradição conceitual da filosofia da consciência que explica a racionalidade humana segundo o modelo da relação cognitiva de um sujeito com um objeto.[23] Segundo, os três estão de acordo quanto à conclusão que pode ser extraída das premissas histórico-filosóficas em relação à teoria da história, a saber, que o desenvolvimento histórico ocorre antes de tudo como um processo que consiste precisamente em desdobrar esse potencial para a racionalidade que é estabelecido no domínio instrumental do homem sobre os objetos naturais. Nessa medida, permanecem ligados à tendência, já predominante em Marx, de restringir instrumentalmente a história humana para um desdobramento desenvolvimentista do procedimento societal da natureza (ver Honneth, 1985, parte 1, p.9ss).

23 Sobre as premissas da teoria crítica baseadas na filosofia da consciência, ver Habermas, 1984, p.366ss.

Por mais moldada que seja – nos detalhes – pela influência de Lukács e Korsch,[24] Dilthey e Heidegger[25] ou, finalmente, Benjamin,[26] foi essa filosofia reducionista da história que serviu ao trabalho de pesquisa do instituto como um sistema de referência geral na sua primeira década. Identificaram-se não apenas os déficits teóricos nos fundamentos normativos da teoria crítica primeira,[27] mas também os problemas já referidos de acordo com a construção horkheimeriana de uma teoria interdisciplinar da sociedade. O estilo funcionalista do programa de Horkheimer é a consequência metodológica do reducionismo de que o seu modelo referencial filosófico-histórico está imbuído.[28] Uma vez que nenhum outro tipo de ação social é concedido ao lado do trabalho societário, Horkheimer só pode levar sistematicamente em conta as formas instrumentais da prática societária no nível da sua teoria da sociedade, perdendo assim de vista essa dimensão da prática diária na qual os sujeitos socializados geram e desenvolvem criativamente orientações de ações comuns de um modo comunicativo. Somente considerando essa esfera comunicativa da prática diária social é que Horkheimer poderia ter descoberto que a reprodução societária nunca ocorre na forma de um cumprimento cego de imperativos funcionais, mas só por meio da integração das normas de ação específicas dos grupos. No seu pensamento tinha de se impor a ideia de que as sociedades se reproduzem, em princípio, independentemente da autocompreensão comunicativa de seus membros, na medida em que ancoram as demandas econômicas diretamente na natureza das necessidades do indivíduo com a ajuda dos processos sistêmicos de direcionamento. Como consequência desse modelo conceitual, um funcionalismo fechado pode finalmente emergir, e foi dessa forma que o programa horkheimeriano de um "materialismo interdisciplinar" acabou sendo apresentado.

---

24 Sobre sua influência em Horkheimer, ver principalmente Jay, 1984, cap.6.

25 Sobre sua influência em Marcuse, ver Schmidt, 1968.

26 Sobre a influência de Benjamin no primeiro Adorno, ver Buck-Morss, 1977.

27 Ver principalmente Habermas (1984, cap.4, seção 2) e Benhabib (1986, p.147ss); um resgate "interessante" da filosofia moral de Horkheimer foi empreendido por Schnädelbach (1986).

28 Desenvolvi bem essa tese em Honneth (1985, parte 1, p.9ss).

Ora, no próprio instituto a ideia de pesquisa social interdisciplinar teve uma recepção favorável e produtiva até o começo dos anos 40. Uma mudança geral de orientação já era perceptível nos artigos com que Horkheimer contribuiu para o último volume do *Zeitschrift für Sozialforschung*[29] (que parou de ser publicado em 1941), mudança que implicava não somente as premissas histórico-filosóficas da teoria crítica, como também a posição das ciências especializadas dentro dessa teoria. Nesses artigos, Horkheimer cedeu crescentemente a uma filosofia pessimista da história cujas raízes remontam de tal forma à primeira fase de sua própria biografia intelectual que seus escritos dos anos 30 aparecem, em retrospecto, como um simples interlúdio teórico (ver Korthals, 1985). Exatamente como na época de sua primeira leitura sobre Schopenhauer, o tema dominante para Horkheimer voltou a ser o potencial destrutivo da razão humana. Realmente, o conceito de trabalho ainda constituía o fundamento categorial dessa nova concepção da filosofia da história mas, em vez de olhar para as possibilidades emancipatórias armazenadas no processo da dominação societária da natureza, Horkheimer agora dirigia o seu olhar para os efeitos devastadores que as realizações cognitivas pressupostas na prática do trabalho humano acarretam. Foi a passagem de um conceito positivo do trabalho societário para um conceito negativo que introduziu uma nova fase na história da teoria crítica; a posição até então ocupada pela concepção produtivista de progresso foi substituída por uma crítica da razão, cética em relação ao progresso, e tão radical que podia também duvidar do valor cognitivo das disciplinas especializadas.

Como se sabe, não foi Max Horkheimer, mas Theodor W. Adorno o primeiro representante dessa nova concepção da teoria crítica. Seu pensamento, como poucos de sua época, foi marcado pela experiência histórica do fascismo como uma calamidade para a civilização;[30] isso lhe permitiu, desde o princípio, ver com ceticismo aquilo que as ideias de progresso histórico-materialistas tinham introduzido no programa original do instituto. Além disso,

29 Penso sobretudo em Horkheimer (1941, 1978).

30 A esse respeito, ver especialmente Klein & Kippenburg, 1975.

seu desenvolvimento intelectual havia sido tão fortemente influenciado pelos interesses artísticos que não era nada estranho que questionasse o estreito racionalismo da tradição teórica marxista. Sob a influência de Walter Benjamin, essa reserva permitiu-lhe empreender desde muito cedo as primeiras tentativas para tornar os métodos estéticos de interpretação fecundos para a filosofia da história materialista (ver Buck-Morss, 1977, esp. cap.6). Obviamente, também na filosofia de Adorno ambos os temas conceituais – ceticismo em relação ao progresso e o lugar de honra metodológico reservado para os conteúdos estéticos da experiência – só tiveram efeito dentro da estrutura daquelas premissas da filosofia da consciência que já tinham sido determinantes para o modelo teórico de Horkheimer. Na *Dialética do iluminismo* (1947), que escreveram juntos no início dos anos 40 e que posteriormente deu nome à nova concepção da teoria crítica, esses diferentes temas e tendências reuniram-se num único livro.

Em sua abordagem filosófico-histórica este livro já havia surgido no horizonte do programa inicial do instituto: a condição totalitária na qual o mundo havia caído com a ascensão do fascismo já não podia ser explicada pelo conflito entre forças produtivas e relações de produção, mas pela dinâmica interna da formação da consciência humana. Horkheimer e Adorno abandonaram a estrutura das teorias do capitalismo, no interior da qual a pesquisa social do instituto se movera até então, adotando em seu lugar o processo de civilização em seu conjunto como sistema de referência para sua teoria, na qual o fascismo aparece como a etapa histórica final de uma "lógica da desintegração" presente mesmo na forma original de existência da espécie. A explicação dos mecanismos que, desde o começo, impeliram o processo de civilização para essa lógica da desintegração constitui a verdadeira tarefa da *Dialética do iluminismo*; obras literárias e filosóficas da história europeia das ideias compõem o seu material básico, e seu estilo de argumentação é mais o do ensaio aforístico do que o de uma investigação de corte empírico. O conceito de dominação social sobre a natureza representa o único vínculo com a abordagem original da teoria crítica, já que é central para o novo enfoque assim como o era para o sistema de referência do programa de pesquisa empírica fundamentado na filosofia da história. Todavia, o mesmo conceito recebe agora um significado diferente:[31] na *Dialética do iluminismo*, o "trabalho societário" já não designa uma forma de prática emancipatória mas, antes, o gérmen do pensamento objetivante. Para essa forma de pensamento reificado que emerge concomitantemente com o procedimento humano da natureza, Horkheimer e Adorno usam o conceito de "racionalidade instrumental"; a função central atribuída a esse conceito é a de explicar a origem e a dinâmica do processo filogenético de desintegração.

O novo conceito, que desde então caracterizou um tema-chave da teoria crítica, devia-se a uma reorientação antropológica do conceito de reificação de Lukács. Horkheimer e Adorno entendiam as formas de pensamento reificadoras, que Lukács derivava dos imperativos de abstração da troca de mercadorias capitalista (Lukács, 1971), como um componente imanente do domínio instrumental da humanidade sobre a natureza. As ideias sugeridas pela análise de Alfred Sohn-Rethel da abstração da troca encontram os seus limites na premissa central da *Dialética do iluminismo*, isto é, a de que, com o primeiro ato do domínio sobre a natureza, a compulsão para as formas de pensamento instrumentais já está inevitavelmente estabelecida.[32] Se, para Horkheimer e Adorno, o advento da racionalidade instrumental é assim explicado pelas estruturas elementares do trabalho humano, então elas derivam a dinâmica histórica dessa racionalidade da tendência autodeterminada com a qual seus efeitos são desviados para a vida psíquica e social da espécie humana: os esforços pré-históricos do pensamento instrumental, pelo qual a humanidade aprende a afirmar-se sobre a natureza, são propagados passo a passo na disciplinação dos instintos, no empobrecimento das capacidades sensuais e na formação de relações sociais de dominação. Nessa tese, que repousa essencialmente numa série de argumentos antropológicos e etnológicos sobre os quais só interpretações textuais mais recentes lançaram luz (ver esp. Cochetti, 1985; Früchtl, 1986), as diferentes

31 Acompanhei essa transformação do conceito de trabalho em Honneth (1982).
32 Sobre esse tema em geral, ver Müller, 1977; Schmucker, 1977.

partes da *Dialética do iluminismo* chegam a um acordo quanto a um resultado comum: ele equivale a nada menos que uma asserção de que todo o processo civilizatório da humanidade é determinado por uma lógica de reificação gradual posta em movimento pelo primeiro ato de dominação da natureza e que é levado às suas últimas consequências no fascismo.

Essa tese histórico-filosófica só pode ser plenamente compreendida quando, como ponto de referência normativo, se considera também um modelo de personalidade estético no qual a liberdade da humanidade se define como a capacidade de submeter apropriadamente a natureza. Como consideravam a emancipação humana ligada ao pressuposto de uma reconciliação com a natureza, Horkheimer e Adorno tiveram de ver em cada ato do domínio sobre a natureza um passo em direção à autoalienação da espécie. Os argumentos com que justificam a influência posterior dessa reificação inicial na vida mental e social procedem da mesma tradição filosófica de pensamento na qual o modelo de personalidade estético também reside; essa tradição está delimitada pelo primeiro romantismo alemão, por um lado, e pela filosofia de vida, por outro. Essa tradição constitui, com relação à história da teoria, um pano de fundo que a *Dialética do iluminismo* revela explicitamente apenas em alguns pontos;[33] quem primeiro se referiu criticamente a esse pano de fundo foi Galvano della Volpe (1973), que via o livro como nada mais que um produto do "romantismo tardio". No entanto, não são, como Della Volpe parece supor, os temas românticos e os da filosofia da vida que constituem a fragilidade teórica da *Dialética do iluminismo*, mas antes a estrutura histórico-filosófica dentro da qual esses temas ganham significado pela primeira vez.

Do mesmo modo como o programa de pesquisa interdisciplinar nos anos 30, a obra teórica de Horkheimer e Adorno dos anos 40 também foi determinada por uma filosofia da história que reduz o processo histórico a uma dimensão de dominação sobre a natureza. Por via das premissas da "filosofia da consciência", que subjazem a esse reducionismo teórico agora apresentado

---

33 A esse respeito, ver Habermas, 1987, p.130ss; Honneth, 1984.

numa forma negativa, essa reavaliação normativa deixa, não obstante, essencialmente intactas as compulsões categoriais de pensamento. Assim, na *Dialética do iluminismo*, Horkheimer e Adorno são forçados a conceber toda ação social segundo o mesmo padrão de arsenal instrumental de um sujeito sobre um objeto; apenas isso, e não a tradição romântica na qual eles se inspiram, lhes proporciona a base para afirmar que a mesma "lógica da reificação" tem a mesma eficácia nas três dimensões: o trabalho societário, a socialização dos indivíduos e, enfim, a dominação social. Uma vez que Horkheimer e Adorno, como se pode mostrar em detalhe (ver Honneth, 1985, cap.2), conceitualizaram desde o começo tanto o processo da formação das necessidades individuais como o processo do exercício social da dominação de acordo com o modelo dos atos instrumentais de dominação, eles puderam facilmente, em retrospecto, ver o processo civilizatório como um todo dominado pela mesma racionalidade instrumental que sublinha o ato de dominação sobre a natureza.

Não surpreende que todas as realizações criativas dos sujeitos e grupos interagentes sejam vítimas desse reducionismo histórico-filosófico; toda a esfera da prática diária comunicativa é tão decisivamente excluída da investigação do processo civilizatório que os avanços sociais, do modo como ocorreram nesse período, são deixados de lado. Uma consequência disto, como se pode ver na *Dialética do iluminismo*, foi a negação de uma dimensão do progresso civilizatório que não se expressa no aumento das forças de produção, mas numa ampliação das liberdades jurídicas e do escopo da ação individual (ver Habermas, 1987, cap.5); uma segunda consequência foi de tipo metodológico e de não menor significação para o posterior desenvolvimento da teoria crítica. Horkheimer e Adorno aplicaram a crítica histórico-filosófica de maneira tão geral que tiveram de compreender cada forma de conhecimento científico, incluindo a pesquisa da ciência social, como um elemento no processo de reificação da civilização. Por isso foram obrigados a excluir, mais uma vez, a teoria crítica da sociedade do âmbito das ciências sociais empíricas, reconduzindo-a ao domínio exclusivo da filosofia. Com a *Dialética do iluminismo*, a teoria crítica voltava à esfera de uma teoria filosoficamente autônoma da qual, em princípio, tinha pretendido libertar-se através do impulso metodológico em direção da pesquisa social interdisciplinar. Desde então, e durante o período do pós-guerra, houve novamente uma lacuna sistematicamente não preenchida entre os trabalhos filosóficos e científico-sociais do instituto. Essa lacuna foi, outra vez, aprofundada pelas investigações filosóficas mediante as quais Adorno e Horkheimer continuaram sua colaboração, embora separadamente, na *Dialética negativa* e no *Eclipse da razão*.[34]

III A alternativa teórico-social

As obras teóricas daqueles que estiveram ligados só por algum tempo e indiretamente, ou, seja como for, de modo menos definido ao instituto[35] cedem espaço à importância maior que os escritos de Horkheimer, Adorno e Marcuse alcançaram na imagem pública da teoria crítica. Dado que esse último grupo de membros permanentes do instituto só com muita dificuldade pode ser caracterizado como um círculo de pesquisa homogêneo, o mesmo se aplica ao grupo de três, ou melhor, quatro autores que, embora hajam introduzido todas as investigações importantes no contexto de pesquisa do instituto, jamais confundiram sua identidade científica com o programa e a tradição deste. Assim, desde o início, apenas sua posição marginal comum permitiu que, em retrospecto, Franz Neumann, Otto Kirchheimer, Walter Benjamin e talvez Erich Fromm fossem considerados um grupo único. À primeira vista, não existe base interpretativa para opô-los, como um "círculo externo", ao "círculo interno" formado por Horkheimer, Adorno, Marcuse, Löwenthal e Pollock. Nem, à primeira vista, há uma base comum para os quatro autores, em sentido sociológico e mesmo sociofilosófico: Neumann e Kirchheimer –

34 Sobre esse movimento de "re-filosofisação", ver Adorno, 1973b; Dubiel, 1984, a seção 4.3.3; Horkheimer, 1974.

35 Na sequência, baseio-me numa distinção que Habermas introduziu em seu debate sobre teoria crítica (ver Habermas, 1981, p.558) e tento esclarecer essa diferenciação um tanto vaga entre um círculo "interno" e um círculo "externo" no instituto.

estudaram ciências jurídicas e atingiram a maturidade política na democracia social alemã – contribuíram com teorias do Direito e do Estado para o trabalho do instituto durante o período de exílio em Nova York;[36] Benjamin, um dos poucos pensadores independentes de nosso século, esteve, até seu suicídio em 1940, ocasionalmente encarregado pelo instituto de pesquisar questões relacionadas à teoria da literatura e da cultura;[37] Fromm, de início ligado estreitamente a Horkheimer e plenamente integrado ao instituto, tomou, quando de seu exílio em Nova York, um novo rumo na interpretação da psicanálise, rompendo assim com o instituto em 1939.[38]

Portanto, esses diferentes autores não podem ser comparados nem em suas orientações teóricas nem em suas posturas temáticas; o que os une, no fundo, é a diretiva geral de seu pensamento, que lhes permitiu, como um corpo, ir além do sistema de referência funcionalista do programa original do instituto. O espírito de contradição dos quatro autores foi espicaçado pelo funcionalismo marxista, contra o qual eles opuseram considerações que convergem numa reavaliação ascendente dos desempenhos comunicativos de indivíduos e grupos. Sem dúvida, esse impulso subjacente, que propõe uma superação do reducionismo filosófico-histórico implícito nas premissas categóricas do marxismo, não foi expressamente apregoado em nenhuma obra, mas é visível sempre que as diferenças teóricas entre representantes dos dois grupos ligados ao instituto começam a vir à tona. Não se trata de uma divergência acidental na concepção do objeto, mas antes de diferenças sistemáticas no modelo de uma teoria da sociedade que separava, em todos os casos, o círculo interno do externo.

O conhecimento de jurisprudência e de ciência política de Neumann e Kirchheimer revelaram-se bastante proveitosos em diversas investigações relativas à forma política de integração das

---

36 Um estudo introdutório é fornecido por Söllner (1979, p.86ss). Sobre Neumann, ver Söllner (1978); sobre Kirchheimer, ver o resumo em Luthardt (1976).

37 Uma introdução a Benjamin é fornecida por Witte (1985) e Wclin (1982).

38 Ver, para uma introdução geral a Fromm, Bonss, 1982.

sociedades capitalistas avançadas. Sua formação jurídica e científica significava que ambos estavam plenamente familiarizados com a visão segundo a qual o direito constitui um importante mecanismo orientador da sociedade burguesa; consideravam o direito constitucional como um produto socialmente generalizado de um compromisso político que as classes, com diferentes graus de poder, haviam aceitado dentro das condições do capitalismo privado. Essa premissa socioteórica constituiu a base das análises em que Neumann, assim como Kirchheimer, investigou as modificações constitucionais formais que acompanham a mudança econômica estrutural do capitalismo.[39] A questão a partir da qual finalmente seriam levados, como grupo, a enfrentar a direção do instituto dizia respeito aos princípios organizativos referentes à nova ordem dominante do nacional-socialismo. Neumann e Kirchheimer apresentaram objeções empiricamente fundamentadas à tese do "capitalismo de Estado" proposta por Horkheimer e Pollock. As pesquisas sociológicas que haviam realizado – desde o exílio americano – sobre a situação da Alemanha (Kirchheimer, 1976b, 1976c; Neumann, 1978b), bem como sua experiência política prática do fim da República de Weimar, convenceram-nos do primado absoluto dos interesses capitalistas privados sobre a gerência estatal da economia. Neumann e Kirchheimer não podiam, pois, aceitar a tese de Pollock segundo a qual, no nacional-socialismo, a gestão estatal do mercado competia apenas a uma burocracia administrativa centralizada; ao contrário, sustentaram que o fascismo não anulara as leis funcionais do mercado capitalista como tais, mas simplesmente as colocara sob o controle adicional de medidas totalitárias compulsórias. Essa tese, com sua doutrina de compromisso político, foi resumida numa única fórmula: o conceito de "economia totalitária monopolista", que Neumann, em sua pesquisa *Behemoth*, opôs programaticamente ao conceito de capitalismo de Estado (Neumann, 1966, p.221ss).[40] Nos termos dessa tese,

39 Ver principalmente as seguintes coletâneas de ensaios: Neumann, 1978a; Kirchheimer, 1976a.

40 Sobre o debate, no instituto, a respeito da análise do fascismo, ver entre outros Rainer, 1984 e Wilson, 1982.

o domínio nacional-socialista assumiu a forma de um compromisso socialmente limitado, livre de obrigações constitucionais e no qual tanto o partido quanto as elites econômicas e administrativas concordavam com medidas políticas que, em última análise, tinham por objetivo aumentar as oportunidades de lucro monopolistas.

Obviamente, não foi apenas o conhecimento empírico que permitiu a Neumann e Kirchheimer seguir o caminho dessa análise do fascismo, análise que desde então tem sido amplamente confirmada;[41] o que também contribuiu para a superioridade de sua interpretação com relação à tese do capitalismo de Estado foram as concepções teórico-sociais implícitas em sua obra. Desde o princípio, Neumann e Kirchheimer consideraram a ordem social desde uma perspectiva diversa daquela que prevalecia no círculo mais estreito de Horkheimer; para eles, a integração social representa um processo que ocorre não só por meio da realização sempre inconsciente de imperativos funcionais sociais, mas ainda da comunicação política entre grupos sociais. Em virtude de seu interesse pelo Estado constitucional, Neumann e Kirchheimer se viram pela primeira vez em confronto com o fenômeno da legitimidade política; consequentemente, perceberam que a ordem constitucional de uma sociedade é sempre a expressão de um compromisso generalizável, ou de um consenso entre forças políticas. A participação ativa em conflitos de classes, que caracterizou a República de Weimar, levou a uma compreensão realista da "força relativa dos interesses sociais" (Kirchheimer, 1978): para Neumann e Kirchheimer, a força potencial proveniente do controle capitalista dos meios de produção não deve ser subestimada. Finalmente, suas experiências com o austromarxismo[42] revelaram a ambos o caráter de compromisso da ordem social como um todo: as

41 Para a superioridade das análises do fascismo, por Neumann e Kirchheimer, em relação à oferecida pela teoria do capitalismo estatal, ver Schäfer, 1977; Wilson, 1982.

42 Ver a referência em Söllner (1979, p.101ss). A influência do austromarxismo sobre a teoria socialista do Estado e do Direito na República de Weimar nunca foi examinada profundamente. Uma primeira abordagem, que no entanto ignora Neumann e Kirchheimer, é a pesquisa de Strom & Walter (1984).

instituições de uma sociedade nada mais são que expressões passageiras dos acordos sociais que os diferentes grupos de interesses firmam em consonância com seus respectivos potenciais de força.

No pensamento de Neumann e Kirchheimer, tudo isso se junta para formar um conceito de sociedade cujo centro é um processo global de comunicação entre grupos sociais. Esse conceito não apenas evita a aceitação acrítica de ideias segundo as quais todos os grupos sociais estão completamente integrados à ordem social[43] como, o que é mais importante, impõe limites ao funcionalismo marxista para o qual tendiam Horkheimer e seus colaboradores. As análises de Neumann e Kirchheimer iniciam-se sempre pelos interesses e orientações que os próprios grupos sociais trazem para a reprodução social com base em sua posição de classe. Do processo comunicativo no qual os diferentes grupos negociam seus interesses entre si, pela utilização de seus respectivos potenciais de força, surge o frágil compromisso que se manifesta na constituição institucional de uma sociedade.

Considerando esse modo de pensar, Neumann e Kirchheimer não podiam aceitar que a integração social ocorresse por meio de um processo orientador que simplesmente se estende aos interesses e orientação simbolicamente mediados dos grupos sociais. Para ambos, as perspectivas de ação específicas de cada grupo, e não os motivos sistemicamente gerados, é que moldam o elemento social a partir do qual se dá o processo de integração de uma sociedade. Assim, a preocupação de Neumann e Kirchheimer não é nem o funcionalismo marxista nem a constatação de que o totalitarismo é apenas um sistema enganoso (*Verblendungszusammenhang*) que se totalizou. Enfim, ainda que apenas por razões teórico-sociais, Neumann e Kirchheimer opõem-se à tendência a um centralismo no nível da teoria do poder – tendência que se pode notar em Horkheimer e seus colaboradores, pois consideram o Estado totalitário um centro homogêneo de poder, enquanto para Neumann e Kirchheimer é por si mesmo evidente que a dominação estatal sempre nasce da conjunção dos potenciais de força dos diferentes

43 Ver principalmente Neumann, 1977.

grupos de interesses.[44] A superioridade da abordagem teórico-social, encontrada em Neumann e Kirchheimer de uma forma antes implícita que explícita, fica clara em face da riqueza empírica e diversidade material de suas análises do fascismo; justamente porque explicam a dominação totalitária em termos de um jogo entre grupos de interesses rivais, suas teorias continuam válidas ainda hoje.

O caminho intelectual de Benjamin cruzou o de Neumann e Kirchheimer apenas num ponto: também para ele, o conflito de classes sociais é ao mesmo tempo uma experiência sempre viva e uma premissa teórica de toda análise da cultura e da sociedade. Sem dúvida, o interesse de Benjamin reside não tanto numa investigação sociológica da sociedade quanto num diagnóstico da época, em termos de uma filosofia da história. A força-motriz por trás dessa filosofia da história é a ideia da redenção da humanidade da culpa da repressão e dominação social; suas ideias básicas são tiradas da tradição do messianismo judaico, e sua visão teórico-social configurada a partir do materialismo histórico.[45] Como pensador que associou diferentes tradições teóricas em suas obras, Benjamin tem conexões tão estreitas ou tão remotas com a teoria crítica, como com a hermenêutica judaica de Gershom Scholem e com a teoria materialista da literatura de Bertolt Brecht. Decerto, o interesse pela arte como fonte teórica de conhecimento ligava-o de início a Adorno (ver Buck-Morss, 1977), e a preferência por uma análise micrológica da cultura cotidiana aproximava-o de Siegfried Kracauer.[46]

De um modo geral, foi quanto à questão dos efeitos dos novos meios da moderna cultura de massa sobre a sociedade que Benjamin entrou em conflito com os membros mais destacados do instituto. Como Adorno e Horkheimer, Benjamin via no começo

---

44 A esse respeito ver, principalmente, Marramao, 1982; sobre a evolução da "teoria da conjunção" [*Verflechtungstheorie*] de Neumann no período do pós-guerra, ver Buchstein & Schlöer, 1983.

45 Poucos estudos sobre Benjamin conseguem demonstrar a unidade por trás da diversidade de seu pensamento; de capital importância é a interpretação de Habermas (Habermas, 1983). Ver também Tiedemann, 1973.

46 Ver a referência em Zohlen (1980).

o surgimento da indústria cultural como um processo de destruição do trabalho autônomo da arte: na medida em que os produtos do trabalho artístico são tecnicamente reproduzíveis, perdem toda a aura que antes os elevava, como uma relíquia sagrada, do mundo profano do observador (Benjamin, 1973b). Os meios técnicos do cinema, rádio e fotografia destroem a aura que envolve o produto artístico e expõem-no a uma visão remota do público; a forma contemplativa da fruição solitária da arte é suprimida pelos métodos públicos da experiência artística coletiva. Entretanto, as diferenças de opinião no instituto foram acirradas, não pela identificação dessas tendências de desenvolvimento cultural, mas pela constatação do comportamento receptivo que elas engendravam. Na destruição da aura estética, Adorno via um processo que força o observador a transformar-se num consumidor passivo e alienado, o que, portanto, torna a experiência estética impossível; a arte de massa, resultante da nova reprodução tecnicizada, representava para ele nada menos que a "desestetização da arte" (*Entkunstung der Kunst*).[47] Benjamin, por outro lado, via na arte de massa tecnicizada sobretudo a possibilidade de novas formas de percepção coletiva; apoiou todas as suas esperanças no fato de, na experiência remota da arte, por parte do público, aquelas iluminações e experiências que até então só ocorriam no processo esotérico da fruição solitária da arte poderem agora acontecer em circunstâncias mais prosaicas.

Como no debate sobre a tese do capitalismo de Estado, não são tanto as reivindicações empíricas individuais que despertam interesse, já que desenvolvimentos posteriores e a situação da pesquisa internacional tornaram tais reivindicações, na sua maior parte, obsoletas.[48] As considerações teórico-sociais ocultas por trás das posições em conflito são, no entanto, instrutivas; assim, torna-se claro que Benjamin e Adorno só chegaram a conclusões divergentes sobre a cultura de massa tecnicizada porque partiram

47 Ver, por exemplo, a perspectiva em Adorno (1978); a "desestetização da arte" é a rubrica sob a qual estudou a indústria da cultura em Adorno (1973a, p.52ss).

48 Sobre o atual estado da pesquisa, ver o estudo de Kellner (1982).

implicitamente de diferentes conceitos de integração social. Não apenas uma insistência firme no valor cognitivo exclusivo da obra de arte esotérica, mas também a pressuposição de um estreito funcionalismo levaram Adorno à completa rejeição das novas formas artísticas. Ele ficou tão preocupado com a ideia de um processo de controle sistêmico da sociedade em todos os contextos da via cultural que, em nenhuma circunstância, conseguiu atribuir aos grupos sociais os desempenhos criativos necessários para entender espontaneamente novas formas de revelação do mundo por parte da arte de massa.[49] Como pudemos observar, a teoria da sociedade moderna, de Adorno, começa pela invocação de um sistema de integração que se totalizou; portanto, ele vê todos os veículos da indústria cultural apenas como um meio de dominação, podendo catalogar as formas populares de arte como fenômenos de regressão psíquica.

Benjamin, entretanto, não pode admitir as premissas dessa interpretação, pois se orienta, não por um modelo alternativo de integração social, mas por outras ideias sobre a composição das experiências sociais. Consequentemente, atribui aos grupos e classes sociais a capacidade de desenvolver uma imaginação coletiva que se manifesta em experiências de percepção e em conteúdos experienciais comuns; esses mundos coletivos de percepção estão sempre pontilhados de imagens cheias de fantasia que contêm visões estimulantes do contexto de culpa e redenção da história humana. Benjamin chega à noção de imaginação pictórica dos grupos sociais por intermédio de uma assimilação idiossincrática da teoria antropológica de Ludwig Klages e, ainda, da concepção de mito de Georges Sorel;[50] além disso, é claro, fundiu ambos os elementos teóricos com concepções que enfatizam o significado das formas sociais de interação para a constituição das experiências coletivas. Na qualidade de teórico da cultura, Benjamin se interessava assim, primordialmente, pelas mudanças que o processo de

49 Ver minha crítica em Honneth (1985, cap.3).

50 Benjamin sempre aludia à teoria antropológica de Ludwig Klages e, acima de tudo, à concepção da imaginação pictórica e consciência onírica; ver, aqui, Benjamin (1985a). Sobre esta temática em geral, ver a análise introdutória, embora incompleta, de Fuld (1981).

modernização capitalista provoca nas estruturas de interação social, nas formas narrativas de troca de experiência e nas condições espaciais da comunicação, porquanto essas mudanças determinam as condições sociais em que o passado histórico penetra na imaginação pictórica das massas e, ali, adquire significado imediato. Dessa perspectiva, que foi fator determinante não apenas de artigos individuais, mas de toda uma série de resenhas de livros escritas por Benjamin,[51] emergem necessariamente fragmentos de outra imagem da integração social: aqui, os mundos experimentais de diferentes grupos e coletividades representam não tanto o simples material de dominação quanto as próprias forças logicamente independentes de que brota o movimento da vida social.

Se estas afirmações estiverem corretas, Benjamin não pensava em termos funcionalistas. Sem dúvida, ele não é um teórico da sociedade na acepção convencional do termo, pois mostra pouco interesse pela explicação dos mecanismos de constituição da sociedade. Todavia, existem suficientes elementos teórico-sociais em sua análise da cultura que revelam até onde suas concepções ultrapassaram o nível do pensamento funcionalista do instituto. Para Benjamin, as condições socioeconômicas de uma sociedade, as formas de produção e troca representam apenas o material que aciona as imaginações pictóricas dos grupos sociais. As experiências sociais não são meras representações, insufladas de dinâmica intelectual, dos imperativos funcionais da sociedade, mas antes a expressão independente da capacidade de desenvolver uma imaginação coletiva. Por isso, não se deve também conceber a integração social simplesmente como um processo pelo qual a administração controla as atitudes e orientações individuais. Ao contrário, os horizontes de orientações individual representam sempre extratos desses mundos específicos dos grupos formados independentemente em processos de intercâmbio comunicativo e que subsistem nas forças de uma imaginação pictórica. Esses mundos

51 Sobre suas abordagens a uma história das formas de comunicação, ver por exemplo Benjamin, 1973a. O interesse de Benjamin por formas de experiência e percepção específicas de classes é notório em suas resenhas: ver, por exemplo, Benjamin, 1972, 1985b.

coletivos permanecem juntos num relacionamento conflituoso cuja forma histórica respectiva codetermina o curso da reprodução social; certamente, Benjamin deixa bastante claro que a luta cultural das classes sociais determina a capacidade de integração da sociedade. Isso, por fim, permitiu também que Benjamin elaborasse uma concepção da moderna arte de massa diferente da de Adorno: dado que, ao contrário deste, ainda atribuía aos grupos oprimidos a faculdade de percepção criativa, podendo depositar todas as suas esperanças no fato de que as formas de arte de massa desencadeassem potenciais inconscientes da imaginação coletiva e, assim, provocassem a politização da estética.[52]

Como Neumann e Kirchheimer da perspectiva de uma teoria política, Benjamin desenvolveu, da perspectiva de uma teoria da cultura, concepções e considerações que extrapolaram o quadro de referência funcionalista da teoria crítica; o modo como isso se deu levou, em ambos os casos, não apenas a uma concepção mais diferenciada das formas integrativas do capitalismo, mas também a ideias preliminares sobre a infraestrutura comunicativa das sociedades. Os três compreenderam rapidamente que os contextos de vida social são integrados por meio de processos de interação social; ideias teóricas da comunicação, desse tipo, foram antecipadas na teoria do compromisso político elaborada por Neumann e Kirchheimer, bem como no conceito de experiência social desenvolvido por Benjamin em sua sociologia da cultura. Todavia, nenhum deles empregou esses conceitos como base para uma teoria independente da sociedade. Os elementos antifuncionalistas encontrados em suas investigações empíricas não alcançaram um nível de generalidade capaz de transformá-los numa crítica explícita do funcionalismo marxista. Portanto, as pesquisas sociologicamente mais produtivas conduzidas sob os auspícios do Instituto de Pesquisa Social ficaram à sombra desse modelo teórico filosoficamente ambicioso, mas sociologicamente estéril, que os membros do "círculo interno" elaboraram.

No pensamento de Erich Fromm, as percepções teóricas da comunicação se desenvolveram antes na esfera microssociológica

52 Ver referência atualizada em Wellmer (1985, esp. p.41ss).

que na macrossociológica. A superação do horizonte filosófico funcionalista, no âmbito do qual ele próprio atuara no instituto, foi alcançada graças à reinterpretação da psicanálise. O impulso para essa reinterpretação manifestou-se durante seu exílio nos Estados Unidos, imposto em 1934 pelo fascismo. Ali, a princípio ainda ligado ao instituto reinstalado em Nova York, conheceu os escritos de autores ocupados com a revisão interacionista dos pressupostos básicos da psicanálise. De bom grado e rapidamente, Fromm aceitou as sugestões desse grupo intelectual – concentrado à volta de Karen Horney e Harry Stack Sullivan –[53] sobre como rever sua teoria de psicologia social. Os resultados dessa revisão foram publicados em 1941 no livro *Escape from Freedom* [*Medo da liberdade*], onde a formação da personalidade burguesa é examinada no quadro de uma concepção da psicanálise agora fundamentalmente modificada. Uma revisão da teoria psicanalítica dos instintos acha-se no cerne da nova concepção. Fromm concebe a natureza flexível da humanidade pela hipótese de uma estrutura instintiva rígida e centrada na libido da teoria freudiana; aos impulsos instintivos que constituem as necessidades humanas acrescenta, além da "autopreservação", também os "instintos sociais" (Fromm, 1941, cap.1). Esses dois instintos básicos geram um potencial instintivo que, como substrato natural, participa de todo processo de socialização; a configuração da natureza íntima em traços de personalidade historicamente singulares ocorre aqui no âmbito da interação social (Fromm, 1941, cap.2).

Graças a essa mudança radical de direção, Fromm rompeu com o funcionalismo estreito que determinou sua abordagem inicial no campo da psicologia social; agora, atribuía à interação social, não apenas uma posição logicamente independente e importante no processo de socialização, como o papel de uma força constitutiva do desenvolvimento social, embora sob a forma infeliz de uma teoria dos instintos. Sem dúvida, Fromm conservou a orientação "do meio teórico-contextual" de suas primeiras pesquisas: isto é, continuou a ver o desenvolvimento da personalidade, primordialmente, como uma "adaptação dinâmica" do potencial

53 Ver, por exemplo, Fromm (1971, p.193ss).

instintivo do indivíduo aos imperativos comportamentais admitidos nos meios socioculturais das diversas classes (ver Bonss, 1982). No entanto, já que passara a conceber a operação de socialização em seu conjunto como um processo de individualização comunicativa, não mais podia concluir que essas influências e expectativas sociais fossem depositadas, de maneira absolutamente ininterrupta, na estrutura da personalidade individual; ao contrário, as exigências comportamentais da sociedade só têm efeito graças a um veículo que, de acordo com sua estrutura integral, visa à autonomia do sujeito.[54] Em princípio, pois, o desenvolvimento do ego ocorre pelo ajuste da individualização e da socialização crescentes.

No instituto, Adorno e Marcuse foram os que mais reagiram à nova abordagem teórica de Fromm; na verdade, por razões mais de natureza pessoal, só desenvolveram sua crítica depois que ele deixou a instituição (ver Bonss, 1982, p.394ss; Jay, 1973, p.101ss). Não foram tanto os elementos interacionistas da nova teoria de Fromm quanto suas revisões da teoria dos instintos que suscitaram oposição no círculo fechado dos membros do instituto. Adorno e Marcuse viam no abandono da teoria freudiana da libido a característica comum e o fulcro traiçoeiro do revisionismo neoanalítico; viam nisso, também, uma acomodação teórica da psicanálise aos propósitos de uma terapia conformista.[55] Contra semelhante tendência, invocavam o conteúdo ortodoxo da teoria freudiana dos instintos; enquanto Adorno aludia primariamente ao dualismo freudiano dos instintos de morte e dos instintos sexuais, Marcuse recorria ao potencial estético-revolucionário da teoria da libido em sua interpretação da psicanálise.[56] Desse modo, o conflito relativo à importância e conteúdo da teoria da libido de Freud tornou-se importantíssimo para o liame entre psicanálise e teoria crítica; desde o início a nova abordagem teórico-social de Fromm, realmente o único ponto proveitoso de sua revisão da psicanálise, recuou ante esse conflito. O interacionismo, que como

54 Ver, principalmente, Fromm (1941, cap.2).

55 Ver Adorno (1972b) e Marcuse (1966), especialmente o epílogo, "The Social Implications of Freudian 'Revisionism'" ["As implicações sociais do 'revisionismo' freudiano"], na última obra. Ver também Jacoby (1978), escrito da perspectiva de Adorno e Marcuse.

56 Sobre essas diferenças, ver Bonss, 1982, p.397ss.

orientação comum subjaz ao revisionismo neoanalítico, jamais foi levado a sério por Marcuse ou Adorno como desafio teórico. As premissas teórico-sociais de suas próprias interpretações da psicanálise permaneceram assim ocultas durante muito tempo, e só atualmente estão vindo à luz graças a seus aspectos problemáticos.[57]

Jürgen Habermas e a teoria crítica

O trabalho de pesquisa do "círculo externo", que poderia ter contribuído para a superação do marxismo funcionalista, deixou de influir no desenvolvimento da teoria crítica; os vínculos da pesquisa do instituto com os três remanescentes daquele círculo, Neumann, Kirchheimer e Fromm, romperam-se em definitivo depois da Segunda Guerra Mundial. É claro, Adorno e Horkheimer há muito haviam cortado relações não apenas com alguns de seus mais eficientes colaboradores do passado como também, até certo ponto, com sua própria história pregressa. Quando o Instituto de Pesquisa Social abriu de novo as portas em Frankfurt, em 1950, reiniciou seu trabalho sem nenhuma referência direta à autocompreensão sociofilosófica das décadas de 1930 e 1940. O traço de união de uma teoria abrangente que poderia ter mediado a pesquisa empírica e a reflexão filosófica desapareceu no período do pós-guerra. Por isso já não houve uma conexão interna entre os estudos empíricos realizados no instituto e as investigações filosóficas, crítico-culturais, que constituíam ainda a preocupação de Horkheimer, Adorno e Marcuse (que haviam permanecido nos Estados Unidos). Como escola uniforme e filosoficamente integrada, a teoria crítica desabava em ruínas.

Embora seja difícil encontrar um denominador comum nos projetos de pesquisa empírica do instituto,[58] a ideia do "mundo

57 Para uma crítica das premissas teórico-sociais da interpretação da psicanálise por Adorno, ver, principalmente, Jessica Benjamin (1977); tentei dar sequência a essa crítica em Honneth (1985, p.99ss).

58 Ver Institut für Sozialforschung (1955); nos anos 50, começava-se a tratar da sociologia industrial (ver Institut für Sozialforschung, 1956; Pollock, 1957). Na década de 1970, essa preocupação com projetos de sociologia industrial – em conexão com a teoria de Alfred Sohn-Rethel – tornou-se quase absoluta; ver Brandt (1981) e, em geral, Institut für Sozialforschung (1981).

totalmente administrado" representa um ponto de referência comum, pelo menos de início, para as obras de filosofia social. Como tema, essa ideia permeia os estudos crítico-culturais de Horkheimer, Adorno e Marcuse,[59] em que as premissas básicas da tese do capitalismo de Estado se tornaram o quadro geral de referência para uma análise do capitalismo no pós-guerra. A perspectiva totalitária, que já moldara a concepção da sociedade na *Dialética do iluminismo*, agora determinava também as investigações sociológicas: já que o controle social administrativo e o conformismo individual se fundem intimamente, a vida social passa a ser vista como integrada num sistema estável e invulnerável de coerção. Por certo, dadas as profundas divergências de seus diagnósticos da época, os três autores extraíram diferentes inferências para o projeto de uma teoria crítica da sociedade: no pensamento de Horkheimer, o pessimismo herdado de Schopenhauer – que o acompanhou desde o início – intensificou-se a ponto de assumir ares de uma teologia negativa;[60] Adorno apresentou uma autocrítica do pensamento conceitual cujo eixo normativo continuava a ser uma racionalidade mimética tipicamente preservada na obra de arte;[61] só Marcuse reagiu ao diagnóstico pessimista dos tempos com uma tentativa de resgatar a ideia perdida de revolução, trazendo a razão para o âmbito social e transformando-a em natureza libidinosa das necessidades humanas (ver Habermas, 1985).

Não obstante as diferenças de objetivo, o plano de fundo de uma filosofia da história persistiu nas três abordagens – filosofia da história onde a evolução histórica é interpretada como um processo de racionalização técnica que se cumpre no sistema fechado de dominação da sociedade contemporânea. Trata-se de uma teoria que, inicialmente, mal se apresentou como uma nova abordagem na esfera da teoria crítica, a primeira a afastar-se das

59 Para Horkheimer, ver os ensaios em suas *Gesammelte Schriften* (1985, v.7 e 8); para Adorno, ver principalmente todos os estudos em suas *Gesammelte Schriften* (1972a, v.8); para Marcuse, entre outras obras suas, Marcuse, 1972.

60 Amplamente informativo sobre a obra tardia de Horkheimer é Schmid Noerr (1985); ver também Habermas, 1986b, esp. p.172ss.

61 A esse respeito, ver Baumeister & Kulenkampff, 1973; sobre a obra sociológica tardia de Adorno, ver Honneth, 1985, cap.3.

premissas filosóficas desse diagnóstico dos tempos. Embora Jürgen Habermas estivesse de há muito associado ao Instituto de Pesquisa Social, tinha no começo, em suas origens e orientação teóricas, pouco em comum com a tradição filosófica da teoria crítica. Em seu desenvolvimento científico, foram correntes como a antropologia filosófica, a hermenêutica, o pragmatismo e a análise linguística que lograram reconhecimento; ora, essas correntes teóricas sempre foram estranhas à antiga geração que cercava Adorno e Horkheimer – de fato, dois estudiosos hostis a semelhantes tradições teóricas. Mas mesmo assim uma teoria foi aos poucos emergindo das obras de Habermas, tão claramente motivada pelos objetivos originais da teoria crítica que pode ser aceita como a única abordagem nova e séria dentro da atual tradição; os impulsos antifuncionalistas detectados no pensamento dos membros secundários do instituto chegaram à autoconsciência teórica justamente nessa teoria e a partir daí tornaram-se o quadro de referência para uma concepção diversa da sociedade.

A percepção da intersubjetividade linguística da ação social constitui a base dessa tese. Habermas chegou à premissa fundamental de sua teoria por via de um estudo da filosofia hermenêutica e da análise linguística de Wittgenstein; aí aprendeu que os sujeitos humanos estão *ab initio*, isto é, desde sempre, unidos uns aos outros na busca da compreensão pela língua (*sprachliche Verständigung*). A forma de vida dos seres humanos distingue-se por uma intersubjetividade enraizada nas estruturas da língua; portanto, para a reprodução da vida social, a busca da compreensão mútua graças à língua representa um pressuposto fundamental, o mais importante mesmo.

Em seu pensamento, Habermas dá peso a essa tese ao fazê-la ponto de partida para um debate com a tradição sociofilosófica e sociológica: assim, na filosofia social contemporânea, critica a tendência à redução gradual de todas as matérias político-práticas a problemas de decisões tecnicamente apropriadas (ver Habermas, 1968). Contrariamente ao funcionalismo sociológico, afirma que as tarefas reprodutivas de uma sociedade são sempre determinadas pela autocompreensão normativa de sujeitos comunicativamente socializados e que funções vitais nem sempre são encontradas em contextos de vida humanos (Habermas, 1982a). Desse modo, viu-se conduzido a uma crítica do marxismo que resulta em uma concepção da história ampliada no sentido da teoria da ação: se a forma de vida humana se distingue por obter compreensão pela língua, então a reprodução social não pode ser reduzida à dimensão única do trabalho, como propõe Marx em seus escritos teóricos. Ao contrário, além da atividade de transformar a natureza, a prática da interação linguisticamente mediada deve ser encarada como uma dimensão igualmente fundamental do desenvolvimento histórico (Habermas, 1972, partes 1-3, p.25ss).

Graças a essa consideração, Habermas já rompera implicitamente com os pressupostos fundamentais da filosofia da história até então determinantes na tradição da teoria crítica.[62] Ele não mais considera traço característico da socialização humana, como ainda insistiam Adorno, Horkheimer e Marcuse, a operação continuamente expandida de transformar a natureza, e sim o fato de a garantia coletiva de existência material depender, desde o início, da manutenção simultânea de um acordo comunicativo. Uma vez que os seres humanos, de acordo com a sua natureza, só conseguem formar sua identidade pessoal no universo intersubjetivamente legado de um grupo social e nele mover-se, a interrupção deste processo comunicativo de obter compreensão violaria um dos postulados da sobrevivência humana, tão fundamental quanto o da apropriação coletiva da natureza. A comunicação linguística é o veículo graças ao qual os indivíduos garantem aquela reciprocidade em atos e concepções de valor tão necessária para que as tarefas da reprodução material possam ser socialmente regidas. Entretanto, a filosofia da história que subsidiou a teoria crítica como sistema teórico de referência foge a essa dimensão de interação social; foi por causa disso que a teoria crítica se perdeu na ilusão de um funcionalismo marxista no qual todos os fenômenos sociais eram vistos à luz da função que desempenham no processamento humano da natureza.

62 Sobre o desenvolvimento teórico-comunicativo da teoria crítica – termo que abrange a nova abordagem de Habermas –, ver Brunkhorst (1983), Honneth (1979) e Wellmer (1977); sobre a teoria de Habermas como um todo, ver McCarthy (1984).

Certamente, o passo decisivo de Habermas na direção de uma teoria independente da sociedade, e portanto de uma nova formulação da teoria crítica, só será dado se os dois conceitos de ação, "trabalho" e "interação", forem dotados de diferentes categorias de racionalidade. Esse passo, potencialmente fértil, resulta do interesse de Habermas em incorporar a nova distinção entre dois tipos de ação a uma teoria de racionalização social. Uma discussão da crítica marcusiana da tecnologia oferece o momento exato de trazê-lo; o quadro teórico, porém, é propiciado pelo conceito de racionalidade de Max Weber (Habermas, 1971). Habermas concebe os dois tipos de ação definidos em sua crítica a Marx não apenas como um esquema de formas específicas de atividade, mas também como o marco para realizações cognitivas especiais; nesse sentido, ambas as dimensões fundamentais da reprodução social, o "trabalho" e a "interação", devem distinguir-se ainda por uma forma independente de produção de conhecimento e uma forma independente de "racionalidade". Mas então o conceito de racionalização de Weber revela-se muito limitado: pois, assim como formas específicas de racionalidade podem ser exigidas para atividades instrumentais e conhecimento técnico, possibilidades de racionalização podem também sê-lo para a prática comunicativa e o conhecimento nela implícito. Habermas resume a tese geral resultante dessa crítica a Weber num quadro conceitual tomado à teoria dos sistemas: embora a espécie evolua – graças ao acúmulo de conhecimentos técnicos e estratégicos – para os subsistemas de ação racional intencional em que são organizados o trabalho social e a administração política, continua também seu desenvolvimento – liberando-se das forças que impedem a comunicação – dentro do quadro institucional em que se reproduzem as normas de integração social (Habermas, 1971, esp. p.92ss).

Todos os desenvolvimentos da teoria de Habermas, nos anos 70, seguiram as linhas desse conceito de sociedade no qual os sistemas de ação racional e intencionalmente organizados distinguem-se da esfera da prática diária comunicativa, com formas separadas de racionalização sendo exigidas para ambas as esferas sociais. Aqui, a pragmática universal serve para esclarecer ainda mais a infraestrutura linguística da ação comunicativa (Habermas,

1979b); uma teoria da evolução social explicita a lógica do desenvolvimento do conhecimento social e, portanto, o processo de racionalização em sua dupla forma;[63] finalmente, com a posterior aceitação de concepções da teoria de sistemas, Habermas tenta determinar os mecanismos pelos quais as esferas de ação social se transformam em sistemas racional e intencionalmente organizados (Habermas, 1982b).

Embora esses projetos teóricos abarquem as mais diversas áreas científicas, todos visam ao mesmo objetivo, isto é, a fundamentação teórico-comunicativa de uma teoria crítica da sociedade. Com sua ajuda, Habermas procura demonstrar que a racionalidade da ação comunicativa constitui um pressuposto tão fundamental do desenvolvimento social que as tendências para a reificação instrumental diagnosticadas por Adorno e Horkheimer podem ser criticadas como formas de racionalização social unilaterais, quer dizer, organizadas unicamente de modo racional-intencional. Em *The Theory of Communicative Action* [*Teoria da ação comunicativa*],[64] que Habermas publicou em dois volumes em 1981 (Habermas, 1981, 1984), esse programa assume pela primeira vez uma forma sistemática. Os resultados de diferentes trabalhos de pesquisa são aí reunidos para estabelecer uma teoria única, onde a racionalidade da ação comunicativa é reconstruída dentro do quadro de uma teoria dos atos da fala; tal teoria também é desenvolvida – na passagem sobre a história da teoria social de Weber a Parsons – a fim de deitar os alicerces de uma teoria da sociedade; e, finalmente, torna-se o ponto de referência para um diagnóstico do mundo contemporâneo.

Na teoria de Habermas, o conceito de racionalidade comunicativa assume a mesma posição-chave que o conceito de racionalidade instrumental ocupou em *A dialética do iluminismo*. Assim como Adorno e Horkheimer desenvolveram a dinâmica evolutiva de um processo histórico – onde o presente é visto como

63 Ver os outros ensaios em Habermas, 1979a, e também Habermas, 1979c.

64 Uma brilhante apresentação do desenvolvimento que conduziu às conclusões básicas desse livro é a de Bernstein (1985); ver também minha própria apresentação (Honneth, 1985, cap.9).

em estado de crise – a partir da forma de racionalidade da natureza, Habermas fá-lo a partir do potencial racional da ação comunicativa. O traço básico de sua construção é que, nos atos de fala comunicativos, em virtude dos quais as ações dos indivíduos são coordenadas, reivindicações de validade culturalmente invariáveis são acumuladas, sendo aos poucos diferenciadas historicamente, no curso de um processo de racionalização cognitiva. Graças à descentralização do conhecimento do mundo existencial, que abrange toda a ação comunicativa, identifica-se uma atitude cognitiva (como aspecto) pela qual os sujeitos se relacionam com o meio apenas do ponto de vista do sucesso. Habermas vê, nessa capacidade histórica de agir estrategicamente, o pressuposto social para o surgimento de esferas de ação sistematicamente organizadas.

Dado que os sujeitos aprendem a agir de um modo que só se orienta para o sucesso, nasce a possibilidade de coordenar as ações sociais por meios não linguísticos como dinheiro ou poder[65] (e não por processos de obtenção de compreensão). As duas esferas de ação, desligadas do mundo existencial comunicativo em razão da institucionalização desses meios coercitivos, constituem os domínios da produção econômica e da administração política. O sistema econômico e a esfera de ação do Estado passam a integrar-se sem recurso ao processo de compreensão comunicativamente obtida. Nas sociedades modernas permanecem, como sistemas regulados à revelia de normas, em oposição àquelas esferas de ação que continuam a ser comunicativamente organizadas e nas quais prossegue a reprodução da vida simbólica social.

Com base na cisão histórica entre "sistema" e "mundo existencial", Habermas justifica a introdução do conceito em dois níveis de sociedade, a que sua construção remete. Também aqui, o processo de obtenção de conhecimento comunicativo é visto como o mecanismo fundamental de reprodução das sociedades modernas, mas, ao mesmo tempo, a existência dessas esferas de ação livres de normas – acessíveis apenas por intermédio de uma análise da teoria dos sistemas – vem a ser tomada como um produto histórico. Assim, o entrelaçamento de uma teoria da comunicação

65 Sobre a introdução do conceito de sistema, ver Habermas, 1981, p.229ss.

com um conceito de sistema revela-se o componente essencial para uma teoria sociológica da modernidade: toda análise desses processos de conhecimento, graças aos quais as sociedades se reproduzem hoje em suas bases existenciais, requer a ajuda da análise de sistemas que investiguem as formas sistêmicas da reprodução material. Enfim, dessa construção dualista, Habermas deriva o quadro dentro do qual tenta elaborar seu diagnóstico da modernidade; o motivo central deste quadro surge da intenção de interpretar o processo da "dialética do iluminismo" a fim de escapar da consequência inevitável a que Adorno e Horkheimer tiveram de chegar. A teoria da sociedade por ela desenvolvida proporciona os meios para tanto, pois, à luz dessa teoria, os complexos organizacionais sistemicamente independentes – em que Adorno e Horkheimer só podem ver a etapa final de uma lógica de dominação da natureza – demonstram ser os produtos sociais de uma racionalização do mundo social existencial. Já não é a existência de formas organizacionais racionais e intencionais da vida social que aparece como tendência da crise atual, mas sua incursão no domínio interior da sociedade cada vez mais dependente de processos de obtenção comunicativa de compreensão. A esse fenômeno de "colonização do mundo social existencial", Habermas aplica seu próprio diagnóstico de uma patologia da modernidade: "A racionalização do mundo existencial possibilita tamanho agravamento da complexidade dos sistemas que os imperativos sistêmicos desencadeados superam a capacidade de apreensão do mundo existencial que é por eles instrumentalizada" (Habermas, 1981, p.232ss).

Não é difícil perceber que as razões desse diagnóstico da modernidade dependem em muito do modelo em dois níveis da sociedade, ponto aonde depois chegou a abordagem teórico-comunicativa de Habermas. Somente porque considera as modernas sociedades divididas em sistema e mundo existencial, em contextos funcionais organizados racional e intencionalmente, e esferas de ação comunicativamente constituídas, é que Habermas pode entender a incursão de formas sistêmicas de controle nos domínios até o momento intactos da prática comunicativa diária como a patologia determinante de nossa época.

No entanto, foi justamente a distinção entre sistema e mundo existencial que recentemente encontrou oposição. Com essa distinção, Habermas corre o risco de ceder às "seduções da teoria de sistemas" e de novo renunciar ao potencial real de sua abordagem teórico-comunicativa.[66] O resultado da discussão aventada por esse problema determinará o futuro da teoria crítica. Essa discussão terá de encarar a questão de como a reviravolta teórico-comunicativa – por meio da qual Habermas superou as dificuldades instrumentalistas da tradição da teoria crítica – conduzirá a uma teoria aceitável da sociedade. Pode ser que, no curso do debate, as propostas sociológicas de Neumann, Kirchheimer e Benjamin, que não eram muito conhecidas na época, revelem finalmente seu potencial teórico para a teoria crítica. E pode bem ser que a teoria do compromisso político, assim como o conceito de Benjamin de uma experiência coletiva, adquiram, quando se tornarem componentes de uma teoria comunicativa da sociedade, uma importância sistemática em face do dualismo sistema – mundo existencial. O retorno à comunicação na teoria crítica pode, assim, ensejar a recuperação de um aspecto negligenciado de seu passado.

Referências bibliográficas

ADORNO, T. W. *Gesammelte Schriften*. Frankfurt-on-Main: Suhrkamp, 1972.

______. Die revidierte Psychoanalyse. In: *Gesammelte Schriften*. Frankfurt-on-Main: Suhrkamp, v.8, p.20ss. 1972b.

______. *Aesthetischen Theorie*. Frankfurt-on-Main: Suhrkamp, 1973a.

______. *Negative Dialectics*. London: s.n., 1973b.

______. On the Fetish Character in Music and the Regression of Listening. In: ARATO, A., GEBHARDT, E. (Org.) *The Essential Frankfurt School Reader*. Oxford: Basil Blackwell, 1978. p.270ss.

BAUMEISTER, T., KULENKAMPFF, J. Geschichtsphilosophie und philosphische Ästhetik: Zu Adornos 'Äesthetischer Theorie'. *Neue Hefte für Philosophie*, v.5, p.74ss, 1973.

66 Ver McCarthy (1985); ver também as contribuições de Joas, Berger e Arnason na coletânea de ensaios organizada por Honneth & Joas (1986), bem como Honneth (1985, cap. 9). Nesse meio-tempo, Habermas respondeu a essas críticas (Habermas, 1986a, esp. p.377ss).

BENHABIB, S. Modernity and the Aporias of Critical Theory. *Telos*, v.49, p.39, 1981.

______. *Critique, Norm, and Utopia*. New York: Columbia University Press, 1986.

BENJAMIN, J. The End of Internalization: Adorno's Social Psychology, *Telos*, v.32, p.42ss, 1977.

BENJAMIN, W. Eine Chronik deutscher Arbeitsloser: Zu Anna Seghers Roman 'Die Rettung'. In: *Gesammelte Schriften*. Frankfurt-on-Main: Suhrkamp, 1972. p.530ss.

______. The Storyteller: Reflections on the Work of Nikolai Leskov. In: *Illuminations*. London: Fontana, 1973a. p.83ss.

______. The Work of Art in the Age of Mechanical Reproduction. In: *Illuminations*. London: Fontana, 1973b. p.219ss.

______. Fragmente zur Moral und Anthropologie. In: *Gesammelte Schriften*. Frankfurt-on-Main: Suhrkamp, v.6, p.54ss. 1985a.

______. Zu Knut Hamsun. In: *Gesammelte Schriften*. Frankfurt-on-Main: Suhrkamp, v.6, p.142ss. 1985b.

BERNSTEIN, R. J. (Org.) Introduction. In: *Habermas and Modernity*. Cambridge, England: Polity Press, 1985. p.1ss.

BONSS, W. Kritische Theorie und empirische Sozialforschung. In: FROMM, 1980. p.7ss.

______. Psychoanalyse als Wissenschaft und Kritik: Zur Freudrezeption der Kritischen Theorie. In: BONSS & HONNETH. 1982.

BONSS, W., HONNETH, A. (Org.) *Sozialforschung als Kritik*. Frankfurt-on -Main: Suhrkamp, 1982.

BONSS, W., SCHINDLER, N. Kritische Theorie als interdisziplinärer Materialismus. In: BONSS & HONNETH: 1982. p.31ss.

BOTTOMORE, T. *The Frankfurt School*. London: s. n., 1984.

BRANDT, G. Ansichten kritischer Sozialforschung 1930-1980. In: Institute für Sozialforschung. (Org.) *Gesellschaftliche Arbeit und Rationalisierung, Leviathan-Sonderheft*, v.4, p.9ss. 1981.

______. Max Horkheimer und das Projekt einer materialistischer Gesellschaftstheorie. In: SCHMIDT, A., ALWICKER, N. (Org.) *Max Horkheimer heute*: Werk und Wirkung. Frankfurt-on-Main: s. n., 1986. p.279ss.

BREUER, S. *Die Krise der Revolutionstheorie*: Negative Vergesellschaftung und Arbeitsmetaphysik bei Herbert Marcuse. Frankfurt-on-Main: Syndikat, 1977.

______. Horkheimer und Adorno: Differenzen in Paradigmakern der kritischen Theorie. *Leviathan-Sonderheft*, v.3, 1985.

BRUNKHORST, H. Paradigmakern und Theoriendynamik der kritischen Theorie der Gesellschaft. *Soziale Welt*, v.34, p.21ss, 1983.

BUCHSTEIN, H., SCHLÖER, G. Politische Theorie in der Kritischen Theorie nach 1950: Franz L. Neumann. *Occasional Papers*, 1983. Faculty of Political Science – Free University of Berlin.

BUCK-MORSS, S. *The Origin of Negative Dialectics*: Theodor W. Adorno, Walter Benjamin and the Frankfurt Institute. New York: Free Press, 1977.

CERUTI, F. Hegel, Lukács, Korsch: Zum dialektischen Selbstverständnis des kritischen Marxismus. In: NEGT, O. (Org.) *Aktualität und Folgen der Philosophie Hegels*. Frankfurt-on-Main, 1970. p.195ss.

COCHETTI, S. *Mythos und 'Dialektik der Aufklärung'*. Königstein: Königshausen und Neumann, 1985.

DAHMER, H. *Libido und Gesellschaft: Studien über Freud und die Freudsche Linke*. Frankfurt-on-Main: Suhrkamp, 1973.

DEWS, P., 1984. Power and Subjectivity in Foucault. *New Left Review*, v.144, p.72ss, 1984.

DUBIEL, H. Kritische Theorie und politische Ökonomie. In: POLLOCK, 1975. p.7ss.

______. The Origins of Critical Theory: An Interview with Leo Löwenthal. *Telos*, v.49, 1981.

______. *Theory and Politics*. Boston: MIT, 1984.

ERD, R. Franz L. Neumann und das Institut für Sozialforschung. In: JOACHIM, H. (Org.) *Recht, Demokratie und Kapitalismus*: Aktualität und Probleme der Theorie Franz L. Neumanns. Baden-Baden: s. n., 1984. p.111ss.

FROMM, E. Die psychoanalytische Charakterologie und ihre Bedeutung für die Sozialpsychologie. *Zeitschrift für Sozialforschung*, v.1, p.253ss. 1932.

______. Sozialpsychologischer Teil. In: *Institut für Sozialforschung, Studien über Autorität und Familie*: Forschungsbericht des Institut für Sozialforschung. Paris: s. n., 1936. p.77ss.

______. *Escape from Freedom*. New York: Farrar and Rinehart, 1941.

______. Die Krise der Psychoanalyse. In: *Analytische Sozialpsychologie und Gesellschaftstheorie*. Frankfurt-on-Main: Suhrkamp, 1971. p.193ss.

______. The Method and Function of an Analytic Social Psychology. In: ARATO, A., GEBHARDT, E. (Org.) *The Essential Frankfurt School Reader*. Oxford: Basil Blackwell, 1978. p.477ss.

______. *Arbeiter und Angestellte am Vorabend des Dritten Reiches: Ein sozialpsychologische Unterschung*. Pesq. e Org. por BONSS, W. Stuttgart: DVA, 1980.

FRÜCHTL, J. *Mimesis* – Konstellation eines Leitbegriffs bei Adorno. Würzburg: Königshausen und Neumann, 1986.

FULD, W. Walter Benjamins Beziehung zu Ludwig Klages. *Akzente*, v.28, p.274ss, 1981.

FUNK, R. Zu Leben und Werk Erich Fromms. In: FROMM, E. *Analytische Sozialpsychologie*. v.1 de *Gesamtausgabe*. Stuttgart: s. n., 1980. p.ix ss.

GMÜNDER, U. *Kritische Theorie*: Horkheimer, Adorno, Marcuse, Habermas. Stuttgart: Metzler-Verlag, 1985.

GEYER, C.-F. *Kritische Theorie*: Max Horkheimer und Theodor W. Adorno. Freiburg e Munich: Alber, 1982.

HABERMAS, J. *Theory and Practice*. Cambridge, England: Polity Press, 1968.

______. Technology and Science as "Ideology". In: *Toward a Rational Society*. Cambridge, England: Polity Press, 1971. p.81ss.

______. *Knowledge and Human Interests*. Cambridge, England: Polity Press, 1972.

______. *Communication and the Evolution of Society*. Cambridge, England: Polity Press, 1979a.

______. What is Universal Pragmatics?. In: *Communication and the Evolution of Society*. Cambridge, England: Polity Press, 1979b. p.1ss.

______. History and Evolution. *Telos*, v.39, p.5ss, 1979.

______. The Inimitable Zeitschrift für Sozialforschung. *Telos*, v.45, p.114ss. 1980.

______. *Theorie des Kommunikativen Handelns*. Frankfurt-on-Main: Suhrkamp, v.2, 1981.

______. Zur Logik der Sozialwissenschaften: Ein Literaturbericht. In: *Zur Logik der Sozialwissenschaften*. Frankfurt-on-Main: Suhrkamp, 1982a. p.89ss.

______. Eine Auseinandersetzung mit Niklas Luhmann: Systemtheorie oder kritische Theorie der Gesellschaft? In: *Zur Logik der Sozialwissenschaften*. Frankfurt-on-Main: Suhrkamp, 1982b. p.396ss.

______. Walter Benjamin: Consciousness-Raising or -Rescuing Critique. In: *Philosophical-Political Profiles*. Cambridge, England: Polity Press, 1983. p.129ss.

______. *Reason and the Rationalization of Society*. In: *Theory of Communicative Action*. Cambridge, England: Polity Press, v.1, 1984.

______. Psychic Thermidor and the Rebirth of Rebellious Subjectivity. In: BERNSTEIN, 1985. p.67ss.

______. Entgegnung. In: HONNETH & JOAS, 1986. p.327ss.

HABERMAS, J. Bemerkungen zur Entwicklungsgeschichte des Horkheimerschen Werkes. In: SCHMIDT, A., ALTWICKER, N. (Org.) *Max Horkheimer heute*: Werk und Wirkung. Frankfurt-on--Main: Fischer, 1986b. p.163ss.

______. *The Philosophical Discourse of Modernity*. Cambridge, England: Polity Press, 1987.

HABERMAS, J. et al. Theory and Politics: A Discussion with Herbert Marcuse. *Telos*, v.38, p.124ss, 1978.

HELD, D. *Introduction to Critical Theory*. London: Hutchinson, 1980.

HONNETH, A. Communication and Reconciliation: Habermas's Critique of Adorno. *Telos*, v.39, p.45ss, 1979.

______. Work and Interaction. *New German Critique*, v.26, p.31ss. 1982.

______. L'esprit et son object – parentés anthropologiques entre la "dialectique de la raison" e la critique de la civilisation dans la philosophie de la vie. In: RAULET, G. (Org.) *Weimar ou l'explosion de la modernité*. Paris: s. n., 1984. p.97ss.

______. *Kritik der Macht*. Frankfurt-on-Main: Suhrkamp, 1985.

HONNETH, A., JOAS, H. (Org.) *Kommunikatives Handeln*: Beiträge zu Jürgen Habermas "Theorie des kommunikativen Handelns". Frankfurt-on-Main: Suhrkamp, 1986.

HONNETH, A., WELLMER, A. (Org.) Die Frankfurter Schule und die Folgen: Ein internationales Symposium der Humboldt-Stiftung. Berlin: De Gruyter.

HÖRISCH, J. Herrscherwort, Geld und geltende Sätze: Adornos Aktualisierung der Frühromantik und ihre Affinität zur poststrukturalistischen Kritik des Subjects. In: LINDER, B., LÜDKE, W. M. (Org.) *Materialien zur ästhetischen Theorie Adornos*. Frankfurt-on--Main: Suhrkamp, 1980. p.397ss.

HORKHEIMER, M. Geschichte und Psychologie. *Zeitschrift für Sozialforschung*, v.1, 1932, p.125ss.

______. Art and Mass Culture. *Zeitschrift für Sozialforschung*, v.9, p.290ss. 1941.

______. Notes on Science and the Crisis. In: *Critical Theory*. New York: Herder and Herder, 1972a.

______. Authority and Family. In: *Critical Theory*. New York: Herder and Herder, 1972b. p.47ss.

______. Traditional and Critical Theory. In: *Critical Theory*. New York: Herder and Herder, 1972c. p.188ss.

______. Die gegenwärtige Lage der Sozialphilosophie und die Aufgabe eines Instituts für Sozialforschung. In: BREDE, W. (Org.) *Sozialphilosophie Studien*. Frankfurt-on-Main: S. Fischer, 1972d. p.33ss.

HORKHEIMER, M. *Eclipse of Reason*. New York: Seabury 1974.

______. The End of Reason. In: ARATO, A., GEBHARDT, E. (Org.) *The Essential Frankfurt School Reader*. Oxford: Basil Blackwell, 1978. p.26ss.

______. *Gesammelte Schriften*. Frankfurt-on-Main: Fischer 1985.

INSTITUT FÜR SOZIALFORSCHUNG (Org.) *Frankfurter Beiträge zur Soziologie*. Frankfurt-on-Main, 1955.

______. *Betriebsklima, Frankfurter Beiträge*. Frankfurt-on-Main, 1956. v.3.

______. Gesellschaftliche Arbeit und Rationalisierung. *Leviathan-Sanderheft*, v.4.

JACOBY, R. *Soziale Amnesie*: Eine Kritik der konformistischen Psychologie von Adler bis Laing. Frankfurt-on-Main: Suhrkamp, 1978.

JAY, M. *The Dialectical Imagination*. Boston: Little, Brown & Co, 1973.

______. Positive und Negative Totalität: Adornos Alternativentwurf zur interdisziplinären Forschung. In: BONSS & HONNETH, 1982. p.67ss.

______. *Marxism and Totality*: The Adventures of a Concept from Lukács to Habermas. Cambridge, England: Polity Press, 1984.

KELLNER, D. Kulturindustrie und Massenkommunikation: Die Kritische Theorie und ihre Folgen. In: BONSS & HONNETH: 1982. p.482ss.

KILMINSTER, R. *Praxis and Method*: A Sociological Dialogue with Lukács, Gramsci and the Early Frankfurt School. London: s. n., 1979.

KIRCHHEIMER, O. *Von der Weimarer Republik zum Faschism*: Die Auflösung der demokratischen Rechtsordnung. In: LUTHARDT, W. (Org.) Frankfurt-on-Main: Suhrkamp, 1976a.

______. Staatsgefuge und Recht des Drittens Reiches. In: LUTHARDT, W. (Org.) *Von der Weimarer Republik zum Faschism*: Die Auflösung der demokratischen Rechtsordnung. Frankfurt-on-Main, 1976b. p.152ss.

______. Das Strafrecht im nationalsozialistischen Deutschland. In: LUTHARDT, W. (Org.) *Von der Weimarer Republik zum Faschism: Die Auflösung der demokratischen Rechtsordnung*. Frankfurt-on-Main: 1976c. p.186ss.

______. Changes in the Structure of Political Compromise. In: ARATO, A., GEBHARDT, E. (Org.) *The Essential Frankfurt School Reader*. Oxford: Basil Blackwell, 1978. p.49ss.

KLEIN, R., KIPPENBURG, H. G. Zu einer Theorie der Geschichtserfahrung. *Saeculum*, v.26, p.128ss, 1975.

KLUKE, P. *Die Stiftungsuniversität Frankfurt-am-Main 1914-1932*. Frankfurt-on-Main: Verlag Waldemar-Kramer, 1972.

KORTHALS, M. Die kritischer Gesellschaftstheorie des frühen Horkheimer. *Zeitschrift für Soziologie*, v.14, n.4, p.315ss, 1985.

KÜSTERS, G.-W. *Der Kritikbegriff der Kritischen Theorie Max Horkheimers*. Frankfurt-on-Main, New York: Campus, 1980.

LÖWENTHAL, L. Zur gesellschaftlichen Lage der Literatur. *Zeitschrift für Sozialforschung*, v.1, p.85ss, 1932.

______. *Mitmachen wollte ich nie*: Ein autobiograhisches Gespräche mit Helmut Dubiel. Frankfurt-on-Main: Suhrkamp, 1980.

LUKÁCS, G. Reification and the Consciousness of the Proletariat. In: *History and Class Consciousness*. London: Merlin, 1971. p.83ss.

LUTHARDT, W. Bemerkungen zu Otto Kirhheimers Arbeiten bis 1933. In: KIRCHHEIMER, 1976a. p.7ss.

MAHNKOPF, B. *Verbürgerlichung*: Die Legende vom Ende des Proletariats. Frankfurt-on-Main, New York: Campus, 1985.

MARCUSE, H. *Eros and Civilization*. Boston: Beacon, 1966.

______. Philosophy and Critical Theory. In: *Negations*. New York: Beacon, 1968.

______. *One Dimensional Man*. London: s. n., 1972.

MARRAMAO, G. Die Formveränderung des politischen Konflikts im Spätkapitalismus: Zur Kritik des politiktheoretischen Paradigmas der Frankfurter Schule. In: BONSS & HONNETH, 1982. p.240ss.

McCARTHY, T. *The Critical Theory of Jürgen Habermas*. Cambridge, England: Polity Press, 1984.

______. Complexity and Democracy, or the Seducements of Systems Theory. *New German Critique*, v.35, p.27ss, 1985.

MIGDAL, U. *Die Frühgeschichte des Frankfurter Instituts für Sozialforschung*. Frankfurt-on-Main, New York: Campus, 1981.

MÜLLER, R. W. *Geld und Geist*: Zur Entstehungsgeschichte von Identitätsbewusstsein und Rationalität seit der Antike. parte 2. Frankfurt-on-Main: s. n., 1977.

NEUMANN, F. L. *Behemoth*: The Structure and Practice of National Socialism 1933-1944. parte 2. New York: Oxford University Press, 1966.

______. *Behemoth*: Struktur und Praxis des Nationalsozialismus 1933-1944. Cologne: s. n., 1977.

______. *Wirtschaft, Staat, Demokratie 1930-1954*. SÖLLNER, A. (Org.) Frankfurt-on-Main, 1978a.

______. Mobilisierung der Arbeit der Gesellschaftsordnung des Nationalsozialismus. In: SÖLLNER, A. (Org.) *Wirtschaft, Staat, Demokratie: Aufsätze 1930-1954*. Frankfurt-on-Main: Suhrkamp, 1978b. p.255ss.

POLLOCK, F. State Capitalism: Its Possibilities and Limitations. *Studies in Philosophy and Social Sciences*, v.4, n.2, p.200ss, 1941.

POLLOCK, F. *The Economic and Social Consequences of Automation*. Oxford: s. n., 1957.

______. Die gegenwärtige Lage des Kapitalismus und die Aussichten einer planwirtschaftlichen Neuordnung. In: DUBIEL, H. (Org.) *Studien des Kapitalismus*. Munich: C. H. Beck, 1975. p.20ss.

SCHÄFER, G. Franz Neumanns "Behemoth" und die heutige Faschismus diskussion. "Epilogue" In: NEUMANN, 1977. p.665ss.

SCHIVELBUSCH, W. *Intelektuellendämmerung*: Zur Lage der Frankfurter Intelligenz in den zwanziger Jahren. Frankfurt-on-Main: Insel, 1982.

SCHMID NOERR, G. Kritische Theorie in der Nachkriegs-Gesellschaft. "Epilogue" In: HORKHEIMER, M. *Gesammelte Schriften*. Frankfurt-on-Main: Fischer, v.7 e 8, p.457ss. 1985.

SCHMIDT, A. Existential-Ontologie und historischer Materialismus bei Marcuse. In HABERMAS, J. (Org.) *Antworten auf Herbert Marcuse*. Frankfurt-on-Main: Suhrkamp, 1968. p.17ss.

______. *Die Kritische Theorie als Geschichtsphilosophie*. Munich, Viena: Hanser, 1976.

______. Die Zeitschrift für Sozialforschung Geschichte und gegenwärtige Bedeutung. In: *Zeitschrift für Sozialforschung*. Munich: DTV, 1980. v.1 (brochura), p.5ss.

SCHMUCKER, J. F. *Adorno* – Logik des Zerfalls. Stuttgart: s. n., 1977.

SCHNÄDELBACH, H. Max Horkheimer und die Moralphilosophie des deutschen Idealismus. In: SCHMIDT, A., ALTWICKER, N. (Org.) *Max Horkheimer heute*: Werk und Wirkung. Frankfurt-on-Main: Fischer, 1986. p.52ss.

SLATER, P. *Origin and Significance of the Frankfurt School*: A Marxist Perspective. London: s. n., 1977.

SÖLLNER, A. Franz L. Neumann – Skizzen zu einer intellektuellen und politischen Biographie. In: NEUMANN, 1978a. p.7ss.

______. *Geschichte und Herrschaft*: Studien zur materialistischen Sozialwissenschaft 1929-1942. Frankfurt-on-Main: Suhrkamp, 1979.

STROM, G., WALTER, F. *Weimarer Linkssozialismus und Austromarxismus*. Berlin: s. n., 1984.

TAR, Z. *The Frankfurt School*. New York: s. n., 1977.

TIEDEMANN, R. *Studien zur Philosophie Walter Benjamins*. Frankfurt-on-Main: Suhrkamp, 1973.

VOLPE, G. della Kritik eines spätromantischen Paradoxes. In: *Für eine materialistische Methodologie*. Berlin: Merve, 1973. p.117ss.

WELLMER, A. *Critical Theory of Society*. New York: Seabury, 1971.

WELLMER, A. Communication and Emancipation: Reflections on the Linguistic Turn in Critical Theory. In: O'NEILL, J. (Org.) *On Critical Theory*. London: 1977. p.231ss.

______. Wahrheit, Schein, Versöhnung: Adornos ästhetische Rettung der Moderne. In: *Zur Dialektik von Moderne und Postmoderne*. Frankfurt-on-Main: Suhrkamp, 1985. p.9ss.

WIGGERHAUS, R. *Die "Frankfurter Schule" Geschichte, theoretische Entwicklung und politische Bedeutung*. Munich: s. n., 1986.

WILSON, M. *Das Institut für Sozialforschung und seine Faschismusanalysen*. Frankfurt-on-Main, New York: Campus, 1982.

WITTE, B. *Walter Benjamin*. Reinbek bei Hamburg: Rowohlt, 1985.

WOLLIN, R. *Walter Benjamin*: An Aesthetic Redemption. New York: Columbia University Press, 1982.

ZEITSCHRIFT FÜR SOZIALFORSCHUNG, 1970. Munich: DTV.

ZOHLEN, G. Text-Strassen: Zur Theorie der Stadtlektüre bei Siegfried Kracauer. In: *Text und Kritik: Siegfried Kracauer. Munich: Heft 68, 1980. p.62ss.*

SOCIOLOGIA E MÉTODO MATEMÁTICO[1]

Thomas P. Wilson

A língua, como recurso analítico, não auxilia muito a ciência ... J. B. S. Haldane disse que se alguém não puder usar alguma coisa numa equação, não sabe realmente o que significa – e o princípio de Haldane justifica o uso universal da notação matemática nas ciências. A realização mais importante de [*Culture and the Evolutionary Process*] (*Cultura e processo evolucionário*) é a representação algébrica explícita de um conjunto bastante significativo de processos graças aos quais podemos estudar a transmissão cultural.

Harpending, 1985

Por outro lado, muitos, inclusive eu próprio, gostariam de sustentar que essas noções sobre as ciências do homem são estéreis, que não podemos chegar a entender importantes dimensões da vida humana dentro dos limites propostos por essa orientação epistemológica.

Taylor, 1971

As ciências sociais ocupam-se de temas como política e governo, direito, crime e castigo, educação, religião, produção e

1 Partes deste ensaio são adaptações autorizadas de Wilson (1984).

distribuição de bens e serviços, estrutura de classes, organização e burocracia, guerra e revolução, raça e relações étnicas, família, semelhanças e diferenças entre sociedades e dentro de sociedades (contemporâneas ou históricas) etc. O assunto deste ensaio é o lugar da matemática na descrição e explicação de tais fenômenos. Os problemas, no entanto, são mais profundos do que se poderia mostrar com uma exposição das virtudes da matemática ou um exame da bibliografia sobre sociologia matemática. Estamos aqui às voltas com uma controvérsia fundamental e pertinaz a respeito da natureza da sociedade e das ciências sociais. Quero, pois, aproveitar a ocasião para refletir sobre essas questões, com referência específica à posição do método matemático em sociologia.

Há uma tensão perene, nas ciências sociais, entre duas ideias inteiramente distintas e opostas quanto à natureza da vida social e às possibilidades de nosso conhecimento dessa natureza. A postura metodológica dominante em sociologia e economia, desde o Iluminismo, tem sido que os fenômenos sociais devem ser entendidos segundo o modelo intelectual das ciências naturais. O resultado dessa visão é o recurso à matemática, não apenas, talvez, como apoio heurístico na análise de dados, mas como o idioma adequado no qual proposições e conceitos básicos sejam formulados, fenômenos descritos e dados analisados, pelo menos em princípio e a longo prazo. Existe, no entanto, outra tradição igualmente venerável, posto que menos destacada, oriunda de uma abordagem idiográfica e interpretativa que enfatiza a importância da significação na vida social e a necessidade de se compreender qualquer dado em seu contexto único e idiossincrático. Nesse caso, os métodos matemáticos são inúteis, se não positivamente desnorteantes, para o estudo dos fenômenos sociais. Pretendo, neste ensaio, examinar as questões suscitadas pela persistente divisão de opinião, não para defender um ou outro lado, mas para mostrar que o problema, em si, constitui um equívoco. A conclusão que procuro estabelecer é que, embora o modelo da "ciência natural" seja inadequado e prejudicial nas ciências sociais, e que a matemática não pode desempenhar, no estudo da sociedade, o mesmo papel de relevo que tem na compreensão dos fenômenos naturais, a abordagem puramente idiográfica também é ineficiente e a matemática pode revelar-se indispensável para deslindar as complexidades dos fenômenos sociais. Portanto, minha tese entra em conflito com a sabedoria recebida de ambos os lados.

Antecedentes

Desde Galileu, a matemática tem sido reconhecida como o idioma básico no qual os conceitos internos das ciências naturais podem ser formulados, ao menos em princípio. Isso não é acidental: a conexão entre ciência natural e matemática é essencial, fundamental.[2] Consequentemente, postular que, em princípio, as proposições e conceitos básicos das ciências sociais podem ser formulados numa apropriada notação matemática equivale a afirmar que não existe distinção metodológica essencial entre ciências naturais e ciências sociais.

A ideia de que as ciências sociais deveriam moldar-se pelas ciências naturais circulou de modo genérico no Iluminismo e foi formulada como tese explícita por Augusto Comte e John Stuart Mill.[3] A partir daí, tornou-se a postura metodológica ortodoxa nas ciências sociais, sobretudo em economia e um pouco menos em sociologia. Mas houve também um constante desafio à concepção

2 Mesmo quando não se usa nenhuma notação formal e a empresa parece totalmente descritiva e taxonômica, como às vezes parece ser o caso em algumas áreas da biologia, a matemática da teoria dos conjuntos está disponível se se deseja uma expressão formal. Apesar da primeira epígrafe, é perfeitamente possível raciocinar com rigor matemático sem uma notação especializada; a notação é importante, não em princípio, mas porque facilita em muito o trato de matérias complexas. Nos casos simples, entretanto, não precisamos de notação e até passamos melhor sem ela. Nas ciências naturais, é sempre possível adotar um formalismo explícito para conceitos e proposições fundamentais, possibilidade essencial ao caráter das ciências naturais.

3 Comte, devemos nos lembrar, opôs-se ao uso de métodos quantitativos e cunhou o termo "sociologia" quando Quetelet usurpou o rótulo "física social" para seus estudos estatísticos dos fenômenos sociais. De um ponto de vista moderno, isso parece incongruente com sua insistência naquilo que supunha ser o método das ciências naturais, mas talvez seja compreensível no contexto de sua dedicação ao holismo metodológico radical e da natureza da matemática no início do século XIX.

de ciência social como ciência natural da sociedade. Uma versão importante desse desafio, originária das tradições hermenêutica e *geisteswissenschaftlich* do último século, sustenta que significação e subjetividade constituem traços essenciais da vida social e que, portanto, as ciências sociais diferem fundamentalmente das ciências naturais. Essa perspectiva voltou a chamar a atenção em anos recentes, e harmonizou-se com ideias hauridas dos últimos escritos de Wittgenstein na chamada abordagem "interpretativa" em ciência social, que enfatiza a elucidação de complexos de significação subjetivos e culturais.[4] Além disso, existe há tempos uma variada literatura sobre posturas fenomenológicas, humanísticas e outras atitudes filosóficas antipositivistas que se mostra profundamente avessa às "pretensões científicas" da ciência social. Mais recentemente, a etnometodologia apresentou-se também como uma perspectiva que rejeita o modelo da ciência natural para a ciência social.[5]

---

4 Ver, por exemplo, a coletânea organizada por Rabinow & Sullivan (1979), as discussões sobre hermenêutica de Giddens, as *Geisteswissenschaften*, e as relações destas com a teoria crítica (Giddens, 1976, 1977, 1979). O sentido do termo "interpretativo", nessa literatura, difere fundamentalmente do utilizado em "Conceptions of Interaction" ["Concepções de interação"] (Wilson, 1970). A "sociologia interpretativa", segundo a tradição *geisteswissenschatlich*, concebe a interpretação como um processo temporal da parte do cientista social, no qual o "círculo hermenêutico" envolve sucessivas revisões de interpretações dos fenômenos sociais, à medida que cada novo nível de compreensão exige uma revisão das bases em que se funda tal compreensão. Essa tradição enfatiza a significação e a interpretação como problemas metodológicos para o pesquisador. Ao contrário, em "Concepções de interação", a interpretação ocorre em uma interação das pessoas com o fenômeno a ser estudado pelos sociólogos. Considera-se que seja, não o círculo hermenêutico, mas o processo imediato graças ao qual os indivíduos comumente se entendem entre si. Os dois sentidos de "interpretativo" coincidem no tratamento da significação como a característica fundamental dos fenômenos sociais, mas sob outros aspectos diferem consideravelmente. Neste ensaio, emprego o termo "interpretativo" no sentido hermenêutico, não no sugerido em "Concepções de interação", já que o primeiro parece ter-se imposto definitivamente.

5 O termo "etnometodologia" não identifica um corpo unificado de pensamento, mas antes um conjunto de abordagens às vezes incompatíveis. Neste ensaio, utilizarei o termo com referência à tradição fundada por Garfinkel (1967) e continuada na obra de Sacks e seus colaboradores. Para um exame geral, ver Heritage, 1984; para uma discussão pertinente aos temas aqui tratados, ver Maynard & Wilson, 1980; Wilson, 1982, 1985; Wilson & Zimmerman, 1980.

A despeito das múltiplas objeções, porém, o ponto de vista dominante nas ciências sociais sustenta que a ciência social é, ou deveria ser, a ciência natural da sociedade e que as explicações dos fenômenos sociais devem ser expressas em conceitos e leis gerais, pelo menos a princípio, em forma matemática. Talvez uma razão de monta para isso seja o fato de os críticos da ciência social "científica"[6] parecerem invocar direta ou indiretamente, de modo vago e pouco satisfatório, um idealismo, um subjetivismo e mesmo uma franca ideologia em que a possibilidade de pesquisa empírica racional sobre os tópicos convencionais da ciência social seja negada. Embora tal acusação seja falsa em inúmeros casos, é suficientemente acurada para tornar compreensível a rejeição dessas críticas por parte dos cientistas sociais.

Todavia, apesar de o objetivo da ciência social dentro do modelo da ciência natural ter sido perseguido durante dois séculos com considerável energia e talento, os resultados foram decepcionantes. Até na economia, onde foi notável a tentativa de empregar a matemática como veículo de uma teoria concreta e não como mero subsídio da análise de dados, as contribuições da teoria matematicamente formulada para uma sólida compreensão empírica parecem insignificantes em face da magnitude e sofisticação matemática do esforço. De um modo mais geral, independentemente da incorporação matemática, as realizações científicas da ciência social não impressionam quando empregamos o termo "científico" no sentido estrito das ciências naturais e distinguimos entre reivindicações programáticas e realizações concretas.

Poder-se-ia, é claro, tentar explicar isso recorrendo à propalada "imaturidade" das ciências sociais ou à repisada "complexidade"

---

6 Aqui, os termos "ciência" e "científico" revelam-se problemáticos. Em sentido lato, podem referir-se a qualquer forma de pesquisa empírica racional, inclusive, é claro, as ciências naturais, mas também áreas como história e linguística. Contudo, a tendência contemporânea é entender "ciência" como "ciência natural". Em alemão é possível preservar o sentido amplo com a palavra *Wissenschaft*, mas, infelizmente, ela é traduzida em nossa língua como "ciência", o que trai o sentido do original. Talvez a maior vítima desse engano seja Weber, que claramente não defendia um modelo de ciência natural para a ciência social.

dos fenômenos sociais. Mas nós estamos preparados para receber semelhantes desculpas com indisfarçável ceticismo. Apenas 66 anos separam o *De Revolutionibus* de Copérnico (1543) do *Astronomia Nova* de Kepler (1609), tendo o *Diálogo* de Galileu aparecido 23 anos mais tarde, em 1632, e os *Principia* de Newton, 55 anos depois, em 1687: ao todo, menos de um século e meio. Entretanto, dois séculos expiraram desde que Condorcet e três desde que os contemporâneos de Newton cogitaram de aplicar seus métodos ao estudo dos fenômenos sociais. Não bastasse isso, os argumentos quanto à maior complexidade dos fenômenos sociais em relação aos naturais minguaram desde os tempos em que Comte e Mill os propuseram.

Podemos, pois, reexaminar as questões levantadas pelos críticos do modelo da ciência natural. Embora seja inaceitável a negação da pesquisa empírica racional que essas objeções às vezes parecem implicar, os resultados desapontadores do programa convencional para a ciência social obrigam-nos a esmiuçar suas bases de um modo mais cuidadoso do que costuma ocorrer dentro da tradição principal. Há, em particular, dois tipos de questões que requerem exame: um lógico e outro empírico.

Questões lógicas

Em geral, para os cientistas empíricos, é um erro recorrer à filosofia para obter respostas a problemas fundamentais de suas disciplinas. As modas filosóficas vêm e vão, e os cientistas costumam ser amadores desatualizados. Isso, porém, não impediu que os cientistas sociais, principalmente, procurassem defender seus pontos de vista metodológicos em bases filosóficas, de sorte que é necessário prestar alguma atenção às teses formais que foram apresentadas em favor de uma abordagem matemática, nos moldes da ciência natural, ao estudo da vida social. Assim, após ter desbastado o caminho, passamos a nos ocupar agora de problemas empíricos mais importantes.

Podemos, com proveito, estreitar o enfoque se considerarmos especificamente o que vem a ser "método matemático" e quais são as exigências para seu emprego. Sem dúvida, é óbvio que as ciências naturais diferem profundamente entre si sob muitos aspectos, inclusive a extensão e a maneira com que a matemática é explícita e conscientemente utilizada. Mas para além dessa diversidade há um ponto comum nas operações das ciências naturais que constitui a base de uma estreita conexão entre matemática e estudo científico do universo natural.

A questão crucial é que o caráter matemático das ciências naturais não reside no emprego de uma notação especializada ou de uma variedade qualquer da matemática. Além disso, não entrevemos nenhuma semelhança fundamental entre as diversas ciências naturais, na forma lógica de suas teorias, que possa claramente isolá-las dos campos não científicos de estudo.[7] Ao contrário, o que distingue as ciências naturais e lhes empresta um caráter essencialmente matemático é a forma de descrição que surgiu como parte integrante do método científico desenvolvido na física, na química e na biologia. Em especial, as ciências naturais encaram os fenômenos ignorando as emoções concretas, objetivos práticos etc. dos observadores, bem como quaisquer estados subjetivos que os objetos da descrição científica possam apresentar. Em suma, a descrição, nas ciências naturais, emprega o chamado idioma "extensional", que atenta unicamente para a verdade ou falsidade literais das assertivas e se ocupa apenas dos objetos a respeito dos quais uma dada assertiva é verdadeira: ou seja, com a extensão da assertiva. Essa restrição, além de emprestar às ciências naturais um sentido específico de "objetividade", promove as condições necessárias e suficientes para se utilizar a matemática na formulação de conceitos e proposições fundamentais da ciência natural. A fim de desenvolver mais esse ponto, seria proveitoso avançar indiretamente, examinando o argumento mais forte apresentado em favor do modelo da ciência natural e da abordagem matemática nas ciências sociais.

7 Ver Gould, 1986. Cumpre notar que a "história" do título de Gould se refere a campos como a biologia evolucionária e a geologia, não a história social, e que o ensaio examina a diversidade de métodos na esfera das ciências naturais.

A tese extensionalista

Vários argumentos destinados a estabelecer a necessidade de uma abordagem nos moldes da ciência natural para as ciências sociais não são convincentes porque dependem de doutrinas vigorosamente questionadas ou mesmo abandonadas em filosofia – doutrinas que fazem, ainda, reivindicações ou dão exemplos de modelos matemáticos sem examinar as questões básicas. Assim, é geralmente difícil encarar problemas de um modo franco e direto. A principal exceção é um ensaio de Don Martindale (1963), que investiga com vigor e clareza a viabilidade do modelo de ciência natural e da abordagem matemática. Martindale levanta e encara o que é, na verdade, a questão capital, fazendo-o de um modo que nos interessa diretamente.

Após examinar diversas objeções ao uso da matemática nas ciências sociais, sobretudo as associadas a uma abordagem interpretativa, Martindale sustenta que:

> com o advento da lógica simbólica no mundo do século XX, já não é possível rejeitar a aplicação da matemática aos fenômenos sociais, *em princípio*, na tranquilizadora ilusão de que ainda se pode aceitar a lógica simbólica como apropriada à análise. Devemos estar preparados para aceitar a lógica simbólica como um todo ou rejeitá-la como um todo. Isso não significa, é claro, que todas as suas fases sejam igualmente úteis para todos os problemas. Ademais, se rejeitarmos a lógica como imprópria para os fenômenos sociais, deveremos encarar o fato de que ainda não se formulou nenhum substituto satisfatório para ela – embora isso pareça ter sido o objetivo de vários escritos epistemológicos de Heidegger e de outros existencialistas que tentaram abrir incontáveis caminhos pré-lógicos de natureza "mítica" e "poética" para a "verdade verdadeira". Numa palavra, os desenvolvimentos do século XX na lógica simbólica tornaram permanentemente obsoletas todas as formas de rejeição da matemática, *em princípio*, como ferramenta de ciência social. (Martindale, 1963, p.107)

Os desenvolvimentos na lógica simbólica a que Martindale alude resultaram dos escritos de Peano, Frege, Russell, Zermello e outros cujas obras, na virada do século, criaram a moderna lógica-padrão, que consiste no cálculo do predicado com a teoria dos conjuntos.[8] A lógica-padrão é um poderoso idioma: ela basta, em princípio, para exprimir não apenas a matemática clássica como também descrições científicas de fenômenos naturais, classificações e taxonomias, além da substância das leis da natureza. Afora isso, nenhuma linha nítida pode ser traçada entre a matemática, em sentido estrito, e a lógica-padrão. O raciocínio de Martindale é, pois, que a única alternativa ao emprego da lógica-padrão nas ciências sociais seria o abandono da investigação empírica racional da vida social inteira, deixando o terreno aos poetas, fazedores de mitos e, poderíamos acrescentar, ideólogos.

Prima facie, Martindale apresentou um caso impressionante. Se a única alternativa à expressão por meio da lógica-padrão é alguma forma de discurso não racional, poder-se-ia então escolher, por um lado, entre o modelo de ciência natural e a adequação de métodos matemáticos, em princípio, e o abandono da tentativa de compreender os fenômenos sociais de maneira empíricoracional, por outro. Isso revela, com inusitada clareza, as bases lógicas de posturas amplamente sustentadas. Além disso, com um só golpe, ele parece desviar do debate sobre "significação", "subjetividade" e "interpretação": qualquer que seja a importância da "significação" na vida social, deve ser algo que se pode, em princípio, apreender pela lógica-padrão, do contrário estará fora do alcance da investigação racional. Em vista disso, as questões básicas parecem resolvidas, e deve-se abandonar a concepção de que a crítica interpretativa e outras que se fazem ao modelo de ciência natural são ingênuas ou equivocadas.

Por motivos que logo ficarão claros, faremos referência a isto apresentando a tese "extensionalista". Ela pretende fornecer uma justificativa apriorística, apoiada na lógica e na filosofia da ciência, para a afirmação de que o modelo de ciência natural é inevitável nas ciências naturais e de que os conceitos fundamentais da ciência social são, em princípio, redutíveis a sentenças matemáticas.

8 A teoria dos conjuntos pode ser formulada de inúmeras maneiras, mas nem todas são compatíveis e só algumas se revelam adequadas à aplicação empírica. Para uma caracterização das teorias de conjuntos adequadas a essa finalidade, ver Wilson, 1981.

Ela procura, assim, lançar alicerces filosóficos racionais para o saber metodológico convencional, em geral, e para uma abordagem matemática da ciência social, em particular.

Crítica do extensionalismo

A tese extensionalista parece inquestionável; suas conclusões, inevitáveis. Sem dúvida, o ponto de vista geral que ela expressa é amplamente aceito entre os cientistas sociais, embora muitas vezes de maneira tácita e a contragosto. Ironicamente, constitui também o postulado básico daqueles para quem toda espécie de ciência social é impossível e a consideração de temas sociais deve mesmo ser deixada aos poetas, fazedores de mitos e políticos. Essas posturas contrárias concordam em que a escolha reside entre o modelo de ciência natural e a renúncia ao esforço de compreensão empírica racional da vida social, diferindo apenas quanto a saber se, de fato, uma tal compreensão é exequível.

O pressuposto crítico desse argumento é que a única alternativa à lógica-padrão é a ideologia ou alguma forma de concepção não racional como a poesia ou o mito. Essa doutrina, conhecida em filosofia como "extensionalismo", é plenamente aceita nas discussões metodológicas convencionais das ciências sociais e do comportamento, assim como nas reivindicações programáticas mais extremas do behaviorismo, sociobiologia, modelo computacional em psicologia e inteligência artificial.

O termo "extensionalismo" provém da circunstância de a lógica-padrão satisfazer o princípio da *extensionalidade*: em lógica-padrão, qualquer de duas expressões verdadeiras para o mesmo objeto, isto é, dotadas da mesma extensão, pode ser livremente substituída pela outra sem que se altere a verdade do contexto mais amplo. Portanto, a lógica-padrão trata da referência de uma expressão, do que é verdadeiro em relação a quê, e não de sua significação. Por exemplo, os termos "criatura viva com um coração" e "criatura viva com um rim" são coextensivos, pois são verdadeiros em relação aos mesmos animais embora difiram no significado. Assim, em lógica-padrão, os termos "criatura viva com um coração" e "criatura viva com um rim" são absolutamente equivalentes no sentido de que toda assertiva verdadeira em relação a uma criatura viva com um rim é também verdadeira em relação a uma criatura viva com um coração, e nenhuma diferença baseada no significado pode ser representada na esfera do idioma da lógica-padrão em si.[9]

Há, por certo, uma numerosa família de expressões, os idiomas de intensividade, que não têm lugar na lógica-padrão. Disso são exemplos as chamadas "atitudes proposicionais" como "acredita que", "diz que", "deseja que", "esforça-se para que", "alega que", "teme que" e expressões afins como "quer", "procura"; as modalidades de necessidade e possibilidade, juntamente com os temas estreitamente correlatos de condições e leis da natureza contrafactuais; e os conceitos de significação e proposição, distintos de referência e sentença.[10] Como observa Quine:

> é notável a divisão entre esses idiomas e os normalmente maleáveis [isto é, extensionais]. Vemos que ela separa ocorrências referenciais e não referenciais de termos. Mais que isso, está intimamente ligada à divisão entre behaviorismo e mentalismo, entre causa eficiente e causa final, e entre teoria literal e representação dramática. (Quine, 1960, p.219)

Portanto, a tese extensionalista implica que a necessidade desses idiomas de intensividade é apenas aparente e prática, e que em qualquer ocasião as expressões dessa espécie podem ser substituídas

9 Note-se, por exemplo, que a primeira descrição justifica a inspeção da criatura pela presença de um coração, ao passo que a segunda justifica a procura de um rim, operações bastante diferentes. No entanto, como as duas descrições se equivalem extensionalmente, a afirmativa de que uma criatura tem um coração implica que tem também um rim, justificando portanto a procura de um rim. Em suma, vistas de um ponto de vista estritamente lógico, as diferenças entre as duas descrições desaparecem, pois sempre podemos substituir uma pela outra sem alterar a verdade de qualquer declaração extensional mais ampla em que porventura estejam contidas. Permanece, entretanto, o fato de que significam coisas diferentes. Decerto, nem todas as diferenças de significação se transformam em critério operacional, mas o exemplo esclarece bem o problema aqui.

10 O termo "intencional" é às vezes usado, na esteira de Brentano e Husserl, para essas expressões. Ver Quine, 1960, p.219-21.

por paráfrases extensionais pertinentes. Sem dúvida, cumpre reconhecer que as paráfrases extensionais são intoleravelmente enfadonhas, de sorte que os modos não extensionais de fala constituem uma exigência prática. Porém, segundo a tese, eles não passam de *modos* de fala, sendo tal a realidade da natureza que, em princípio, a lógica-padrão basta para todo discurso racional.[11]

O extensionalismo parece plausível no âmbito das ciências naturais, pois a descrição extensional é muito importante em física, química e biologia. Ele constitui a base daquilo que conhecemos como "objetividade científica" e também da universalidade e generalidade dos conceitos e leis científicas. Mesmo quando o enfoque é a evolução no tempo, como em geologia e biologia evolucionária, os argumentos explicativos fundamentais dependem de processos que operam universalmente (cf. Gould, 1986). Se a descrição envolve elementos de intensividade, surgem inevitavelmente problemas de interpretação, não apenas quanto às implicações dos dados, mas também quanto ao que esses dados possam ser. A questão é suscitada precisamente porque os idiomas de intensividade dependem de uma noção de significação e não de uma noção de verdade, sendo esquivas as condições sistemáticas de verdade para as assertivas de intensividade. Por certo, aquilatamos a verdade das assertivas de intensividade na vida diária, mas fazemo-lo ocasionalmente, atentando cuidadosamente para o contexto, para a identidade dos falantes e ouvintes – e a consequência é que os conceitos de intensividade não podem ser considerados independentes de seu emprego em situações particulares, enquanto essa abstração é a própria essência das ciências naturais. Todavia, os reclamos do extensionalismo vão além e sustentam que a lógica-padrão, linguagem da ciência natural, é a linguagem de *todo* discurso empírico racional e que a confiança generalizada nos idiomas de intensividade é mera conveniência prática. Esse pressuposto ampara a conclusão de que a única alternativa ao modelo de ciência natural e à abordagem matemática

11 O argumento de mais peso apresentado em favor dessa visão é o de Quine (1960, 1961). Embora as teses de Quine tenham provocado muito debate, alguns de seus críticos se apegam a detalhes de sua postura e ignoram a questão mais fundamental do extensionalismo.

em ciências sociais é abandonar a investigação empírica racional dos fenômenos sociais à poesia, ao mito e à ideologia.

Mas, apesar da ampla aceitação, o extensionalismo é uma doutrina falsa. Objeta-se, por exemplo, que a alegação de que os idiomas de intensividade são, em princípio, dispensáveis no discurso racional ainda tem de ser convincentemente ilustrada na prática, de modo que a tese permanece uma nota promissória vencida. A maior dificuldade com o extensionalismo, porém, é o fato de ele depender de conceitos que não podem, eles próprios, ser extensionalmente formulados, o que o amarra a uma contradição interna.

A ideia da lógica-padrão é capital para o extensionalismo e, se não soubermos o que essa lógica é, a tese permanecerá ininteligível. Exigimos, pois, uma explicação do conceito de lógica-padrão. Mas se quisermos adotar os princípios extensionalistas, essa própria explicação terá de ser formulada em termos de lógica-padrão – e é aqui que as coisas se complicam. Para compreender a notação da lógica-padrão, precisamos compreender o conceito de verdade, do qual dependem os elementos básicos dessa lógica, ou seja, composição funcional da verdade e quantificação lógica. O problema é que não podemos formular a noção de verdade em lógica-padrão sem, ao mesmo tempo, escancarar as portas para sentenças autocontraditórias como a do mentiroso: "Esta sentença é falsa".[12]

Portanto, a fim de explicar a lógica-padrão, precisamos de uma metalinguagem; e, se a metalinguagem for também uma versão da lógica-padrão, como o exige a doutrina do extensionalismo, precisamos de uma meta-metalinguagem a fim de explicar a metalinguagem, e assim por diante. A regressão infinita é conhecida como "hierarquia de Tarski" e sua importância aqui se deve ao fato de conceitos relevantes para a lógica-padrão não poderem

12 Deve-se enfatizar que a dificuldade com a frase do mentiroso não é o mero fato da autorreferência, o qual, a despeito de Hofstadter (1979), não é nem misterioso nem excepcional. Por exemplo, a declaração "esta frase tem quarenta e sete letras e espaços" não apresenta problema algum, e se, na frase correspondente em inglês, contarmos o "-" entre "*forty*" e "*eight*" como uma letra ou um espaço, ela continua verdadeira. O problema aparece antes no termo "falso", ou seu equivalente "não verdadeiro".

ser formulados nesse idioma.[13] Vemo-nos, pois, às voltas com um paradoxo: o extensionalismo fracassa no teste extensionalista do discurso racional.

Consequência: a tese extensionalista é insustentável. A alegação de que, em princípio, todo discurso racional pode ser formulado no idioma da lógica-padrão revela-se falso: em particular, sequer essa alegação pode ser feita em lógica-padrão porque, para entender o que seja a lógica-padrão, necessitamos de uma noção de verdade impossível de exprimir-se em lógica-padrão!

A *situação lógica*

O extensionalismo é uma doutrina insustentável, devendo-se rejeitar qualquer argumento que, explicitamente ou não, dependa dele. As implicações disso são de longo alcance, pois muito da filosofia pós-positivista da ciência (muito, inclusive, daquilo que está em moda entre os metodologistas da ciência social) ainda se apega disfarçadamente ao extensionalismo. Para nosso tema, a consequência importante é que os argumentos apriorísticos para a inevitabilidade da abordagem de ciência natural ao estudo dos fenômenos sociais devem ser descartados por implicarem o extensionalismo. Em suma, a autossegurança filosoficamente alicerçada, tantas vezes ostentada pelos defensores do modelo de ciência natural, está claramente fora de lugar.

Mas também é importante observar que essa crítica, por si mesma, não corrobora a conclusão de que o modelo de ciência

13 O mesmo problema aparece em outras abordagens quando se trata de formular a noção de verdade para a lógica-padrão. Por exemplo, Kripke (1975) propõe um método que possibilita uma definição de verdade para a linguagem objetiva dentro dela mesma ao permitir lacunas de valores de verdade na linguagem objetiva; contudo, exige-se uma metalinguagem para a formulação dessa definição, de modo que a regressão não é evitada. O ponto crucial é que, enquanto em qualquer fase da regressão podemos introduzir outra metalinguagem, ficamos sempre com uma noção de verdade ainda inexplicada dentro da lógica-padrão. Consequentemente, a noção de verdade a que a ideia dessa construção apela em primeiro lugar antecede a lógica-padrão e não se pode exprimir em seus termos.

natural seja inaplicável às ciências sociais. Ao contrário, mostra que os argumentos usuais em favor do modelo de ciência natural são falhos. Em verdade, deveríamos suspeitar de qualquer argumento *a priori* que pareça forçar a conclusão mais grave de que o modelo de ciência natural está errado para as ciências sociais, pois, geralmente, tais argumentos implicam também que a ciência natural é impossível, o que não condiz muito bem com a experiência. Em termos puramente lógicos e filosóficos, a conveniência do modelo de ciência natural para as ciências sociais continua duvidosa, e provavelmente continuará assim. Para irmos adiante, temos de ultrapassar os argumentos estritamente lógicos e filosóficos, e considerar os fenômenos de que a ciência social se ocupa.

Os fenômenos das ciências sociais

Conforme observamos, a matemática serve para descrever o universo material, mas apenas quando esse universo é visto de uma perspectiva que despreza os sentimentos do investigador, bem como quaisquer crenças, objetivos ou impressões dos objetos em estudo. Assim, são exatamente esses temas, que requerem expressões intensivas para sua descrição e explanação, que estão excluídos de interesse nas ciências sociais. Portanto, o que caracteriza as ciências naturais não é seu modo de explicação, nem a forma lógica de suas teorias, mas sim a exigência de que as descrições dos fenômenos sejam traduzíveis em termos extensionais.[14]

14 Impõe-se aqui uma nota técnica. Podemos adotar um termo "caixa preta" que envolva noções intensivas em sua interpretação intensiva e uso como predicado original: por exemplo, "*x* acredita que Cícero denunciou Catilina". Observe-se que, enquanto uma variável, *x*, aparece fora da oração regida por "que", uma variável não pode aparecer dentro dessa oração (como na forma "*x* acredita que y") sem provocar problemas de opacidade referencial (Quine, 1960, 1961) que destruiriam o tecido da lógica-padrão. Portanto, seguir essa linha para estender a lógica-padrão ao discurso intensivo é uma futilidade, já que um predicado original separado se faz necessário para qualquer crença, desejo, pensamento etc. Para maior aprofundamento desses temas, ver Quine (1953, 1960, 1961) e Wilson (1982).
Ver também a discussão adiante, p.574-5.

Certamente, os cientistas naturais empregam a língua natural, com toda a sua dependência de formas de expressão intensivas, quando executam tarefas científicas. Entretanto, as descrições e explicações técnico-científicas dos fenômenos naturais estão entre as poucas instâncias em que a tradução para um idioma extensional é um ideal sancionável, e é isso que constitui a base do papel fundamental da matemática nas ciências naturais. A questão, pois, resume-se em saber se fenômenos sociais como acordos políticos e econômicos, conflito e mudança, podem ser apreendidos num idioma inteiramente extensional.[15]

O programa behaviorista

A concepção central do behaviorismo radical foi a importância de eliminar quaisquer alusões a assuntos como crença, conhecimento, objetivo e significação, justamente porque eles não se enquadram no tipo de descrição exigido em ciência natural. Entretanto, o programa behaviorista radical revelou-se problemático nas ciências sociais e comportamentais. As áreas em que obteve sucesso são as mais distanciadas das preocupações nucleares da ciência social convencional, ou seja, a neurofisiologia e a psicologia fisiológica, onde estímulos e respostas podem ser descritos em termos físicos, químicos e biológicos. Mas no estudo dos fenômenos sociais corriqueiros, os rigorosos cânones metodológicos do behaviorismo radical ficaram comprometidos. O resultado foi uma fraca versão do behaviorismo que, se evitava referência direta a crença, conhecimento, objetivo, significação etc., insistindo na restrição da atenção ao comportamento notório, ainda assim admitia descrições baseadas nas categorias irremediavelmente intensivas

15 É importante enfatizar que os métodos quantitativos podem ser empregados na análise de dados, mesmo quando estes são descritos com base em termos intensivos, enquanto as descrições forem suficientemente claras para permitir a classificação e a contagem adequadas aos propósitos em mira. Entretanto, o mero uso de técnicas quantitativas de análise de dados não implica descrições extensionais. Ver nota 14.

da língua comum.[16] Embora o programa behaviorista radical seja impecável em termos formais, não logrou proporcionar uma base para o estudo dos fenômenos sociais segundo o modelo de ciência natural. Vemos, pois, que a insustentabilidade do extensionalismo não proíbe a formulação de um programa coerente para o estudo do comportamento nos termos do modelo de ciência natural. Todavia, o esforço rigoroso para a consecução desse programa só foi bem-sucedido na medida em que a atenção se concentrou em fenômenos passíveis de definição em termos neurofisiológicos.[17] Consequentemente, a questão crucial consiste em saber se isso é acidental ou, ao contrário, reflete a natureza íntima dos fenômenos sociais.

A constituição da ação

O cerne do problema é uma notável peculiaridade da vida social: em contraste com os problemas tratados pela física, química e biologia, as pessoas, no curso normal da vida diária, produzem suas próprias descrições sobre o que elas mesmas e os outros estão fazendo.[18] Aqui, uma das questões capitais é o *status* dessas descrições

16 Sabe-se bem que as descrições de comportamento em língua comum imputam o conhecimento, o objetivo e a ação ao organismo, matéria que desafia a descrição extensional. Consequentemente, o ônus da prova, aqui, cabe àqueles que reivindicam uma metodologia behaviorista sem compromisso para ser empregada num programa sustentado de pesquisa em ciência social. Não é incomum encontrar pesquisas ditas "behavioristas" que apelam amplamente à língua corrente para descrever o que fazem os organismos em questão. As vigorosas reivindicações behavioristas e científicas tantas vezes feitas nesses casos são minadas pelo mentalismo tácito do discurso corrente.

17 Devemos ressaltar que não se pode passar da neurofisiologia para a interação social sem primeiro descrever os fenômenos sociais em termos neurofisiológicos. A dificuldade é que, enquanto certas respostas (como a cólera) aparentemente têm descrições neurofisiológicas bem definidas, outros fenômenos exigem conhecimento do contexto social a fim de ser corretamente identificados, como por exemplo a agressão (Bandura, 1973).

18 Isso poderia ser descartado como óbvio, apontando-se a sociologia do conhecimento e os tratamentos sociológicos da ideologia, consciência de classe, atitudes etc. como evidência de que essa característica da vida social não foi negligenciada. Todavia, os cientistas sociais tendem a evitar os problemas teóricos e metodológicos fundamentais que ela suscita. As principais exceções

singulares: serão meramente epifenomênicas, a serem explicadas pelos mesmos mecanismos também utilizados para explicar o restante do comportamento, ou essenciais para a constituição dos fenômenos que as ciências sociais tentam descrever e explicar?

Se as descrições singulares são epifenomênicas, talvez o caminho esteja aberto para a consecução de algo como o programa do behaviorismo radical, pois então aquilo que as pessoas fazem poderia ser descrito independentemente daquilo que dizem. Com efeito, o que dizem nada mais seria que alguma outra coisa que as pessoas fazem, a ser descrita e explicada da mesma maneira que o restante de seu comportamento. Poder-se-ia, então, descrever o comportamento tanto verbal quanto não verbal em quaisquer termos adequados aos propósitos científicos e depois buscar as relações causais entre comportamento verbal e não verbal, com o comportamento verbal sendo apenas outra variável, dependente ou independente conforme o elo da cadeia causal em estudo.

Mas as coisas se passam de maneira diferente. Os fenômenos de interesse clássico para as ciências sociais dependem, essencialmente, de descrições particulares. Até a reflexão mais casual mostra que as descrições de fenômenos por parte de cientistas sociais são quase inteiramente parasitárias das descrições convencionais que ocorrem na vida diária. Se os cientistas sociais lidam com conceitos como elasticidade de demanda ou privação relativa, que parecem muito distantes da vida cotidiana, esses conceitos se fundam necessariamente em ações que as pessoas reconhecem e descrevem, como dar dinheiro a alguém ou queixar-se da própria sorte em comparação com a dos outros. Ademais, não poderíamos compreender uma dada ação, como saldar um empréstimo, ou distingui-la de outras, como dar um presente ou ceder a uma extorsão, sem compreender também o contexto institucional em que ela ocorre. Nós não elaboramos um esquema de sociedade a partir de descrições de ações isoladas que podemos reconhecer independentemente de seus contextos institucionais,

---

aparecem nas abordagens fenomenológicas (por exemplo, Schütz, 1967) e, o que importa mais aqui, na etnometodologia e na análise da conversação (por exemplo, Garfinkel, 1967; Garfinkel & Sacks, 1970; Sacks, 1963).

mas desenvolvemos um relato à moda hermenêutica, formando ideias a respeito de esquemas gerais com base em eventos particulares e depois utilizando essas mesmas ideias para compreender, mais claramente, os eventos específicos que lhes deram origem. Decerto, quando já estamos familiarizados com uma sociedade porque vivemos nela, esse processo interpretativo pode ser acentuadamente inconsciente e implícito; mas a interdependência básica entre descrições e eventos isolados, e compreensão da ordem social mais ampla, permanece. Em suma, os processos de descrição e mensuração realmente empregados nas ciências sociais exigem, sem exceção, que o observador esteja familiarizado com, e dependente do, uso dos modos com que as pessoas descrevem suas próprias ações e as dos outros.[19]

Além disso, essa dependência *de facto* das descrições dos cientistas sociais em relação às *particulares* não é nem arbitrária nem um infeliz resíduo transmitido por uma era mais bárbara. Ao contrário, ela reflete a natureza dos fenômenos sociais. A análise minuciosa da interação social revela que as pessoas se orientam pelo que os outros dizem e fazem, e que traem essa orientação em suas próprias ações.[20] Em suma, as pessoas produzem descrições para compreender e utilizam-nas para ulterior referência e ação, suas e dos outros. É claro que a maneira com que a ação é compreendida pelas pessoas depende decisivamente do contexto socioestrutural

19 Isso sem dúvida é bastante conhecido e rotineiramente transmitido aos estudantes naquelas partes do treinamento em pesquisa que examinam os detalhes reais de como formular ou interpretar os resultados de um questionário, analisar documentos históricos ou conduzir trabalho de campo. Na verdade, porém, suas implicações para a viabilidade do modelo de ciência natural ainda precisam ser levadas a sério pela maior parte dos metodologistas sociais, que preferem ignorá-las e talvez as vejam simplesmente como um inconveniente técnico no curso da pesquisa, mas capaz de ser idealizado para finalidades teóricas e metodológicas. Entretanto, alguns autores fora do consenso geral levantaram esse ponto (Cicourel, 1964; Garfinkel, 1967; Sacks, 1963; Wilson, 1970), e, recentemente, Giddens o enfatizou com sua noção de "dupla hermenêutica" (1984).

20 A literatura de pesquisa vai aumentando rapidamente. Ver Heritage (1984), Maynard & Wilson (1980), Wilson (1982, 1985) e Wilson & Zimmerman (1980) para discussão e referências.

da interação particular. Por exemplo, se uma frase é ouvida como uma desculpa ou um pedido de ajuda, isso depende das categorias sociais que, numa dada situação, os participantes consideram pertinentemente aplicáveis a si naquele momento, e das avitidades que acham tipicamente associadas àquelas categorias: a fim de compreender o que eles e os outros estão fazendo, os indivíduos invocam necessariamente categorias socioestruturais como recurso essencial, que insere em toda interação concreta um elemento transituacional igualmente essencial. Portanto, ao invés de ser uma variável independente que afeta a ação, a estrutura social entra na constituição da própria ação. Finalmente, usando dessa maneira as categorias sociais para dar sentido ao que fazem, as pessoas dotam a estrutura social exatamente com aquela realidade externa e coercitiva de que fala Durkheim, mesmo quando reproduzem essa estrutura em sua própria interação.[21]

A *situação empírica*

Vimos que a insustentabilidade do extensionalismo não impede a formulação de um programa coerente, como o behaviorismo radical, para se estudar o comportamento segundo o modelo de ciência natural. No entanto, a rigorosa aplicação desse programa só foi bem-sucedida historicamente ao custo do abandono do interesse pelos tópicos convencionais da ciência social em prol da investigação dos fenômenos neurofisiológicos. Percebemos agora que isso não foi um acidente, pois os fenômenos de interesse para as ciências sociais são *inerentemente* intensionais. O que as pessoas dizem, pretendem e conhecem é importantíssimo para aquilo de que nos ocupamos quando estudamos qualquer dos tópicos comuns

---

21 Consequentemente, não se trata de "reunir" estruturas institucionais e sociais em larga escala a partir de comportamentos individuais pré-identificados, pois tais estruturas integram as ações individuais componentes que ao mesmo tempo as reproduzem. A convergência com a noção de dualidade da estrutura social, de Giddens (1979, 1984), é clara. No entanto, Giddens explora as implicações para a teoria social em sentido lato, ao passo que a pesquisa aqui mencionada trata dos mecanismos concretos e observáveis da interação social.

das ciências sociais como estratificação social, pobreza, crime, relações étnicas e raciais, educação, processos políticos etc. Essa, devemos enfatizá-lo, não é uma questão de lógica ou metodologia, mas sim uma questão de fatos empíricos. Consequentemente, não esperamos que a matemática seja um veículo adequado à expressão de ideias fundamentais em teoria sociológica, porquanto a matemática pressupõe a extensionalidade.

O lugar dos modelos matemáticos em ciência social

Até aqui, o argumento parece condenar o uso da matemática em ciência social. Essa conclusão, porém, seria um equívoco. O que consideramos insustentável é a noção de que conceitos matematicamente formulados possam desempenhar o mesmo papel fundamental tanto na ciência social quanto na ciência natural. Contudo, não significa que os modelos matemáticos não tenham nenhum papel. Na verdade, é o oposto: os modelos matemáticos ocupam um lugar de relevo em nossos esforços para deslindar as complexidades da realidade social.

A *tese heurística*

Bom ponto de partida é uma anedota instrutiva, posto que sem dúvida apócrifa. Era uma vez um certo professor de sociologia interessado na difusão de mensagens de boca em boca. A partir de seus estudos, desenvolveu um modelo matemático para predizer qual a proporção da população que teria ouvido uma mensagem após certo período de tempo, desde o momento da sua transmissão para um único membro da população. Um dia, para ilustrar o modelo a seus alunos, o professor passou uma mensagem simples a um deles e permitiu que todos se misturassem. Em seguida, a intervalos regulares, foi determinando o número de estudantes que tinham ouvido a mensagem. Infelizmente, os resultados não coincidiram em nada com as predições do modelo. Mas o professor não se deu por satisfeito e estabeleceu regras sobre com quem e com que frequência os alunos podiam conversar.

Depois de alguma hesitação, chegou finalmente a um conjunto de regras graças às quais as predições do modelo coincidiram satisfatoriamente com os dados. Isso, anunciou ele em triunfo, provava a eficácia do modelo.

Sem dúvida, essa historieta foi contada como advertência contra certo tipo de ingenuidade na elaboração de experiências. No entanto, para nosso propósito, ela é esclarecedora sob outro aspecto. O ponto mais importante a ser notado é que, estabelecidas as regras e na medida em que os alunos as observavam, o modelo proporcionou uma descrição decente de como as mensagens se difundiam entre aquela população. Além disso, as regras deram definição às noções de "mensagem" e "ouvir a mensagem" em tal contexto, de um modo que possibilitou a identificação e a contagem, suficientemente inequívocas, para a finalidade à vista, dos estudantes que tinham ouvido a mensagem. Portanto, é claro que o modelo não representava os fatos fundamentais da situação, já que as regularidades por ele descritas dependiam de regras e só persistiam enquanto essas regras eram observadas. Mas, repetimo-lo, enquanto observadas as regras, o modelo forneceu uma descrição empiricamente adequada que podia ser útil para diversas finalidades. Além de aplicações práticas, como estimar a quantidade de tempo necessária para se espalhar um determinado boato, o modelo podia ser usado para entender um pouco as implicações das regras que presidiam às regularidades por ele representadas.

Esse exemplo constitui um paradigma básico para a relação entre modelos matemáticos e vida social. É verdade que podemos representar certos aspectos dos fenômenos sociais segundo modelos matemáticos às vezes bastante sofisticados, e, assim fazendo, contribuir substancialmente para a compreensão de como as coisas funcionam. Todavia, a possibilidade de semelhante modelo vem do fato de que as pessoas, no cotidiano, empregam categorias socioestruturais como recurso essencial para organizar suas atividades: disso dependem, direta ou indiretamente, tanto os conceitos empregados no modelo matemático quanto as regularidades por ele descritas. Esse é o caso geral, segundo a tese heurística.

Aqui, vale notar explicitamente que o uso de um modelo matemático não implica que as descrições estejam isentas de intensividade. Ao contrário, quando desenvolvemos e aplicamos esse modelo, procuramos acondicionar idiomas intensivos de modo que, para a finalidade à vista, possamos proceder com cálculos formais.[22] Talvez as ocasiões mais importantes para esse acondicionamento sejam as operações codificadoras e as interpretações computacionais. No primeiro caso, o material bruto da vida social é descrito utilizando-se códigos que podem, por exemplo, ser processados por computador e equiparados a símbolos na notação de um modelo. No segundo, os resultados são de novo relacionados ao mundo social. Entre codificação e interpretação, os dados e símbolos do modelo podem ser manipulados de um modo rigorosamente lógico, mas esses cálculos não têm significado algum sem a absorção de intensividade no começo e no fim. Quine refere-se a isso de maneira um tanto diferente, invocando um papel heurístico para a lógica-padrão no trato com assuntos práticos que envolvam idiomas intensivos. Entretanto, também ele enfatiza a distinção entre esse uso da lógica-padrão e seu emprego na "tentativa de formular as leis fundamentais de um ramo da ciência" (Quine, 1960, p.221). Em resumo, podemos e devemos fazer uso de modelos matemáticos para descobrir relações em nossos dados e esclarecer nossas ideias a respeito de como uma coisa se liga a outra num caso particular. Mas não podemos ver na matemática o idioma próprio para a formulação de conceitos e proposições fundamentais que ensejem uma ciência natural da sociedade.

Alguns contraexemplos em potencial

Os leitores que já trabalharam com modelos matemáticos estarão sem dúvida familiarizados com exemplos que, à primeira vista, parecem refutar a tese heurística e apoiar a ideia de que a matemática pode desempenhar um papel mais relevante nas ciências sociais. Será útil então passar em revista alguns deles, sem pretensões à abrangência ou a intenção de discutir cada um em profundidade. O propósito é apenas ilustrar uns poucos contraexemplos

22 Ver nota 14.

típicos que se apresentam contra a tese heurística, sem no entanto conseguir comprometê-la. Assim, as considerações aqui suscitadas aspiram a uma aplicação ampla.

O lugar mais óbvio para buscar contraexemplos à tese heurística é a teoria econômica. Os economistas insistem em considerar seu ofício uma ciência positiva, assumindo tacitamente que suas conclusões são leis naturais. Aqui, como em nenhuma outra ciência social, encontramos sofisticadas formulações matemáticas daquilo que, segundo todas as evidências, constitui os conceitos básicos do campo. Mas convém observar dois pontos a respeito da teoria econômica. Primeiro, como notaram Max Weber e outros, os conceitos e postulados fundamentais da teoria econômica clássica e neoclássica refletem as categorias e relações do mercado e das instituições de propriedade do capitalismo. Consequentemente, a utilidade das análises econômicas depende do grau em que tais instituições permanecem estáveis e controlam efetivamente o comportamento. Quando os modelos econômicos são aplicados em áreas onde suas conclusões não refletem arranjos institucionalizados, podemos esperar resultados estapafúrdios.[23]

Em segundo lugar, as teorias econômicas apresentam um caráter peculiar. Elas consistem em determinar minuciosamente, em geral com a ajuda de considerável aparato matemático, as consequências de uma ou várias hipóteses. No entanto, a relação entre essas hipóteses e o mundo empírico é considerada variável, e as leis da economia são consequências estritamente lógicas das condições necessárias para que uma teoria se aplique a todas as asserções, e não apenas as empíricas, que poderiam ser infirmadas mesmo que as condições de aplicabilidade fossem satisfeitas. Em consequência, a incapacidade de as predições econômicas corresponderem aos dados não é em geral construída para significar que a teoria está errada, devendo ser modificada ou abandonada, mas apenas que ela não se aplica à situação em apreço.

---

23 Por exemplo, Berk & Berk (1983, e comunicações pessoais) mostram claramente que, se a "nova economia doméstica" apresenta sérios desafios às abordagens sociológicas convencionais da família, está também envolvida em óbvios absurdos.

Portanto, não se considera que a teoria do comportamento racional do mercado foi infirmada quando suas predições falharam, pois nesse caso ela teria sido descartada há muito tempo. Ao contrário, a conclusão é que os agentes não se comportaram racionalmente ou que não havia mercado algum. Modelos desse tipo têm seus usos, é claro, mas nenhum deles justifica, por si só, a reivindicação de possuir uma teoria fundamental, ou mesmo sólidas generalizações empíricas, do tipo que caracteriza as ciências naturais.[24] Vê-se então que a teoria econômica não fornece um bom contraexemplo à tese heurística, parecendo antes comprová-la.

Outro exemplo é a análise de rede.[25] A abordagem de rede constitui excelente corretivo à tendência, tão comum na análise sociológica sobretudo do tipo quantitativo, a insistir nas distribuições dos, e correlações entre os, atributos de indivíduos ou grupos. Mais que isso, muito da força da abordagem reside em seu uso de modelos matemáticos a fim de caracterizar diversas propriedades das redes sociais. Contudo, uma rede social existe apenas na medida em que pessoas ou grupos interagem segundo modos que consideram típicos ou obrigatórios. Consequentemente, os modelos de análise de rede dependem para sua pertinência e interpretação, em última instância, de esquemas institucionalizados, de sorte que esquemas institucionais muito diferentes, com dinâmicas fundamentalmente diversas, podem gerar relações de rede indiscerníveis. Isso, é óbvio, não diminui a utilidade de tais modelos, apenas enfatiza seu *status* heurístico.

---

24 Em contrapartida, considerar a lei de Ohm, segundo a qual, em condições normais de temperatura e pressão, a corrente que passa por um condutor está na razão direta da voltagem e na razão inversa da resistência. Aqui, devemos ressaltar dois pontos. Primeiro, a asserção não se aplica aos casos de temperaturas e pressões extremas, mas tem valor universal quando se trata das condições estipuladas. Segundo, a relação entre corrente, voltagem e resistência não decorre logicamente das condições necessárias à aplicação original da lei, mas antes constitui uma asserção empírica que não se aplicaria sequer aos casos de temperaturas e pressões moderadas, embora na verdade o faça. Ao contrário, as leis da economia são consequências lógicas das condições que precisam ser satisfeitas se se quiser aplicar a teoria. Isso, devemos ressaltar, não significa que elas sejam inúteis, mas que não têm o mesmo caráter das leis da natureza.

25 Ver, por exemplo, Wellman (1983) para um exame geral e referências.

Finalmente, numerosos modelos matemáticos foram propostos em psicologia social para representar vários aspectos dos fenômenos cognitivos e afetivos. Costumam, em geral, ser formulados como uma espécie de modelo computacional. Se isso é desejável de um ponto de vista formal, pois exige que o modelo seja claramente enunciado, impõe por outro lado a restrição de que todas as descrições sejam tratadas como extensionais. Assim, o emprego proveitoso desses modelos requer que o usuário absorva quaisquer considerações que dependam de elementos intensivos, como a significação. Essa absorção ocorre na fase de *input*, em processos como a codificação de observações, e na fase de *output*, quando se faz a interpretação concreta do conteúdo dos fatores. No meio, é claro, os símbolos podem ser manipulados independentemente de semelhantes considerações, mas a pertinência empírica do modelo e a irrefutabilidade dos resultados dependem em muito da habilidade, sensibilidade e intuição com que essas atividades de absorção de significado são executadas. Novamente, isso não implica que os modelos desse tipo sejam inúteis, mas torna claro que seu valor é heurístico e que eles não representam os processos fundamentais.

Algumas conclusões

Dizer que um método é heurístico não significa adotá-lo. Precisamos de toda a ajuda possível para compreender as complexidades dos fenômenos sociais, e os modelos matemáticos são ferramentas poderosas nesse sentido. Suas virtudes são bem conhecidas e não se precisa insistir nelas. No entanto, vale a pena examinar certos pontos que se destacam quando o papel da matemática é considerado heurístico e não fundamental.

Em primeiro lugar, ao utilizar modelos matemáticos para representar aspectos de uma situação social particularmente interessante, temos o benefício da formulação exata. Mas, como não podemos reconhecer que semelhante modelo abrange tudo o que é importante, mesmo para as finalidades específicas em mira, precisamos nos mostrar bem mais sensíveis do que ao articular o modelo com o contexto histórico e instrumental em que ele se baseia, do contrário corremos sério risco na especificação do modelo. Há, porém, outro benefício daí decorrente, pois talvez sejamos levados a promover investigações qualitativas que aprofundem nossa compreensão do contexto, além de aperfeiçoar nossa especificação de modelo.

Em segundo lugar, um modelo bem especificado consegue identificar os dados quantitativos, categóricos e de rede exigidos para o trato adequado das questões que de início motivaram nossa pesquisa. A tarefa de especificar um modelo pode suscitar uma série de questões empíricas nitidamente enfocadas, a partir de um problema mais geral. No entanto, se o modelo for considerado heurístico, provavelmente não confundiremos a floresta com as árvores como confundimos o modelo com a história toda.

Em terceiro lugar, a linha entre modelos matemáticos em sentido puro e o uso da matemática como coadjuvante na análise de dados se confunde quando todos os modelos matemáticos em ciências sociais passam a ser vistos como dotados, primordialmente, de função heurística. Por exemplo, um dos pontos principais que se tornaram claros graças ao rápido desenvolvimento das técnicas modelizantes de equação estrutural é a importância de especificar corretamente a estrutura causal, e isso, conforme foi repetidamente enfatizado nos manuais, pressupõe uma adequada compreensão teórica do fenômeno. Todavia, a mesma consideração vem à tona com respeito a todo modelo matemático de fenômenos sociais. Sem dúvida, os modelos empregados na análise estatística de dados tendem a ficar mais próximos dos dados e mais *ad hoc* do que os modelos oriundos de preocupações mais gerais, mas isso não constitui nem uma garantia automática nem um indício de superioridade.

Enfim, temos de reconhecer, com mais consistência do que costuma ocorrer atualmente, que os conceitos e variáveis nos termos dos quais um modelo é formulado se baseiam, direta ou indiretamente, nas categorias empregadas pelas pessoas que estudamos para organizar, elas próprias, suas atividades. Por um lado, esse fato fornece a base para conexões não arbitrárias entre o formalismo do modelo e os aspectos da realidade social que ele presumivelmente representa. É óbvio que uma correta especificação do modelo requer atenção a essas conexões. Por outro lado, ele estabelece limites ao grau em que o conteúdo concreto de um modelo pode ser transposto para outras situações sociais dotadas de traços capazes de ser representados pelo mesmo formalismo. Por exemplo, pode suceder que em cada um dos dois grupos exista uma rede de relações capaz de ser representada por uma espécie de entrelaçamento, mas isso significa uma coisa quando as relações em questão são relações de autoridade burocrática em ambos os grupos, e outra quando são relações de autoridade burocrática em um deles e relações rituais de doação em outro. No primeiro caso, paralelos numerosos e estreitos talvez existam entre os dois grupos, ao passo que no segundo só se vislumbrarão similaridades superficiais.

Resumo e conclusão

Neste ensaio, examinei algumas das questões básicas referentes à tentativa de utilizar a matemática como ferramenta nas ciências sociais. O resultado principal é que a matemática não pode desempenhar nas ciências sociais, como o faz nas ciências naturais, o mesmo papel de veículo para a expressão de conceitos e proposições. A razão disso é que os dados básicos das ciências sociais, descrições de fenômenos sociais, são tipicamente intensionais no caráter: as ciências sociais não podem insistir na descrição extensional *sem deixar de parte seus fenômenos*. Não quer dizer, entretanto, que a matemática deva ser alijada da ciência social, ao contrário, ela desempenha mais um papel heurístico, do que fundamental, no estudo dos fenômenos sociais.

Referências bibliográficas

BANDURA, A. *Aggression*: A Social Learning Analysis. Englewood Cliffs: Prentice-Hall, 1973.

BERK, R. A., BERK, S. F. Supply-side Sociology of the Family: The Challenge of the New Home Economics. *Annual Review of Sociology*, v.9, p.375-95, 1983.

CICOUREL, A. V. *Method and Measurement in Sociology*. Glencoe, Ill.: Free Press, 1964.
FOLLESDAL, D. Quine on Modality. In: DAVIDSON, D., HINTIKKA, J. (Org.) *Words and Objections*: Essays on the Work of W. V Quine. Dordrecht: D. Reidel, 1970. p.175-85.
GARFINKEL, H. *Studies in Ethnomothodology*. Cambridge, England: Polity Press, 1984. (Publicado originalmente em 1967.)
GARFINKEL, H., SACKS, H. On Formal Structures of Practical Action. In: MCKINNEY, J. C., TIRYAKIAN, E. A. (Org.) *Theoretical Sociology*. New York: Appleton-Century-Crofts, 1970. p.338-66.
GIDDENS, A. *New Rules of the Sociological Method*. New York: Basic Books, 1976.
______. *Studies in Social and Political Theory*. New York: Basic Books, 1977.
______. *Central Problems in Social Theory*. Berkeley, Los Angeles: University of California Press, 1979.
______. *The Constitution of Society*. Cambridge, England: Polity Press, 1984.
GOULD, S. J. Evolution and the Triumph of Homology, or Why History Matters. *American Scientist*, v.74, p.69, 1986.
HARPENDING, H. Review of R. Boyd e P. J. Richerson's, Culture and the Evolutionary Process. (Chicago: University of Chicago Press, 1985) *Science*, v.230, p.931, 1985.
HERITAGE, J. *Garfinkel and Ethnomethodology*. Cambridge, England: Polity Press, 1984.
HOFSTADTER, D. R. *Gödel, Escher, Bach*: An Eternal Golden Braid. New York: Basic Books, 1979.
KRIPKE, S. Outline of a Theory of Truth. *Journal of Philosophy*, v.LXXII, n.690, p.716.
MARTINDALE, D. Limits to the Uses of Mathematics in the Study of Sociology. In: CHARLESWORTH, J. C. (Org.) *Mathematics and the Social Sciences*: The Utility and Inutility of Mathematics in the Study of Economics, Political Science, and Sociology. Philadelphia, Pa.: American Academy of Political and Social Science, 1963.
MAYNARD, D. W., WILSON, T. P. On the Reification of Social Structure. In: MCNALL, S. G., HOWE, G. N. (Org.) *Current Perspectives in Social Theory*. Greenwich, Conn.: JAI Press, v.1, 1980. p.287-322.
QUINE, W. V. Three Grades of Modal Involvement. In: PROCEEDINGS OF THE IXth INTERNATIONAL CONGRESS OF PHILOSOPHY. 1953. Brussels. p.65-81.

QUINE, W. V. *Word and Object*. Cambridge, Mass.: MIT Press, 1960.

______. *From a Logical Point of View*. New York: Harper & Row, 1961.

______. Reply to Follesdal. In: DAVIDSON, D., HINTIKKA, J. (Org.) *Words and Objections*: Essay on the Work of W. V. Quine. Dordrecht: D. Reidel, 1970. p.336.

RABINOW, P., SULLIVAN, W. M. (Org.) *Interpretative Sociology*: A Reader. Berkeley, Los Angeles: University of California Press, 1979.

SACKS, H. Sociological Description. *Berkeley Journal of Sociology*, v.8, p.1-16, 1963.

SCHÜTZ, A. *The Phenomenology of the Social World*. Evanston, Ill.: Northwestern University Press, 1967. (Publicado originalmente em 1932.)

TAYLOR, C. Interpretation and the Sciences of Man. *Review of Metaphysics*, v.25, 1971.

WELLMAN, B. Network Analysis: Some Basic Principles. In: COLLINS, R. (Org.) *Sociological Theory 1983*. San Francisco: Jossey-Bass, 1983. p.155-200.

WILSON, T. P. Conceptions of Interaction and Forms of Sociological Explanation. *American Sociological Review*, v.35, p.697-710, 1970.

______. General Models of Set Theory. *Notre Dame Journal of Formal Logic*, v.22,p.36-44, 1981.

______. Qualitative oder Quantitative Methoden in der Sozialforschung. *Kölner Zeitschrift für Soziologie und Sozialpsychologie*, v.34, 1982. p.487-508.

______. On the Role of Mathematics in the Social Sciences. *Journal of Mathematical Sociology*, v.10, p.221-39, 1984.

______. Social Structure and Social Interaction. Manuscrito inédito, Department of Sociology, University of California, 1985.

WILSON, T. P., ZIMMERMAN, D. H. Ethnomethodology, Sociology, and Theory. *Humboldt Journal of Social Relation*, v.7, p.52-88, 1980.

ÍNDICE REMISSIVO

SOBRE O LIVRO

Coleção: Biblioteca Básica
Formato: 14 x 21 cm
Mancha: 23 x 43 paicas
Tipografia: Goudy Old Style 11/13
Papel: Off white 80 g/m² (miolo)
Cartão Supremo 250 g/m² (capa)
1ª edição: 2000

EQUIPE DE REALIZAÇÃO

Produção Gráfica
Edson Francisco dos Santos (Assistente)

Edição de Texto
Fábio Gonçalves (Assistente Editorial)
Maria Dolores Prades (Preparação de Original)
Armando Olivetti Ferreira e
Teca Guilares (Revisão)
Kalima Editores (Atualização ortográfica)

Editoração Eletrônica
Lourdes Guacira da Silva Simonelli (Supervisão)
Edmílson Gonçalves (Diagramação)

Outros títulos da Editora UNESP

A transformação da intimidade,
Sexualidade, amor e erotismo nas sociedades modernas
Anthony Giddens

As consequências da modernidade
Anthony Giddens

Em defesa da sociologia
Ensaios, interpretações e tréplicas
Anthony Giddens

Modernização reflexiva
Política, tradição e estética na ordem social moderna
Anthony Giddens, Ulrich Beck, Scott, Lash

Para além da esquerda e da direita
O futuro da política radical
Anthony Giddens

O debate global sobre a terceira via
Anthony Giddens (Org.)

MUNDIALGRÁFICA
www.mundialgrafica.com.br